企业社会责任专论

Studies on Corporate Social Responsibility

主　编　楼建波　甘培忠
执行主编　郭秀华

图书在版编目(CIP)数据

企业社会责任专论/楼建波,甘培忠主编. —北京:北京大学出版社,2009.3
（经济法论丛）
ISBN 978-7-301-15014-6

Ⅰ.企… Ⅱ.①楼…②甘… Ⅲ.企业－社会－职责－国际学术会议－文集 Ⅳ.F270-53

中国版本图书馆CIP数据核字(2009)第035969号

书　　　　名:	企业社会责任专论
著作责任者:	楼建波　甘培忠　主编　　郭秀华　执行主编
责　任　编　辑:	李燕芬
封　面　设　计:	独角兽工作室
标　准　书　号:	ISBN 978-7-301-15014-6/D·2265
出　版　发　行:	北京大学出版社
地　　　　址:	北京市海淀区成府路205号　100871
网　　　　址:	http://www.pup.cn
电　　　　话:	邮购部 62752015　发行部 62750672　编辑部 62752027
	出版部 62754962
电　子　邮　箱:	law@pup.pku.edu.cn
印　　刷　　者:	北京山润国际印务有限公司
经　　销　　者:	新华书店
	650毫米×980毫米　16开本　37.25印张　537千字
	2009年3月第1版　2009年3月第1次印刷
定　　　　价:	66.00元

未经许可,不得以任何方式复制或抄袭本书之部分或全部内容。
版权所有,侵权必究
举报电话:010-62752024　电子邮箱:fd@pup.pku.edu.cn

序 关注和限定企业社会责任

企业社会责任的主题对于中国下一步的经济和社会发展非常重要。我认为要使中国企业社会责任的探讨本身具有学术之外的政策意义和社会意义,至少应关注以下两个问题:

第一,中国的经济发展增长模式必须转变,因为环境保护、能源资源和可持续性发展问题紧迫。中国是一个能源、资源都相对稀缺的国家,同时中国社会环境问题也很严重,面对这些问题,当然需要一定的政府规制,但是我们不能假定政府就一定能解决或更有效地解决这些问题,不能因为市场"失败"了,就假定政府一定能有效地回应处理。我认为,最终的解决还是要靠市场,靠企业的竞争来解决和回答这些对于每个人都至关重要的问题。如果能够有效回答,企业就是在履行其对社会的责任。我们生活在这块土地上,我们,无论是个人还是企业,都必须回答这个问题,这是对他人、对社会负责,也是对我们的子孙后代负责。

第二,企业社会责任这个概念的提出,弄不好,可能隐含了某些不利于企业发展的社会因素。在这个概念下有可能对企业提出过高的不切合实际的要求,把企业变成半慈善组织甚或环保组织;就如同对个人的道德要求可能过高,结果也是违背法治原则——不能要求公民做他/她做不到的事情。这类现象,在世界各国都存在;怀疑市场,蔑视甚至敌视企业和企业家,在校园知识分子中一直还是比较盛行的,尽管他们并不一定理解市场和企业,不理解作为总体企业和市场对于我们的繁荣自由和社会发展的贡献。社会媒体也往往会以几个任何社会永远会存在且难免的恶劣例子来概括描绘企业和企业家,用慈善者的道德标准来要求企业家,企业和企业家对此也常有抱怨。但既然进了厨房,就得能经受住厨房的热度,企业得如此。企业也确实有责任让社会、让学界、让公众理解自己,包括自己的能力和限度。学界也有责任沟通企业大众,促进相互的理解与社会和谐;要让社会和公众理解企业的社会责任也是有限的,不要一提企业的社会责任,就把这种责任视为无限责任。否则,企业、进而社会就很难发展繁荣,最终倒霉的不仅是企业,更是整个社会,包括企业雇员和广大的消费者。说这一点,并不是无的放矢,是因为在过去几年中,中国社会确实有这种民粹主义情绪在发展。而改变这种趋势,也是企业和学界的社会责任。

作为企业公司法的门外汉,我会缄默,多听听各位专家学者的分析。但作为一个公民,我提出这些粗浅的想法和看法,也是在履行我的社会责任。

苏 力

2009 年 2 月

目录

现代企业社会责任核心理念和中国实践之路

　　　　　　　　　　　　　楼建波　郭秀华 / 1

理论前沿

反思与超越：公司社会
　　　责任诠释　　　　　周友苏　张　虹 / 29
企业社会责任：政府·企业·利益
　　　相关者　　　　　　　　　　胡鸿高 / 42
企业社会责任与世界和谐发展
　　　　Joseph J. Norton　　陈琳燕　译 / 57
《劳动合同法》的实施与企业社会责任
　　——在"企业社会责任与公司治理"
　　　国际研讨会上的致辞　　　　吴志攀 / 94
资本市场的发展与企业社会责任　　上村达男 / 98
试论"超越法律"的企业社会责任　周林彬　何朝丹 / 103
论公司社会责任：法律义务、道德责任及其他
　　　　　　　　　　　史际春　肖　竹　冯　辉 / 120

公司的社会责任：游走于法律责任与道德
　　规范之间 　　　　　　　　　　　　　　　　朱慈蕴 / 140
公司人格本质与社会责任的三种维度 　　　　　吴 越 / 153
"一体两面"的企业社会责任与公司法的进化 　　雷 驰 / 174
社会企业和企业社会责任
　　——从"三重底线"谈起 　　　　　　　　　金锦萍 / 186

规 范 诠 释

强化公司社会责任的若干思考
　　——兼谈新《公司法》第 5 条的解释 　　　　刘俊海 / 199
中国《公司法》第五条第一款的文义解释及其实施路径
　　——兼论"道德层面的企业社会责任"的意义 　楼建波 / 224
评公司法修订中的公司社会责任条款 　　时建中　杨 巍 / 243
转型中国语境下的企业社会责任内涵分层 　甘培忠　吴元元 / 266
公司社会责任的正当性基础及其实现路径选择 　　伏 军 / 280
企业社会责任的引导与规范
　　——从法律的视角分析企业社会责任 　　　　赵晓光 / 286
虚构的裁判幻象？
　　——检验公司社会责任的可裁判性 　　　　　蒋大兴 / 291
试析我国公司社会责任的司法裁判困境及若干解决思路 　罗培新 / 321

制 度 构 建

浅谈中国企业社会责任 　　　　　　　　　沈四宝　程华儿 / 337
上市公司高管社会责任及其法律规制初探 　范 健　王建文 / 349
强化公司社会责任与公司法人格否认制度的完善 　雷兴虎　刘 斌 / 356
论企业社会责任与上市公司收购 　　　　　　　杨 东 / 374
竞争法视野下企业的社会责任
　　——以企业并购为视角 　　　　　　　吴宏伟　刘 杨 / 387
保险企业的社会责任 　　　　　　　　　　　　谷 凌 / 398
论知识产权型公司的社会责任 　　　　　　　　徐家力 / 409

我国企业的环境责任及其承担　　　　　　汪　劲　裴敬伟　潘　磊 / 420
论企业的社会责任
　　——从企业的刑事责任角度　　　　　　　　　　丛培国 / 441

域 外 经 验

资本市场对公司社会责任的束缚：美国经验对中国的启示
　　　　　　　　　　　　劳伦斯·E.米歇尔　著　韩　寒　译 / 451
企业社会责任在南非　　　　　　　　　Angela Itzikowitz / 464
评印尼新《公司法》规定的公司社会责任　　　　薛璋霖 / 475
日本关于企业社会责任讨论的展开　　　　　　布井千博 / 486
公司社会责任理论与股东提案权　　　　　　　　刘连煜 / 493
全球视角下的企业社会责任及对中国的启示　　　张宪初 / 529
国外企业社会责任的理论与实践
　　——兼论中国关于企业社会责任的立法与应用　张　红 / 546
金融领域的企业社会责任：国际规则的发展
　　　　　　　　　　　　　　　William Blair　赵　杨　译 / 559
通过运营风险和市场规制实现金融机构的企业社会责任
　　　　　　　　　横井真美子　郭文静　汪　浩　译 / 567
我们已经放弃企业社会责任？
　　——对日本公司法的一点看法　　　　　　　早川胜 / 583

Contents

The Core Idea of CSR and its Practice in China
       Lou Jian-bo Guo Xiu-hua / 1

Theoretical Analyses

Reflection and Transcending: the Annotation of CSR
       Zhou You-su Zhang Hong / 29
CSR: Government, Firms and Stakeholders
       Hu Hong-gao / 42
CSR and the Harmony of World Development
       Joseph J. Norton / 57
CSR and the Enforcement of Labor Contract Law
       Wu Zhi-pan / 94
Development of Capital Markets and CSR
       Tatsuo Uemura / 98
Discussion on CSR "beyond the law"
       Zhou Linbin He Chaodan / 103
On CSR: Legal Duty, Moral Responsibility and the
   Others Shi Ji-chun Xiao Zhu Feng Hui / 120

CSR: Between Legal Liability and Ethical Norms　　　Zhu Ci-yun / 140
On the Nature of Corporate Personality and Three Dimensions of CSR
　　　　　　　　　　　　　　　　　　　　　　　　Wu Yue / 153
CSR and the Evolution of the Corporate Law　　　　　Lei Chi / 174
Social Enterprises and Corporate Social Responsibility　Jin Jin-ping / 186

Norm Annotation

Some Thinking about Strengthening CSR　　　　　Liu Jun-hai / 199
A Literal Interpretation of Article 5, Clause 1 of China's Corporate Law,
　　and Its Approach of Performance　　　　　Lou Jian-bo / 224
Legal Reanalysis of CSR　　　　Shi Jian-zhong　Yang Wei / 243
Different Levels of CSR in China of Transitional Period
　　　　　　　　　　　　　　Gan Pei-zhong　Wu Yuan-yuan / 266
Justification for CSR and Path Choices of Its Realization　Fu Jun / 280
The Steering and Regulation of CSR
　　—from the Legal Perspective　　　　　Zhao Xiao-guang / 286
Fabricated Adjudication Mirage
　　—Examining the Adjudicability of CSR　　Jiang Da-xing / 291
Some Solutions to Judicial Adjudication Dilemma over CSR in China
　　　　　　　　　　　　　　　　　　　　　　Luo Pei-xin / 321

Institutionalizing CSR

Issues on CSR in China　　　　Shen Si-bao　Cheng Hua-er / 337
Primary Exploration into the Social Responsibility of Managing Officers
　　in Listed Companies and Its Legal Regulation
　　　　　　　　　　　　　　　　Fan Jian　Wang Jian-wen / 349
Strengthening CSR and Perfecting the System of Disregard of
　　Corporate Personality　　　　　　　Lei Xing-hu　Liu Bin / 356
Acquisition of Listed Companies and CSR　　　　Yang Dong / 374

CSR in the Version of Competition Law
　　—from the Perspective of Merger　　　　　　　Wu Hong-wei / 387
Social Responsibility of the Insurance Corporate　　　　Gu ling / 398
Social Responsibility of the Intellectual Property Corporate　　Xu Jia-li / 409
On Corporate Environmental Responsibility in China
　　　　　　　　　　　Wang Jin　Pei Jing-wei　Pan Lei / 420
On CSR: from Perspective of Corporate Criminal Penalty　Cong Pei-guo / 441

Extraterritorial Practices

Capital Market Constraints on Corporate Social Responsibility:
　　Lessons for China from the American Experience
　　　　　　　　　　　　　　　　　　Lawrence E. Michelle / 451
The CSR in South Africa　　　　　　　　　Angela Itzikowitz / 464
Review of CSR Prescribed in New Company Law of Indonesia
　　　　　　　　　　　　　　　　　　Misahardi Wilamarta / 475
The Development about CSR in Japan　　　　　NUNOI Chihiro / 486
CSR Theory and Shareholder Proposals　　　　　Liu Llian-yu / 493
Corporate Social Responsibility from the Legal Perspective:
　　Some Major Debates with Reference　　　　Zhang Xian-chu / 529
Theory and Practice of Foreign Enterprises'CSR　　　Zhang Hong / 546
CSR in Finance: the Development of International Norms　William Blair / 559
Addressing CSR of Financial Institutions　　　　Mamiko Yokoi-Arai / 567
CSR Which We Have Already Given Up?
　　—A View from Japanese Company Law　　　Masaru Hayakawa / 583

现代企业社会责任核心理念和中国实践之路

楼建波 郭秀华[*]

摘 要 从中国学界对企业社会责任的理论阐述和中国已经建立的企业社会责任规范体系看,中国与西方的企业社会责任的理论和实践是脉络相承的,有着共同的内涵和理论支撑。就整体而言,中国与西方企业在社会责任的内容和实施机制上也是相通的。但是,企业社会责任同时又是一个历史性和具体性的范畴。每个国家基于其特殊的经济政治文化发展背景,在企业社会责任的具体内容和实施制度上会存在一些个体特征。中国的企业社会责任实践之路也体现了当前中国社会经济发展阶段的特征。进一步完善中国企业社会责任规范体系和实施机制,既要借鉴西方成果,又要考虑本国的法治土壤和市场环境,促进企业实力和社会整体福利的共同发展。

关键词 企业社会责任理论;规范体系;实施机制;董事义务

改革开放30年来,中国初步建立了以公司法为核心的市场主体法律制度,并继续致力于培育和提高公司的自主自生能力。2005年修订的公司法在总则中规定了公司承担社会责任;2007年12月中国国务院国资委发

---

[*] 楼建波:北京大学法学院副教授。郭秀华:北京大学法学院博士研究生。

布了《关于中央企业履行企业社会责任的指导意见》,将企业社会责任明确作为国有企业建立现代企业制度和提高综合竞争力的重要内容。上市公司和金融机构也被鼓励发布社会责任报告、积极承担企业社会责任。与此同时,伴随着经济全球化,起源于西方的企业社会责任理论被广泛接受,以跨国公司为主导的国际企业社会责任运动也走向了新的阶段。近几年,企业社会责任的研究已经在中国形成一股热潮。本文旨在通过综述的方法,考察中国与西方企业社会责任理论和实践的异同,探求进一步完善中国企业社会责任规范体系和实施机制的路径。

一、中国企业社会责任的理论发展和规范体系

(一)中国企业社会责任的理论发展

中国企业社会责任理论的发展与西方企业社会责任理论是一脉相承的,基于中国社会经济的阶段发展背景,它又具有显著的本土特征。中国市场经济体制初步建立后,转变经济增长方式、实现经济可持续发展、建设和谐社会成为中国社会经济发展的内在要求。在这一背景下,国内诸多学科的理论研究都对西方企业社会责任理论进行了积极主动的吸收接纳,并最终落实于立法领域。同时,面对现阶段国内相对薄弱的市场竞争机制和法制环境,众多学者都强调,接纳西方企业社会责任时应当结合中国深化经济体制改革的目标,需要在企业社会责任的属性、内容、实现机制上体现中国市场经济完善过程中的阶段性特征。

1. 对企业社会责任理念的接纳

中国的大部分学者都肯定企业社会责任,认为企业社会责任有利于企业的发展。林毅夫认为:"企业追求利润是天经地义的,但是由于外部性与信息不对称问题的存在,企业行为常常会自觉不自觉地超出自身应有的边界,对社会、员工等利益相关者产生不利的影响,为了社会的繁荣和和谐,要提倡企业加强社会责任感并使企业的外部影响内部化,企业作为社会公民的一种,和其他类型的公民一样都对社会负有伦理道德义务,一方面在为社会创造财富,另一方面社会财富也更多地集中在这些成功的企业当中,它应该有责任帮助社会上的弱势群体。"林平凡、高怡冰也认为:"从经济全球化、社会经济发展和文化创新的角度看,让广大劳动者分享经济发展的成果,提

高企业社会责任,是实现全球社会稳定和全面发展的必然要求。"① 胡鸿高认为,企业承担社会责任是社会发展的必然趋势,也是政府、企业及其利益相关者相互博弈,利害冲突与协调的路经选择。②

2. 对企业社会责任理论本土化的讨论

在接受和肯定企业社会责任的同时,许多学者也强调了企业社会责任的中国实践必须和中国国情结合。例如,时建中指出,作为法学研究对象的公司社会责任则应当根据本国国情"本土化",对不同层次的公司社会责任进行不同程度的吸纳,不能"泛化公司社会责任论"与"泛化公司法论"。甘培忠认为如果对企业社会责任过度企求,在强制层面与道德层面没有确切的分隔,很可能导致政府借"社会责任"之名大行转嫁公共物品供给职责之实,从而使得政企边界再度模糊。蒋大兴认为,在处于发展中阶段、没有形成公司帝国的中国,强调营利性仍然是《公司法》所设定的公司目标的基本面,至少具有应急意义。公司的社会责任只是公司营利性目标的一个阻挠器,是检验营利性目标合理性的标尺,它不能凌驾于营利性目标之上,甚至蚕食了营利性目标。周友苏指出,只有尊重公司的营利目的,寻求公司被动承担义务向主动尊崇与利益相关者的社会合约的转变,顺应公法私法融合的互补并致力于完善法人治理结构,实现可持续的发展,才能在全球范围内共同演绎超越的进程,实现文明的和谐与共同繁荣。③

3. 对企业社会责任的界定

虽然中国法学者对企业社会责任概念的表述不尽相同,但关于企业社会责任的内涵和外延,中国法学者的认识较为一致。例如刘俊海认为,所谓企业社会责任,是指企业不仅仅最大限度地为股东营利或赚钱作为自己的唯一存在目的,而且应当最大限度地增进股东利益之外的其他所有社会利益。这种社会利益包括雇员(职工)利益、消费者利益、债权人利益、竞争者利益、当地社会利益、社会弱者利益和整个社会公共利益等内容。④ 胡鸿高认为,企业社会责任是指企业在谋求自己的经济利益时,与政府合作,对于企业行为的利益相关者承担法律和道德责任,以增进社会公益,保障全球经

---

① 黎友焕、王凯:"国内企业社会责任理论研究综述",载《WTO 经济导刊》2007 年第 1 期。
② 胡鸿高:"企业社会责任:政府·企业·利益相关者",本书收录。
③ 转引自郭秀华、王冠宇:"企业社会责任与公司治理国际研讨会综述",载《中外法学》2008 年第 1 期,第 76—77 页。
④ 转引自刘俊海著:《公司的社会责任》,法律出版社 1999 年版,第 6—7 页。

济和社会的可持续发展。朱慈蕴认为,企业社会责任是指企业应对股东这一利益群体以外的、与公司发生各种关系的其他相关利益群体和政府代表的公共利益负有的一定责任,即维护公司债权人、雇员、供应商、用户、消费者、当地住民的利益以及政府代表的税收利益、环保利益等。① 卢代富认为,企业社会责任是指企业在谋求股东利润最大化之外所负有的维护和增进社会利益的义务。② 张士元等认为,企业社会责任是企业在谋求自身及其股东最大经济利益的同时,从促进国民经济和社会发展的目标出发,为其他利益相关者履行某方面的社会义务。③ 中国台湾地区学者刘连煜认为,所谓企业社会责任,乃指营利性的企业于其决策机关确认某一事项为社会上多数人所希望者后,该营利性企业便应放弃营利之意图,俾符合多数人对该企业之期望。④

4. 对企业社会责任实施机制的讨论

国内学者也对企业社会责任的实现进行了深入探讨,涉及中国当前背景下实施企业社会责任的各种机制及其可行性和缓急轻重等问题,并提出了许多有益的建议。国内多数学者认为,公司社会责任实际上应该强调法律属性,即公司社会责任实现的外部法律约束。如果把社会责任的实现寄希望于公司良知基础上,可能会过于脆弱。蒋大兴认为,在中国现阶段完善公司社会责任,似有必要坚持强制性法律责任优越于倡导性道德责任和外部社会责任优先于内部社会责任的原则。张晨颖指出,就不同的企业性质,或者企业所处的地位而言,承担的社会责任也是不同的,应以守法为基本原则。甘培忠认为企业社会责任的实施应当强调一种讲求实效的务实安排,即应着眼于负外部性的弥补,按照"可观察性"、"可检验性"的要求适当缩小纳入法律治理机制的企业社会责任项目。吴越认为,首先应当完善公司法律体系,其次应当完善各种公司治理准则、行业标准与行业自律规范,最后应当形成鼓励公司自发承担更多社会责任的综合环境,例如商业道德与商业文化。只有这样,新《公司法》第 5 条的宣示性规定才有在现实中发育的土壤。伏军认为,公司的诸多社会责任不能依赖公司的自觉意识,必须有完备的法律制度做保障才能得到真正履行,作为制度基础的法律不仅包括

---

① 朱慈蕴著:《公司法人格否认法理研究》,法律出版社 2000 年版,第 299 页。
② 卢代富著:《企业社会责任的经济学与法学分析》,法律出版社 2002 年版,第 96 页。
③ 张士元、刘丽:"论公司的社会责任",载《法商研究》2001 年第 6 期。
④ 刘连煜著:《公司治理与公司社会责任》,中国政法大学出版社 2001 年版。

公司法、企业法,同时也包括劳动法、环境保护法、债法、物权法、消费者权益保护法等。公司对于社会应当负有的责任,有轻有重,有急有缓。中国现阶段最为迫切需要落实的有两种企业社会责任分别是环境保护义务和劳动者利益保护。①

(二) 中国企业社会责任的规范体系

十六大以来,在国内社会经济发展的推动和公司社会责任全球化浪潮的影响下,中国也开始通过国家强制立法和自律规范形式突出公司的利益相关者保护与社会责任承担。现今,中国关涉企业社会责任的规范已初具体系。

1. 中国《公司法》首次在总则中规定企业社会责任

2005年修订的《中华人民共和国公司法》总则第5条第1款规定:"公司从事经营活动,必须遵守法律、行政法规,遵守社会公德、商业道德,诚实守信,接受政府和社会公众的监督,承担社会责任。"中国《公司法》是第一部在总则中规定企业社会责任的公司立法,这被视为一项重大的立法创新。

一般认为,该款对不同层次的公司社会责任进行了吸纳,从而形成了一定的制度支撑。作为原则性条款,它可以引导乃至规范公司行为,可以统率公司法分则规定、指导公司法的解释和适用。该条款作为原则性规定,也为行政机关通过行政立法进一步细化企业的社会责任,为公益股东通过股东临时提案权或派生诉讼等已有的公司法机制强制公司承担社会责任创造了条件。② 同时,作为原则性条款,它的具体内涵以及裁判功能还有待于进一步研究和解释。其他国家的公司法中涉及公司社会责任的规定,多是规定在分则,特别是体现在公司治理决策的企业社会责任实施制度中。参见下文企业社会责任实施机制中关于董事受托义务的论述。

2. 关涉企业社会责任的单项立法中的强制性法律规范

《公司法》作为公司组织法,在总则中原则性地规定了公司作为社会经济主体也具有承担企业社会责任的义务,在分则中通过股东、董事、职工、债权人等权力配置和提案制度、决议制度、诉讼制度等沟通了企业社会责任的实施渠道。但就企业所必须承担的具体社会责任而言,更多的是由公司法

---

① 转引自郭秀华、王冠宇:"企业社会责任与公司治理国际研讨会综述",载《中外法学》2008年第1期。

② 楼建波:"中国公司法第五条第一款的文义解释及实施路径——兼论道德层面的企业社会责任的意义",载《中外法学》2008年第1期。

之外的各类专项立法予以规定。

中国已经制定了《反垄断法》、《反不正当竞争法》、《劳动法》、《社会保障法》、《环境保护法》、《产品质量监督法》、《消费者权益保护法》等在内的部门法,上述部门法的实施配套法规也已经逐步完善起来。其中涉及各种主要企业社会责任的承担,明确了企业必须承担的对社会低收入群体、职工劳动者、环境保护、消费者、国家经济安全与持续发展等方面的法定义务以及违反上述法定义务所承担的赔偿性和惩罚性的法律责任。

3. 关涉企业社会责任的行政法规中的引导性规范和企业自律性规范

2002年1月,中国证监会与原国家经贸委联合制定并颁布《上市公司治理准则》,规定"上市公司应尊重银行及其他债权人、职工、消费者、供应商、社区等利益相关者的合法权利","上市公司在保持公司持续发展、实现股东利益最大化的同时,应关注所在社区的福利、环境保护、公益事业等问题,重视公司的社会责任"。

深交所于2006年9月25日正式颁布实施《上市公司社会责任指引》明确上市公司在经营活动中应当遵纪守法,遵守商业道德,维护消费者的合法权益,保障劳动者的健康和安全,并积极承担保护环境和节约资源的责任,参与社会捐献、赞助等各种社会公益事业。深交所鼓励上市公司根据指引要求自愿建立社会责任制度,定期检查和评价公司社会责任制度的执行情况和存在问题,形成社会责任报告,并与年度报告同时披露。

2007年12月,中国银行业监督管理委员会和国务院国有资产监督管理委员会分别发布《关于中央企业履行社会责任的指导意见》、《关于加强银行业金融机构企业社会责任的意见》,引导各银行及非银行金融机构,各中央企业,参照上述行政规章采取切实措施履行企业社会责任。例如,《关于中央企业履行社会责任的指导意见》指出,中央企业履行社会责任的主要内容有:坚持依法经营诚实守信、不断提高持续盈利能力、切实提高产品质量和服务水平、加强资源节约和环境保护、推进自主创新和技术进步、保障生产安全、维护职工合法权益、参与社会公益事业。中央企业履行社会责任的主要措施有、树立和深化社会责任意识,建立和完善履行社会责任的体制机制、建立社会责任报告制度、加强企业间交流与国际合作、加强党组织对企业社会责任工作的领导。

自2006年3月10日国家电网公司首次对外发布了企业社会责任报告至今,越来越多的银行、非银行金融机构、中央企业、上市公司都已经制定了自己的企业社会责任目标和制度,并定期披露。

(三) 中国企业社会责任规范的实施

在中国,虽然公司应当承担社会责任已获得立法上的依据,然而公司社会责任承担的实际强制力效果,在很大程度上还取决于司法救济的有效性。考察立法现状,《公司法》的多数社会责任条款还缺乏具体细化的内容,公司社会责任的责任主体和义务对象都不确定,目前它本身无法直接用在具体案例中作为裁判依据。

但是,考虑到法律的规范和运行要求,公司社会责任应当逐渐发展其裁判的功能。多数社会责任可以通过立法明晰化从而成为具体的法律规则,使其获得可裁判性。即便如此,法院在司法过程中,还将遭遇公司营利性目标与社会责任目标之间,以及公司社会责任诸目标之间如何平衡的困难。有学者建议由商务部等部委出面,组织各行会或商会组织根据本行业特色,颁布《公司社会责任规范指引》,以利法官在裁判具体案件时妥为考量;由最高法院公布一批事涉公司社会责任的典型案例,以为下级法院提供事理逻辑支撑;公司法学界应当形成关于公司社会责任的、相对明晰的规则框架。[①]

相比较环境保护法部门而言,消费者权益保护法、产品质量法、反不正当竞争法、劳动法、劳动合同法等法规在中国得以较为切实地贯彻和实施,这体现在广泛而有效的民事司法的救济、还有具有力度的行政监督和行政执法。因为还缺乏配套的公益诉讼机制,在企业违反法定社会责任损害群体利益的情形下,社会群体、公民通过司法诉讼的监督和救济难以有效实现,因此多数企业承担社会责任主要还是依靠自我约束和国家行政权力的监督和行政执法。

二、现代企业社会责任的理论支撑和核心理念

尽管企业社会责任至今仍被视做一个过于模糊和宽泛的概念,缺乏统一的外延和内涵;企业社会责任的确已经频频出现在经济学、法学、企业管理学、企业伦理学等诸多学科领域,甚至成为这些学科的主要研究课题之一。虽然争议一直存在,真正反对企业社会责任的却寥寥无几,众多研究者

---

① 转引自郭秀华、王冠宇:"企业社会责任与公司治理国际研讨会综述",载《中外法学》2008年第1期。

多是立足于各自的学科目的,从不同的角度为对企业社会责任的产生原因、理论价值、存在方式和实施问题等进行分析论证,形成了多种具有代表性的企业社会责任理论。这些理论支撑起现代企业社会责任的核心理念,为我们提供了一个非常开阔的观察视野。我们看到,企业社会责任是企业自身发展的内在需求,也是政府治理经济和社会的途径,更是公众对越来越普遍和强大的企业组织在解决公共问题、提供社会福利方面的期待和要求。

(一) 传统企业理论

在传统企业理论的分析框架中,企业被抽象成为一个在市场上从事专业化生产的追求利润最大化的专业化生产单位,企业存在的目的就是为所有者追求最大化的利润。其隐含的假定是当事人具有一致的利益、产权的界定是清晰的、市场的运行是零交易成本、行为人具有完全理性等。在这种假设下,企业如果尽可能高效率地使用资源来生产社会需要的产品和服务,并以消费者愿意支付的价格销售它们,企业就尽到了自己的社会责任。例如,美国学者米尔顿·弗里德曼(Milton Friedman)承袭古典经济学家亚当·斯密(Adam Smith)的思想,认为"在自由经济中,企业仅具有一种而且只有一种社会责任——在法律和规章制度许可的范围之内,利用它的资源从事旨在增加它的利润的活动"[①]。

此种观点仅仅是根据经济学的假设而得出的结论,即投资者的投资贡献如果能够得到最大回报,国民经济也会有最大的发展。但是,现实情况从没有这样简单。传统企业理论"股东利益至上"的观点,在实践中逐渐受到置疑,利益相关者理论逐步形成和发展起来,成为挑战主流企业理论的重要学派之一。

(二) 利益相关者理论

利益相关者理论认为企业社会责任的内涵在于:企业应当对利益相关者承担责任。利益相关者不仅包括那些能够影响企业目标实现的个人和群体,也包括能够被企业实现目标的过程影响的任何个人和群体(Freeman,1984)。前者例如企业的股东、债权人、雇员、消费者、供应商等交易伙伴,政府部门、本地居民、当地社区、媒体、环境保护主义者等压力集团,后者有自然环境、人类后代、非人物种等受到企业经营活动直接或间接影响的客体,例如职工、消费者、社区、环境、社会弱者及整个社会等。因此,企业价值不

[①] 米尔顿·弗里德曼著:《资本主义与自由》,张瑞玉译,商务印书馆1986年版,第128页。

等于股东价值,实际上也是向股东以外,比如债权人、顾客、地域社会等主体提供利益的一个源泉。企业使命的相对实现,意味着充实的国民经济以及市民生活的实现。利益相关者理论认为,任何一个公司的发展都离不开各种利益相关者的投入或参与,企业追求的是利益相关者的整体利益,而不仅仅是某个主体的利益。利益相关者都对企业的生存和发展注入了一定的专用性投资,他们或是分担了一定的企业经营风险,或是为企业的经营活动付出了代价,企业的经营决策必须要考虑他们的利益,并给予相应的报酬和补偿。从这个意义上来讲,企业是一种治理和管理专业化投资的制度安排,其生存和发展取决于它能否有效地处理与各种利益相关者的关系,而股东只是其中之一罢了。投资者向企业投资、购买股票等行为,相对来说其本身就具有社会性的责任投资的性质。

利益相关者理论及其界定的企业社会责任内涵被业界广泛接受。例如,世界商业可持续发展委员会(The World Business Councilor Sustainable Development,WBCSD)认为,企业社会责任是"企业对可持续发展经济,员工及其家庭,当地社区和社会做出贡献,从而提高他们的生活质量,是与经济发展和生态平均相并列的第三产业支柱。"美国法律协会(ALI)于1992年发布的"公司治理准则"第2条第1款强调公司应当把提高公司利润及股东回报作为商业活动的准则。但是该准则第2条第2款又同时强调,公司应当与自然人一样在法律的范围内活动;也可以考虑道德的因素,并将公司资源的合理部分用于公共福利、人道主义、教育或慈善目的。[1]

(三) 社会契约理论

社会契约理论和现代企业契约理论也论证了现代企业社会责任的合理性。美国管理学家多纳德逊(Donadson)和邓非(Dunfei)提出一种理论假设:在企业与利益相关者之间存在一系列"综合性社会契约"(Integrative Social Contracts),企业对利益相关者的利益要求必须作出反应;倘若公司忽视其社会责任,那么它的长久生存和持续发展就很成问题。[2] 社会契约论认为,企业自成立起便与社会之间形成了契约,来规范双方的权利和义务,这一契约包含着一个社会固有的假定和期望。现代企业契约理论认为,企业

---

[1] American Law Institute, "Principles of Corporate Governance: Analysis and Recommendations", 1992, p.55.

[2] 陈宏辉、贾生华:"企业社会责任观的演进与发展——基于综合性契约的理解",载《中国工业经济》2003年第12期。

是在契约的基础上结成的人与人之间的行为制约与利益调和的关系体。在企业产权明晰的特征下,以物质资本所有者为轴心,以产权基础上的契约关系为纽带,以企业行为影响为判断标准,企业主体的独立性行为对契约关系及交易关系中各个体利益及外界环境均会造成非平等性或非对等性影响。而在一些信息不对等和地位不平等的情况下,适用意思自治的意义被大大削弱,因此需要施加其他调整手段。企业社会责任规范就是对这种关系进行调整和救济的表现。

(四) 政府干预理论

一般认为,西方现代企业社会责任理论肇始于20世纪初的美国,它是对解决现代社会复杂问题的一种积极回应。从其产生的背景看,这些国家当时均处于完成工业化、从自由资本主义向垄断资本主义过渡的时期。一方面,这一时期这些国家的企业已经在很大程度上完成了原始积累、以营利为目的的公司运作体制日趋成熟,公司理论体系趋于完整;随着企业集中程度越来越高,规模越来越大,在社会经济和政治生活中的影响力也逐渐强大。然而,另一方面,单纯的自由市场中,企业对利润的片面追求给社会带来极大的损害和诸多消极影响,由此导致"劳动者失业、经济失衡、环境恶化、侵害消费者权益"等一系列严重的社会问题,使社会矛盾激化。在这种情况下,人们广泛期望这些有能力的大企业,能够承担起应对和解决社会问题的责任。

然而,企业的盈利目标区别于公共利益,并且两者在短期内具有冲突,企业对于盈利目标的片面追求会产生损害社会的后果。因此,需要国家通过经济立法来干预企业运行,约束企业片面追求盈利的欲望。现代政府为了实施国家经济政策、社会福利政策、税收、贸易、产业政策,都会从不同角度对企业的运行进行干预,要求企业承担一定的社会责任。这些有的通过立法确定下来,体现在诸如《反垄断法》、《劳动法》、《环境保护法》、《社会保障法》等立法文件中。

(五) 公司管理者受信义务论

企业社会责任一词频频出现探讨公司管理者义务的语境里。例如,20世纪30年代美国的两位经济学家就公司的管理人员究竟是谁的受托人进行了深入的讨论。

多德教授(E Merrick Dodd)在《哈佛法律评论》中提出,现代企业除了赢利功能外还有一个"社会服务"的功能。多德认为,现代企业是一个公共机构或准公共机构,社会(或者说政府)有权对大型企业进行规范以保护包括股东在内的更多的利益相关者的利益,如公司员工和消费者。他认为:"不仅商事活动要对社区承担责任,而且我们那些控制商事活动的公司经营者们应当自觉自愿地按照这种方式予以经营以践行其责任,而不应坐等法律的强制。"但是贝利教授却主张不能抛弃商事公司存在的唯一目的是为股东们挣钱的观点,而且坚持认为公司的经营者是股东们的受托人。[①] 他认为公司的董事和高管应该尽"勤勉注意义务"来保护股东利益,但没有承担社会责任的法律义务。

美国企业治理实践和司法实践中更倾向于接受多德的观点,即企业管理应该平衡多方利益。贝利也在1954年赞同了多德的观点。如今虽然理论界还存在个别的反对声音,但多数学者以及公司立法和司法实践中已经越来越多地接纳和体现了多德教授的观点。

(六) 企业公共管理理论

公共管理学者从系统论的角度去分析公共问题的产生原因、运行周期和解决渠道,认为既然企业、政府和社会是一个相互依据、相互影响的系统,那么企业总是以自己的行为影响着社会,利益相关者对企业的期望是否得到满足也直接影响企业的经济利益和发展。期望和实际表现之间的差距促使公共问题形成。一旦公共问题产生,社会利益群体往往采取政治行动、随之而来的是正式的政府行动和法律法规的修改完善。因此,为了消解企业外部公共问题,为企业存在发展创造良好的环境,企业管理者需要关注社会价值和社会需要,主动承担社会责任。例如,詹姆斯·E·波斯特等学者在《企业与社会:公司战略、公共政策与伦理》一书中指出:"企业社会责任意味着一个企业为自己影响人们、社会和环境的任何行为承担责任。它意味着对人们和社会有害的行为应被认识到,并尽可能予以纠正。"[②]

(七) 现代企业竞争理论

20世纪初的市场竞争与初期市场相比发生了较大的变化。科技的发展使生产力大大提高,市场上可供选择的满足统一需求层次的产品和服务越来越多,消费者对企业的认知接受程度是决定产品市场竞争力的重要环节。从微观层面来看,企业的竞争从原来的制造领域的竞争,逐步向前期的

---

① 转引自刘俊海著:《公司的社会责任》,法律出版社1999年版,第43—45页。
② 詹姆斯·E.波斯特等:《企业与社会:公司战略、公共政策与伦理》,张志强等译,中国人民大学出版社2005年版,第61页。

研发和后期的销售和服务领域的竞争拓展,并且越来越集中于后者。同时,受法律保护的商标等标识性权利以立法的形式确认下来,给广大消费者提供了一个辨识产品提供者的便捷方式。这样,一个与积极承担社会责任的企业所联系的产品和服务更容易受到消费者的认同。企业通过提高产品和服务质量,也利用自己掌握的资源,在力所能及的范围内为企业员工、社区和国家做一些令人称许的事情,这样有助于为消费者所接受,提高市场竞争力。

(八) 其他分析

此外,法律责任论认为是由于某些领域内法律规制不完善或法律尚未涉足而需要企业承担社会责任。附属原则论认为作为社会小团体的企业必须接受大团体——政府的干预和管理,积极配合政府实现广泛的社会目标。动态力量模型理论认为,企业植根的经济系统是一种由宽泛的多种力量相互作用的系统,因此必须对各种经济和非经济力量作出反应,企业的生存发展取决于其对社会、政治和经济力量作出正确的调整。[①]

三、现代企业社会责任的范围和实现机制

企业社会责任的范围应当是一个开放式的体系,这大概是因为企业社会责任是企业与公共利益相联系的具体表现,而公共利益本身是一个运动着的多层次的系统,企业的能力也因其性质、形态、规模不同而存在较大差异。一个能够实施的企业社会责任规范又必须是明晰的,它应当有具体的义务内容、义务主体、监督救济渠道和司法或行政强制力保障。此外市场和公众对企业的内在压力、政府的激励引导等也是企业社会责任落实的重要机制,特别是在行业、企业自律规范的落实中具有重要意义。

(一) 现代企业社会的范围

企业社会责任的具体范围没有一个统一而明确的认识。大致因为企业社会责任是一个历史性和具体性的范畴,也就是说它与任何具有主观性的社会规范一样,无法超脱于特定时空背景的经济、政治、文化等条件。在不同的历史发展阶段、不同的社会经济条件下,甚至对于不同性质或规模的企

---

① 崔新健:"企业社会责任概念的辨析",载《社会科学》2007 年第 12 期。

业,其承担的具体企业社会责任应当是有变化的,而不是整齐划一的。即使国际上的企业社会责任组织,它们规定的企业社会责任的范围、衡量标准也不尽相同,甚至存在较大的差异。但就历史发展来看,可以肯定的是,企业社会责任范围是一个开放式的体系,它随着社会公共利益的需要、企业能力的发展而有逐渐扩大和细化的趋势。

1. 企业社会责任范围示例

社会责任国际组织将企业社会责任的概念表述为:企业社会责任区别于商业责任,企业除了对股东负责,即创造财富之外,还必须对全体社会承担责任,一般包括遵守商业道德、保护劳工权利、保护环境、发展慈善事业、捐赠公益事业、保护弱势群体等。并于1997年制定了世界上第一个企业社会责任国际标准,简称SA8000,但尚未取得国际标准化组织的承认。[①]《OECD跨国公司行为准则》(2000年修订版)规定,企业应以谋求可持续发展为前提,切实关注环境保护,鼓励竞争,反对垄断,抑制商业腐败等。联合国推行的《全球公约》(Global Compact)要求商业领袖在各自的影响范围内遵守、支持以及施行一套在人权、劳工标准、环境及反腐败等方面的十项原则。

1971年,美国经济开发委员会在《商事公司的社会责任》的报告中,从比较广泛的角度对企业承担的社会责任作出列举。上述报告中列举了为数众多的(达58种)旨在促进社会进步的行为,并要求公司付诸实施。这些行为涉及十个方面的领域,它们是:(1)经济增长与效率;(2)教育;(3)用工与培训;(4)公民权与机会均等;(5)城市改建与开发;(6)污染防治;(7)资源保护与再生;(8)文化与艺术;(9)医疗服务;(10)对政府的支持。美国经济开发委员会在罗列了如此范围广泛的企业社会责任行为后,进而又将其区分为两个基本的类别:其一是纯自愿性的行为,这些行为由企业主动实施并由企业在其实施中发挥主导作用;其二是非自愿性的行为,这些行为则由政府借助激励机制的引导,或者通过法律、法规的强行规定而得以落实。[②]

美国法律研究所(The American Law Institute)通过并颁布的《公司治理原则:分析与建议》第2·01条(b)规定,即便公司盈利和股东收益未得到

---

① 李立清、李燕凌著:《企业社会责任研究》,人民出版社2005年版,第25页。
② Social Responsibilities of Business Corporations, by the Research and Policy Committee of the Committee for Economic development, 1971, pp.36—40.

提高,公司在进行业务时,也有义务像自然人那样在法律规定的范围之内活动,可以适当考虑那些被合理认为与负责商业行为相适应的道德因素,可以将合理的资源用于公共福利、人道主义、教育和慈善目的。①

2. 劳动者责任、环境责任、消费者责任等

在这些林林总总的社会责任具体事项中,被着重强调的现代企业社会责任,也就是一般认为应该被纳入强制性规范的企业社会责任事项有:企业对劳动者承担的责任、企业对环境保护承担的责任、企业对消费者承担的责任等。这些企业社会责任不仅已经有广泛认可执行的国际性行业标准、准则、指引,而且已经被各国立法明确并细化为严格的法律责任,有相应的行政制裁和司法救济渠道,例如劳动法和社会保障法规、公司法、环境法、消费者保护法、产品质量法等。这些领域的理论研究和司法实践已经相当成熟。

3. 企业慈善捐赠

较早的企业社会责任争论就是起源于企业捐赠②,企业捐赠至今一直存有较大的争议。企业捐赠或称公司赠与,是指企业对慈善、社会服务机构等作出的为了社会公益目的的捐赠。因为,企业捐赠极有可能造成了股东当前或将来利益的减损,如果法律允许企业管理者可以不必经过股东同意而实施捐赠,那么企业捐赠对于股东而言,实际上就具有强制力的含义。因此,确定企业捐赠是否被认为是企业应承担的社会责任的一个最核心的问题是,企业捐赠是否需要事先征得所有股东同意,即没有征求股东同意的捐赠是有效的吗?

该问题争论已久,目前已逐渐达成共识:普遍的态度是从禁止到放松,再到有限制的鼓励。③ 针对判断公司捐赠是否有效,英国的法官曾经提出三个标准:"不管它们是否在明示或默示的权力下作出的,所有这样的捐赠都牵涉公司款项的支出,该款项只能为了合理附带于公司业务发展的目的而支出,并且正如在所有判决中所显示的那样,该捐赠的有效性将通过三个永恒的问题进行检验:(1)交易是合理附带于公司业务开展的吗?(2)该交易是个善意的交易吗?(3)该交易是为了公司的利益,促进公司的发展吗?"④

---

① 美国法律研究院:《公司治理原则:分析与建议》,楼建波等译,法律出版社2006年版,第64页。
② 葛伟军:"公司捐赠相关问题探讨",收录于甘培忠主编:《公司治理专论》,北京大学出版社2009年版。
③ 傅穹:"公司转投资、保证、借贷、捐赠规则",载《政法论坛》2004年第22卷第3期。
④ Re Lee, Behrens & Co Ltd (1932) 2 Ch 46, p.51.

在美国,上述检验公司捐赠有效性的标准则完全被抛弃,公司捐赠不再被视为越权经营。建立在这样的理念之上,即维持良好的社会体制将有利于公司的长期目标,所有的州都允许商业公司进行慈善捐赠。① 1984 年标准法规定:"除非章程另有规定,每个公司以其公司名称永久存续,并且具有与个人从事开展业务经营所必要或便利的所有事情同样的权力,包括但不限于:……(13)为了社会福利或者为了慈善、科学或教育的目的作出捐赠。"②根据美国法律研究院的表述,公司应当以促进公司利润和股东收益的最大化为目的而开展经营,除了在一些情形中,即使公司利润和股东收益没有因此而提高,公司也可以"将合理数额的财产贡献于公共福利、人道主义、教育以及博爱的目的"③。

在日本的一个股东代表诉讼中,一审地方法院在判决中指出:公司行为分为交易行为和非交易行为,非交易行为应全部视为公司目的外的行为。从事公司目的外的非交易行为之董事应该承担违反忠实义务的责任,但是如果公司捐赠行为属于承担社会义务的行为,在合理的限度内经过全体股东同意的情况下,董事的捐赠行为应该得到免责。在上诉中,上级法院首次对捐赠问题作出了比较宽泛的解释:公司作为经济社会的构成单位,其捐赠行为的效力并不应局限于是否超越章程所制定的公司目的本身,而应该看公司捐赠对于达到公司目的是否必要、有益的;如果是的话,就应该肯定捐赠行为并未超越公司目的。④

4. 不同类型企业的社会责任

不同性质、不同状态的企业所应当承担的社会责任应该是有所区别的,例如私人公司与公众公司、国有企业与私营企业、跨国公司和小企业就有所不同。

有学者指出⑤,私人公司与公众化公司的社会属性是不一样的,公司法

---

① Theodora Holding Corp. v Henderson, 257 A. 2d 398 (Del. Ch. 1969); A. P. Smith Mfg. Co. v Barlow, 13 N. J. 145, 98 A. 2d 581 (1953); Union Pacific R. R. v Trustees, Inc., 8 Utah 2d 101, pp. 104—106 (1958); American Bar Association (1989), Model Business Corporation Act Annotated, Volume I, Prentice Hall Law & Business, p. 198. 转引自刘连煜著:《公司治理与公司社会责任》,中国政法大学出版社 2001 年版,第 1 页。

② 美国 1984 年《标准商事公司法》,第 3.02 条第 13 项。

③ Principles of Corporate Governance: Analysis and Recommendations 1994, § 2.01(b)(3).

④ 姜一春、管洪彦:"公司捐赠行为的效力分析——兼谈公司捐赠的立法完善",载《烟台大学学报》(哲学社会科学版)2005 年第 18 卷第 4 期。

⑤ 吴越:"公司人格本质与社会责任的三种维度",本书收录。

对私人公司与大众化公司的人格塑造,也存在着极大的差异,例如在公司治理结构、公开化要求方面,上市公司与规模较小的有限公司存在着极大的差异。相应地,对私人公司而言,除了要求遵循最低限度的法定义务,即诚实地履行商业合同和遵守法律(古典社会责任)之外,法律对于这种小型公司不应该有太多的管制和干预,也不应有更多的社会责任期待。支持股东利益最大化的首要理由在于,尤其对私人公司而言,股东是公司风险的最终承担者,因此股东利益最大化也大致同时满足了员工、社区、环境保护以及国家之利益。其次,倘若不将股东利益最大化作为公司的主要目标,那么采用任何其他目标反而可能让公司治理偏离航向。

一个大公司不但拥有数量庞大的股东以及成千甚至上万的员工,而且还必须维持与顾客和供应商的长期关系。一些大公司不仅是国家税收的主要来源,同时也是国家重点扶持和社区大力支持的对象。可见,一个小公司能够发展成为这种社会化的公司,已经不能简单归结为股东的贡献,公司管理决策层、员工的特殊投资以及社区和国家的扶持等因素都起着不可忽视的作用。因此,对于社会型公司的治理目标,不能单纯追求股东财富的最大化,而应当兼顾各利益攸关方的利益。

一般认为,强化公司的社会责任与投资者的所有制性质之间不存在直接的关联,但是在某种意义上,可以说承担社会责任是国有企业享有的垄断地位的合法性之所在,是公司为取得垄断利益而支付的必要对价。办国有企业的目的主要是承担社会责任。有学者指出,保险企业作为一种特殊的企业,其承担着特殊的社会职能,主要是运用保险企业对风险的评估和预测,对社会上其他企业之间建立良好的预警机制。①

一般情况下,通过政府干预经济运行的特殊法和单行法中的相关条款,对特殊类企业的社会责任承担提出具体要求,但也有的国家在公司法中对特殊类别企业的社会责任作出了规定,例如印尼 2007 年 8 月 16 日开始生效的第 40 号印尼新《公司法》第 74 条就对经营天然资源行业或与天然资源行业有关的公司的社会和环保责任作了专门的规定。② 第 74 条全文如下:

第 1 节:经营天然资源行业或与天然资源行业有关的公司负有社

---

① 转引自郭秀华、王冠宇:"企业社会责任与公司治理国际研讨会综述",载《中外法学》2008 年第 1 期。

② 楼建波:"中国公司法第五条第一款的文义解释及实施路径——兼论道德层面的企业社会责任的意义",载《中外法学》2008 年第 1 期。

会和环保责任。

第2节:经营天然资源行业或与天然资源行业有关的公司,如似第1节所述负有社会和环保的责任必须由公司承担,这责任的实施应关注公司合理和适当的开支,并将之注进公司预算和成为公司的支出/费用。

第3节:公司若不履行如似第1节所述负有社会和环保责任,依据法律规定受到惩罚。

第4节:有关公司社会和环保责任的进一步条款,将由政府法规再另行规定。

(二) 企业社会责任的实现机制

1. 企业作为主体:企业社会责任规范的强制力及其实现

在讨论企业社会责任实施机制之前,我们必须区分企业自发自愿的企业社会责任和具有强制力的企业社会责任规范,这样才能避免使企业社会责任的探讨过多地纠缠于纯粹伦理和道德层面。虽然道德是一切意义的根源,但是它不能分割,也不便妥协。"道德虽高于法律和技术,但是要提出做争论的根据时,则要在法律之后提出。不能经常提出,也不能在细枝末节内提出。"①现代的企业社会责任,既体现在实践层面的国际企业社会责任运动,更有波及各个主要社会学科的企业社会责任理论探讨,形成了多种为现代企业社会责任提供思想支撑的新理论,其最终的结果是企业社会责任可以成为企业的强制性行为规范而非仅仅是道德伦理要求。因此,现代企业社会责任并非局限于道德和伦理层面,也并非只是自愿自发的行为,它越来越强调对企业行为具有强制性的规范,它们的强制力可能来自于明确的奖惩制度,如法定义务和违法责任,也可能来自于自我承诺,如章程的企业社会责任目标或者公司计划中的社会责任支出,以及双方或多方契约,例如企业捐助承诺。例如:(1)国际和国内市场所形成的企业行为准则、指导、建议、惯例,(2)被各国法律纳入法律强制性规范的行为要求。由自发的企业社会责任承担到现代意义上的企业社会责任,中间经历了长期的社会实践和理论探讨,影响广泛,在历史上也被称为企业社会责任思潮。

企业社会责任规范强制力的实现主要通过三个机制:一是国家立法、判例及其法律运行机制;二是被广泛认可和承诺执行的行业标准、公司治理准则等自律机制;三是国家采取激励性措施引导的各项政策。

---

① 黄仁宇著:《万历十五年》,三联出版社1997年版,第278页。

国家法律强制力因其诸多的优点成为保障现代企业社会责任实施的重要途径。例如,美国为推动企业社会责任实践构建了一个较为完善的立法框架,其中《联邦反海外腐败法案》、《联邦组织判罚指南》、《2002年萨班斯—奥克斯利法案》的制定和实施,逐步通过法律机制将社会责任或道德伦理的企业自律行为上升为他律行为。

从法律层面来看,有专门的立法和公司法两个层面。专门立法是为落实某种社会责任的特定目的而制定的专项立法,分配权利义务关系。公司法是从公司治理结构、内部控制机制、董事/高管对外责任和豁免权等方面落实。

例如,企业对劳动者的责任承担,主要通过两种立法方式实现。第一是劳动法和社会保障法。劳动法和社会保障法通过明确劳动者最基本的经济和政治权益,赋予企业对各项劳动者基本权益的强制性义务。第二是通过公司法从正面对劳动加以定位,即通过公司法立法赋予劳动者以公司治理主要参与者的地位,保障其对公司享有知情权、监督权以及涉及企业劳动制度的提案和决策权。例如,德国通过共同决定制度将劳动者纳入经营机构当中。企业对消费者承担责任,主要通过消费者权益保护法和产品质量安全法来实现。消费者权益保护法明确了企业对于消费者的人身财产安全、知情权、自主选择、公平交易、人格尊严等各项权益承担的法定义务;而国际上和多数国家越来越完善的产品质量安全法体系则对从食品、药品、儿童玩具、建筑物等到医疗卫生服务、金融服务等各项产品和服务规定了越来越详细的生产标准和产品质量标准,配合标准实施的还有相应的认证体系、行政监督检查制度。企业对环境所承担的责任也比较早就以环境法予以确认。政策导向例如税收减免、优先采购等也是推进企业社会责任实施的一个有效措施。

2. 管理者作为主体:公司决策过程中的董事受托义务

由于公司的管理决策通常是由公司管理层作出的,特别是在股东分散的大型公司里,公司的控制权实际上掌握在职业管理团队的手中。因此明确公司管理层在管理决策中对企业社会责任受托义务,是企业社会责任实施机制中最为关键和最具成效的措施之一。

事实上,这西方国家公司法中关于企业社会责任的最重要的规定。例如,1937年的德国《股份公司法》规定公司董事"必须追求股东的利益、公司雇员的利益和公共利益"。英国也在1980年修改公司法时,规定董事必须考虑雇员的利益。英国的《城市法典》(City Code)第9条规定"在董事向股东提供建议时,董事应当考虑股东的整体利益和公司雇员及债权人的利益"。英国2006年新公司法对公司治理作了重大改革,引进了企业社会责任的概念,规定公司董事在争取公司股东利益最大化的同时还应从公司长远利益出发考虑一系列利益相关者的利益。① 此外,通过股东提案权的程序来强化企业社会责任的实施。

在企业经营决策中实施企业社会责任,要求建立公司内部的控制机制,明确董事对于企业社会责任的受托义务,并完善董事涉及企业社会责任受信义务。董事对外责任和董事豁免权是董事受信义务的两个方面。

董事对外责任意味着,把"按照行业准则和国际惯例,遵守法律法规,积极回应国家政策导向等"视做董事勤勉注意义务的应有之义,在董事违反了上述义务并且存在恶意和重大过失的情况下,该董事可以被要求对公司、股东之外的其他利益相关者承担损害赔偿等法律责任。

董事的豁免权意味着,董事善意地相信为了全体成员的利益、遵从多数人对企业的期望,即使作出了不营利或者违反营利目的的决策也应受到豁免,而不被视为违反了董事义务。例如,20世纪80年代,公司的收购风潮中出现了许多敌意收购,股东们往往可以从敌意收购者的高额出价中获取利益因此大多支持公司被收购。在目标公司董事会和股东意见相左时,在传统的公司法理论下,作为股东的代理人,董事会应该维护股东利益,服从股东意志。但是,敌意收购不仅关系到目标公司董事和股东的利益,而且往往导致大量的裁员,甚至导致目标公司的关闭,从而对公司的雇员、公司所在社区产生不好的影响。这样,各州通过立法对敌意收购进行干预,授权公司董事会考虑非股东的其他利害关系人的利益,防御和阻止敌意收购的进行。美国法律研究院通过并颁布的《公司治理原则:分析与建议》的§6.02对这方面的判例发展和成文法做了概括。②

---

① Chivers (2007).
② 美国法律研究院:《公司治理原则:分析与建议》,楼建波等译,法律出版社,第471页。
§6.02全文如下:
(a) 董事会可采取具有阻止一项非经邀请的收购要约[敌意收购]之效果的行为,但该行为必须属于对该要约之合理反应。
(b) 在考虑董事会之行为是否构成对要约之合理反应时:(1) 董事会可以考虑与公司和股东的最大利益相关的所有因素,包括合法性以及收购要约一旦成功,是否会威胁到公司的基本经济前景。(2) 此外,董事会也可考虑股东之外的公司有理由关心的其他团体或利益,但这种考虑不应该对股东的长期利益带来实质性的负面影响。
(c) 如果有人以上述(a)分节之标准没有被满足为由而挑战董事会的行为,他负有证明董事会的行为构成对收购要约的不合理回应的举证责任。
(d) 一项未能满足(a)分节之标准的行为可以被禁止或者搁置,但是授权该行为的董事们并不担负损害赔偿责任,只要其行为能满足商业判断规则。

3. 社会企业作为主体:具有公益目标的企业

在美国和欧洲出现了社会企业。在政府的引导和激励下,企业将公益作为目标以获得相应优惠和扶持。在美国,普遍认为社会企业包括了从事社会公益事业的营利公司、以追求商业利润和社会目标为双重宗旨的组织以及从事商业活动的非营利组织。但是,实务界对此另有看法。他们把这一概念更多来指称从事商事活动并获得收入的非营利组织,意在描述非营利组织的商业化倾向。在欧洲,社会企业类型包含了合作社、社区公司、社区小型产业以及从事慈善的企业。根据"社会企业在欧洲的兴起项目"报告一文,社会企业的理想形式包括以下条件:(1)持续提供商品和服务的活动;(2)高度自治;(3)高层次的经济风险;(4)授薪工作的最小化;(5)服务社会的明确目标;(6)公民群体的积极行动;(7)非基于投资资本的决策权;(8)具有参与的特性;(9)受限制的利润分配。[1] 社会企业的特质在于:它们具有企业的倾向,社会企业直接向社会提供各种商品和服务并因此获得收入;几乎同时,社会企业具有社会目标,即在追求经济效益同时,它们密切关注社会与环境的改造。芬兰于2003年通过并于次年元旦实施《社会企业法》(Finish Act on Social Enterprises),意大利于2006年也通过了关于社会企业的法律。英国于2005年通过了《社会公益公司规则》(Community Interest Company Regulations 2005)。社会企业这一类型是企业自愿的选择结果,因此会有所负担:例如需要安排一定比例的残疾人,需要提交公益报告;但是也因此会有所得:例如一些非基于社会企业这一组织形式、而是因为社会公益而获得的政策支持。[2]

4. 投资者作为主体

资本市场的发展对企业社会责任所带来的重大影响不容忽视。在一个发达的资本市场中,投资者可以通过股票的买卖或者公司的并购来获利,同时影响公司的生长、决策和发展方向。掌握更巨大资本的机构投资者和从事投资的专业人员的出现使投资者对企业和社会的影响力骤然加大。投资者最基本的要求依然是利润的赚取,但是单纯盈利的欲望所带来的巨大的消极影响会造成整个社会的动荡不安、损害社会利益。例如,美国学者劳伦斯·E.米歇尔分析了近年来美国资本市场的教训,指出美国的经历表明不

---

[1] See Defourny, J., "Introduction: From third sector to social enterprise". In C. Borzaga & J. Defourny (Eds.), The Emergence of Social Enterprise, London, New York: Routledge, pp.16—18.

[2] 金锦萍:"社会企业和企业社会责任——从'三重底线'谈起",本书收录。

受节制的资本市场对负责任和健康的公司行为具有潜在危害,这对其他国家具有警示作用。①

人们对资本市场中的投机者和投资者进行区分,更期望出现对社会负责任的投资者——希望投资者不仅将投资决策建立在财务指标上,更应考虑社会效应的期望,顺应民意,社会责任投资是投资者承担企业社会责任的早期实践。社会责任投资(socially responsible investment 简称 SRI)是指在传统的财务指标之外,以预期稳定利润分配的持续性、遵守法律、雇佣习惯、尊重人权、消费者问题、社会贡献程度和对环境问题的关注等社会伦理性标准为基础,评价并选择企业所进行的投资。它要求投资者将投资决策与经济、社会、环境相统一,不但应该对传统的金钱回报感兴趣,还应考虑到社会公义、经济发展、世界和平与环境保护等,从而实现可持续发展。近代的社会责任投资起源于 20 世纪 60 年代,1971 年,在美国出现了本土第一支伦理基金(Ethical Fund),目前美国及英国的社会责任投资总资产规模已超过 3 兆美元,每年以超过 30% 的速度成长。

然而,道德只能鼓励善行,却还是无力阻止资本投机所带来的危害。因此,美国学者劳伦斯·E.米歇尔提出一个通过公司治理结构的解决方案,他认为,只有当公司的决策层(主要指董事会)在拟定长期商事计划或者进行并购决策时,拥有较大的自由可以考虑包括雇员、资本、消费者、供应商和社区方方面面的利益,企业社会责任作为平衡上述多方利益的机制才有可能实现。通过给投资者投资行为设定某些强制性规范将投资者作为企业社会责任的苛责主体,同样是一个驯服资本投机行为的有效措施。但是,现阶段以投资者直接作为企业社会责任的苛责主体,其立法条件还不够成熟,还需要观察公司控制权和资本市场在实践中的进一步变革和发展。

四、主要的批判性意见和建议

(一) 主要的反对意见

企业社会责任理论和实践的发展过程中,反对的声音一直如影随形。

古典经济学反对给企业施加以营利之外的责任,因为这违反企业"经济

---

① 劳伦斯·E.米歇尔:"资本市场对公司社会责任的束缚:美国经验对中国的启示",载《中外法学》2008 年第 1 期。

人"的本质。亚当·斯密(Adam Smith)在《国富论》中提及,作为"经济人"的企业的基本责任就是,有效配置社会资源,通过向社会提供产品和劳务以使企业利润最大化,"他追求自己的利益往往使他能比在真正出于本意的情况下更有效地促进社会的利益"。这是传统经济学理论所持的企业社会责任观,这一责任观认为追求利润是企业的本质,也是企业对社会最有利益的作为。

1962年,芝加哥大学的一位经济学家弗里德曼发表了关于现代资本主义的一篇划时代的论文,他在其中对企业社会责任做了正面攻击[1],认为企业的唯一目的就是将股东利益最大化,而企业/市场监管的责任完全应有政府来承担,这一观点至今仍受到许多公司高管和金融家的推崇。罗伯特里奇(著名自由社会经济学家,前克林顿政府劳工部长)在其最近的新书《超级资本主义》中从另一角度得出了与费里德曼类似的结论。里奇认为企业承担社会责任将使企业获得过多的控制权,导致削弱政府作为社会监管者的合法性并破坏民主进程。里奇认为企业社会责任应受到政府强制立法和法规的监管。[2]

韩国学者李哲松教授将反对者的理由总结为以下三点:其一,企业社会责任有违企业的本质;其二,企业社会责任内涵的模糊;其三,企业社会责任的义务对象的缺位。同时,他认为公司社会责任的责任主体主要是董事,且认为由于公司社会责任连其对象都难以特定,对企业或者大股东赋予有约束力的义务内容是不可能的。[3]

(二)企业社会责任法律化难题

有关公司社会责任的文献多数认为私有利润与公共利益之间存在着对立关系,然而这个看法却从来未被验证过,人们都认为这种对立性是不言自明的。如果私有利润和公共利润存在对立,那么仅仅依靠道德约束的企业社会责任主张,肯定会被怀疑具有欺骗性。因此,必须以强制力的公司社会责任规范来约束这种追求,才能真正实现私有企业和公共利益的平衡。然而,利润的衡量是直截了当的,但衡量环境保护和社会公正却没有或者难以找到简单直接的方法,最大的困难在于没有测量这方面进步的单一测度。企业社会责任的法律化必须要解决这一难题,找到可供经受住个案考验的

---

[1] Friedman (1962).
[2] Reich (2007).
[3] 李哲松著:《韩国公司法》,吴日焕译,中国政法大学出版社2000年版,第50页。

合理科学的判断标准、才能辅之以具体的法律责任。正因为这一障碍,我们看到,诸多企业社会责任仅仅停留在道德层面,而不能真正法律化。

(三) 社会企业是否是解决途径

有学者建议将企业划分为纯商业企业和社会企业,将社会企业作为"致力于解决社会问题的、进行着经营活动并获得收益的组织"的身份识别,并对这一身份者适用额外的包括税收利益在内的支持政策,这可以回应对于纯商业企业承担社会责任的过多苛求。① 但是通过美国和欧洲的社会企业立法,我们看到这并非一个普遍的解决方案,只是政府激励和引导企业社会责任实施的一种特殊机制而已。

五、中国企业社会责任的实践之路

中国的企业社会责任实践具有两个重要的特点。

第一,中国企业社会责任运行是由政府、立法等部门"自上而下"地倡导和推动,过多依靠行政权力的保障实施。

与其他市场经济国家社会主导企业社会责任发展不同,中国政府的强势地位使企业社会责任实施的进程以一种"自上而下"的方式推动,严重依赖于政府在劳动环境,消费者保护,科技创新及和谐社会的政策和行政措施。② 这种做法可能会引致一些自相矛盾的效果:一方面,国内市场机制初步构建、正在发育,国内对CSR的认知有限,CSR发展还不太可能完全依靠公司企业的自愿。因此,政府立法和执法仍是最多使用和最被依赖的方法来规范企业市场行为。学者在讨论CSR的中国发展时,多数人也都提到改善有效监管和执法的法治环境是推动CSR发展的迫切需要。另一方面,市场经济改革的深入和市场法制环境的完善,要求政府为自己重新定位,减少行政权力对市场运行的直接参与;同时,企业社会责任更多的是道德伦理层面的,仅靠法律强制实施无法取得良好的效果。因此,除法律措施外,政府应尽量采取政策指引,优先议题和激励机制使企业作为合作者一起参与CSR的发展。此外,中国幅员辽阔,并且区域发展很不平衡,企业社会责任实施需要中央政府和地方政府的共同努力。尽管中央政府已经调整了国家

---

① 金锦萍:"社会企业和企业社会责任——从'三重底线'谈起",本书收录。
② 韦黎兵:"履行社会责任!政府推着企业走",载《南方周末》2007年11月1日,C17。

发展战略,推动和谐社会、创新产业和环境保护,但如何有效地在地方层面实施这些政策一直是个严重的问题。例如,为吸引更多的投资,一些地方政府甚至不惜漠视法规,牺牲劳工及工会利益和环保要求。①

第二,中国企业社会责任运动发生在大型国有企业、初步具有市场主体地位的优秀民营企业、外商投资的跨国企业,三者共同发展的背景之下。

一方面,财产法以及公司法等商事组织法赋予了各类市场主体独立和平等的市场地位。但是大型国有企业在市场上具有一定的先天优势和垄断地位,并可能在当前和将来一定时期内以其垄断暴力成为国家财政的重要来源;这样不可避免地会引起消费者和其他经营者的不满。因此,民众期待国家立法要求国有企业在作为经营主体为国有资产保值增值的同时,必须要比一般市场经营主体承担更多的社会责任。另一方面,随着市场经济体制改革的深入,民营企业的市场主体地位和权益还需要获得进一步的保障,其市场竞争能力还有待扶植,这种情况下,如果社会责任承担过于宽泛和模糊,将不利于企业自主经营权和市场竞争力,这就需要立法明确最低限度的企业社会责任承担。中国市场经济体制改革的一个特点是在国内市场机制没有发育之前,首先以立法承诺和保证了外商投资企业的市场主体地位,并且在长达二十余年的时间内给予了外商投资企业超国民待遇。这使跨国企业在华投资剧增并获取了巨额利润,在这种背景下,民众普遍期待跨国企业在促进国内技术更新、劳动者权益保障、环境保护等方面积极承担起与其优惠地位和巨额利益相衬的社会责任。综上,三类主体并存和发展的历史背景决定了对不同类型的企业社会责任很难在同一水平上作出整齐划一的要求。

六、结语

现代企业社会责任理论在中国广泛传播并迅速发展起来,中国企业社会责任的规范体系在政府主导下逐渐形成。然而,中国企业社会责任理论发展和立法构建是发生在中国市场经济体制初步建立的特殊背景下,初步获得平等竞争地位的民营企业和大型国有企业、跨国企业实力不均,区域经

---

① 孟华等:"外资对中国经济发展的负面影响应引起重视",新华网 2005 年 10 月 12 日报道,http://news.xinhuanet.com/newmedia/2005-10/12/content_3609374.htm.,2008 年 7 月 12 日访问。

济发展极不平衡、政府和市场关系定位有待调整、市场经济立法技术尚待提高,司法制度还不完善——这些问题的存在使企业社会责任的中国实践之路颇为坎坷,充满挑战。自由伴随着责任而来,企业社会责任承担是企业取得市场主体地位、实力获得发展壮大的代价,也是中国社会经济可持续发展的必经之路。在"汶川大地震"的救援和震后重建中,我们已经看到了中国政府的决心和各界企业的热忱,我们有理由期待企业社会责任的中国实践将使我们走向人和自然、企业和社会和谐发展的美好未来。

理论前沿

反思与超越:公司社会责任诠释

周友苏 张 虹[*]

摘 要 本文通过对公司社会责任语义的辨析,明确"责任"是指义务;梳理公司社会责任产生的背景,以厘清公法私法的相互融合;着眼于公司营利目的与承担社会责任之间关系诠释的一种超越——效率目标下的公平追求:以尊重公司营利本位的目的为分析进路,寻求公司承担义务向尊崇与利益相关者的社会合约的转变,以公法、私法融合的互补与完善法人治理结构实现可持续的发展,共同演绎超越的进程。希冀为多元文明与公司社会责任多一种注解思路。

关键词 公司社会责任;义务;效率;公平

梳理公司的发展脉络,自中世纪意大利沿海城市的康孟达组织至当今显赫全球的跨国公司,几百年的历史清晰地昭示了公司的营利目的,追求股东利益最大化是公司的终极目的。公司作为现代社会最主要的商事主体对其债权人、劳动者、供应商、消费者等利益相关者以及对所在社区、自然环境的影响与日俱增,公司与社会的关联关系越来越密切。要求公司对利益相关者承担义务的呼声日起,公司"营利性"的本性之外被披上了"社会性"的外衣。特别是在全球化的趋势下,跨国经营使公司社会责任突破了国界,因而,在倡导多元文明的和谐与共同

---

[*] 周友苏,四川省社会科学院教授;张虹,四川省社会科学院法学研究所助理研究员。

繁荣的时代下,公司社会责任成为全球关注的焦点之一。

一、公司社会责任的语义辨析:"责任"与"义务"

"公司社会责任(Corporate Social Responsibility)"作为法律概念严格来说是不够明晰的。因为学界对责任往往有广义和狭义两种不同的解释,广义的责任包括了义务的含义;而从我国的立法上看,责任则更多是取狭义的解释,指由违法行为所引起的不利法律后果,即法律责任;义务是对主体行为的约束,而法律责任则是当主体不履行义务时才产生。对主体而言,责任是一种对行为后果的承受,或者说是对不履行义务的行为的惩罚。可见,作为法律术语的责任并不等同于法律义务。①如果不对公司社会责任作出明确的界定,就可能出现语义上的含混。我们认为,公司社会责任实际上指公司对社会承担的一种义务,即公司应当或必须为一定行为或不为一定行为的必要性。张文显先生在解释法律责任时曾谈到:"责任"一词有两层语义:一曰关系责任,一曰方式责任。前者为一方主体基于与他方主体的某种关系而负有的责任,这种责任实际上就是义务;后者为负有关系责任(即义务)的主体不履行其关系责任所应承担的否定性后果。[1]由此观之,我国《公司法》第5条关于公司"承担社会责任"的规定中,"责任"显然是张文显先生所指的"关系责任",即法律义务。在这个意义上,公司社会责任似乎称为公司社会义务更为准确。

将公司社会责任解释为公司社会义务并不仅限于概念的辨析,由此及彼,至少可以启示我们思考公司社会责任的如下问题:

1. 与公司社会责任相对的社会权利

法理上权利义务是相对存在的。没有无义务的权利,也没有无权利的义务。公司社会责任是一种义务,必然会有与之相对应的权利,由此来体现

---

① 以《公司法》为例:相关条文使用的"认股人的权利、义务"、"公司董事、监事、高级管理人员的资格和义务"、"忠实义务"、"勤勉义务"、"清算义务"等概念,均是指主体应当或必须为一定行为或不为一定行为的必要性,属于对主体行为的约束;而除了第5条使用的"社会责任"概念外,其他相关条文中使用的"法律责任"、"民事责任"、"赔偿责任"、"违约责任"、"连带责任"等概念,均是指主体不履行义务所应当承受的法律后果。

公司与利益相关者彼此间的关系。目前学理上有社会权利之说。①权利就是利益,因此,它也是一种社会利益,其范围包括雇员(职工)利益、消费者利益、债权人利益、中小竞争者利益、当地社区利益、环境利益、社会弱者利益及整个社会公共利益,其中,与公司存在和运营密切相关的股东之外的利益相关者的利益是公司承担社会责任的主要对象,或者说,这些利益相关者是公司承担社会责任的受益者。可见,利益相关者应当是社会权利的主体,但仔细分析又不难发现,这一主体具有非特定化的属性。与之相联系,公司一旦不履行社会责任(义务),如果没有特定的主体来主张具体的请求权,这一义务就可能落空。在这个意义上,社会权利应当是公法上的权利,需要由公法上的主体来行使。社会权利的主体应当为社会。

2. 对公司社会责任具体义务的界定

正是由于公司社会责任是一种义务,而非不履行义务承受的后果,这就要求公司社会责任不能仅仅是宣示性的,而需要对义务的范围和内容作出必要的界定,使之具体化和明晰化,具有确定性,否则,就无法对公司的行为进行规范,也无法明确公司不履行义务时应当承担何种法律责任以及承担多大的责任。对义务内容的界定,往往需要通过立法列举的方式。我国2005年修订后的《公司法》虽然第一次将公司社会责任载入法律条文,但尚未对其具体内容进行界定。而国际上已出现由国际组织来制定企业社会责任国际标准的发展趋势。②

3. 不履行公司社会责任的法律后果

公司社会责任作为公司的一种义务,其性质究竟属于道德义务还是法律义务?按照人们对道德的一般理解,道德义务主要依据人们的内在信念、觉悟和社会舆论起到规范约束主体行为的作用;而法律义务可以起到强制性地规范约束主体行为的作用。不少人认为,公司社会责任在相当大的程度上应该是法律义务,其法律属性应该远远大于其道德属性。[2]法律义务应

---

① 有学者对与公司责任相对应的社会权利进行了探讨,认为在通常情况下,社会权利与社会公正、社会平等、社会秩序、社会保障、社会参与、社会和谐等密切联系,社会权利应当包括组织权、环境权、受教育权、社会保障权、社会参与权、消费安全保障权等。参见李雪平:《企业社会责任国际标准的性质和效力》,载《环球法律评论》2007年第4期。

② 如:SA8000(即Social Accoutability8000)是继ISO9000以及ISO14000发布之后,全球第一个针对企业社会责任的认定标准,其宗旨是规范企业道德行为,是全球第一个可用于第三方认证的社会责任管理体系标准,适用于各个国家、各个行业和企业;2005年3月,多国联合国际标准化组织(ISO)在巴西召开会议,期望用3年时间,制定企业社会责任国际标准ISO26000,并计划于2008年初发布实施。

当由法律来规定,但这并不意味着法律规定了公司社会责任就等于将其上升为法律义务,如果没有相应的法律责任作为后盾,从规范意义上讲是不完整的,只有行为模式而缺乏行为后果的内容,难以起到规范主体行为的作用。①

4. 公司社会责任与公司营利目的的协调

既然公司社会责任是一种法律义务,就意味着它需要以公司牺牲一定的自我营利作为代价。在公司获取的利润为一定量时,公司承担社会责任就必然意味着要挤占公司的利润,或者说就必然会影响公司股东的利益。在这个意义上,公司社会责任是对公司权利能力和行为能力的限制。而传统公司法理论认为公司的目的是谋求股东利益的最大化,公司的权利能力和行为能力受到限制的结果必然导致公司营利目的与承担公司社会责任间的冲突。

就公司社会责任是一种义务引发的思考,特别是公司作为传统的私法主体与公司社会责任相对的社会权利需要公法规制之间的矛盾,以及公司营利目的与承担公司社会责任之间的矛盾,我们的目光试图从历史的视域廓清思路并着眼于现实的视域探求公司营利目的与承担公司社会责任相容的路径。

二、公司社会责任产生背景的启示:公法私法的相互融合

公司社会责任理论肇始于20世纪初的美国。早在1924年,美国的谢尔顿(Oliver Sheldon)提出"公司的社会责任"这一概念,把公司的社会责任与公司的经营者满足产业内外各种人类需要的责任联系起来,并认为公司社会责任含有道德因素在内,但没有引起人们过多的关注。后来在美国经济危机的背景下,公司社会责任在美国引起社会广泛关注,理论上不断发展,逐渐转向了法律层次。法学界的认识起于美国哈佛大学法学院的多德(E. M. Doda)教授。20世纪30年代,Doda教授率先指出:公司对雇员、消费者和公众负有社会责任,尽管这些社会责任未见诸法律而为公司的法定义务,但应当成为公司管理人恪守的职业道德。[3]但是,哥伦比亚大学法学院

---

① 我国《公司法》对公司社会责任仅有一条宣示性的原则规定,没有形成规范结构,不具有操作性。

伯利教授则坚决反对多德教授的观点,而后,伯利教授和多德教授以"董事对谁承担义务"为主题开始了长期的大讨论,也演化成了对公司社会责任的广泛关注。伯利教授维护董事的权限永远只能为全体股东的比例性利益而行使的传统观点;而多德教授则强调公司不仅具有追求利润的功能,同时也是具有社会捐助功能的经济性机构。

以上的论辩与美国20世纪20年代末面临的社会经济问题密切相关,抑或可以说公司社会责任的提出与西方国家经济法的产生有着一脉同源的联系。生产力与生产关系的矛盾是现代经济法产生的根本原因,同时社会化导致了现代国家对经济生活介入的广泛和深化。西方国家的经济法长期以来多是迫于经济危机或社会矛盾激化而不得不制定的。危机对策经济法的典型事例,是20年代末至1937年大萧条时期美国制定的一系列凯恩斯主义的经济法。[4]尽管英美法系国家不强调公私法的划分,但经济法这种国家干预的背后表征了公法私法相互融合的趋势。公司社会责任的发展与经济法演化过程中的公法私法相互融合的趋势存在着很大的相似性。

在公法私法相互融合的趋势之前,私法在社会生活中居于主导地位,因而,公司法在早期的私法品性是社会发展的必然产物。随着社会的进步和家族的解体,中世纪以后,社会秩序以个人之间由合意所形成的关系为基础,实现了梅因所言的从身份到契约的社会演进,私法品性也日渐成熟。这主要可以从以下两个方面来说明:首先,从法学视角来看,一般认为,近代法律体系主要由公法和私法两大法域构成。特别是在自由资本主义时代,推崇市民社会和政治国家二元分立的理念,认为自由经济是自然秩序在经济领域中的延伸,主张完全通过市场就可达到自动调节资源配置和社会协调发展的目的,国家对经济生活实行不干预政策。由西方国家公司立法的发展历程中可以看出,公司在自由资本主义时期被设定为"私法自治"的主体。实际上,整个自由资本主义时期,个人权利一直居于法律的核心地位,人们也不认为为了社会利益可以限制个人权利。因而,传统公司法理论认为,公司制度是与自由经济相适宜的,自由主义是公司法的精髓和灵魂,没有自由,就没有企业,公司设立、公司资本和公司治理都是遵循自由主义运作的。所以,传统的公司法是以股东的利益为优先考虑,其与个人本位相一致,公司旨在追求营利。其次,从经济学视角来看,对人类的经济行为的分析,古典经济学和新古典经济学是以利润最大化作为出发点的。亚当·斯密(1776)早在《国富论》中就详细阐述了这一思想,认为企业如果能高效率地使用资源以生产社会需要的产品和服务,并以消费者愿意支付的价格销售,企业就尽到了自己的责任。因而,这一时期人们是以利润最大化作为基本出发点来理解企业社会责任的。在公司社会责任的早期争论中,曼尼(manne)就是这一"自由经济"的代表人物。这种思想坚持完全竞争下的自由市场是经济资源的最佳配置方式,在这种完全竞争的市场中,任何对利润最大化目标的偏离都会危及企业的生存,因而坚持这一思想的人坚决否定公司在利润之外承担社会责任。[5]如是,公司作为私法主体以利润最大化为其唯一目标也就顺理成章。

公司法的公法品性随着社会发展亦渐次彰显。公法品性的涌流而出与当时的时代思潮不无关系。20世纪之初,翻天覆地的工业化与现代技术革命改变了人与人之间的关系,19世纪盛行的个人主义开始转向20世纪的合作意识和社会意识,"传统的自由意愿让位给环境决定论,个人主义让位给公共控制,个体责任让位给社会责任"[6],公法品性的成熟也主要可以从以下两个方面来说明:首先,从法学视角来看,随着经济和社会化大生产的发展,建立在传统哲学和自由经济学基础之上的近代私法体系的局限性日趋暴露:市场自发的资源配置、资本家对工人利益的盘剥以及因此而造成的分配不公现象加剧了社会矛盾的日益激化;大规模生产方式在经济活动中日益加剧了对环境的污染和对资源的掠夺式开发,因此造成了生态环境的恶化;公司之间的恶性竞争、信息的不对称引发的欺诈、损害消费者现象层出不穷;商人追逐利润的驱使下工人劳动时间的不断延长、工作条件的一再恶化……矛盾的日益突出迫使人们对自由经济反思,国家强化对经济生活的干预顺势而出,公司承担社会责任的过程其实就是国家加强对社会经济领域干预的过程。伴随着国家干预调节社会经济,私法公法融合的现象亦相伴而来。加拿大学者布莱恩·R.柴芬斯在《公司法:理论、结构和运作》一书中指出:在近代,公司法是以私法为基础的法律规范,到了现代,随着政府职能的扩张和对经济自由的限制以及对私法自治原则的修正,私法公法化的现象日趋明显,政府对公司的干预亦愈来愈多,提高效率成了政府干预公司的合理理由之一。[7]社会公平、正义、效率都是法律的价值体现,公司追求效率与社会要求公平、正义需要在法律上平衡。因为没有公平的效率将会扰乱整个社会秩序;而不讲效率的公平将会导致发展的紊乱。私法公法融合在一定意义上就是倡导在坚持效率的基础上,追求实质意义上的公平。而在现代市场经济环境中,公司人格的经济性和社会性的双重属性弥增:公司的经济性是其自然属性,逐利性是经济人的天性,公司势必优先考虑股东的利益和以股东为本位,为此甚至不惜牺牲他人和社会的利益;公司的社会性要求公司作为社会成员,必须考虑到利益相关者的利益。而"利益相关者"的公司治理就是在股东之外,还要考虑到社会利益,它是与社会本位相协调的公司治理模式。[8]于现代各国公司法的实践角度而言,政府对公司的监管程度越来越强。而单纯的市场无法解决公司经济活动的外部效应,国家必须干预,通过立法以解决污染等外部效应。如各国法律对消费者给予特殊的保护,以平衡公司同弱势的消费者之间的利益冲突;各国通过劳动法干涉公司同劳工之间的契约,以平衡公司和劳工之间的利益冲突;又经历着从契约到身份的回归。其次,从管理学视角来看,1984年,著名的管理学学者美国的弗里曼(Freeman)在《管理策略》(Strategic Management)上发表了一篇名为《利益相关者探讨》(A Stakeholder Approach)的文章,挑战了传统的公司原则,认为股东的利益不应该被看做居于最高地位,而应是利益相关者网中的一员。是弗里曼第一次把利益相关者分析引进管理学中,认为处理好公司、股东、与利益相关者之间的关系有利于提高公司社会声望,有利于公司长足的生存和发展。如是,公司作为私法主体接受公法的适度规制并承担社会责任也就理所应当。

三、超越:效率目标下的公平追求

传统公司法理认为,公司唯一的目的就是在法律允许的范围内,在经营中追求利润最大化,而社会的演进、公法私法的融合使得公司社会责任逐渐成为人们视域中的一个焦点。公司的营利目的与承担公司社会责任真的是泾渭分明、不能相容吗?笔者认为公司的营利目的与承担公司社会责任的关系的诠释应当旨在实现一种超越——实现效率目标下的公平追求。

(一) 尊重公司营利本位的目的

公司是一种营利性社团法人。股东设立公司的目的在于营利。这一标志使它与其他辅助性或者公益性的社团法人区分开来。[9]在商言商,追逐利润被认为是企业的天性。公司作为经济实体,营利目标无疑是其生命力所在。公司的社会责任必须以公司的营利性本质为基础。在市场经济条件下,营利性作为公司的本质特征,亘古不变。公司社会责任的实质就在于公司在谋取自身利益和股东利益最大化的同时,应当兼顾社会上其他利益相关者,不得以损害其他利益相关者利益的方式为股东牟取利益。但是,无论如何不能只强调社会责任而无视公司营利本质,因为公司的营利目的与公司承担社会责任毕竟存在着利益上的冲突,绝大部分公司履行社会责任并不一定是自愿的。

不能忽略的一个事实是:市场经济发达国家热衷的公司社会责任在其本国的产生背景有着特殊的意义。公司社会责任理论最早发端于20世纪20—30年代的美国、而后德国等也有所发展,从其产生的背景看,这些国家当时均处于完成工业化、从自由资本主义向垄断资本主义过渡的时期,公司的运作体制日趋成熟、公司的理论体系趋于完整。公司创造巨大财富的同时难以掩盖公司滥用自己的优势地位、劳工缺少社会保障、环境污染、事故频发、消费者利益受到侵害等社会问题……概言之,那一时期这些国家的公司已经在很大程度上完成了原始积累,其对营利目的的追求也达到极致,使股东分享了由此带来的利益最大化;然而由于一系列社会问题的频现迫使这些国家研究、讨论进而呼吁公司社会责任、公司的经营应当遵守社会伦理道德、遵从社会本位。

同样不能忽略的另一个事实是:呼吁加强公司社会责任时应当正视中国的工业化尚未完成、公司的成长历史短、公司还没有完全成为营利性的法人实体的特殊背景。应当看到,中国在实现经济体制转型过程中,多数公司是由传统公有制企业改制而成,由于旧体制的惯性,改制的公司还没有完全成为营利性的法人实体,或者说营利性还体现得不够。而在这种情况下,过多地强调公司的社会责任,就可能给不恰当的政府行政干预提供一个很好的借口和理由,可能影响公司的效率和功能的充分发挥。因此,我们感到在强调公司的社会责任上应当适度,一是不能完全将市场经济发达国家的做法完全照搬于我国;二是强调公司社会责任不能不加区别,将对大公司承担社会责任的要求也一视同仁地强加给所有的企业,特别是中小企业。这必然会引起社会的不公平现象。[10]我国正处于社会主义初级阶段,虽然已经建立起了市场经济体制,但是公司制度的建立不过十余年。既有稳步壮大的本土公司,又有日趋向上的跨国公司,还有尚待建立现代企业制度的中小公司,也有运作不规范的戴帽公司,可以说国内的大部分公司还处于资本原始积累和适应转型的发展阶段,公司的营利性目的在这一时期仍然应该是经济活动的中心。在这种情势下,如果过多强调发达国家公司已经逾越原始积累阶段发展至成熟期所要求的社会责任,其适当性和公平性值得考虑。从另一角度看,公司营利目的的实现才能使公司增加实力,有更大的能力承担更多的社会责任,而且公司营利目的的实现能保证公司正常经营、稳定职工的就业、维护社区的利益,这本身就是承担了一定的社会责任。

所以,我们认为,强调公司的社会责任首先应当建立在尊重公司营利目的的基础上,任何时候都不得以公司的社会责任否定公司的营利性本质,甚至那种将公司社会责任与公司的营利性等同并举的学说也有违公司社会责任的正确定位。其次应当对发达国家与发展中国家的公司、不同类型的公司承担社会责任有不同的标准和要求,从而实现效率目标下的公平追求。

(二)义务——社会合约的转变

尊重公司营利本位的目的并不是否定公司承担社会责任。公司固然以营利为宗旨,然而,公司营利与承担社会责任之间并非不可调和。因为一味地追求利润不一定就必然给公司带来长足的利益与发展。笔者试图抛开"公司利益服从于股东还是服从于利益相关者"的非此即彼的争论,希冀站在社会学与法学的联系上探讨公司营利与承担社会责任的关系。如前所述,"公司社会责任"在法律上实际指公司对社会承担的一种法律义务,法律义务在一定程度上多少带有被动之意。如果能够从理念上将公司被动地承担义务转向主动地尊崇与利益相关者的社会合约,不失为超越的一条分析进路。乔治·斯蒂纳和约瀚·斯蒂纳曾在《企业、政府与社会》一书中指出,企业与社会之间存在一种基本协定,一种社会合约。如果企业组织得不到社会的认可,它是无法长期生存发展下去的。

在某种意义上,公司承担社会责任与得到社会的认可、维护公司与社会之间的社会合约的稳定性存在必然联系。若要阐释公司社会责任,就需要洞悉社会合作的存在,即资方、劳方、消费者、公众之间存在社会合作关系,在利益上彼此相关,构成利益相关者关系。这些利益相关者在相互依存的社会合约关系中形成"利益共同体"。利益相关者任何一方的利益得不到有效保护,都可能导致公司经济目标难以实现。关注"利益共同体"各方的利益是公司存在和发展的必需。公司承担义务向尊崇与利益相关者的社会合约的转变,在公司治理结构中也要有所体现:在现代公司结构下,所有权和经营权相分离,拥有所有权的股东和行使经营权的管理层之间尽管有着不同的利益需求,但是公司对管理人员的专业化程度的要求日益提高使得股东对管理层的依赖增强,管理层往往能实际控制公司的运转,保障管理层一方的利益是公司治理结构中不能回避的事实;债权人如果因公司经营不善丧失偿债能力,往往通过破产程序以实现债权,股东和管理层也会因此丧失公司的所有权和控制权,债权人的利益是公司治理结构中不能不关注的事实;职工是利润的创造者,改善职工的劳动条件和提高待遇,才能提高工作效率确保公司长远发展,职工利益是公司治理结构中不能不考虑的事实;消费者是公司产品的购买者和使用者,公司提高产品质量、维护消费者权益才能使公司的产品在激烈竞争的市场上提升占有份额,消费者的利益是公司治理结构中不能不顾及的事实;社区是公司得以依存的环境,公司通过防止污染、保护社区环境,维护社区居民利益,才能依托于社区长足发展,社区的利益是公司治理结构中不能不注重的事实……因而,公司利益相关者在逻辑上拓展了——利润最大化所体现的传统公司法上的"股东至上"的原则。因为这种社会合约的存在,现代公司法要求公司在考虑股东利润最大化目标时,也要兼顾其他的"利益相关者"(stakeholder)的利益,即公司应当承担一定的社会责任也是为着实现其利益最大化目标。1995年,十多家英国大公司赞助了一个研究项目——《明天的公司:企业在变化的世界中应当扮演的角色》。该项目研究报告指出:"那些在将来处于优胜地位的公司具有以下特点:不仅仅把眼睛盯在为股东赚钱上,不仅仅用财务指标衡量公司业绩,而是在思考和讨论公司目的和表现时,综合考虑公司的所有利害关系人。"[11]公司主动尊崇社会合约,承担社会责任以实现其利益最大化目标在中国国内也有所体现。例如:"农夫山泉"商家在中央电视台打出"喝一瓶水捐一分钱"的广告,既树立了良好的品牌形象,也体现了企业对社会责任的承担。

　　既如此,将公司对社会承担的一种法律义务从理念上转化为对社会合约的尊崇,进而演化成为主动行为,就是对公司的营利目的与承担公司社会责任的关系诠释的一种超越。这一超越的意义在于:公司及其管理层都应当树立起这样的基本理念:承担社会责任,不仅是在履行法律义务,更重要的是对社会合约的一种尊崇;不管是出于法律的强制性规定还是出于公司自身利益与提升公司知名度的需要而对社会责任的承担,都是在人类文明多元发展模式下应当被鼓励与推崇的。

　　(三)公法、私法融合的互补与完善法人治理结构实现可持续的发展,共同演绎超越的进程

　　正如前文所述,国家干预的背后表征了公法、私法相互融合的趋势。公

司法兼具公法、私法的品性是公司承担社会责任、实现效率目标下的公平追求的法理基础。尊重公司的营利目的，就是赋予公司作为私法上的主体更多的自由和"权力"，公司的营利行为是股东自由的体现，公司的行为是其"意思自治"的充分展现。而公司"权力"的行使并非不受约束。对公司"权力"的适度约束在现代社会主要基于两点理由：第一，公司在实现其营利目的的过程中，必然会产生外部性的问题。由于外部性存在正外部性和负外部性之分，故对于社会亦会产生好的作用或者坏的作用。典型的负外部性就是公司行为引起的环境污染。类似这样的负外部性问题应当通过制度的安排由公司与社会和政府实现责任的最优分担。第二，公司在现代社会的地位越来越重要。随着公司资本的积累，规模不断壮大，公司对社会各个方面的渗透力加强，特别是大型跨国公司的影响力甚至超越政府。公司的影响在现代社会可谓生生不息。经济实力壮大后的公司从经济人的本性出发必然会利用其经济优势进一步追求营利，如果不受约束，就可能出现损害利益相关者利益的行为，如欺诈、生产出售假冒伪劣产品、滥用经济优势垄断价格、排挤中小竞争者、侵害劳动者和消费者的合法权益、为追求经济效益而不顾环境污染等。如是，利用公法的手段进行国家干预，推行社会责任是势之所趋。

伴随全球化时代的到来，世界将成为一个统一市场，公司社会责任也已经引起世界各国的关注，公司社会责任的实施需要各个国家的通力协作与共同努力。其实，公司社会责任早在2000年就列入在瑞士日内瓦举行的联合国大会审查社会发展问题世界首脑会议成果执行情况的特别会议议程。许多人士认为，公司社会责任问题达成国际共识的时机似乎已经成熟，这次大会的特别会议所商定公司社会责任准则虽然还不具法律约束力，但可成为普遍公认的企业行为准绳。[12]中国自20世纪90年代末，伴随国有企业改制、非公有经济快速发展，中国公司的治理结构也发生了较大的变化，股东权益逐渐得到了尊重，正在形成股东权主导型的公司治理模式，相当数量的公司逐渐步入规范化发展的轨道。不少公司中的有识之士越来越注重公司的长远发展，认为公司承担社会责任，符合社会公众对公司的合理期待，也有助于改善公司形象，提高公司声誉，增进公司股东的长远利益。这也恰恰印证了1965年鲁德教授对前文所述的伯利教授和多德教授论争的总结，鲁德教授指出："仰赖传统的营利最大化的理论，并不能导致对于当今公司责任的提法的否定。在经营判断原则的框架之内，存在着许多可以将公司的资金用于有价值的公共福利措施的机会。唯一的限制是公司政策必须与公司长远利益有着合理的联系。"[13]

在中国,公司能够承担社会责任的能力和基础条件正在提升。而公司的法人治理结构则是决定公司行为最重要的影响因素,也是公司能否承担社会责任的条件。公司具备了有效法人治理结构,才能够有助于形成承担社会责任的微观基础。中国还需要进一步完善公司的治理结构,才能提高公司的效率,使公司的竞争力与实力不断提高。政府在微观基础之上,注重宏观调控手段,建立相应的强制性规范和制度,形成尊重公司营利目的为基础并倡导公司承担相应社会责任的模式,才能实现公司营利目的与承担社会责任之间的可持续发展。

推而广之,在全球化的趋势下,着眼于公司营利目的与承担社会责任之间关系诠释的一种超越——实现效率目标下的公平追求。只有尊重公司的营利目的,寻求公司被动承担义务向主动尊崇与利益相关者的社会合约的转变,顺应公法、私法融合的互补并致力于完善法人治理结构,实现可持续的发展,才能在全球范围内共同演绎超越的进程,实现文明的和谐与共同繁荣——人类文明多元发展模式。

参 考 文 献

[1] 张文显:《法理学》,法律出版社1997年版,第143页。
[2] 李雪平:《企业社会责任国际标准的性质和效力》,载《环球法律评论》2007年第4期。
[3] Dodd, For Whom Are Corporate Managers Trustees, 45 *Harv. L. Rev.* 1160—1161 (1932),转引自刘连煜:《公司治理与公司社会责任》,中国政法大学出版社2001年版,序言第2页。
[4] 潘静成、刘文华:《经济法》,中国人民大学出版社1999年版,第32页。
[5] 沈洪涛、沈艺峰:《公司社会责任思想起源》,上海人民出版社2007年版,第16页。
[6] Clark, J. Maurice, 1916, "The Changing Basis of Economic Responsibility", *Journal of Political Economy*, Vol.24(3), p.229. 转引自沈洪涛、沈艺峰:《公司社会责任思想起源》,上海人民出版社2007年版,第48页。
[7] 〔加拿大〕布莱恩·R.柴芬斯:《公司法:理论、结构和运作》,林华伟等译,法律出版社2001年版。
[8] 施天涛:《公司法论》,法律出版社2006年版,第7页。
[9] 周友苏:《新公司法论》,法律出版社2006年版,第92页。
[10] 刘俊海:《公司的社会责任》,法律出版社1999年版,第51页。

[11] 张立国:"论公司的社会责任",载《贵州财经学院学报》2003 年第 2 期。
[12] David Ruder, Public Obligation of Private Corporation, 114. U. Pa. Law Review (1965). 转引自李领臣:"公司慈善捐赠合法化的动因探究",载《江淮论坛》2007 年第 3 期。

企业社会责任:政府·企业·利益相关者

胡鸿高[*]

摘　要　境内外学者和相关机构从不同的视角切入,对于企业社会责任进行了界定和研究,可谓仁智互见,成就斐然。但是,基本上未揭示企业社会责任运动形成全球性趋势的成因,更未说明政府与企业在对利益相关者承担社会责任过程中的地位及其相互关系。企业社会责任是指企业在谋求自己经济利益时,与政府合作,对于企业行为的利益相关者承担法律和道德责任,以增进社会公益,保障全球经济和社会的可持续发展。企业承担社会责任是社会发展的必然趋势,也是政府、企业及其利益相关者相互博弈、利害冲突与协调的路经选择。包括利益相关者在内的广大社会公众是政府权力的来源与基础,政府具有解决市场失灵问题和促进社会公平的两大功能。即便在企业社会责任的视野下,政府仍具有对包括利益相关者在内的社会公众负责的社会责任。企业对利益相关者负责具有正当性,因为企业生存和发展与利益相关者不可分离。如果企业滥用优势地位,拒绝承担企业社会责任,则在自毁形象和商誉,在市场竞争中失去未来和长远利益。在公司扩张和经济全球化的历史背景下,企业与政府应通力合作,各自发挥自己的功能与作用,不断开辟新的路径,对于劳工利益,消费者利益,环境利益和慈善事业等社会公益承担社会责任。经过企业、

---

[*] 胡鸿高,复旦大学法学院教授。

政府及其相关社会组织的互动与配合,在全球范围内努力增进社会公益,塑造"企业公民",构建和谐、文明、公正和可持续发展的"地球村"。

关键词 政府;企业;社会责任;利益相关者

20 世纪 80 年代以来,随着人权运动、劳工运动、消费者运动、环保运动的高涨,肇端于欧美发达国家的企业社会责任(Corporate Social Responsibility,简称 CSR)①运动逐渐呈现全球化的趋势。② 继 ISO9000 质量保证体系、SIO14000 环境管理体系和 OHSAS 职业安全卫生管理体系之后出现了又一个国际性标准——SA8000(Social Accountability8000)。这一旨在"赋予市场经济以人道主义"的社会责任标准,尽管尚未转化为 ISO 标准,但其影响力在与日俱增。③ 关系到人类社会能否可持续发展的企业社会责任的命题,不仅是跨学科的科学研究理论课题,而且是企业、政府和国际组织亟须付诸实施的行动纲领。本文试图在企业社会责任的语境下,环绕政府、企业和利益相关者的地位及其相互关系,以及政府、企业承担社会责任的路径选择问题,略陈管见。

---

① 我国有学者将 CSR 译为"公司社会责任",可能基于公司是企业的基本形式的考虑。但"企业"与"公司"不是一个概念。它们之间,不仅外延不同,而且法律地位和法律适用皆迥然有别。将 CSR 译为"企业社会责任",不只是翻译准确性的要求,还有指导实践的需要。在我国,不仅公司要承担社会责任,合伙企业和个人独资企业等非公司企业也不可推卸承担社会责任的义务。

② 在许多非政府组织(NGO)和其他利益相关团体的推动下,要求社会责任与贸易结构。欧美跨国公司纷纷制定可对社会作出必要承诺的包含社会责任的责任守则或通过认证,全球性的行业组织和非政府组织也制定了各自守则。据国际劳工组织(ILO)统计,目前这样的守则已有 400 多个。1999 年 1 月在达沃斯世界经济论坛年会上,联合国秘书长科菲·安南提出"全球契约"计划,并于 2000 年 7 月启动。《联合国全球契约》(UN Global Compact)推出的九项原则,分别来源于《世界人权宣言》、《国际劳工组织关于工作中的基本原则和权利宣言》以及关于环境与发展的《里约原则》。参见周国银、张少标:《社会责任国际标准指南》,海天出版社 2002 年版,第 39 页。

③ 20 世纪 90 年代初兴起了生产守则运动(Code of Conduct);1995 年,CEP 开始对生产守则进行基础性调查;1996 年,多边利益相关方与国际咨询委员会召集会议讨论建立一套可用于认证的体系;1997 年,经济优先权委员会(The Council on Economic Priorities,CEP)成立了经济优先权委员会认可委员会(The Council on Economic Priorities Accreditation Agency,CEPAA),由 CEPAA 负责制定该标准,并根据 ISO 指南 62 来评估认可认证机构,该机构于 1997 年 10 月颁布 SA8000:1997 社会责任标准。1998 年认证了第一家工厂。2001 年 CEPAA 改名为社会责任国际(SAI)并在 12 月 12 日发表了 SA8000 标准第一次修订版,即 SA8000:2001。截止到 2007 年 7 月,已取得 SA8000 认证的公司全球已达到 1200 家,其中中国有 156 张 SA8000 证书。参见 http://www.sa8000.org.cn/SA8000/。

一、企业社会责任的界定与承责原因分析

学界和国际上相关机构对于企业社会责任的界定不尽一致。美国学者米尔顿·弗里德曼(Miton Friedman),承袭古典经济学家亚当·斯密(Adam Smith)的思想,认为"在自由经济中,企业仅具有一种而且只有一种社会责任——在法律和规章制度许可的范围之内,利用它的资源从事旨在增加它的利润的活动。"[①]奥列威·歇尔顿(Oliver Sheldon)较早提出公司社会责任的概念,认为公司社会责任含有道德因素。[②] 20 世纪中叶,霍华德·鲁本(Howard R. Brown)在其《商人的社会责任》(Social Responsibility of the Businessman)著作中指出:"企业社会责任是指商人按照社会的目标和价值,向有关政府靠拢,作出相应的决策,采取理想的具体行动义务。"卡罗尔(Caroll)认为,企业的社会责任由经济责任、法律责任、伦理责任和自愿责任组成,其权数依次为 4-3-2-1(Caroll's Construct)。世界商业可持续发展委员会(The World Business Councilor Sustainable Development, WBCSD)认为,企业社会责任是"企业对可持续发展经济,员工及其家庭,当地社区和社会做出贡献,从而提高他们的生活质量,是与经济发展和生态平均相并列的第三产业支柱"。国际商会(The International Chamber of Commerce)认为,企业社会责任是企业负责地管理其活动而主动承担社会责任。[③] 英国国际领袖论坛(IBLF)认为,企业社会责任是指企业运营应当公开透明、符合伦理道德、尊重劳工社群以及保护自然环境,从而既能为股东也能为全社会持续创造价值。企业的责任除了为股东(Stockholders)追求利润外,也应该考虑相关利益人(Stakeholders),即影响和受影响于企业行为的各方的利益。[④]

中国内地学者刘俊海认为,所谓企业社会责任,是指企业不仅仅最大限度地为股东营利或赚钱作为自己的唯一存在目的,而且应当最大限度地增进股东利益之外的其他所有社会利益。这种社会利益包括雇员(职工)利

[①] 〔美〕米尔顿·弗里德曼:《资本主义与自由》,张瑞玉译,商务印书馆1986年版,第128页。
[②] See Oliver Shelton, The philosophy of Management, 1924, p. 74,参见刘俊海:《强化公司社会责任的法理思考与立法建议》, http://www.ccelaws.com/int/artpage/z/art_815.html。
[③] 参见王金武:《企业社会责任理论综述》, http://www.chinavelue.net/article/75696_5.html。
[④] 参见《企业社会责任标准(SA8000标准)概述》, http://www.istis.sh.cn/zt/list/pub/inhb/JST/jingji/1178703518d164.html。

益、消费者利益、债权人利益、竞争者利益、当地社会利益、社会弱者利益和整个社会公共利益等内容。① 朱慈蕴认为,企业社会责任是指企业应对股东这一利益群体以外的、与公司发生各种关系的其他相关利益群体和政府代表的公共利益负有的一定责任,即维护公司债权人、雇员、供应商、用户、消费者、当地住民的利益以及政府代表的税收利益、环保利益等。② 卢代富认为,企业社会责任是指企业在谋求股东利润最大化之外所负有的维护和增进社会利益的义务。③ 张士元等认为,企业社会责任是企业在谋求自身及其股东最大经济利益的同时,从促进国民经济和社会发展的目标出发,为其他利益相关者履行某方面的社会义务。④ 我国台湾地区学者刘连煜认为,所谓企业社会责任,乃指营利性的企业于其决策机关确认某一事项为社会上多数人所希望者后,该营利性企业便应放弃营利之意图,俾符合多数人对该企业之期望。⑤

上述定义,从不同的视角对于企业社会责任做了解读。我们从中不难看出:第一,企业社会责任可以从经济学、法学、社会学、伦理学和政治学等视角进行各有侧重的解释;第二,传统的以营利为目的的企业单一宗旨受到广泛质疑;第三,企业不仅要对投资者负责,且要对社会负责被多数人认同。但是,上述观点尽管仁智互见,但尚有彼此分歧抑或整体缺失。例如,企业社会责任的性质和目的是什么;企业承担社会责任通过哪些路经;在企业对社会承担责任的过程中,政府担任什么角色,是否也是责任主体等。

笔者认为,企业社会责任是指企业在谋求自己经济利益时,与政府合作,对于企业行为的利益相关者承担法律和道德责任,以增进社会公益,保障全球经济和社会的可持续发展。

企业承担社会责任是社会发展的必然趋势。它是政府、企业、社会公众(主要是利益相关者)之间进行博弈,利益冲突与协调的路径选择。在市场经济条件下,政府、企业和利益相关者都属于利益相对独立的主体。企业(尤其是跨国企业)利润的多寡与物化劳动和活劳动的投入之间成反比例关系。企业的生产经营行为,一方面给政府提供税收,给社会提供商品和服

---

① 刘俊海:《公司的社会责任》,法律出版社1999年版,第6—7页。
② 朱慈蕴:《公司法人格否认法理研究》,法律出版社2000年版,第299页。
③ 卢代富:《企业社会责任的经济学与法学分析》,法律出版社2002年版,第96页。
④ 张士元、刘丽:"论公司的社会责任",载《法商研究》2001年第6期。
⑤ 刘连煜:《公司治理与公司社会责任》,中国政法大学出版社2001年版,第66页。

务;另一方面也有可能为了片面追求利润,急功近利,损害利益相关者权益和社会公益。在企业与社会的矛盾运动中,政府充当双方利益冲突调节者的角色。大家知道,19世纪是个"契约的世纪",而20世纪则是个"公司的世纪"。与此相适应,在契约世纪时代,企业规模和资本力量有限,政府代表公益,能够较好地扮演市场经济历史舞台上"守夜人"角色。而在公司世纪时代,尤其是第二次世界大战之后,公司的世界性扩张和资本力量的全球性渗透,不断地改造和改变世界。企业(尤其是跨国大型企业)的触角延伸社会得每个角落,对政治、经济、文化和社会的影响日趋强大。经济全球化促使跨国企业发展成为控制全球经济甚至政治发展的主导力量。企业投资者(股东)对高投资回报的渴望,经营者对企业规模扩张的偏好,形成了合力,促使跨国企业在全球范围内不择手段地追逐利润,甚至制造"血汗工厂"。在"地球村",企业损害消费者利益和破坏生态环境的事件时有所闻。跨国公司以其强大的资本、遍及全球的网络和严密的组织体系,利用所在国的资源、人工成本和政策优势,在世界范围内运营,并产生一系列直接或间接的不利影响。加剧了劳资冲突,环境污染和地区贫困,形成了世界性问题。作为利益协调者的政府在"公司的世纪"中,相对于日益强大的企业要再像过去那样发挥历史作用已力不从心。况且,政府也有自己的利益。比如力图消极削减公共支出,狭隘政治或民族意识的束缚,甚至还有受贿腐败现象等,使其不能很好地履行保护企业的利益相关者权利和社会公益的历史使命。为了追求实质公平和正义目标,作为弱者的利益相关者,以及反映社会进步呼声的非政府组织和利益相关的社会团体,不得不相继掀起国际劳工、人权、消费者、环保和企业社会责任运动,迫使企业(尤其是跨国企业)作出让步,承诺承担社会责任。这种责任的性质既是法律性责任,也是道德性责任。[①] 仅认为这种社会责任是道德责任,忽视它有时具有法律责任的一面并向法律责任动态发展的倾向,则使企业社会责任的承担缺失刚性,政府社会责任的承担缺乏依据。

---

① 法律与道德属于既有区别也有联系并相互交叉渗透的概念。一方面,法律反映和规范了社会的道德价值,但守法只是最低的道德标准;另一方面,法律的道德化和道德的法律化现象客观存在。参见吴汉东:"法律的道德化与道德的法律化——关于法制建设和道德建设协调发展的哲学思考",载《法商研究》1998年第2期;赵震江、付子堂:《现代法理学》,北京大学出版社1999年版,第307—308页。

二、政府、企业对利益相关者负责的理论基础

1. 利益相关者的地位

企业利益相关者是指与企业相关联的自然人,法人和非法人组织。包括企业的投资者(股东)、员工、消费者、地方社区、贸易伙伴、竞争对手和其他社会公众及其组织。在企业社会责任的视野下,企业利益相关者主要是指对企业未投资(非股东)的自然人和组织。

当代国家基本上都实行"主权在民"的宪政制度。包括企业利益相关者在内的广大公民,根据"人民主权原则",享有国家和社会主人的法律地位。其与生俱来的权益受宪法和法律保护。他们享有的生命权、健康权、自由权、财产权和追求幸福权等权利,任何人不得侵犯,更不得非法剥夺。劳动创造了世界,生活在地球上的人民大众是地球的主人,他们创造了人类的物质文明、精神文明和制度文明。因此他们有权分享世界文明和进步的成果,有权抵制任何企业对家园的污染和对地球生态的破坏。

企业投资者兴办企业,通过经营者组织生产和提供服务,获取超过投资额的利益回报,必须依赖劳动力和自然资源等生产要素。现代企业的宗旨已不是单纯为了盈利,还包括承担社会责任,增进社会福祉,推动社会进步。

同样,包括企业利益相关者在内的人民大众与政府的关系,属于民主政治关系。政府应当代表人民的利益。人民当家做主,政府执政为民。正如欧洲启蒙思想家洛克所言,政治社会和政府的目的,只是为了人民的和平、安全和公众福利;而达到这个目的的重大工具和手段是那个社会所制定的法律。①

2. 企业对利益相关者负责的正当性

美国管理学家多纳德逊(Donad son)和邓非(Dunfei)提出一种理论假设:在企业与利益相关者之间存在一系列"综合性社会契约"(Integrative Social Contracts),企业对利益相关者的利益要求必须作出反应;倘若公司忽视其社会责任,那么它的长久生存和持续发展就很成问题。②

---

① 〔英〕洛克:《政府论》(下篇),叶启芳、瞿菊农译,商务印书馆 1969 年版,第 77—82 页。
② 参见陈宏辉、贾生华:"企业社会责任观的演进与发展:基于综合性契约的理解",载《中国工业经济》2003 年第 12 期。

企业对利益相关者负责，是建筑在其利益与利益相关者的利益息息相关的基础之上的。不仅企业的商品生产和服务提供离不开利益相关者，而且商品的交换和服务输出也要依赖利益相关者的市场选择，否则，就不能实现商品和服务的价值。因此，企业与利益相关者有相互依存的一面。同时，由于利益的冲突，企业的发展会受到利益相关者的制约，企业与利益相关者又有相互博弈甚至冲突的一面。如果企业滥用自己的优势地位，肆意扩大实质意义上的不平等和不公正，则势必引起处于相对弱势地位的利益相关者的反感和抵制。企业拒绝承担社会责任，是自毁形象和商誉的愚蠢行为，在市场竞争中，将不可避免地失去未来和长远利益。

20世纪80年代，美国兴起了一股公司"恶意收购"（Hostile takeover）的潮流，使工人、债权人和社区居民等利益相关者的利益受到损害。美国宾夕法尼亚州议会通过了旨在抵御"恶意收购"的新公司法议案，允许经理对股东以外的其他利益相关者负责，赋予经理拒绝"恶意收购"的职权。这一"其他利益相关者条款"（Other Constituency Statutes）很有影响力，后来被其他近29个州的公司立法所采用。①

美国经济发展委员会（The US Committee for Economic Development）在20世纪70年代发表的《商业企业的社会责任》（Social Responsibilities of Business Corporations），对于企业承担社会责任的正当性做了如下表述：企业主动地承担社会责任，可以使企业经营者更加灵活地、建设性地、高效率地发展经济活动，还可以避免在企业对社会责任麻木不仁而导致商业道德危机时政府或社会对企业进行的不必要的制裁措施。协调公司的利己心，具有"胡萝卜与木棒"的双重效果。②

3. 政府③对利益相关者负责的理论依据

按照近代启蒙思想家的政治和法律观念，人是生而自由的，每个人都享有天赋人权。在从"自然状态"向文明社会迈进的过程中，根据社会契约每个人让渡出部分权力、自由和财富，组成政府。政府及其制定的法律，结合了意志的普遍性与对象的普遍性，体现"公意"。而公意永远是公正的，且永

---

① See Steven Miracle, The Proper International of Corporate Constituency Statutes and Formulation of Director, Stetson Law Review, Vol. 21, 1991, pp. 162—196.

② 参见王金武：《企业社会责任理论综述》，http://www.chinavelue.net/article/75696_5.html.

③ "政府"一词有广义和狭义之分。法学意义上的解释一般是狭义的，仅指国家机关中的行政机关；在经济学和社会学意义上的解释大多采广义说，即代表国家行使主权的机构，包括一切国家机关。为跨学科讨论的需要和表述方便，本文对"政府"一词的解释采用广义说。

远以公共利益为依归。①

政府的功能在于维持社会的安定,保障公民的生命、自由和财产安全,并为社会成员在群体生活中的最基本权益提供一定程度的保障。在现代社会,政府还有义务为公民提供教育、医疗、住房、社会福利、公共工程等服务。②

在经济学家看来,政府具有解决市场失灵和促进社会公平两大功能。前者通过提供纯粹的公共产品、解决外部效应、规范垄断企业、解决信息不完整问题和协调私人活动等途径实现政府功能;后者通过保护穷人、提供社会保障和资产再分配等途径实现政府功能。③

企业(尤其是跨国企业)与利益相关者的利益失衡,实际上反映了市场失灵和忽视社会公平的社会现实问题,应通过政府干预行为加以解决。政府纠正市场失灵具有征税、禁止、处罚和交易成本四大优势。④ 尽管西方国家在20世纪70年代初,发生了"公共失灵"问题,凯恩斯主义失宠,但在随后出现的私有化浪潮中,伴随着新凯恩斯主义的思潮,以政府适度调控的市场经济,即混合经济的模式已占主导地位。尽管"福利国家"制度超越国家承受力,在上一世纪末不得不做某些调整,但政府支出与国民生产总值之比在美国仍占1/3,在法国和意大利则占1/2。⑤ 政府解决市场失灵和促进社会公平的职能没有削弱。

当代法治国家的政府,是服务型政府,有限政府,法治政府和责任政府。⑥ 政府对社会的治理,包括对企业利益相关者承担责任的社会治理,都应当符合信息社会和生态社会的新要求。正如中国公共行政学专家竺乾威所言,当今社会的政府治理必须实现科学化、知识化、网络化、全球化、一体化、人性化与价值化。强调以知识管理和人本管理为中心。政府治理的目标是为了实现社会的可持续发展。⑦

在中国,改革开放促进了经济和社会的转型,推动了政府功能的转换,

---

① 参见〔法〕卢梭:《社会契约论》,商务印书馆1982年版,第8页以下。
② 陈弘毅:《法治、启蒙与现代法的精神》,中国政法大学出版社1998年版,第70页。
③ 华民:《转型经济中的政府》,山西经济出版社1998年版,第210页。
④ 〔美〕约瑟夫·E.斯蒂格利茨等:《政府为什么干预经济——政府在市场经济中的角色》,郑秉文译,中国物资出版社1998年版,第74—77页。
⑤ 同上书,第33页。
⑥ 参见沈荣华、钟伟军:"论服务型政府的责任",载《中国行政管理》2005年第9期。
⑦ 竺乾威:《公共行政学》,复旦大学出版社2004年版,第323页。

计划经济积弊的消除初见成效。然而,政府的市场监管、经济调控和提供社会保障的功能没有也不应当削弱。我国 2005 年修订的新《公司法》,加进了公司有承担社会责任义务的规定。我们不能由此认为,对于包括利益相关者在内的广大人民承担社会责任的义务,仅由或主要由企业去承担。政府对于劳动者、消费者、贫民、社会、生态以及其他社会公益事业仍然负有无可替代的责任。政府是公共利益的代表,它手上握有公权力,可以依法调动承担社会责任的资源,它背后有国家强制力,可以为社会责任的承担提供保障,它还可以通过经济的、行政的和法律的手段,引导、督促和监督企业对于利益相关者承担社会责任。

三、政府、企业对利益相关者承担社会责任的路径探索

我们已经知道,在经济全球化和企业(尤其是跨国企业)对社会控制力不断增长的新的历史时期,政府和企业皆有对于利益相关者承担社会责任的义务。

因为政府和企业的法律地位、性质和职能存在差异,所以它们在承担社会责任方面的作用和路径也应有区别。政府是行使国家权力、管理公共事务的行政组织,它既有权力也有责任[①],在法制社会,政府必须依法行政。企业是依法设立和运营,以营利为目的并具有社会责任的经济组织,它不享有公权力。因此,在企业社会责任的语境下,政府与企业差异主要有三项:一是功能不同。政府对于市场经济的功能是提高效率、增进平等和促进宏观经济的稳定与增长[②];企业的功能是大规模生产的经济性、筹集资金和管理生产过程。[③] 二是义务性质和履行路径不同。政府义务主要是他律性义务,通过立法、执法和司法行为以及社会治理行政活动等履行自己的法定社会责任,更多地承担法律义务;企业义务主要是自律性义务,除了守法经营外,通过主动制定本企业社会责任守则,主动向社会承诺,申请社会责任认证等

---

① 〔英〕威廉·韦德:《行政法》,中国大百科全书出版社 1997 年版,第 6 页。
② 〔美〕保罗·萨缪尔森、威廉·诺德豪斯:《经济学》(第 16 版),萧琛译,华夏出版社 1999 年版,第 27 页。
③ 同上书,第 87 页。

路径自觉践行社会责任,更多地承担道德义务。[①] 三是义务的范围不同。政府从宏观上对广大社会公众提供基本的安全和社会保障;企业从微观上承担与其行为有利益相关的社会责任。

企业社会责任与政府社会责任之间的关系,是相互依存、缺一不可的互补关系,两者既有联系又有区别,既各自独立又相互交叉。其目的都是为了增进公益,促进全球经济社会和谐稳定和可持续发展。

各国经济社会发展水平参差不齐,政治和法律文化方面还存在诸多差异,与此相适应,企业和政府对社会责任的内容以及履行责任的手段不尽相同。

笔者认为,中国是世界上最大的发展中国家,目前正处于经济社会的转型时期。探讨中国政府和企业对于利益相关者社会责任的内容及其履行路径应当考虑中国的国情,只有这样,通过研究得出的结论才具有科学性和实践参考价值。

1. 劳工权益保护与政府、企业责任

中国在保护劳工权益、规定劳工标准方面,已经建立了相对完善的法律规范体系。特别是通过世纪之交的《宪法》修改,更加突出"以人为本"的思想和对公民权利的尊重、关心和保护。1994年中国颁布劳动法典,使劳动者的劳动权益有了国家劳动基本法的保障。13年后又颁布《劳动合同法》,再次赋予劳动者新的"护身符"。并采取一系列措施,保障大批从农村进城务工的"农民工"的基本劳动权益,为和谐稳定劳动关系的构建提供了初步制度保障。但是,中国作为发展中国家,正处于经济快速增长[②]和城市化过程中,劳动密集型企业比重大。在现实生活中,违反劳动用工方面法律规定的现象还时有发生,有些还相当严重。

中国作为社会主义国家,曾经实行过"铁饭碗"、"大锅饭"和"企业办社会"的制度。实践证明,这种"统包统配"、"政企不分"的体制,不利于提高

---

① 边沁认为,道德义务是通过各种各样的羞愧感产生的,这些羞愧感产生于那些不确定的易变的人们,即整个社会的敌意。参见〔英〕边沁:《政府片论》,沈叔平译,商务印书馆1997年版,第230页。

② 2006年中国国内生产总值人民币209407亿元,比上年增长10.79%,增速连续四年超过10%;进出口贸易总额增长23.8%,增幅连续五年超过20%;城镇就业人员28310万人,新增1184万人。资料来源:谢鸿光(国家统计局副局长):"2006:从'统计公报'看中国发展",载《中国信息报》2007年3月1日。参见中华人民共和国国家统计局网站,http://www.stats.gov.cn/tifx/ztfx/tjgb-jd/t20070303_402388849.htm。

企业和劳动者的积极性,效率低下,阻碍了生产力的发展,改革势在必行。随着用工制度、分配制度和企业制度的改革,以及经济的转轨和政府的转型,保护股东和企业权益的理念已深入人心。但是,由于中国还存在"人口红利",有的企业认为有廉价劳动力存在,缺乏保护劳工权益的自觉性。因此,有必要环绕劳工权益保护问题,对企业、政府的责任进行科学定位。SA8000 有其科学性和合理性。但是不顾中国国情,要求中国企业都去境外进行 SA8000 的认证,不具有可行性。

笔者认为,目前,对于劳工权益的保护,政府的义务主要有四项:一是完善法制,特别是加强执法检查,充实劳动监察队伍,主动出击。对于"血汗工厂"等侵害劳工权益的事件,坚决绳之以法。各级政府决不能因侵权企业是本地财神而对其心慈手软。二是大力提倡企业承担社会责任的理念,弘扬人本精神。通过舆论工具,褒扬正面典型,曝光反面案例。三是提供信息帮助、搭建沟通和交流平台,让企业与社会及时了解国际上企业社会责任运动发展及其与贸易挂钩的新动态。四是组织研究 SA8000 等社会责任标准,与行业协会、非政府机构和利益相关团体合作,制定中国的企业社会责任标准或技术规范,并作为企业社会责任自我评价和第三方评价的依据。

企业保护劳工合法权益的义务主要有八项:一是严格遵守国家和政府有关保护劳工权益的法律、法规、规章和劳工标准,自觉履行国际劳工组织制订的国际劳工法(包括中国加入或批准的国际劳工公约,以及承诺履行的国际劳工建议书)。二是尊重和保障劳工组织工会进行集体谈判和签订集体合同的权利,正确处理劳资纠纷(包括罢工事件)。三是主动和积极配合政府劳动执法检查。四是努力改善员工工作场所的劳动条件和生活区域的生活环境。五是制定和实行高于国家和地方政府规定的劳工标准。六是制定工厂守则,并主动向社会公开承诺承担社会责任。七是有条件地申请国际上 SA8000 等企业社会责任标准认证。八是平等关爱境内城镇工人、"农民工",以及境外工厂的劳工。跨国企业的海外采购工厂不钻所在地区的法律空子,杜绝侵害劳工权益现象的发生。

我国《劳动合同法》第 41 条第 2 款规定,企业在裁减人员时应当优先留用家庭无其他就业人员、有需要扶养的老人或者未成年人的员工。该条文既体现了将社会责任纳入我国劳动法治轨道[①]的精神,也反映了只有通过政

---

① 常凯:"将企业社会责任运动纳入我国的劳动法制轨道",载《中国党政干部论坛》2004 年第 3 期。

府和企业双方密切配合,才能有效保护劳工权益的实际需要。

2. 消费者权益保护与政府、企业责任

我国过去较长时期内处于商品供不应求的"票证时代",生活资料匮乏,经济短缺,人们只要能吃饱穿暖就行。企业没有独立性和自己的经济利益。制造销售假冒伪劣产品的现象未能表现为突出社会问题。20 世纪 80 年代以来,一些民营企业在资本原始积累中,选择了漠视消费者权益的发家致富途径。1993 年,中国制定《产品质量法》和《消费者权益保护法》等法律,不断提高产品质量标准。经过国家工商行政管理、商检等政府部门,以及行业协会和消费者权益保护协会的共同努力,"中国制造"的商品质量不断提高,对消费者负责的理念被大多数企业身体力行。但是,因某些政府官员的腐败和企业社会责任观念不强,损害消费者利益的事件时有报道。① 甚至少数为外国跨国企业加工生产商品的企业,由于受成本、技术等条件的限制,生产的商品在国际市场上被"召回"②,使西方某些国家要求限制进口中国产品、主张实行"新贸易壁垒"的人士又找到了做文章的机会。

笔者认为,我国在消费者权益保护方面,政府的职责主要是:将消费者权益保护法扩充为消费者法;随着科技的进步不断提高产品质量标准;工商、质检和商检等政府部门要勤政廉政,重点打击食品药品中的假冒伪劣产品制售行为;支持消费者协会工作;引导行业部门和商品进出口企业自治自理。

企业的主要职责是:认真执行国际组织、国家和地方政府部门,以及行业协会所制定的产品质量标准,把好每一个生产流程的质量关;在产品研发和生产过程中,坚持以人为本,把关注和保障使用者的安全和健康放在首位;加强自律,遵守诚实信用原则,不做虚假广告和产品宣传;尊重和保护消费者的知情权、选择权和消费信贷权等权利;杜绝制售假冒伪劣产品行为;进行质量管理体系认证;主动申请 IS9000 质量保证体系认证;制定和实施高于国际标准和行业标准,甚至引领全球同行发展的商品质量标准和管理保证体系。

---

① 例如,2004 年发生在中国的"安徽阜阳劣质奶粉事件"。详见国务院应急管理办公室对此事的介绍。http://w.w.w.gov.cn/2005-08/09/content-21396.htm.

② 2007 年 8 月 2 日,美国美泰公司向美国消费者安全协会提出召回 96.7 万件塑胶玩具。8 月 9 日,中国国家质检总局发出通报,中国佛山利达公司(外商投资企业)被暂停出口玩具产品。8 月 11 日,该企业副董事长、港商张树鸿自杀。资料来源:企业社会责任同盟,http://www.csr.org.cn。

3. 生态环境保护与政府、企业责任

我国是一个自然资源人均占有量较低的国家,因此历来十分重视资源开发与环境保护问题。在1992年世界环境与发展大会重申《人类环境宣言》精神并形成《21世纪议程》国际合作框架文件之后,我国政府迅速作出反应。在1994年,国务院通过了《中国21世纪议程——中国21世纪人口、环境与发展白皮书》。我国政府从1983年开始将环境保护作为国家的一项基本国策[1],目前已构建了一套较为完整的资源和环境保护,以及经济与社会可持续发展的法律规范体系。

但是,根据2007年2月28日中国国家统计局发布的《2006年国民经济和社会发展统计公报》,随着中国经济的快速增长,造成的资源环境压力也越来越大,土地、水资源、生态环境、能源和空气质量等问题皆不容乐观。[2] 中国制定了"十一五"时期人口、资源和环境指标,但温家宝总理在今年的《政府工作报告》中坦言,在2006年度,全国没有实现年初确定的单位国内生产总值能耗降低4%左右、主要污染物排放总量减少2%的目标。[3]

可见,政府在生态环境保护方面,应当继续有所作为。笔者认为,政府除了加强生态环境法制之外,应当着力进行如下工作:贯彻科学发展观;改革政治体制;在地方干部的考核指标中,引进人口、资源、环境指标和社会发展指标;不断调整产业结构;加强对招商引资的监管,防止外商将高污染和高能耗的企业转移到我国境内;采取综合措施,完善税制,加大污染企业成本,促进能耗和减排目标的实现;从制度上保障严重破坏生态环境的企业关停并转;建立环境污染事件的官员问责制等。

企业应自觉承担下列责任:严格执行节能环保法律规范和各项标准;加强技术革新和改造,主动降耗节能;自觉按照SIO14000环境管理体系的要求组织生产经营;制定企业守则,向社会公开承诺本企业对环境的责任;切实保障生产所在区域及其周边地区为"绿色单位"(如绿色工厂,绿色酒店)和"绿色社会"。

---

[1] 参见刘伯龙、竺乾威:《当代中国公共政策》,复旦大学出版社2000年版,第106—121页。
[2] 马京奎:《实现"十一五"节能降耗和污染减排目标须加倍努力——解读〈2006国民经济和社会发展统计公报〉资源环境篇》,中国国家统计局网,http://www.stats.gov.cn/tjfx/ztfx/tjgbjd/t20070303_402388849.htm。
[3] 温家宝:《政府工作报告——2007年3月5日在第十届全国人民代表大会第五次会议上》,中国人大网,http://www.npc.gov.cn/zgrdw/home/index.jsp。

4. 社会公益事业发展与政府、企业责任

中国政府对于社会事业发展,尤其是增加社会事业投入方面做出了积极努力。在2006年,中央财政对社会事业投资数额以及较之2005年的增幅均超过国民生产总值的增长:用于科技774亿元,增长29.2%;教育536亿元,增长39.49%;卫生138亿元,增长65.4%;文化事业123亿元,增长23.9%。① 截止到2006年底,中国养老、医疗、失业、工伤和生育保险参保人数分别达到19649万人、15737万人、11187万人、10235万人和6446万人。在农村已有24个省、2400多个县初步建立了农村最低生活保障制度,有1000多万农民享受低保,农村的合作医疗制度试点范围扩大到全国40%的县(市、区)。②

尽管政府对于发展社会事业十分重视,但由于中国尚处于社会主义初级阶段,受到经济发展水平相对偏低等诸多因素的限制,在中国,尤其在农村,养儿防老、看病难、看病贵,一旦碰到天灾人祸,生活十分困难的现象还比较普遍。

笔者认为,政府发展社会公益事业的任务是开源节流。可以通过五条路径逐步实现这一目标:一是调节和加强税收管理,一箭双雕,既缓解社会分配不公的矛盾,又增加二次分配的资金来源。二是政府消肿,精简机构,减少用于人头的公共行政支出,改变"公务员热"的不正常社会现象。三是深化改革科技、教育、卫生和文化事业体制,鼓励和促进遵纪守法的民办事业单位的发展。四是通过法制手段,逐渐打破身份差别,缩短城乡差距,发展充分体现平等、公正和公平的社会事业。五是通过法律、法规、规章和政策的引导和鼓励,以及舆论导向,发展慈善事业和社区公益,弘扬企业主动反哺社区和社会的价值观,营造企业和先富起来的个人主动捐献社会慈善事业,乐于增进社会公益的社会环境。

对于我国企业来说,要做到主动关心和热情资助社会公益事业,首先需要对过去"企业办社会"的观念的否定之否定。不少企业"富而不捐"现象的成因复杂,有缺失承担社会责任道德的,也有怕"露富的"。在我国《宪法》修正案和《物权法》公布实施之后,个人和企业的财产权得到了更有效

---

① 温家宝:《政府工作报告——2007年3月5日在第十届全国人民代表大会第五次会议上》,中国人大网,http://www.npc.gov.cn/zgrdw/home/index.jsp。
② 谢鸿光:《2006:从〈统计公报〉看中国发展》,中国信息报,2007年3月1日。参见中华人民共和国国家统计局网站,http://www.stats.gov.cn/tjfx/ztfx/tjgbjd/t20070303_402388849.htm。

的法律保障,害怕露富的顾虑已经被抽去了法律基础。我国的企业、民营企业家以及企业资产拥有者应当明确,仅仅依靠政府的力量,根本无法打造跻身世界先进行列的教育、科技、文化、艺术、卫生、体育等社会事业和慈善公益事业。我国的经济发展与我国社会公益事业的发展并非同步的现象,应当引起我国企业的思考和警惕。企业不尽社会责任,不利于企业的长期发展、社会的和谐稳定和国家的长治久安。我国企业应当向西方在华的有些跨国公司学习,通过向社会承诺和实际行动,主动践行承担发展社会公益的社会责任。目前,我国企业对社会公益发展承担社会责任的路径很多。例如,可以制定塑造"企业公民"形象的行动计划,承诺为构建和谐、文明、公正和可持续发展的"地球村"做出贡献;可以通过章程约定或股东会决议,每年拿出企业盈利数额的一定百分比的资金或实物捐献给慈善事业;也可在企业内部开展"企业与员工相配捐款活动",支持社区公益事业发展;还可通过各种奖励手段激励企业员工关注和支持社会公益事业的发展。

企业社会责任与世界和谐发展

Joseph J. Norton[*]

陈琳燕[**] 译

摘　要　现代企业社会责任运动是西方社会的产物,虽然历史久远但最近才开始备受瞩目,目前尚处于不断发展的阶段,至今没有一个统一明确的定义。企业社会责任从根本上讲是个体企业"开明自我经济利益"的副产物。一直以来,企业社会责任是由政府行为/立法和有关消费者权益、人权、环保、反全球化等非政府组织及其网站来倡导的。企业社会责任不应被视为政府或政府间社会责任的替代品,其真正的实体和程序性内容大多是由大企业自由裁量的。

企业社会责任的成功移植需要特定的经济社会环境,包括合适的法律、行政和司法基础以及企业间良好的道德基础。中国在企业社会责任方面才刚刚起步,还有很大的发展空间。作为一个实施社会主义市场经济的最大而且发展速度最快的发展中国家,中国必须面对一系列的特殊挑战以建立一个适合中国具体国情的企业社会责任体系。

---

[*]　美国密歇根大学法学博士,Dipl.(Hague), DPhil.(Oxon), LLD (Lond), LLD (hc;Stockh);美国James L. Walsh杰出法学家,美国南卫理公会大学金融机构法教授,南卫理公会大学法学院John Godwin Tower中心主任;北京大学、上海财经大学客座教授;曾任英国伦敦大学Sir John Lubbock基金银行法教授研究员(1993—2005)。

[**]　北京大学法学院民商法硕士研究生,美国南卫理公会大学法学硕士,Norton教授的助理研究员。

跨国公司（不论是西方的还是中国的）对于经济的公平可持续发展起着至关重要的作用，但我们不应指望这些跨国公司承担那些本该由政府和政府间组织承担的发展和福利义务。跨国公司真正应该提供给世界和东道国的不仅是有限的经济资源，更更重要的是它们所拥有的大量知识、专家、技术和社会关系网，以及先进的企业治理和企业道德管理实践。同时，在公司内部核心层面，跨国公司和其他大型企业所能提供的社会责任包括：合格的产品、合理的薪水和员工福利、舒适安全的工作环境、公开公正的企业治理结构和财务处理，以及廉洁道德的商业实践。

企业社会责任目前在国内外都是一个炙手可热的话题。全球对企业社会责任的关注很大程度上源于2000年联合国通过的旨在提供"国际化合法性"保护伞的联合国全球协约倡导（UN Global Compact Initiative）。此外，当前的全球企业社会责任运动还有许多个体性的动因。一些国家和地区政府还为个体企业承担社会责任创设了激励机制，如欧盟和英国。最为重要的是，通过经合组织来促进企业社会责任已成为目前八国集团的核心政策议题之一。

对于大多数发展中国家而言，争取外国直接投资的竞争十分激烈，而企业社会责任意味着跨国公司将承担更多的义务和更高的成本，所以这些发展中国家在坚持特定企业社会责任的谈判中缺乏议价能力。对于少数能够发展自己的跨国企业的中等发展中国家而言，它们的跨国公司在走向国际市场的过程中面临着企业社会责任的极大挑战。少数拥有投资国际金融市场的国家投资基金的发展中国家，如海湾国家和中国，这些基金正受到美国、英国和欧盟金融市场监管者极为严格的审查。

有人建议说跨国公司最好通过设计缜密的公私合伙组织来实现其企业社会责任的目标，这些公私合伙组织可能会涉及一个或一个以上下列组织：所在国政府组织、政府间/地区发展机构、投资国、私人基金会，而这些组织必须在联合国全球协约和其他国际型倡议的框架下活动。

对中国而言，将企业社会责任融入中国的企业文化中将是一个极为复杂而富有挑战性的过程。中国在处理企业社会责任问题上需要把握好以下四个方面：国有企业正处于关键的重组阶段；跨国企业正不断进军中国市场；中国自己的跨国企业不断涌现；中国国家投资基金在国际金融市场上的重要性不断提升。

本文作者认为，所有组织（包括私营企业和国有企业，小型企业和大型的跨国企业,非政府组织以及其他中小型企业)都是整个世界经济的"利益相关者",因此均应承担相应的"社会责任"。我们最终的目标是成为"负责而和谐的全球化公民"。

一、引言

当今世界的政治、经济和社会环境经常会让我们不禁为子孙后代将来生活的未来世界而担忧,亨廷顿的《文明冲突论》在进入 21 世纪之后似乎又恢复了实质性的公信力:非理性主义和各类文化冲突常常成为我们行为的指导规范。同时,一种世界"失控"的感觉似乎正在悄然蔓延。世界经济仍在发展,这很大程度上得益于"全球化"和相应的市场经济原则,但我们每天都看到,全球化在带来大量益处的同时也产生了许多的负面影响:世界经济的发展有不均衡、不公平和准入困难的趋势;经济/金融市场变化无常,缺乏稳定性和可预见性;我们的经济环境在危险冲突的边缘徘徊。战争、局部暴力和全球恐怖活动导致了越来越多的政府倒台或即将倒台、蹂躏和人的不安全感。此外,核武器的激增、全球毒品买卖和军火交易的泛滥所带来的威胁已经让我们看到当今世界已经不如十年前安全与和谐。

"文化"的确在我们创造人类共同命运的过程中发挥着举足轻重的左右,然而,文化的差异虽然经常会导致关系紧张,但并非会不可避免地产生冲突。[①]这种"冲突",正如已故的爱德华赛德所精确地指出,是一种"无知的冲突"。[②] 为此"和谐社会"可以(通过对话与合作)为全球的、地区的和国内的冲突提供化解的基础。和谐社会不是一种空泛的期望,也不是一个高不可攀的概念,它是一种政治和个体选择,一种可以借之来治理和重塑国际社会的选择。它既代表着世界的发展方向,也是今后很长一段时间内需要不断努力的过程。利用丰富多彩的各种文化来制作一个人类能量的马赛克,以致力于人类的共同繁荣和富裕,这是我们要共同面对的挑战。从这个意义上说,中国政府所提出的"和谐社会"可以为我们编织未来世界的美好画卷提供许多有益的参考。

---

① Norton, J. J. and Rogers III, C. P., Law, Culture and Economic Development: A Liber Amicorum for Professor Roberto MacLean, CBE (BIICL, London, 2007).

② 爱德华·W. 赛义德著:《无知的冲突》,刘耀辉译,载《国外理论动态》2002 年第 12 期。

我倾向于相信,在完善的机构、个人和集体的善良意志以及那些能够对全球经济和社会的发展方向产生有益影响的团体(包括公共的和私人的,国内的、区域间的和国际的,市民社会的和商业社会的)的影响下,人类的理性和良知最终定会战胜人性中的负面力量并不断加强自身的正面力量。我打心底里是个国际主义者和多边主义者[①],但同时我也相信人类社会的进步(不论是经济、社会、政治或环境)最终是在区域或全球机构(公共或私人)的支持下通过"自下而上"的驱动而实现的。我也坚信,我们在共同的人类征程中必须在相互尊重、相互学习和相互理解的基础上不断在不同社会、文化和体系间"搭建桥梁"。只有这样,我们才能把彼此间的差异性编织成一个丰富而和谐的马赛克,共同致力于全球社会的发展。

我们正是在这样的背景下来讨论今天的话题——企业社会责任与世界的和谐发展。中国,这个拥有全世界五分之一人口、目前为世界第五大经济大国并有望在两代人之内成为世界第一大国的国家,理所当然地称为我们讨论多样性间的和谐问题的首选地点。更重要的是,中国拥有五千年关于"和谐社会"的文化积淀,并且重视教育和知识在人类进步中的作用。纵观中国的传统艺术、哲学和文学,随处可见孔夫子关于人与人之间和人与自然之间的和谐思想所留下的根深蒂固的文化烙印。即便是在近代最为艰难的时期,我们还是可以看到中国的学术机构,如北大这样的高等学府,在捍卫着真正的中国传统文化和价值观。

然而,中国目前致力于"和谐社会"的建设并非只是对传统文化的缅怀,而是中国当前经济、社会和政治计划的重中之重。2006年10月中国十六大的最后公报充分显示了"和谐社会"是贯穿当今中国社会生活各方各面的指导政策和战略方针。胡锦涛主席在2007年10月的十七大会议报告中也特别强调了"和谐社会"的重要性。从中国的语境讲,企业社会责任是构建"和谐社会"不可或缺的一部分;从全球背景来讲,企业社会责任也是2007年六月八国峰会所提出的重要议题。

我的国家(美国)对于中国的态度是很矛盾的[②],但事实是:如果没有中国在十年前的亚洲金融危机、当前不景气的全球金融市场、中国香港过渡期问题、朝鲜的窘境以及最近联大会议的一系列事件中所表现出的负责、低调

[①] Andrews, John A., Lyndon Johnson and the Great Society (American Way Series 1999).

[②] Harry. Harding, A Fragile Relationship: The United States and China since 1972 (Brookings, Washington DC, 1992).

和追求和谐的态度,我们的世界可能会比现在更加的不稳定和不安全。虽然中国目前的经济飞速发展,但中国政府居安思危,非常重视经济的和谐、公平和可持续发展。从这个意思上来讲,中国政府已经意识到"和谐社会"这个概念包括可持续发展、企业社会责任和人的尊严。经济增长收益在整个社会中的公平合理分配,而不仅仅是由经济金字塔中的少数上层精英来享受成果,是关系中国未来发展的核心问题。

西方社会往往错误地认为中国的政府是自上而下、铁板一块的。这是个肤浅而无益的想法,中国政治结构的构架其实是很丰富和灵活的:从中央到省、市、地方,不同的地域甚至于不同的行业间都存在着巨大的差异。如何在这种差异中寻求社会的和谐和政治的稳定是本世纪中国乃至世界所要面对的重大挑战。中国政府似乎已经越来越清楚地意识到建立一个廉洁、透明和可靠的政治经济体系的重要性。事实上,中国已经成为全球以和谐、公平和可持续方式发展经济的先驱,这对中国来说既是挑战,也是机遇。

中国建设和谐社会的成功是众望所归,因为它不仅关系到中国自身,还关系到全亚洲和全世界。我们都同在一艘"世界之船"上,而中国正成为这艘船的掌舵者。我相信中国会以其富有中国特色的方式来处理好问题,真心地祝愿我们的共同旅程获得成功。

此外,我想借此对北京论坛秘书处和北京大学的所有工作人员表示最诚挚的谢意,感谢他们为此次国际法学盛会所付出的辛勤工作。我要特别感谢论坛副主席 Zhang Guoyou 先生、Chen Yuzhui 教授、论坛秘书处的 Yan Jun 先生、北京大学党委副书记/金融法中心主任吴志攀教授、北京大学法学院院长朱苏力教授、北京大学法学院甘培忠教授和楼建波教授。我还要特别感谢北京大学法学院的刘燕教授,感谢她多年来与我共同探讨中国公司治理方面的问题。企业社会责任是关系中国和世界企业法律和实践的重要问题,它不仅需要商学院和私人咨询公司的努力,更需要各国法学家和法律工作者共同的努力。企业社会责任最终的成功在于"法治"观念的渗透普及和法律合规,而这是将是法学院的一大重任。我很欣慰这些年在美国南卫理公会大学、伦敦和香港大学教授了许多中国的年轻法律学者(包括硕士、博士和访问学者),我在帮助他们了解普通法系和西方社会的同时也从他们那儿看到了中国社会生活的神奇和复杂。我要特别感谢目前在南卫理公会大学学习访问的北京大学学生王云川、陈琳燕和上海财经大学的李虹、刘元,感谢他们为此篇提供的相关信息。

二、企业社会责任的历史

现代企业社会责任是西方社会的产物,其历史可追溯至几百年前,但直到最近才开始备受瞩目,目前尚处于不断发展的阶段,至今没有一个统一明确的定义。企业社会责任的兴起源于国内外公共和私营等多重动因,因此,虽然它进入中国商界和学术界才短短数年,中国已经登上了全球"企业社会责任"运动的舞台。但中国要走的路还很长,不仅需要学习国外的先进经验,更要结合国情予以创新。本文这一部分旨在解决一些有关企业社会责任的历史问题,以求更高的确定性、可预见性和可适用性。

(一)企业社会责任的雏形

企业社会责任在西方已经有数个世纪的历史,我们甚至可以说亚当·斯密所谓的"无形的手"也并非不受任何控制,市场会受到相关监管环境的影响而奉行"开明的自我利益"原则。

19世纪有一批以贵格会员为主的企业,如巴克莱银行和吉百利公司,开始推行一种注重员工社会和精神福祉的"德政资本主义"。到了19世纪末20世纪初,英国掀起了一股要求政府在一定程度上程度干预经济和经济生产要素的浪潮,这一社会运动迅速在国际范围内蔓延开来。

美国的商业哲学经历了从安德鲁卡内基的"强盗大亨"到洛克菲勒和福特的社会慈善的转变,并且发展了一些以社会为导向的"企业城镇",如宾夕法尼亚州的好时。[1] 更重要的是,20世纪上半期出现了一系列规范新兴工业社会的举措,如优化联邦税收计划、食品安全立法、普通法关于产品责任的发展、相关劳工法律的制定以及罗斯福新政出台的关于商业、金融、就业和社会改革的法规。[2] 如此,美国经济和商业社会的框架就超越了单纯的企业自我利益和"买主责任自负"。

(二)贝利与多德的论战

20世纪30年代,哥伦比亚大学的阿道夫贝利与哈佛法学院的迈瑞克多德之间展开了一场对企业管理产生深远影响的高层学术论战。贝利在1932

---

[1] Grimm, Jr., Robert T (ed.)., *Notable American Philanthropists: Biographies of Giving and Volunteering* (Greenwood Press, Westport, CT, 2002).

[2] Leuchtenburg, William E., *Franklin D Roosevelt And The New Deal* (Harper, NY, 1963).

年与人共同撰写了一篇题为《现代企业与私有财产》的文章,他在其中指出,美国的公司股东非常分散,以至于大型公司的控制权实际上掌握在职业管理团队的手中:事实上,所有权与控制权已经实现了有效的分离。而多德在《哈佛法律评论》中提出,现代企业除了赢利功能外还有一个"社会服务"的功能。多德认为,现代企业是一个公共机构或准公共机构,社会(或者说政府)有权对大型企业进行规范以保护包括股东在内的更多的利益相关者的利益,如公司员工和消费者。① 如此,企业管理者在做企业决策时就有义务考虑一系列利益相关者的利益。相反,贝利则认为良好的企业政策不应该倡导扩大企业管理者的决策范围。他指出,公司的董事和高管应该尽"勤勉注意义务"来保护股东利益,但没有承担社会责任的法律义务。②

美国企业界和法院似乎都更倾向于接受多德的观点,即企业管理应该平衡多方利益,贝利也在20世纪50年代承认多德赢得了这次论战。③ 举例来说,一位声望极高的美国商界巨头,标准石油的主席弗兰克艾布拉姆斯,曾经强调商业与社会之间的"社会契约":"管理的任务是在各种利益相关群体之间维持公平和工作平衡,这些利益群体包括股东、员工、消费者和社会公众。"④贝利和多德的辩论至今仍对现代企业管理有着根本性的影响。

(三) 费里德曼的回归:里奇从另一角度的论述

十年之后,1962年,芝加哥大学的一位经济学家弗里德曼发表了关于现代资本主义的一篇划时代论文,他在其中对企业社会责任作了正面攻击⑤,认为企业的唯一目的就是将股东利益最大化,而企业/市场监管的责任完全应有政府来承担,这一观点至今仍受到许多公司高管和金融家的推崇。虽然弗里德曼的观点有许多可供批判之处,但它奠定了现代"自由市场"经济的基石。

然而,正当费里德曼将企业的目标从社会责任重新扭转到股东利益最大化时,20世纪六七十年代的美国出现了一系列关于公民权利立法、消费

---

① Dodd, E. Merrick, "For Whom Are Corporate Managers Trustees", 45 *Harv. L. Rev.* 1367 (1932).

② Berle, Adolf A., Jr. and Means, Gardiner C., *The Modern Corporation and Private Property* (Macmillan, NY, 1932).

③ Ibid.

④ Reich, Robert B., *Supercapitalism: The Transformation of Business, Democracy and Everyday Life* (Knopf, N.Y., 2007).

⑤ Friedman, Milton, "The Social Responsibility of Business Is To Increase Profits." *NY Times, Magazine* 33 (13 Sept. 1970).

者保护、反对越南战争、林登的"伟大社会"、环境保护、妇女权利、工作场所卫生和安全问题等的社会运动,同时非政府组织也开始活跃起来。这些事件促使了许多以社会为本位的商事立法。有趣的是,罗伯特里奇(著名自由社会经济学家,前克林顿政府劳工部长)在其最近的新书《超级资本主义》中从另一角度得出了与费里德曼类似的结论。里奇认为企业承担社会责任将使企业获得过多的控制权,导致削弱政府作为社会监管者的合法性并破坏民主进程。里奇认为企业社会责任应受到政府强制立法和法规的监管。[①]但不论如何,我认为费里德曼和里奇所说的利益最大化也是有一定范围和限度的,并非不惜任何社会代价的。

(四) 企业社会责任的理性分析

企业管理者在制定企业社会责任政策或项目时总是需要寻求一个与"企业最佳利益"相关的具体理论。企业可能会有一个总体的企业社会责任目标声明,但具体的实施大多要与具体的企业战略联系在一起。目前有些评论者抨击某些企业的行为违背了"开明自我利益"原则,在一定程度上反映了企业的不良动机并破坏了企业社会责任进程,而不良的动机往往会导致不好的(或者是某种意义上的"污点")结果。[②]

我认为所有积极有效的企业社会责任/企业公民项目都源于特定的企业价值和企业文化,并与发展该企业"最佳长远利益"的具体企业战略紧密联系推行企业社会责任的目的不是把企业变成一种社会福利机构,而是帮助企业定位其企业价值、道德和治理,从而实现其长远的更广义上的"最佳利益"。如此,企业应该在其金融和商业战略和具体的经济、社会和环境目标之间找到一个平衡点,实现两者的互补性发展。

现代大企业是一个复杂的经济、金融和社会机构。[③] 如从企业利益相关者的理论来看,企业管理人员在决策时需要考虑一系列的因素。在这种情况下,企业社会责任可以提高企业的竞争力,发展企业的长远利益和可持续性,改善员工关系和雇佣关系,增加公众对企业的了解,提高品牌知名度,与相关社区(地方的、全国的和国际的)建立良好关系,以及为选择性的企业慈

---

① Reich, Robert B., *Supercapitalism: The Transformation of Business, Democracy and Everyday Life* (Knopf, N.Y., 2007).

② DiRomulaldo, Tony, "Corporate Social Responsibility—Burden, Sham or Golden Opportunity?" (Next Generation Workplace Blog: May 31, 2007).

③ Mason, Edward S. (ed.), *The Corporation in Modern Society* (Athaneum, N.Y. 1974).

善战略创造基础。实际上,企业社会责任对商业利益和社会利益的平衡应该被视为企业的一种建设"长期、开明自我利益"形式。企业社会责任的评论家应该认识到,一个合理构建的企业社会责任项目事实上是将企业短期的自我利益观念转变为一种长远的开明的企业观。

一些评论家认为这些自我利益理论使得企业社会责任本身缺乏实体性和连贯性。但我们需要记住的是,企业社会责任仍是一个有待发展的企业观念,它会随着全球化进程中经济、金融和商业的变化而变化,这是一个复杂的过程;企业社会责任通过不同的企业战略来实现,对于企业本身、利益相关者和社会公众都具有重要意思;而它最终是由具体企业所属的相关行业及所在的社区来决定的,而不是靠广义的崇高社会理念或利他主义。

三、术语辨析

研究企业社会责任的一个最基本难题在于这个词会出现在一系列不同的语境和层面中。从法律和政策的角度看,这些不同的参照系使得我们很难得出一个统一的标准。虽然"企业社会责任"一词在公司董事会和商学院风行,但这一次本身包含着许多交替重合的概念:企业道德、企业治理、企业合规/法律责任、企业社会责任、企业责任、企业可持续性、企业慈善事业、和谐负责的企业公民、社会责任投资和社会企业家。

(一) 企业道德

企业道德是商业领域一种应用道德,是指在组织、运营和个体层面将行为负责和防止侵害的观念融入企业文化中。企业道德规范着公司董事和高级管理人员的决策过程和建立合适的内部管理模式,规范着公司经理和员工处理与供货商、承销商和客户的关系,还规范着雇员处理相互间关系。企业道德可以被规范在企业任务陈述、商业责任陈述、道德准则、道德培训计划等一系列文件中,并主要以公平、诚信、正直和公开的形式应用于各种企业情境中。由此可见,企业道德是一个渗透在企业文化当中核心理念。[①]

但是良好有意义的企业道德首先需要企业拥有核心的"企业价值"。从这个意思上来说,必须首先确定一个企业的核心价值,继而规范企业的组织

---

① Boatright, John R, *Ethics and the Conduct of Business* (5th ed.) (Prentice-Hall, N.J., 2007).

和经营道德,从而形成牢固的、机构性的企业道德观念,并最终实现一个可行的企业社会道德工程。从实践的角度讲,这是一个持续的、多维的、健康的公司自律过程。当然,企业道德的实现说到底还是要依赖企业管理者和经营者高尚的个人品格。

企业道德一般不属于法律规范的范畴,但它与法律规范又是密不可分的。比如利益冲突、非歧视、反骚扰、反腐败、"吹哨子"、信息保密等本来都是道德问题,但法律对此均作出了规范。企业道德在强调公开诚信的层面还与企业治理有所重叠,但企业治理一般将这些道德要求融入企业的政策和具体实践中。企业道德也会与企业社会责任产生交叉,如企业社会责任中的环境保护和人权问题同时也是道德问题。此外,企业道德和企业公民之间也有联系:一个拥有较高道德标准的企业通常会或地更高的社会声誉,更受股东、投资者、消费者、政府机关和非政府组织的欢迎,员工的士气也更高涨。如此一来,该企业就更容易确立"公民空间"(下面会讨论到)成为"企业公民",享受相应的权利并承担责任。

我认为企业道德所根植的"核心企业价值"应该为企业治理、企业社会道德、企业可持续发展以及和谐负责的企业公民创造良好的基础。

(二)企业治理

企业治理通常是指董事会、执行官员和股东作出公司决策的过程和方式。当前对企业治理的研究重点主要在公司组成、多样性、独立性、董事会的委员会结构以及保障股东发言权的股东结构上。今后的研究重点将逐渐转向透明度和问责制。

企业治理和企业合规之间的关系是十分密切甚至有些重合的,我认为企业合规其实是企业治理的一个组成部分。比如在美国,大部分大公司都是上市公司,需要满足1934年美国证券法的持续报告要求和责任框架以及美国证券交易委员会的相关法规,包括外国腐败行为法案、重大内幕交易立法和最近颁布的极为苛刻的萨班斯—奥克斯利法案。同时,值得注意的是,美国一些重视社会保护的州还在1980年代颁布了国家接管法规(如宾夕法尼亚)。[①] 总之,美国的联邦法律和各州州法制定了关于企业员工、投资者、消费者和环境保护的全面规范。一个企业要想拥有良好的治理结构就必须首先符合联邦和各州的法律法规。

---

① Steinberg, Marc, *Securities Regulation* (Lexis-Nexis, NY. 2004).

企业治理还与企业社会责任有着千丝万缕的联系,主要表现在以下两个方面。第一,美国的企业所运营的"法律环境"及附属的法律义务已经将企业社会责任的很多方面(如良好的劳工标准、环境保护以及消费者和投资者的保护)融入了企业治理之中。第二,即便没有特定的法律法规,一个现代大企业的决策者在考虑如何治理该企业时会发现自己已经置身于"企业社会责任"的包围之中。我们可以认为企业决策者是在主动资源地承担社会责任,但是这个"主动"也许更该加个双引号。这些责任的确并非法律所要求,但优秀的企业决策者并不是在"真空"中运营企业的,他们会对来自企业内外的瞬息万变的信息、压力和影响,以及来自国内外政府、市场、消费者和广大公众的期待作为适当的反应。

笔者注意到英国 2006 新公司法对公司治理做了重大改革,其中引进了企业社会责任的概念,规定公司董事在争取公司股东利益最大化的同时还应从公司长远利益出发考虑一系列利益相关者的利益。这一规定将企业社会责任融入董事会决策的过程中,但又保持股东利益的优先性。也就是说,英国采取的是一种折中的方式,即在法律上设定了总体的方向和义务,而具体的实施则依赖公司决策者的判断和自由裁量。我认为英国的这法律规定仍然是"戴着镣铐"的:董事会成员有明确义务考虑股东的利益和公司的长远利益。

(三) 企业合规/法律责任

虽然美国经济仍然是当代资本主义一颗闪亮的星,但我们经常会忽视美国经济其实在联邦和州的层面都是受到严格监管的。如上文提到的,美国的法律法规对商业领域进行着广泛的调整和规制,包括对公司本身、证券/投资活动、旨在社会保护的国家接管法规、国家接管法规、税收、合同、商业活动、产品责任、消费者保护、白领犯罪、反垄断、环境保护、雇佣关系和工作场所、反歧视、弱势群体保护、欺诈、隐私、财务审计和信息披露等。[①] 其中大部分法律法规都包含"社会"目的,从而将企业实体的社会责任归入了法律强制的范围内。作为美国金融法律师,我觉得美国的金融机构在近三十年里一直受到联邦社区再投资法案及其相关法规的规制,需要满足其所在社区(包括中低水平收入社区)的"信用需求"。事实上,社区再投资法案和相关的政府"公平贷款计划"将美国的金融机构变成了准社会机构。

---

① Mann, Richard A. and Roberts, Barry S., *Business Law and Regulation of Business* (9th ed.) (Sw.-Thomson, Cincinnati, 2007).

虽然不是所有的美国政府企业法规都是以企业社会责任为导向的,但大多数美国大企业都拥有正规的企业合规项目和体系、企业合规办公室和部门,董事会也会将法律合规作为良好企业治理的重要部分,并越来越关注企业和董事会成员由于缺少良好的法律和规系统而承担的潜在民事和刑事责任。总之,美国的企业社会责任一直是与法律规制的环境和方向密不可分的。

关于企业社会责任的规制问题,除了研究那些专门零碎的社会和环境法律法规外,还有一个更基本的问题:企业社会责任是否需要受到法律法规的规制(或者由企业来自由决定)?对于到底该由谁来保障企业社会责任执行的问题有许多不同的研究角度。有些从政府保障社会福利的范围和企业合理经营的范围来加以研究,也有些从政府对企业的过度监管及企业自由选择需要的角度来讨论。但我认为这两种立场其实并不矛盾,我们可以在特定情况下实现两者的互补,通过折衷的方式来解决问题。

法律法规当然需要对工作场所和环境等公众关心的问题制定最低的、可依法强制执行的要求和标准,指导企业的社会责任项目甚至为其提供实体内容。但是在满足这些最低的法律要求之后,企业是否能够完全自由地决策其社会责任的实体和程序性事项呢?正如我们在第五部分中会讨论到的,有些发展中国家可能会对申请获得投资许可的跨国公司设定更多的要求,而其他发展中国家可能设定更低的要求或根本没有要求以获得争取外国投资的竞争优势(即所谓的"竞相杀价")。此外,东道国政府和投资公司(特别是跨国公司)之间会在一些特殊情况下就某些特殊的发展项目或基础设施工程成立公私合伙。

从广义的角度来看"企业监管",我们还应考虑"私人合同"这一载体,因为企业社会责任性质的原则和标准可能会通过合同来实现(如下游的供应链或公私采购的情况)。

(四) 企业社会责任 (CSR)

"企业社会责任"一词的起源通常会追溯到 1953 年 Bowen 的使用。[1] CSR 是建立在公司的"利益相关人"这个概念的基础上的;亦即,公司不仅对其股东负有责任,而且对一个更大的有机集合体负有责任,包括雇员,消

---

[1] Bowen, Howard, *Social Responsibilities of the Businessman* (Harper, NY, 1953).

费者,供应商,分销商,债权人,其所在社区、环境甚至更大范畴意义上的"社会"。①事实上,即使仅对利息相关群体的首要构成要素——股东来说,CSR代表着这样一种观念:"最佳利益"不一定只意味着短期利益,不少股东都表现出对道德、环境以及社会责任的关切,而不仅仅是追求利润最大化。

现代 CSR 理念的发源可以在一定程度上归结到下列因素:以社会和环境为出发点的新法规,全球化和工业和技术的巨大改变引起的民众、消费者、公权力以及投资者的新思考和预期;投资者(包括个人和机构投资者)把社会标准纳入其投资决策过程;NGO 和 NGO 网络在社会上的逐步活跃;社会公众逐步增长的对经济活动给环境造成危害的关切;商业活动更高的透明度,突出的表现是近来美国及世界各地一系列大公司丑闻的披露,全都是依仗媒体和现代信息与通信技术;以及,管理理念和实践的演进,越发强调"品牌"增值,远期的财富最大化和具有竞争力的定位。②

遗憾的是,从词汇学的视角看,"CSR"目前被不同的公司、公共或私人组织、评论员用于很多背景下,至今仍没有一个精确的定义。很多定义中都强调了 CSR 的自愿性、外部性和社会性,但其实"自愿性"这一概括并不准确,因为大多数情况下 CSR 行为不是无私、无偿的,而是出于对内部和外部压力的回应。同样的,外部性也并不普遍,因为,如上文已经提到的,在一个 CSR 方案中,不少基础性和/或构成性的方面是基于内因并且内发的;同时,若想使 CSR 这个概念有意义并且有效,就要在定义的过程中整合和融入企业文化和公司体制。其实社会性这个特征也是不妥当的,因为这样定义似乎遗漏或至少低估了稳健"经济"运行、提供高品质产品和服务以及与环境的协调的重要性。目前有一种从"三重底线"("triple bottom-line")角度表述 CSR 的趋势,即在既定的公司宗旨和目标下设立的用以指导、监督和汇报经济,社会和环境各方面情况的一个框架。③

有人批评说"CSR"没有实质内容而仅仅关注过程(无论是关于实施、监管或沟通),大搞公司的"形象工程",这将阻碍 CSR 的实质发展。有些人则

---

① Friedman, Milton, "The Social responsibility of Business Is To Increase Profits." *NY Times*, Magazine 33 (13 Sept. 1970).

② Jones, G. R. and George, J. M, *Contemporary Management* (4th ed.) (Magraw-Hill, New York, 2006).

③ Elkington, John, *Cannibals With Forks: The Triple Bottom Line of 21st Century Business* (Conscientious Commerce) (NSP, BC-Canada, 1998).

强调健全的计划制定、实施和监管过程对于发展 CSR 实体内容的重要性。①我认为 CSR 当然不应只有程序而没有实体,但从实践的角度讲,CSR 更应是一个拥有既定目标的过程,而不仅仅是一个具体的实体内容或结果。这个既定目标源于企业内部和外部多方因素的影响,规范着 CSR 的实体内容并为 CSR 提供总体框架。在这个总体框架下,一个企业的 CSR 实体是由企业自由裁量的,除非法律做了强制性规定或者受到内外压力的约束。如此,我认为与其被动地受到各种压力的影响,一个成熟有效的 CSR 项目应该采取主动,积极地应对利益相关者和各种影响势力。总之,CSR 的最终目标是成为和谐负责的企业公民。

我注意到许多公司(如国防公司,酒精饮料公司,赌博企业,烟草公司,某些制药公司,成人娱乐行业,运动型多用途车制造商,奢侈品公司,被视为大气污染源的各种能源公司甚至包括大众快餐食品连锁店)有可能被一些民众认为是固有的"不负责任"。问题是,这些公司在本质上是自相矛盾的,例如,由于烟上贴了吸烟危害健康警示就将其说成是一个"负责任的烟草公司"。在 CSR 问题上,我认为出发点应该是所有大型的合法公司都应该建立一个积极有益的 CSR 方案;其次,在讨论所谓"有社会争议"的企业时,出发点是这类企业如何在业已呈现的社会风险中最好地"对社会负责",其中包括如何最有效地降低风险,避免停业(此事最终需要由立法者和市场做出决定)。

(五) 企业责任

有些企业将"企业社会责任"中的"社会"两字避而不谈,只称之为"企业责任"。究其原因可能是因为他们觉得不便将"公司责任"中的"社会"层面单独挑明。企业责任是用来规范企业道德、企业治理以及企业在社会、经济和环境方面的可持续发展的。因此,企业社会责任和企业责任在很大程度上是可替换的,虽然有人认为企业责任比企业社会责任的范围更广,包括"9·11"之后的安全和防卫问题。②

(六) 企业可持续性

"可持续性"一词在当今一般指环境和其他长期的考虑。③ 环境责任确

---

① Fauset, Claire, "*What is wrong with CSR?*" (Corporate Watch Report 2006).
② Homeland Security and Defense Business Council (HSDBC), *Corporate Responsibility: Why Business Should Be Prepared In A World of Uncertainty* (HSDBC, Washington DC, 2007).
③ Bruntland Commission, "*Our Common Future, Report of the World Commission on Environment and Development,*" (OUP, Oxford, 1987).

实是公司可持续性的一个关键方面。但从广义上讲,"可持续性"是指如何从长远的角度来创造、增加并维持"股东价值"。这种"可持续性"概念和"企业社会责任"一样,是在不断发展变化的,但它在坚持其"提高公司价值"基本目标的同时也试图在可持续的基础上将良好的企业治理/道德水平、有选择性的社会目标和环境利益与其经济目标相协调。

许多去年自愿参加企业社会责任报告的公司都纷纷开始根据全球报告倡议(GRI)2006年10月颁布的第三代企业社会责任报告制作持续性的报告。[①] G3报告准则超越了原来单纯的环境报告要求,采取了"三重底线"标准。总之,"可持续性"是企业社会责任新增加的一个重要方面。

(七) 企业慈善

企业慈善通常是指以提高生活质量为目的向慈善机构或个人提供捐赠。这种自愿的捐赠是企业整个商业战略和年度预算编制的一部分,以便获得税收上的优惠待遇。下文中还会讨论到[②],企业慈善在英美国家至少可以追溯到19世纪,通常是由富有的商业"大亨"或其家属创建慈善基金。有趣的是我们今天仍能看到类似的捐赠,如盖茨基金等。从20世纪50年代起,由于公司法在公司"超越经营范围"方面的修改以及联邦税法对慈善捐赠的优惠政策,企业慈善捐赠不断涌现。

这种慈善捐赠通常会集中在企业运营地的社区,比如在大部分美国城市,主要的企业一般都是当地许多慈善机构的发起人和赞助方,这些公司的高管也会积极地参与到慈善机构的董事会中。许多这样的慈善机构都是全国或国际性质的,但在过去的几十年里,企业慈善已经演变成为许多大公司商业规划、市场营销、广告和预算决策的一部分,成为企业在其所在社区扮演良好"企业公民",提高企业声誉、竞争力、品牌知名度和企业长远价值的砝码。此外,一些大公司还发动起员工向他们认为与本公司相"匹配"的慈善机构捐款,使员工参与到宣传企业良好公民形象的活动中来,并借此提高员工的道德和忠诚。

许多企业社会责任的评论家强调企业社会责任与企业慈善是两个独立的概念,可事实上许多大企业把它们的企业慈善与企业社会责任等同看待。从这个意义上来说,企业慈善经常与企业社会责任的动因并存,形成独立的企业决策过程。也有些评论家认为企业慈善是非正式的、随意的和不可持

---

① www.globalreporting.org.

② 参见第四部分。

续的,与企业建立系统的可持续的企业社会责任工程的努力是背道而驰的。即便如此,企业慈善与企业社会责任似乎并非根本对立的,因为现代企业慈善一般都与企业战略和目标相挂钩,已经不再是一个随机行为。企业慈善到底是否属于企业社会责任的范畴还有待讨论,但企业慈善与正式的企业社会责任动因可以被看成是"和谐负责企业公民"(见下一部分)的互补性的组成部分。

(八)和谐负责的企业公民

有些评论家认为"企业公民"只能发挥选择性或战略性"企业慈善"的一小部分功能,但是从广义和抽象的角度讲,"公民"意味着"个体"、相关"社区"、社区所给予的特殊地位以及一系列相关的权利和义务。[1] 从积极实践的角度讲,企业公民意味着企业成为一个"真正的人",而不是简单意义上的法人(一个法律虚拟的概念)。[2] 企业有了归属,并需要在现实生活中扮演角色,需要通过一系列强制或自愿的行为来促进和提高社区的经济社会环境,改善社区内公民的生活水平,但这个角色又绝不能等同或代替政府的功能。

所有这些都取决于企业所在国家所给予该企业的特殊地位。因此,企业社会责任可以被看成是企业获得在东道国经商许可的一个条件,是"社会契约"的组成部分。这个条件或契约可以在法律法规中正式规定,也可以由东道国政府和企业具体协商,或者由下文将讨论到的"国际企业软法"来规制。

对于跨国公司而言,"社区"意味着该企业运营的各个不同地域的社区,或者从某种意义上讲是个"全球社区"。因此,负责企业公民及其相关权利义务并非是单一的,而是综合复杂的。"全球社区"似乎意味着全球化过程中形成的跨越国界和政府的特殊空间,但这个诱人的"全球空间"最终还是会归入到特定的国家范围内。那种认为跨国公司可以在所谓的"全球社区"这么一个几乎法律真空的环境中漫游而不对任何国家负责的想法是根本不成熟的诡辩。几乎所有的跨国公司都是在法律完备的国家注册成立的,需要承担许多责任和义务;而那些在发展中国家设立的跨国公司为了国际竞争的需要也在努力学习如何成为负责的跨国公司。另外,目前全球的商业

---

[1] Heater, Derek, *What is Citizenship* (Polity, Cambridge, 1999).

[2] Oman, Nathan B., "Corporations and Autonomy Theories of Contract: A Critique of the New Lex Mercatoria" (March 8, 2005).

环境都在推行各种公私性质的全球标准和惯例。还有越来越多的发展中国家在放宽他们的外国直接投资法后开始意识到过于宽松的投资环境并不一定会取得所期望的效果。①

有人从务实的角度认为企业公民是宣传企业核心价值的商业战略。②如此,企业公民就成了建设企业社会责任工程中帮助连接公共关系的桥梁和纽带。尽管商业战略、企业社会责任和企业公民之间存在着密切联系,但我认为在企业的相关社区成为"和谐负责的企业公民"是企业的最终目标,必须将其作为企业商业战略(包括风险评估、竞争力定位和营销策略)的一部分,而一个精心筹划的透明可靠的企业社会责任工程则是获得"和谐负责企业公民"地位的首要途径。

(九)社会企业家和社会企业

"社会企业家"的概念可以追溯到19世纪"地位高则责任重"的贵族和家长式观念,认为富庶的商人和实业家应该管理好他们的财富并将其中一部分回馈社会。③ 直至最近"社会企业"模式才得到了功能和法律上的发展。社会企业不像"企业社会责任"那样在传统的为企业股东谋取利益的同时拥有一个企业社会责任工程,它是一个可以采取各种法律形式的商业贸易实体,既可以是营利性质的也可以是非营利性质的,但必须有一项"社会任务",即将其收益用作社会目的,往往是共同所有或成员所有制(甚至可能没有成员)。正如一位研究社会企业的学者所论述的,社会企业不在于其组织形式,"而应该理解成为一种灵活交叉于公共、私营和社会之间的多层面组织体"。

英国政府2002年制定了"社会企业战略"并成立了社会企业部门,该部门目前附属于内阁办公室下新成立的第三部门办公室,用以协调这一战略在英格兰和威尔士地区的实施(苏格兰通过苏格兰行政院协调其战略)。英国实际上创造了一种新的社会企业形式,即社区利益公司(CIC)。最近的数据显示英国目前已经拥有超过55,000家社会企业(包括公共慈善机构),这些企业共有450,000名员工(此外还有3,000,000左右的志愿者),每

---

① 参见第五部分。
② 如通用电气现在每年公布年度"企业公民报告"。(www.ge.com/company/citizenship/2007_citizenship)。
③ 参见第四部分。

年的总营业额超过 270 亿英镑,为英国创造国内生产总值 80 英镑。①

在美国,非营利性公司(它属于特殊的州公司法组织形式,通常享受联邦税收豁免政策)、各种互助性实体和合作社已经为人们所熟知。② 全美大约有 140 万家非营利组织(包括公共财善机构),总资产超过三万亿美元,每年总收入超过 1.4 万亿美元,占每年国内生产总值的 5% 以上,年度工资超过全美工资总额的 8%。2005 年,个人、企业和基金会共向非营利组织捐赠免税款 2600 亿美元,非营利组织共有 90 亿员工,并由 29% 的美国人通过正规组织志愿加入非营利组织。③ 然而,虽然美国拥有 240 万在各州设立的小型企业,但联邦法并未为社会企业提供动因(无论是营利的还是非营利的),而只有各州州法作了零星的规定。但近几年商业界和商学院对社会企业的兴趣越来越大,已经成立了数个社会企业联盟。④ 令人费解而又遗憾的是,社会企业(和相关的企业社会责任)似乎还没有在世界的主流法学界找到位置。

当今世界对社会企业感兴趣的不止美国和英国,社会企业的概念(虽然以各种不同的模式)已经出现在了欧洲大陆以及亚洲和拉美等各个国家和地区。

(十)社会责任投资

美国目前约有 2.3 万亿美元的金融市场投资属于社会责任投资,占投资总额的 10% 左右。社会责任投资是一个先进的投资战略,只认同那些既能营利又对社会有好处的投资,不包括会对社会造成危害的投资(哪怕其营利性很好)。社会责任投资将企业责任和社会利益作为考虑其投资决策的重要因素,兼顾投资者的金融利益和投资的社会影响。社会责任投资的投资者包括个人和投资机构,他们通常会注重环境、社会和公司治理等"企业社会责任"范围内的问题。其中机构投资者是现在社会责任投资运动中发展最迅速、拥有资金最雄厚的组成部分,它包括各种公司(包括跨国公司)、非营利组织、医院、大学、基金会、私人和公共养老基金、保险公司和其他金融公司以及宗教组织等。⑤ 甚至国际金融机构/区域金融机构的财政功能也

---

① UK, *CSR website* (www.csr.gov.uk).
② Hammack, David C., *Making the Nonprofit Sector in the United States: A Reader* (Philanthropic Studies, Indiana Univ. Press, 1998).
③ www.irs.gov.
④ 如哈佛、耶路、哥伦比亚和乔治商学院都有特别的"社会企业"项目。
⑤ http://www.socialinvest.org/resources/sriguide/srifacts.cfm.

要受到投资政策的限制。

社会责任投资的历史可以追溯到18世纪贵格会禁止其成员投资与奴隶贸易有关的行业以及约翰维斯利(卫理公会创始人)关于"金钱使用"的布道,他强调商人应成为世界财富的"善良管理人"。这种善良管理包括谨慎的财富积累、节约不浪费以及防止商业活动对社区和环境的伤害。① 但是现代社会责任投资始于20世纪70年代美国消费者和股东保护环境和反种族隔离的社会运动。② 同样是在20世纪七八十年代,美国的金融机构和共同基金纷纷开始采取以社会责任投资为基础的投资战略。③ 社会责任投资旨在提高问题企业的责任底线,从而为股东谋得更长远的利益。社会责任投资的投资者一般在全球那些条件较差的社区创造财富,其投资战略包括以下几个方面:(1) 审查;(2) 股东倡议;和(3) 社区投资。④ 对于跨国公司和其他具有财政或其他投资功能的企业(特别是金融机构)来说,社会责任投资是与企业社会责任紧密联系的,它是整个企业社会责任工程中关于投资战略的组成部分。

总之,以上这一系列的术语在不同的语境下与企业社会责任相混同,被视为是企业社会责任的程序、实体、战略、风险管理、品牌诚信、竞争定位和报告/评估等。这些属于之间既有交叉延续,又有所不同,这就使得企业社会责任变得变幻莫测,难以定位。这种"变形虫"式的企业社会责任概念对其自身发展及其不利,我们希望下文将提到经合组织和八国集团授权的企业社会责任研究能够使得企业社会责任的概念更统一明确。我个人认为,以企业员工的个人道德为DNA的"企业道德"是根本,在此基础上良好的企业治理、企业合规、积极自愿的企业社会责任以及传统公司决策和运营可以相互并存、相互促进。实现这一目标必须通过企业结构、体系、程序及运营自上而下的将企业社会责任融入公司管理中。举例来说,企业社会责任应该与风险管理、品牌诚信、市场营销、财务职能以及长期规划等结合在一起。一个企业可以很容易地拥有个别的企业社会责任或企业慈善项目,但企业社会责任是应该与企业融为一体的,它必须是整个"企业DNA"不可

---

① Wesley, John, " Sermon 50: The Use of Money" (1872 edition, United Methodist Church) (gb-gm-umc. org/umw/wesley/serm-050. stm).

② Pan, P. G. and Mardfin, J. K., *Social Responsible Investing* (Hawaii State Legislative Res. Bureau Report No. 6, 2001).

③ 美国自2005年至今约诞生了200种社会型的共同基金产品,共计资金近1800亿美元。

④ http://www. socialinvest. org/resources/sriguide/srifacts. cfm.

分割的一部分。跨国公司不仅需要指派高官来负责企业社会责任在整个公司网中的执行,甚至还需要设立一个单独的企业社会责任委员会(如美国公司需要设立单独的萨班斯—奥克斯利审计委员会一样)。此外,企业社会责任的导向性过程在很大程度上是关于责任、评估和监控。

企业社会责任语境下的"可持续性"要求企业在决策时考虑"股东"的长远利益。这使得企业在承担经济、社会和环境责任的时候还拥有许多的选择性和灵活性。当然企业最终的目标还是要成为"和谐负责的企业公民"。这里有一个很有趣的"鸡生蛋还是蛋生鸡"问题:到底是通过企业社会责任的实施来最终定位"和谐负责企业公民"还是由经合组织的研究项目首先定位何为"和谐负责企业公民",然后在实施相应的企业社会责任?即到底由目标定位过程还是由过程决定结果?

美国波士顿大学企业公民中心最近的一次调查显示越来越多的企业开始推行企业社会责任/负责企业公民。调查中,企业高管认为企业公民包括以下几个要素:

——拥有自己的企业价值;
——拥有良好的企业道德和企业治理;
——为股东和其他利益相关者创造价值;
——提供安全可靠的产品;
——礼遇员工;
——诚实信用;
——透明可靠;
——将企业社会责任融入企业的日常运营中;
——参与社区活动;
——对社会有积极影响;
——对环境的可持续作贡献。

四、企业社会责任和自上而下的国际化

企业社会责任运动是在 20 世纪 90 年代由一些大企业和商学院所发起的,而企业社会责任运动的国际化则实在 20 世纪 90 年代末 21 世纪初由联合国的全球协约、欧盟、经合组织、各国政府机构以及各种非政府组织和私

人网络所推动的。

企业社会责任是 2007 年 6 月在德国海利根达姆召开的八国峰会的一个主要议题。这次峰会授权经合组织"加强企业社会责任原则"研究以编制企业社会责任的相关标准。我认为这次"企业社会责任"国际化的主要政策导向在于将跨国公司融入联合国、国际金融机构和八国集团的经济发展议程中来。

企业社会责任全球化的发展方向是为跨国公司建立一系列软法性质的国际化"最佳经营标准和原则"。我估计在可预见的将来,各个公私国际组织关于企业社会责任的各种标准将相互融合和衔接,从而形成全球统一可行的跨国公司合理治理和责任标准"最佳实践"。

虽然这个企业社会责任"国际最佳实践"没有严格意义上的法律拘束力,但其重要性会不断提升,成为一种国际"软法"。这首先须要经合组织将这些新的标准/最佳实践与其他现有的公私国际组织的标准/实践相融合形成"国际公司软法"纲要,然后在纲要的基础上增加企业社会责任/和谐负责企业公民必要的定义、实体和程序性事项。而八国集团的全球政策导向会给这些实践/标准提供更强的国际合法性。此外,由于八国集团的号召,许多国家(包括发达国家和发展中国家)很可能会制定一些国内的企业社会责任法规(如英国和印尼最近已经制定了相关法规①),而国际金融机构会将这些标准/实践应用于他们的法律修改议程、贷款政策以及公私合伙安排(如合伙融资计划)中。此外,这些新标准有了八国集团的支持后,东道国在与跨国公司和其他外国直接投资的洽谈中就有了更强的协商能力。

这个建设中的"国际企业社会责任网"以及各国国内政府的倡议将促使大企业/跨国公司直接或间接(通过公私合伙)地承担一些传统上由政府或政府间机构来承担的社会福利和发展责任。上文已经提到,虽然企业社会责任的历史可以追溯到很久以前,但直到最近才成为国际上的热点问题,其主要的催化剂是 2000 年 7 月颁布的联合国全球协约②:

"2000 年 7 月 26 日,全球几十位商业领袖齐聚联合国总部通过了企业社会责任全球协约,旨在与联合国相关机构和社会劳工组织一起共同推进保护全球社会和环境原则。该全球协约试图通过集体行动的力量宣传'负

---

① http://www.socialinvest.org/resources/sriguide/srifacts.cfm.
② United Nations (Global Compact), *Business Unusual: Facilitating the United Nations Reform Through Partnerships* (2005).

责企业公民'形象,使企业参与到解决全球挑战问题中来,与其他社会机构一起共同实现联合国的目标:一个更加稳定更加包容的全球经济。"

全球协约的十大原则包括人权、劳工、环保和反腐败等几大达成普遍共识的方面,其主要文件支持有:《世界人权宣言》;《国际劳工组织关于工作中基本原则和权利宣言》;《里约环境与发展宣言》;以及《联合国反腐败公约》。全球协约要求企业在其影响范围内支持和制定一系列人权、劳工、环保和反腐败的核心价值。

此外,2000年9月联合国召开的千年首脑会议上,世界各国首脑和一些与联合国相关的国际组织、区域组织一致同意为消除贫困、饥饿、疾病、文盲、环境恶化和妇女歧视制定一系列切实可行的目标,并将这些目标作为全球议程的核心,即现在所谓的"千年发展计划"。千年首脑会议宣言还就人权、良好的政府管理和民主问题作了一系列承诺。①

接下来的2002年联合国"蒙特雷共识"要求各国为以上承诺提供资源和行动上的支持,发达国家将通过资金、贸易、债务减免和投资等途径帮助发展中国家实现平稳的政治经济改革,而其中最核心的环节是建立"公私发展合伙"。在此我们看到联合国其实是想将知识、技术、工程和其他各种商界和民间的资源整合到政府间发展议程中来。

对联合国及其十四个专门机构而言,这些公私经济发展合伙的功能有以下四个功能中的一个或一个以上:宣传;制定规范和标准;资源共享;以及调控发展市场。而从企业社会责任的角度而言,公私合伙发挥了以上所有四个功能。有趣的是,联合国承认这些跨国公司合伙可以为某些经济发展项目提供一定水平的资金支持,但却不能提供雄厚可靠的持续发展融资。企业所能真正提供的是他们的专家技术及其庞大的社会影响力和关系网。

在此期间还有其他一些与企业社会责任相关的政府间协议,如经合组织跨国企业守则,以及联合国关于贸易公司和贸易投资政策的研究。这样一来,我们可以看到在2000和2001年间,国际企业社会责任这把"巨伞"已经徐徐撑开,促使以跨国公司为领头羊的各类公司搭乘上"企业社会责任"的列车驶向全球经济的共同发展与繁荣。

从许多跨国公司的企业社会责任实践经验来看,虽然目前选择什么样的企业社会责任政策、类型和报告机制是由各个公司根据自身的企业文化、

---

① 联合国《千年发展目标》:www.un.org/millenniumgoals(2007)。

所属行业、公司治理结构、商业战略计划以及外界公共和私人的压力所作的决定,但跨国公司的企业社会责任开始成为一个不断扩大的全球运动,受到多边和区域当局(如八国集团)的协调,而像在英国已受到政府部门甚至法律的直接规制。我们可以看到全球的发展趋势是建立"国际最佳实践、标准和原则",也许日后会形成经济、商业和金融领域的"国际软法"作为各国国内根本法规的补充。

以英国为例,政府自1999年采取了"可持续发展战略"后便开始倡导企业社会责任。[1] 英国国际发展部在推行联合国千年发展计划的过程中将企业社会责任作为一种发展工具,而后又由管理竞争和消费者事务的国务大臣来负责企业社会责任问题。2006年,英国又颁布了新的公司法,规定公司董事在公司决策过程中要考虑股东的长远利益。欧盟宣称其早在1993年就开始倡导企业社会责任,但真正的开始应该是2001年公布的"倡导欧洲企业社会责任"蓝皮书。[2]

五、企业社会责任和经济发展:总体概述和针对中国的具体分析

这一部分首先介绍经济发展是跨国公司策划企业社会责任项目/战略时所要考虑的重要因素,以及跨国公司可能会将其"知识储备"和"企业影响力"应用于企业社会责任战略中。然后再结合中国的具体情况讨论企业社会责任问题。

(一) 总体挑战:将边缘化人口融入其中

1. 问题

为了将企业社会责任、企业公民与全球经济发展及相关法律基础设施相联系,我们首先需要认识到国际货物、服务、技术和专利的贸易对地区和全球经济发展有着举足轻重的影响。在此基础上,以下三个方面的问题不容忽视:

第一,发展中国家的经济发展需要一个与正在进行的经济和金融改革

---

[1] UK, *Sustainable Development Strategy website* (www. sustainable-development. gov. uk) (2007) (latest Strategy 2005).

[2] 欧共体蓝皮书(2001)。欧共体委员会已经于2002年7月和2006年3月发行了两份CSR通信。

相配套的积极有效的法律基础设施;

第二,在发展中国家,大约有 40 亿人口每天的生活费不足 2 美元,他们中绝大多数被排除在其所在国家的主流经济和金融体系之外;

第三,所有这些不仅对国际金融机构和各国政府提出了巨大的发展挑战,同时也给跨国公司带来了极大的商业挑战和机遇。正如普拉哈拉德在《财富金字塔底层》[①]中所论述的:如何将这几十亿被边缘化的人口转变成储蓄者、消费者甚至中小企业业主。

因此,发展中国家经济金融领域改革中一个关键的问题就是如何以一种公平的方式将那些被边缘化的人口融入整个社会发展中来。

对于发展中国家和新兴经济体来说,有效地经济金融体制改革对于经济的可持续发展是至关重要的。这些改革应该开展得深入而广泛,使更多的人能够进入经济和金融发展的主流。遗憾的是,八国集团和国际金融机构在过去十几年里开展的经济金融改革重在解决危机防范、金融稳定和目前的反洗钱和恐怖主义金融防范,而忽视了公平准入的问题。发展中国家的经济金融体系应该重新融入那些被边缘化的人口。只为经济金字塔顶上层服务是目光短浅的表现,长此以往对经济发展是极为不利的。

虽然这个问题时显而易见的,但国际金融机构直到最近才开始在经济和金融领域法制改革的议程中系统地阐述了这个问题。我们应将准入、公平和投资者保护等发展性因素综合、连贯地纳入金融法制改革的总体框架中来,从而促进千年发展计划中消除贫困目标的实现,并将联合国全球协约和八国集团全球政策所构想的发展目标与企业社会责任紧密结合。[②]

发展中国家的经济金融体制改革不仅要深入,而且更要广泛。根据阿马蒂亚森的"选择/自由与发展"理论,选择是以积极有效的准入为前提的,而积极有效的准入需要政府的政策支持,这背后还需要适当的法律基础建设和法律工具的保障。[③]

如此一来,"广泛"的要求不仅包括为边缘化的人口融入创造更多准入金融体系的机会,还包括拓宽金融体系自身,将其从只为发展中国家上层经济、商业和社会要素服务的境况中摆脱出来,更包括为贫困、低收入和其他

---

① Prahalad, CK, *The Fortune at the Bottom of the Pyramid*: *Eradication Poverty Through Profits* (Wharton, Phila., 2006).

② 联合国《国际金融发展会议蒙特雷共识》。

③ Sen, Amartya, *Development as Freedom* (Anchor, MA, 2000).

被边缘化的人口提供适当的发展政策、体制保障和法律保障。

2. 跨国公司的"知识银行"及其社会影响力

我们目前的总体问题是如何建设性地将跨国公司加入到现代经济发展改革的方程式中。一般来说,大型跨国公司之间形成了经济金融体系,拥有复杂的商业—经济—金融信息和结构的"知识银行"。此外,越来越多的跨国公司本身就是全球金融机构,还有一些跨国公司拥有金融服务分支。[①]

同时,大型跨国公司由于其复杂的构成(股东、管理队伍、雇员、供货商、分销商、消费者等)及在地理、历史、商业甚至政治上的广泛触角,往往拥有很强的社会影响力,可以用来帮助知识技术的传播和促成良好的发展政策和工程。具体来说,几乎所有的跨国公司都与主要的国际和当地商业银行、投资银行、保险咨询公司、主要的商业咨询公司、会计师事务所和律师事务所有着密切联系,而且大多数跨国公司都与各国政府有着直接或间接的接触,它们还是许多商业和社会团体的成员。此外,跨国公司的影响力日益增强,其与非政府组织间的互动已经从以往的对抗性质转变成了合作性质。

虽然大多数跨国公司不会将自己看成是潜在的非政府组织,但实际上它们庞大的知识银行和广泛的社会影响力使它们完全能够成为"商业性的非政府组织"。当然,一个跨国公司所享有的社会影响力和关系网可能根据其手头的企业社会责任任务的不同而各异,可能不能完全发挥其影响力,也可能超出其正常的影响力(如与其他跨国公司,甚至是其竞争对手,合作)抛开跨国公司的知识库和影响力,我们面对的现实是目前世界几乎 2/3 的人口被排除在他们本国的主流经济/金融领域之外,使他们没有能力实现最基本的经济金融需求,没有创造财富的机会,更无法为其国家经济的发展作出任何贡献。

国际金融机构和区域金融机构在提供公平准入方面做得还很不够,有人甚至建议用跨国公司来取代国际/区域金融机构,因为跨国公司拥有更多的资金、人员、技术、知识资源、实践经验和社会影响力来实现预期的改革。我认为这个建议虽然不太切实际,但的确反映了国际/区域金融机构过去、现在和很可能会延续到将来的缺陷,需要私人部门以某种形式介入到其发展中来(如与跨国公司建立战略性"公私合伙")。

---

① 如通用电气有一个全球性的商业金融集团。

3. 跨国公司对经济发展的贡献

跨国公司可以通过一系列的方式为经济发展作出贡献。

(1) 体制模式

跨国公司所能做的最基本也最重要的贡献就是提供良好的体制模式和组织实践。比如,现代经济/金融体制改革的部分动因来自于工业化国家希望实现经济和金融领域的一体化,其中包括:反洗钱(如毒品交易和其他犯罪活动);打击恐怖主义融资(9·11事件);打击商界和金融界、政府和司法部门的腐败行为;良好的公司治理(包括股东监督和保护)、透明度和可靠性;信息披露;鼓励发展中国家采取国际通行商业、金融、财会和营销领域的标准和惯例;促进发展中国家的法治建设,以便更好地吸引外国直接投资。

跨国公司可以其实践经验和影响力作为企业社会责任项目的一部分,帮助发展中国家实现以上这些经济/金融目标。

(2) 机构性地参与改革

正如上文提到的,八国集团已经授权一些国际组织制定金融发展领域的国际标准,其目的在于建立良好的金融机构、减少风险、提高金融市场的可信度,从而鼓励更多的国内和国际投资并促进金融市场的发展。2007年八国首脑会议授权经合组织企业社会责任领域编纂国际"最佳实践",跨国公司应积极地参与到其中来,同时还应为联合国和经合组织建立企业社会责任标准和最佳实践提供建设性的帮助。

更重要的是,大多数跨国公司总部所在国在环境、工作条件、公司治理以及金融透明度和可靠性方面的监管标准和商业惯例都高度发达,而大部分投资东道国的监管标准和商业管理则相对较差。跨国公司以前一般仅满足较低的投资国标准,但出于公司企业责任/和谐负责公民的考虑,跨国公司应该与当地相关政府达成战略性合作,逐步将宗主国较高的监管标准和商业惯例引入到东道国的经济金融基础设施和商业文化中来。当然这对于跨国公司来说绝非易事,也许无法完全实现。但是与其继续按照发展中国家现行的低标准行事,倒不如积极地参与到东道国政府和当地商界发展更高和更有效的监管措施中来,其中不仅包括总体的企业社会责任实体问题(如劳工/工作条件和环境标准),还具体包括发展更稳定的公平准入的现代金融体系以便更多的人能够进入主流金融系统。

世界银行2006年的《世界发展报告》主题即为"公平与发展"。该报告认为"公平"包括两个基本原则:"机会均等以及法制工资克扣",同时还强调"完善的法律法规体系和公正的司法系统可以维护政治、经济、社会和文化领域的公平,但它同时也可能会加强现有的不公平。"

（3）跨国公司所能做的其他努力

有些跨国公司和相关的大型基金会通过企业慈善的形式来支持经济发展项目①,有些则提供先进技术和管理技能的共享,还有些则直接进入该领域。比如最近一些跨国公司就通过提供种子资金、技术和管理技能共享、教育和培训、即时监控和一般监视支持等帮助当地社区发展和维护他们的小额信贷机构(MFI)和支持微观融资。

同时,帮助一个社区发展其储蓄文化并建立合适的储蓄机构可能会对发展有更大的互补性作用。要在一个相对贫困的社区建立信用机制,首先必须建立一中储蓄文化。实际上,尤纳斯的小额信贷机构模式是一种储蓄机构。② 我们可以设想让跨国公司投资设立当地信用合作社或共同储蓄机构,这些机构设有本地成员债券并为成员提供服务,集存储和借贷于一体,同时还向当地社区的穷人提供金融教育服务。

跨国公司在环境标准方面拥有丰富的经验,可以根据国际金融公司关于环境、社会和道德可持续项目融资的"赤道原则"③将这些标准和惯例推行到当地社区发展中。此外,跨国公司还可以宣传和推广金融行动特别工作组(FATF)的国际标准④和沃尔夫斯堡原则⑤关于反洗钱和反恐怖融资的实践以及联合国⑥、经合组织⑦和透明国际⑧关于反腐败的实践和标准。

此外,跨国公司可以帮助促进有意义的社区教育和培训计划,以及帮助成立负责的本地商界及民间社会团体来促进金融准入和公平性。人力资本的投资只能带来的长远利益,为当地的经济,因此,在长期受益跨国企业以

---

① 如盖茨基金会。
② Yunnus, Muhammad, *Banker to the Poor: Micro-Lending and the Battle Against World Poverty* (Perseus, 2003).
③ International Finance Corporation, *Equator Principles: Benchmark for the financial industry to manage social and environmental issues in project finance* (2003).
④ *Financial Action Taskforce website* (www.fatf-gafi.org), *Forty Recommendations; Nine Special Recommendations; and Assessment Mythology* (2007).
⑤ Wolfsberg Group, *AML Principles and Private Banking* (2002) and *Statement on the Suppression of the Financing of Terrorism* (2002).
⑥ 联合国《反腐败公约》(2003)。
⑦ 国际经合组织《反受贿公约》(1999)。
⑧ *Transparency International (TI) website* (www.transparency.org), "Global Transparency Barometer" (2007).

及为特定国家。

以上的例子仅仅是提供说明性的参考,并不详尽。跨国公司发展企业社会责任最可能的方式是通过公私合伙在各个具体项目上开展,其中最关键的是要鉴别社会中需要优先发展的部分(如农业、小型企业、住房、社会安全网等),估计跨国公司所能做出的贡献大小和最好途径,并决定需要建立的新机构、法律、法规和规章。我认为只要连贯、持续地开展下去,跨国公司可以在建立企业社会责任/和谐负责企业公民方面起到重要作用。

(二)企业社会责任与中国——从一个海外朋友的视觉来看崛起中发展中国家的特殊发展问题[①]

笔者和几位伦敦学院的同事和朋友十七大期间都在中国参加2007北京论坛。[②] 从中我们可以看到企业社会责任在中国的重要性日益凸现。笔者想在此与诸位分享一下我对中国企业社会责任运动的一些看法。

中国是研究发展中国家企业社会责任问题的最好例子:它是世界上最大的发展中国家,也是发展速度最快、持续发展时间最长的发展中国家;它是世界第四大经济大国,也是每年吸引外国直接投资最多的东道国,拥有世界上最大的外汇储备;它建设以国有企业为主体的社会主义市场经济,并创造拥有自己品牌的跨国公司,包括跨国金融机构。基于以上国情,我认为应该从以下五个方面来研究中国企业社会责任问题:(1) 2006中国《公司法》;(2)国有企业转型期;(3)作为一个吸引大量跨国公司的新兴东道国;(4)越来越多的中国企业走出国门,其中包括跨国金融机构;(5)其主权投资基金在世界金融市场上的重要性不断提高。如何将企业社会责任与以上这些具体国情相结合从而促进中国经济社会的和谐发展是摆在中国政府、商人和学者面前的重要挑战。

1.新《公司法》第5条第1款:企业社会责任立法

新修订的2006《中华人民共和国公司法》对旧公司法作了许多重大修改,其主要是受到德国双层董事模式和中国社会主义市场经济的影响,确实使中国公司与西方公司的治理模式更接近,也使得在中国投资和设立公司变得更容易。对于企业社会责任研究,我们应该注意到第5条的规定:

---

① 除非特别注明,本节的内容主要源于以下资料:北京大学(2007);中国人民银行(2007);中国日报(2007);中国CSR(2007);以及今日中国(2007)。

② IALS的M. Andenas教授,LSE的W. Blair教授和CCLS的A. Itzikowitz教授都参加了北京论坛并发了言,G. A. Walker教授参加了上海复旦和财经大学举办的国际学术研讨会。

第五条　公司从事经营活动,必须遵守法律、行政法规,遵守社会公德、商业道德,诚实守信,接受政府和社会公众的监督,承担社会责任。

同时,该法还规定了对公司员工和债权人的保护。①

从第5条的用词("必须")来看,它规定了公司"承担社会责任"的积极义务。有人觉得这个第5条并不重要,认为这是个一般性条款,实体内容还取决于法律解释机关是否有兴趣对其作进一步的立法说明,但中国的法学学者们似乎对此抱有乐观的态度。另外,结合企业社会责任在全球的发展趋势和目前已经在中国的跨国公司间开展的企业社会责任实践,这一立法规定确实具有十分重大的意义。

因此,从法律角度看,第五条的成败很大程度上将取决于所中国的政府和司法机关的态度。从美国企业社会责任立法的经验来看,我认为中国应该充分发挥立法的作用来构建企业社会责任的法律框架,而公司法第五条的作用是不容忽视的。在中国发展企业社会责任的一个最主要的法律问题(也是最实际的问题)就是中国的"法治"还不健全,立法、司法和行政有时候并不统一,"法律结构网"在其纵横方向上可能会有所出入。②

2. 过去与未来:国有企业作为社会机构

邓小平曾以"摸着石头过河"来形容中国改革的探索,而目前中国的国有企业应本着同样的态度权衡过去其作为主要社会机构的利弊,发展成为以市场为导向的经济机构。中国的国有企业以前承担其员工的各项福利,包括住房、医疗、教育和养老金等等。据估计,这些福利的成本大约占总体工资支出的70%至90%。此外,国企的工作是"铁饭碗",直到员工退休,国有企业实际上承担着中国"社会安全网"的主要部分。③

国企改革后存留的企业仍然需要通过雇用全国上千万的员工来提供一定程度的"社会安全网"。过多的下岗工人是社会安全的隐患,政府因此无法轻易将违反环境或其他法规的企业关闭。中国的国有企业需要适应中国建设社会主义市场经济的改革,如何建设企业社会责任将是这一改革中关键的部分,但绝不能走到以前让国企来承担首要社会安全网的老路上去。国有企业目前和可以预见的将来都是中国占主导地位的企业形式,我们拭

---

① 见《中华人民共和国公司法》2006。
② 参见 Peerenboom, Randall, *China's Long March toward Rule of Law* (CUP, NY, 2002)。
③ 参见, Holz, Carsten, *China's Industrial State-Owned Enterprises: Between Profitability and Bankruptcy* (World Sci. Publ., Singapore, 2003)。

目以待其改革的成果和在盈利性、竞争力与承担企业社会责任之间的平衡。

企业社会责任的概念与以前中国国有企业所实行的承担整个社会主要福利义务的模式是很不同的,在市场经济中承担社会责任的企业仍然以赢利作为其主要(首要)目的,只不过不是唯一目的。企业战略是指考虑一系列利益相关者的投入和收益,包括股东、员工、供应商、承销商、消费者、甚至是债权人和相关的当地社区。如上所述,企业社会责任主要包括但不限于劳工、工作条件和环境。

同时,与私营企业不同,国企的改革使其需要面对许多问题,政府在制定关于企业社会责任政策的时候需要将两者区分对待。国企最终是要与中国境内的跨国公司相抗衡的,而且需要填补市场经济中的"企业空间"。因此,我们需要一种既能确保公平的竞争环境又符合社会发展需要的政策平衡,让跨国公司和国有企业自其承担企业社会责任。也许目前这两者合起来所承担的责任还没有以前旧国有企业承担的多,但旧国企模式经济效率低下,我们应该朝着这个好的方向发展下去。剩下的那部分社会责任空缺就应该通过中国经济的公平可持续发展以及良好的财政政策(包括合理的商业税收和公共福利安全网)来填补。

从十七大的诸多报道可以看出中国政府将建设"民生与和谐社会"作为核心的政府政策,强调劳工权利保护、环境保护和反腐败,并投入了大量的资源来执行相关立法。这一政策导向为中国的企业社会责任运动奠定了坚实的基础。

3. 中国的跨国公司和企业社会责任

对于那些拥有自己的跨国公司的少数中等发展中国家(如中国、印度和巴西)而言,它们的跨国公司需要面对的挑战是向国际市场提交可信的 CSR 方案。随着越来越多的中国企业进入海外市场,它们可能会面临越来越严格的社会和环境方面的规制,例如金融服务领域(这是中国试图拓展海外市场的领域之一)就需要受到美国《社区再投资法》的监管。同时,如何协调其在本国的实践与在投资国的运营标准也是一个很大的问题。此外,企业社会责任是中国跨国公司需要提高社会声誉、竞争力和品牌知名度的一个很好途径。"十一五计划"期间,中国海外投资总额预计将达到 660 亿美元。到 2020 年,中国海外年投资额将达到 300 亿美元,越来越多的中国企业将以自己的品牌和跨国公司的形式进入全球市场。与西方的跨国公司一样,中国跨国公司已经意识到通过良好的企业社会责任战略管理企业的"社会业务"对于建立、维护和发展"全球品牌资产"是至关重要的。同时,企业社会责任还可以成为中国跨国公司寻求打开国际资本市场的一个筹码。从现实意义上讲,企业社会责任已经成为中国跨国公司在全球市场上的一个竞争因素。

此外,对于中国面向海外的供应商(不论是跨国公司还是国内企业)来说,由于外国购买方和外国政府规章的要求,它们必须接受工作条件、产品安全和环境标准等一系列的严格审查,而且商品价格还必须有竞争力。这些限制使得一些中国制造商开始关注 SA8000 的国际标准,但也有些则开始制作虚假记录来蒙混检查,而这么做的结果只会使外国购买方进一步调高标准。从 2004 年至今,随着越来越多的中国政府部门、工商协会和贸易团体开展各自的企业社会责任研究,关注企业社会责任的企业已经从出口加工型企业扩展到了面向国内市场的国有企业。中国对待企业社会责任的态度也从原来的被动接受(如担心受到经济制裁和贸易壁垒)转变为积极参与,并将其作为提高中国企业竞争力的一个途径而非外界强加给中国的一个包袱。"考虑利益相关者"的观点可以帮助中国企业在进入新市场时更好地了解如何满足当地的政治、经济和文化期望。①

这些只是中国的跨国公司和其他企业所要面临的万里长征的第一步,中国在此过程中既需要借鉴西方企业社会责任的经验教训,更要发展"有中国特色的"企业社会责任。但是中国的商业银行和企业在发展国际业务的过程中会被要求承担重大的社会责任,在此情况下就应充分借鉴西方跨国公司和全球金融集团高度发达的企业社会责任战略和报告机制。此外,这些西方机构能够积极协助它们的中国同仁更顺利地进入全球大环境,包括企业社会责任和和谐负责企业公民。

4. 西方跨国公司在中国与企业社会责任

在过去的二三十年里,西方企业纷纷进军中国并努力地将其商业模式融入这个巨大的潜在市场,同时也为中国带来了资金、技术和管理技能。当今的中国日益国际化,其富有竞争力的经济蓝图也在急剧变化,这对那些认真对待社会和环境责任的跨国公司而言是前所未有的机遇,可以将其企业社会责任的构想付诸于中国的社会变革中。

---

① 中石油于 2007 年 4 月 11 日首次公布了其 CSR 报告,向员工强调了能源供应、公共福利、卫生、安全和环保义务。同样在 2007 年,中国建设银行成为首家公布 CSR 报告的中国银行,建行在报告中强调了向低收入家庭提供金融服务并为中小型企业设立了特殊服务。

2004年似乎是中国企业社会责任发展中的一个分水岭,数家跨国企业在其中国供应合伙中实行企业社会责任标准和认证要求。此外,多家外国跨国公司赞助了一些社区服务项目,举例来说,自1999年以来,微软中国已经提供了近450万元(约542000美元)为辽宁、四川、广东和上海等地的下岗失业人员和农民工提供计算机技能培训;IBM已经投入数千万美元为中国的幼儿园,中小学和大学建设学习中心,并辅以教师和学者的培训项目;可口可乐公司最近设立了一个大型医疗中心。

对于外国跨国公司和民营经济来说,区分下列两种投资和生产类型是很关键的:1)出口型企业和2)在中国境内设立合资公司或外资公司面向国内市场的企业。一般来说,前一种企业来到中国是为了寻求廉价劳动力和较松的管制环境;而后一种着眼于中国国内市场的企业要在中国寻求长期的发展,更倾向于积极参与企业社会责任实践。① 值得注意的是,近年来出口型企业由于外国购买方(如Gap,耐克和Liz Claiborne)的影响也开始采取严格的自我监控系统。但前路依然漫漫,如中国企业联合会的陈女士所指出的,外国企业需要"与他们的中国供应商共同承担落实企业社会责任标准的担子"。而这副担子的沉重性在于提高劳工条件与保持价格优势之间的矛盾。

此外,各地方政府为了吸引外国投资不得不"竞相杀价",给企业社会责任的执行带来很大困难。尽管如此,有些地方政府(如深圳和浦东经济特区)②还是在平衡经济发展和提高企业社会责任标准方面做了带头表率。

5. 中国投资公司和企业社会责任

少数发展中国家/新兴经济体(如海湾国家、俄罗斯和中国)设有投资国际金融市场的主权投资基金。这些基金一方面受到美国、英国和欧盟金融市场越来越严格的监管,另一方面又受到寻求投资支持的西方主要商业/金融机构的追捧(如黑石集团、花旗集团和摩根斯坦利)。无论如何,这些基金可以根据对社会负责的投资战略,通过其投资政策和筛选技术(如美国的大型国有退休基金Carpers)来倡导和促进企业社会责任的推广。

中国投资公司自几个月前成立以来便受到了国际金融社会越来越多的

---

① 可喜的是,像摩托罗拉、柯达、通用汽车、通用电气等大型企业均在可持续发展问题上与政府一起作出了很大努力。

② www.pudong.shanghaichina.org.

关注。① 甚至在该基金还未设立具体的投资战略之前（尽管该基金的经理人保证采取一种中立和保守的投资方式），国际金融界就开始顾虑其透明度问题及其可能对国际金融市场造成的不当影响。尽管这些顾虑并非只针对中国和中国投资公司，但中国投资公司应抓住这个契机对基金及其运行的几个重要方面进行评估，包括公司治理、投资过程、投资组合分配、披露政策以及企业社会责任投资政策。此外，从长远来看，中国投资公司应该预先对将来可能面对的各种利益冲突和政治敏感问题（如恶意收购）作出仔细的分析。将这么大的一笔资金投入到国际金融市场难免会时不时地出现矛盾和冲突，因此中国投资公司必须在帷幕刚刚拉开之时就谨慎地做好深思远虑。

七、结论

本文的主要观点包括以下几点：(1) 现代社会的大公司应该在组织、个人和社会的层面上成为一个"道德主体"；(2) 在此基础上，现代公司应建立良好的企业治理结构、法律合规和以"三重底线"为蓝本的企业社会责任/企业公民方案；(3) 同时，跨国公司应从一个"世界股东"的视觉来考虑其长远的"股东价值"和"公司最佳利益"（我个人认为股东财富的可持续增值与企业社会责任之间是不矛盾的）；(4) 跨国公司的最终目的是成为负责而和谐的企业公民；(5) 从全球的角度讲，跨国公司拥有庞大的知识技术资源库和超凡的影响力，完全有能力为发展中国家经济的公正公平发展做出贡献。

建设"和谐负责的企业公民"需要以大公司和政府对整个全球社会负责为前提。在许多情况下，政府、跨国公司和国际金融机构应该建立互补性的公私合伙（public-private partnership）。对于跨国公司而言，建设"和谐负责企业公民"的关键在于将"企业社会责任/企业公民"的理念融入整个公司结构和公司文化中去，并通过具体的公司规划加以实施（即所谓"综合的开明自我利益"）。此外，将企业社会责任成功、广泛地移植到一个特定的经济社会环境还需要一个完备的、合适的、廉洁的法律、行政和司法基础设施，以维护和促进社会正义、人类尊严、环境的可持续性和企业公民的负责态度。

---

① Johnson, Simon, "The Rise of Sovereign Wealth Funds," 44 *Fin. & Devel.* (IMF) No. 3 (Sept. 2007).

本文作者认为,所有的组织(包括公共的和私营的,小型的和大型的,非政府组织和其他中小型企业都是全球经济的股东,均应承担相应的"社会责任")。正如联合国最近作指出的,商学院应在发展、灌输和传播这一重要信息中扮演重要角色。同时还要强调,因为将企业社会责任成功、广泛地移植到一个特定的经济社会环境还需要一个完备的、合适的、廉洁的法律、行政和司法基础设施,所以法学院和法律机构也需要发挥其重要作用。

对于中国而言,将企业社会责任融入中国的企业文化中将是一个极为复杂而富有挑战性的过程。中国要吸取以前将国有企业既作为首要的经济机构有作为主要的社会机构的相关经验教训,并在推行企业社会责任的同时进行相关法律的修改,使经济朝着公平、公正和自由的方向发展。

此外,中国的企业社会责任建设综合需要考虑具体的国情:外商投资不断增加;中国自己的跨国企业正茁壮成长;国家投资在世界金融市场上的地位不断攀升。这对中国的决策者、商界和学术界来说都不是一个简单的任务。

正如已故现代企业管理大师彼得。德鲁克早在1954年就曾准确地指出:"自由企业是指对整个社会有益而非对商业有益。"①他在1999年又敏锐地补充道:"21世纪将是一个社会组织的世纪。经济和信息越是全球化,社会团体性就越会突显其重要性。"②

2008年夏天,我们将在北京共同见证史上最伟大的奥运盛典。在这次盛典的背后凝聚着国内外政府官员和商界领袖的共同努力——一个真正的"公私合伙"。我在此预祝北京2008奥运会取得圆满成功,并将此次历史性合作的精神发扬传承,共创世界和谐。

参 考 书 目

1. Andrews, John A., *Lyndon Johnson and the Great Society* (American Way Series 1999).
2. Berle, Adolf A., Jr. and Means, Gardiner C., *The Modern Corporation and Private Property* (Macmillan, NY, 1932).
3. Boatright, John R, *Ethics and the Conduct of Business* (5th ed.) (Prentice-Hall, N.J., 2007).

---

① Drucker, Peter, *The Practice of Management* (Harper-Collins, NY. 2006, orig. publ. 1954). 尽管如此,Drucher仍然坚信自由市场是实现民主和人权的最好途径。

② Drucker, Peter, *Management Challenges for the 21st Century* (Harper-Collins, N.Y. 2001, first publ. 1999). Drucher在其晚年全身心地投入到了倡导非赢利和社会企业的研究中。

4. Bowen, Howard, Social Responsibilities of the Businessman (Harper, NY, 1953).
5. Bruntland Commission, "Our Common Future, Report of the World Commission on Environment and Development," (OUP, Oxford, 1987).
6. DiRomulaldo, Tony, "Corporate Social Responsibility—Burden, Sham or Golden Opportunity?" (*Next Generation Workplace Blog*: May 31, 2007).
7. Dodd, E. Merrick, "For Whom Are Corporate Managers Trustees", 45 *Harv. L. Rev.* 1367 (1932).
8. Drucker, Peter, *Management Challenges for the 21st Century* (Harper-Collins, N.Y. 2001, first publ. 1999).
9. Drucker, Peter, *The Practice of Management* (Harper-Collins, NY. 2006, orig. publ. 1954).
10. Elkington, John, *Cannibals With Forks: The Triple Bottom Line of 21st Century Business (Conscientious Commerce)* (NSP, BC-Canada, 1998).
11. Fauset, Claire, "*What is wrong with CSR?*" (Corporate Watch Report 2006).
12. Financial Action Taskforce website (*www.fatf-gafi.org*), Forty Recommendations; Nine Special Recommendations; and Assessment Mythology (2007).
13. Friedman, Milton, "The Social responsibility of Business Is To Increase Profits." *NY Times*, *Magazine* 33 (13 Sept. 1970).
14. Friedman, Milton, "The Social responsibility of Business Is To Increase Profits." *NY Times*, *Magazine* 33 (13 Sept. 1970).
15. Grimm, Jr., Robert T (ed.)., Notable American Philanthropists: Biographies of Giving and Volunteering (Greenwood Press, Westport, CT, 2002).
16. Hammack, David C., *Making the Nonprofit Sector in the United States: A Reader* (Philanthropic Studies, Indiana Univ. Press, 1998).
17. Harry. Harding, *A Fragile Relationship: The United States and China since* 1972 (Brookings, Washington DC, 1992).
18. Heater, Derek, *What is Citizenship* (Polity, Cambridge, 1999).
19. Holz, Carsten, China's Industrial State-Owned Enterprises: Between Profitability and Bankruptcy (World Sci. Publ., Singapore, 2003).
20. Homeland Security and Defense Business Council (HSDBC), *Corporate Responsibility: Why Business Should Be Prepared In A World of Uncertainty* (HSDBC, Washington DC, 2007).
21. International Finance Corporation, Equator Principles: Benchmark for the financial industry to manage social and environmental issues in project finance (2003).
22. Johnson, Simon, "The Rise of Sovereign Wealth Funds," 44 *Fin. & Devel.* (IMF) No. 3 (Sept. 2007).

23. Jones, G. R. and George, J. M, *Contemporary Management* (4th ed.) (Magraw-Hill, New York, 2006).
24. Leuchtenburg, William E., *Franklin D Roosevelt And The New Deal* (Harper, NY, 1963).
25. Mann, Richard A. and Roberts, Barry S., *Business Law and Regulation of Business* (9th ed.) (Sw.-Thomson, Cincinnati, 2007).
26. Mason, Edward S. (ed.), *The Corporation in Modern Society* (Athaneum, N.Y. 1974).
27. Norton, J. J. and Rogers III, C. P., *Law, Culture and Economic Development: A Liber Amicorum for Professor Roberto MacLean, CBE* (BIICL, London, 2007).
28. Oman, Nathan B., "Corporations and Autonomy Theories of Contract: A Critique of the New Lex Mercatoria" (March 8, 2005).
29. Pan, P. G. and Mardfin, J. K., *Social Responsible Investing* (Hawaii State Legislative Res. Bureau Report No. 6, 2001).
30. Peerenboom, Randall, *China's Long March toward Rule of Law* (CUP, NY, 2002).
31. Prahalad, CK, The Fortune at the Bottom of the Pyramid: Eradication Poverty Through Profits (Wharton, Phila., 2006).
32. Reich, Robert B., *Supercapitalism: The Transformation of Business, Democracy and Everyday Life* (Knopf, N.Y., 2007).
33. Reich, Robert B., *Supercapitalism: The Transformation of Business, Democracy and Everyday Life* (Knopf, N.Y., 2007).
34. Sen, Amartya, *Development as Freedom* (Anchor, MA, 2000).
35. Steinberg, Marc, *Securities Regulation* (Lexis-Nexis, NY. 2004).
36. *Transparency International (TI) website* (www.transparency.org), "Global Transparency Barometer" (2007).
37. UK, *CSR website* (www.csr.gov.uk).
38. UK, Sustainable Development Strategy website (*www.sustainable-development.gov.uk*) (2007) (latest *Strategy* 2005).
39. United Nations (Global Compact), Business Unusual: Facilitating the United Nations Reform Through Partnerships (2005).
40. Wesley, John, " Sermon 50: The Use of Money" (1872 edition, United Methodist Church) (gbgm-umc.org/umw/wesley/serm-050.stm).
41. Wolfsberg Group, AML Principles and Private Banking (2002) and Statement on the Suppression of the Financing of Terrorism (2002).
42. Yunnus, Muhammad, Banker to the Poor: Micro-Lending and the Battle Against World Poverty (Perseus, 2003).
43. 爱德华·W.赛义德著,刘耀辉译:《无知的冲突》,载自《国外理论动态》,2002 年第 12 期。
44. 国际经合组织《反受贿公约》(1999)。
45. 联合国《国际金融发展会议蒙特雷共识》。
46. 联合国《反腐败公约》(2003)。
47. 联合国《千年发展目标》www.un.org/millenniumgoals (2007).
48. www.globalreporting.org.
49. www.irs.gov.
50. www.pudong.shanghaichina.org
51. www.socialinvest.org/resources/sriguide/srifacts.cfm.
52. www.socialinvest.org/resources/sriguide/srifacts.cfm.
53. www.socialinvest.org/resources/sriguide/srifacts.cfm.

《劳动合同法》的实施与企业社会责任
——在"企业社会责任与公司治理"国际研讨会上的致辞

吴志攀*

因为《劳动合同法》即将生效,就企业在《劳动合同法》的贯彻执行方面所承担的社会责任,我想谈两点看法。

第一,企业最重要的社会责任是提供就业岗位,增进职工的福利。企业的社会责任很广泛,除了提供产品、服务、纳税、环保等,还有一个很重要的责任就是对社会就业提供岗位。因为企业提供的就业岗位超过政府、学校,超过任何一个部门,它是最大的提供就业岗位的部门。我们是有着13亿人口的大国,就业成为悠悠万事,唯此为大。

现在的就业问题,不但是对于农民的问题,也是对于大学毕业生甚至研究生的问题。在改革开放或者是更早的一些时候,我们谈论到铁饭碗问题时,很多的理论都说到要打碎铁饭碗,但是今天让在座的每一位投票,"你愿意把你的铁饭碗打碎吗"?大概都不愿意。所以这经常是一种生活和理念所违背的现象。这种现象来源于亚当·斯密说的看不见的手,因为这只手可以通过市场来调节资源,使资源达到很优的效率。这些理论影响到英国工业产业革命,也影响了整个西方社会工业的发展,确确实实他们发展得很快也很有效率,但是最后也认识到

---

* 北京大学法学院教授。

这样也不行,还要进行调整。

这只手是有两面性的,政府要两手抓,两手都要硬。我们的经济已经连续发展了三十多年,这是举世公认的奇迹,但是,我们的生产力达到这样高的水平,生产过剩出现了,就业的困难也出现了。刚才我说到的,大学毕业生就业的困难都会出现。所以我们不能简单地用亚当·斯密看不见的手的理论,来自由调节我们这样一个多元的市场,出现两极分化的后果是我们这个社会所无法承受的。

这样的现象早在英国产业革命的时候就出现过,那个时候发生了"羊吃人"的圈地运动,把农民从土地上赶走,工厂又不能吸收那么多的农民转移出来的劳动力,所以失业率非常高,社会治安极其恶化。英国政府开始时没有办法,甚至用死刑来处理流浪汉,这样不人道的故事在狄更斯等一些当时的作家的作品里都有反映,一直到今天英国的教科书还有这样的记载。所以在19世纪二三十年代英国还不断地遭受最大规模的工人失业,这种失业不但比例大、周期长,而且波及广,也正是这样一种环境下产生了马克思主义。

所以在这个背景下,英国政府,包括保守党的首相,都做了很大的调整。他们不再只迷信那一只看不见的手,凯恩斯主义开始成为主导。凯恩斯对失业的问题有着非常深刻的见解,他反对古典经济学的一些做法。我们知道丘吉尔是第二次世界大战战胜法西斯的民族英雄,他本应连任为首相,但是却没有选上,是因为后来上台的保守党提出的方针不符合英国的实际需要,英国的选民更希望福利性的国家,工党以这样的竞选纲领就上台了。我看到今天在座的著名的大律师,Philip Selznick 先生是这方面的专家。

另外德国的发展是后起的,但是它的发展速度比英国还快,当时有一个著名的首相俾斯麦,我们用"铁"和"血"来形容他如何统一德国。在他强有力的措施的推进下,德国确实建立起一个独立体系。在这一点上我们注意得不够,德国在1883年就颁布了《疾病保险法》,之后又颁布了《工商保险法》和《老年和残疾保险法》。这些制度都标志着以社会保障为核心的保险制度的产生。所以我们今天研究这个铁血宰相的历史,一方面要注意他们的扩张,另一方面也要注意到在国内采取的福利的稳定的政策。

社会保险制度在西方国家的建立,缓和了社会矛盾,得到了广大人民的拥护,这成为西方国家至今保持稳定的社会基础。回顾西方国家这段历史,我们可以清楚地看到,他们从来不会自由放任,他们的法律体系非常严密,政府管得非常多,法律管得非常多,看不见的手是一个很复杂的现象,因为手有手心手背。亚当·斯密说的那只手只是右手,我们没有看到还有那只左手。

第二,企业应当站在国家、天下的角度来认识自己的责任。我说到这里意思已经很明白,政府必须要干预市场、保障就业、保障人民的福祉,这是政府的责任,也应该成为企业家的一部分责任,也是每个公民所期望的一种责任。任何企业都应该把这个责任放在一个重要的位置上。企业不仅仅是一种盈利组织,它还给人民创造产品、服务、纳税,甚至对环保也有所贡献。但是它对社会最重要的还是承担起就业的责任。

举例来说,我国《劳动合同法》第14条要求在用人单位连续工作满10年或者与用工单位连续签订两次固定期限的合同的人,单位就要与他签订无固定期限的劳动合同。这个法律通过得非常好,这样的人将成为永久的员工。也就是说这样的员工只要没有严重违反纪律、被法律惩罚,企业就不能解雇他们。但是这样的人也就捧上了企业的铁饭碗,他们就安心立命了。这条法律非常重要,可以毫不夸张地说这是我国社会和谐稳定的基石之一。但是我们却从媒体上看到,一些公司、事业单位面对这个新法就要生效表现出无奈,他们甚至采取绕过法律第14条的态度,要求一些职工,特别是年满8年或者10年的老职工,主动地辞职,等过了生效期之后再让他们重新竞聘上岗,再重新签1到3年的劳动合同。以这样的办法来保持企业的竞争力和活力。

在我国劳动关系中,劳动者确实处于很薄弱的地位,这是一个普遍的现象。最大的问题就是就业岗位没有长期的保障,所有底层的员工都是流水的兵,而企业是铁打的营盘。他们有这种朝不保夕的感觉,怎么要求他们来敬岗爱业、奉献爱心?怎么样让他们发扬以厂为家的主人翁精神?怎么样让他们发扬以个人利益服从企业整体利益的精神?这些都是不可能的。

所以我们深知,要完善一个社会保障体系和劳动力市场体系,还需要一段时间。在这个发展过程中,社会保障和就业保障及人民福祉的保障,既是政府的责任,也是社区的责任,也是每个企事业单位的责任,甚至是家庭和个人的责任。中国由于人口多,地方比较大,情况比较复杂,所以执法的责任不可能只能由政府来承担,更不可能由法院来承担,由一个单位来承担,今天奚晓明院长也在,他们是承担不下来的,因为如果这样的话,政府机构就会变成非常庞大,变得非常臃肿,这是不可能的。所以只能是分担制,大家都有份，每个人都承担一份执法成本，这个法律才能在现阶段得到很好的执行。我们国家现阶段的执法成本是通过不同的社会组织，甚至是家庭个人来分担的，如果你在某个单位担任一点这样的行政工作，你会感觉非常明显。

但是承担这个成本，又不能去借自己的责任去钻法律的空子。中国人的观念有"修身齐家治国平天下"这样的递进关系，这种递进关系的内涵就是小家管好了大家才能管好，大家管好了国家才能管好，国家管好了天下才能管好。所以企业家们所管的企业和事业单位就是一个大家，他们应该站在天下的角度，认识到自己的社会责任，多为天下尽一点社会的责任。

最后，我用《礼运大同篇》来结束我的致词。这里面这样说："大道之行也，天下为公，选贤与能，讲信修睦。故人不独亲其亲，不独子其子，使老有所终，壮有所用，幼有所长，矜寡孤独废疾者，皆有所养，男有分，女有归，货恶其弃于地也，不必藏于己，力恶其不出于身也，不必为己。是故谋闭而不兴，盗窃乱贼而不作，故外户而不闭，是谓大同。"预祝大会圆满成功！

资本市场的发展与企业社会责任

上村达男*

一、序言

股份公司制度是作为一种能够有效地利用证券市场的企业组织形态而发展起来的制度。股份公司的出资形式由 stock（块儿）逐渐成为 share（均一的单位），正是这一属性决定股份公司适合于证券市场的性质。同时，一股一权（表决权）以及同股同利通过出资单位的均一性以及出资单位的同一性而能够得到保证，进而证券市场交易的适合性得以实现。股东有限责任原则，这一概念会经常被提起，但是，实际上股份公司中自始至终并不存在被称之为有限责任"股东"的人。股份公司中存在的只是限定责任的限定性的金融商品，即"股份"这一物而已。投资人通过认购股份，或在市场上购买股份而"成为"股东。有限责任股东是对购买作为物的"股份"的人的称呼。通常，讨论股东这一概念之前，先讨论股份这一概念。

那么，股份为什么应是限定责任的金融商品呢？在只以一定的货币出资的背景下，通过形成均一并且同一性质的投资单位，可以容易算出每股的价格。也正因为如此，证券市场才有可能形成。股份公司制度，通过将与人一体化的有限责任制度转换成作为物的股份的有限责

---

* 日本早稻田大学法学院院长，法学院教授。

任,即转换为限定责任的金融商品,使作为物的世界的证券市场或者资本市场得以形成。在此意义上,由有限责任股东和无限责任股东共同组成的两合公司的有限责任股东与股份公司的有限责任股东的性质是完全不同的。上述内容,也许在欧美国家很少会被提到,但是对于股份公司制度以及资本市场缺乏经验的日本而言,若不彻底地研究以及探讨这些理论和概念,就无法从本质上把握股份公司制度。笔者认为中国在这一方面也需要正确地认识,从这种角度出发可以说中日两国在法律制度方面迫切地需要进行文化交流。

在考虑企业社会责任时,需要充分理解把握股份公司与资本市场这两种制度之间的内在关系。理由如下:如后所述,在欧美国家所谓的股东往往指的是个人或者市民,再或者是对个人或市民承担严格的受托者责任(fiduciaryduty)的机构投资者。尤其,在美国,它将证券市场理解为是为连接企业社会与市民社会而存在的。因此可以说,充分意识到证券市场的股份公司制度面对的是,既等同于市民社会,又等同于多姿多彩的相关利益层的实质性的证券市场。

二、论企业的存在意义

关于企业的目的论,有些人主张股东价值最大化。但是此种观点仅仅是根据经济学的假设而得出的结论,即投资者的投资贡献如果能够得到最大回报,国民经济也会有最大的发展,但以法的制度论的角度却不应该如此简单而论。

股份公司制度是为了使"进行竞争的企业"肩负对于国民经济或者市民生活所必需的消费、生产、服务、就业以及研究开发等任务而发展起来的企业形态。当各个企业本身所拥有的目的、使命得以最大化的实现时,股份公司制度的意义也就得到了最大的发挥。这一所谓的企业使命,有的公司规定在公司章程里,也有沿袭历史传统而视为是当然的,另外还有就是政府管制所要求的。然而,能够深切体会这些企业经营目的实现的却只有活生生的人而已。永不倒塌的建筑,没有事故的铁道,穿着舒适的衣服,美好和谐的环境等的受益者是每一个国民,资本也正是因为对上述企业使命的实现做出了贡献,从而通过分红或依靠股价得到回报。因此可以说,对企业使命的实现并不存在贡献意思的资本受到排除是理所当然的。企业经营的目的在于企业使命的实现,向股东提供最大化的利益并不是企业经营的目的。经营者有遵守法律法规以及公司章程的义务。在公司章程所定目的的实现与提供股东利益的问题上,如果经营者只优先股东利益的话,难免因违反遵守公司章程的义务而被责难。

因企业使命的实现而带来的利益,基金以及事业法人的股东并不是该利益的受益者,他们仅仅是因为对企业使命的实现做出了贡献而得到回报而已。企业使命的相对实现,意味着充实的国民经济以及市民生活的实现。因此,投资家向企业投资、购买股票等行为,相对来说其本身就具有社会性的责任投资(SRI)性质。

关于企业使命的实现,如果该企业是中国企业的话,其使命实现后的受益者是中国人;如果该企业是日本企业的话,其使命实现后的受益者是日本人。企业的 stakeholder 总体,大多是存在于企业周边的。所以,stakeholder 论,它往往意味着确保与公民或者国家利益等密切相关的地域性利益。对此,资本市场以及资本理论却具有无国籍性或者全球性的性质。需要注意的是,如果轻易地承认企业是为了这些无国籍性的资本提供服务这一理论,就有可能不得不放弃国家利益。欧美国家在非常强烈地保护自己国家利益的同时,还会自如地运用资本市场的理论。在此意义上,笔者个人认为中国和日本也应该学会这一"做法"。

企业的营利性作为实现企业使命的动力是被肯定的。关于营利,它可以分为为了存续・生存的营利(对于公益事业来说也需要此种营利),如想分红便可分红意义上的为了分红的营利,以及作为目的的营利的三种。目的性营利作为促进市场经济健康发展的动力是应该被肯定的。

三、企业社会责任的诸种姿态

企业的社会责任是企业与公共利益之间多种联系的一个表现,以下为其具体的内容:其一,与公共利益的联系度越大,社会责任的量也就越大。如果企业自己愿意承担高度的社会责任,那就要承担与此相应的责任。其二,随着股东有限责任产生的对社会的责任。有限责任,它本身是有可能损害债权人的制度,因此可以说,它在某种意义上是股份公司固有的非伦理性。所以,按由有限责任制度带来的企业活动充实的程度来决定要还原给社会的责任的大小。其三,随着企业规模产生的责任。企业规模大,就意味着该企业活动的人数多,所以,其社会责任被强调的程度随其规模而不同。其四,伴随着公司证券的公开发行所产生的责任。一般来说,公开企业是向投资者公示自己企业的使命、理念以及成果后,投资者进行募集投资。在这里所说的"投资者"是指购买股票之前的主体。因此,在欧美国家,这种购买股票之前的潜在的股东,往往指由不特定多数构成的市民社会。并且,通过公开发行,企业的成果成为国民的投资对象,它担负国民生活的一部分,由此企业就分红以及股价也产生责任。英国的 company 当然地肯定非营利性公司,但一旦该企业公开发行证券,那么就产生作为与公众(the public)一体的企业的责任(public company)。其五,遵守由政府管制的责任,它直接地意味着企业的社会责任。比如说,铁道、电力、煤气、原子能、证券交易所等的股份公司,其经营目的就由政府的管制直接而定,遵守这种由政府的管制就意味着股份公司要履行的社会责任。其六,作为全球市民的责任。在欧美国家被瞩目的是在这里所指的企业社会责任,它们认为企业本身就有义务成为良好的市民而行动,如对战争、环境保护、贫困等全球性的问题,企业应积极参与,为了解决全球性的问题而做出贡献。

四、企业与劳动

企业是否对劳动者承担着某些社会责任?以往一般的提法认为,企业为了保护劳动者当然应提供如遵守劳动法、防止工伤等具有社会政策性的对策,但公司法上却很少从正面对劳动加以定位。然而,德国通过共同决定制度将劳动者纳入经营机构当中,英国历史上曾经在产业关系(industrial-relationship)的名义下重视经营与劳动之间的协商。在美国证券市场重视的机构投资者,是因为养老基金,也就是认为机构投资者是为劳动者将来的生活而行动的,机构投资者对出资人承担着严格的受托者责任,因此可以说在某种意义上,劳动者通过机构投资者享有股东的地位。通过裁员来提升股东价值的做法,因其为机构投资者带来利益从而为劳动者的生活做出贡献,所以才被肯定。笔者认为,对于缺乏这样的循环而主张股东价值最大化的论调应持警惕的态度。

企业与劳动者的关系与公司法的目的论有着重大的关联。从股东是公司的所有人、经营者是股东的代理人、公司的设立是股东之间通过合同的结合这一极为简单的公司观(笔者揶揄其为民法理论上的公司法——意思是其尚未达到公司法理论的水平)来看,劳动仅仅是公司对外合同的类型之一,换句话说,公司只是"购买"劳动力而已。相对于这样的观点,笔者认为企业是实现其肩负的使命而存在的组织,所以劳动者应被定位为实现该等使命的该组织的正当的成员。经营者与劳动者在这方面均为实现共同的目的而服务的人,除了通过是否拥有经营权进行区别之外,两者之间并没有根本性的差别。到目前为止,劳动法当中没有企业这一概念,(在很多国家)公司法当中也不存在劳动这一概念,但笔者认为,这样的状况正在逐渐有所变化。

五、结语:市民社会与企业社会

根据欧美国家执著地认为股东即为个人,从这样的构想出发的话,实际上个人就因为买东西而被称为消费者,因为到公司上班而被称为劳动者,去银行存款时被称为存款人,打算买股票时被称为投资者,买了股票之后就被称为股东,个人通过各种各样的称呼得到保护。从这样的构想来看,劳动者的概念和股东、投资者、消费者的概念相当地接近。无论股份公司制度还是资本市场制度,都是为了人类而存在的。

欧洲的一贯做法是构建与成熟的市民社会一体化的企业社会,而在美国股票市场具有左右一个人的人生那么大的影响力,与此相反,在日本以法人为中心的企业社会已自行完成,因此不能否认为了换取急速的经济增长以牺牲市民社会的意义为代价这一点,即使是相互持股这样的不带有出资的控制都得到了肯定。这样的问题正是日本的企业社会正面临的非常严峻的课题。那么,中国的目标是什么?笔者认为,社会主义市场经济的"社会主义"是指以为了人民利益的市场经济为目标。而资本市场、股份公司与人民的关系应该是压在中国企业社会身上的重大课题。并且,这个问题应该也是日本、韩国所共有的问题,是应该由亚洲的企业社会共同携手克服的问题。

试论"超越法律"的企业社会责任

周林彬　何朝丹[*]

摘　要　以法律的强制约束力为界将企业社会责任划分为法律强制约束内的社会责任和"超越法律"的企业社会责任。本文认为"超越法律"的企业社会责任是企业对那些超出法律义务规定的符合社会价值和期望的责任的承担,是我们研究企业社会责任法律实施机制的新的重要课题。而"超越法律"的企业社会责任的法律调整其性质实为软法,它主要通过将社会价值和责任目标内化于企业的商业行为和治理结构之中,以实现企业的"自我管制",通过充分认识和保护利益相关者的实质性和程序性权利,提高他们的谈判抗衡力量以实现市场的自发对抗,并以声誉机制和非政府组织的作用为企业社会责任法律实施机制的补充。

关键词　责任;软法;自我管制

企业社会责任作为一个多学科交叉兼容的研究领域,汇集着来自经济学、管理学、法学、社会学、伦理学等多学科研究视野的投射。无论是经济学的"利益相关者理论"的发展,还是管理学所探讨的如何将社会价值责任内化于企业的管理决策,抑或将企业视为"社会公民"的政治隐喻,以及社会学将企业社会责任的承担看做是企业获取社会资本的投资,乃至法制伦理、商业伦理在企

---

[*] 周林彬,中山大学法学院教授;何朝丹,中山大学岭南学院西方经济学专业博士研究生。

业行为规范中所隐含的道德追求,多学科的研究棱镜不仅让我们看到了一个色彩斑驳、形象立体的研究画面,更不断推动着企业社会责任理论与实践的蓬勃发展。然而,随着企业社会责任实践和立法活动的勃然兴起和如火如荼,实践又急需我们的理论予以进一步的深化和回应,那就是我们的研究重点应从"什么是企业的社会责任、为什么企业要承担社会责任"到"如何实施企业的社会责任"进行转化,对企业社会责任的研究要更加突出实践操作性和系统、量化、实证的特点。在企业社会责任的实施中,人们普遍认识到法律是一项不可或缺的重要力量,而法律如何规制[①]企业的活动以实现其社会责任却成为摆在我们面前的一个新问题。

一、什么是"超越法律"的企业社会责任

(一) 企业社会责任的内涵之争

对于企业社会责任内涵、外延的界定,一直以来都是学界争论不休的一个研究话题,人们从各种角度对企业社会责任进行细分和刻画。

首先,从企业社会责任所强调的利益主体来看,它超脱狭隘的股东至上主义,关注与企业生存发展有密切联系的各种利益相关者,包括企业的股东、债权人、雇员、消费者、供应商、政府部门、当地社区、自然环境、人类后代等。[②]

其次,从企业社会责任的层次划分来看,卡罗尔的"企业社会责任金字塔"理论获得了人们较多的认可,他将企业社会责任分为四个层次:第一层企业的经济责任是基本责任,处于金字塔的底部;第二层是企业的法律责任,企业必须在社会制定的法律框架内运作;第三层是企业的伦理责任,指

---

① 规制作为一个舶来语,本意为政府运用法律、规章、制度等手段对经济和社会加以控制和限制。在我国,最初是被作为一个经济学上的概念而引入的,多用于政府规制方面,通常被理解为是政府干预微观经济的主要手段之一。规制后来在法学文献中的运用也逐渐增多,意指政府依据法律、法规和规章,直接对微观经济主体及其活动进行规范、约束和限制的行为。对该词语的详细解释可参见朱晓东:《市场经济条件下的政府规制与公司自治——政府规制的必要性与适度性》, http://www.law-lib.com/Lw/lw_view.asp? no=7532。

② 关于利益相关者界定的经典论述可参见:Freeman, R. E., 1984, Strategic Management: A Stakeholder Approach, Boston, Pitman. Mitchell, R. K., Agle, B. R. and Wood, D. J. (1997). "Toward a theory of stakeholder identification and salience: defining the principle of who and what really counts", *Academy of Management Review*, 22, 853—886.

那些为社会所期望或禁止的、尚未形成法律条文的活动和做法,包括公平、公正、道德、规范等;第四层是企业的慈善责任。①

再者,从官方的法律文件来看,欧盟对企业社会责任的定义为:企业在自愿的基础上,将对社会和环境的关注融入其商业运作以及企业与其利益相关方的相互关系中。②

在对企业社会责任概念的探讨中,经常引起争议和混淆的就是企业社会责任和法律责任的关系。在前述卡罗尔的层次划分中社会责任是涵盖法律责任的,法律责任只是社会责任的下位概念;而在一些中国法律学者的论述中,企业社会责任和法律责任是等同的,如认为企业的社会责任,就其本质和基础而言,主要是指企业对于社会所应承担的法律责任③;而在国外许多企业社会责任的研究文献中④,企业社会责任与法律责任是一个相互交错又相互独立的概念,并且企业社会责任概念更加强调的是企业对那些超出法律义务规定的符合社会价值和期望的责任的承担,是一种超越法律责任的责任,从欧盟的企业社会责任定义中对企业自愿行为的强调就可以看出端倪。

企业社会责任作为一个多学科研究的论题,它并不是一个严格的法律概念,此处言说的责任并不是违反法定义务所应受到的惩罚或承担的不利后果,而体现着企业对社会伦理期望的回应,承担的不过是一个良好"社会公民"促进社会福利的本分,反映了企业追求长远发展以及与社会和谐的价值回归。因其内涵的广泛性,人们将企业对法律义务的承担,对经济价值的追求,对伦理道德的遵循都并入企业社会责任范畴中进行讨论,但又因研究角度不同,强调重点各异,而对企业社会责任进行了不同的诠释。

(二) 法律强制约束内外的企业社会责任

从法学分析的角度来审视企业社会责任,一个相对简便的衡量方法就

---

① 阿奇·B.卡罗尔等著:《企业与社会——伦理与利益相关者管理》,黄煜平等译,机械工业出版社2004年版,第23—27页。
② 2006年3月22日,欧盟委员会发布第136号通报,题为《为增长和就业加强合作:使欧洲成为企业社会责任的典范》,其中对企业社会责任进行了定义。引自《欧盟关于企业社会责任的政策》,2007-01-17,文章来源:《WTO经济导刊》,http://chinawto.mofcom.gov.cn/aarticle/by/ca。
③ 常凯:《论企业社会责任的法律性质》,载《上海师范大学学报》(哲学社会科学版)2006年5期。
④ 如 Christine Parker, Meta-Regulation: Legal Accountability for Corporate Social Responsibility? Doreen McBarnet, Aurora Voiculescu and Tom Campbell (eds), The New Corporate Accountability: Corporate Social Responsibility and the Law, Cambridge University Press, 2007。

是以法律的强制约束力为界,企业的社会责任便落入法律强制约束内外的两分格局中。对于法律强制约束企业承担的义务和责任是企业承担社会责任最起码的要求和底线;对于法律并没有强制性要求的行为和义务,企业的社会责任是企业对社会的价值和期望所作出的更高程度的伦理、道德层次的回应。前者是社会责任与法律责任的重合,后者则属于"超越法律"的社会责任。对于两者的区分我们可通过以下例子予以说明:

1. "史上最贵的清洁工"①。2007年5月任职上海某公司的杨某被公司要求解除合同,杨某以自己怀孕为由通过劳动仲裁要求公司恢复与自己的劳动合同关系。2007年7月重新返回工作单位的杨某接到了公司人事部门的"换岗合同",在保持杨某9000元月薪不变的同时,杨某被要求负责公司的清洁工作。在经受社会道德、舆论谴责的同时,该公司坚持声称公司作出的所有决定均符合《劳动法》规定。

2. "华为员工自杀事件"②。2007年7月华为公司的试用期员工张锐因工作压力太大自杀身亡。华为人事部副部长张志刚表示,华为公司的员工的确都有压力,但压力远没到把张锐击垮的程度。华为方面认为张锐是自杀而且发生在公司外,其死亡并不在公司的员工伤亡补贴制度之内,只愿付1万元"安抚费"。对于前不久华为员工胡新宇因连续加班、过度劳累致死事件而言,这是华为公司面临的又一次负面新闻。

3. "任志强:地产商没有责任替穷人盖房"③。2004年12月华远新时代房地产开发有限公司董事长任志强的一番话立时招致了网络舆论的众多恶评。在网民尖锐地批评任志强为富不仁的同时,任志强坚持认为从商业角度出发房地产商就应该将房子高价卖给富人,穷人的住房问题是要靠政府的财政转移和二次分配来解决,企业的税务是A级,银行是A级,对消费者还实行质量担保。除此之外,还要什么企业责任?

通过以上例子我们看到,从是否违反法定义务来看,上述企业的行为无可追究,但从其行为是否符合社会的价值和期望来看,却无法说企业的行为无可指责,企业缺乏的恰恰是超越法律的社会责任。本文之所以没有按通

---

① 《上海一白领扫厕所月收入9000 成"最贵清洁工"》,2007-08-02,http://news.163.com/07/0802/03/3KS4IFCR00011229.html。

② 《华为男员工自杀身亡 华为正在善后》,2007-07-25,http://it.sohu.com/20070725/n251243205.shtml。

③ 《任志强:没房是政府责任 不是企业的事》,2007-01-12,http://ceo.icxo.com/htmlnews/2007/01/12/988482_1.htm。

常的法律责任与道德责任两分法进行区分,主要是因为:其一,法律责任与道德责任本身就存在模糊和重合的地带,以此为度量的标尺并不能使问题更为清晰;其二,道德责任与超越法律强制约束的企业社会责任所强调的虽然都是企业的自律和自愿行为,但道德责任的划分容易使问题限于在道德领域内的讨论,所依靠的仅是道德的教化而已;其三,超越法律的企业社会责任留给我们的是一个开放式的研究领域,是市场机制、法律机制、社会舆论机制等共同发挥作用的舞台。

(三) 研究的新课题:"超越法律"的企业社会责任

如果说我们探讨的企业社会责任范畴是包括法律强制约束内外的社会责任的话,实际上我们强调的重点或面临的新问题却是"超越法律"的企业社会责任。尽管学界的许多研究文献是从各种法律(如劳动法、产品质量法、消费者权益保护法、环境法等等)角度来讨论企业应如何依法行为,以实现其社会责任,但这与探讨企业如何遵守同样具有社会价值内涵的法律义务和法律责任,几乎没有本质性的区别,不过是同义反复,或者说新瓶子装老酒,多贴了一个标签而已。如同 Smith(1988) 对企业社会责任的评价,"这不过是一种宣传工具而已"。实际上,企业社会责任运动的勃然兴起,传递的是一种信号,反映的是一种趋势,它在使旧问题赋予了新含义的同时,更带来了新的问题,即如何使企业的目标价值得以提升和扩展,如何使企业的行为规范适应更高的内在要求。当然,在我们的现实国情中,许多企业甚至连法律强制约束内的社会责任都没有承担,更何况是"超越法律"的企业社会责任,这也是为什么我们和西方的学者在分析企业社会责任中关注的焦点有所差异的原因之一。但从问题的实质、法理的思考和研究的趋势来看,"超越法律"的企业社会责任才是我们需要真正探询、思索的新问题。而对法律人来说,首当其冲的一个问题就是:对于"超越法律"的企业社会责任实施,法律能否发挥作用,法律发挥着什么样的作用,如何发挥作用?

二、为什么要对"超越法律"的企业社会责任实施进行法律规制

(一) 法律规制的意义

如果说"超越法律"的社会责任是企业一种内在、自发的对社会价值和期望的回应,而不是面对法律强制性约束的被动行为。那么,这就产生了一

个问题,法律是否只能在自己的"地盘"内摇旗呐喊,要求企业承担其符合社会价值公义的法律责任,对于法律责任之外更高层次的社会责任就无所作为。我们认为,"超越法律"的企业社会责任所超越的仅仅是法律的强制约束力,但它并非与法律毫无关联,可以说其与法律存在着既超越又不超越的复杂而又耐人寻味的联系。言其超越,是因为"超越法律"的企业社会责任多为企业的道义责任并强调企业的自愿行为,缺乏传统法律关系调整中三段论式的逻辑性和规范性;言其不超越,是因为它绝非仅属于伦理评判和道德教化的范畴,如果失去法律的推动力量,这种自愿的行为也就缺乏了强足的动力,如果没有法律为基础的行为指引和基准,就难以为企业社会责任的实施确立理想的行为模式。可以说,"超越法律"的社会责任虽然并未受到法律的强制约束,但却是法律的题中之意,法律的原则支撑着企业社会责任的核心。

对"超越法律"的企业社会责任活动进行法律规制,体现着现代社会立法中"道德法律化"与"法律道德化"互化、合流的一种趋势。所谓"道德法律化"是当某种道德价值得到社会的一般性认可时,法律将其纳入价值体系之中。正如美国法理学家博登海默所说:"那些被视为是社会交往的基本而必要的道德正义原则,在一切社会中都被赋予了具有强大力量的强制性质,这些道德原则的约束力的增强,是通过将它们转化为法律规则而实现的。"[①]而所谓"法律道德化"是指法律的精神与价值渗透到人们的内心深处,升华为一种自觉奉守的道德要求。[②] 强调法律的道德性与正义性的美国法学家富勒曾在其《法律的道德性》一书中提出,真正的法律制度必须符合一定的内在道德(程序自然法)和外在的道德(实体自然法)。[③] 法律规范和道德伦理在人类发展的历史长河中拥有着共同的起源,对公平、正义价值准则的相同追求,对人们行为进行规范和诱导的互补的社会调节,并时常在制度的变迁中进行相互转化。法律与道德之间的相互关系在经历了古代社会中的紧密结合(如中国儒家的"以礼入法"和西方中世纪教会法的道德与法律的合一),近代社会的逐渐疏离(如近代法律实证主义对法律技术性的强

---

① 〔美〕博登海默:《法理学:法律哲学与法律方法》,邓正来译,中国政法大学出版社2004年版,第370页。
② 可参见程旭、李可:《道德与法律的关系及其价值定位》,载《广西社会科学》2002年第1期。
③ 〔美〕富勒:《法律的道德性》,转引自沈宗灵主编:《法理学》,高等教育出版社1994年版,第215页。

调,要在法律的适用与执行中排除伦理判断和道德推理),在现代社会中又产生了法律与道德的重新合流(如在社会法学思潮影响下,自然法理论与实证主义法学开始相互融合,代表着社会价值本位的各种社会立法开始大量涌现)。用法律来调整和实现超越法律强制约束的企业社会责任,将企业的道义责任纳入法律的调整范畴,在法律的行为规范中辉映着社会伦理价值的光芒,法律与道德的合流在此获得了集中的体现。

"超越法律"的企业社会责任虽然是企业的一种自愿、自发行为,但却并非可自我实施的行为标准,它需要不同的机制予以推动,而法律则是其中的一种重要力量。综观企业社会责任运动的发展历程,企业社会责任运动的兴起最初是在劳工运动、人权运动、消费者运动、环保运动高涨的背景之下,由各种行业组织和非政府组织所推动的,许多跨国公司也纷纷制定了各自的社会责任守则。然而社会责任运动并未停留在市场的自律阶段,而是继而引发了社会责任的立法热潮,不仅有国际法方面的立法如各种国际组织和联合国组织订立的宣言、守则,而且各国国内的社会责任立法也开始此起彼伏,美国、法国、英国、德国、荷兰、日本等国都相继对企业社会责任进行了立法规制,并通过各种举措予以积极推动。[①] 无论是法律强制约束内的企业社会责任还是"超越法律"的企业社会责任,都需要法律予以强有力的支持。对"超越法律"的企业社会责任进行法律规制像是一个悖论式的问题,而要解开这一悖论就先要了解这种法律规制的性质和特点。

(二) 法律规制的性质

法律对"超越法律"的企业社会责任活动的规制可定性为"软法"。软法作为一种非典型意义的法,是近年来在国内外法学研究中逐渐流行开来的一个新概念。根据 Synder(1994)的定义,它是指原则上没有法律约束力,但却具有实际效力的行为规则。[②] 言其"软法"正是因为它与常规性的法律(硬法)相比,虽然具有法律的形式特征,但却缺乏法律的强制约束力。[③] 软

[①] Andreas Georg Scherer and Guido Palazzo, Globalization and Corporate Social Responsibility, the Oxford Handbook of Corporate Social Responsibility, A. Crane, A. McWilliams, D. Matten, J. Moon, D. Siegel, eds., Oxford University Press, 2008.

[②] Snyder, Soft Law and institutional Practice in the European Community, in S. Martin(ed.), the Construction of Europe, Kluwer Academic Publishers, 1994, p.198.

[③] 软法作为非典型意义的法,其所具有的非强制性与非正式制度有一定的相关性,但是从正式制度与非正式制度的构造、划分来看,软法仍属于正式制度的一种,它仍是权威的制定机关有意识颁布、实施的成文规则。

法与硬法的区别体现在①:首先,从立法主体来看,软法除了包括国家正式立法机关制定的、没有法律责任条款的、从而不以国家强制力保障实施的法律规范外,还包括制定主体不是国家正式立法机关,而是超国家的共同体(如联合国、世贸组织、国际劳工组织等)和次国家的共同体(如律师协会、医师协会、高等学校、村民委员会等)制定的规则或达成的协议;其次,从法律功能来看,硬法注重制裁与惩罚,而软法注重宣示与评价,硬法注重命令与规制,而软法注重教育与引导,硬法反映的是国家意志和范围广泛的共同体成员的利益,软法反映的是社会意志,并可根据不同的社会群体制定不同的规范要求以适应不同层次的秩序需求;再者,从法律的实施方式来看,硬法主要通过诉诸国家强制力追究违法责任来保障其实施,软法主要依靠社会舆论、道德自律、内部监督、利益诱导等产生的社会压力来迫使爱惜声誉的行为主体自觉遵循。正如韩国学者全炳梓所言,"现代国家的法律规范之所以具有局限性,是因为它在削弱其他自发性社会规范的过程中,也削弱了自身机能……多元社会的法规应当与其他自发性社会规范互相取长补短……减少强制性规范,增加自发性的自律规范"②。软法的兴起正是对这一社会法制演化趋势的回应。

"软法"的概念范畴与规制企业社会责任的法律规范有相当强的切合度,无论是制定主体还是法律功能、实施方式,两者都极为相似。从国外规制企业社会责任的法律规范来看,无论是欧盟所起草的企业社会责任指导原则还是美国及欧洲各国要求企业对社会、环境、伦理问题建立相应的报告制度,以及各种国际组织所制订的社会责任准则③等,所订立的法律文件多具有宣示和承诺色彩,并没有法律强制力的威慑。但这并不表明这些社会责任行为准则不具有实际的行为效力,例如,许多跨国公司都开始对其全球供应商和承包商实施社会责任评估和审核,只有通过审核和评估,才能建立合作伙伴关系;如国际玩具工业协会(ICTI)所推行的《国际玩具协会商业行

---

① 关于软法的详细论述可参见罗豪才、宋功德:"认真对待软法——公域软法的一般理论及其中国实践",载《中国法学》2006年第2期;姜明安:"软法的兴起与软法之治",载《中国法学》2006年第2期。

② 〔美〕杜维明:"全球化与多样化",载哈佛燕京学社编:《全球化与文明对话》,江苏教育出版社2005年版,第100页。转引自王申:"软法产生的社会文化根源及其启示",载《法商研究》2006年第6期。

③ 如经合组织的《跨国公司指引》、国际劳工组织的《关于多国企业和社会政策的三方原则宣言》、联合国的《全球协定》和联合国人权委员会的《跨国公司和其他工商企业在人权方面的责任准则》。

为守则》就规定所有未通过该认证的玩具制造商将被排除于国际采购名单之外①,这些经济的制裁、市场的压力可能远比法律的强制力对企业的行为更具有约束力。从国内现有的对企业社会责任的法律规制来看,无论是新《公司法》第5条关于企业社会责任的总则性规定,还是深交所于2006年9月所发布的《上市公司社会责任指引》中规定的社会责任年度报告制度,多为对企业承担社会责任的倡导、鼓励性规范,并不具有强制性的法律约束力。我们可以看到,规制企业社会责任的法律规范虽不以国家的强制力来对企业行为形成外在威慑,却以社会的价值、期望为号召力唤醒企业内在的自发与自律,它虽然不能强制实施,但同样对企业的行为产生制约和影响。

(三) 法律规制的特点

企业社会责任的实施无论是法律强制约束内的社会责任还是"超越法律"的企业社会责任,都需要通过法律制度措施予以支持、保障,只是两者的作用方式和表现形式有所差异而已。其法律规制的区别和特点表现在:第一,从法律规范的性质来看,前者是由具有法律强制约束力的"硬法"来调节,是具有命令和控制性色彩的强制性规范,后者是由不具有法律强制约束力的"软法"来调节,是具有鼓励和告知性色彩的提倡性规范;第二,从法律对企业行为的影响方式来看,法律对前者确立的是外在的行为规范和要求,依靠的是法律强制威慑的"他律",法律对后者则关注如何将社会价值和责任目标内在化于企业的商业行为之中,依靠的是企业自觉、自愿的"自律";第三,从法律规制的价值内涵来看,前者作为一种"硬约束"是企业必须为之的行为底线,是维持社会经济有序运转的基础,体现了一种最起码的社会公平,后者作为一种"软约束"则增加了更多伦理道德的色彩,是促进社会和谐发展的期盼,是对"实质正义"的体现;第四,从企业社会责任实施标准的法律规定来看,法律对前者提出的大多是明确而具体的责任实施标准,如未达到法律的规定要求,则需承担相应的法律责任,法律对后者提出的规范要求则相对抽象,难以确立整齐划一的标准,因为标准过低则根本不起作用,标准过高则太过苛刻而难以实施;第五,从企业社会责任缺失的责任结果来看,企业如果不能承担法律强制约束内的社会责任,则有可能面临违法行为的认定和处罚,被判处罚金或向受害者承担民事赔偿责任,而企业如果不能承担"超越法律"的企业社会责任,虽然没有相应的法律制裁,但却会使企业

---

① 赵聪慧:《走对SA8000的路》,载 http://finance.sina.com.cn,2006年3月9日。

的公众形象和声誉受损,有可能影响企业的产品销售和市场份额。

此外,"超越法律"的企业社会责任还有一个重要的特点是,它虽不是法定的责任和义务,但有可能产生约定的责任和义务,它虽然没有法律的强制约束力,但并不代表其没有对企业行为的事实约束力,其约束力的来源在于对"契约精神"的遵从和"约定必守"的践行。有学者从社会契约理论来理解企业的社会责任,认为企业是社会系统中不可分割的一部分,是存在于社会的期望之中的,因而要遵守社会建立的指导准则,承担一定的社会责任,做社会所期望的正确或应当的事情。① 这种契约伦理不仅构成了法律的精神支柱,更表达了道德的内在诉求,它反映了人的理性、社会性和责任。如同圣经被称为"旧约",是人类与上帝所订立的契约,契约的神圣性会产生一种强化的内在力量,对个体的行为产生约束力。从企业社会责任的实践来看,前述的各种由国际组织、行业协会、跨国公司所达成的承担企业社会责任的宣言、准则、承诺,实际上都是一种契约,它虽然没有法律的强制执行力,但都对企业的行为产生了强大的约束力和影响力。而根基于"契约精神"的法律规制,不仅在立法上表现为对企业社会责任进行倡导的软法性规范,而且在司法上也要对企业的社会责任和相关者利益予以一定的考量。尽管"超越法律"的企业社会责任没有法律的强制力而无法直接作为争议的诉求,但当企业违反其承担社会责任的自愿性承诺或行业协会的自律性规范时,是否可通过司法程序要求企业承担社会责任,此外,行业协会的相应制裁、惩罚又是否具有法定效力呢? 这是一个与"超越法律"的企业社会责任相关但又相对复杂而需要深入讨论的问题,在此我们并不予以过多的展开,但总体而言,我们认为,根据私法自治和约定必守的原则,企业履行社会责任的承诺是具有一定约束力的,如果司法机关认为行业协会的制裁具有实质合理性的话,应对其赋予法律的强制效力,否则的话,则可否定制裁的法定效力,而判断权衡的一个重要因素就是企业的社会责任价值内涵和契约精神。

---

① 可参见陈宏辉、贾生华:"企业社会责任观的演进与发展:基于综合性社会契约的理解",载《中国工业经济》2003 年第 12 期。

三、法律规制如何实现"超越法律"的企业社会责任

（一）法律规制的渠道："自我管制"

"自我管制"被认为是对传统的"命令和控制"立法的一种替代和补充，是对"管制失败"的深刻反思，它主要是通过政府的间接干预和企业的自律来更为有效地维护企业相关者利益。"自我管制"与以往外部管制的区别在于，它通过治理结构的改变和不同的作用机制使企业主动地承担责任，自律地规范自己的行为，更关注内在的治理过程而非外在的责任结果。其认为企业之所以出现违反法律、伦理责任的行为后果，根源在于企业的治理结构和决策过程存在着某种的缺失和不足，因而，问题解决的关键在于从社会责任的价值目标出发来完善企业的内在治理结构。法律应当使企业超越狭隘的自我利益，确立承担社会责任的价值目标，并使这种价值目标深植于企业的结构与实践之中，使企业对利益的追寻同样在责任的框架内行事，减少企业与管理者的短期利益激励增强长期利益激励，使其自我利益与长期利益相结合，使股东利益和利益相关者利益相一致，从而引发和促使企业的自律行为。

实现企业社会责任的"自我管制"对公司治理结构的调整体现在：（1）扩展董事的信托义务，将董事对股东的受托责任向雇员、消费者、供应商、环境、社区等利益相关者扩展。董事在执行公司经营事务时，应使得利益相关者对公司的专用性投资能获得适当回报；尽量避免公司的经营活动给环境、社区带来较大的负外部性，否则应做出相应的补救、补偿；在公司利益相关者之间的利益产生冲突时，董事应以不偏不倚地态度予以平衡。（2）在公司治理中监事会、外部董事、独立董事应成为利益相关者的代言人。由于监事会、独立董事承担着公司经营决策的监督、管理职能，因而更便于从利益相关者角度监督公司权力的滥用和社会责任的履行，法律可通过增加监事会中职工代表的比重，规定其在涉及利益相关者事务的决策参与和执行监督权力、程序，来使其监督职能和代言人角色得以更好地行使。（3）可成立代表不同利益相关者的顾问委员会，在企业的经营决策对其利益造成较大影响时向企业的董事、管理者提出相关的分析意见和政策建议，并有权对企业执行社会责任的相关情形向社会公众予以披露和告知，其具

体的工作权能和程序可在公司章程中规定。① (4) 建立企业社会责任履行的审计、审核和信息披露制度,通过信息的透明和公开使那些重视企业声誉和形象的公司更能严格自律。企业社会责任的信息披露在一些西方国家早已实施,许多企业都采用财务、环境、社会责任三者相结合的业绩汇报模式,以透明的方式向社会发布企业运作的综合绩效。在我国,深交所最近颁布的《上市公司社会责任指引》中也要求上市公司建立社会责任制度,定期检查和评价公司社会责任制度的执行情况和存在的问题,并与年度报告同时披露。

"自我管制"与政府管制相比降低了管制的成本,增加了管制的有效性,因而被认为是一种有益的补充而日益受到重视,并被纳入到公司的管制和治理框架。企业之所以能够自愿地承担企业社会责任,从利益诱因来说,它与企业和股东的长远利益有着密切的联系。Heal(2005)分析认为,企业社会责任的履行和自律使企业减少了与利益相关者之间的冲突,有助于企业建立信任和声誉,增强了利益相关者与企业交易的信心,从而以增加销量、节约资本成本、聚集忠诚员工等形式使企业和股东受益。② Riyanto 和 Toolsema(2007)则从代理成本的分析视角提出,企业社会责任的履行能够促使管理者发挥更高的努力水平,从而降低了股东的监督成本,提高了企业的利润。③ 然而,依靠企业自律的"自我管制"究竟能在多大程度上改善公司的治理结构,在什么条件下才能更好地促使企业实现社会责任,仍需要实证的检验和理论的探索。有学者曾用事件研究法对荷兰的企业自我管制活动进行实证分析,但结果表明该活动实施前后的公司治理结构特征以及与企业价值的关系并没有实质性的改变和影响,因而对这种没有外在执行保障的"自我管制"的实效产生了怀疑。④ 而在企业社会责任实施中要求董事向利益相关者承担责任也极有可能演变成"对所有人负责,也就是无须对任何人负责"。在我国对中小股东权益的保护尚且费尽周折,无论是外部的法律管

---

① Shann Turnbull, Enhancing Organizational Performance and Social Responsibility with Self-Regulation, Asia Pacific Research Institute of Macquarie University, working paper (2006).
② Heal, G. (2005), "Corporate Social Responsibility: An Economic and Financial Framework," Geneva Papers, 30(3), 387—409.
③ Yohanes E. Riyanto and Linda A Toolsema, Corporate Social Responsibility in a Corporate Governance Framework, National University of Singapore, working paper (2007).
④ Abe de Jong, Douglas V. DeJong, Gerard Mertens and Charles E. Wasley (2004), The Role of Self-Regulation in Corporate Governance: Evidence and Implications from The Netherlands, Simon School of Business Working Paper No. FR 00-20; ERIM Report Series Reference No. ERS-2001-87-F&A.

制还是内部的治理结构调整,仍未能取得明显的改善实效,而对于在企业中"话语权"更加微弱的利益相关者而言,依靠企业自律来维护其权益是否真的仅是"南柯一梦"而已。在企业社会责任的实施中,如何将"自我管制"这一理想模式转化为现实,看来仍需我们付出不断的努力。

(二) 法律规制的核心:依靠市场的自发对抗

企业社会责任问题的产生,从经济学分析来看实际上是由于企业的生产经营过程中产生了负的外部性,因而对社会成本与个体成本的失衡所进行的一种矫正。庇古与科斯对于社会成本问题的不同解决思路给了我们这样一个启发:与政府外部管制干预相比,产权明晰下的市场交易和自愿合作更有可能实现资源的优化配置和社会的经济效益。

对于企业社会责任的承担,特别是"超越法律"的企业社会责任的承担,最重要的驱动力来自于市场,市场的动力和压力构成了企业社会责任实施的有效约束机制。如消费者可通过其购买决策来推动企业社会责任的实施,消费者对于符合社会责任标准的产品的购买会使这些企业产生市场竞争优势,进而促使其他企业也向这一趋势靠拢。因而有企业将社会责任的履行作为一项重要的行销策略,以此来建立品牌形象,扩大市场份额。此外,企业社会责任的良好履行不仅能赢得合作伙伴的信任,而且还会吸引社会责任投资者的青睐,争取到更多的发展资金。目前,选取社会公益、财务与环保表现绩优的企业为投资对象的社会责任型投资已在世界各地广泛开展,以美国为例,2005 年美国社会责任投资基金规模为 2.29 万亿美元,占当年美国基金总规模的 9.4%。[1] 可以说,企业对社会责任的主动承担往往是在市场主体的自发博弈中,在利益的激励之下来实现的。而市场机制的运行效果往往与不同的市场环境有关,如果消费者对具有不同社会责任的企业产品没有什么差异性偏好的话,企业是没有什么内在动力去承担社会责任的,反之,当消费者的偏好度强烈时,内在的市场推动力才会更强大。而对于竞争程度不同的市场形态,如在完全竞争或完全垄断市场中就会因生产者的影响力过弱或消费者的选择空间过小而限制了市场机制的实施。

"科斯定理"告诉我们,市场自发对抗机制的良好实现是需要一定前提的,那就是权利的有效界定和市场主体的平等交易地位。企业社会责任的缺失,正是由于债权人、雇员、消费者、供应商、社区、环境等利益相关者的权

---

[1] 吴铭:"深交所总经理张育军:社会责任履行情况将影响再融资",载《中国证券报》2007 年 9 月 3 日。

利和权益无法得到有效界定和保障,其在与企业之间的合作博弈中往往处于一种弱势地位。因而,法律规制的核心就是要充分地认识和保护其他利益相关者与企业进行自我对抗的实质性和程序性权利,通过各种机制和制度措施来提高他们的谈判力量,从而以市场的自发对抗来代替法律的强制干预。

　　从我国的企业社会责任实施现状来看,利益相关者权利缺失、力量孱弱之情形尤为严重。例如,以职工的工资增长为例来看职工的权益保障,尽管近年来我国的国民生产总值持续增长,但劳动者工资总额占 GDP 的比重却呈下降趋势,城镇职工工资只占 GDP 的 12%,这不仅与成熟市场经济国家如美国 50% 左右的比重相差悬殊,甚至与印度、马来西亚等发展中国家相比也明显偏低。中国经济增长的好处过多地分配给了政府和企业,而劳动者却所得甚少。[①] 而加强职工权益的法律保障,扭转职工的弱势地位,在理论上则体现为对"集体劳权"的强调,即劳动者通过依法成立和参加工会、集体谈判、参与企业管理(如劳资共决制)、集体争议等来增强谈判力量;在实践中则反映在《劳动合同法》中,其立法宗旨就是要突出保护劳动者合法权益以助于劳动关系双方的平衡。再如,从企业的环境保护责任来看,2006 年 1 月的瑞士世界经济论坛年会公布了环境绩效指数排名,在全球 133 个国家和地区中中国位居第 94 位,低于同等收入国家的平均水平。[②] 我国长期以来的粗放式增长模式所造成的资源浪费和环境污染可谓触目惊心,我国单位 GDP 的能源、原材料和水资源消耗大大高于世界平均水平,万元 GDP 能耗是发达国家的 4 倍多,工业排污则是发达国家的 10 倍以上,单位面积的污水负荷量是世界平均数的 16 倍多。[③] 松花江污染、北江污染等重大环境污染事故接连发生,在给人们的经济生活、工农业生产带来巨大损失的同时,居然没有承担任何的民事赔偿责任,仅仅是迟迟而至的国家环保总局的

---

　　① 中国经济从 1978—1996 年间的年均 GDP 增幅为 9.5%,1997—2002 年间年均增幅达到了 7.8%,但改革开放 24 年来,全国工资总额占 GDP 的比重却从 17% 下降到 12%,其中有 16 年工资总额/GDP 的比重是下降的,上升或持平的仅有 8 年。引自"让经济增长惠及所有百姓",载《中国经营报》2003 年 1 月 27 日。参见"经济增长为何工资难涨 少数人拿走多数利益",载《南都周刊》2006 年 7 月 25 日。

　　② "世界环境绩效排名中国靠后居 94 位",载《人民网》,2006 年 1 月 26 日,http://world.people.com.cn/GB/1029/4066062.html。

　　③ 陈庆修:"节能降耗,建设资源节约型社会",载《理论参考》2005 年第 8 期。

100 万元罚单。① 为了弥补企业环保责任法律制衡机制的缺失,以及解决社会责任、公益诉讼中的搭便车问题,建立和完善环境保护的公益诉讼制度可谓势在必行。可见,企业社会责任的法律规制,除了企业内部公司治理结构的"自我管制"之外,外部市场主体之间的自发对抗和利益制衡同样是一条极为重要的途径。

(三) 法律规制的局限与弥补:声誉机制和非政府组织的作用

法律机制对个体或企业行为选择的影响往往是通过外部的激励约束的强制威慑来实现的,而企业的社会责任承担则更多地体现为道德义务和自愿行为,这使得法律机制的运用会面临很多的限制。正如有学者所言:"法律并不像它看起来那般重要,因为社会控制经常是通过非正式的社会规范、分散的协同和合作系统而非法律来实现的。"②法律作为社会的控制工具之一也需要同其他社会控制机制相配合才能更好地实现社会价值和目的。这些非正式规范和机制包括:声誉机制的作用、非政府组织的推动、社会舆论及对企业和消费者的教育认知等。

声誉机制被认为是一种政府管制的替代,在减少因信息不对称所造成的市场失灵中发挥着积极的作用。目前,声誉机制在企业社会责任实施中的作用被得到广泛的关注,Waddock(2000)将声誉定义为组织满足利益相关者期望的感知能力,声誉不仅发挥着信息信号的作用,而且是契约履行的担保,因为企业如果不能满足利益相关者的期望将会失去其对声誉投资的累积资本。③ 现实中,企业社会责任是建立企业良好声誉的一种方式,许多公司之所以开始重视企业社会责任,往往是因为某一事件而导致其声誉受损。企业的声誉越高,其在劳动市场、商品市场、资本市场就会具有更多的竞争优势,就会给企业带来更高的利润,从而提高企业承担社会责任的激励。从企业界日益增多的诸如"最受尊敬企业"、"最佳雇主企业"、"最佳公众形象企业"等评比活动中,我们可以看到声誉机制在企业社会责任实施中的作用日益显著。声誉机制的效果有时甚至比法律的强制机制更加有效,因为企业一旦声誉受损,丧失消费者信任和市场份额的代价可能远比违法

---

① 郄建荣:"松花江污染只罚百万 迟到罚单再曝环保法律尴尬",载《法制日报》2007 年 1 月 25 日。
② Cass R. Sunstein, Rules and Rulelessness, the Law School of the University of Chicago, John M. Olin Law & Economics Working Paper No.27.
③ Waddock, S. (2000) "The multiple bottom lines of corporate citizenship: Social investing, reputation, and responsibility audits", *Business and Society Review*, pp.105, 323—345.

的罚金要高得多。但声誉机制的作用对于不同规模的企业、不同的市场形态和市场环境也表现出较大的差异。实证研究表明,声誉机制在小公司的作用相对于大公司而言则弱得多,如 Spence et al(2000)发现,小企业执行环境政策的市场可能性会受到限制,因为小企业对环境所付出的努力很难得到市场的相应回报。① 而声誉机制对于垄断竞争的市场相对于完全竞争或完全垄断市场而言更具有制约作用,因为消费者具有一定的惩罚声誉较差企业的市场控制力,企业的品牌形象在争取消费者支持方面的作用更大。此外,当市场中推动社会公益的非政府组织比较活跃,媒体对信息的传播使企业的行为更加透明时,声誉机制的作用就会更显著。

对于企业社会责任的推动与实施,各种非政府组织的作用可谓功不可没。全球范围内的企业社会责任运动的兴起,就是在各种国际劳工组织、消费者团体、人权组织和环保组织的发起和号召之下,开展了一系列的社会活动,颁布了大量的准则、标准、承诺、宣言,形成了强大的社会压力和公众舆论导向,并在各国以企业社会责任为导向的法律变革中发挥了关键的作用。非政府组织作为社会公益的代表主体,克服了企业社会责任推动中所存在的利益相关者个体的搭便车问题,增强了利益相关者群体的组织力量和对企业的抗衡。英国企业社会责任联盟主席黛博拉杜恩(Deborah Doane)在接受《财经》记者采访时承认,非政府组织是公民社会中的重要力量,"因为如果缺乏良好的组织,单靠个人,很难对强大的决策者以及庞大的企业形成太大的挑战"。② 非政府组织通过推动企业社会责任活动,宣传企业社会责任理念、影响企业社会责任立法、参与企业社会责任的公益诉讼等,为企业社会责任的实施做出了重要的贡献。非政府组织形成了一种民间的、市场的、自发的企业社会责任的推动和制约力量,构成了政府法律管制的有益补充。在我国,非政府组织近年来获得了长远的发展,截至 2006 年底,非政府组织已达 346000 家,并在扶贫、环保、教育、健康、就业等诸多领域发挥了积极的作用。③ 然而,由于中国的非政府组织整体发展水平相对滞后,在企业

---

① Spence, Laura J., Jeurissen, Ronald and Rutherfoord, Robert, 2000, Small Business and the environment in the UK and the Netherlands: Toward stakeholder cooperation, Business Ethics Quarterly, 10, 4, 945—965.

② 王以超:"社会责任'镀金时代'",载《财经》总 190 期,载 http://www.caijing.com.cn/newcn/econout/environ/2007-07-21/25086.shtml,2007-07-23。

③ 程茜:"中国非政府组织增长到 30 多万家",载《商道新闻》,载 http://www.syntao.com/Page_Show.asp?Page_ID=3683,2007-2-6。

社会责任的实施中尚未发挥其应有的作用,仍需通过体制的转换、组织的规范及政府的支持来推动其发展,使其在企业社会责任的实施中扮演更加重要的角色。

此外,企业社会责任的实施并不完全是企业自身的事务,更是社会公众责任意识不断增加的社会化过程。在企业社会责任的实施中,社会的舆论导向以及消费者消费方式的转变同样具有重要的作用,这需要我们的社会积极开展各种社会责任教育,培养社会责任意识,提倡绿色消费和环保意识,鼓励公众的积极参与和广泛监督,来为企业社会责任的实施创造有利的社会环境。

"超越法律"的企业社会责任为我们的法学研究带来了许多有意义和有价值的研究话题,它使我们从一个新的视野、新的模式去思考法的性质、法的价值、法的功能,它带来的不仅是对企业更高标准的行为要求,更是对法学研究的新的挑战。

论公司社会责任:法律义务、道德责任及其他

史际春 肖竹 冯辉[*]

摘要 公司社会责任本质上是特定的经济和社会条件对公司的客观要求,是指企业应当守法、"做好自己"及在此基础上对利益相关各方和社会自愿承担道德义务。实现公司社会责任的关键在于强化企业的守法责任,对其"做好自己"和道德责任,则应通过提倡、鼓励和引导来实现。可行的具体途径包括:完善与公司社会责任相关的法律法规,加大执法和司法的力度;建立企业履行社会责任的有效激励机制;引导企业参与有关社会责任的国际性活动,等等。

关键词 公司社会责任;CSR;企业;社会责任;守法责任;"做好自己";道德责任

经济的迅猛发展,引发出资源和环保、安全和体面的劳动、消费者权益等问题,人们对企业从中所起的作用毁誉参半,加之《中华人民共和国公司法》(简称《公司法》)于2005年修订后将公司社会责任写进法条,在我国引发了公司社会责任研究的热潮。然而,冷静地分析有关公司社会责任的理论和实践,则不难发现,在表面的繁华背

---

[*] 史际春,中国人民大学法学院教授、博士生导师;肖竹,中国劳动关系学院教师,法学博士;冯辉,中国人民大学法学院经济法专业博士研究生。

后,存在着认识的模糊和混乱。本文拟从厘清与界定、内涵与外延、实践与完善三个层面,对公司社会责任做一探讨,以求教于方家。

一、公司社会责任的语义、争议和界定

不同的人使用公司社会责任这个词,表达的含义不尽一致,因此有必要先对公司社会责任这个概念做一番厘清和界定。

(一) 关于公司社会责任的语义分析

1. 关于"公司"

事实上,关于公司社会责任的种种认识,无论肯定或否定,其焦点就在于:公司的目标是自身利益最大化还是在谋取利润的同时应当承担社会责任,以及公司的经营管理者是股东的代理人还是公司全体利益相关人的代理人。而此归结为一个关键问题,即公司是谁的公司,或者公司的本质是什么。

人们关于公司本质的认识有"所有者的工具或财产"、"个人或集团的契约组织"、"利益相关者共同体"、"市民社会的公民"以及现在的"全球公司公民"等诸多说法。汉斯曼教授在他的《公司法历史的终结》(2001)中试图总结有关分歧。他认为:"在公司的历史实践中,'国家主导模式'、'利益相关者主导模式'和'雇员主导模式'毫无例外地受挫,唯股东利益主导模式立于不败之地。因为股东是剩余风险的承担者和剩余价值的索取者,管理人员仅仅应对股东的利益负责,如果能做到这一点,公司就能在价值最大化的目标下参与竞争,就能更好地承担它对利益相关者的责任。"汉斯曼教授的结论是:"其他利益相关者的利益可以通过合同与政府的监管而得到有效的保护,没有必要让他们参与公司治理。"[1]

汉斯曼的观点对我们清醒地认识公司的本质有很大的作用,尽管未必能对公司的本质给出一个盖棺定论的说法——实际上也无必要,但以下三点却是显见不争的:其一,公司作为一种组织形式,尽管营利性组织和非营利性组织都不妨采用之,但由于公司已成为当代企业的主体,"公司"在实践和学术中往往被引申为企业的同义语。[2] 公司社会责任的英文是 Corporate

---

[1] Henry Hansmann, Reinier Kraakman, The End of History for Corporate Law, *Georgetown Law Journal*, Vol 2, 2001, pp. 439—469.

[2] 参见史际春、肖竹:《公司法教程》,中国政法大学出版社2007年版,第8页。

Social Responsibility,简称 CSR,在中国更多地将其译为企业社会责任。在本文中,公司与企业也是可以互换使用的两个词。而企业的主体部分当然是营利性的,政策性企业、社会企业等只是非典型的企业。因此,所谓"公司"社会责任,主要指的是营利性企业的社会责任。如果脱离企业的营利性来讨论其社会责任,任何理论都失去了根基,也没有什么意义。在当今市场经济条件下,即使是普通国有企业、公共性的公用企业等,也要在营利基础上才谈得上社会责任问题。其二,无论公司所处的社会关系多么错综复杂,公司应当为其资本所有者所有并控制,或者在转投资或国有财产投资经营的情况下由出资者或股东作为其所有者权益承担者。① 这是现代企业、市场经济和现代社会的基础。否则,产权不明、老板缺位,企业何以存续及开展活动?财产权神圣,这也是我国近年通过宪法和物权法得以确认的一个社会共识,出资者或股东不能因为投资就丧失了对其资本和企业的所有者或所有者权益承担者的身份和地位。其三,相对于国家而言,企业是市场或社会中的实体,因此不应当将国家、政府的责任与企业应当担负的责任相混淆;相对于个人而言,公司本质上是一种社团,因此存在着委托与代理、信托与监督这样的关系,同时与个人相比,公司的行为也必然具有更多的外部性。

由此引申出的一个道理是:既然出资者或股东是企业的所有者或所有者权益承担者——企业损益的天然、法定和第一性的承担者,则其就是以公司名义承担的社会责任的实际承担者,微软承担社会责任也即微软的股东尤其是以比尔·盖茨为主的大股东或控制股东承担社会责任。未经出资者或股东共同决定,企业的经营管理者(包括担任董事、CEO 等个别经营股东)无权慷他人之慨让其掌管的企业去承担什么社会责任,比尔·盖茨也不得不经微软董事会或股东会决定而让微软去赞助公益事业。而出资者或股东以自己的名义承担社会责任的,则与企业无关,比尔·盖茨以其自己或比尔与美琳达·盖茨基金会(Bill & Melinda Gates Foundation,盖茨夫妇基金会)的名义从事捐助等活动当然与微软(和微软的其他股东)没有关系,不妨悉听尊便。

2. 对"社会"一词的分析

哈耶克在评论社会正义、社会利益之类的概念时指出:"那种认为诸如

---

① 参见史际春、肖竹:《公司法教程》,中国政法大学出版社 2007 年版,第 70—72 页。

'社会'或'国家'(乃至任何特定的社会制度或社会现象)等社会集合体在任何意义上都要比可理解的个人行动更加客观的观点纯属幻想。"①哈耶克的观点是基于个人主义自由观的立场作出的论断,但他却揭示出了这样一个事实,即"社会"利益也好、正义等共识也好,天然地需要通过相关个体、群体的充分博弈才能相对表达出来或者得以实现。这在国内学者关于"社会利益"(或社会公共利益、社会整体利益等)应否及怎样法律化的争议中也得到了清楚的体现。② 事实上,对于什么是社会利益,不可能通过具体法条加以确定。道理很简单,即使公共工程也可能不符合社会利益,而商业行为也可能合乎公共利益。如果排除公众参与和利害各方的博弈,则结果多半是不公的,人民的利益可能在"社会"的名义下普遍受损。以公司社会责任为例,传统的古典自由主义理论强调公司的自由,排斥对公司施加任何形式的强制。在这种背景下,公司社会责任其实无从谈起,或者说公司承担的责任就与个人一样,仅仅是纳税和守法等内容;而随着经济和社会环境的变化,公司行为的外部性越来越大、且日益复杂,引发了诸如环境污染、公司治理、劳工标准、产品质量、社区利益等问题,导致公众及社会对公司责任形成了更多的期待,但在守法之外,这些"责任"是不可能用法条具体规定并套用实施的。

另外,对"社会"的解读还有一种路径,即将其与国家、个人进行区分。但是将国家与社会截然对立的观念和做法已明显与实践的发展不符,在现代"混合经济"的大背景下,随着国家公共管理包括国家财产权渗透到经济、社会的各个领域,国家与社会已经紧密联系在一起。③ 因此在讨论公司社会责任时,需要把握好一个辩证法,即公司社会责任往往表现为政府、法律、国家对企业的要求,以此作为企业与社会之间关系的媒介;同时,又要避免把政府、国家的责任与公司责任相混淆。

3. 对公司社会责任中"责任"的认识

"责任"一词有不同的含义,因此还要明确各种不同的"责任",及其应当通过怎样的形式来实现。"社会责任"的英文是 social responsibility,而在

---

① 〔英〕哈耶克:《个人主义与经济秩序》,邓正来译,生活·读书·新知三联书店2003年版,第105页。
② 参见王利明:《物权法草案中征收征用制度的完善》,载《中国法学》2005年第6期。
③ 参见史际春、陈岳琴:《论从市民社会和民商法到经济国家和经济法的时代跨越》,载《首都师范大学学报》(社会科学版)2001年第5期。

英文中,responsibility、duty 和 liability 都是"责任"。duty 是具体法律义务上的"责任",liability 是归责意义上的"责任",responsibility 则是指角色及其权利设置,既可以是某种法律上的义务、职责职权,也包括伦理或道德范畴的义务或角色定位。"公司社会责任"中的"责任",正是指后者,主要是指"义务",而不是归责意义上的"责任"。国内法学界的通说认为:"法律责任是由特定法律事实引起的对损害予以赔偿、补偿或接受惩罚的特殊义务,意即由于违反第一性义务而引起的第二性义务"[①]。Responsibility 和 duty 就属于所谓的"第一性义务",但不限于法律规定的初始义务。道德义务或道德领域的角色责任,也是 responsibility,就不适宜通过国家强制力来保障实现——事实上也保障不了;而违反法律义务或法律领域的角色责任(responsibility 或 duty)引发的归责意义上的法律责任(liability),则可以通过具体的执法和司法过程加以追究。

当然,由于客观社会现象或事物的复杂性,在社会科学中,对一个概念、范畴存在多种解释是正常的,比如概念通常有狭义、广义和中义之分,重要的是在具体问题的研究中明确人们使用的是哪一种含义。因此厘清公司社会责任的语义,并非要将其变成一个封闭、绝对的概念,而是遵守游戏规则,避免语义混乱,以此作为本文研究的铺垫。

(二)有关公司社会责任的理论及争议

1. 有关公司社会责任的论战

一般认为,公司社会责任在西方经历了不同的发展阶段。在资本主义发展初期,古典经济学理论把市场经济下公司的最基本功能等同于公司的社会责任,只要在法律允许的范围内尽可能高效率地使用资源以生产产品,并以公平的市场价格销售给消费者,公司就尽到了自己的"社会责任"。到了 18 和 19 世纪,众多资本主义国家由于经济、社会发展不平衡产生了程度各异的贫富差距,同时也由于慈善事业是一种传统的美德,于是慈善事业被认为是一种重要的社会责任。从 19 世纪末开始,人们对经济发展的期望产生了边际效用递减,对生活质量则有了更高的追求,对经济发展的副作用比如环境污染和牺牲劳工权益等消极作用的容忍度降低,由于经济发展失衡产生的各种社会矛盾也使公众对企业有了更多的期望和要求,从而使公司

[①] 张文显:《法理学》,北京大学出版社、高等教育出版社 1999 年版,第 122 页。

社会责任有了更加复杂的内容。① 事实上,当代公司社会责任是20世纪的劳工运动、消费者运动和环保运动等社会运动共同作用的产物,其直接成因则是发端于美国的社会责任运动。②

尽管公司社会责任在西方已得到社会主流的认可,但是西方国家的学者迄今对其并未形成一致性意见。从20世纪30年代到60年代,与公司社会责任相关的争论主要有两次,即30年代至50年代伯利与多德关于管理者受托责任的论战,以及60年代伯利与曼尼关于现代公司作用的论战。③ 其影响一直延续至今。

伯利(Berle, Adolf A.)与多德(Dodd, E. Merrick)关于管理者受托责任的论战,集中于公司和作为其受托人的管理者是只对股东承担责任、还是要对公司的所有利害关系人承担责任。伯利(1931)认为,管理者只是公司股东的受托人,而股东的利益总是在其他对公司有要求权的人的利益之上。多德(1932)则认为,公司存在的目的是为了股东创造利润,但公司作为一个经济组织,在创造利润的同时也有服务社会的功能。他强调法律之所以允许和鼓励经济活动,不是因为它是其所有者利润的来源,而是因为它能服务于社会。这一争论以二者观点的友好折中而告终。多德(1942)认为,在1932到1942年的十年间,美国政府的"新政"实施了大量干预经济的活动,同时由于工会和消费者团体的努力,通过了一系列法律来保护劳动者和消费者的利益,既然这些利益团体已经加强了他们相对于公司的法律地位,那么他们的受托人就是公司,也就是说,公司需要承担相应的社会责任。伯利(1954)赞同了多德二十年前的观点,认为现代管理者不仅仅为了利润最大化而经营企业,事实上而且法律也确认他们是一种社会制度的管理者。

而伯利和曼尼(Manne, Henry G.)的争论是以古典自由市场理论为基

---

① 参见李义平:《企业的社会责任不能无限扩张》,http://theory.people.com.cn/GB/49154/49156/4719063.html,2006年8月18日访问。

② 20世纪90年代初,为美国著名服装制造商Levi-Strauss加工产品的海外血汗工厂被西方媒体曝光,引起舆论哗然。为了挽回败坏了的公司形象,Levi-Strauss拟订并公布了一个公司社会责任守则(也称生产守则)。耐克、沃尔玛、迪斯尼等大公司也随之仿效,制定了自己的生产守则。由此在美国和其他发达国家引发了许多倡导公司社会责任的非政府组织和公众的参与,形成企业社会责任运动,将其由企业自我约束(self regulation)转化为社会性规制(social regulation),并随着经济全球化而波及全球。参见冯宗智:《社会责任不等于认证》,http://info.feno.cn/2007/1208/c000036460.shtml(飞诺网),2007年10月20日访问。

③ 参见沈洪涛、沈艺峰:《公司社会责任思想起源与演变》,世纪出版集团、上海人民出版社2007年版,第27—36页。

础的传统企业理论与现代企业理论之争。曼尼(1962)认为,管理效率并不意味着管理者有能力承担社会责任,而且让商人介入到捐赠活动中并取代市场的作用,是一种很糟糕的机制。公司要在高度竞争的市场上出售产品,就不可能从事大量非利润最大化的活动,如果一定要这样做,公司很可能就无法生存。曼尼认为,公司只是一种经济组织,强调公司社会责任会危及自由市场,而且公司社会责任会引发垄断和政府加强管制。

弗里德曼(Milton Friedman)和曼尼一样反对公司社会责任,他也是公司社会责任批判者中最有代表性和影响力的一位。他在《资本主义与自由》一书中指出,有一种逐渐被普遍接受的观点认为,公司、管理者和工会的领导人在满足他们的股东或成员的利益之外还要承担社会责任,这种观点在根本上扭曲了自由经济的特点和性质。在自由经济中,企业确有但仅有一个社会责任——只要它处在开放、自由和没有欺诈的竞争游戏规则中——那就是使用其资源并从事经营活动以增加利润,也就是在遵守法律和适当的道德标准的前提下,尽可能挣更多的钱,这样才能更好地服务于消费者。弗里德曼反对公司社会责任的依据主要有三:一是认为公司仅仅是股东的公司;二是坚持公司的目标是利润最大化;三是将管理者仅仅看做股东的代理人。

从伯利到弗里德曼、汉斯曼,有关公司本质和社会责任的争论似乎从终点回到了起点。但实际上,人们的认识在讨论中是不断深化的,不同的意见及其理由也构成本文进一步研究的基础。

2. 关于公司社会责任的定义

对公司社会责任的不同认识,形成了对它的不同定义。Carroll 在他1979 年的一篇论文中,将公司社会责任定义为社会在一定的阶段对于组织的一种包含了经济、法律、道德以及意思自治等多方面的期待。[1] McWilliams 和 Siegel 认为,公司社会责任是指公司的一些改进社会福利的行为,这是超乎企业利益之外的,由政府所要求的行为。[2] Goodpaster 则认为,公司社会责任限于股东价值的最大化就足够了。[3] 总部设在美国的社会责任国

---

[1] See Archie B. Carroll, A Three-Dimensional Conceptual Model of Corporate Performance, *The Academy of Management Review*, Vol. 4, No. 4. 1979, pp. 497—505.

[2] See McWilliams, Abagail and Donald Siegel, Corporate Social Responsibility, a Theory of the Firm Perspective, *Academy of Management Review*, 2001, 26(1), pp. 117—127.

[3] See Goodpaster, K. E., Business Ethics and Stakeholder Analysis, *Business Ethics Quarterly* 1 (1), 1991, pp. 53—74.

际(Social Accountability International,SAI)的主要任务是推动企业改善劳动条件,旨在维护"工作场所的人权"。① 而对公司社会责任最为广泛引用的是世界可持续发展商业委员会(World Business Council for Sustainable Development)的定义:公司社会责任是指企业作出的一种持续承诺:按照道德规范经营,在为经济发展做贡献的同时,既改善员工及其家人的生活质量,又帮助实现所处社区甚至社会的整体生活质量的改善。②

中国学者一般认为,企业社会责任是指企业在赚取利润的同时,主动承担对环境、社会和利益相关者的责任③;在2006年中国企业发布的首个专门的企业社会责任报告《国家电网公司2005年社会责任报告》中,将企业社会责任定义为"企业对所有者、员工、客户、供应商、社区等利益相关者以及自然环境承担责任,以实现企业与经济社会可持续发展的协调统一"④。前者把营利和做好企业自身排除在企业的社会责任之外,后者则把所有者纳入企业利益相关者的范围、将企业对所有者的责任也包括在企业社会责任之内。

(三) 本文对公司社会责任的界定

综上所述,我们认为,公司社会责任在本质上是特定的经济和社会条件对企业的客观要求,是企业对社会应承担的义务,社会对企业的期待,包括守法、做好企业本身和道德上的承担,属于 responsibility 的范畴。

实现公司社会责任的关键首先在于强化公司的守法责任,对于其"做好自己"和道德上的责任,则应通过提倡、鼓励和引导来实现。

Responsibility 意义上的法律责任是法律上要求公司承担的作为或不作为的义务,违反这种义务要承担法律上的不利后果。公司在法律上应负的义务或责任,原本就是其应当承担的,而与是否存在对它的"社会责任"要求无关。但正是因为企业为了赚钱往往无视法律,罔顾社会对它的起码要求,从而引出企业的社会责任。因此,企业的法律责任也是社会要求企业承担

---

① See http://www.sa-intl.org/index.cfm? fuseaction = Page.viewPage&pageId = 472 (the website of SAI), visited on October 20, 2007.

② See http://www.wbcsd.org/templates/TemplateWBCSD5/layout.asp? type = p&MenuId = MTE0OQ (the website of the World Business Council for Sustainable Development), visited on October 20, 2007.

③ 见冯宗智:《社会责任不等于认证》,http://info.feno.cn/2007/1208/c000036460.shtml(飞诺网),2007年10月20日访问。

④ http://www.sgcc.com.cn/gsjs/sgcc2005.pdf(国家电网公司网站),2007年10月20日访问。

的责任,而且法律责任隐含的一个前提是要责任主体必须遵纪守法,这样就将公司应承担的法律上的义务、责任与其社会责任相衔接起来。

追求盈利、对股东负责是企业固有的本性,且与企业自始相随、由来已久,所以这原本也不是社会责任。但是,企业做得好,对于经济发展、消费者整体福利、社会进步、提升民族经济的国际竞争力具有重要意义。公司必须生产和销售社会所需的产品或服务,并以公允的价格出售给用户或消费者,才能维持自身生存发展,进而为资本所有者牟取利润。"事实上,私人所有者必然会对社会承担其应负的责任,理由很简单,他们必须依靠社会才能出售其产品,也必须依靠社会才能购进必需的原材料、工厂、服务、资本、设备等,然后才能组织生产他们准备用于出售的那些东西。如果他们拒绝满足社会的急迫需求,他们就会失去消费者,也就无法在市场上立足。而如果那样的话,他们就必须给在这些基础产业中更加'负责任'的其他控制者腾出位置来。"① 公司如果做不好自己,不仅公司及其老板、经营管理者可能破财毁誉,而且可能累及债权人、职工、政府和社会。在这个意义上,企业在诚信守法的基础上努力做好自己,也是企业对社会应尽的义务,这与它追求自身利益最大化、为股东谋利是同一事物的两个方面。

除此之外,公司的社会责任都是道德责任。这是以惯例、普遍的道德要求等非正式制度形式存在,并以企业的自我认知、同情心和责任感、自愿行为、舆论、NGO 和公众行动的压力等保障实现的。

有学者认为,公司的社会责任还包括自发责任或自愿责任。该责任是指公司在没有法律要求和道德期望的情况下,完全出于博爱等人性本能或自身价值实现需要而自发承担的有利于公众利益的责任。② 例如慈善捐助、为上班的母亲提供日间托儿服务等责任。③ 实际上,自发责任或自愿责任都是道德责任,只是它有时可能高于社会的一般道德要求而已。

一般认为,广义的公司社会责任包括企业的经济责任、法律责任、道德

---

① Bruno Leoni, Freedom and the Law, Liberty fund Inc. 1991, p.168.
② 参见白永秀、赵勇:《理性、激励机制与企业社会责任构建》,载中国企业管理研究会、中国社会科学院管理科学研究中心编:《中国企业社会责任报告》,中国财政经济出版社 2006 年版,第 140 页。
③ 参见徐二明、郑平:《国际化经营中的企业社会责任研究》,载中国企业家调查系统编:《企业家看社会责任 2007 中国企业家成长与发展报告》,机械工业出版社 2007 年版,第 249 页。

责任和慈善责任;狭义的公司社会责任仅指道德责任和慈善责任。① 我们认为,慈善责任属于道德责任的范畴,而经济责任涵盖在法律责任和道德责任中,从逻辑上讲不能与法律责任和道德责任并列。法律、道德和社会成员个体行为构成一个社会最基本的制度环境体系,所以公司社会责任应当是守法责任、做好自己的责任和道德责任这三者的统一体。

二、公司社会责任的内涵与外延

(一) 公司营利性与公司社会责任

Mark S. Schwartz 认为,在促使公司承担社会责任的经济、制度和道德等诸多动因当中,公司纯粹出于道德动因而承担社会责任的情况十分少见,纯粹出于制度动因承担社会责任则往往是对制度的被动适应。而道德动因通常也可以被解释为有利于长期经济利益,所以,经济利益是企业承担社会责任的根本动因。Tim Kitchin 认为,企业只有在收益超过成本,或者当外在压力可以通过有效的机制转化为内在经济动因时,才会从不自觉的适应转变成自觉的改变。因此,只有当企业社会责任与企业的核心目标结合在一起,成功地转化为内在的商业运作过程时,企业社会责任才得以实现。②

比如根据调查显示,股票市场只在一定程度上愿意对企业承担社会责任的行为提供报酬。③ 根据学者对我国股市的调查研究结果,从当期来看,上市公司承担社会责任会降低公司的价值。④ 无论如何,营利性的企业、公司本质上是作为追求利润的理性工具出现的,它们在营利之外承担社会责任难免与其本性相悖。正如波斯纳所认为的那样,在竞争市场中,长期为了利润之外的任何其他目标而经营将导致企业萎缩,甚至倒闭、破产,而企业承担社会责任的成本也会以提高产品价格等方式由消费者来承担;企业履

---

① 参见《企业社会责任:唱响同一首歌》,http://www.wtoguide.net/html/30/08_50_54_90.htm (WTO 经济导刊),2007 年 10 月 21 日访问。

② 参见白永秀、赵勇:《理性、激励机制与企业社会责任构建》,载中国企业管理研究会、中国社会科学院管理科学研究中心编:《中国企业社会责任报告》,中国财政经济出版社 2006 年版,第 144 页。

③ 参见詹正茂编译:《企业的社会责任》,载中国企业家调查系统编:《企业家看社会责任——2007 中国企业家成长与发展报告》,机械工业出版社 2007 年版,第 319—320 页。

④ 参见李正:《企业社会责任与企业价值的相关性研究——来自沪市上市公司的经验证据》,载《中国工业经济》2006 年第 2 期。

行社会责任也会降低股东自己履行社会责任的能力,而追求利润最大化却可以增加股东的财富,股东可以用这种资源来对政治、慈善捐赠等做出贡献。[①] 事实上,公司社会责任中只有遵守、履行法律义务的守法责任可由法律和国家强制实施,企业对高于法律要求的道德责任的履行,取决于社会的道德要求通过舆论、社会行动等对企业及其利益的影响程度。当社会的道德要求和评价能够具体化并成为影响企业经营和营利活动的因素时,才会透过对企业种种外部行为的约束,而产生促使企业不得不将履行社会责任纳入其行为和经营目标的内在动机。但需要特别强调的是,这种内化过程必须经由市场来完成,而不能由政府强制实施,否则就会违背企业经营规律,最终破坏企业生存的市场生态,不利于企业的长久发展和市场的完善。

另一方面,公司承担社会责任与营利性并非绝对对立,在一些情况下,公司承担社会责任也能够与其营利目标相一致。哈佛大学的企业战略大使迈克尔·波特(2003)在其《企业慈善事业的竞争优势》一文中提出,企业可以利用慈善与社会活动来改善自己的竞争环境,当企业的支出能同时产生社会效益和经济效益的情况下,企业的公共活动与股东的利益就可能不冲突地交汇在一起;波特还提供了一套分析工具,让企业家可以找到同时实现社会价值与经济价值,既能提高企业竞争力又能提高其所在组群竞争力的慈善活动的领域。[②] 比如美国目前有各种基金会五万多家,这些基金会承担了大量的道德责任,而它们对其发起设立者而言,仍然是追求企业利益最大化的一种体现和行为;基金对企业的基本功能类似于长期广告效应,它是企业或股东为了树立企业的某种形象和信誉而做出的长期投资。[③]

在倡导可持续发展和精神文明昌盛的当今社会,实现公司营利性目标与履行社会责任之间的一致性存在着越来越多的可能。20世纪公司社会责任运动的兴起,使得公司利益的实现机制悄然发生变化:以往那种公司利益的实现只需单纯通过市场竞争的局面改变了,公司尤其是大公司,在实现自己的利益时往往不得不认真面对社会公众的感受和诉求,因为公司利益的实现受到股东之外的其他相关利益者的制衡。如一些国际大公司在非洲保护野生动物、捐助等社会责任行动,目的只是为了确保从非洲获得优质廉

---

① 参见〔美〕理查德·A.波斯纳:《法律的经济分析》,中国大百科全书出版社1997年版,第544—547页。
② 参见田虹:《企业社会责任及其推进机制》,经济管理出版社2006年版,第28页。
③ 参见李向阳:《企业社会责任首先是对股东负责》,载《中华工商时报》2002年11月26日。

价的原料,当其从事"公益"行动所在区域民众福祉的提升与其营利目标相冲突时,这些大公司就会毫不犹豫地选择后者而压制前者,它们的不光彩动机和行为经常无意间被曝光,令其好不尴尬。① 因此,随着经济发展、社会环境和人的价值观念的转变,以及信息披露机制的健全、现代企业制度的发展和公司内外部治理机制的完善,公司的营利性与公司社会责任正从完全对立逐步走向相互促进。这种相互促进的关系的形成,来源于公司生存、发展的外部制约和要求。

(二)"做好自己"与公司社会责任及其在中国的重要意义

公司存在的价值首先是把企业做好,大而强、小而棒、产品广受欢迎等,都是一个好企业的表征。在所有权、财产权不仅不能被消灭,相反还要明晰、强化的今天,以股东为本、向股东负责是做好企业的前提,否则就不啻为缘木求鱼。做好企业本身是履行公司社会责任的基础,不妨认为"做好自己"也是企业对社会应当承担的一种责任。

诚如彼得·德鲁克的名言所说:"企业首先是做得好,然后是做好事"。对于企业来说,怎样为社会提供好的产品或服务是最为核心的问题。如果企业连这一点都做不到,不敬业、不专业、甚至违法乱纪不择手段捞钱,它根本就不应在社会中生存下去,以至为社会诟病、遣责,也就谈不上承担什么社会责任了。对于一个社会而言,衡量其发展水平的最基本的标准就是生产力,而企业生产力是构成社会生产力的基本单位,对于一个社会、国家来说,没有企业的不断涌现、做好做强,就无法为种种社会目标提供物质条件,从而影响整个社会生产力的提高,并制约社会的发展。而企业做得好,也会带动就业岗位的增加、税费的增长、社会保障供给条件的改善等社会目标的实现。

企业要做得好,其根本机制是投资者也即股东的利益驱动和约束。如果否定这一点,也就不是市场经济、干脆退回到计划经济。人类几百年血与泪的经验教训告诉我们,除了市场经济,实在没有一种比它更好的社会生产组织方式了,老板基于资本的利益驱动和利益约束对于生产力发展和社会进步的积极作用是任何力量、任何组织都无可取代的。因此,要做好公司,首要和关键的一点就是要服从股东的意志和利益(当然是遵从公司法形成的股东共同意志),哪怕老板是笨蛋,他人也不得越俎代庖。因此,维护和保证股东的利益,是公司做好自己和承担社会责任的基础。一个简单的道理

---

① 参见惠正一:《谋划大扩张惹麻烦 星巴克被指阻挠非洲农民赚钱》,http://mnc.people.com.cn/GB/54823/4964506.html(人民网),2006年12月12日访问。

是，公司追求股东利益最大化当然不能保证公司其他利益相关者的利益最大化，但是公司如果不追求股东利益最大化，任何其他利益相关者的利益就无从谈起。除股东利益之外，公司对雇员、债权人、客户、消费者、政府乃至整个社会的责任分配和先后顺序，则不仅是一个法律问题，而且是在当前经济社会发展、思潮、由文化和传统决定的公司治理和社会环境下各方博弈的过程和结果。

强调公司"做好自己"和对股东负责在中国具有重要的意义。在计划经济时代，企业几乎成为政治组织，革命高于生产，社会因此饱受短缺之苦。好不容易转向了市场经济，而计划经济的惯性——畏惧竞争、做事不专业、产品不能精益求精仍是中国企业的普遍弱点，更有郎咸平不断大声疾呼的经营者做了几天保姆就时刻想对主人取而代之、缺乏受人之托就忠人之事的信托观念，妨碍着中国企业建立现代企业制度的进程。企业稍有发展、盈余，则成为众人觊觎的"唐僧肉"，许多好的企业因遭受社会各方化缘、政府摊派公共项目过多而负担过重，这些也是股东的老板地位不受尊重、财产权不那么神圣的表现。反过来，上述种种有违市场经济要求的畸态，其成本或代价必然是由消费者和社会来承担的。结果是，长期以来，中国的企业——既包括国有及国有控制企业，也包括私营、集体等民营企业——在自身做得差强人意的情况下，背负了很多本来不应由它们承担的社会负担；另一方面又没有很好地承担起它们应负的社会责任，比如在产品市场中对客户和消费者负责、在资本和资金市场中对股东和债权人负责、在人力市场中对雇员负责、在公共管理中对政府和社会负责等等，陷入原本不该承担的责任要承担、本该由企业做的事又没有做好的境地。特别值得一提的是，在我国的企业（包括私人企业）与政府的关系还没有真正理顺的情况下，过度强调公司的社会责任，还可能给政府不恰当的干预、包办和官商勾结提供一个方便的借口，这一点值得我们在倡导公司社会责任时予以警惕。

因此，公司"做好自己"、为股东谋利，同时也是积极地对社会承担一种责任。公司的社会责任是有国界和阶段性的。中国是一个人口大国，企业能够"做好自己"从而为更多的人创造就业机会，就是履行了其在中国现阶段一项重要的社会责任。因此有学者认为，中国企业家对解决贫困和社会问题的最大责任，是让农村大量有劳动能力的贫困人口进入城市化和工业化的进程,而企业家的能力和创造性也正是在这个进程中体现出来。① 做好企业本身,多依法纳税,从而使国家有更充裕的财力用于社会事业、改善经济结构、提高人民福祉,其意义要比企业自己对社会的偶尔、有限的捐赠更为深远。另外,人类面临的很多难题,如新能源、节能环保和特效医药等,都需要企业积极应对开发。企业能够生产出社会真正需要的、多样化的产品,以满足生产和生活多方面的需要,也是社会对它的基本要求。

(三) 道德义务与公司社会责任

道德既是永恒的,又是变动的,即使是公平正义、诚实守信、己所不欲勿施于人等亘古不变的优良道德,在不同的时空背景下也会有特定的理解。因此道德与一个社会或民族所处的现实和历史条件息息相关。比如在资本主义早期,企业只要不恶意、主动地侵害他人权益就可以了;但随着经济和社会生活的发展,人们衡量企业的道德要求越来越高。

尽管我们强调,做好自己、对股东负责、为股东谋利是公司承担社会责任的基础和第一步,但这并不否认公司应当承担其他类型的社会责任、尤其是道德性的义务。当经济蓬勃发展、导致土地和环境不堪重负时,公众是否可以期待企业厉行节约、节能减排?当公司的存在和发展对一个地方的人文环境造成负面影响时,公众可否期待它们为恢复当地的人文环境提供经济支持?当一个社会、民族因诸如艾滋和埃博拉病毒的大规模侵蚀面临灭顶之灾时,公众能否期待拥有治疗相关疾病的药品专利的公司提供廉价的药品,或者无偿或低价提供产品配方?当众多跨国公司尽享土地、劳工、税收、外汇等优惠政策在华投资并大获其利时,公众是否可以期待它们为社区和社会福利做出更大的贡献?在社会高度分工又高度合作的现代市场经济背景下,公司因其外部性不可能两耳不闻窗外事、只顾自己和股东,它必然要作为一个社会公民、一个企业组织、一个社区成员而承担起诸多责任,而调控这些角色责任的,除了法律的基本要求外,更多地要靠道德的鼓励或约束。

上述社会对企业的种种要求,不必要也不可能都转换为法律上的义务,它们是特定条件下要求企业在营利的本分之外为社会、政府分忧。譬如很难要求一个努力做好自己的企业在它实际赢利之前承担分外之事,更不用说那些根本就做不好自己的企业了,如果以法律强制企业普遍履行的话,企

---

① 见中国企业家调查系统编:《企业家看社会责任——2007 中国企业家成长与发展报告》,机械工业出版社 2007 年版,第 72 页。

业生存的市场环境也就被破坏殆尽了。企业的法律义务也是社会对企业的要求,如果说企业的法律义务和守法属于社会责任的话,由于其已由法律保障实施,所以人们今天所理解和期待的公司社会责任,主要是道德责任。公司社会责任在其初级阶段,更多地与法律义务相重合,社会对企业在法律义务之外别无所求,或者有所求也是徒劳枉然,此时其实还不存在真正的公司社会责任。随着企业生存、发展的外部条件发生变化,社会公众对企业构成的压力已经足够强大,并可能影响企业和股东赚钱牟利,国家也因势利导,通过税收等手段鼓励、引导企业在守法经营之外承担更多的"分外"责任时,企业的社会责任则更多地与道德义务相重合,这才是真正意义上的公司社会责任。

因此,在强调公司社会责任以守法责任为关键的同时,要以道德引导作为公司社会责任实现的主体和主导。一个只靠法条及其强制实施而无其他更高的有效行为准则的社会,将无法利用人类的潜能以建立和谐社会。执法和司法只能涉及公司的法定义务,当社会在博弈、互动中确立了体现多数社会成员共同利益的主流价值观时,就为公司提出了相应的道德准则并希望其遵守,否则公司将会遭遇社会的否定性评价,最终影响公司的利益。

(四)守法责任与公司社会责任

公司社会责任的关键在于公司守法责任的有效实现。企业承担法律责任之外的其他社会责任,可能与企业的利益最终一致,可能与企业家本身的性格有关,更多的是迫于社会舆论评价体系的压力。一种企业行为的背后可能有多种动机,完全功利化固然不好,但也不应课以过高的道德要求。除守法责任以外的责任承担,只能通过提倡、鼓励、引导和道德约束加以实现而不能强制实施。

法律为公司建立了最低的道德标准,这是公司处理与股东和利益相关者关系的道德底线。对我国而言,现阶段对公司守法责任的强调与坚守应该成为弘扬、落实公司社会责任的根本。例如,中国有很好的《劳动法》,随着《劳动合同法》的颁布,劳动法体系日益完善,但我国的劳工状况却一直是众矢之的,究其原因,并非公司社会责任运动的开展不够轰轰烈烈,而是企业对劳动法的遵守以及劳动法的执法状况太差。中国劳工保护的公司社会责任缺位,与我国《劳动法》的要求极不适应。不少企业存在违法行为,例如员工工作环境差,职业病未能得到有效防治;拖欠员工工资、不付加班费;童工现象屡禁不绝;劳动力缺乏培训;等等。因此,越过守法责任这一基本底线而盲目呼吁企业承担社会责任是没有意义的,如果法律都无法发挥作用,希望通过倡导社会责任就能唤起企业的良知显然是不现实的。守法责任是企业必须承担的,以履行其作为社会公民对社会负有的责任。除了应该严格遵守劳动法外,企业还应该依社会保障法规按时足额缴纳各项社会保险费;按照环境保护法的要求处理和排放污水、废气;遵守产品质量法、农产品质量安全法、食品卫生法;生产品质有保证且不会损害消费者身心健康的产品;等等。

在我国,公司社会责任的基础性内容已经在现行法律体系中得到体现。中英政府合作项目"国有企业重组和企业发展"(SOERED)的研究团队查阅了二百多个由全国人大或其常委会颁布的法律和国务院的行政法规,发现其中每一个法律文件都涉及了公司社会责任的不同内容,构成了一个企业在中国合法经营和保护自己权益的完整法律依据,总结起来有六大类:基本原则、商业责任、职工权益、安全卫生健康、环境责任、社区责任;责任内容则覆盖了从生产到消费、从知识产权到商业诚信、从核心劳工标准到职工福利、从保护女工的特殊权益到对特殊社会人群的保护、从责任的定义到处罚办法等诸多领域。①

以公司社会责任中的职工权益保护为例,学术界普遍认为,当前我国企业实施 SA8000 标准的最大优势在于,所谓 SA8000"苛刻的劳工标准",其实在我国《劳动法》中都有相应规定。② 作为公司社会责任中的法律义务,企业必须依法在劳动法律关系中承担相应义务,这种义务,既包括公司在个别劳动关系中保障劳动者的报酬、劳动时间、工作条件和劳动安全等方面的作为义务,也包括在集体劳动关系中不得妨碍劳动者行使团结权、谈判权和集体行动权等方面的不作为义务。又如,在证监会和国家经贸委联合发布的《上市公司治理准则》(2002)中,对公司对其利益相关者应负的社会责任作了规定:上市公司应尊重银行及其他债权人、职工、消费者、供应商、社区等利益相关者的合法权利;应与利益相关者积极合作,共同推动公司健康发展;应为维护利益相关者的权益提供必要的条件,当其合法权益受到侵害时,利益相关者应有机会和途径获得赔偿;应向银行和其他债权人提供必要的信息,以便其对公司的经营状况和财务状况作出判断和进行决策;应鼓励职工通过与董事会、监事会和经理人员的直接沟通和交流,反映职工对公司经营、财务状况以及涉及职工利益的重大决策的意见;在保持公司持续发

---

① 参见环境与发展研究所主编:《企业社会责任在中国》,经济科学出版社 2004 年版,第 2 页。
② 参见李立清、李燕凌:《企业社会责任研究》,人民出版社 2005 年版,第 344—345 页。

展、实现股东利益最大化的同时,应关注所在社区的福利、环境保护、公益事业等重大问题,重视公司的社会责任,等等。

(五)对《公司法》第 5 条"社会责任条款"的理解

《公司法》第 5 条规定:"公司从事经营活动,必须遵守法律、行政法规,遵守社会公德、商业道德,诚实守信,接受政府和社会公众的监督,承担社会责任。"这是我国首次在法律中出现公司社会责任的用语或概念。

但是,法律的规定未必就形成法律义务,《公司法》第 5 条实际上是以法律条文发出了一个道德号召。原因很简单,那就是除了《公司法》和其他法律法规为公司规定的法律义务外,该第 5 条没有为公司增加任何具体的法律义务。首先,《公司法》和其他任何法律都没有赋予"社会责任条款"以具体内容;其次,如韩国学者所说,公司社会责任的责任主体和义务对象(责任对象)都不确定,消费者、公众、公司所在社区、社会整体等笼统的集团不可能作为现实的权利人而存在,这是将社会责任引入公司法的最大难点[①];再次,与公序良俗、诚实信用等道德入法的条款不同,社会责任条款本身无法用以在具体案例中作为判断合法或不法的依据;最后,社会责任也不应该概括性地法律化,以免将高标准的道德要求变为对企业的普遍强制性要求,为政府和社会对企业的不当或过分的要求提供法律依据,从而损害正常的投资和企业经营活动,乃至对市场经济造成致命的伤害。

三、公司社会责任的实现与完善

(一)完善与公司社会责任相关的法律法规,加大执法和司法的力度

在我国,实现公司社会责任首先要紧扣企业的守法责任,以落实业已入法的最低或基本的公司社会责任要求。这就要求完善与公司社会责任相关的法律法规,加大执法与司法的力度。如在环保方面,依法完善市场准入的环保条件,限制不符合法定标准的企业进入市场,同时对违反环保法规的企业,该予以纠正、处罚或令其退出市场的,决不心慈手软。

(二)建立公司履行社会责任的激励机制

企业以追逐利益最大化为行动纲领是无可厚非的,这是企业创新的重

---

① 参见〔韩〕李哲松:《韩国公司法》,吴日焕译,中国政法大学出版社 2000 年版,第 50、55 页。

要激励因素,也是经济和社会发展的根本驱动力。只有鼓励和保障企业的逐利动机和行为,社会经济才能持续发展,社会福祉的"蛋糕"才能越做越大。因此,加强公司利益与公司社会责任的一致性,是促使公司履行社会责任的根本途径和方向。应当通过法律和政府的引导,完善公司履行社会责任的有效激励措施,而不是放任自流或流于形式。而对企业来说,履行社会责任,更多地应该是适应外界环境的变化而调整企业的短期和长期战略,包括企业的文化和价值取向,以消弭企业行为与社会伦理道德的摩擦和冲突。这样,社会责任就与企业的经营目标有效地结合在一起,成为企业发展的持久动力。如对公益捐赠和使用新能源予以税收优惠;对注重改善员工工作和生活条件、保护环境的企业给予表彰和奖励;政府采购拒买"血汗工厂"的产品,拒绝对不履行基本守法义务的企业给予税费减免等政策优惠;不准有"欠薪"记录的企业进入建筑市场;等等。事实上,我国已经开始了这方面的积极尝试。如深圳拟通过政府推动"企业社会责任认证"来促使公司承担社会责任,帮助企业建立和谐劳动关系以提升国际竞争力[①];商务部也推出了若干举措,如在六类资源型产品出口配额招标时引入了企业社会责任审查程序,如果一家企业没有为职工按时足额交纳养老、失业、医疗和工伤等各项社会保险,或没有达到国家的环保标准,或存在明显的违法违规行为,则该企业就不具备投标资格。

(三) 引导企业参与社会责任国际标准认证

企业社会责任的推展离不开相关社会责任国际标准的认证活动。一般而言,这类认证工作是在政府的指导和监督下,由非政府组织出面建立独立的第三方认证和审核机构,从社会、经济、环境和可持续发展等各个方面,对企业履行社会责任的情况给予客观的评估和审核,并定期公布评估结果,使之成为权威的参考依据。国际标准认证客观上形成了一种约束机制,有利于促使企业更好地履行社会责任,因此政府应当引导企业参与社会责任的国际标准认证。

然而,也应当认识到,公司社会责任运动是经济全球化条件下各种矛盾聚焦的产物,必须对西方国家倡导的公司社会责任运动及其各类认证标准保持清醒的认识。它经常被用作贸易保护和人权斗争的工具,对于被动接受的发展中国家来说,公司社会责任是一把"双刃剑"。一方面,提倡公司社

---

① 见徐恬:《深圳拟推企业社会责任"门票"》,载《深圳商报》2005 年 7 月 21 日。

会责任运动,借助相应的法律及市场约束机制,有助于改善环境和劳工状况等,提高公司经营者在社会责任问题上的法律意识和管理水平;另一方面,推行与发达国家相同的公司社会责任标准,有些情况下可能并不符合中国经济、社会发展的现状,譬如要求工厂都要有星级标准的卫生间和常年有热水洗手,这样势必加大企业的成本,削弱企业的低成本劳动力竞争优势。入世以后,我国企业受到欧美等主要贸易伙伴国更多、更强的掣肘,SA8000、"生产守则"的实施就反映了欧美等国的跨国公司对发展中国家的供应企业施加的直接影响。① 例如,跨国公司面对本国消费者的强大压力,一方面不得不冒着放弃低成本采购的风险,将 SA8000 标准带给跨国公司的压力部分转嫁到发展中国家的供应商身上,要求包括我国在内的发展中国家接受其要求的 SA8000 认证;另一方面,跨国公司也从自身长远利益出发,开始寻找新的劳动密集型贸易合作伙伴。而"生产守则"的推行则是公司社会责任的另一种表现形式。跨国公司运用"生产守则",迫使加工制作其品牌产品的发展中国家的工厂遵守一定的劳动标准和环保标准,成为其本身承担社会责任的标志。但是,跨国公司与其处于发展中国家的承包商和品牌生产商使用的劳工之间并不存在法律上的雇佣关系,却要用"生产守则"去维护这些劳工的权益,把它们在发达国家面临的社会压力传递给发展中国家的生产商,从而取悦发达国家的消费者以争取市场份额。但是跨国公司在以此不断扩大市场份额的同时,随着原有品牌供应商因为不得不执行"生产守则"的标准而提高生产成本,跨国公司却将订单向成本更低者转移。正如美国的一个 NGO-National Labor Committee 在一份针对中国玩具业的调查报告中指出:"如果有一天中国开始认真实施其劳动法与环保法,沃尔玛就会撤离中国而转向孟加拉国和洪都拉斯"。②

另一方面,在引导企业参与社会责任的国际标准认证过程中,还要注意避免社会责任认证的商业化所带来的负面效应。在实践中,社会责任"运动"日益转化成某种商业行为,随着中国经济与国际的进一步接轨,企业也越来越多地受到国际商业规则的制约。以 SAI 的"社会责任 8000"认证为例,获得 SA8000 证书不仅要承担改善工厂条件、提高工人待遇等带来的成本,还要支付一笔数目不菲的认证审核监察费。据统计,截至 2007 年 7 月,

---

① 参见李立清、李燕凌:《企业社会责任研究》,人民出版社 2005 年版,第 266 页。
② 转引白І永正:《论企业社会责任的本质、形成条件及其表现形式》,载环境与发展研究所主编:《企业社会责任在中国》,经济科学出版社 2004 年版,第 313 页。

全球取得 SA8000 认证的公司共 1200 家,其中有 156 家分布在中国。① 一些参加过社会责任审核的审核员坦言,他们到工厂审核首先是一种商业行为,工厂对他们的到来不仅要支付高昂的报酬,还要很好地招待,当然最后提供的审核意见一般也会令客户和厂家皆大欢喜。在调查中,有工厂管理者和工人告诉调查人员,工厂在每次审核前都要做好允分的准备,工人也被告知不可"乱说话"。因此,审核员在现场检查中,大体上不会出现无法通过的事情,有个别问题也能经合理的解释而予放行。在美国,会计师行尚且可以为上百亿美元的财务资料作假,既然成了商业行为,中国的企业要造出一些满足社会责任要求的表象和数据就更是轻而易举的小事了。因此,越来越多的劳工组织和 NGO 团体提出,社会责任标准认证和财务审核、质量认证的性质是完全不同的,它应当是排斥商业性的公益行为,没有商业利益才能确保审核监督的客观和公正。因此,政府应重点针对 SA8000 和生产守则认证中的商业化问题,加强舆论引导,客观地介绍公司社会责任的运动,防止片面宣传和商业炒作,并且要对认证机构及其行为进行监督,杜绝它们借机在我国进行不法商业活动。

最后,公司履行社会责任需要一个社会基础,这就是公众的权利意识、企业的责任意识,以及整个社会的公平正义意识。这不仅需要通过法律去规范,通过监督和批评施加压力,使企业履行应有的社会责任,还需要通过培训、教育和宣传等各种方式,培育公众对他人和社会的责任意识,鼓励公众参与和支持企业履行社会责任的各项行动。

四、结语

对于中国的企业来说,社会责任是一个新颖的课题,既意味着挑战,也蕴涵着机遇。从时代的发展趋势来看,随着市场经济的发展、社会化程度不断提高和公共管理改革的深化,政府、社会与企业三者的联系越来越紧密,企业所处的社会关系和相应扮演的角色呈多样化态势,因此公司社会责任乃是一股不可逆转的潮流。但同时,也应当注意公司社会责任在法律化和商业运作中出现的认识偏差,以确保中国的企业能够在社会责任的指引和约束下健康地运行、发展。

---

① 见 http://www.csr.org.cn/SA8000/(企业社会责任同盟网站),2007 年 10 月 20 日访问。

公司的社会责任:游走于法律责任与道德规范之间

朱慈蕴[*]

摘 要 20世纪后半期以来,公司社会责任的概念逐渐在不断进化的主流思潮和多种界定方式之中明晰起来,相关利益者理论可以说是诠释公司社会责任的最有代表性的理论。公司的社会责任是一种法律责任,法律责任设定了公司社会责任的最低标准;公司的社会责任亦受道德标准约束,道德标准要求反映了公司社会责任的价值追求。公司社会责任的落实,既离不开法律责任的"硬约束",也离不开道德标准的"软约束",两者在落实公司社会责任的过程中是有机联系的。法律责任和道德标准通过公司社会责任理念在公司治理的层面上得到基本的连接。

关键词 公司社会责任;法律责任;道德标准

公司的基本责任是在遵守社会契约的前提下行使权力,而这种契约是不断变动的,公司社会责任的理论和实践同样也是随着时间的推移而不断发展的。[①]传统的经济学理论和公司法理念认为,公司的营利性特征决定了公司只需全力为追求股东利益最大化服务,公司如果能

---

[*] 朱慈蕴,清华大学法学院教授、博士生导师。
[①] 〔美〕乔治·斯蒂纳、约翰·斯蒂纳:《企业、政府与社会》,张志强、王春香译,华夏出版社2002年版,第127页。

尽可能高效率地使用资源以生产社会需要的产品和服务,并以消费者愿意支付的价格销售它们,公司就尽到了自己的社会责任。进入到 20 世纪以后,随着工业化的迅猛发展和现代大公司的蓬勃兴起,一系列社会问题的出现导致了人们对前述理念的质疑。从 20 世纪初的 Berle—Dodd 论战开始,无数智慧被投入到对公司社会责任理论的研究中。可以说,公司的社会责任理念改变了对公司本质的认识,它甚至已经无可逆转地改变了我们对于人类的理解。[1]

一、公司社会责任的界定

对于公司社会责任(Corporate Social Responsibility,CSR),国内外学界始终未能形成一个普遍接受的明确定义。学者们只是提出重要的问题,指出解决问题的方向,"描绘寻找上帝之城的蓝图"。尽管公司社会责任的内容、范围、性质并不彻底清晰,但它在公司以及经济领域中的作用毋庸置疑。[2] 20 世纪后半期以来,公司社会责任的概念逐渐在不断进化的主流思潮和多种界定方式之中明晰起来。

首先,从社会思潮的角度来看,公司社会责任的定位主要经过了以下四个阶段。20 世纪 70 年代,公司社会回应(Corporate Society Responsiveness)的概念被引入到公司社会责任理论的视域内。该理论认为,在企业与社会领域里,公司社会责任为理念,企业创造性的社会决策为过程,社会决策导致社会行动即社会回应功能的运行,最终达到社会更加有效的理想结果。公司社会责任正是这个序列的开端。[3] 20 世纪 80 年代,公司社会表现(Corporate Society Performance)的概念再次丰富了公司社会责任的理念。该理论认为,公司社会表现指公司行为的结果,反映了公司社会责任准则、社会回应过程和用于解决社会问题的政策之间的相互作用。[4]同时,这一理论对

---

[1] 〔法〕弗朗索瓦·多斯:《从结构到解构》,季广茂译,中国编译出版社 2004 年版,第 11 页。
[2] Sheikh Saleem, *Corporate Society Responsibility: Law and Practice*, London: Cavendish Publishing Limited, 1996, p.15.
[3] Davis Keith, Blomstorm Robert L., *Business Society and Environment*, McGraw-Hill Book Company, 1971, p.91.
[4] Wartick Steven L. and Cochran Philip L.: The Evolution of the Corporate Society Performance Model, *Academy of Management Review*, Vol.10 (4), p.758.

公司社会责任与财务业绩的关系进行了诸多有益的实证研究。20世纪90年代,相关利益者理论逐渐独立出来并系统化,成为这一时期公司社会责任的主流思潮。相关利益者理论明确了公司社会责任中"社会"一词的范畴,解决了公司应对谁负责的问题;同时,该理论发展出了衡量公司社会责任的计量方法,即用多重利益相关者的效用加权来表示公司社会责任的执行效果。[①]进入到21世纪后,公司公民(Corporate Citizenship)的概念也被学者用来诠释公司的社会责任,强调对有关社会问题和利益相关者的广泛关注,强调社区的地位和基于"回馈"的慈善。但总的来说,公司公民理念仍然是植根于相关利益者理论的,相关利益者理论仍被认为是用于评估公司社会责任的最为密切相关的理论体系。[②]

其次,从界定方式的角度来看,公司社会责任的界定有外延式和内涵式两种方法。一方面,英美学者一般不注重给法律概念下定义,多采取列举式的方法罗列所谓"负责任的行为"。如美国经济发展委员会(The Committee for Economic Development)在《商事公司的社会责任》(Social Responsibility of Business Corporations)这一报告中即列举了多达58种要求公司付诸实践的、旨在促进社会进步的行为,涉及了10个领域,包括:(1)经济增长与效率;(2)教育;(3)用工与培训;(4)公民权与机会均等;(5)城市改建与开发;(6)污染防治;(7)资源保护与再生;(8)文化与艺术;(9)医疗服务;(10)对政府的支持。同时,他们又将这些数量众多、范围宽泛的社会责任行为分为两类:一是自愿性的行为,由公司主动实施并由公司在其实施中发挥主导作用;二是非自愿的行为,这些行为由政府借助激励机制引导,或者通过法律、法规的强行规定来落实。[③]另一方面,偏重于采用内涵式界定法的英美学者又大致分为两派。一派在公司的责任项下讨论公司的社会责任,将公司的责任分为四种:公司的经济责任、公司的法律责任、公司的道德责

[①] 美国学者 Ruf、Muralidhar 等将该思想函数化为 CSP = $\sum w_j \times a_j$。其中,a_j 表示一个公司 j 方面的社会表现,w_j 表示 j 方面社会责任的相对重要性,并用 KLD 指数(系 KLD 公司设计的一种评价公司和相关利益者之间关系的评级标准)来表示 a_j。See Raf Bernadette M., Muralidhar Krishnamurty and Paul Karen, An Empirical Examination of the Relationship Between Corporate Social Responsibility and Profitability, *Academy of Management Journal*, Vol. 28(2), 1998, pp.446—463.

[②] Wood Donna J. and Jones Raymond E., Stakeholder Mismatching, A Theoretical Problem in Empirical Research on Corporate Society Performance, *International Journal of Organizational Analysis*, Vol. 3(3), p.229.

[③] Social Responsibilities of Business Corporations, A Statement on National Policy by the Research and Policy Committee of the Committee for Economic Development, June 1971, pp.36—40.

任、公司的社会责任,首先对公司的经济、法律、道德责任进行分析和界定,然后采用对比的方法对公司的社会责任作出说明。在他们看来,公司社会责任的界定妥当与否,取决于其能否满足一定条件,而其中最重要的条件之一就是它是否存在着合理边界(the Presence of Rational Boundaries),此即意味着公司社会责任的定义必须承认和尊重公司的其他类型的责任。另一派,则将公司社会责任看做是涵盖了经济责任、法律责任、道德责任因而几乎与公司责任相类似的概念。①

再次,在大陆法系,许多研究公司社会责任的学者也从不同角度勾画出了公司社会责任的基本面貌。有学者将公司的社会责任与个人的社会责任相类比,作为个人有权在社会中追求幸福快乐,实现个人利益的最大化,但其行为仍然必须符合社会行为规范的要求。同样地,公司虽然以营利为目的,但公司的营利性行为也必须符合"社会性地负责行为"(Socially Responsible Conduct)这样一个标准。因而,公司的社会责任,是指营利性的公司,在其决策机关确认某一事项为社会上多数人所希望后,该营利性公司便应放弃营利性意图,以符合多数人对该公司的期望。更具体地说,公司的社会责任,除了必须依照法律进行经营活动以外(即公司的遵守法律责任)外,也必须努力实践公司的伦理责任即所谓的"自由裁量责任"(discretionary responsibilities,例如举办慈善事业等)。②有学者认为,所谓公司的社会责任,是指公司不能仅仅以最大限度地为股东们营利或赚钱为自己的唯一存在目的,而应当最大限度增进股东之外的其他所有社会利益。同时,这种社会利益的主体是非常广泛的,从雇员到债权人再到整个社会的公共利益,但主要包括与公司存在和运营密切相关的股东之外的利害关系人。③还有的学者也发表了类似的观点,所谓企业的社会责任,乃指企业在谋求利润最大化之外所负有的维护和增进社会利益的义务。④

总的来说,公司的社会责任是指公司应对股东这一利益群体以外的、与公司发生各种联系的其他相关利益群体和政府代表的公共利益负有的一定责任,主要是指对公司债权人、雇员、供应商、用户、消费者、当地住民以及政府代表的税收利益等。

---

① 卢代富:《企业社会责任的经济学与法学分析》,法律出版社2002年版,第71—77页。
② 刘连煜:《公司治理与公司社会责任》,中国政法大学出版社2001年版,第66页。
③ 刘俊海:《公司的社会责任》,法律出版社1999年版,第7页。
④ 卢代富:《企业社会责任的经济学与法学分析》,法律出版社2002年版,第96页。

二、法律责任是公司社会责任的底线

公司社会责任概念的发展是在与传统的崇尚公司以追求股东利益最大化这一公司经营理念相对抗的过程中慢慢发展起来的,是对公司利润最大化这一原则的修正和补充。但是,公司的社会责任怎样体现,怎样实现,有没有具体标准或者具体义务?这些问题摆在我们面前。20世纪70年代,日本曾经开展过一场从法学角度探讨公司社会责任的讨论,形成了如下三种观点[①]:第一种观点将公司的社会责任解释为法律上的一种责任,从社会义务、法的责任意义、法概念上、反独占的法理等多角度阐述了公司的社会责任;第二种观点则认为,公司社会责任并不是法律上的责任,公司履行社会责任只是尽企业道义上的义务,但这属于公司自律性的责任;第三种观点否认社会责任的概念是一个独立的法概念,而认为只是一种"手段"或"调节机能"。可见,这场论争的关注焦点在于公司社会责任的定性问题,公司社会责任到底是作为法律责任予以强调,还是应作为道德责任予以宣扬?时至今日,应该说,第三种观点的谬误已经不证自明,而第一种观点和第二种观点仍有现实意义。笔者认为,虽然道德准则在公司社会责任理念中至关重要,但是,公司社会责任的首要内容应当是法律责任。而法律责任通过以下方式表现:

第一,以原则性立法确立公司的社会责任。公司社会责任原则性立法的主旨虽然带有宣示性作用,但毕竟表明的是法律的态度。自20世纪中叶以来,公司社会责任立法化趋势明显。公司法中体现公司社会责任的规定,最早可见于1937年的德国《股份公司法》,其中规定公司董事"必须追求股东的利益、公司雇员的利益和公共利益"。英国也在1980年修改公司法时,规定董事必须考虑雇员的利益。英国的《城市法典》(City Code)第9条规定"在董事向股东提供建议时,董事应当考虑股东的整体利益和公司雇员及债权人的利益"。最为引人注目的是美国法律研究所(The American Law Institute)在1984年4月提供的一份关于《公司治理原则:分析与劝告》(Principles of Corporate Governance: Analysis and Recommendations)的建议,其中第

---

① 朱慈蕴:《公司法人格否认法理》,法律出版社1998年版,第302—305页。

2·01条关于"公司的目的与行动"的规定,显然扩大了公司的目的,而使公司不仅具有追逐公司利润和股东利益的经济目的,而且还要对社会负有一定的责任,公司不应仅仅是经济性的机构,同时也应是社会性机构。①公司在追求公司利润与股东收益这个经济目标的同时,也必须同时兼顾其社会使命,公司以及公司的管理人可以为符合社会需求"合法地"为一定行为,从而承担其社会责任。我国新《公司法》第5条亦明确规定公司应当承担社会责任,即"公司从事经营活动,必须遵守法律、行政法规,遵守社会公德、商业道德,诚实守信,接受政府和社会公众的监督,承担社会责任"。虽然就法条本身而言,该项规定表现为一种宣示性条款,但已充分体现我国通过成文法的方式落实公司社会责任的一种努力。公司的社会责任是一种法律责任,法律责任设定了公司社会责任的最低标准。自公司社会责任理论日渐成熟以来,公司社会责任立法化的趋势从来都没有停止过。

第二,与时俱进地将日益明确的社会责任具体内容通过立法的方式予以颁布,强制公司执行,一旦违法要受到严厉的法律制裁。这是运营强制手段规管公司履行社会责任的硬约束。当然,公司的社会责任之法律规范,并不意味着只体现在公司法中,而是需要多方法律机制的配合,在整个法律体系中贯穿这一公共政策。比如,就保护消费者利益而言,有效的法律措施恐怕是管制产品安全,强化产品责任的损害赔偿和强制披露产品成分和性能,而不是让消费者代表进入公司董事会;至于环境保护,强制性法律措施比公司监管和自我约束要可靠得多。②因此,充分利用现有法律资源,对之加以整合,共同解决公司社会责任不失为一条可行的途径。

我们不可否认,立法化不等于强制性,但立法化对公司履行社会责任的约束性依然强于一般的道德约束。以美国应对公司间"恶意收购"时将公司董事应将其他利害关系人利益予以考虑之立法为例。在20世纪80年代,美国发生恶意收购浪潮,恶意收购者以高价购买被收购公司的股票,实现对被收购公司的控制。虽然大股东或者某些高管人员从中获得好处甚至大发横财,但大量公司职工被解雇,使得被收购公司的小股东、职工、债权人乃至

---

① 该草案第2·01条规定,商业公司从事商业行为,应以提升公司的利润和股东收益为目标。唯有下述情形之一者,则不问公司利润与股东收益是否因此提升:a)应与自然人在同一程度内,受法律的约束而为行为;b)得考虑一般认为适当的伦理因素,以从事负责任的营业行为;c)得为公共福利、人道主义、教育和慈善目的,捐献合理数目的公司资源。
② 刘连煜著:《公司治理与公司社会责任》,中国政法大学出版社2001年版,序言第3页。

社区都会受到影响,在这种情况下,1983年底,美国宾州(Pennsylvania)首创以制定法(Statute)的方式,特别授权公司董事在公司收购之决策时,得考虑股东以外之团体的利益。从那时起,各州群起仿效。据统计,截至1990年,总计有25州(含宾州)制订有类似的法律。尽管这些"其他利害关系人"条款,除了康涅狄格州外,均非采取"强制"公司董事必须考虑其他利害关系人的利益,股东以外之利害关系人可否以公司董事未将其利害关系纳入决策考量而请求董事损害赔偿,亦不确定①,但毕竟在公司实践中,无论相关利益者还是司法机关,都可以尝试运用这样的法律条文,进行股东利益和相关利益者利益的权衡。

借助于法律手段落实公司社会责任无疑是一种极为直接的约束方式。在法律中直接规定公司的社会责任也就以法律的形式规定了公司对社会的义务,违反此种规定将承担因此导致的不利后果,并以国家强制力保证执行,是为公司行为的"硬约束"。这已经成为世界各国落实公司社会责任的主要方法。但是,公司社会责任立法化似乎也面临着一个普遍的棘手问题,就是这种责任在法律上往往难以细化,即法律对公司社会责任的规定多为原则性规定。因此,要有效落实公司的社会责任,必需借助于道德责任来填补法律规定的空缺。

三、道德规范是公司社会责任的理想

道德规范对公司的社会责任之内涵应相当重要。道德标准反映了公司社会责任的价值追求。从公司社会责任兴起的思想制度背景看,公司社会责任实质上就是对公司角色的伦理反思。亚当·斯密在《国富论》中的经典描述刻画了20世纪以前社会对于公司角色的基本定位。这一经典描述无非是说,公司只要实现了自身利润最大化的目标,社会利益的目标便自然可以实现,公司也就恰当地履行了其之于社会的全部责任。在这一时期,商业道德对公司社会责任的要求仅言尽于此。然而20世纪以来,随着社会经济的发展,公司规模和影响力的扩大,公司的公共性维度显著增加,公司行为及其效果已经超出了个体行为的范畴而开始辐射社会和利益相关群体,具

---

① 刘连煜著:《公司治理与公司社会责任》,中国政法大学出版社2001年版,第161页。

有了"权力"的色彩和特质。"权力—责任模型"在公司法领域的构建和成熟更新了此期的商业道德,从而对公司社会责任提出了全新的要求。按照这一理念,责任是权力的对等物,公司的社会责任来自于它所拥有的社会权力[①],公司在获得这种社会权力的同时也就意味着它们必须向社会承担相应的责任。经济组织的权力应该像其他权力一样受制于公共利益……随着一种经济组织的力量增强以及权力的集中,更容易确定权力的所在,同时,对权力的责任要求也更加直接。合法性就是责任,一个拥有权力的组织必须对权力拥有者之外的意见承担责任。[②]也就是说,权力因子的作用使得公司的社会角色发生了显著变化,既然公司以更为强有力的权力行使者的姿态影响了社会经济生活(甚至政治生活),那么它也必须以一种更为积极的姿态来承担因权力行使而产生的社会责任。只有如此架构,才能为现当代公司行为重塑合理性,才是符合现代商业道德原则之伦理规范的合理安排。

其实,公司追求更高的道德规范的动因在于公司作为社会组织体自身。以股东利益最大化与职员满足度最大化这样一种对偶关系为例,谋求股东利益最大化的公司与谋求职员满足度的最大化的公司结果都会做出同样的选择。比如,为了应对客户的投诉,职员需要深夜或者周末加班。当然,公司必须以加班费及休息日津贴的方式给予金钱上的补偿。然而公司职员为了工作不得不牺牲用金钱无法弥补的家庭及个人生活。如果职员优先考虑自己的生活,不对客户的要求做出回应,公司的信用就会下降,利益也难以上升。如果一个公司里没有不在意这种影响、在工作时具有献身精神的职员,那公司就难以生存下去。不管是哪一家公司,或多或少都是由职员的自我牺牲支撑着的。那么,职员为什么愿意付出自我牺牲呢?首先当然是出于对自己利益的考虑,比如为了以后的提升等。然而,仅仅这样并不能使职员总是在合适的时间做出必要的应对。职员之所以能够有时做出牺牲,毕竟还是由于背后有着对客户的信义、对公司的忠诚以及对工作的抱负等伦理观支撑着。而信义、忠诚、抱负等伦理上的价值,属于与金钱上的自利完全不相容的伦理体系。实际上,这种伦理体系也是来自于公司的社会组织

---

① Davis Keith, Understanding the Social Responsibility Puzzle: What does the Businessman Owe to Society? *Business Horizon*, Winter, 1976, pp.45—50. 转引自沈洪涛、沈艺峰:《公司社会责任思想起源与演变》,上海人民出版社 2007 年版,第 8 页。
② Hurst James Willard, *The Legitimacy of the Business Corporation in the Law of the United States*, University of Virginia Press, Charlottesville, 1970, p.58.

体的。这是因为,公司首先是一种经济体,追求经济利益最大化不仅是股东的愿望,也是来自经济体自身的内在追求;但是,公司还是一种社会组织体,这种社会组织体有两方面的意义:其一,它生产的商品或者提供的服务不是也不可能是为自己的需要而生产,而必须是社会需要的,符合社会公共利益要求的。如质量上乘、成本低廉、无毒无害、无任何其他负外部效应等,而这恰恰是公司社会责任的所要实现的理想。正是由于公司所销售的商品或服务具有很高的社会及公共价值,其商品、服务才能卖得出去,最终公司也能从中获利。相反,如果这些商品或者服务达不到上述标准,不仅公司的社会责任未履行,而且这些商品和服务不能被社会所接受,就不能卖出去,结果公司作为经济体的经济目标也无法实现。所以,从这个意义上讲,公司追求经济利益最大化的目标和实现社会责任的目标是一致的。其二,公司作为社会体是区别于自然人的一种社团,因此,围绕着公司形成内外两种关系:外部关系和内部关系。就外部关系而言,主要是市场交换行为,即交换同等价值物的行为,规范这一交易的是"市场的伦理",即商业道德。在市场伦理体系中,"遵守合同"被认为是美德,该伦理体系的目的在于鼓励诚实的商业行为。但是,市场伦理的终极目标在于追求自己的利益,所以它不可能鼓励自我牺牲的行为。而内部关系强调的是公司作为共同体进行内部管理而遵循的"管理的伦理"。在管理的伦理体系中,最终的目标不是单个个人,而是其所属的组织获得成果。这样,每个个人轻视自己的利益,牺牲自己以拯救同伴被认为是最大的美德。为了使成员自发地做出自我牺牲,就需要有赞赏自我牺牲的伦理规范。这样,为了维持这种伦理规范,就必须让成员把公司看做宁愿牺牲自己也必须维护的某种崇高的价值的体现。如果说企业存在理由就是使金钱利益最大化,职员就不会认为这是即便牺牲自己也要维护的价值。如果职员不视公司为表现忠诚与抱负的对象,职员就不会做出自我牺牲,公司也就无法存在下去。也就是说,公司的存在中包含超越金钱的公共价值是获取更多利益的前提条件,职员也将此作为献身工作的动机。公司如果不获得利益就无法生存下去。获取更大的利益对于公司的股东和管理层来说是合理的目标。然而,如果职员都采取利益至上主义的行为方式,公司就无法让职员做出必要的自我牺牲。这样一来,就会影响公司的业务,最终使公司无法生存下去。所以,对职员来说,公司必须是超越金钱利益的存在,即关注股东利益与职工利益的平衡。

概而言之,一方面,公司社会责任首先是一种法律责任,各国法律大多明确规定了公司必须向社会承担的责任和履行的义务,反映了一定社会对公司基本社会责任范围的设定以及以法律制度来落实公司基本社会责任的预期;另一方面,公司社会责任其本身的意义更在于道德责任,道德责任在不同学者的语境中又多样化为伦理责任、慈善责任等,道德责任一般不直接规定于法律之中,故而它的落实主要依靠市场、舆论、风俗、习惯等法律之外的非正式的制度安排。

四、公司社会责任在法律责任与道德标准的融合中落实

理论上对公司社会责任的阐述,终究是为了在实践中能将这一理念落到实处提供指导。公司社会责任的落实,既离不开法律责任的"硬约束",也离不开道德责任的"软约束"。并且,在某些领域内,法律责任和道德责任的融合趋势已初见端倪。这是因为,用法律责任和道德责任约束公司承担社会责任可谓各有优劣,公司社会责任的有效落实,需要借助于法律责任和道德责任的双重约束,也即通过推动法律责任和道德责任的融合来规范公司行为。我们需要有责任感的经济原则,我们必用法律发展这种原则,并将它植根于我们的商业伦理之中。[①]

用以规范公司社会责任的道德是一种商业道德。商业道德,是指在研究企业行为中,什么是好,什么是坏,什么是对,什么是错,什么是公正,什么是不公正。[②]相较于法律责任,道德规范主要依靠市场、舆论、风俗、习惯等法律之外的非正式的制度安排来实现。违反道德规范也会带来一定的不利后果,但这种不利往往并不如违法法律责任所导致的不利那样直接和确定,它是凭个人良心和社会舆论保证实现的"软约束"。正是在这一意义上,被称为"公司社会责任之父"的美国学者 Bowen Howard R. 在其 1953 年发表的划时代著作《商人的社会责任》中指出,公司社会责任从属于自愿原则。道德责任的软性特征使得其在约束公司责任问题上具有较大的弹性,能够将法律责任难以明确在内的内容作为道德性要求进行倡导,但自愿原则支配之

[①] Clark J. Maurice, The Changing Basis of Economic Responsibility, *Journal of Political Economic*, Vol. 24 (3), 1916, p.210.

[②] 〔美〕乔治·斯蒂纳、约翰·斯蒂纳:《企业、政府与社会》,张志强、王春香译,华夏出版社 2002 年版,第 201 页。

下的公司社会责任由于缺乏强制性措施保障,更容易沦为一纸空文。Bowen Howard R. 此后也对自愿原则进行了深刻反思,认为"公司控制媒体、影响政府,其权力如此强大,影响如此广泛,以至于自愿原则已经不能有效的约束公司",公司社会责任的有效性应该建立在"社会控制公司"的基础上[①],而社会控制公司的最有力手段就是法律。道德责任可以法定化为法律责任,通过国家力量保障某些道德责任的实施;道德责任亦可补充法律责任,为法律责任所未能规定的要求兜底。

在此值得一提的是 SA8000 社会道德责任标准,该标准是法律责任与道德规范的最好融合。2001 年,社会责任国际(简称 SAI)咨询委员会负责起草社会责任国际标准,该机构处心积虑地从用于第三方可认证的角度出发,考虑设计了社会责任 8000 标准和认证体系,同时加进了一些国际人权专家认为对社会审核非常重要的因素,并根据《国际劳工组织公约》、《联合国儿童权利公约》和《世界人权宣言》确定了九个主要内容。主要有:企业不应使用或支持使用童工;企业不得使用和支持使用强迫性劳动;企业应提供安全、健康的工作环境;企业应尊重结社自由和集体谈判权;企业不得从事或支持对劳工的各种歧视;企业不得从事或支持对劳工的惩戒性措施;企业应遵守工作时间的规定;企业应保证达到当地的最低工资标准;企业应制定有关社会责任和劳动条件的政策等。[②]虽然目前 SA8000 只涉及人身权益以及与健康、安全、机会平等核心要素有关的初始审核,但随着对 SA8000 的不断修订和完善,该标准最终将会发展成为一个覆盖道德、社会和环境等范围很广的标准。SA8000 是将社会价值引入公司实践的重要标准,而社会价值则是当今组织声誉的灵魂;SA8000 为公司提供了社会责任规范,但更为重要的工作则是开展一致性审核;在公司将 SA8000 纳入其日常管理规范,并将行为表现测定结果向有关各方公开之后,才能够确认公司正在实施该标准;SA8000 无疑在保障有关各方的权益和辅助管理方面起到了推动作用。就是说,SA8000 的具体标准大量使用了强制性的法律语言,比如"不得"、"应当",但并未规定违反这些标准的法律后果。相反,其运用第三方认证的方式,通过公司的达标认证提高其市场地位和信誉,最终获得更多的市场回报。

---

① 转引自 Epstein Edwin, Rationality, Legitimacy, Responsibility: Search for New Directions in Business and Society, California: Goodyear Publishing Company, Inc., Santa Monica, p.122。

② 参见 Social Accountability 8000。

可见,公司社会责任的落实需要依靠法律责任和道德责任的双重约束,并且两者在落实公司社会责任的过程中是有机联系的。那么,在公司履行社会责任时是否存在一个法律责任与道德规范融合的基本联结点呢?法律责任和道德规范在约束公司社会责任问题上所面临的共同困境为回答这个问题提供了契机。一方面,道德规范作为约束公司社会责任的手段时,其"软约束"的特质使得道德规范的内容难以成文化,可谓先天不足;另一方面,虽然法律责任作为约束公司社会责任的手段具有"硬约束"的特质,可将公司社会责任的内容成文化,但成文化的立法所无法避免的法律漏洞、挂一漏万以及滞后性的不足,可谓后天缺陷。因此,尽管程度有所不同,法律责任和道德责任在约束公司社会责任时都具有一定的模糊性,而规范的模糊性决定了法律责任和道德责任都必须强调人的主观能动性,这就是公司的治理者。公司治理者在进行商业决策时,应按照法律规定考虑利害关系人利益,并应按照商业道德的有关要求行事。第一,自由经济倡导的利润最大化曾是公司治理的唯一目标,而现代化的公司治理目标则应以利润最优化(profit optimization)或满足利润(satisfice optimization)来取代利润最大化的提法。[1]在利润最优化或满足利润的治理目标下,公司治理层不必再以最大化股东利益为公司治理的唯一目的,而应通过增加收入并追求对社会有直接影响的非金钱目标来优化公司利益。第二,应使公司治理层认识到,短期利润最大化的行为可能会损害长期生存,认同社会责任可以使得公司被社会所接纳,这是公司持续经营所必需的。[2]从长期来看,公司向社会承担社会责任有利于公司商誉和社会认知度的提升,仍然是有利于公司利益的。第三,公司承担社会责任未必就必然损害股东的利益。一方面,在分散化持股的当代社会,股东能从公司的非自利行为中获取更为广泛的利益。耶鲁大学 Manne 教授举了这样一个例子说明这个观点:A 股东持有 a 公司和 b 公司的股票,a 公司为员工提供培训,员工接受培训后跳槽到了 b 公司,虽然 a 公司的培训并未能转化为 a 公司的收益,A 股东亦未能因此受益,但其仍然可从 b 公司获益。另一方面,如果公司治理层能够带领公司按照社会的利益行事,那么就可以避免滥用自由经济,也可以免除政府过度管制的危险,

---

[1] Sheikh Saleem, *Corporate Society Responsibility: Law and Practice*, London: Cavendish Publishing Limited, 1996, p.21.

[2] Manne Henry G., Wallich Henry C., 1972, The Modern Corporation and Social Responsibility, Washington D.C.: American Enterprise for Public Policy Research, pp.52—55.

这自然是有利于股东投资利益的。

五、结论

总的来说,公司社会责任首先是一种法律责任,法律责任为公司社会责任设定了最低标准;同时,公司社会责任其本身的意义更在于道德规范,道德规范反映了公司社会责任的价值追求。公司社会责任的落实,既离不开法律责任的"硬约束",也离不开道德规范的"软约束",两者在落实公司社会责任问题上的一个基本联结点在于公司治理层。这是因为,法律责任的硬约束和道德规范的软约束都必须通过对公司行为的规范来实现,而引领公司行为、进行商业决策的主体正是公司治理层。因此,公司治理层能否按照法律规定和商业伦理为决策行为,最终决定了公司的社会责任能否真正落实。如果公司治理层能够引导公司从一个更大的系统中看待问题,就可以促进人与人之间、人与环境之间的和谐。①

---

① Davis Keith, Five Propositions for Social Responsibility, *Business Horizon*, June, 1975, p. 24.

公司人格本质与社会责任的三种维度

吴 越[*]

摘 要 从本质上说,法律塑造的公司人格不过是人与人之间的社会关系在法律、社会伦理与自我认识层次上的集中反映。相应地,对公司社会责任也可从三个维度予以解构:法律意义上的社会责任是一切公司应尽的最低限度的法定责任,其约束力最强;伦理意义上的社会责任则是对公司的外在约束,此种约束机制可以是纯粹倡导性的公司伦理,也可以是介于伦理与法律之间的"软法"(公司治理准则、行业标准或行业自律规范);而公司内生的超出法律与软法之上的社会责任则是纯粹自律性的。三种性质的社会责任相互依存并相互转化,因此,仅有法律意义上的社会责任机制是远远不够的。

关键词 公司人格;社会责任;公司目标;契约链理论;利益攸关方

2005年修订的《公司法》第5条明确规定:"公司从事经营活动,必须遵守法律、行政法规,遵守社会公德、商业道德,诚实守信,接受政府和社会公众的监督,承担社会责任"。从该条的文义分析看,一切公司都"必须"承担社会责任。然而,实际情况与法律的上述规定相去甚远。随着中国公司不断地融入世界经济,"中国制造"深入世界人民的生活,中国公司的社会责任问题也越来

---

[*] 吴越,西南财经大学法学院教授。

突出,尤其是社会责任国际(SAI)于 1997 年发起制订的"SA8000 社会责任国际标准"给中国公司的贸易出口设置了更加严格的标准。① 法律与现实的这种强烈的反差引发了两个基本问题。首先,什么是社会责任? 社会责任应有什么样的标准? 在社会责任当中,是否应当有不同的层次? 换言之,哪些社会责任是公司"必须"承担的,而哪些社会责任则是公司"应当"但不"必须"承担的? 哪些社会责任则是公司不必承担但自己可以主动承担的?

不过,要回答上述问题,不认识公司的本质几乎是不可能的。公司不过是法律拟制的"人",即法人,对公司人格的性质以及公司到底属于谁所有的不同认识,自然牵涉到"公司人"应承担什么样的责任。因此,本文首先探讨公司人格的性质以及相关的公司所有权理论。

一、公司人格论争及价值

众所周知,公司属于法人,具有独立的法律人格。不过,对公司人格的性质,长期以来存在着争论,主要有实在说与拟制说两大理论。

(一) 实在说

倘若暂且不问公司的雏形与历史,而横断公司在当今社会的功能,可以放心地将公司比喻为市场经济的基本细胞,有如家庭是人类社会的基本单元。② 对公司的这一最直观的结论,可以用西方学者所谓公司"机理说"(organic theory)③来验证。机理说将公司视为某种具有生物属性的"有机组织",也就是经济的基本单元。事实上,无论是位于公司外部的国家、社会、顾客或者供货商,还是公司内部的股东以及公司的管理层、劳动者,都将公司视为独立的存在并与公司形成各种关系。可见,在法治社会中,公司人格与自然人人格一样是一种普遍的客观存在。从内部看,公司人格与股东、经理和雇员的个人人格也相互独立。公司必须有独立的资产,股东的投资一旦完成,就构成公司的财产;公司的资产不但独立于外部,而且也独立于股东;公司延续着自己的生命,即使其发起人死亡,也将继续存在。原则上公

---

① 参见唐兴华:《SA8000 与中国企业社会责任》,载《江汉论坛》2006 年第 11 期。
② 雷兴虎主编:《公司法新论》,中国法制出版社 2001 年版,第 1 页。
③ J. Dean, *Directing Public Companies: Company Law & the Stakeholder Society*, Cavendish Ltd., 2001, p.4.

司的生命也没有期限,尽管在现实中公司也有自己的寿命。① 公司的以上特征,早在罗马法中就有记载。② 此外对股份公司而言,公司的所有权利益可以随意转让,公司的独立存在则不受这种转让的影响。经理或员工的更迭虽然可能影响公司的业绩,但是并不必然导致公司人格的消灭。可见,公司的基本特征在很大程度上也是由公司的独立人格所决定的。

以上对公司人格独立的叙述,是从现实出发的。这种描述性的、实然性质的研究方法,也就是公司的"实在说"或"机理说"。实在说的本质,在于强调公司的客观存在。

(二) 拟制说

不过,尽管公司是"名副其实的独立存在"(genuine independent existence)③,在中外公司法学界流行的则不是公司人格的"实在说",而是"拟制说"。拟制说(artificial theory)认为,公司作为"法人"本身就表明,公司是法律虚拟或者拟制的"人",公司人格也是仅仅是法律意义上的人格。鉴于此,公司法学著述大都不简单采用"公司人格"的提法,而是采用公司的"独立法律人格"(separate legal personality)④或"法律人格"术语。国内学者则大多采用用"公司法人"⑤、"法人人格"⑥、"法人格"⑦来界定公司人格。即使采用"公司人格"术语的论者,也都事先交代此种人格乃法律赋予的人格,以示与自然人或者"物理人"的区别。⑧

公司人格虚拟说的出发点是:尽管公司恰如自然人,属于客观的存在,但是公司的独立人格毕竟与自然人不同,原因就在于公司并非像自然人一样有着自己的手臂、五官和大脑。公司要做什么必须由血肉之躯的自然人来决定,公司的活动也是由自然人来完成的,公司的利润和损失也最终须由

---

① R.W. Hamilton, The Law of Corporations, 4th edition, 1996, p.2.
② H. Honsell, Römisches Recht, 5. Aufl., 2002, S. 25.
③ J. Dean, *Directing Public Companies*: *Company Law & the Stakeholder Society*, Cavendish Ltd., 2001, p.29.
④ R. R. Pennington, *Company Law*, 8th edition, Butterworths, 2001, p.36.
⑤ 例如柳经纬:《论法定代表人——以公司法人为中心》,载《公司法律评论》2002年卷,上海人民出版社2002年版,第60页;马俊驹、聂德宗:《公司法人治理结构的当代发展》,载《法学研究》2000年第2期。
⑥ 克拉克(Robert Clark):《公司法则》,工商出版社1999年版,第10页以下。
⑦ 蒋大兴:《夫妻公司的法人格:肯定抑或否定》,载《公司法律报告》第1卷,中信出版社2003年版,第279页以下。
⑧ R.W. Hamilton, The Law of Corporations, 4th edition, 1996, p.1.

自然人来承担。① 早在 1923 年,霍菲尔德就指出,以公司名义做生意与以个人或者合伙名义做生意其实没有什么实质区别②,意在强调公司不过是自然人活动的外衣而已。照这种观点推论,公司其实就是法律虚构的产物,换言之属于"人造的实体"(artificial entity)③。克拉克的说法最具有代表性:"法对商业生命在经济上最重大的……贡献之一,是创造了虚幻但为法律承认的实体或者人"。④

(三) 拟制说与实在说论争的现实意义

以上拟制说与实在说的论争引发了两个问题:第一问题是"先有鸡或先有蛋"? 这个问题从表面上看似乎很无聊,但实际上涉及公司与公司法的相互关系。第二个问题则是,倘若公司人格是法定的,那么,法律是否是决定公司人格本质的唯一因素?

首先,如果说公司是法律的拟制,那么历史上到底是先有法律,还是先有公司? 对此,国内学者鲜有论及。笔者以为,由历史角度以观,应当是先有公司的雏形,经过法律确认之后,才有了现代意义上的公司。

据记载,自公元 13 世纪的罗马城邦国家开始,就诞生了当代公司的雏形,也即当时称之为康曼达(commenda)、现在称为股份两合公司(Kommanditgesellschaft)或者匿名合伙(stille Gesellschaft)的公司形式。⑤ 在当时的康曼达中,投资人将货物或金钱交给经营者(tractator),经营者则为全体投资人的利益从事经营,其中投资人仅以货物或金钱为限承担风险。由于当初并无对康曼达的法律规定,实践中康曼达有多种形式,例如 collegantia, societas maris, sendeveh 或 wedderleginge。⑥ 笔者认为,康曼达的形式多样性正好印证了其首先来源于实践而非法律的创设这一命题。

其次,晚近的历史也可验证上述结论。英国是最早从法律上承认股份公司股东责任限制的国家。早在 18 世纪末期,就有一些公司的章程约定股东只承担有限责任并得到实践的承认。在此之前,英国的股份公司的股东仍然要承担无限责任。直到 1855 年,英国议会才颁布"有限责任法案",一

---

① R. W. Hamilton, The Law of Corporations, 4th edition, 1996, p. 3.
② Hofeld, Fundamental Legal Conceptions, 1923. 转引自 R. W. Hamilton, The Law of Corporations, 4th edition, 1996, p. 3.
③ R. W. Hamilton, The Law of Corporations, 4th edition, 1996, p. 1.
④ 克拉克(Robert Clark):《公司法则》,工商出版社 1999 年版,第 11 页。
⑤ F. Kübler, Gesellschaftsrecht, 5. Aufl., C. F. Müller Verlag, 1999, S. 5.
⑥ Ibid.

年之后才颁布"股份公司法",从而最终确立了股份公司股东的有限责任制度。类似地,美国麻省州的法院于1824年的判决中首次承认了股东的有限责任,该州于1830年通过了"有限责任法",其他各州纷纷仿效,但在立法颁布的当初有限责任制度并不稳固,不时出现股东是否应当承担有限责任的争论。① 这段历史表明,的确是在有限责任之实践的基础上才形成了责任限制的习惯法,尔后才诞生了责任限制的成文法。

最后,从现实来看,任何新的公司类型的诞生,无不是先在实践的基础上形成的。以当代德国出现的所谓混合性公司的诞生为例。科尔指出,现有的在过去的实践基础上形成的公司的法定类型在实践中的应用往往与历史上的立法者设想的不同;当初不曾料到的人合公司与资合公司的混合物出现了,例如德国的"大众化两合公司"(Publikums-KG)和"有限责任公司承担无限责任人的两合公司"(GmbH & Co. KG)。② 这些混合型公司的实践,后来才得到法律的确认。此外,我国学者也认为,自公司问世以来,适应社会经济发展的需要,其种类不断增多③,其中一人公司可以说是其中的典型。

可见,对第一个问题的回答,应当说是支持了公司的"实在说"而非拟制说。从历史角度来看,的确是先有公司的雏形与社会实践规则,然后才由法律予以确认,公司人格才上升为具有法律约束力的人格,公司的社会实践规则才上升为法律规则。

它表明,公司法应符合公司的社会实践,由公司的民事主体性质所决定,公司法应当尽可能尊重社会习惯,尊重意思自治规则。这正是当代学者提出公司法应当是强行法还是示范法的依据。④ 可见,先有公司还是先有公司法的问题留给当代公司法的课题就是如何处理当代公司法的管制化与非管制化的辩证关系。⑤ 受这种影响,2005年的公司法修订大量地取消了旧公司法中的强制性规范,并引入了大量的任意性规范。

但是另一方面,与最早的公司雏形由私人创制相反,公司人格与类型法

---

① 吴越:《中国公司法之构造缺陷及克服》,载《现代法学》2003年第2期。
② 参见科尔(H. Kohl):《德国公司法的发展》,杨继译,载《现代法学》2003年第6期。
③ 范健主编:《商法》,法律出版社2003年版,第97页。
④ 汤欣:《论公司法的性格——强行法抑或示范法?》,载《中国法学》2001年第1期。
⑤ 王保树:《竞争与发展:公司法改革的主题》,载《全球竞争体制下的公司法改革》,社会科学文献出版社2003年版,第179页。

定则是当代公司法的一个原则。① 不仅法人的条件是法定的,并且私有权人无权创设公司的形式或曰类别,任何新型的公司在没有得到法律承认之前,其法律地位尚处于不确定状态,尽管在商业交往中此类公司可能得到事实上的承认。例如一人公司在我国就是如此。公司法修订之前,法律并未明确承认自然人作为股东的一人公司,但是实践中一人公司则是普遍存在的,而当时的司法实践也没有一概地确认或否认一人公司的合法性,尽管当时的公司登记部门仍然不允许设立一人公司②,仅当在公司法修订之后,一人公司才得到明确承认。考察当代各国的公司类型,无论是无限公司③、有限责任公司、股份公司、小型股份有限公司④,还是股份两合公司⑤、上市公司或者有限合伙⑥,都是由公司法所预设。不仅如此,法律也决定着公司诞生的条件与方式(设立条件与设立登记)、公司的行为能力(整顿与清算中公司的法律地位),甚至还也决定着公司人格的消灭(解散、破产或兼并)和公司的繁衍(公司分离)。从公司内部考察,不难发现公司的组织结构,例如监视会与董事会的构成在各国法律中也呈现出巨大的差异性。可见,它反证了当代公司的人格系由法律所拟制的这一命题。不仅如此,正是由于各国法律对公司人格的不同塑造,才使得公司呈现出较大的国别差异。一个典型的例子,就是有最低注册资本要求的国家的有限公司的数量远远没有无最低注册资本要求的国家多。例如,在无最低资本要求的英国,1997 年的有限公司的数量为 1 百万家,而同期有最低资本要求的德国只有 66 万家,法国为 64 万家。⑦

综上所述,表面上对立的实在说与拟制说其实在更高的层次上得到了

---

① 在国内的著述中,尽管学者未深入论述公司类型法定原则,但是有学者已经使用"公司的法定类型"术语作为章节标题。雷兴虎主编:《公司法新论》,中国法制出版社 2001 年版,第 19 页。

② 王天鸿:《一人公司制度比较研究》,法律出版社 2003 年版,第 369 页。

③ 王文宇:《公司法论》,台湾元照出版公司 2003 年版,第 627 页以下。

④ 根据法国 1994 年 1 月 3 日通过的公司改革法,股份公司里又产生了一个亚种,即小型股份公司(SAS)。与一般股份公司相比,小型股份公司较少受到强制规则的约束。参见〔法〕Vidal, Droit des Sociétés, 4e édition, L. G. D. J., 2003, p.550。

⑤ 王文宇:《公司法论》,台湾元照出版公司 2003 年版,第 653 页以下。

⑥ 一般认为,合伙不是法人。我国新修订的合伙企业法虽然正式承认了有限合伙,但通说仍然认为有限合伙也不是法人。不过,英国 2000 年颁布有限合伙法(Limited Liability Partnership Act 2000)之后,有限合伙已经具备独立法律人格。参见 J. Lowry/L. Watson, *Company Law*, Butterworths, 2001, p.3。

⑦ Boucourechliev/Hommelhof(Hrsg.), Vorschläge für eine Europäische Privatgesellschaft, Otto Schimdt, 1999, S. 250 ff.

统一,也即公司是具有独立人格的客观存在,这种存在从根本上说是由经济基础和实然规则所决定的,它在本质上反映了人与人之间的现实社会关系,但是公司人格在法治社会越来越受到法律的应然制约。

如果说从先有公司还是先有公司法的论争中澄清了公司与公司法的互动关系,那么同时也可以澄清法律是否是决定公司人格性质的唯一因素了。尽管在当代社会,公司人格是法律拟制的,但是正如法律自身受经济、政治、伦理、文化等因素制约一样,法律也不是决定公司人格性质的唯一因素,从本质上说,公司法也不过是人与人之间的社会关系的集中体现而已,公司人格同样受到经济、政治、伦理、文化等社会因素的制约。

小结:从历史上看,是先有公司的雏形而后有公司法,然后再有法定意义上的公司,因此公司法的制定与修改应建立在社会实践的基础上。但是,从公司法诞生之日起,公司人格(或法人格)就是法律拟制的。由这种虚拟性所决定,公司人格不过是人与人之间的社会关系的集中反映而已。这同时表明,对公司人格和公司社会责任的认识,不能拘泥于法律塑造自身,还是应当还原其本来面目,从人与人之间的社会关系中寻找答案,也即除法律之外,从经济、政治、伦理、文化中解构公司人格的本质。

二、契约链学说对公司人格的解剖

究竟应当如何解构公司人格的本质,有着不同的研究路径。始于20世纪30年代的英美经济分析法学则另辟蹊径,侧重从公司契约与交易成本的角度解剖公司人格。[①] 这就是首先由经济学家提出的、后来为公司法理论所采纳的"契约链"(nexus of contracts)学说。当初的契约链理论试图说明公司何以要以股东利益最大化为目标。在笔者看来,尽管契约链理论将公司简单地归纳为一组商业合同的主张未必全面,但该理论开创了从人际社会关系出发结构公司人格的先河,其历史地位不容抹煞。

(一)"契约链"学说的基本命题

首先,在契约链理论看来,公司不过是各种契约所组成的"契约链"或者"契约群"而已。按照这一学说,公司无非是许多自愿缔结合约的当事人,即

---

① 汤欣:《论公司法的性格——强行法抑或示范法?》,载《中国法学》2001年第1期。

股东、债权人、董事、经理、供应商、客户之间的协议。各当事人都在合同的基础上为自己的利益行事并主张合同权利。位于各种契约中心的就是董事与经理。①

第二,追求低交易成本和高效率是公司"契约链"形成的根本动因。最早从交易成本角度分析公司本质的,当属经济分析法学派的代表人物之一科斯。科斯早在1937就在其《公司的本质》②(又译《厂商的本质》)一文中详细地探讨了市场成本与组织协调成本问题,也即从经济学上论证了公司何以诞生。威廉逊于1988年发表的《经济组织的逻辑》③则完善了科斯的交易成本分析法。在"契约链"理论看来,公司不过是由交易成本驱使而形成的一组合同而已,各种合同关系就是经理建立起来并追求利润和效率最大化的工具,这当然是与从市场上临时找劳动力和供货人相比较而言。换言之,让雇员和设备每天随时准备完成管理人规定的任务比临时寻找劳动力和设备来完成同样的任务更有效率。④

第三,在经理与各种人签订的契约中,风险最大的就是与股东间的契约,原因在于股东是公司风险的最终承受者。股东承受的风险是就是所谓剩余风险(residual risks),因此股东有权分配剩余价值(residual value)。⑤当然,从代理说的角度看,这种风险也可以称为因为股东所有权与经理的控制权分离而形成的代理成本或者说道德风险。⑥ 为防范这种风险,必须用明确的契约条件来限制公司董事的决策,以促使董事会用一切合适的手段为股东创造尽可能大的财富,原因在于这是董事会与股东的投资"契约"的要求。⑦ 契约链论者把法定的忠实义务等内容也理解为"隐含的契约",以示与"明示的契约"区别。

---

① J. Dean, *Directing Public Companies: Company Law & the Stakeholder Society*, Cavendish Ltd., 2001, p. 36.
② R. Coase, The Nature of the Firm, *Economica*, 1937/4, p. 386.
③ O. Williamson, Logic of Economic Organization, *Journal of Law Economics and Organization*, 1988/4, p. 65.
④ 参见 B. R. 柴芬斯:《公司法:理论、结构和运作》,林化伟等译,法律出版社 2002 年版,第 33 页以下。
⑤ E. Fama/M. Jensen, Separation of Ownership and Control, *Journal of Law and Economics*, 1983, Vol. 26, p. 312.
⑥ 王文宇:《公司法论》,台湾元照出版公司 2003 年版,第 54 页。
⑦ V. Weider, Against Fiduciary Duties to Corporate Stakeholders, *Delaware Journal of Corporate Law*, 1996, Vol. 21, p. 55.

第四,为实现公司效率最大化的契约安排,公司法原则上应该是示范的,各方当事人可以自由选择适用甚至退出(opt out)公司法的某项规定。①

(二)公司法学界对"契约链"学说的批判

源自于经济学的"契约链"学说在公司法学界的遭遇则褒贬不一,甚至可以说受到了冷遇。美国公司法学者汉密尔顿对契约链理论的批判颇具代表性。

汉密尔顿反对"契约链"学说的根本理由在于,该理论实际上否认了公司法律存在的价值。他认为,按照这种理论,公司立法的任何条款都不是强制性的,因为一切的关系都是合同建立的,合同要么是明示的,也可以是暗含的。若如此,公司立法的作用将极为有限,充其量可以认为法律为公司的内部关系提供了参照的标准。只要合适,任何公司都可以自由地更改这些法律关系。②

其次,汉密尔顿认为,公司的许多关系并非是"契约"性质的,至少不是律师们通常意义上说的"契约"。他指出,对股东人数相对较少的公司而言,股东们完全可能事先协商好彼此的契约关系,然而对大公司、尤其是上市公司而言,则很难说购买了通用汽车公司的100支股票的某人就与该公司形成了合同关系,理由在于某人在证券市场上购买股票并成为该公司的股东时,他就必须服从多数股东的决定。他甚至讽刺道:"倘若按照这种逻辑,如果农民播种,那么农民与他的耕地也形成了'契约'关系。"③

此外,倘若与生产有关的一切契约都精确地表达了将来的要求,例如工人做什么,经理该如何行动,那么与单独签订契约相比,公司"契约链"并没有任何比较优势,原因在于既然人们为了减少生产成本才选择公司作为生产工具,那就必定存在董事与经理自由裁量的空间。因此,公司与员工的劳动合同只能笼统地约定员工按照公司的需求提供劳动力,而不可能事先就规定一切细节。④ 就连支持"契约链"理论的学者也不得不承认,公司的重要特征之一就是很容易建立内部的等级制度,它与纯粹的平等主体之间的合同关系有着本质的区别,而正是这种等级结构提供了与纯粹的契约关系

---

① 参见汤欣:《论公司法的性格——强行法抑或示范法?》,载《中国法学》2001年第1期。
② R.W. Hamilton, The Law of Corporations, 4th edition, 1996, p.7.
③ Ibid., p.10.
④ J. Dean, *Directing Public Companies: Company Law & the Stakeholder Society*, Cavendish Ltd., 2001, p.37.

相比更有效的生产手段。① 公司的这种等级结构表明它本身就是一个组织,而非单纯的契约关系的简单相加。

另外,正如任何经济学说一样,契约链学说的一些其他假设也并不符合现实。例如该理论假定,一切人都拥有足够的交易知识并且人们理性地行动以实现其财富最大化。遗憾的是,在现实世界中,不能满足经济学的理性人假设的人比比皆是,而交易信息不对称现象也早为经济学自身所承认。笛恩则进一步指出,契约链论者也无法解释某些公司何以要注重自身的长期形象和商誉。只需看看当今遍布街头的大小公司招牌的数量和其背后隐藏着的无形价值,就明白"契约链"理论是何等苍白了。②

(三)对"契约链"说批判的反思

笔者认为,尽管"契约链"说遭受到如此犀利而中肯的批评,但是其启示意义仍然是非同凡想的。这主要体现在如何认识公司与公司法的互动关系以及如何认识公司人格的本质两大方面。

首先,契约链理论对如何认识公司与公司法的关系有着极大的启示意义。第一,该学说正确地强调了董事会以及经理阶层处于公司与各种权利人的关系的核心位置。换言之,任何有效的公司治理制度,任何类型的公司社会责任,都必须承认董事与经理处于问题的核心,公司法在塑造公司人格与公司社会责任时必须首先解决这一问题,也即代理成本问题。③ 第二,从交易成本和经济效益的角度反思强行法与任意法的关系,仍然有助于从国际竞争力的角度检讨公司立法。"契约链"说仍然有助于论证公司法的管制化与非管制化的范围,有助于防止过分严厉的公司法损害公司治理结构应有的自我空间。第三,该学说所主张的将股东利益最大化作为公司的目标尽管失之偏颇,但是股东利益最大化作为一个原则仍然是当代公司法理论的基础,它反映了公司追逐商业利润这一本质。即使在当代,公司法对公司人格和公司社会责任的塑造都不能忽视这一本质。因此,就连汉密尔顿也不得不承认,现在有很多的法律与经济学者都认为"契约链"理论仍然是分析"应然"的有价值的方法。④

---

① 参见 B. R. 柴芬斯:《公司法:理论、结构和运作》,林化伟等译,法律出版社 2002 年版,第 34 页以下。

② J. Dean, *Directing Public Companies: Company Law & the Stakeholder Society*, Cavendish Ltd., 2001, p. 7.

③ G. Proctor/L. Miles, Corporate Governance, Cavendish Publishing Ltd., 2001, p. 187.

④ R. W. Hamilton, The Law of Corporations, 4th edition, 1996, p. 12.

其次,从公司不过是人与人之间的社会关系的集中反应这一结论来看,契约链理论从商业契约出发,详细地解剖了公司内部与外部的各种社会关系,其研究途径无疑拓宽了公司法研究的视野,有助于进一步探讨公司的本质与公司的社会责任,尽管其纯粹的经济分析方法有着先天的不足,这为社会分析法学对公司人格的进一步解剖提供了契机。

三、社会分析法学对公司人格的反问

(一)"利益攸关方"理论对股东所有权的修正

某些西方公司法学家在批判"契约链"说时,其实还忽视了一个根本的事实:股东并非是公司的唯一投资人;与此相应,公司也并非专属于股东。事实上,不仅是股东,而且其他权利人也对公司进行了特殊的投资,例如员工可能投入时间进行培训,由于职业培训的专业性所决定,因此这种培训可能只对个别公司具有价值。[1] 此外,公司的经理也将其时间和自身的名誉投资给了其选择的公司,也即感情投资。对一些大公司而言,公司甚至也可能包括社区和国家的特殊投资,例如当地政府的政策支持以及中央政府的资金支持。"利益攸关方"理论(stakeholder theory,又译"利害相关者理论"、"份额持有人理论")[2]正是在这种背景下诞生的。该理论认为,不仅股东,而且经理、员工甚至社区及国家都享有对公司的应当属于自己的"份额(stake)"。[3] 各份额持有人(stakeholder)对公司主张权利的基础也就是各自对公司的"特殊投资"(special investment)。

在该理论看来,既然公司属于各份额持有人,董事会及经理就不能把股东财富最大化作为唯一目标,而应当兼顾其他权利人的利益,换言之"上山打猎,人人有份"。与此相应,公司治理也就不能单独围绕董事会及经理对股东的诚信义务进行,而应当更多考虑其他利益攸关方参与公司的决策管理和监督。[4]

---

[1] J. Dean, *Directing Public Companies: Company Law & the Stakeholder Society*, Cavendish Ltd., 2001, p.39.
[2] 参见凯利、甘布尔编:《利害相关者资本主义》,欧阳英译,重庆出版社2001年版。
[3] J. Dean, *Directing Public Companies: Company Law & the Stakeholder Society*, Cavendish Ltd., 2001, p.39.
[4] J. Wempe & M. Kaptein, *The Balanced Company*, Oxford Press, 2002, p.258.

"利益攸关方理论"无疑为公司法带来了全新的理念,其理论贡献在于它突破了传统的公司所有权理论,修正了股东利益最大化的这一传统的公司目标,开辟了公司治理与公司法改革的新天地,同时也为公司承担社会责任提供了理论基础。

(二)社会契约论的对公司人格本质的解读

从本质上说,"利益攸关方"理论采用了社会分析方法,它抛弃了契约链理论所固守的经济分析方法,在此基础上,有学者更是将公司理解为一种社会契约(social contract)。[1] 依据这种契约安排,公司也肩负着对社会的责任。"社会契约论"的贡献,就在于它进一步揭示了公司人格的社会属性。倘若剥离了公司的社会属性,人们充其量只能看到公司的物理性质的一面:办公楼、烟囱、机器、商场等,仿佛离开社会属性的自然人只剩下血肉之躯一样。本文认为,公司是"社会的人"这一命题对大众化公司而言,无疑是正确的,尽管对小型的私人公司而言,公司的社会属性还值得进一步探讨。换言之,不应把大型、尤其是特大型公司理解为"扩大的个人",而是"缩小的社会"。[2] 帕金生甚至认为,公共利益才是大众化公司合法性的根基,因此社会有权确保公司的权利行使必须符合公共利益。在此基础上,他提出了"社会型企业"命题。[3]

四、公司社会责任与公司目标

无论是契约链理论、利益攸关方理论还是抽象的社会契约论都有一个共同点,即它们都在不同程度上强调了公司外衣之下的人与人之间的社会关系,从而在不同程度上强调了公司的"社会责任"。按照契约链理论,公司不过是交易成本所驱使而形成的商业合同群,与公司的一切交易都必须遵

---

[1] J. Wempe & M. Kaptein, *The Balanced Company*, Oxford Press, 2002, p.258.

[2] 公司的本质是"扩大化的人,还是缩小的社会"的命题,最早是由伊凡·亚历山大在其《真正的资本主义》一书所提出的。笔者赞同王保树教授的说法,即公司原则上是"扩大化的人",但是在特定意义下,公司可以将公司作为社会实体(王保树:《竞争与发展:公司法改革的主题》,载《全球竞争体制下的公司法改革》,社会科学文献出版社2003年版,第179页)。而大公司尤其是特大型公司,其社会属性是十分明显的。

[3] J. Parkinson, *Corporate Power and Responsibility: Issues in the Theory of Company Law*, Oxford University Press, First Edition (London, 1993), p.23.

循等价交换的原则,一切剩余价值均应归于股东所有,只要公司履行了合同,就算尽到了社会责任,根本谈不上承担其他社会责任的问题;反之,按照利益攸关方理论,公司应当兼顾各利益攸关方的利益,换言之承担对各直接的利益攸关方的社会责任,例如对员工、消费者、社区和政府承担责任;而倘若按照社会契约论,公司即使对非直接的利益攸关方,例如社会上的弱势群体,也应承担一定的社会责任,例如慈善责任。从契约法原理来看,契约链理论严格遵循了合同相对性原理,而利益相关者理论虽然突破了合同相对性原理,但是仍然强调了公司承担社会责任的关联性,反之,抽象的社会契约论则完全突破了合同相对性原理以及公司承担社会责任时与公司的关联性,换言之它完全突破了市场经济中的等价交换原则。显然,以上不同学说对公司人格的解读,必然会导致对公司社会责任的范围、顺序以及何者为公司的基本目标的争论。

(一) 公司社会责任的顺位关系

各种理论对公司承担社会责任的依据不仅大不相同(即商业契约、特殊投资和社会契约),并且公司社会责任的范围也大不一样。那么,社会责任究竟包括哪些范围,社会责任是否存在不同的分类以及顺序呢?

亚当·斯密在《国富论》中早就论及企业的社会责任。斯密认为,企业如果尽可能高效率地使用资源以生产社会所需要的产品和服务,并以消费者愿意支付的价格销售它们,企业就尽到了自己的社会责任。[①] 换言之,斯密眼中的企业社会责任,并不包括道德因素在内,这种社会责任被严格限制在商业合同关系的范围之内。本文将这种社会责任称之为古典的或者说基本的社会责任,这种社会责任观与当时的放任自由的资本主义观是不谋而合的。而现代意义上的、包含社会道德评价在内的社会责任,据信是由谢尔顿于1924年提出的。[②]

在继承前人观点的基础上,卡罗尔进一步主张公司应承担四种不同的责任,即经济的、法律的、伦理的和慈善的责任。这四种责任间的关系是:(1)首先的也是最重要的是经济责任,公司应当生产社会需要的产品或服务并以公正的价格出售,也即古典的社会责任;(2)法律责任,也即"规范化

---

① 王保树:《竞争与发展:公司法改革的主题》,载王保树主编:《全球竞争体制下的公司法改革》,社会科学文献出版社2003年版,第179页。

② O. Sheldon, *The Philosophy of Management*, Sir Isaac. Pitman and Sons Ltd. (1924), p.74. 转引自刘俊海:《公司的社会责任》,法律出版社1999年版,第2页。

的道德",因为立法者通过规范建立了基本的公正观;(3) 伦理责任,包括顾客、雇员、股东和社区认为公正的并且能够尊重或保护各"利益攸关方"权利的规范、标准或期待;(4) 慈善责任,不过它只具备示范性质。原因在于,公司可能自愿地从事与社会有益的活动,但这并非是法律的强制,也非各"利益攸关方"的期待。不过,它指出这种自觉的责任也可以带来商业价值。例如,公司的慈善活动能够改善公司的声誉和社会形象。[①]

笔者认为,尽管卡罗尔对公司社会责任顺位关系的划分有其合理性,但仍然有进一步探讨的必要。卡罗尔并没有进一步指出每一种社会责任诞生的依据何在,这导致了其划分存在逻辑上的混乱。

其实,第一种层次的社会责任主要体现为公司的商业契约责任,即公司应当以公正的价格出售合格的产品或服务,其依据在当代就是以合同法为基础的民事、商事法律体系,例如消费者保护法、产品责任法等,它的理论基础正是契约链理论或者说合同相对性原理。由此可见,这种最低层次的古典社会责任在当代的法制环境下已经有法律约束,换言之它已经是法定化的社会责任或曰法律责任。但企业承担的法律责任又不限于商业契约责任,还包括了企业不是基于商业契约所形成的法律责任,例如企业依据环境保护法所承担的环境保护责任、企业违背反垄断法等竞争规则所承担的法律责任等,都不是"契约链"理论所能解释的。反之,依据利益攸关方理论以及社会契约理论,这种法定化的社会责任则能得到较好的解释。至于卡罗尔所指的第三种责任,即伦理责任,其实有一部分也部分地法定化了,例如劳动法对劳动合同中雇员保护条款的强制性规定,其实包含了社会伦理责任因素在内,还有一部分伦理责任则转化为了公司治理准则或者行业标准等"软法",不过仍然有一部分伦理既未上升未法律也为上升为软法,纯粹属于伦理规范或者伦理意识,它是社会伦理对公司承担更多社会责任的期待,但不属于道德制裁的范畴,例如公司的慈善责任。

由此可见,卡罗尔划分的四种社会责任其实可以简化为三种,公司的社会责任依次包含了:(1) 具有法律约束力的社会责任,例如消费者保护、劳动者保护、环境保护等法律责任,这种社会责任直接源于法律的强制性规定,其理论基础可能是契约链理论,也可能是份额持有人理论或者社会契约论;(2) 以软法的形式出现的社会责任,例如各种示范性质的公司治理准

---

① A. Carroll, *Business and Society: Ethics and Stakeholder Management*, South-Western College Publishing Co., 2nd edition, 1993, p.32.

则、行业标准与自律规范等,其理论基础是利害攸关方理论或社会契约论;(3)企业自发承担的更高层次的社会责任,它主要体现为慈善责任等公益性质的责任。企业自发的社会责任,可能来自于社会伦理责任的倡导,也可能源于企业自身的更高的目标追求,例如改善企业的社会形象、树立企业文化并改善企业的商业信誉等。但是,倘若企业以承担慈善责任为手段谋取不正当甚至非法的商业利益,或者企业以偷税漏税等非法手段谋取利益之后再以慈善行动作为掩盖,则不能认为其在自发地承担社会责任,而应当视为其违背了社会伦理意义上的甚至是法定化的社会责任了。①

(二) 对公司目标的进一步检讨

在明确了企业社会责任的三种层次之后,有必要反过来检讨传统公司法上的一个老话题,即公司的基本目标应当是什么?是以股东利益最大化为基本目标,还是以全体份额持有人利益的最大化为基本目标?甚至以主动承担慈善责任等社会责任为基本目标?传统公司法理论认为,公司应当以股东利益最大化为基本目标,其理论依据就是前述的企业链理论和相应的"剩余价值"学说,换言之企业只应仅诚实履行商业合同的古典社会责任。反之,利益攸关方理论则认为,公司应当以追求全体利益攸关方的利益最大化为基本目标。而社会契约论则更进一步,指出公司应承担更多的社会责任,尤其是企业应自发履行其慈善等公益责任。笔者认为,由公司作为商事主体的逐利本质所决定,追求股东利润的合理最大化仍然应当是公司的基本目标。否则,投资者就缺乏投资办公司的动机,这表明,公司社会责任不能脱离市场经济的基本规律。公司在遵守法律规则的前提下实现股东利润的最大化,表明其起码尽到了最低层次的社会责任,即法定化的社会责任。在这一前提之下,有必要进一步区分私人公司与社会型公司在目标上的细微差异。

1. 私人公司的基本目标

应当承认,私人公司与公众化公司的社会属性是不一样的,公司法对私人公司与大众化公司的人格塑造,也存在着极大的差异,例如在公司治理结构、公开化要求方面,上市公司与规模较小的有限公司存在着极大的差异。首先应当指出,公司的私人或者社会属性,不能简单地因循传统的国有企业和私有企业划分方式,而应当以企业规模、股东人数、劳动者数量、所在行业

---

① 参见李瑞鑫:《慈善是一种社会责任么?》,载《法人》2006年第8期。

等因素综合衡量。对于占绝大多数的中小公司而言,由于股东可能同时又是管理者,甚至还是劳动者,换言之股东所有权与经营权并未出现彻底的分离,并且所涉及的利益攸关方较少(例如某些小公司在创业之初可能根本没有雇佣员工),这样的公司从这个意义上说就是私人性质的。相应地,对私人公司而言,除了要求遵循最低限度的法定义务,即诚实地履行商业合同和遵守法律(古典社会责任)之外,法律对于这种小型公司不应该有太多的管制和干预,也不应有更多的社会责任期待。① 因此,私人公司以追求股东利益最大化作为一个原则,仍然符合私权自治的要求,也是各国现行的公司法强调强化股东所有权原则的体现。②

支持股东利益最大化的首要理由在于,尤其对私人公司而言,股东是公司风险的最终的承担者,因此股东利益最大化也大致同时满足了员工、社区、环境保护以及国家之利益。通常,公司生产或经营所实现的价值首先应当依次序支付原材料、设备和场地费用、职工的工资与福利、管理人员的薪水及奖金、债权人利益、税收以及罚款、公积金与公益金、社区及公益慈善事业捐赠(仅对部分公司而言),最后剩余的才是可以分配给股东的股息。可见,公司所实现的价值,仿佛河渠中的流水,经过无数关口后,最后才流向股东。私人公司以实现股东利益最大化为主要目标,其实已经兼顾了公司自己利益以及其他权利人的利益。

其次,倘若不将股东利益最大化作为公司主要目标,那么采用任何其他目标反而可能让公司治理偏离航向。例如,倘若以强调员工利益最大化为主要目标,则可能损害到公司股东及管理层利益,并可能导致公司效率的下降,况且有些小公司可能根本没有雇佣员工。此外,过分偏重职工的福利其实不利于员工积极性的发挥。在改革之前的国有企业当中,企业不仅要负责在职职工的福利和退休职工的福利,甚至要为职工的子女办学校和负责职工子女的就业。③ 再如,倘若以管理决策层利益最大化为主要目标,则可能同时损害员工、股东和债权人之利益。阿尔臣和阿伦曾经主张经理应成为公司的最终受益人,也就是让经理取代股东成为公司剩余价值的最终权利人(residual claimant)。④ 但是这种主张同样是经不起推敲的,因为经理并

---

① 汤欣:《论公司法的性格——强行法抑或示范法?》,载《中国法学》2001年第1期。
② G. Proctor/L. Miles, Corporate Governance, Cavendish Publishing Ltd., 2001, p.187.
③ 卢代富:《企业社会责任的经济学与法学分析》,法律出版社2003年版,第279页。
④ B. R. 柴芬斯:《公司法:理论、结构和运作》,林化伟等译,法律出版社2002年版,第36页。

非公司剩余风险的承担者,公司破产的风险最终是由股东来买单的。

诚然,即使对小公司而言,片面追求股东利益最大化同样可能产生负效应,对公司任何利益攸关方权利的损害都可能危及公司自身的利益甚至公司的生存。损害员工利益同样可能导致生产或经营下降,损害管理层利益可能因为决策激励机制的阙如导致公司决策效率低下①,而损害债权人利益则可能导致公司信誉下降使得融资无门,而缺少债权人的资金支持与顾客支持,则可能导致公司的消亡。因此即使对私人公司而言,片面追求股东利益最大化可能导致公司决策追求短期效应而忽视长期效应,尤其是损害公司的社会形象,忽视公司应有的社会责任。笔者将这种现象称为股东利润最大化原则的异化。但仔细看来,这与股东利益最大化原则并不矛盾,因为即使是股东利益最大化原则,也有一个前提条件,即公司是在遵守法律的前提下实现股东利益最大化,而股东利益最大化的异化,正是公司违法的体现,换言之它连最基本的古典社会责任都没有尽到。

可见,以股东正当利益最大化作为公司目标作为私人公司的基本目标的出发点仍然成立。无论是公司治理运动,还是公司社会责任理论及实践所强调的,其实归结一点,就是防止股东利润最大化原则的异化。

2. 社会型公司的治理目标

至少对大公司或者说社会型公司而言,以股东财富最大化作为公司的基本目标显然是不当的。一个大公司不但拥有数量庞大的股东以及成千甚至上万的员工,而且还必须维持与顾客和供应商的长期关系。一些大公司不仅是国家税收的主要来源,同时也国家重点扶持和社区大力支持的对象。可见,一个小公司能够发展成为这种已经社会化的公司,已经不能简单归结为股东的贡献,还有管理决策层、员工的特殊投资以及社区和国家的扶持等因素起着不可忽视的作用。因此,社会型公司的治理目标,已经不可能单纯追求股东财富的最大化,而应当兼顾各利益攸关方的利益。这一点,在欧美发达国家如此,在中国也不例外。一个大公司要持久生存,其社会形象的好坏起着最直接的制约作用,而这种社会形象的获得,远远超过了法律的最低要求,它更多地包括了道德与责任因素。例如,美国法律协会(ALI)于1992年发布的"公司治理准则"第2条第1款强调公司应当以提高公司利润及股东回报为商业活动的准则。但该准则第2条第2款则同时强调,公司应当

---

① B.R.柴芬斯:《公司法:理论、结构和运作》,林化伟等译,法律出版社2002年版,第36页。

与自然人一样在法律的范围内活动;也可以考虑道德的因素,并将公司资源的合理部分用于公共福利、人道主义、教育或慈善目的。[1] 笔者认为,美国法律协会将公司治理的目标分为两个法律与道义两个层次是值得借鉴的。一方面应强调公司利益及股东回报仍然是当代公司法的出发点,另一方面社会则对社会型的大公司提出了更多的期待。尽管该协会的公司治理准则没有将遵守公司治理准则和各种行业标准与自律规范等软法纳入公司社会责任的范畴,但由于在美国,软法本身具有事实上的约束力,可以认为它已经包含了遵守各种软法在内,而公司治理准则在美国本身就在软法之列。

五、完善公司社会责任的三种维度

上文对公司社会责任的理论基础与种类划分的分析已经表明了公司社会责任的三种维度,下文分别探讨这完善公司的三种社会责任相应措施问题。

（一）公司社会责任与公司法律体系的完善

公司的法律责任是最低层次的社会责任,也是最基本的古典社会责任。因此,完善公司社会责任体系,首先是要完善公司法律体系,由于公司所涉及的社会关系十分广泛,因此,公司法体系几乎囊括了私法与公法体系中的全部涉及公司的法律、法规。不过,在公司法律体系中,最为重要的仍然是公司法自身。限于篇幅,本文仅从公司社会责任的角度探讨公司法的完善问题。

如前所述,2005 年修订的公司法首次规定公司"必须"尽社会责任。如果此处的社会责任仅指法律责任的话,那么这一规定仅仅是对"法律面前,人人平等"这一原则的重申而已。那么,新修订的公司法自身是否真的加大了对公司社会责任的规定呢? 换言之新修订的公司法在组织设计上是否突破了传统的股东所有权理论并至少是部分地吸收了"利益攸关方"理论,从而在公司组织法的意义上强化了公司的社会责任呢?

应当说,2005 年的公司修法在这方面有了较大的突破。首先,新公司法规定有限公司监事会中职职工代表的比例原则上不得低于 1/3 的同时强

---

[1] American Law Institute, "Principles of Corporate Governance: Analysis and Recommendations", 1992, p. 55.

化了监事会的职权。其次,新法明确规定国有独资公司当中应当设置职工董事职位。这两项措施显然意在强化对作为利益攸关方的公司员工的保护。最后,新公司法还明确规定上市公司应设立独立董事,尽管目前人们对独立董事究竟应代表谁的利益还存在争论,但是独立董事的诞生,显然是与全球公司治理与公司社会责任运动分不开的。在上市公司当中,独立董事的职责之一就是独立地判断董事会的决议是否违背法律规定,是否损害了包括广大中小股东在内的"利益攸关方"的合法利益。因此,同样可以认为新公司法此举有助于公司尽到其法定的社会责任。不过,尽管新公司法的上述规定有其历史进步意义,但在如何根据公司的实际情况确保职工参与公司的民主管理一些细节问题上,仍然有进一步检讨的必要。限于篇幅,笔者另文叙述。

(二) 公司社会责任与软法的完善

如前所述,公司社会责任除法律责任外,还包括公司治理准则、行业标准与行业自律规范等软法上的责任。对各国而言,看得见的"软法"大多是伴随着全球性的公司治理运动诞生的各种公司治理准则。

在英美国家,上市公司的机构腐败和非民主化问题一直是未能很好解决的顽症。上市公司管理效率低下与投资人、尤其是机构投资者[①]对公司管理的更高期待之间的矛盾日益突出。一方面,投资人为了降低其投资风险,确保其投资回报,往往倾向于选择内部管理制度和财务制度健全、透明度高、监督完善且业绩良好的公司投资,而这种期待已远远超出了公司法本身对公司的要求。另一方面,由于机构投资者对公司的要求越来越高,公司之间的竞争加剧,公司要获得融资尤其是机构投资者的长期投资也越来越难,公司就不得不健全其内部的管理和监督制度,以良好的业绩来吸引长期投资者。公司治理正是在此背景下诞生的。基于相同的原因,上市公司的治理准则在国外通常被称为"最佳实践准则"(code of best practice)。

在上述背景下,最初在英国和美国逐渐形成了一些公司治理规则,这些规则并非是由立法者制定,而是出自于机构投资者或者一些非官方之手。当初的公司治理制度具有自律或者推荐性质。公司可以自行决定是否采用公司治理准则,即所谓"服从或者解释(comply or explan)",如果声明接受准则约束,则公司治理准则对该公司具有约束力,如果不接受准则约束,则

---

① 参见美国公司治理网站:http://www.corpgov.net,2007 年 9 月 2 日访问。

可以解释其原因。但是由于机构投资者的影响和后来证券交易所对上市公司的要求,公司治理准则已经具备事实上的惩罚功能。目前,全球已经大约有40个国家出台了公司治理准则或者"最佳实践准则"。经济合作与发展组织(OECD)于1999年也公布了关于公司治理的原则。① 该组织公布的示范准则对其成员国的公司治理制度的形成起到了一定的协调作用。此外,作为全球性的投资机构的世界银行则将各国和国际组织的公司治理准则收集起来并公布在其网站上。② 现在各国奉行的"最佳实践准则"意义上的公司治理准则有几个特点:一是适用范围主要针对上市公司;二是在目的上仍然在于主要在乎保护投资者,尤其是机构投资者;三是在效力上尽管属于"软法",但是具备事实上的约束力。本文认为,进一步完善上市公司治理准则对于公司社会责任体系的完善而言,仍然具有重大的现实意义。

除公司治理准则外,一些国际组织或者国内非政府组织制订的各种标准与行业自律规范也起到了软法的作用。例如SA8000标准旨在强化对劳动者权利的保护,尽管该标准不时强制性的,但由于较多跨国公司采用了这一标准,因此不能通过该标准认证的中国企业将在国际贸易中处于十分不利的地位。③ 这种标准显然有助于中国企业对利益攸关方承担更多的社会责任。

(三)公司社会责任与公司社会形象的塑造

笔者认为,更高层次上的公司社会责任,也即强调公司承担法律与软法之外的社会责任,在目前和可以预计的将来,都只能属于自律的范畴,而不可能成为公司的法律责任,甚至也不太可能上升为软法上的责任。这是因为公司法体系和相应的软法只能规定最低限度的行为规则,高于这个要求的,就属于尚未规范化的伦理,否则公司法则与公司道德准则间的必要界限就不存在了。④ 此外,公司自愿承担的社会责任可以表现在诸多方面,例如在消费者心目中树立良好的形象、新产品的开发并回报社会、法定要求之上的环境保护以及将利润用于慈善或者公共教育事业等。因此,公司法不可能也不应当对上述的社会责任做穷尽的罗列。

---

① OECD Principles of Corporate Governance:www1. oecd. org/daf/governance/principles. htm. 访问日期2007-9-2。
② www. worldbank. org/html/fpd/privatesector/cg/codes. htm。访问日期2007-09-02。
③ 唐兴华:《SA8000与中国企业社会责任》,载《江汉论坛》2006年第11期。
④ 卢代富著:《企业社会责任的经济学与法学分析》,法律出版社2002年版,第279页。

早在《公司法》修订之前,有学者认为应当将盈利性与社会责任并重作为公司目标的重新定位,并认为赢利性与承担社会责任不仅应当并重,而且能够并重,具体做法就是在修改《公司法》的时候,把公司社会责任写入第1条的立法宗旨或第5条的目的条款。①应当指出,公司对劳动者、消费者与环境保护的社会责任中,有一部分本来就是其他法律,例如劳动法、消费者法以及环境法的强制要求。而法律要求之上的伦理与道义责任应当由社会约束和自律机制来监督实施。"在现有《公司法》的框架里,公司的第一位责任是服务于股东的利益,而作为第二位责任才承认对债权人、员工、顾客以及其他方面的责任。中国《公司法》与整个商法的宗旨一样,它虽然保护商事主体的个别利益,也保护社会公共利益,但商事主体利益的保护放在第一位,不损害社会公共利益只是作为防止权利滥用的前提。"②

由此可见,尽管新《公司法》在总则中明确了公司的社会责任,但这一规定仅适用于法定范围内的公司法律责任以及软法所规定的社会责任,而对超出法律和软法之上的社会伦理责任,只能由公司自发地承担。

六、结语

在公司社会责任的三种维度中,法律与各种软法仅为公司设置最低限度的社会责任与义务,社会伦理制约也仅能够在一定程度上抵御公司的道德风险并倡导公司承担更多的社会责任,但是真正决定公司履行法律之上的社会伦理责任的,仍然是公司的自我约束机制与社会形象的塑造。这也正是公司的人格本质的映射:公司不过是人与人之间社会关系的集中体现而已,公司的道德风险说到底还是人的道德风险的集中体现,法律对公司社会责任的要求,不可能超过法律对自然人的社会责任要求。基于此,完善公司社会责任,首先应当完善公司法律体系,其次应当完善各种公司治理准则、行业标准与行业自律规范,最后应当形成鼓励公司自发承担更多社会责任的综合环境,例如商业道德与商业文化。只有这样,新《公司法》第5条的宣示性规定才有其在现实中发育的土壤。

---

① 刘俊海著:《公司的社会责任》,法律出版社1999年版,第86页。
② 王保树:《竞争与发展:公司法改革的主题》,载王保树主编:《全球竞争体制下的公司法改革》,社会科学文献出版社2003年版。

"一体两面"的企业社会责任与公司法的进化

雷 驰[*]

摘 要 企业社会责任是一个保护经济责任、法律责任、道德责任和慈善责任等在内的多层次的、历史的范畴。现有的公司法无论从理念还是从形式规范体系上都无法正确吸纳和满足企业社会责任这一世界潮流的现实要求。本文在实证分析的基础上,找到公司的经济目标和社会责任的结合点,并从公司法理念变迁和形式规范变迁的视角,试图寻找道德和法律的结合点,进而获得企业社会责任的法律实现途径。

关键词 企业社会责任;公司权;光谱化的法律规范体系

引言

对于"企业社会责任"这一西方舶来品,法学界——出于法学一贯的保守态度——对其持谨慎、质疑的态度。这种质疑来自两个方面:第一,实践方面,这会不会是另一个"全球化的陷阱"?即当西方社会处于发达阶段以后,用"企业社会责任"的幌子来压制发展中国家的比较

---

[*] 雷驰,北京大学法学院经济法专业博士研究生。

优势或者强迫后者增加发展成本;第二,理论方面,"企业社会责任"(Corporate Social Responsibility)这一英文词汇的直译概念如何与现有法学理论相协调,具体来说,此处的"责任"是道德责任还是法律责任?法律能够苛责企业承担法律义务之外的责任吗?①

实践方面的质疑让位于积极倡导企业社会责任的商业实践与社会诉求,即使企业社会责任这一概念含混不清,也没有人会说企业不需要承担社会责任。对理论质疑的回答,当前法学界有两种典型分析框架:一种是从道德与法律的关系的角度,讨论商业伦理道德的法律实现途径,这种分析框架可以概括为"引道入法"是否可能以及如何可能;另一种是接受美国学者阿奇·卡罗尔(Archie Carroll)的企业社会责任四层次说,认为企业社会责任包含经济责任、法律责任、道德责任和慈善责任四个层次,意图从一种社会学的视角对企业社会责任作出法律语境的解读。

应当说根据这两种分析框架,我们可以得出许多有益的结论,但是二者都面临说服力不足的问题。"引道入法"的分析框架将理论分析的重心落在探讨法律和道德的关系上,而法律是什么的问题众说纷纭,道德是什么的问题更需要下工夫探讨②,根据昏昏的概念范畴如何能推演出昭昭的理论体系;社会学视角的解读也许是全面的,但是它未能阐明四个层次之间的相互关系,尤其是当其中诸层次发生冲突时应当如何解决,同时此种分析也缺乏法律语境的特定化色彩,导致无法与现有法学理论相对接,因为在法律中只有法律责任可言。一言以蔽之,这两种分析框架均没有从法律本身对企业社会责任做出回应,有隔靴搔痒之感。

本文尝试跳出道德与法律以及二者剪不断、理还乱的关系,因为作为社会规则的道德与法律均是第二性的,不能明显违背人性和基本的社会需求,不能"要求不可能之事"③,它们是对人性和基本社会需求的回应。要在理论上证明企业在营利之外需要承担社会责任,必须首先论证它符合企业自身的利益和正当的社会需求。唯有如此,才能说明企业社会责任现实可行并且可以作为社会规则要求企业践行,对其违反将招致不利后果;也才能在

---

① 这句话本身就是一个悖论,如果是法律要求的行为必然是法律义务。
② 〔美〕富勒:《法律的道德性》,郑戈译,商务印书馆2007年版,第5页。富勒对他所处的时代关于法律与道德之间关系的研究状况不满,在该书中他做了如下表述:"在把法律同道德相比较的时候,人们似乎假定每一个人都知道这一对术语中第二个术语的含义。"此种表述在概括企业社会责任领域"引道入法"研究的状况时,也是适用的。
③ 同上书,第83—84页。要求不可能之事的法律只会导致服从的不可能性。

法律中为企业社会责任寻找到坚实的理论支撑。

一、非基于道德的企业社会责任：内在需求与外在强制的统一

企业社会责任在现代社会中作为一种商业伦理道德被广泛提倡，其立论根基在于企业是社会的成员，应当承担如同自然人一样的法律义务和道德责任。仔细推敲，这一立论值得商榷。自然人作为社会的一员，既是谋求物质生活资料的经济人，也会由于血缘、亲缘等关系而作为子女、父母、兄弟、姐妹和朋友等存在。所以自然人不能只追求经济目标，或者不能只追求自身的经济目标，而是需要抚育子女、孝敬父母、忠信待人。对于一个企业来说，从其产生之初来看，只是作为自然人谋求经济利益的工具，它不存在上述关系，因而无法产生基于此的道德责任。一个疑问自然产生：企业在追求经济目标之外承担额外的、对社会的责任源自何处呢？从根源上说，它不会是源于由制裁保障的法律规范和道德规范，因为如此自然人可以放弃此种实现经济利益的工具。企业社会责任源自两个方面：第一，符合企业自身的利益，尤其是自身长远利益，"善"是出于"利"；第二，基于第一方面的正当社会需求，企业的发展必须符合社会的发展目标。从其表现来看，雇员、社区、投资者以及消费者与股东一样，都对企业的发展做出了投入与贡献，承担社会责任的实质就是企业在自身发展过程中考虑这些相关主体的利益。同时，这两个方面均是第一性的，与道德无关，因而是非基于道德的。

上述第一方面的企业社会责任的根源具有基础性，表现为一种自愿的、内生的对企业相关者利益的关注与促进。群己关系不能被简化为"自己"与"他者"的二元对立，在这种对立模式下，自己要么是仇恨他者，要么只是保持消极的和冷漠的尊重与不干涉。这显然不是真实世界的全部，现实中经常可以看到父母关心子女胜过关心自己，在欧·亨利的作品中丈夫为了给妻子买梳子而卖掉手表，妻子为了给丈夫买表链而卖掉头发。自前者观之，后者并不是处于"他者"的地位，关心后者就是在关心自己的利益。在"自己"与"他人"之外，存在一个所谓"自己人"的群体，个体对这个群体具有高度的认同感，利己和利他的界限在此处显得很模糊，在一种特定的、长期的关系中，相关主体构成一个"共同体"，共同体成员自身利益的持久实现依赖于共同体利益的提升。在共同体成员的长期交往中形成了互相期待与信赖

的行为范式,这些行为范式被演绎为"社会契约"的内容。① 契约论的本质在于对自愿、互惠和交换的强调。公司由于其在社会生产、交换和消费过程中的作用,形成了以自身为中心和纽带的包括雇员、消费者、债权人、股东、供应商和社区等在内的共同体。当公司认识到自身发展与这些群体息息相关时,这个共同体以及其间的"社会契约"就自发形成了,公司为了自身利益会积极主动地促进相关主体利益的提升。

企业社会责任第二方面的根源是社会对于企业功能的认识,或者说是社会成员对企业功能的普遍预期,此时施加给企业的社会责任具有外在性和强制性的特点。当我们从整体论和功能论考察社会组织时就会发现,任何一种类型的社会组织都承载着一定的社会功能,这种社会赋予和期许的功能主导着社会组织的方方面面。以家庭为例,在费孝通笔下的乡土中国里,家庭以生育为其主要功能,家是绵续性的事业社群,无论是夫妇之间还是父母子女之间,由于事业的需要而排斥了普通的感情,因为一切事业都不能脱离效率的考虑,求效率就得讲纪律,纪律排斥私情的宽容。② 发展到现代,社会不再要求家庭承担此项生育功能,抚育职能从私人领域走向公共领域,夫妇之间的感情结合突显,表现在法律中就是感情破裂成为解除婚姻关系的唯一理由。对于公司来说,公司的首要特征就是经济性的存在,在 Dodge v. Ford Motor Co. 一案中对"经济性"作出了经典表述:"商业公司应该将增加公司利润和股东收益作为其商事行为的目的"。③ 公司应当而且必须追逐利润,利润和获取利润的能力,即盈利能力分别起着风险回报和衡量标准的作用,离开了它们,经济活动就无法展开。④ 公司盈利维系着公司自身和社会的生产与再生产过程,盈利能力也是公司证明自身存在价值的根本指标。

人类历史上追求利润的组织除了公司以外,还有海盗、黑社会等组织。公司区别于它们之处在于公司是一种理性的阳光组织,这就意味着它不应有无止境、无约束的营利欲,而应当对非理性的经济冲动加以抑制或者调

---

① 麦克尼尔认为契约的内容源自长期而稳定的关系中,参见〔美〕Ian R. 麦克尼尔:《新社会契约论》,雷喜宁、潘勤译,中国政法大学出版社2004年版,第16页。
② 费孝通:《乡土中国 生育制度》,北京大学出版社1998年版,第37—42页。
③ Dodge v. Ford Motor,204 Mich. 459,507,170 N. W. 668,684(1919).
④ 〔美〕彼得·德鲁克:《公司的概念》,慕凤丽译,机械工业出版社2006年版,第10页。

节,否则将损害自身的持续存在。① 公司是一种社会性的存在,而一个社会必须始终奉行某种组织原则,它把组成社会的个体的抱负与动机限制在符合社会宗旨的范围内,基于自身的需要与目标限制公司经济行为的权力,为公司设置行为框架。② 如果说经济性是公司的一种显而易见的本性,社会性就表现为对这一种"本性"的节制与约束。公司是经济组织和社会组织的二元存在。

二、来自历史和实践的证明:企业经济目标和社会责任的二重变奏

企业社会责任的内生性和外在强制性可以通过对历史和现实的回顾得到进一步的明证,公司对于经济目标的追求和对社会责任的承担作为两个主题贯穿于近现代公司企业发展的始终,虽然在特定历史时期可能一个特征显著、而另一个则相对黯淡。

对工业化早期资本家单纯追逐利润、强迫劳动、雇佣童工的现实,傅立叶和马克思均有过经典而生动的描述,但就在同一时期,公司企业所需的包括道路、房屋和工人教育在内的社会服务十分匮乏,此时政府供给不足,公司不得不从事于促进原材料和产品运输的基础设施建设,为工人提供居住场所,对其进行教育,以改变其懒散、不守时等缺乏劳动纪律的行为。19世纪以后这些职责都归属于政府,但企业还是会基于慈善或者加强管控的目的提供住房和工人社区,如芝加哥城边的 Pullman 公司城(Company town)。1885年一位评论家写道:"这些健康有益和充满欢声笑语的环境,使得工人们能够更持久、更有效率地工作。"③ 由此可见,即使是在从头到脚每个毛孔都滴着血和肮脏的东西的资本原始积累阶段,公司企业为了自身经济目标的实现,也还是会从事一些服务于社区、雇员的慈善事业,承当一定的社会责任。

---

① 〔德〕韦伯:《新教伦理与资本主义精神》,康乐、简惠美译,广西师范大学出版社2007年版,第4—11页。
② 〔美〕彼得·德鲁克:《公司的概念》,慕凤丽译,机械工业出版社2006年版,第196页。
③ Gerald F. Davis, Marina Whitman, Mayer Zald, The Responsibility Paradox: Multinational Firms and Global Corporate Social Responsibility, Ross School of Business Working Paper Series, Working Paper No. 1031, April 2006.

20世纪初,"福利资本主义"兴起,企业开始提供包括社区外设施、员工医疗、退休计划在内的各种服务,而这些服务一般被视为欧陆国家政府的职能范围。企业社会责任伴随着20世纪初大企业的繁荣而兴起,随着20世纪70年代以后跨国公司的兴起而走向全世界。

另外,在新经济的主导下慈善与商业之间的界限已经日益模糊,出现了所谓的"慈善企业家"(philanthropreneurs),即在做善事过程中赚得利润,如Google、eBay和AOL就开发出这种混合型的慈善模式。[①] 再则,过去的10年中,公司和政府携手合作应对处理全球性的重大问题(如健康、贫困和性别平等等)日益频繁,打破了传统的关于商品和服务的功能和提供者的界限。关系人类未来的重大问题不是企业、政府或者社会任何一方能够单独解决的,提倡它们之间的合作已经成为一种是时代的呼声,政府和企业不再只是监管和被监管这种猫和老鼠的关系,更是一种合作关系或者是结盟关系,从而能够集合更广泛的利益共同体的智慧和资源,应对日益复杂的全球危险和危机。公司企业由于其较强的经济实力和社会影响力,在政府无力提供公共物品时也可以成为部分公共物品的提供者。[②]

企业社会责任表彰了公司与政府互动中的积极和健康的方向,其中内存的"共同的家园"理念的精神价值得到了普遍的认同和尊重。在此情景下,社会要求企业承担社会责任的呼声也日渐高涨。20世纪70年代以后在美国等西方国家逐渐开始了企业社会责任法律化的进程。在1964年民权法案的基础上,美国联邦层面先后成立了平等就业机会委员会(Equal Employment Opportunity Commission,1964)(曾对诸如福特、GE、GM等所谓高尚的公司做出歧视雇工行为的调查)、环境保护局(Environmental Protection Agency,1970)、消费者产品安全委员会(Consumer Product Safety Commission,1972)等机构。受这些联邦政策的影响,许多过去曾是公司自发的对利益相关者的慈善行为日益成为法律和监管的强制性要求,而且监管被认为比依

[①] Strom, S. 2006. What's Wrong with Profit? New York Times, November 13. http://www.nytimes.com/2006/11/13/us/13strom.html? pagewanted = 1&ei = 5088&en = 7b1664f51e15449f&ex = 1321074000&partner = rssnyt&emc = rss,最后访问日期2007-09-23。

[②] Allen L. White, Is It Time to Rewrite the Social Contract? www.bsr.org, April 2007,最后访问日期2007-09-23。

赖于好心的公司管理者能够更有效地促进公司从事善良行为。①

上述实证研究证明企业社会责任既是企业的内生需求,同时也成为社会对于企业的强烈要求,是一个"一体两面"的事物。

三、公司法的进化:宏观视角

"进化"是一生物学术语,指生物由简单到复杂、由低级到高级的变化发展。本文借用此一术语,隐喻公司和公司法由简单到复杂的发展变迁过程。复杂意味着可以容纳更多异质需求,具有较强的弹性和适应性。② 公司从单纯的营利性经济组织发展成为具有很强公共性的社会性组织,形成一个以公司为中心和纽带、包括诸多利益相关者的共同体,承担因此而生的功能与责任。这就必然反映到公司法上:从简单的规定自治与自治条件的私法进化为融公法、私法理念和工具为一体的实体法律体系,从单纯依靠公司法典和组织化制裁方式到依赖一个光谱化的形式规范体系和多样化的实施机制。

公司本是一个单纯的民事权利主体,受着私法意思自治原则的保护,外部群体和社会均不得干涉其行为。但是,当它成为一个拥有权力的支配主体并能影响诸多主体的利益时,就获得了与政府一样的公共性特征,滥用权力并"遁入私法"、寻求私法领域极为宽泛的自由时,势必导致社会大规模的反感和抵触,遭遇"公司的合法性危机"。由于权力的存在,公司应当部分受到政府所受法律规范的约束,即公法的约束,行政法兴起和发展的过程就是从权力到责任的过程,权力的行使必须受民主立法的限制,必须符合正当程序的要求,必须接受司法审查的监督。从权力到责任的变迁在民商事法律中并不鲜见,财产法上就已承认财产权应负社会义务。有迹象表明,公司法将会重复行政法、财产法从权力向责任的转移③,这是一种对社会负有的责

---

① Gerald F. Davis, Marina Whitman, Mayer Zald, The Responsibility Paradox: Multinational Firms and Global Corporate Social Responsibility, Ross School of Business Working Paper Series, Working Paper No. 1031, April 2006.

② 关于组织体和制度的复杂性、适应性等内容,参见〔美〕亨廷顿:《变动社会中的政治秩序》,王冠华等译,三联书店1989年版,第12—22页。

③ 〔美〕伯纳德·施瓦茨著:《美国法律史》,王军等译,中国政法大学出版社1990年版,第72—77、310页。

任。所以,除了股东以外,社会福利的因素必须引入公司考虑范围中来。根据行为后果对股东、对社会福利的影响,可以将公司行为分为四种类型,如下图所示。①

	对股东	
	有害	有益
对社会福利 有害	a 破坏型	b 唯利型
对社会福利 有益	c 奉献型	d 可持续发展型

结合公司自身营利属性,自社会角度观之,是希望企业从事"d 可持续发展型"行为,将公司自身发展纳入社会发展轨道。但是传统上,命令、惩罚、制裁、特别是组织化的制裁,被认为是法律的基本特征。"如果如此这般条件具备时,如此这般的制裁就应随之而来",无论此种制裁是刑事的、还是民事的,共同体的法律即以此种形式表达。② 在这样的法律理念指导下的公司法,也许能防止上图所示的"a 破坏型"行为和"b 唯利型"行为,但是如何通向同时满足股东需求和社会需求的"d 可持续发展型"呢? 可见,一个进化的公司法律体系除了包括传统意义上私法、公法内容之外,还需要其他一些因素,才能容纳企业社会责任的要求,这包括实质和形式、立法和实施机制多个方面。

首先,从实质方面来说,法律既需要制裁、又需要激励。如上文所述,一个着眼于公司和股东长远利益的公司会作出有利于社会福利的行为,因为这些行为本身有利于公司的可持续发展。但显而易见的是,现在总比未来重要,因为未来所得的价值将随着时间的推移而减少。处理这个问题的一个自然办法就是在累计收益值时把未来的收益看做当前收益的一个部分。③ 法律可以通过税收以及规范经理人股票期权的方式,达到这一点。

---

① 本图得自于北京大学光华管理学院武常岐教授在北京论坛会议的发言。
② 〔奥〕凯尔森:《法与国家的一般理论》,沈宗灵译,中国大百科全书出版社 1996 年版,第 49 页。
③ 〔美〕罗伯特·阿克塞尔罗德:《合作的进化》,吴坚忠译,上海人民出版社 2007 年版,第 9 页。

其次,从形式方面来说,从法学视角考察企业社会责任,或者说将企业社会责任纳入法律体系,拷问最多的一个问题就是企业除了遵守法律规定履行诸如纳税、保证产品质量、依法排污等法定义务以外,还需要承担什么责任?对这个问题的回答我们不得不回到一个法学的本源性问题:什么是法律?法律是不是只限于"制定法"?如果我们认为法律等同于制定法,但制定法本身包括许多法律原则、一般性条款和模糊性概念,而且制定法本身不可避免地存在漏洞,我们不得不承认有制定法之外的因素影响甚至决定着制定法本身。这时就需要一种"不受制定法约束"的法律发现方法,我们的思维是超越制定法的,但是没有超越法律。① 制定法通过与其背景保持着管道沟通,不断因应时代的需求被修改、完善或者被创制。我国《公司法》第5条规定公司须"承担社会责任",这只是一个分析的起点:它只具备了法律的外壳,具体内容还有待充实。由于企业社会责任是一个多层次、不断发展演变的历史范畴,这就决定了所充实的内容层次不一、形式效力不一,回应它的法律也不会是一个单一的规范体系,而是呈现出光谱化的特点的开放体系。②

最后,从实施机制来说,传统意义上的法律制裁是通过一个组织化的机构来实现的,而作为一个开放体系的公司法,需要借助各种形式的社会压力以分散化的方式实施③,包括借助声誉机制、公众舆论压力等。

四、公司法的进化:微观组织视角

企业社会责任的实现,最终需要落实到公司组织和治理的层面,因为公司组织区别于自然人的一个显著之处在于决策与执行的分离,公司履行社会责任最终是通过其外在行为表现的,但是先在的并主导其行为的决策完

---

① 〔德〕卡尔·恩吉施著:《法律思维导论》,郑永流译,法律出版社2004年版,第241页。
② 复色光经过色散系统(如棱镜、光栅)分光后,按波长(或频率)的大小依次排列的图案。见辞海编辑委员会编:《辞海》,上海辞书出版社1979年版,第4250页。"光谱"种类较多,本文取其由明到暗过渡的特征。所谓"光谱化的法律规范体系",就是指从法律效力上来说,既有强制性规范,又有强制性较弱的规范;从实施机制来说,光谱的一端是法律,光谱的另一端保持着与道德及其实施机制的沟通;从法律形式来说,既有国家法的成分,又有民间法的成分,如SA8000、UN Global Compact等。
③ 〔德〕韦伯:《经济与社会》(上),林荣远译,商务印书馆1997年版,第64—67页。

成于公司内部。所以企业社会责任的责任主体就是公司的决策者。

现代大型公司为完成对生产、分配全过程的管理监督和协调发展出一套管理层级制,支薪经理成了经济管理和社会决策中最重要和最有影响力的人物。① 此种所有与控制的分离,带来了公司组织从简单到复杂的进化,使得公司组织区别于独资与合伙企业,并使得公司发展成为商业领域占主导地位的组织形式。企业社会责任理念在20世纪80年代以后获得越来越突出的重视,是与强调公司管理层、尤其是董事会,应当对公司利益相关者负责任密切相关的。② 这些公司决策主体是公司权力的最终掌握者,给公司权力施以责任,指向的主体主要是公司管理层,指向的内容就是公司要在实现利润最大化的同时关注社会利益,甚至约束私人利益使之服务于公共利益。③

值得说明的是,公司股东与管理层一道分享着公司的决策权,在股权较为集中的公司,公司股东是公司的控制者。但是本文认为公司承担社会责任的主体,或者说适宜的主体仍然是公司管理层。首先,公司管理层是公司日常决策机关;其次,公司法承认了管理层的独立地位,因而应当独立承担公司的社会责任;再次,公司管理层超然于公司股东的地位,决定了他们是更为适宜的责任主体,因为社会责任的承担意味着要在股东利益和社会利益之间作出权衡与妥协,由股东承担此项责任有违自然公正。股东在很大程度上只是一个经济身份,而公司管理层则具有很强的公共性与政治性。Kukathas和Pettit在论述"经济的"和"政治的"区别时说到,经济的方式是每一个人都计算什么是最符合自己利益的安排,然后力图实现它,而政治的方式是协议各方均放下自己的利益,探讨什么是最符合所有人利益的最佳安排。④

公司法在应对公司社会责任的履行方面经历了一个变迁的过程,可以从美国此领域判例法的演进窥见一斑。大多数20世纪初及之前的案例采

---

① 〔美〕小艾尔弗雷德·D.钱德勒著:《看得见的手——美国企业的管理革命》,重武译,商务印书馆2004年版,第331页。
② Christine A. Mallin, *Corporate Governance*, Oxford Press, 2004, p.85.
③ Allen L. White, Is It Time to Rewrite the Social Contract? www.bsr.org, April 2007. 最后访问日期2007-09-23。
④ See Kukathas and Pettit, Rawls—A Theory of Justice and Its Critics(1990) at 32—33,转引自Stephen Bottomley: "From Contractualism to Constitutionalism: A Framework for Corporate Governance", *19 Sydney Law Review*. 1997, p.277。

用了 Dodge v. Ford Motor Co. 一案中的观念,当公司捐赠予慈善事业或者为雇员利益进行一些花费时,法院经常将这些行为认定为超出公司权力范围的行为,或称越权行为;20 世纪上半叶的判例法一般认为如果该种利用很可能会给公司带来直接的利润,即使得捐赠后的公司剩余财产价值增加,那么该行为不被认为是越权行为;20 世纪后半叶至今越权原则更进一步趋向衰败,有效之判例已经放弃"直接利润"标准,允许将公司资源用于公共福利和人道的、教育的或慈善的目的,而不再要求证明其能带来直接的利润,因为法院认为该行为所维持的良好的社会体系有利于实现公司的长远目的、促进公司利润最大化,只是需要遵循该种行为需要遵循"合理性"的限制。虽然判例没有明确指出如何界定此种"合理性",但是权威观点认为:极为重要的考虑因素应包括该种花费和资产的惯常标准以及这种对公司资源的利用与公司本身业务的连接强度。① 具体来说,要求考虑捐赠数额与公司资金状况相比应当是一个合理数额,且应与公司的事业有一定程度上的合理关联,不能太"遥远和离奇",以致引发相关股东的敌对。② 更为突出的是,美国于 20 世纪六七十年代开始了企业社会责任法律化进程,用法律强制的手段规定了一些企业的行为标准。我国 2005 年的《公司法》修改也无疑受到这一观念变迁的影响。

通过上述对美国判例法演进的描述,可以大致得出这样一个结论:在应对和满足企业社会责任方面,公司组织的变迁首要表现为公司管理层自由裁量权的扩大。唯其如此,才能保证公司管理层保持在灵活、适应和自我纠正错误的状态,把来自股东、雇员以及社会的压力理解为认识的来源和自我矫正的机会。③

结论

本文尝试突破法律与道德关系的分析框架探讨企业社会责任的实质,

---

① 美国法律研究院编著:《公司治理原则:分析与建议》,楼建波、陈炜恒、朱征夫和李骐译,法律出版社 2006 年版,第 81—84 页。
② Ray Garret, Corporate Donations, 22 *Bus. Law.* 297(1967)。
③ 〔美〕P. 诺内特、P. 塞尔茨尼克:《转变中的法律与社会:迈向回应型法》,张志铭译,中国政法大学出版社 2004 年版,第 85 页。

将企业社会责任从道德之类主观价值判断的不可靠领域里撤回,而将其建立在社会秩序的可靠基础上。这并不意味着法律使自己脱离于共同体的道德合意,相反,法律在普遍的愿望中而不是在特殊的行为规范中找到了合意。① 企业社会责任的贯彻既是一个着眼于长远发展的公司企业的愿望,又是伴随公司在现代社会中地位的急剧提升,社会施与公司企业"文明的义务"。进化的公司法是一个更加复杂、更具回应性的开放体系,它所建构的公司结构可以回应诸多主体异质的需求,公司法可以借助司法、市场、舆论等多种组织化和非组织化的机制实施。一种非基于道德的、"一体两面"的企业社会责任推动了公司法的进化,也只有进化的公司法才能回应此种需求。

---

① 〔美〕P. 诺内特、P. 塞尔兹尼克:《转变中的法律与社会:迈向回应型法》,张志铭译,中国政法大学出版社2004年版,第102页。

社会企业和企业社会责任
——从"三重底线"谈起

金锦萍[*]

摘　要　社会企业的提出可以回应对于纯商业企业承担社会责任的过多苛求。纯商业企业与社会企业不同,以追逐经济利益为其首要甚至唯一目标。社会企业却是秉承"双重底线"或者"三重底线"的企业组织。从组织的性质而言,社会企业承担社会责任理所当然,但是却不应该也因此苛求纯商业企业。社会企业让创业的人多了一种可选择的途径。社会企业是嫁接了商业基因的非营利组织,还是具有社会公益目标的商业企业?是两者的混合体还是完全不同于现有任何一种组织形式的新型组织?社会企业无疑在功能上突破了营利与非营利的壁垒,但是却没有让营利组织和非营利组织之间的界限模糊。通过比较法的视野可以得出,社会企业是一种在现存各种组织形式(无论是营利还是非营利)的基础上,对于致力于解决社会问题的、进行着经营活动并获得收益的组织进行一种识别。组织本身所具有的法律地位不会因此受到影响,但是会因为获得这样一个识别性的符号而获得额外的包括税收利益在内的支持政策。

关键词　社会企业;企业社会责任;社会公益公司;三重底线

---

[*] 金锦萍,法学博士,北京大学法学院讲师。

企业社会责任多有歧义。一般而言,是指企业不能仅仅关注实现股东的利益,还需要对社会上的利益相关者负有一定的责任。这里的利益相关者包括企业的雇员、债权人、消费者、社区居民以及一般公众(即整个社会)。对于企业社会责任是否应该在法律的层面予以界定和规制,学界有截然不同的看法。尽管我国新近修改的《公司法》中增加了关于企业社会责任的规定,但是并没有让这一争论画上句号。① 有学者认为对于企业社会责任的过分强调会动摇自由市场经济的根基,背离企业作为组织形式的初衷。有意思的是,企业社会责任所激发的争论硝烟正起,一种新的企业组织形式的出现会这一争论再次增添了佐料——社会企业。不少国家也相继出台相关法律予以特殊规制。社会企业在企业组织形式的光谱中应该处于什么位置? 与现有的组织形式之间存在哪些差异? 是否有必要制定特殊的法律法规予以对待? 本文试图就此作些探索和努力。

一、商业企业承担社会责任的理论困境

企业社会责任概念的提出无疑是对传统企业这一组织形式内涵的冲击。企业是以营利为目的的组织体,追求股东利益的最大化。企业社会责任却要求企业兼顾股东和利益相关者。因此从这一概念提出伊始,就引发了激烈的争论,从早期的"贝利—多德"论战②到近期的对企业社会责任的各种别解。反对者的意见集中体现为以下理由:其一,企业社会责任有违企业的本质;其二,企业社会责任内涵的模糊;其三,企业社会责任的义务对象的缺位。③ 当然,倡导者也不遗余力地论证其合理性,力主企业法律制度中应该吸纳企业社会责任,须在企业的利润目标和公益目标两个维度中维持

---

① 《中华人民共和国公司法》第5条规定:"公司从事经营活动,必须遵守法律、行政法规,遵守社会公德、商业道德,诚实守信,接受政府和社会监督,承担社会责任。"
② 指20世纪30年代美国的两位经济学家就公司的管理人员究竟是谁的受托人所进行的讨论。多德教授(E Merrick Dodd)认为:"不仅商事活动要对社区承担责任,而且我们那些控制商事活动的公司经营者们应当自觉自愿地按照这种方式予以经营以践行其责任,而不应坐等法律的强制。"但是贝利教授却主张不能抛弃商事公司存在的唯一目的是为股东们挣钱的观点,而且坚持认为公司的经营者是股东们的受托人。——参见刘俊海著:《公司的社会责任》,法律出版社1999年版,第43—45页。
③ 这是韩国商法学者李哲松的观点。参见卢代富:"国外企业社会责任界说述评"一文,载《现代法学》2001年6月刊。

平衡。并试图通过各种方法界定这一术语。① 支持者意在通过企业社会责任来矫正因过分逐利行为而导致的社会问题。

关于商业企业承担社会责任的动机，Michael C. Jensen 和 William H. Meckling 在其论文《人的本质》中曾经对此做过深入的阐述："不管他们是政治家、管理者、学者、职业者、慈善家或者工人，任何个人都是'智敏的评价的最大化者'(Resourceful, evaluative maximizer)，他们都创造性地把握周边环境所提供的机会，他们会想方设法地挣脱阻碍他们达到目的的约束。他们并不仅仅关心金钱，而是几乎所有的东西——尊敬、荣誉、权力、爱和其他人的福利。我们这个社会乃至身处这一社会中的所有组织所面临的挑战是通过增大我们有限资源的有效利用的途径，构建能够善用和指导'智敏的评价的最大化者'的创造力的游戏规则和培训程序。"②

按照这一分析，那么商业企业也关心金钱利润之外的其他诸如包括他人福利在内的因素。但是，现实显示，商业企业并不能真正承担起其社会责任，个中原因多多。或许密尔顿·弗里德曼所主张的还没有过时，即"仅仅存在一种、而且是唯一的一种商业企业的社会责任——只要它遵守置业规则，那么它的社会责任就是利用其资源，并且从事那些旨在增加其利润的活动，换言之，在没有虚伪和欺诈的情况下，从事公开、自由的竞争"③。这就意味着，企业的社会责任并非公司自愿的利他行为，而是公司在追求自身利益最大化时所表现出来的"外部性"。商业公司会根据遵守相关法律的成本和收益的变化而作出是否遵守的决定。根据这一假定，法律强制要求商业企业承担社会责任的理论困境就在于：违背了商业企业的本性。④

需要澄清的是，对于社会责任的含义众说纷纭。笔者认为，从消除商业企业的消极外部性而言，法律目前已经出台有大量的法规。对于这方面的

---

① 例如美国经济开发委员会在《商事公司的社会责任》这一报告中列举了多达 58 种旨在促进社会进步的行为，并倡导公司予以执行贯彻。也有学者将企业社会责任划分为四种责任：企业经济责任、企业法律责任、企业道德责任和企业社会责任。

② See Michael C. Jensen and William H. Meckling, "The Nature of Man", *Journal of Applied Corporate Finance*, Summer 1994, V. 7, No. 2., pp. 4—19.

③ 这是自由经济学派的观点。See Friedman, Milton, *Capitalism and Freedom*, University of Chicago, 1962, p. 133.

④ 有意思的是，管毅平教授在其论文中认为："利己行为，是行为人在约束条件下满足他自己的利己偏好的最大化行为。利他行为，是行为人在约束条件下满足他自己的利他偏好的最大化行为。利己行为和利他行为都源自唯一的利己动机。"——管毅平："理性动机与利他行为"，载《中国社会科学评论》(香港)2002 年第 1 卷第 2 期。

内容,因为是让其不造成对社会的消极影响,因此不应该视为社会责任的承担。只有对于商业企业开展的对社会有益的积极活动,也就是其积极帮助解决社会问题的,例如捐赠款项、主动招收残疾人士等才涵盖在社会责任的含义之中。① 然而,社会问题的解决的确需要金钱,但是金钱并不能从根本上解决社会问题,更需要的是可持续的变革。然而,可持续的社会变革不可能成为商业企业的目标。社会企业的出现似乎可以解决这一理论困境,因为社会企业从其诞生之日其对于目标的界定就并非以经济利益为唯一目标。

二、社会企业的出现:以"三重底线"为目标

社会企业的界定尚未尘埃落定,有必要对此进行梳理和澄清。不同法律制度下对于社会企业的界定也不尽相同。美国学界对于社会企业的界定非常广泛,并且主要从组织的收入来进行定义,普遍认为社会企业包括了从事社会公益事业的营利公司、以追求商业利润和社会目标为双重宗旨的组织以及以从事商业活动的非营利组织。但是,实务界对此另有看法。他们把这一概念更多来指称从事商事活动并获得收入的非营利组织。意在描述非营利组织的商业化倾向。欧洲则不同,社会企业类型包含了合作社、社区公司、社区小型产业以及从事慈善的企业。例如英国的 Social enterprise coalition 网站上,对于社会企业的界定则是:"社会企业是一种具有社会目标,同时在全英国及全世界推动持续性社会与环境改善的动态事业。"根据"社会企业在欧洲的兴起项目"报告一文,社会企业的理想形式包括以下条件:(1)持续提供商品和服务的活动;(2)高度自治;(3)高层次的经济风险;(4)授薪工作的最小化;(5)服务社会的明确目标;(6)公民群体的积极行动;(7)非基于投资资本的决策权;(8)具有参与的特性;(9)受限制的利润分配。②

---

① 对于这个问题,值得进一步讨论。笔者如此界定无疑是将社会责任只拘囿于在法律强制性规定之外的出于企业自身的意愿而主动承担的于社会有利的责任。这一界定限于篇幅不予展开,但无疑这是本文得以展开的出发点。

② See Defourny, J., "Introduction: From third sector to social enterprise". In C. Borzaga & J. Defourny (Eds.), *The Emergence of Social Enterprise*, London, New York: Routledge, pp.16—18.

无论如何界定，不可否认的是，社会企业的特质在于：它们具有企业的倾向，社会企业直接向社会提供各种商品和服务并因此获得收入；几乎同时，社会企业具有社会目标，即在追求经济效益的同时，它们密切关注社会与环境的改造。传统的商业企业的底线在于获利。而社会企业却具有双重或者三重底线。它也跟商业企业一样需要进行商业活动并获取收益，但是经济上的发展并非其唯一底线。社会企业的第二个底线就是达成社会目标，无论是为残疾人或者长期失业者提供就业机会还是增强他们的能力。①社会企业甚至有着第三重底线，那就是维护环境的永续发展和文化的完整性。正是在这一意义上，我们说社会企业具有"三重底线"。

三、社会企业：让原先三域界限模糊？

现代社会理论把社会分为三个领域：政治领域、经济领域和社会领域，与这三个领域相对应的社会组织就有政府组织、营利组织和非营利组织。有学者指出，社会企业的出现似乎这三个领域之间的界限模糊了。② 事实是否真的如此？这就有必要从社会企业的历史沿革谈起。研究显示，不同地域的社会企业有其不同的历史渊源，也因而影响了对于社会企业的界定以及相关规则的确立。

在美国，"社会企业"这一术语最先是在 20 世纪 70 年代来定义那些为弱势群体创造就业机会而开展商业活动的非营利组织。这一词汇后来被广泛使用是因为非营利组织经受了政府对它们投入的削减。与 20 世纪 60 年代美国联邦政府投入大量资金在扶贫、教育、卫生保健、社区发展、环境和艺术等领域不同的是，自 70 年代末开始，联邦政府在这方面的投入削减导致非营利部分资金匮乏。这就迫使非营利组织通过从事商业活动获取收入来填补这一缺口。这一术语不断被填充以新的内容，以至于来表达所有为实现社会目标而进行的商业活动。美国法律并不禁止非营利组织从事商业活

---

① 2006 年诺贝尔和平奖的获得者孟加拉国的银行家穆罕默德·尤那斯创办了格拉明乡村银行，提供小额信贷，帮助众多人脱离贫困。尽管实行商业化运行管理，但是却达到了良好的社会目标：向贫穷人口提供发展机会。这就是典型的社会企业理念。

② See Johanna Mair and Ernesto Nobro, "The emergence of Social Enterprises and Their Place in the New Organizational Landscape".

动,但是把非营利组织所从事的商业活动分为两类:有关宗旨的商业活动与无关宗旨的商业活动。前者是指与非营利组织的宗旨紧密相连,例如一个艺术馆出售印有艺术图案的贺卡和纪念品,一个非营利大学出售教科书等活动;后者是与非营利组织的宗旨不相关联的,例如博物馆开设一家餐馆以攒取资金的。① 根据美国《国内税收法典》第511—514条的规定,除非法律另有明确规定,从事与非营利组织宗旨无关的活动而取得的收入,必须依法纳税,这就是所谓的无关宗旨商业所得税。② 但是从事无关宗旨的商业活动不会影响非营利组织作为免税组织的地位。可见,美国的社会企业的出现并没有使营利组织和非营利组织的界限不再清晰。

欧洲的情况有所不同。可以说,社会企业的涌现与福利国家危机相伴。20世纪70年代到90年代,经济发展速度放缓和失业率的上升导致社会公共政策无法解决大量社会问题。新出现的社会企业就是为了试图解决福利国家所不能解决的问题:诸如人口老龄化、长期失业者与残疾人的就业和住宅匮乏等问题。所以在欧洲的社会企业是为了弥补福利国家的公共政策的缺憾而产生的,而且因为不同国家的政策缺憾不同而导致各国的社会企业也不尽相同。与美国的社会企业还是拘囿于非营利领域(或者第三部门)不同的是,欧洲的社会企业的外延延伸到了非营利组织之外,甚至包括了合作社形式,这与各国在是否允许非营利组织从事商事活动问题上的立场有密切关系。在为非营利组织从事商事活动留下一定空间的国家里,社会企业就可以直接采用非营利组织的形式,但是在严格禁止非营利组织从事商事活动的国家里,社会企业只能采用合作社或者公司的形式进行,后者如芬兰、瑞典、西班牙等国家。英国新近出现的社会公益法人也是典型的社会企业,正是为了避免违反国内关于慈善机构不得从事商事活动的规则。现在慈善机构可以通过兴办社会企业(例如社会公益公司)来进行商事活动,并将所得用于特定社会公益目的。社会企业满足了非营利组织自身持续发展的需要:当组织外来的资源(包括财政支持、公众捐赠等)不能够为组织的持续发展提供足够后续支持时,社会企业可以帮助免除非营利组织在这方面的担忧,大有裨益。可是,营利和非营利的界限本来就是非营利组织可以获

---

① 但是对于相关与不相关的界定也不是一清二楚的:例如收费服务,有的认为是相关收入,有的却认为只有接受捐赠才是相关收入,其他一概属于不相关收入。
② See Betsy Buchalter Adler, *The Rules of the Road: A Guide to the Law of Charities in the United States*, Council on Foundations, Washington, DC, 2007, Second edition, Chapter VII.

得税收优惠和公众捐赠并因此也担负公众问责制的原因所在。社会企业作为同时兼备两者特点的组织形式,该如何适用相关规则呢?

四、社会企业的法律规制

社会从来不会按照人类思维的分类去创造组织体。面对这一类型的组织体,法律必须作出及时回应。在分析社会企业的立法思路之前,首先要弄明白是否有必要为此专门立法?或许这首先得看社会企业是否是一种独立于现有所有组织形式的一种新的组织类型。

(一)社会企业:一种独立的组织类型?

对此不同的法律框架也有着不同的答案。正如同上文中关于美国的介绍,社会企业在美国并不是一种新型组织形式,而是指从事着商业活动并因此获得收益的非营利组织。但是在欧洲则不尽相同,我们可以选取其中的几个国家来分析。

芬兰于 2003 年通过并于次年元旦实施的《社会企业法》(Finish Act on Social Enterprises)中要求社会企业必须符合下列五个条件:第一,是为残疾人或者长期失业者的就业而成立的企业;第二,以市场为导向,并且向市场提供自己的产品和服务;第三,须在劳动部登记注册为社会企业;第四,其职员中的 30% 必须是残疾人和长期失业者或者全部是残疾人;第五,根据集体劳动合同的约定,须向所有雇员发放报酬,无论其是否是残疾人。该法案还规定了对于社会企业的支持政策。但是并没有规定社会企业的所有权结构问题。这就意味着对于社会企业是否可以拥有股东以及是否可以分配红利,法案并未涉及。所以芬兰的社会企业所能采用的组织形式没有特殊限制,从商业公司形式、合作社、非营利社团到合伙,无所不包。[①]

意大利于 2006 年也通过了关于社会企业的法律。与芬兰几乎一致的是,在关于社会企业的组织形式上,该法没有规定社会企业的特殊形式,而是允许现存的任何组织形式(诸如公司、非营利社团、基金会、合作社)都可

---

① 饶有意味的是,截止到 2006 年 4 月 30 日,共有 49 个社会企业进行了登记,其中 26 个采取了公司的形式,4 个采取了社会团体的形式,1 个采取了基金会形式,3 个采取了合作社形式,另外 15 个采取了其他诸如合伙、一人公司等组织形式。See Pekka Pättiniemi, "Case Find: Development on Legal Framework for Social Enterprises in Finland", Zagreb 28. 9. 2006.

以成为社会企业。但是需要满足以下条件:一者,社会企业必须是私法意义上的组织①;二者,必须进行提供对有社会效益的物品或者服务的企业性行为②;三者,必须是为公共利益而非利润运作③。

在英国,社会企业可以采用不同的法律形式,例如经过注册的慈善机构、合作社等。值得注意的是,英国于2005年通过了《社会公益公司规则》(Community Interest Company Regulations 2005),但是这并没有创设一种新的独立于原先公司类型的组织。社会公益公司可以股份有限公司、担保有限公司或者具有股本的担保有限公司的形式设立。所有的公司都可以申请成立社会公益公司,但是一旦申请成立为社会公益公司之后,就需要同时受到公司法和社会公益公司规则的规制。值得注意的是,社会公益公司不能同时成为慈善机构。慈善机构可以转化为社会公益公司,但是必须先放弃其慈善地位。英国的社会公益公司必须符合"社会公益验证标准"和"资产锁定"的规定。这些限制旨在确保社会公益公司的成立目标是服务于社会,而且其资产和营利也得最终用于社会公益事业。"社会公益验证标准"是从一个理性的人评定公司所进行的(或者拟进行的)活动是否以社会利益为出发点。慈善机构相比较,这一公益验证标准比较宽松,且富有弹性。但是同时也规定,与慈善机构一样,社会公益公司不得支持任何政治活动。"资产锁定"规则是为了确保社会公益公司的资产只能用作社会公益用途。因此其财产和收益只能用于公司成立时即确定了的公益目的,或者转移到另一家同样受到"资产锁定"规则限制的机构(例如一个慈善机构或者另一家社会公益公司)。所以社会公益公司一般不得向股东派发股息,如其向个别股东派发股息的,首先股息设有上限,其次,该股东也只能是受到"资产锁定"的机构。

(二) 登记程序和监管

英国规定有特定程序。在英国,若要注册为社会公益公司,须经过独立

---

① 这里包含两层意思:一者,自然人不能成为社会企业,为单个自然人控制的组织也不可以;二者,必须是私主体,公法意义上的主体不可以成为社会企业。

② 这里所包含的意思有:一者,具有企业经营行为,根据《意大利民法典》第2082条的规定,企业性行为必须是生产型的、专业的、经济的以及有组织性的。这样单纯向社会提供资金(例如资助型基金会)的组织就不符合这一特征。二者,所提供的物品或者服务必须具有社会效能。这是指要么社会企业所从事的活动应当在福利、卫生、教育、文化、环境保护等领域中,要么其雇员的30%是残疾人或者贫困人口。

③ 这就是利益分配禁止原则的体现。

的主管机构批准。现时的主管机构由英国贸易和工业部部长委任,同时附则监察和执法工作。英国为鼓励社会公益公司的发展,对其没有进行严格控制,但是也要求其与其他公司一样要提交相关的财务报表,除此之外,还须另外拟备一份周年社会公益报告,连同财务报告一起提交政府主管部门。

芬兰的法律也要求社会企业进行登记,其登记机关为劳动部。美国则没有特殊的社会企业的登记规定。

(三)相关的政策支持

英国的社会公益公司不因其取得这一法律登记而获得优厚的税收政策支持,但是它们可以通过特定的项目或者计划来获得税收的豁免。例如英国有一"社区投资税收减免"计划,这一计划为投资于社区发展财务机构的个人和法人提供税收优惠,而社区发展财务机构则利用因此获得的资金资助无法通过主流融资途径筹集资金的社会企业。

根据芬兰《社会企业法》,社会企业可以享受相关的优惠政策。例如,在设立登记中就可以享受到商业企业所享受不到的一些诸如获得贷款的公共服务,而且经登记的社会企业还可以在因其雇员申请就业补助和其他补助时享受到更为简便的登记程序。例如他们只需要三年申请一次,而其他企业可能需要半年或者一年就得申请一次,而且社会企业可以享受到最高等级的就业补助。需要指出的是,芬兰的社会企业并没有因此获得特殊的公益地位。

五、结论兼余论:刚刚开始的话题

社会企业方兴未艾。与商业企业不同的是,社会企业本身就融合着经济利益目标和社会公益目标。这并不是一种新型的企业组织形式,反而是在现存各种组织形式(无论是营利还是非营利)的基础上,对于致力于解决社会问题的、进行着经营活动并获得收益的组织进行一种识别。组织本身所具有的法律地位不会因此受到影响,但是会因为获得这样一个识别性的符号而获得额外的包括税收利益在内的支持政策。

笔者无意于批判要求纯粹的商业企业承担社会责任的思潮。对于商业公司的各种规制已经在很大意义上限制着公司不顾他者利益埋头攫取利润的企图。社会企业这一类型是企业自愿的选择结果,因此会有所负担:例如需要安排一定比例的残疾人,例如需要提交公益报告;但是也因此会有所收获:例如一些非基于社会企业这一组织形式、而是因为社会公益而获得的政策支持。

　　于此,社会企业的出现给了身处这个社会中的人一种新的选择途径:通过企业化经营的方式去实现社会公益目的。但是并没有因此冲击了原先的组织形式,也没有将三个部门之间的界限搅浑。

规范诠释

强化公司社会责任的若干思考
——兼谈新《公司法》第5条的解释

刘俊海[*]

新《公司法》既强调公司的营利性,也强调公司的社会性。该法在弘扬股权文化的同时,在第5条旗帜鲜明地要求公司承担社会责任,"公司从事经营活动,必须遵守法律、行政法规,遵守社会公德、商业道德,诚实守信,接受政府和社会公众的监督,承担社会责任"。这是我国社会主义公司法的一大特色,也是我国立法者对世界公司法的一大贡献。但在实践中,有的公司对公司社会责任制度采取了消极抵制的态度,认为该条规定缺乏可诉性;有的公司则采取了实用主义的作秀态度;有的公司认为自己承担社会责任会造成"劣币驱逐良币"的问题,因而不愿承担社会责任。如何进一步增强公司社会责任制度的可操作性,是我国当前立法者、政府部门和企业界十分关注的问题,本文对此做一初探。

一、公司社会责任的丰富内涵

公司社会责任是指公司不能仅仅以最大限度地为股东们赚钱作为自己的唯一存在目的,还应最大限度地关

---

[*] 刘俊海,中国人民大学法学院教授、中国人民大学商法研究所所长、博士生导师。

怀和增进股东利益之外的其他所有社会利益,包括消费者利益、职工利益、债权人利益、中小竞争者利益、当地社区利益、环境利益、社会弱者利益及整个社会公共利益等内容,既包括自然人的人权尤其是社会权,也包括法人和非法人组织的权利和利益。公司社会责任理论与利益相关者理论表述虽有不同,但其核心内容相同,都体现了对公司营利性之外的社会性的关注。公司社会责任的核心价值观是以人为本,而非以钱为本。

既然公司具有社会性,就不能将公司利益仅仅还原为股东利益;相反,公司理应对其劳动者、债权人、供应商、消费者、公司所在地的居民、自然环境和资源、国家安全和社会的全面发展承担一定责任。股东与其他利益相关人的利益既相互对立,又辩证统一于公司利益基础之上。公司的社会责任既包括商法上的社会责任,也包括商业伦理上的社会责任。

(一)法律意义上的社会责任与伦理意义上的社会责任

按照公司社会责任的规范来源为准,公司社会责任可以分为法律意义上的社会责任(如及时足额地履行债务、纳税、支付劳动者工资、保护环境)与伦理意义上的社会责任。落实法律意义上的公司的社会责任主要靠法律责任追究机制,而法律责任又以强大的国家公权力为后盾。可见,法律意义上的公司社会责任乃为刚性的社会义务。强化法律意义上的公司社会责任的条款散见于整个法律体系,立法者不需要、也没有足够的智慧制定一部包罗万象的《公司社会责任法》。但作为底线,公司必须履行法律层面的社会义务,如劳动法、消费者权益保护法、产品质量法、税法和环境保护法设定的社会义务。

如果说法律为公司设定的社会责任是有限的,那么伦理为公司设定的社会责任则是无限的。聪明的公司不仅应当成为守法经营的模范,而且应当成为诚实敦厚的儒商。落实道德意义上的公司社会责任主要靠奖励、良心、舆论与市场。可见,伦理意义上的公司社会责任乃为柔性的社会义务。但是,缺乏商业道德、不诚实守信的公司,即使算得上合法公司,也必将为市场所唾弃。有远见、有出息的公司应当努力追求卓越,争取成为信誉卓著,为劳动者、消费者和社会公众信赖和敬重的贵族公司与儒商,而不应把自己定位为"死猪不怕开水烫"的无赖公司与奸商。建议我国公司自我加压,自觉推出高于法律标准而且独具公司文化特色的《公司社会责任守则》。可喜的是,国家电网公司2005年率先发布公司社会责任报告,在引领公司社会责任实践方面产生了较好的社会效果。行业协会也应针对本行业的具体情况,制定量体裁衣的公司社会责任守则。本章第二节将以公司的消费者政策为中心展开讨论,兹不展开。建议高等院校工商管理专业的学生开设商业伦理与公司社会责任课程,作为该专业的必修课。

当然,公司承担社会责任应当量力而行,适度承诺。公司承担社会责任有一个默示前提:公司有能力承担社会责任。如果公司陷入瘫痪、破产,就无力承担社会责任。因此,公司社会责任的承诺和标准的确定应当定位于谋求公司利益、股东利益与非股东利益的多赢,将公司社会责任负担控制在公司可持续发展的范围之内。

(二) 实体意义上的公司社会责任与程序意义上的公司社会责任

公司社会责任既有实体层面的含义,又有程序层面的含义。作为程序意义上的概念,公司社会责任要求公司决策程序考虑和反映社会利益与社会权。例如,德国的职工监事制度允许职工代表通过担任监事的途径参与公司的决策程序(如任免董事、决定董事报酬、其他重大决策)和监督活动。作为实质意义上的概念,公司社会责任要求公司决策的结果能够对社会利益与社会权利负责。例如,美国采取公司利益相关者理论的诸州立法允许公司董事会在作出反收购决策时可以不拘泥于股东利益最大化的思维方式,而以为了增进利益相关者的正当权益而采取反收购措施。

公司社会责任既是一种公司治理理念,也是一种制度安排,更是一种商业实践。没有公司社会责任的理念,便没有成熟的制度设计;没有自觉的公司社会责任实践,公司社会责任理论也就成了无源之水,而其中的制度设计则扮演着承上启下的作用。

在传统计划经济体制下,中国国有企业承担了"企业办社会"的职责。所谓"企业办社会",主要是针对传统的国有企业而言的,意指企业承担了在市场经济体制下不应由企业承担或企业无力承担的社会职能,如社会保障职能、办教育的职能、办幼儿园的职能、办医院的职能、办澡堂和理发室等社会福利机构的职能。企业办社会的直接效果是,每个企业就是一个小社会,企业为职工提供"从摇篮到坟墓"的一揽子社会福利。企业办社会是传统计划经济体制的产物,在计划经济体制向市场经济体制过渡的过程中有所削弱,但仍未彻底消灭。

强化公司社会责任与"企业办社会"的主要区别在于:(1) 前者是现代市场经济下的特有现象和制度,而后者是传统计划经济下的特有现象和制度;(2) 前者的受益者非常广泛,既包括公司职工,也包括消费者、债权人、竞争者、公司当地居民和社会公众等,而后者的受益者仅限于本企业、而且是国有企业的职工;(3)前者一般不包括社会保障的内容,而后者的核心内容就是社会保障。因此,强化公司的社会责任不是让企业走回头路。

公司社会责任理论纠正了传统公司法片面强调公司营利性与股东利益最大化的立法理念,要求公司在开展经营活动时不仅要遵守法律和行政法规,而且要遵守商业伦理(商业道德),还要遵守公序良俗(包括社会公共利益和良好社会风俗)。近年来,公司界和法律界已经基本树立公司自治、契约自由的市场经济法治理念,而对商业伦理、诚实信用原则和公序良俗原则重视不足。有鉴于此,公司社会责任理论要求公司在开展经营活动时不仅要遵守法律和行政法规中的强行性规范和倡导性规范,而且要自觉遵守商业伦理中的道德规范,自觉恪守公序良俗原则。在2003年媒体报道的云南某地"人体盛"事件中,商家采取的所谓日式餐饮模式就有毒化消费环境、污染商业环境、损害公序良俗之嫌。当然,公司遵守法律、行政法规和商业伦理,维护社会公共利益和良好社会风俗本身不是终极目的,终极目的在于履行对劳动者、消费者、债权人等利益相关者的社会责任。

二、新《公司法》的态度

虽然美国诸州的公司法中有许多保护和增进公司股东之外其他利害关系人利益的条款,但大多限于在公司董事会面临敌意收购的威胁时,授权或者要求董事会为了非股东利益相关者的利益而采取必要的防御措施。虽然德国的《共同决定法》等相关法律中设有职工监事制度,但在其《股份法》和《有限责任公司法》的总则中缺乏强调公司社会责任的一般条款。

新《公司法》不仅将强化公司社会责任理念列入总则条款,而且在分则中设计了一套充分强化公司社会责任的具体制度。例如,新《公司法》进一步完善了职工董事制度与职工监事制度。就职工监事制度而言,新《公司法》第52条第2款、第71条和第118条要求监事会应当包括股东代表和适当比例的公司职工代表,其中职工代表的比例不得低于1/3,从而有助于扭转一些公司中职工监事比例过低的现象。就职工董事制度而言,新《公司法》第45条第2款和第68条要求两个以上的国有企业或者两个以上的其他国有投资主体投资设立的有限责任公司以及国有独资公司的董事会成员中有公司职工代表;第45条第2款和第109条第2款允许其他有限责任公司和股份有限公司设立职工代表董事制度。

鉴于公司重组经常造成职工下岗的严重影响,借鉴欧盟的立法经验尤其是2001年的《欧盟委员会关于全部或部分转让企业或营业时雇员权益的保护指令》,我国新《公司法》第18条第3款规定:"公司研究决定改制以及经营方面的重大问题、制定重要的规章制度时,应当听取公司工会的意见,并通过职工代表大会或者其他形式听取职工的意见和建议"。

我国新《公司法》第143条虽然原则上禁止公司回购自己股份,但例外允许公司为了将股份奖励给本公司职工而回购不超过本公司已发行股份总额的5%的股份;同时规定用于收购的资金应当从公司的税后利润中支出,所收购的股份应当在一年内转让给职工。

为了保护职工在公司解散的情况下获得适当的保护,我国新《公司法》第187条第2款要求公司在缴纳所欠税款之前,除了支付职工工资,还要支付社会保险费用和法定补偿金。而旧《公司法》第195条第2款除了提及"劳动保险费用"外,并未规定"法定补偿金"可以优先支付。该款规定:"公司财产能够清偿公司债务的,分别支付清算费用、职工工资和劳动保险费用,缴纳所欠税款,清偿公司债务"。《公司法修订草案二次审议稿》第187条第2款规定,公司正常清算时,其财产在分别支付清算费用、职工工资和社会保险费用,缴纳所欠税款,清偿公司债务后的剩余部分,再分配给股东。

在公司法修改过程中,有的全国人大常委委员提出,公司正常清算时,对依法应当支付给职工的补偿金,应当与职工工资和社保费用一样,在清偿公司其他债务前先予清偿。法律委员会经研究,建议将这一款修改为:"公司财产在分别支付清算费用、职工的工资、社会保险费用和法定补偿金,缴纳所欠税款,清偿公司债务后的剩余财产,有限责任公司按照股东的出资比例分配,股份有限公司按照股东持有的股份比例分配。"最终出台的新《公司法》第187条第2款采纳了这一意见。

需要指出的是,我国新《公司法》第5条规定的社会责任条款体现了立法者重视公司社会责任的基本理念,因此位于《公司法》总则较为妥当。该公司社会责任条款不仅是强制性、倡导性的法律规定,而且对于统率公司法分则规定、指导法官和律师解释公司法、指导股东和其他公司法律关系当事人开展投资和决策活动具有重要的现实意义。在公司设立、治理、运营、重组、破产等各个环节适用与解释新《公司法》时,也应始终弘扬公司社会责任的精神。

例如,公司社会责任条款授权董事会决策(包括制定反收购措施)时考虑并增进职工、消费者等利益相关者利益。又如,根据公司社会责任的立法理念,公司维持原则应当得到充分尊重。法院在公司解散诉讼、公司破产诉讼、公司设立无效诉讼中要尽量维持公司的生命力。法官在行使自由裁量权的时候,对于可解散、也可不解散的公司,坚决不予解散;对于可破产清算、也可实行破产重整的公司,坚决予以破产重组;对于可确认无效、也可采取瑕疵补救措施确认公司有效的公司,坚决采取瑕疵补救措施。此外,为了落实扩大就业、保护环境等社会公共政策,应当鼓励大公司优先采购中小企业以及环境友好型企业的商品或者服务。

三、强调公司社会责任的理论根据

对许多公司而言,追求营利最大化似乎是无师自通的行为准则。但是,片面强调公司营利性酿生了诸多社会问题,如欺诈消费者、污染环境、虐待劳动者、坑害债权人、公司诚信度和社会信用度的整体沦丧等。殊不知,公司既具有营利性,也具有社会性。既然公司具有社会性,就不能将公司利益仅仅还原为股东利益;相反,公司理应对其劳动者、债权人、供应商、消费者、公司所在地的居民、自然环境和资源、国家安全和社会的全面发展承担一定责任。股东与其他利益相关人的利益既相互对立,又辩证统一于公司利益基础之上。公司一旦因经营不善而关门解散,受损的不仅仅是股东,还有劳动者和债权人在内的一大批利益主体。股东与其他利益主体间的利益关系决定了对股东利益的合理制约和对其他利益相关人的关怀,恰恰是保护股东利益的法律前提。①

早在 1900 年时,著名的美国商人卡耐基就曾高瞻远瞩地指出,商人必须"把自己手中掌握的公司资金视为一种信托资金,他有义务为了使社会最大限度地受益而管理好这笔资金"②;杜邦先生在 1971 年也指出,"杜邦公司不仅要对劳动者、客户和股东负起责任,而且要对社会公众和公司所在社区负起责任。杜邦公司认为,为了保持公司在社会公众心目中的良好形象,

---

① 关于公司社会责任的讨论,见拙著:《公司的社会责任》,法律出版社 1999 年版。
② Carnegie, The Gosepel of Wealth(1900), p.13.

商界必须以实际行动满足社会公众对自己的需求和期盼,必须让社会公众更好地了解公司对社会的贡献"。①

强化公司社会责任的理论依据在于公司的社会性。公司作为投资者的逐利工具,当然具有营利性。但公司作为社会组织的一种,更具有社会性。一些西方传统的经济学家先入为主地假定所有的人都是追求个人私利最大化的经济人(economic person),然后推理出相应的经济问题的解决方案。其实,自然人既有动物性,也有社会性。同样,公司的营利性犹如自然人的自然性。在关注到无师自通的公司的营利性的同时,必须强化公司的社会性,体认到公司乃社会中的构成人员而已。公司既是经济人,也是社会人。受人尊重的公司必定是营利性与社会性兼顾的公司。只注重公司的营利性,而不注重公司的社会性,只能沦为富而不贵的公司。

强化公司社会责任的理论依据在于公司的经济力量。美国两位研究人员安德森和卡瓦那发表的10项伟大的研究结论表明,在世界上最大的经济一百强中,51个是公司,国家只占49个。其中,日本的丰田公司强于挪威,通用公司强于丹麦。更为重要的是,公司经济力量的集中进一步加深了从公司扩张活动中受益的人群与非受益者之间的不平等。② 权利、权力、义务与责任的性质意味着社会义务蕴含于几乎所有的法律权利、法律权力或实际力量之中。所有权的社会化已成为当代物权法和财产法的核心特征之一。从1804年《法国民法典》到1896年《德国民法典》再到1986年中国《民法通则》的演变,可以发现社会义务或社会责任在诚实信用、公平正义原则的作用下,日益渗透私人所有权和私法自治的国际化趋势。公正地说,蕴含于民事权利中的社会义务与其在社会中的实际影响成正比。从常理看,无论何人,其经济实力和社会影响越大,其肩负的社会义务和社会义务越重;反之亦然。公司不能存在于社会真空之中。公司既然从社会汲取营养、赚取利润,就应承担起解决社会问题、尊重与推动社会法与社会政策的重责大任。公司经济实力越强,就应承担越重、越广泛的社会义务。公司社会责任应当与公司力量的规模紧密挂钩。

强化公司社会责任的理论依据在于自觉承担社会责任是聪明的公司占领市场份额的经营方略。总体来看,公司承担社会责任有助于增强公司可

---

① Dupont's Annual Repot, 1971.
② Sarah Anderson & John Cavanagh, "The Top 200—The Rise of Global Corporate Power", Institute for Policy Studies, 25 December 1996.

持续发展的竞争力。具体说来,有以下几点好处:(1)有助于提升公司的诚信度,改善公司形象,预防公共关系危机,避免诚信株连。有些公司及其股东对社会公众利益麻木不仁,富而不贵,无法获得社会公众发自内心的尊重。唯有自觉承担社会责任的成功公司才能成长为受人尊重的公司。(2)有助于降低公司的生产经营成本。例如,公司采取了循环经济的理念之后,不仅有助于保护全社会的环境质量,而且有助于降低公司经营成本。又如,长期雇用员工的政策有助于培育雇员的永久忠诚度。(3)有助于降低公司的筹资成本。投资者总是喜欢投资于诚信经营的公司。对公司利益相关者不诚信的公司,很难保持对投资者的诚信度。(4)有助于吸引认同公司社会责任理念的消费者。近年来我国也出现了数起公司在消费者诉讼中虽然获得胜诉判决,但仍然失掉市场的反面案例。因为,不管出于什么理由,消费者不太可能因为自己败在商家的脚下,就会忠诚于这一商家。因为,消费者既可以用钞票投票,也可以用脚去投票。(5)有助于推动公司远期利益的最大化。公司在承担社会责任时,可能要舍弃近期的、局部的利益,但有助于实现长远利益的最大化。德宝大学(DePaul University)的沃斯乔尔(Curtis C. Verschoor)教授在2002年1月的《战略金融》杂志上发表论文,认为2001年最佳商业伦理公司(the 2001 Business Ethics Best Citizen companies)的总体经营绩效明显优于标准普尔500指数中的其他公司。其中的"商业伦理"主要针对七类公司利益相关者,包括股东、雇员、顾客、社区、环境、海外利益相关者、妇女与少数者而言。[①] 这个研究结论再次说明,公司主动承担社会责任并不吃亏。

强化公司社会责任的理论依据在于以人为本的科学发展观。《中共十六届三中全会决定》(以下简称"决定")在谈到完善社会主义市场经济体制的目标和任务时,强调"按照统筹城乡发展、统筹区域发展、统筹经济社会发展、统筹人与自然和谐发展",要求"形成促进区域经济协调发展的机制;健全就业、收入分配和社会保障制度;建立促进经济社会可持续发展的机制"。《决定》要求"坚持统筹兼顾,协调好改革进程中的各种利益关系。坚持以人为本,树立全面、协调、可持续的发展观,促进经济社会和人的全面发展"。《决定》在谈到社会法时,特别强调"完善劳动、就业和社会保障等方面的法律法规,切实保护劳动者和公民的合法权益。完善社会领域和可持续发展等方

---

① www.socialfunds.com/news/article.cgi/article832.html.

面的法律法规,促进经济发展和社会全面进步"。为了落实以人为本的科学发展观,充分体现社会主义制度的优越性,必须扭转过去片面追求公司营利最大化、GDP 最大化的立法思路,进一步强调社会利益、社会公平、社会正义、社会稳定、社会和谐在公司法体系中的价值。如果公司法的历史使命仅仅在于谋求企业的短期经济增长和经济效益目标,并以牺牲社会稳定、破坏环境和自然资源、加速两极分化、制造社会冲突为对价,将与科学发展观背道而驰。因此,公司法必须把以人为本的科学发展观转化为具体的法律规范,切实构筑充分维护劳动者权益、消费者权益、环境利益、社会弱势群体利益和社会公共利益的法律体系,从而促进公司与社会的和谐、全面、可持续发展。从宏观上看,强化公司社会责任十构建和谐社会一盘棋的重要内容。

强化公司社会责任的理论依据在于公司推动社会权实现的社会义务。公司的社会责任与人权中的社会权,尤其是消费者权利、劳动者权利更是紧密相连。公司社会责任与社会权要捍卫的最高价值是相同的。作为一个高度浓缩的概念,社会权指属于人权与基本自由范畴的各类体现社会正义的经济、社会、文化权利。这里所说的"经济、社会、文化权利",十分广泛;既包括《经社文公约》中列举的 10 项权利,也包括其他具有经济与社会权利特点的权利,如吃饭权、消费者权利、环境权和发展权。政治国家的力量固然强大,但能力毕竟有限。片面强调国家实现社会权的积极义务是不够的,这一点可以从一些西方国家在福利国家危机面前,纷纷削减社会福利预算开支的事实中得到印证。福利国家的发明为社会权的实现带来了福音,但福利国家所能保障的社会权是极为有限的,一般仅局限于社会保障权(包括失业救济金取得权),但无法确保公民的环境权、工作权、消费者权等。而公司在推动许多社会权的实现中大有可为,如保护公民的环境权、工作权、消费者权、劳动者参加公司经营管理的权利,从根本上解决失业、环保等社会问题。强化公司社会责任,推动社会权的进步,应当摆上 21 世纪人权界与商界的议事日程。当然,把公司社会责任与作为人权的社会权联系在一起,对于人权界与商界来说都是一个严峻的挑战。

强化公司的社会责任与投资者的所有制性质之间不存在直接的关联。不能解释为只有国有企业或者国家跨国公司才应承担社会责任,而其他公司不承担社会责任。任何公司都应自觉履行自己的社会责任。国家股东设立国有企业和国家控股公司的主要目标不仅在于追求投资回报最大化,更在于谋求全国人民公共福祉的最大化。实际上,在我国国有企业改革和发展的过程中,国家对国有企业实行利改税的政策之后,长期未行使作为股东的分红权。可见,增进社会福祉、维护社会公共利益应当成为国家股东设立国有独资公司或者控股公司的主要目标。因此,国家控股的特殊产权结构决定了此类企业应当在经营理念上进一步强化对消费者的社会责任。毕竟,国家是包括广大消费者在内的全国人民整体利益的化身。经济实力雄厚的大中型国有企业,尤其是垄断企业应当承担更大的社会责任,对于铁路、民航、保险、银行、电信等垄断性或者准垄断性的企业而言尤为如此。垄断性或者准垄断性的企业只有比竞争性产业的公司对消费者承担更大的社会责任,才能无愧于国家和社会对其赋予的垄断特权。在某种意义上,可以说承担社会责任是国有企业享有的垄断地位的合法性之所在,是公司为取得垄断利益而支付的必要对价。

强化公司社会责任也是民营公司责无旁贷的历史使命。每当一个民营企业家面临杀身之祸或者牢狱之苦的时候,如李海仓被害、胡志标坐牢等一系列案件被报道的时候,社会公众总是拷问一次民营企业的财富观和社会责任观,总是反思一下民营企业家有无为富不仁的行为,有无不诚信的行为。因此,民营企业能否承担社会责任,不但关系到一个企业商运的兴衰,也攸关整个民营经济的声誉和诚信度。

四、公司社会责任的国际实践

国际公司社会责任运动浩浩荡荡,波澜壮阔。许多跨国公司(如沃尔玛、宜家、耐克、迪斯尼等)制定了自己的公司社会责任守则。一些非政府组织也从不同角度制定了较具可操作性的公司社会责任标准,如 FLA(公平劳资关系协会)标准、ETI(道德贸易行动)标准、AVE(外贸零售商协会)标准和 CCC(清洁服装运动)标准。跨国公司和非政府组织制定的公司社会责任守则目前已多达四百余项。①

值得一提的是,作为民间非政府组织的社会责任国际组织(Social Accountability International,简称 SAI)也于 1997 年 8 月设计了社会责任 8000(SA8000)标准和认证体系,并根据 ISO 指南 62(质量体系评估和认证机构

---

① 参见陈志理、陈全生:《关于企业社会责任标准问题的研究报告》,载《"21 世纪论坛"2005 年会议参考资料》,2005 年 5 月 20 日。

的基本要求)来评估认可认证机构。截至 2004 年 12 月 31 日,全世界有 572 家公司获得 SA8000 标准的认证,涉及 45 个国家。其中,意大利公司占 167 家,中国公司占 79 家(其中,港澳台公司 25 家,大陆公司 54 家,地位外商独资企业与中外合资经营企业),印度公司占 66 家,巴西公司 62 家,美国公司仅有 2 家。①

为进一步推进公司社会责任运动,国际标准化组织(ISO)作为全球最具权威性的标准化组织于 2002 年成立顾问组,从事企业社会责任国际标准的可行性。ISO 于 2004 年 4 月提出《社会责任工作报告》,向全世界征求意见。2004 年 6 月,ISO 在瑞典召开社会责任国际研讨会,有 66 个成员国(其中 33 个为发展中国家)的 355 名代表出席会议。会议认为,制定社会责任国际标准的条件尚不具备,但可以制定具有指导性的国际社会责任导则。随后,ISO 开始制定社会责任导则。2005 年 3 月,ISO 社会责任导则工作组在巴西召开第一次工作会议,中国派 6 名代表出席会议。值得注意的是,ISO 自 2004 年 6 月开始,已将"公司社会责任"(CSR)的提法易为外延更广的"社会责任"。②

更为可喜的是,跨国公司的商业领袖们、广大消费者和投资者已经开始觉醒。许多机构投资者积极奉行"公司社会责任投资政策"。笔者 2005 年 3 月前往新加坡参加亚洲银行家高峰会(Asian Bankers' Summit)时,遇到美国原副总统戈尔先生。戈尔先生与他人在英国设立了一家世代投资管理公司(Generation Investment Management Company)。其投资理念是"可持续投资"(sustainable investment)。换言之,这家公司不投资于烟草、赌场等有违社会公益的产业,而只投资于法律和商业伦理鼓励的产业。此种理念值得肯定。

联合国极为重视强化公司的社会责任。联合国秘书长安南在 1999 年 1 月 31 日举行的《世界经济论坛》上首次提出了"全球协议"(Global Compact)新构想。2000 年 7 月 26 日,全球协议正式启动。全球协议的宗旨是,促使全球协议及其原则成为企业经营战略和经营策略的一部分,推动主要利害关系人之间的合作,并建立有助于联合国目标实现的伙伴关系。③ 换言

---

① 参见陈志理、陈全生:《关于企业社会责任标准问题的研究报告》,载"21 世纪论坛"2005 年会议参考资料》,2005 年 5 月 20 日。
② 同上。
③ http://www.unglobalcompact.org/Portal/.

之,全球协议力图推动有社会责任感的法人公民(responsible corporate citizenship)运动,从而使企业成为迎接经济全球化挑战、解决全球化问题的重要力量。安南号召公司领导者加入全球协议,从而与联合国机构、劳动者和民间组织一道支持人权、劳动者保护和环境保护中的九项原则。这九项原则源于《世界人权宣言》、《国际劳工组织关于工作中的基本原则与权利的宣言》和《里约环境与发展宣言》。在这九项原则中,有两项与人权相关,有四项与劳动标准相关,有三项与环境保护相关。①

五、我国的公司社会责任实践

我国许多公司开始重视公司社会责任的标准认证工作。据2004年5月商务部与劳动和社会保障部对广东、福建、浙江、江苏四省进行的大规模调查表明,外商对我国劳动密集型出口加工企业提出的社会责任认证已经十分普遍。在东莞和宁波,此种认证更达到百分之百的程度。中国企业联合会2004年6月对上述四省五十余家公司的调查结论也表明,接受欧美公司订单业务的中国公司均被跨国公司强制验厂,且为一单一验,还有季度、半年的复验。此外,还存在同一家中国公司被多次验厂、多家公司验厂的情况。但此类别强制要求公司社会责任认证的公司有以下特点:(1)主要集中在沿海开放地区;(2)主要是劳动密集型的出口加工企业;(3)产品主要销往欧美国家;(4)企业性质多为民营企业和港台投资企业。②

为推动我国上市公司的社会责任运动,中国证监会与国家经贸委在其2002年1月7日发布的《上市公司治理准则》第6章用6个条款专门规定了"利益相关者"。其中,第81条作为一个总括性条款,首次在中国证监会的部门文件中引入了"利益相关者"的概念,明确要求"上市公司应尊重银行

---

① 第一项原则是:公司应当在其影响所及的范围内支持与尊重国际国人的人权的保护事业;第二项原则要求公司确保其自身不参与践踏人权的行为;第三项原则要求公司尊重工人的结社自由和集体谈判权利;第四项原则要求公司消除各种形式的强迫性劳动;第五项原则要求公司有效地废除童工;第六项原则要求公司消除招聘和职业上的歧视;第七项原则要求公司对环境挑战采取预防性策略;第八项原则要求公司积极承担更大的环保责任;第九项原则鼓励公司开发和推广环保技术。

② 参见陈志理、陈全生:《关于企业社会责任标准问题的研究报告》,载《"21世纪论坛"2005年会议参考资料》,2005年5月20日。

及其他债权人、职工、消费者、供应商、社区等利益相关者的合法权利"。第82条立足于公司的可持续发展目标,呼吁"上市公司应与利益相关者积极合作,共同推动公司持续、健康地发展"。第83条既从正面要求上市公司"为维护利益相关者的权益提供必要的条件",又从反面规定,当利益相关者"合法权益受到侵害时,利益相关者应有机会和途径获得赔偿"。第84条则主要强调上市公司对其债权人的社会责任:"上市公司应向银行及其他债权人提供必要的信息,以便其对公司的经营状况和财务状况作出判断和进行决策"。第85条涉及对上市公司职工权益的保护,"上市公司应鼓励职工通过与董事会、监事会和经理人员的直接沟通和交流,反映职工对公司经营、财务状况以及涉及职工利益的重大决策的意见"。第86条强调上市公司对其他利益相关者的社会责任:"上市公司在保持公司持续发展、实现股东利益最大化的同时,应关注所在社区的福利、环境保护、公益事业等问题,重视公司的社会责任"。

近年来,越来越多的上市公司宣称其愿意认真严肃地承担公司社会责任,并增进利益相关者利益。一些上市公司修改其公司章程,增加了公司社会责任条款。一些上市公司在其年度报告中也专门披露了其实际履行公司社会责任的情况。① 虽然用语不同,但理念是一样的。例如,某上市公司在其年度报告中专设"利益相关者"一节,宣称"本公司将尊重银行及其他债权人、职工、消费者、供应商、社区等利益相关者的合法权益,坚持可持续发展战略,关注所在社区的福利、环境保护、公益事业等问题,重视公司的社会责任"。②

一些上市公司的民间组织也积极推进公司社会责任运动。例如,山东省董事会秘书协会吁请山东省境内的上市公司树立诚信形象,平等对待非股东利害关系人。③ 2002 年,中国企业家协会起草了《诚信经营自律宣言》。《诚信经营自律宣言》第 19 条指出:"公司应当承担社会责任,关心环境保护,促进可持续发展。应当采取措施预防废水、废气、废料、噪音污染土壤、空气和社会环境,以增进社会福利。严禁以直接排放污染或者牺牲社会环

---

① For the annual report issued by China Textile inc., see http://202.84.17.28/csnews/20020423/221511.asp; for the annual report issued by Shen Zhen Haiwang Biological Engineering Inc., see.
② http://202.84.17.28/csnews/20030122/323634.asp.
③ 辰雨:《山东董秘协会建议树理诚信形象》,参见 http://202.84.17.28/csnews/20020415/216795.asp。

境为代价牟取商业利益。"①全国工商联等非营利组织也积极鼓励非公有制企业投身于光彩事业,积极承担社会责任。

公司的社会责任表现既取决于公司的德性,也取决于公司的悟性,更取决于公司的耐性,细节管理决定成败,公司社会责任政策的制定与执行也是如此。公司既要认真修炼生意经,也要认真学习道德经。

六、鼓励公司慎独自律,出台公司社会责任政策

以受益人为标准,公司社会责任可以分为公司对消费者的社会责任、公司对劳动者的社会责任、公司对债权人的社会责任、公司对环境与自然资源保护的社会责任以及公司对其他利益相关者的社会责任。对公司主张社会权的利益相关者的成分颇不相同,利益诉求也千差万别,因此在公司资源有限的情况下,利益相关者之间也存在着一定的利益冲突。此处仅以公司对消费者的社会责任政策为中心,探讨良好的公司社会责任政策。为彰显自己善待消费者的诚意,各类产业的公司应当制定并公布充分尊重消费者利益的、覆盖产品开发、质量控制、广告策略、定价策略、售后服务、受理投诉等各个环节的、综合性的、诚信的《消费者政策》。

诚信的公司应当推行产品设计的个性化政策。如在产品设计及用材标准方面,充分尊重消费者的自由选择,满足年龄、性别、职业、审美需求等各个方面各有千秋的消费者量身订做的个性化要求。如某电冰箱生产商虚心征求朝鲜族消费者意见,开发出了泡菜冰箱,颇受欢迎。一些房地产开发商针对不同的消费者人群,设定了电脑间、三代居等个性化商品房。

诚信的公司应当推行产品质量控制的严格化和产品的安全性。企业的产品质量标准应当高于或至少不低于国家标准或者行业标准。有些食品公司的经营者不敢食用自己生产的食品,值得深思。诚信、自信的公司高管应当信任自己产品的安全度,放心大胆地使用自己的商品或者服务。例如,开发商的高管尤其是老总带头居住自己开发的商品房(我国当前房地产市场的怪现象,开发商老总基本上不居住自己开发的商品房。笔者长期百思不得其解,只是在仲裁某开发商高管与另一开发商的商品房买卖纠纷案件时,

---

① http://www.cec-ceda.org.cn/body/talk/chenglantong/2002_8_10.html.

才被告知:开发商老总不敢住自己开发的房子,不是担心质量问题,而是担心入住后同一小区的广大业主们会经常前来叩门维权)。这样,广大消费者才会敢于购买其产品或者服务。

诚信的公司应当推行定价策略的公平化,自觉反对暴利政策。暴利政策只能图利于一时,而不能长命百岁。国内外有远见的公司已经开始放弃营利最大化(maximization)的经营目标,改采营利合理化(optimization)的经营目标。实际上,追求营利合理化的公司往往能够获得营利最大化。例如,在商品房价格泡沫高涨的时候,有社会责任感的房地产开发商应当自觉奉行合理的利润政策。这样,既能扩大消费者人群,又能细水长流,稳健持久。近年来余凌罡等人自发组织的住房合作社就从一个侧面说明了房地产市场价格的虚高现象。因此,诚信的开发商应当自觉控制房地产利润率,实现定价合理化,避免涸泽而渔。上述消费者政策不仅是经济实力的比拼,更是诚信度和自信心的展示。而公司经营者的诚信经营理念则是出台并遵守上述消费者政策的前提。对于电力、电信等各个行业而言都是如此。

诚信的公司应当推行真正精明的广告策略。广告策略应当恪守量力而行、适度承诺的基本方针。根据《合同法》的规定,商业广告并不永远只是要约邀请。稍有不慎,神乎其神的商业广告就有可能转化为对广告发布者具有法律拘束力的要约。可见,"吹牛"也要上"税"。一些母公司为了帮助子公司招揽业务,经常以母公司(集团公司)的名义发布商业广告,但真正履行广告项下业务的经济实体则是名不见经传、产品质量平庸乃至低劣的子公司。且不论此种广告是否对每个公司具有拘束力,只需指出一点:通过"质押"母公司的商业信誉而开拓子公司业务的结果是:母公司有可能惹火烧身。因为,不仅作为当事人的子公司难逃失信制裁,就是母公司乃至于公司家族之内的其他姊妹公司都有可能因此而饱尝信誉株连的恶果。信誉质押的风险远非动产质押或者权利质押的风险所能比拟。前一质押的风险有可能形成对整个公司集团品牌和市场份额的毁灭性打击,这种灭顶之灾恰恰容易被公司集团内的高管始料不及,而后一质押的风险则是质押人能够事先预见和控制的。

诚信的公司应当推行真实、准确、完整、及时、易解、易得的信息披露政策。商业广告的最大问题是报喜不报忧。诚信的公司应当把对消费者有利、有害的消费信息同时提供给消费者。例如,现实生活中的"绿色家装材料"的宣传铺天盖地。许多消费者误以为只要购买了绿色家装材料就不会出现室内空气污染。但实际上,不少消费者购买"绿色家装材料"之后还是出现了室内空气污染。为何"绿色家装材料"会出现室内空气污染?原来,"绿色家装材料"中的"绿色"并不是"零污染"、"无污染",而是有污染,只不过单项材料的污染程度在国家环保标准允许的范围之内。多项"绿色家装材料"加在一起就有可能超出了"绿色"的范畴,进入"污染"的行列。如果生产商如实相告,消费者当然可以在购买决策之前作出明智的决策。再比如,一些保健品生产商往往对保健品的副作用避而不谈,也误导了不少消费者。

诚信的公司应当推行现货销售政策。例如,应当鼓励诚信的开发商主动销售现房,彻底告别销售期房的历史。期房销售乃万恶之源。消费者购买现房时,对于房屋的优缺点看得见摸得着,被欺诈的可能性有望大大降低。当然,销售现房对开发商的经济实力和经营理念都是极限的挑战。

诚信的公司应当推行售后服务的人性化政策。公司应当设立24小时消费者免费咨询、投诉和维修电话。实践中,一些公司的售后服务电话线路紧缺,消费者无法畅通地拨打售后服务电话。一些公司的自动值班电话拨打以后,消费者就像进入迷宫一样,一会被告知按"1"键,一会被告知按"2"键、"3"键、"4"键等。消费者好不容易按知识的路线跑到头,却发现"线路正忙,请稍后再拨"。几个回合下来,时间和热情消耗殆尽,依然找不到公司的售后服务人员。因此,消费者在购物之时能否顺畅地拨通商家的售后服务电话,是衡量这家公司的售后服务承诺是否"吹牛"的试金石。

应当鼓励各类产业的公司积极推行自愿的缺陷产品召回政策、无理由退货政策(包括退房政策)和先行赔付政策。不少产业的公司都感受到了消费者持币代购的压力。消费者持币代购的原因之一就是退货难。实践中,消费者如果没有正当退货理由固然退不了货,即使有正当退货理由也无法轻松退货,除非经历几场刀光剑影的诉讼大战。这一现象不仅提高了消费者的购物成本,压抑了消费者的购物欲望,而且不利于增强公司的营销魅力和竞争力。因此,应当鼓励各类公司推行无因退货政策(无理由退货政策),包括退房政策和先行赔付政策。这是公司对自己产品具有高度自信的自然流露,也是培养消费者对自己产品忠诚度的营销技巧。截至目前,笔者还没有发现一家公司因为积极推行无理由退货政策和先行赔付政策而关门破产。相反,一些公司的经营业绩因为此类政策的推行而如日中天。素以"先行赔付"闻名的居然之家就是一个积极案例。

诚信的公司应当摒弃嫌贫爱富的经营理念,公司应当自觉考虑不同收入阶层的消费者,尤其是低收入消费者的消费需求和经济负担能力。例如,开发商应当在商品房价位和户型方面考虑到低收入阶层,有良知的开发商既要为富人盖房,也要为穷人盖房。

诚信的公司应当自觉尊重消费者的选择权。鼓励房地产开发商承诺自费给业主复测商品房面积,但允许业主自由选择复测机构。开发商不应为消费者包办指定律师、保险公司或者按揭银行。

诚信的公司应当自觉告别霸王合同,实现格式合同的公平化。近年来,中国消费者协会开展了对电信、保险、银行、汽车等领域的格式合同点评工作。不少被点评的公司,尤其是竞争程度比较充分的产业,能够本着有则改之、无则加勉的精神,见贤思齐,自觉删除了霸王条款。但仍有一些公司尤其是垄断程度很高的公司我行我素,一意孤行。这种错误做法不利于树立公司的诚信品牌,不利于公司的可持续健康发展。有长远眼光的公司应当主动追求卓越,自觉告别霸王合同。建议商业银行不对消费者提前还贷的行为征收违约金,建议商业银行不对小额存款消费者征收账户管理费。建议电信公司主动退还消费者的电信卡余额。建议高速公路经营者自觉遵守消费者权益保护法,尊重司机的消费者权利。建议航空公司从确保航空安全的角度出发,及时停飞应当退役的飞机。

诚信的公司应当自觉尊重消费者的隐私权。隐私权(right to privacy)是消费者享有的禁止他人未经本人同意擅自公开或者窥探自己的私人信息、私人活动和私人空间的权利。顾名思义,隐私权是维护隐私的权利,其核心内容是对自己的隐私依照自己的意志进行支配。隐私权的客体(隐私)可概括为三类:(1)私人信息。如消费者的姓名、性别、年龄、学历、收入状况、婚姻史、恋爱史、健康数据、遗传代码、日记、电话号码、雇主、宗教信仰等。(2)私人活动。(3)私人空间(既包括住所等现实空间,也包括电子邮件信箱等虚拟空间)。隐私权是人格权。隐私权的内容主要关系到权利人的精神利益,而非财产利益。隐私权是绝对权。任何人相对于他人的隐私权而言都是义务人,都负有不得侵害的消极义务。隐私权是支配权。权利人有权决定是否公开自己的隐私,公开何种隐私,何时公开,在多大程度上公开,在何种范围内公开,以何种方式公开。隐私权包括隐私隐瞒权、隐私利用权、隐私支配权、隐私信息编辑权和隐私维护权等五大权能。现实生活中,有意无意地侵害消费者隐私权的公司经营行为时有发生。一些公司未经消费者同意擅自将其信息转售他人牟利。聪明的公司,尤其是那些掌握消费者核心隐私,或者有可能接触消费者核心隐私的公司应当自觉尊重消费者隐私,并推出态度鲜明、措施得力的消费者隐私尊重政策。

诚信的公司应当推行免费的高质量的消费知识教育。鼓励公司举办具有自身特色、面向自己衣食父母的消费教育学校,提供消费者贤明的必备知识,这对扭转消费者在信息占有方面的劣势地位具有积极作用。当然,消费者自身的素质教育也很重要,消费者应当努力成为文明、诚信、理性的消费者。

诚信的公司应当推行增进社会公共利益的采购政策。公司应当在采购原材料和商品过程中优先采购有利于环境保护的供应商、中小企业中的供应商、来自老少边穷地区的供应商等。例如,对于电网公司而言,污染环境的发电公司的电再便宜也不应当采购。

诚信的公司应当善用而不应滥用公司法人地位和股东有限责任待遇。例如,房地产开发商应当抛弃一次性的短命项目公司。一些房地产开发商为了控制自己的投资风险,经常设立若干项目公司。一旦小区建成,项目公司就土崩瓦解,原班人马就改头换面,注册另一家项目公司,开发另一小区的商品房。一次性公司、"快餐"公司符合房地产开发商的营利最大化目标,但无疑加剧了消费者的交易风险:一旦业主居住的房屋在项目公司注销登记以后发现了潜在的质量瑕疵或者权利瑕疵,不仅原来的项目公司寿终正寝,项目公司的股东也往往以自己是有限责任股东为由逃避责任。

公司的社会责任政策的内容内涵丰富,外延广阔。公司应当根据自己的经营理念和经济实力自我加压、自觉贯彻。当然,每一个产业都有自身的特点,不同产业的消费者政策应当具有本行业的特色。

对于公司的社会责任表现,消费者不仅要听其言、察其色,更要观其行,仅有良好的社会责任政策是不够的。公司应当推出一套切实有效的措施,确保自己承诺的社会责任政策落到实处。公司社会责任的细节管理永无止境,一方面要加强对公司从业人员的商法与商业伦理教育,提升从业人员的业务和伦理水准;另一方面,要强调公司社会责任政策的可操作性与可诉性,充分发挥广大消费者的监督作用。

《公司法》应当调整董事只对股东利益负责的传统态度,授权董事在作出公司经营决策时适当考虑消费者利益。公司应当把增进消费者利益视为公司的经营目标和行为指南之一,而非赚钱的手段。当消费者利益与股东利益发生冲突时,公司应当尽力兼顾二者利益;如果二者实在无法兼顾,消费者利益应当优先考虑。对于保险公司、银行等诚信度要求很高的产业而言,尤为如此。例如,当被保险人、受益人的利益与保险公司股东的利益发生冲突时,股东利益应当礼让被保险人、受益人的利益。我国目前上市公司已经建立独立董事制度。独立董事不仅要代表和维护中小股东的利益,也要维护和捍卫广大消费者的利益。笔者认为,独立董事应包括消费者代表。要鼓励与保护消费者代表步入公司决策层。消费者董事享有全方位的知情权,有权与股东董事、职工董事一道就公司的经营战略、投资计划、商品房开发、商品质量检验等重大问题参与决策,有权对涉及消费者切身利益的问题行使否决权。消费者董事必须来自消费者,由消费者所选,并为消费者服务,不能为侵害消费者权益的开发商收买,不能与制假卖假的开发商同流合污、狼狈为奸、助纣为虐。因此,消费者董事应当具有很高的素质,既要有德,始终不渝地把消费者利益的维护放在自己的心坎上;还要有能,通晓公司的经营管理,熟悉商品房的有关知识、尤其是特定商品房对消费者切身利益的影响,做到耳聪目明,更有效率地在产品和服务投入市场之前为广大消费者站好岗、放好哨。

七、市场有眼睛,法律有牙齿:一流的经营者应当正确区分法律决策与商业决策

不少公司在输掉官司之后,后悔不迭。也有些公司在赢了官司后会产生新的烦恼,丝毫高兴不起来:"我对消费者的官司已经胜诉了,其他广大消费者为何不购买我的商品和服务呢"?

此类公司的管理层虽对中国传统文化中的"成王败寇"思想有一些粗浅认识,但对竞争程度日益加剧的市场营销策略缺乏洞察力,对于现代消费者的心理需求和偏好更是无知。企业不忠诚于消费者,消费者也不会忠诚于企业。满面春风善待消费者的企业走到哪个产业领域都会受到消费者的青睐,而横眉冷对消费者的企业无论进入哪个产业领域,消费者都会退避三舍。大多数消费者对于"货软人不软"的商家尤其是状告消费者胜诉的商家往往退避三舍犹恐不及,岂敢购买其商品或者服务?因此,公司赢了官司、输了市场均在情理之中。

在一定意义上可以说,在经营者与消费者对簿公堂的情况下,如果消费

者胜诉了,经营者当然输了;即使消费者败诉了,经营者实际上也输了。公司高管或曰:胜亦忧,败亦忧。然则何时而乐也?

笔者答曰:待到公司高管能够审时度势地正确区分法律决策与商业决策、并忠诚地致力于谋求利益多赢的公司经营方略时!一流的经营者应当审时度势地正确区分法律决策与商业决策,具有妥善、平稳处理公关危机的经营艺术。汉语中的"舍得"二字意蕴丰富,值得企业高管认真学习。只有舍弃一些眼前的细微利益,才能得到长远的根本利益。吃小亏、取大利,何乐而不为?构建和谐的消费环境又有何愁?!公司高管果真这么想,坏事也许就能变成好事。

八、行业协会在保护消费者权益方面潜力巨大

随着市场经济的发展和政府职能的转变,商人协会(行业协会)的自我监督、自我管理、自我约束、自我服务、自我保护、自我教育的职能将愈来愈重要。但是,行业协会必须角色定位准确,而不应盲目抄袭政府部门的行政职权和工作方式。为了避免全行业的诚信株连,维护本行业的商业利益,行业协会应当随时整肃家门,加强行业自律。行业协会要围绕构建双赢和谐消费环境的主旋律,倡导与组织本行业的会员企业自觉服务、服从于维护消费者利益的根本要求,既要鼓励先进,也要鞭策落后;既要强调本行业的自我保护,也要加强严格自律。自律也是保护。鼓励各个行业协会通过制定和实施《社会责任行为守则》和自律规章,规范本行业的竞争秩序,预防和制止不正当竞争行为,制裁损害消费者权利的行为。自律规章和行业承诺的自律水准应当高于法律,至少不应当低于法律;否则就失去了自律的意义。

当前,尤其要警惕某些行业协会打着与"国际惯例"接轨的幌子,出台某些美其名曰"国际惯例"的行业措施,保护本行业的眼前、短期的蝇头小利,欺诈广大消费者。无论是中国旅游饭店行业协会最近制定的《中国旅游饭店行业规范》中规定的"饭店可以谢绝顾客自带酒水",还是银行业针对买房消费者提前向银行还贷的"违约"行为征收"罚金"或"违约金"的做法,抑或对低于某一金额以下存款客户收取账户管理费的做法,都被冠以"国际惯例"的美名。国际惯例也要打假。

笔者认为,行业协会推出的"国际惯例"要在中国行得通,必须满足以下

四个条件:(1)该做法确实为大多数市场经济国家所普遍采用,而非某一两个国家的某一行业采用的个别习惯,更非某行业中的个别商家的习惯;(2)该做法必须符合中国的国情,尤其是中国的经济发展水平、中国的消费习惯与文化传统。中国消费者习惯使用现金结算,"五一"、"十一"黄金周期间更是消费者急需银行业务的时候,而某些银行按照"国际惯例"休假,岂非赶跑了客户,也给储户带来了麻烦?(3)该做法必须符合中国的法律规定,与中国法律抵触的"国际惯例"一概无效。例如,《商业银行法》规定了存款有息的强行性法律原则,某些商业银行推出的对小额存款不但不付息,还要收账户管理费的做法就明显违反了《商业银行法》的这一规定;(4)该做法既要遵守中国的法律规定,也要遵守商业伦理的要求。虽然貌似合法、但违反商业伦理的行业做法,不仅会招致消费者的反弹,而且也会招致广大诚实商家的不满,最终行之不远。广大消费者与商家对《中国旅游饭店行业规范》中"饭店可以谢绝顾客自带酒水"的条款之所以批评之声不绝于耳,原因恰恰在于此。

九、鼓励社会责任投资

欧洲可持续与问责投资论坛(Eurosif, the European Sustainable and Responsible Investment Forum)出版的《2003年欧洲机构投资者的社会责任投资》表明,欧洲机构投资者的社会责任投资在2003年高达3360亿欧元。[①] 这意味着,社会责任投资已成为某些国家金融市场的主流,而且势头越来越猛。2005年,法国的养老储备基金拟斥资6亿欧元用于社会责任投资。[②] 而在美国,尽管自1999年之后的两年内美国的市场表现不佳,但2001年的社会责任投资仍高达23400亿美元。[③]

鉴于投资者的社会责任取向对于管理层的社会责任表现具有举足轻重的作用,无论是个体投资者还是机构投资者都将肩负着推动公司社会责任

[①] www.eurosif.org/pub2/lib/2003/10/srirept/press.shtml.
[②] http://www.socialfunds.com/news/article.cgi/article832.html.
[③] Social Investment Forum, 2001 Report on Socially Responsible Investing Trends in the United States, SIF Industry Research Program, November 28, 2001. http://www.socialinvest.org/areas/research/trends/2001-Trends.htm.

实践、在商业界落实社会正义的重大责任。随着我国的基金管理公司、保险公司、养老基金作为机构投资者的崛起,强调机构投资者的社会责任投资意义重大。兹以证券投资基金管理人和基金托管人为例说明。

信托型证券投资基金是典型的私益信托、商事信托、自益信托。在信托型证券投资基金关系中,投资者既是委托人,也是受益人,基金管理人、基金托管人则分别处于受托人的地位。当然,基金管理人、基金托管人各自履行的受托人职责的具体形态有所不同,前者注重基金资产的管理和投资活动,后者着眼于基金资产的安全性。受托人受人之托,承人之信,纳人之财,理应承担应尽的诚信义务。针对前几年的"基金黑幕"与基金管理人高位接盘、损害投资者利益的现象,《证券投资基金法》第9条要求基金管理人、基金托管人管理、运用基金财产,应当恪尽职守,履行诚实信用、谨慎勤勉的义务;还要求基金从业人员恪守职业道德和行为规范;并在第2章和第3章分别规定了基金管理人和基金托管人应当履行的诚信义务。

但是,基金管理人投资于具有社会责任感的公司,不仅在法律上和伦理上具有正当性与合法性,而且从长远看有利于基金持有人的利益最大化。基金管理人在选择投资对象时,应当认真评估投资对象的社会责任表现,并建立一票否决制。当前,我国基金老公司在选择投资对象时,往往偏重于公司的财务表现尤其是近期财务表现,缺乏长期投资、战略投资、社会投资的雄才大略。看似对自己的基金持有人利益负责,但长此以往必将助长投资对象的唯利是图行为,最终导致投资对象社会形象与营利水平的集体沦丧。只有未雨绸缪,才能避免基金投资因为潜在的公司社会责任丑闻而付之一炬。我国的机构投资者都应争当社会责任投资者。正确处理投资的社会性(道德经)与营利性(生意经)之间的辩证关系是推动机构投资不断变革的动力,也是衡量机构投资的智慧和艺术水准的重要标尺。

相关的一个问题是,投资基金在寻求自身角色定位时,是追求积极的股东角色,还是追求消极的股东角色?笔者主张,证券投资基金在我国当前公司治理不完善、存在制度设计缺陷的情况下,也应努力成为积极的股东。为了践行社会责任投资理念,基金管理人不仅要学会用脚去投票,也要学会用手去投票,用诉状投票。

要强化基金管理人对投资对象公司利益相关者的同情心与爱心,一定要克服基金管理人对自己的基金持有人麻木不仁的投资管理心态。例如,不少基金管理公司曾购买过不诚信上市公司发行的股票,但在散户投资者纷纷对虚假陈述行为人提起诉讼的情况下,基金管理公司缘何倾向于三缄其口,保持沉默?是由于基金管理公司基金经理投资理财水平高超,能够识破虚假陈述骗局?还是由于基金管理公司存在难言之隐,担心自己一旦提起诉讼,反而暴露自己专家理财水平不高的尴尬局面?笔者认为,当证券投资基金投资对象公司存在虚假陈述行为时,负责任的基金管理人应当仗义执言,挺身而出。这是维护广大基金投资者的合法权益的需要,也是维护上市公司中小股东的需要,更是强化社会责任投资理念的必修课之一。

十、消费者也应树立社会责任思维

既要强调公司的社会责任,也要强调消费者的社会责任。消费者是消费活动的主体。观念又是行为的先导。有必要在全社会范围内通过喜闻乐见、老少皆宜的方式加强对社会责任观念的教育工作,从而树立与强化公司社会责任相适应的消费观念,培养一批又一批诚信、文明、成熟、聪明、理性、具有社会责任感的消费者。

首先,消费者要自觉树立维权意识和自我保护意识。在市场经济社会,商家与消费者之间发生的一切消费关系都是法律关系。消费者的权利很容易受到来自商家或者第三人(包括行业协会和政府部门)的伤害。成熟的消费者应当学会依法维权。不愿、不敢、不善于依法维权的消费者不是真正成熟的消费者。消费者既享受法律规定的权利,特别是《消费者保护法》规定的九大权利;也享受消费者与商家约定的权利,即合同权利。消费者可以通过服务买卖合同扩张商家的法律义务,从而强化消费者的权利。《合同法》奉行合同自由原则,凡是由服务买卖合同约定的消费者权利与开发商义务,只要不违反法律的强制性规定,均属有效,均受法律保护。除了在服务买卖合同中订立尽可能多的消费者权利条款,消费者还应关注《合同法》有关服务买卖合同的一系列规定。例如,《合同法》规定了商家对消费者所负的先合同义务、缔约过错责任、合同附随义务、后合同义务、格式合同条款、商家违约行为与侵权行为竞合时消费者的选择权、合同解释规则(包括文义解释、整体解释、目的解释、诚信解释与习惯解释)、违约责任的追究等,即属此类,这些条款都有利于维护消费者作为服务买卖合同当事人的合法权益。消费者还要学会运用协商、调解、仲裁和诉讼等多种争议解决途径,最终讨回公正的说法。为权利而斗争,既是消费者的个体权利,也是消费者作为社会一分子对强化公司社会责任所做的贡献。消费者提起的公益诉讼,更是其中的典范,应予鼓励。

其次,消费者不仅胸怀自己的权利,而且应当关怀自己之外的公司利益相关者(如劳动者权利、债权人权利、环境利益)的冷暖。在现代社会,民事权利和商事权利的行使都蕴含着社会义务,因为权利的行使不得违反公序良俗和诚实信用原则,不得以邻为壑,损害他人和社会的利益,这是自消极角度言之。自积极角度言之,应当鼓励消费者的消费行为与保护环境和自然资源、构建社会主义和谐社会、建立社会信用体系、推进社会经济文化均衡全面可持续发展等社会整体利益和社会公共政策保持协调。

例如,保护日益短缺、日益恶化的生存环境和自然资源,是每个消费者对全社会、也是对子孙万代所负的历史责任。广大消费者应当树立"绿色消费光荣,破坏环境消费可耻"的新观念,应当拒绝消费直接导致自然环境与自然资源恶化的商品和服务。

再如,消费者有权在消费品市场联合抵制不诚信公司的产品,也有权在劳动力市场和证券市场支持诚信公司的发展壮大。2002年的《科恩公司居民研究报告》(A 2002 Cone Corporate Citizenship Study)表明,美国消费者在知悉一家公司的社会责任丑闻之后,有91%的消费者会考虑选择购买其他公司的商品或者服务;85%的消费者会把这条信息传递给亲朋好友,83%的消费者会拒绝投资于该公司,80%的消费者会拒绝前往这家公司工作,76%的消费者会联合抵制这家公司的产品。① 美国经验值得借鉴。

十一、新闻媒体在强化公司社会责任方面任重道远

要打造和谐公司的舆论环境,鼓励、支持社会各界人士对有悖公司社会责任的行为进行社会监督和舆论监督。舆论监督成本低、覆盖面广、社会影响快而深远。新闻媒体是广大利益相关者的耳目喉舌,是沟通商家与社会公众的快捷高效通道,是公司失信行为的啄木鸟,是蛀虫公司的天敌,也是政府的得力助手。因此,应当满腔热情地鼓励和支持大众传媒对公司社

---

① www.eurosif.org/pub2/lib/2003/10/srirept/press.shtml。

责任运动进行经常而有效的监督。

人民法院要划清正当新闻监督与不当侵害名誉权的法律界限,既鼓励新闻媒体大胆地对有悖于公司社会责任的观念、行为和制度进行鞭挞,也要避免新闻侵权。为确保新闻监督的有效性,新闻监督可以与公权力的监督、公司和消费者、劳动者等利益相关者的监督结合起来。

当然,大众传媒也要恪守新闻监督的真实性、客观性、中立性和公正性原则,承担起应有的社会责任。新闻工作者也要加强职业道德修养,杜绝新闻腐败,尤其是敢于抵制有悖于公司社会责任的有偿新闻与商业广告,绝不利用新闻监督谋取私利。现在的问题不是大众传媒对公司失信问题的监督过了头,而是大众传媒这一问题的监督还很不够,很薄弱。

十二、建立与完善公司社会责任信息披露制度

传统的公司法为了追求保护股东与债权人的立法价值,在信息披露制度上只强调财务信息,很少涉及用工、消费、环境保护等方面的社会信息。建议我国公司法和证券法导入社会公开法律机制,丰富信息披露的外延与内涵,把股东之外的其他利害关系人与股东、证券投资者和债权人一道纳入社会公开机制的保护伞下面,并把信息公开披露的内容由传统的财务性公开,扩大到包括财务性公开和社会性公开在内的广泛内容。

相关政府机构应当据此完善信息披露格式,使信息披露制度惠及包括广大投资者在内的各类利益相关者。上市公司作为全国性公司、透明度最高的公司,在履行社会责任信息披露方面理应率先垂范。为满足广大社会公众的知情权,除了号召公司自觉履行履行信息披露义务外,还应当保护媒体依法行使舆论监督权。

中国《公司法》第五条第一款的文义解释及其实施路径
——兼论"道德层面的企业社会责任"的意义

楼建波*

引言

2005年修订的《中华人民共和国公司法》第5条第1款规定:"公司从事经营活动,必须遵守法律、行政法规,遵守社会公德、商业道德,诚实守信,接受政府和社会公众的监督,承担社会责任。"该款规定明确公司应该承担社会责任,是中国公司立法的一个重要创新。[①] 但是,《公司法》的规定并未彻底解决围绕企业社会责任的各种争议。[②]

作者试图通过对《公司法》第5条第1款的文义解

---

* 英国伦敦大学哲学博士(法学),北京大学法学学士、硕士,原英国剑桥大学中国商法讲师;现任北京大学法学院副教授、房地产法研究中心主任、商法研究中心(筹建中)召集人。北京大学法学院研究生李晖、赵杨同学帮助笔者收集并整理了有关的资料;唐勇同学协助校阅全文并处理了脚注的格式。在此对他们表示感谢。文章中错误和不足之处,由作者本人负责。

① 刘俊海教授这样评论:《公司法》第5条"是我国社会主义公司法的一大特色,也是我国立法者对世界公司法的一大贡献"。见刘俊海著:《新公司法的制度创新:立法争点与解释难点》,法律出版社2006年版,第553页。

② 在北京大学企业与公司法研究中心及商法研究中心2007年11月1日召开的"北京大学法学院企业社会责任与公司治理国际研讨会"上,与会专家就企业社会责任的性质、内涵和外延,以及实施展开的讨论和争议,就充分展示了这种争议的存在。作为《公司法》修改专家组成员的赵旭东教授在其主编的教材中就坦承:"何谓公司社会责任,迄今尚未形成统一的结论。"见赵旭东主编:《公司法学》,高等教育出版社2006年版,第49页。

读,揭示企业社会责任在中国法下的意义,并对企业社会责任,尤其是所谓的"超越法律责任之外的企业社会责任"(道德层面的企业社会责任)在中国的实施提出自己的看法,并在此基础上揭示法律明文要求公司承担社会责任的意义。本文的研究将建立在历史考察、比较法考察和逻辑推理的基础上。

文章在引言后将分成四个部分。在第一部分中,笔者将首先对自己工作的必要性做一个简单的论证,揭示进行文义解释的目的,并为文义解释的目的对企业社会责任的内涵和外延做一简单的考察;在此基础上,笔者对《公司法》第5条第1款做一个初步的解读,推测该款全部都是关于企业社会责任的规定,该款最后的"承担社会责任"的表述也许只是对同款前面文字的一个概括。在第二部分中,作者将借鉴域外的经验,探讨通过行政力量,通过公司法已有的机制,如股东临时提案权、股东派生诉讼,强制公司履行超越法律责任的企业社会责任的可能性。在第三部分中,笔者将在前面讨论的基础上,结合对企业社会责任发展的历史考察,揭示《公司法》第5条规定的企业社会责任,尤其是道德层面的企业社会责任的意义。最后,笔者在文章的总结部分对前面的讨论做了概括、提炼和引申,并为将来的研究设定了方向。

一、《公司法》第五条第一款的文义解释

(一) 为什么进行文义解释?

法律职业者总是通过一定的方法来认识、判断、处理和解决法律问题的。[1] 在法律实施过程中,法律解释是一个必经的步骤。[2] 概括的抽象的法律只有经过解释,才能成为具体行为的规范标准。[3] 从我国法律的实际运行过程看,我国法律的正式解释大体可以分为立法解释、行政解释和司法解释。[4] 除正式解释外,学者们往往还从研究的角度对法律进行解读,这种解

---

[1] 张文显主编:《法理学》,高等教育出版社2007年版,第272页。
[2] "法律解释是指对法律的内容和含义所做的说明。任何法律在实际运用中都面临解释的问题,就如任何文本都需要读者理解一样。"同上书,第279页。
[3] 同上书,第281页。
[4] 关于这三种解释的具体内容,同上书,第282—283页。

读虽然没有法律效力,但可以成为正式解释的基础和参考。①

作为本文研究对象的《公司法》第 5 条第 1 款本身应该说是比较概括、抽象的,尤其是其中关于"社会责任"的表述,更是一个在立法和司法上都尚待进一步明确的问题。② 笔者对我国立法机关、司法机关及有关的行政机关在《公司法》修订前后发布的有关文件③做了一个简略的检索,只在国务院法制办公室主任曹康泰同志 2005 年 2 月 25 日"关于《中华人民共和国公司法(修订草案)》的说明"④以及国务院国有资产监督管理委员会"关于认真学习贯彻执行公司法和证券法的通知"⑤中发现与该款有关的内容,但都很概括。

在这种情况下,对《公司法》第 5 条第 1 款的学理解释就不仅具有理论上的意义,而且成了实务的需要。⑥ 剩下的问题就是用何种解释方法对该款

---

① 我国的大多数民法教材都把法理(包括学者对法律的解读)列为民法的一个渊源。"我国民法没有规定法理是民法的渊源,但是法理对于解释民法和法官裁决民事案件实际上起着重要作用。"见魏振瀛主编:《民法》,北京大学出版社 2007 年版,第 18 页。

② 曾参与《公司法》起草工作的赵旭东教授就坦言:"……但由于公司的社会责任一词的内涵和外延在法律上不够明确,在学者之间也没有形成一致意见,因此还需要进一步研究。"见赵旭东主编:《新公司法条文释解》,人民法院出版社 2005 年版,第 12—13 页。

③ 笔者考察的文件包括:国务院法制办公室主任曹康泰同志 2005 年 2 月 25 日"关于《中华人民共和国公司法(修订草案)》的说明"、2005 年 8 月 23 日全国人大法律委员会"关于《中华人民共和国公司法(修订草案)》修改情况的汇报"、2005 年 10 月 19 日全国人大法律委员会"关于《中华人民共和国公司法(修订草案)》审议结果的报告"、2005 年 10 月 25 日全国人大法律委员会"关于公司法(修订草案第三次审议稿)、证券法(修订草案第三次审议稿)、关于修改个人所得税法的决定(草案)和外国银行财产司法强制措施豁免法(草案二次审议稿)修改意见的报告"、2005 年 10 月 28 日"中国证券业协会关于认真学习宣传贯彻公司法证券法的通知"、2005 年 11 月 18 日国务院国有资产监督管理委员会"关于认真学习贯彻执行公司法和证券法的通知"、2005 年 12 月 23 日国务院办公厅"关于做好贯彻实施修订后的公司法和证券法有关工作的通知"、2006 年 4 月 28 日最高人民法院"关于适用《中华人民共和国公司法》若干问题的规定(一)"。

④ "说明"二(八)指出公司法修改的一个内容是"强调公司的社会责任,确立有关人员的诚信准则,促进社会信用制度建设,维护市场经济秩序和社会公共利益"。根据曹康泰主任的说明,随着"公司逐步成为占现代社会主导地位的商事主体类型,公司的运作行为不仅关系股东、职工等内部利害关系人的利益,也对市场秩序和社会公共利益发挥着重要的影响。公司及其股东、董事、监事在追逐公司经济效益最大化的同时,也必须承担一定的社会责任、履行相应的法律义务"。

⑤ "通知"三(四)要求国有企业"强化利害关系方利益保护意识,切实保护出资人(股东)、债权人以及职工等利害关系人的合法权益"。但该"通知"主要从股东等利害关系人等知情权的角度规定的。

⑥ 事实上,对新颁布的法律进行解释一直是我国学术界的传统。例如,2005 年公司法修订后,仅人民法院出版社就出版了 8 种新公司法系列丛书,其中涉及对新公司法的理解和适用的有:《新公司法条文释解》、《新公司法讲义》、《新公司法案例解读》、《新公司法实务精答》、《新旧公司法比较分析》、《新公司法适用指南》、《新公司法办案手册》。

进行解读了。

法律的一般解释方法包括语法解释、逻辑解释、系统解释、目的解释和当然解释。① 其中语法解释就是我们想要使用的文义解释,又称文法、文理解释,是指根据语法规则对法律条文的含义进行分析,以说明其内容的解释方法。②法律解释通常都是从语法解释开始的,因为要理解高度概括抽象的法律的含义,首先就要从法律规定的文字含义入手。③我国台湾地区学者黄茂荣在分析法律解释的因素中的范围性因素时,也把文义因素列在第一位。④

(二) 企业社会责任的"文义"

"法律上所了解之'文义'是该用语或词在一般的语言习惯上被了解的意涵。唯如该用语或词在法律圈或相关行业已有相约成俗之特别的其他意涵,那么就以后者为它们的意涵。"⑤那么,"企业社会责任"一词的文义究竟如何呢?下面我们分别从内涵和外延两个方面进行考察。

1. 我国法学界对企业社会责任内涵的认识

我国法学界对企业社会责任的讨论开始得比较晚。目前学界对企业社会责任的定义一般均从"利害关系人"的角度入手,认为企业除了营利和为所有者赚取利润外,还应该对利害关系人负责。

国内较早从法律角度研究企业社会责任的刘俊海教授指出:"所谓公司社会责任,是指公司不能仅仅以最大限度为股东们营利或赚钱作为自己的

---

① 关于这几种一般解释方法的含义,参见张文显主编:《法理学》,高等教育出版社 2007 年版,第 285—286 页。除一般解释方法外,还有特殊解释方法。在对法律进行特殊解释时,按照解释尺度的不同,可以把法律解释分为字面解释、扩充解释和限制解释;按照解释的自由度的不同,可以把法律解释分为狭义解释和广义解释。同上,第 286—287 页。

② 张文显主编:《法理学》,高等教育出版社 2007 年版,第 286 页。

③ 同上。

④ "因为文字是法律意旨附丽的所在,也因为它是法律解释活动的最大范围,因此,着手解释法律的时候,首先便须去确定文义涵盖的范围。"见黄茂荣著:《法学方法与现代民法》,中国政法大学出版社 2001 年版,第 494 页。

⑤ 黄茂荣:《法学方法与现代民法》,中国政法大学出版社 2001 年版,第 494 页。国内的法理学教科书中也有同样的表述,例如,张文显老师主编的《法理学》教材在论述完应该从法律规定的文字含义入手来理解法律的含义时,接着指出"不过也要注意,法律语言有时不同于日常语言,法律中难免会有许多专业术语,因此,解释时要避免将专业术语当日常语言来解释。"载张文显主编:《法理学》,高等教育出版社 2007 年版,第 286 页。

唯一存在目的，而应当最大限度地增进股东利益之外的其他所有社会利益。"① 张士元和刘丽则认为，企业社会责任是企业在谋求自身及股东最大经济利益的同时，从促进国民经济和社会发展的目标出发，为其他利益相关者履行某方面的社会义务。② 朱慈蕴认为，企业社会责任是指企业应对股东这一利益群体以外的、与公司发生关系的其他相关利益群体和政府代表的公共利益负有一定的责任，即维护公司债权人、雇员、供应商、用户、消费者、当地住民的利益以及政府代表的税收利益、环保利益等。③ 卢代富把企业社会责任定义为企业在谋求股东利润最大化之外所负有的维护和增进社会利益的义务。④

应该说，我国学者对企业社会责任的内涵的认识还是比较一致的，唯一的分歧在于：一部分学者认为企业社会责任包括公司对股东的责任，而另一部分学者则认为企业社会责任是指企业对股东以外的其他利益（群体）所负责任。

这种从社会利益和利害关系人的角度对企业社会责任内涵的认识也影响了立法机关和行政机关。例如，国务院法制办公室主任曹康泰同志在其2005年2月25日向全国人大常委会所作的立法说明中，在有关企业社会责任的部分，就有着这样的表述："……公司的运作行为不仅关系股东、职工等内部利害关系人的利益，也对市场经济秩序和社会公共利益发挥着重要的影响。公司及其股东、董事、监事在追逐公司经济效益最大化的同时，也必须承担一定的社会责任、履行相应的法律义务。"⑤ 2005年11月18日国务院国有资产监督管理委员会"关于认真学习贯彻执行公司法和证券法的通知"中也要求中央企业"强化利害关系方保护意识，切实保护出资人（股东）、债权人以及职工等利害关系人的合法权益"⑥。

---

① 刘俊海：《公司的社会责任》，法律出版社1999年版，第6—7页。刘俊海教授认为"这种社会利益包括雇员（职工）利益、消费者利益、债权人利益、中小竞争者利益、当地社区利益、环境利益、社会弱者利益及整个社会公共利益等内容，既包括自然人的人权尤其是《经济、社会和文化权利国际公约》中规定的社会、经济、文化权利（可以简称为社会权），也包括自然人之外的法人和非法人组织的权利和利益。"

② 参见张士元、刘丽："论公司的社会责任"，载《法商研究》2001年第6期。

③ 参见朱慈蕴：《公司法人人格否认法理研究》，法律出版社2000年版，第299页。

④ 参见卢代富：《企业社会责任的经济学与法学分析》，法律出版社2002年版，第96页。

⑤ 曹康泰："关于《中华人民共和国公司法（修订草案）》的说明"（2005年2月25日）。

⑥ 参见"国务院国有资产监督管理委员会关于认真贯彻执行：《公司法》和《证券法》的通知"（国资法规[2005]1428号）三（四）。

2. 企业社会责任的外延

国内学者对企业社会责任的分层基本上采纳了卡罗尔"企业社会责任金字塔"理论。完整的企业社会责任金字塔理论是卡罗尔在1991年提出的①,虽然他在1979年就已经发展出了企业社会责任的三层次划分。② 2004年翻译出版的卡罗尔的《企业与社会——伦理与利益相关者管理》一书③对其观点有着较全面的介绍。

卡罗尔将企业社会责任分为四个层次:第一层企业的经济责任(economic responsibilities)是基本责任,处于金字塔的底部;第二层是企业的法律责任(legal responsibilities),要求企业在社会制定的法律框架内运作;第三层是企业的伦理责任(ethical responsibilities),指那些为社会所期望或禁止的、尚未形成法律条文的活动和做法,包括公平、公正、道德、规范等。第四层是企业的慈善责任(Philanthropic responsibilities)。④

国内的学者虽未全面采纳这四个分层,但普遍认为,企业社会责任包括法律层面的责任和道德责任。⑤ 1990年的《中国企业管理年鉴》对企业社会责任下了这样一个定义:"企业社会责任,可以表述为,企业为所处社会的全面和长远利益而必须关心、全力履行的责任和义务,表现为企业对社会的适应和发展的参与。企业社会责任的内容极为丰富,既有强制的法律责任,也有自觉的道义责任。"⑥ 刘俊海也认为:"以其受激励与约束的行为规范为准,公司社会责任可以分为道德意义上的责任(moral responsibility)和法律意义上的责任(legal responsibility)。"⑦

(三) 对《公司法》第5条第1款的解读

用"企业社会责任金字塔"理论基础上的企业社会责任分层理论分析我

---

① See e. g. , Archie B. Carroll, "The Pyramid of Corporate Social Responsibility: Toward the Moral Management of Organizational Stakeholders," *Business Horizons* (July-August 1991). 资料来源:www-rohan. sdsu. edu/faculty/dunnweb/rprnts. pyramidofcsr. pdf. 访问日期:2007年11月30日。

② See Archie B. Carroll, "A Three-Dimensional Conceptual Model of Corporate Social Performance," *Academy of Management Review*, 4, 4(1979), 497—505.

③ 阿奇·B. 卡罗尔等著:《企业与社会——伦理与利益相关者管理》,黄煜平等译,机械工业出版社2004年版。

④ 同上书,第23—27页。

⑤ 国内也有学者认为企业社会责任仅是法律责任。例如,常凯教授就主张企业社会责任就其本质和基础而言,主要是指企业对于社会所应承担的法律责任。见常凯:"论企业社会责任的法律性质",载《上海师范大学学报》(哲学社会科学版)2006年第5期。

⑥ 《中国企业管理年鉴》(1990),企业管理出版社1990年版,第778页。

⑦ 刘俊海:《公司的社会责任》,法律出版社1999年版,第8页。

国《公司法》第5条第1款的规定,我们也许可以对《公司法》第5条作如下的解读:

公司在从事经营活动时应当履行社会责任——公司在从事经营活动时首先必须遵守法律、行政法规的规定(法律责任),其次要遵守社会公德,商业道德,诚实守信,接受政府和社会公众的监督(道德责任)。①

而公司的经济责任,即实现股东利益的最大化,应该是公司经营活动的应有之义。唯一缺失的就是卡罗尔的"金字塔"最上端的慈善责任。但这并不意味着我国的公司不能进行公益捐助②等慈善事业。这样一来,该款最后的"承担社会责任"也许就只是一个总括了。

巧合的是,解读后的《公司法》第5条似乎与美国法律研究院通过并颁布的《公司治理原则:分析与建议》的§2.01取得了某种一致。§2.01是关于"公司目的和行为"的规定,紧接着(a)款"一家公司应当以提高公司营利和股东利益作为其商业活动的目标"的规定,(b)款作了这样的规定——

"即使公司营利和股东收益未得到提高,公司在进行其业务时:(1)有义务像自然人那样在法律规定的范围之内进行活动;(2)可以适当考虑那些可以被认定为与负责任的商业行为的相关的道德因素;(3)可以将合理的资源用于公共福利、人道主义、教育和慈善目的。"③

---

① 这一理解与国内其他学者的理解存在一定差异。一些著作对该款做了这样的解读:"公司是为股东利益最大化而设立的经济组织。但是,……公司的经营活动首先要遵守法律、行政法规,这是对公司经营活动的最基本要求。此外,公司的经营活动必须'遵守社会公德、商业道德,诚实守信'……,这是对公司…在进行经营活动时的道德要求。……最后,公司的经营活动应当维护社会公共利益,接受监督,履行社会责任。"赵旭东主编:《新公司法条文释解》,人民法院出版社2005年版,第12—13页。

② 现行《公司法》中没有关于公司捐赠的规定。当前,规范公司捐赠的法律法规主要有以下几个方面:(1)《合同法》第186条。根据该条,赠与人在赠与财产的权利转移之前,可以撤销赠与。但是,具有救灾、扶贫等社会公益、道德义务性质的赠与合同或者经过公证的赠与合同,不适用该规定。(2)《公益事业捐赠法》。该法对公益事业的捐赠和受赠、捐赠财产的使用和管理、优惠措施和法律责任等内容作了规定。(3)新的《企业所得税法》第9条有关企业发生的公益性捐赠支出,在年度利润总额12%以内的部分,准予在计算应纳税所得额时扣除的规定。

③ 美国法律研究院通过并颁布:《公司治理原则:分析与建议》(上卷),楼建波等译,法律出版社2006年版,第64—65页。

二、《公司法》第五条第一款的实施和强制：行政力量和《公司法》已有机制的作用

如果我们上面的理解是符合立法原意的,我们可能马上面临的一个拷问就是《公司法》第 5 条中道德层面的企业社会责任的实施问题。耶林(Rudolf Jhering)说过:"从最广义的角度来看,法律乃是国家通过外部强制手段而加以保护的社会生活条件的总和。"①

刘俊海教授在《公司的社会责任》一书中对强化企业社会责任的法律对策进行了研究,从完善立法的角度提出了许多有建设性的建议。②现在,《公司法》第 5 条已经明文规定了公司在经营活动中"承担社会责任"的义务;而且如我们在第一部分中分析的,公司的社会责任还包括"遵守社会公德、商业道德,诚实守信,接受政府和社会公众监督"的道德层面的社会责任。

要求公司承担道德层面的社会责任,即使仅仅作为一种劝化,也是有意义的。但法律一旦对此作出了明文规定,其实施和强制的途径就成了我们必须思考的问题。

企业的自愿履行和相关组织和机构的引导当然是道德层面社会责任得以实施的重要渠道。在这方面,我们的企业,无论是中国企业③,还是在中国投资的跨国企业④,都有了很好的努力,虽然也有很多不尽如人意之处。⑤此外,一些国际和国内⑥的组织的引导也起了很好的作用。这方面最有成效

---

① E.博登海默:《法理学:法律哲学与法律方法》,邓正来译,中国政法大学出版社 1999 年版,第 109 页。
② 刘俊海:《公司的社会责任》,法律出版社 1999 年版,"第五章 结论:强化公司社会责任的法律对策",第 286—293 页。
③ 关于国内企业自觉履行社会责任的案例研究,参见例如,李立清、李燕凌著:《企业社会责任研究》,人民出版社 2005 年版,"第九章 经典案例",第 419—443 页。在该章中,两位作者研究了"隆平高科"和"三一集团"在承担企业社会责任,报答社会、造福社会方面的经验。
④ 关于在华投资的跨国公司自觉履行社会责任的案例研究,参见,例如,吴小春:"福特汽车的企业社会责任研究",载《财经界》(2007 年 4 月);陈玲、何博:"企业社会责任——以 Canon 中国公司为例",载《财经经贸》第 5 卷,总第 72 期(2007 年 7 月)。
⑤ 关于这方面的负面报道,参见例如,方祺江:"跨国公司社会责任的法律思考",载《法律与社会》2007 年第 9 期;赵灵敏:"跨国公司的隐形保护伞",载《南风窗》2006 年第 3 期。
⑥ 例如,中国社会工作者协会企业公民委员会在 2004 委托清华大学,历时半年研究制定了我国第一部《中国优秀企业公民评估评价标准》。2006 年,该协会还与中国房地产报联合举办了"2006 年中国房地产优秀企业公民"评选活动,并在《中国优秀企业公民评估评价标准》的基础上制定了《中国房地产优秀企业公民评价标准》,作为评选的基础。

的尝试当属 SA8000 社会责任标准认证制度的建立和推广。[①]该标准的目标是为所有国家、所有行业的所有公司订立一种通用标准,从而确保制造商的生产模式符合统一标准并最终保障工人得到合理待遇和理想的工作环境。[②]截止到 2007 年 7 月,已取得 SA8000 认证的公司全球已达到 1200 家,其中中国有 156 张 SA8000 证书。[③]此外,企业社会责任披露制度也对道德层面的企业社会责任的实施起着重要的作用。[④]

但是,已经上升为法律要求的道德层面的企业社会责任难道就没有更有效的实施手段和强制手段了吗?

(一)行政机关强制

行政机关强制一直被认为是保证企业履行社会责任的有效手段。卡罗尔在其 1991 年的一篇文章中写到:"虽然众多的社会团体在整个 20 世纪 60 年代都在鼓吹广义上的企业社会责任,但直到 70 年代早期,这种观念才最终形成。这得益于环境保护署、公平就业机会委员会、职业安全和健康管理局以及消费品安全委员会等一系列政府机构的设立。""这些新的政府机构的设立标志着政府在公共政策层面已经把环境、雇员和消费者认定为公司

[①] SA8000 是 Social Accountability 8000 International Standard 的简称。它是 20 世纪 90 年代初兴起了生产守则运动(Code of Conduct)的产物。1995 年,经济优先权委员会(The Council on Economic Priorities,CEP)开始对生产守则进行基础性调查;1996 年,多边利益相关方与国际咨询委员会召集会议讨论建立一套可用于认证的体系;1997 年,成立了经济优先权委员会认可委员会(The Council on Economic Priorities Accreditation Agency,CEPAA),由 CEPAA 负责制定该标准,并根据 ISO 指南 62 来评估认可认证机构,该机构于 1997 年 10 月颁布 SA8000:1997 社会责任标准。1998 年认证了第一家工厂。2001 年 CEPAA 改名为社会责任国际(SAI)并在 12 月 12 日发表了 SA8000 标准第一次修订版,即 SA8000:2001。资料来源:http://www.sa8000.org.cn/SA8000/。访问日期:2007 年 11 月 30 日。

[②] 参见谭深、刘开明著:《跨国公司的社会责任与中国社会》,社会科学文献出版社 2003 年版,第 163 页。

[③] 资料来源:http://www.sa8000.org.cn/SA8000/。访问日期:2007 年 11 月 30 日。

[④] 联合国以及经合组织在其制定的有关跨国公司的行为准则中均要求企业披露其社会责任方面的信息。美国、欧盟以及欧洲一些国家都有关于企业社会责任披露方面的专门立法。见迟德强:"海外企业社会责任披露制度及借鉴",载《证券市场导报》2007 年 8 月,第 23—27 页。我国目前关于企业社会责任信息披露方面的规定主要见于中国证监会所颁布的有关招股说明书、年报等的编写指引中。2006 年 9 月,深圳证券交易所发布了《上市公司社会责任指引》,规定上市公司应承担社会责任并对其社会责任信息予以披露。但该指引属于行业自律性质,并非对所有公司构成强制性法律义务。

的重要的有法律上地位的利害关系人。"①

印度尼西亚2007年开始生效的新公司法也体现了这种依靠行政力量强制企业实施社会责任的思路。2007年8月16日开始生效的第40号印尼新《公司法》②第74条对经营天然资源行业或与天然资源行业有关的公司的社会和环保责任作了专门的规定。③第74条全文如下④:

第1节:经营天然资源行业或与天然资源行业有关的公司负有社会和环保责任。

第2节:经营天然资源行业或与天然资源行业有关的公司,如似第1节所述负有社会和环保的责任必须由公司承担,这责任的实施应关注公司合理和适当的开支,并将之注进公司预算和成为公司的支出/费用。

第3节:公司若不履行如似第1节所述负有社会和环保责任,依据法律规定受到惩罚。

第4节:有关公司社会和环保责任的进一步条款,将由政府法规再另行规定。

该条规定乍看与我国《公司法》第5条第1款的规定没有实质上的区别,而且由于只适用于"经营天然资源行业或与天然资源行业有关的公司",作为一种鼓励或宣示性的条款,其意义似乎还不如普适于一切公司的中国

---

① 原文如下:"Though social activist groups and others throughout the 1960s advocated a broader notion of corporate responsibility, it was not until the significant social legislation of the early 1970s that this message became indelibly clear as a result of the creation of the Environmental Protection Agency (EPA), the Equal Employment Opportunity Commission (EEOC), the Occupational Safety and Health Administration (OSHA), and the Consumer Product Safety Commission (CPSC)". "These new governmental bodies established that national public policy now officially recognized the environmental, employees, and consumers to be significant and legitimate stakeholders of business." See Archie B. Carroll, "The Pyramid of Corporate Social Responsibility: Toward the Moral Management of Organizational Stakeholders," *Business Horizons* (July-August 1991). 资料来源:www-rohan. sdsu. edu/faculty/dunnweb/rprnts. pyramidofcsr. pdf。访问日期:2007年11月30日。

② 在此之前,印尼实施的是1995年第1号公司法。

③ 本文中有关印尼新公司法中公司社会和环保责任的更详细介绍,参见薛璋霖:"评印尼新公司法规定的公司社会责任",2007年11月1日"北京大学法学院企业社会责任与公司治理国际研讨会"论文,作者存档。

④ 转引自上揭薛璋霖:"评印尼新公司法规定的公司社会责任"。按照薛璋霖教授的解释,该条规定的"经营天然资源行业的公司",指的是开发和利用天然资源的公司,"与天然资源行业有关的公司"指的是不开发和不利用天然资源的公司,但其营业的运作涉及天然资源的作用或对天然资源有所影响。

《公司法》第 5 条第 1 款的规定。

但是,该条第 2 节的规定,却使印尼"经营天然资源行业或与天然资源行业有关的公司"的社会和环境保护责任从一种消极补偿的责任[①]成为一种积极的义务。根据该节,公司为了能很好地履行其义务,在关注了公司合理和适当的开支后,公司应将其履行社会和环保责任的费用列入公司预算,使其成为公司的支出费用之一,同时这份开支应在公司年终盈亏表中示出。

更重要的是,该条第 4 节的规定为印尼政府将来进一步要求"经营天然资源行业或与天然资源行业有关的公司"承担超出有关法律规定的社会责任外的社会和环保责任提供了明确的授权,为通过行政法规强制这类公司的社会和环保责任提供了可能性。

(二)英美通过对公司目的的重新界定,改革董事的义务责任体系以强化公司的社会责任的做法

1. 美国

通过对公司目标的重新界定,改革董事的义务责任体系而强化公司的社会责任的基调在 20 世纪 30 年代著名的伯尔与多德论战[②]中就已经奠定。在这一论战中,哈佛大学的多德教授在其名为"公司管理层是谁的受托人"一文中指出:"不仅商事活动要对社区承担责任,而且我们那些控制商事活动的公司经营者们应当自觉自愿地按照这种方式予以经营以践行其责任,而不应坐等法律的强制";"公司经营者的应有态度是树立自己对职工、消费者和社会公众的社会责任感。最后,对公司拥有所有权,并喜欢为所欲为的股东们也会接受这种观念"。[③]伯尔在其 1954 年发表的一篇总结性文章中对争议的实质做了概括:"20 年前,笔者同已故的哈佛法学院的多德教授进行了一次辩论。当时,笔者认为公司的权力是为了众股东的利益而予以信托的,而多德教授则认为这些权力是为了整个社区的利益而予以信托的。这

---

① 伴随着环境污染和破坏发展起来的环境法下的责任往往是一种事后追责制。环境法律责任往往被定义为"侵犯环境利益、他人财产或人身权益或违反环境保护法律、法规的单位和个人所应承担的法律责任。"见高桂林:《公司的环境责任研究——以可持续发展原则为导向的法律制度建构》,中国法制出版社 2005 年版,第 35—36 页。

② 关于这一论战的具体过程及其对企业社会责任在美国的发展的影响,参见刘俊海:《公司的社会责任》,法律出版社 1999 年版,第 42—45 页。

③ See E Merrick Dodd, "For Whom Are Corporate Managers Trustees?", 45 *Harvard Law Review* (1932). 转引自刘俊海:《公司的社会责任》,法律出版社 1999 年版,第 43 页。

场辩论已经(至少目前是这样)以多德教授的观点为优胜而宣告终结了。"①

美国理论界的这种认识也反映在司法和立法上。美国法院历来把董事的义务理解为给公司挣钱。后来,这一原则被修正为——就董事所作的利于非股东的决定而言,只要该决定有可能给公司及其股东带来直接的利益,就有可能是正当的。但是,只有到了20世纪80年代,法院才开始有限度地允许董事会在面临公司收购威胁的情形下直接考虑非股东的利益。②

这一思路也反映在其立法上。③ 20世纪80年代,公司收购在美国风起云涌,其中许多是敌意收购。④ 目标公司的董事在公司被收购后,往往失去工作,因此多对敌意收购持敌视态度。而股东们大多支持公司被收购,因为他们往往可以从敌意收购者的高额出价中获取利益。这样,一个无法回避的法律问题就是:在目标公司董事会和股东意见相左时,应以何者为准?在传统的公司法理论下,作为股东的代理人,董事会应该维护股东利益,服从股东意志。但是,敌意收购不仅关系到目标公司董事和股东的利益,而且往往导致大量的裁员,甚至导致目标公司的关闭,从而对公司的雇员、公司所在社区产生不好的影响。这样,各州通过立法对敌意收购进行干预也就顺理成章了。这些立法的一个共同点就是授权公司董事会考虑非股东的其他利害关系人的利益,防御和阻止敌意收购的进行。换言之,立法者解决问题的思路还是对董事义务和责任的重新界定。美国法律研究院通过并颁布的《公司治理原则:分析与建议》的§6.02对这方面的判例发展和成文法做了概括。⑤

---

① See Adolph Berle, *The 20th Century Capitalist Revolution*, 169, Harcourt Brace (New York, 1954). 转引自刘俊海:《公司的社会责任》,法律出版社1999年版,第43页。

② 关于美国判例法的这一发展,见刘俊海:《公司的社会责任》,法律出版社1999年版,第56—59页;美国法律研究院通过并颁布:《公司治理原则:分析与建议》(上卷),楼建波等译,法律出版社2006年版,第471—483页对§6.02评注部分。

③ 本段的论述主要参考了刘俊海:《公司的社会责任》,法律出版社1999年版,第59—62页。

④ 参见陈共等著:《公司并购原理与案例》,人民大学出版社1997年版,第29—31页。

⑤ §6.02全文如下:(a)董事会可采取具有阻止一项非经邀请的收购要约[敌意收购]之效果的行为,但该行为必须属于对该要约之合理反应。

(b)在考虑董事会之行为是否构成对要约之合理反应时:(1)董事会可以考虑与公司和股东的最大利益相关的所有因素,包括合法性以及收购要约一旦成功,是否会威胁到公司的基本经济前景。(2)此外,董事会也可考虑股东之外的公司有理由关心的其他团体或利益,但这种考虑不应该对股东的长期利益带来实质性的负面影响。

(c)如果有人以上述(a)分节之标准没有被满足为由而挑战董事会的行为,他负有证明董事会的行为构成对收购要约的不合理回应的举证责任。

(d)一项未能满足(a)分节之标准的行为可以被禁止或者搁置,但是授权该行为的董事们并不担负损害赔偿责任,只要其行为能满足商业判断规则。

2. 英国

英国 2006 年公司法修订中围绕企业责任的讨论以及最终形成的处理方案①体现了同为英美法系国家的英国和美国在企业社会责任强制和实施上的一致性。

在英国上院有关公司法修订展开的辩论中,占主流的观点认为虽然一家成功的公司必须同时考虑盈利和对社会的责任,但是,商业公司的运作必须建立在确定的法律规则上。因此,把公司履行企业社会责任作为公司法的一般规则可能是不现实的。

但这并不意味着立法的无所作为。2006 年修订、2008 年实施的英国公司法通过对董事义务的重新定义来反映其对企业社会责任的重视。根据英国 2006 年《公司法》第 170—177 条的规定,董事应该履行下列义务:(1) 在职权范围内行事;(2) 促进公司的成功;(3) 履行独立判断;(4) 谨慎注意、勤勉并具备合理的技能;(5) 避免利益冲突;(6) 不从第三人处接受利益;(7) 披露在有关的交易和安排中的利益。② 这些义务应该说都是普通法国家公司董事的基本义务。但是,英国 2006 年《公司法》对董事促进公司成功的义务做了新的表述,从而为企业社会责任的强制和实施提供了某种可能。

第 172 条第 1 款规定:"公司董事必须以一种其善意地相信为了全体成员利益而促进公司成功的方式行事……"③其中的善意被认为应该按照"商业判断"原则认定。④这一规定为董事根据公司长远的利益执行公司事务提供了可能性。

---

① 关于英国立法的更详细说明,See William Blair, "Corporate Social Responsibility in Finance: The Development of International Norms", 2007 年 11 月 1 日"北京大学法学院企业社会责任与公司治理国际研讨会"论文,笔者存档。

② Sections 170—177 of the Companies Act 2006。当然,董事的义务还包括在公司破产时对公司债权人的责任,准备公司账薄的义务,卫生和安全立法规定的义务。

③ The director "... must act in the way he considers, *in good faith*, would be most likely to promote the success of the company for the benefit of its members as a whole"(原文如此)。第 172 条并规定董事在为促进公司全体成员的利益行事时,考虑:(1) 任何决策从长远来看可能的后果;(2) 公司雇员的利益;(3) 培植与供应商、顾客及其他方的商业关系的必要性;(4) 公司的运作对社区及环境的影响;(4) 通过高标准的商业行为来维持声誉的愿望;(5) 在公司成员之间公平行事的必要。

④ See William Blair, "Corporate Social Responsibility in Finance: The Development of International Norms", 2007 年 11 月 1 日"北京大学法学院企业社会责任与公司治理国际研讨会"论文,笔者存档。

3. 诉讼对这种董事义务责任体系改革的检验

由于英国公司法刚刚修正,尚未开始实施,公司法对公司目的的扩大和董事义务责任体系的改革是否会促进公司对社会责任的承担尚待时间的检验。但是在美国,判例法的发展已经表明了这种董事义务责任体系改革的效果,或者说,正是由于判例的推动,这种改革才得以在美国发生的。[①]

(三) 股东提案权在强制实施企业社会责任中的作用

美国法上的"股东提案制度,乃是为使股东得藉发行公司征求委托书之说明书(corporation's proxy statement),表达其对公司有关问题之意见,并说服公司之其他股东采纳相同看法,美国委托书规则14a-8 明定,股东可要求发行公司之经营者,将其提案列入发行公司之征求说明书内,寄发各股东。值得注意的是,使用此项股东提案权所产生的费用,与准备征求委托书之说明书的费用,完全可一并归由发行公司负担"[②]。

我国台湾地区公司法于2005 年引入了股东提案制度。[③]日本法律也规定了股东提案权。[④]英国和德国也采取了类似美国的股东提案权的制度。[⑤]

从美国的实践看,股东提案制度,除了因股东无须承担费用而提高股东参与公司事务的兴趣的优点外,对于企业社会责任的贯彻,也有重要的意义。[⑥]

(四) 小结:域外经验对我们的启示

1. 道德层面的企业社会责任的行政强制

印尼2007 年新《公司法》第74 条对我们的借鉴意义有二:第一,为了便利公司中有责任心、关心社会公益的股东或董事把承担社会责任变成公司的意志和行为,公司立法或其他立法中可以要求公司把承担社会责任的费

[①] "§2.01 所涉及的事项大部分是经由判例法发展而来。许多州现在就这一节所涉及的一些问题颁布了成文法,但是只有很少的成文法规定解决了法院判例未能解决的问题,而且就整体而言这些成文法也需要在判例法的大背景下进行解读。因为针对§2.01 所规定的事项的态度可能继续演化,通过判例法来施行本节中所包含的原则可能比通过立法规定更加好。"美国法律研究院通过并颁布:《公司治理原则:分析与建议》(上卷),楼建波等译,法律出版社2006 年版,第65 页对§1.02 评注 b。

[②] 刘连煜:《公司治理与公司社会责任》,中国政法大学出版社2001 年版,第181—182 页。

[③] 刘连煜:"公司社会责任与股东提案权",2007 年11 月1 日"北京大学法学院企业社会责任与公司治理国际研讨会"论文,笔者存档。

[④] 刘连煜:《公司治理与公司社会责任》,中国政法大学出版社2001 年版,第182 页。

[⑤] 同上书,第183 页,注2。

[⑥] 同上书,第183—205 页。

用列入公司预算。这样一来,这些股东或董事的提案或动议就有了法律的支持。第二,虽然公司的自治权利①应该受到尊重,但是这并不排除行政机关在有适当授权的情况下规定特定行业的公司需额外承担的责任。当然,这里有一个公司出资人利益和社会利益、公司的长远利益和当前利益的平衡问题。②

我国《公司法》第5条的规定至少为行政机关在必要是强制公司履行社会责任提供了一种可能性,后者说是普遍的授权。

2. 我国《公司法》第5条的规定为公益股东通过行使临时提案权和股东派生诉讼强制公司履行道德层面的企业社会责任的可能性

我国《公司法》中还不存在美国法意义上的股东提案制度。《公司法》第103条第2款规定:股份有限公司的"单独或者合计持有公司3%以上股份的股东,可以在股东大会召开前提出临时提案并书面提交董事会;董事会应当在收到提案后2日内通知其他股东,并将该临时提案提交股东大会审议"。虽然这种临时提案无法预先通知或公告③,其议题难以得到全体股东充分的了解与支持,效果往往有限;而且,由于"临时议案的内容应当属于股东大会职权范围,并有明确议题和具体决议事项"④,公益股东并不能就任何事项提出临时提案⑤;更重要的限制是,只有单独或者合计持有公司3%以上股份的股东才享有这种临时提案权;但是,这种临时提案权的存在至少为公益股东提供了一个建议或督促股份有限公司管理层在执行公司事务中履行社会责任的渠道,即使提案最后无法通过,但它至少可以凝聚股东的共识,直接、间接地督促公司履行社会责任。

我国《公司法》第152条允许股东在"董事、高级管理人员"有公司法"第150条规定的情形"时——执行公司职务时违反法律、行政法规或者公司章程的规定,给公司造成损失的——书面请求监事会或者不设监事会的

---

① 公司自治是我国2005年公司法改革的一个重要原则。参见赵旭东主编:《公司法学》,高等教育出版社2006年版,第47—48页。
② 笔者认为,我国《公司法》第5条的设计就考虑到了这种平衡。第5条第1款要求公司承担社会责任,第2款接着规定"公司的合法权益受法律保护,不受侵犯"。
③ 我国《公司法》第103条第1款规定:"召开股东大会,应当将会议召开的时间、地点和审议的事项于会议召开20日前通知各股东;临时股东大会应当于会议召开15日前通知各股东;发行无记名股票的,应当于会议召开30日前公告会议召开的时间、地点和审议事项。"
④ 我国《公司法》第103条第2款。
⑤ 按照我国《公司法》第38条第1款、第100条的规定,股东会的职权十分广泛,因此职权上的限制可能不会有太大影响。

有限责任公司的监事向人民法院提起诉讼,并在监事会、不设监事会的有限责任公司的监事拒绝提起诉讼,或者自收到请求之日起30日内未提起诉讼,或者情况紧急、不立即提起诉讼将会使公司利益受到难以弥补的损害时,为公司的利益以自己的名义直接向人民法院提起诉讼。董事和公司高管不履行我国《公司法》第5条要求的道德层面的企业责任,如果因此给公司造成损失,也许也可以引发第152条规定的股东派生诉讼,如果公司中存在公益股东的话。

三、企业社会责任的历史考察:对道德层面企业社会责任意义的再思考

如前所述,法律对道德层面的企业社会责任的规定并非只是一种只能寄希望于公司自愿履行的道德召唤,这种规定为行政机关通过行政力量倡导、强制企业履行社会责任,为公司的公益股东们通过临时提案、派生诉讼促使公司在经营活动中承担社会责任提供了一种可能性。但是,这绝不是法律规定道德层面的企业社会责任的意义的全部,甚至都不能说是这种规定的主要意义。

一般认为,英国学者欧利文·谢尔顿(Oliver Sheldon) 1923年(一说为1924年)最早提出"企业社会责任"的概念。[1] 一个有意思的问题是,早在18世纪英国就完成了第一次工业革命并形成了现代意义上的企业,为什么直到1924年才出现"企业社会责任"的概念呢,而且这一概念是针对美国的情况提出的?[2]

按照李立清、李燕凌两位作者的考察,这主要是因为在当时的英国,"人们今天所关注的一系列社会责任问题,在'实践'中都得到了较好的解决。所以,虽然没有在英国讨论'企业社会责任'的概念,但并不否认企业社会责任在实践之中的事实"[3]。

20世纪20到80年代,企业社会责任伴随着社会问题的产生、解决,新

---

[1] 参见李立清、李燕凌著:《企业社会责任研究》,人民出版社2005年版,第22页,注1。
[2] 同上书,第22页,注1。
[3] 同上书,第24页。

的社会问题的产生、解决,更新的社会问题的出现而形成、发展并完善。[①]一个可能的结论是:企业社会责任,尤其是道德层面的企业社会责任,主要是为了填补法律的不足而产生的。[②]当然,这些道德责任中的有一些,最终是会转变为法律责任的。

20世纪80年代以来,企业社会责任呈现的全球化趋势从另一个角度证明了上述观点的有效性。这种全球化的趋势肇始于有关劳工权益的全球化讨论。1991年美国Levis公司在亚洲的工厂雇佣低龄女工的行为被媒体曝光,受到社会谴责,其产品则受到消费者的抵制。为维护自身的声誉和商业利益,Levis公司制定了自己的社会责任守则。此后,许多跨国公司纷纷效仿。同时,许多国际组织也制定了各不相同的社会责任守则。到2000年,全球共有246个社会责任守则,其中118个是由跨国公司制定的,其余则是由商贸协会或多边组织或国际机构制定的。[③]

笔者认为,跨国公司们之所以热衷于制定这些社会责任守则,人们之所以关注跨国公司的社会责任问题,是和跨国公司面临的复杂经营环境分不开的。许多跨国公司在经营的时候,至少要同时考虑母国和东道国的法律要求。在许多时候,这些要求往往是不一致,甚至是矛盾的。[④]这往往使得跨国公司陷入进退两难的境地:如果跨国公司在要求较低的东道国执行要求较高的母国的法律,则往往因经营成本的提高使自己处于竞争上的劣势;但如果执行东道国的法律要求,则往往使自己陷入各种各样的批评中。更严重的是,跨国公司的股东们对究竟是应该执行较高标准的法律要求还是执行较低的标准的意见不一定一致;董事会不管如何决策,都会遭受一部分股东的指责甚至诉讼。这样,各种各样的守则和标准就成了跨国公司摆脱困境的出路。换言之,这些守则和标准的出现正是对不完善的法律的一种弥补。

我们也许可以对企业社会责任的发展路径做这样的描述:企业社会责

[①] 参见张彩玲:"西方企业社会责任的演变及启示",载《经济纵横》2007年5月刊;陈淑妮:《企业社会责任与人力资源管理研究》,人民出版社2007年版,第14—19页。

[②] 企业环境责任的发展就是这样一个例子:尽管许多企业生产活动并没有违反强制性规定,排污达标,但因其"自然地"产生了环境污染或者耗竭了自然资源而影响了人们长远的生活和社会的可持续发展。这也正是主张企业应该承担法律责任以外的道德层面的环境责任的理由。

[③] 参见陈淑妮:《企业社会责任与人力资源管理研究》,人民出版社2007年版,第17—18页。

[④] 关于这种不协调性和矛盾的讨论,见历咏:"跨国公司社会责任规范的自愿性困境",载《法学》2006年第6期。

任的出现是社会对法律的乏力的一种回应,人们希望借道德层面的呼唤,促使企业承担社会责任,解决法律无法解决的社会问题;道德层面的社会责任往往在一段时间后被法律确认为法律层面的社会责任;但接着又可能出现新的法律无能为力的问题,因此,道德层面的社会责任总有用武之地。

正如美国学者乔治·斯蒂纳、约翰·斯蒂纳所指出的:"公司的基本责任是在遵守社会契约的前提下行使权力,而这种契约是不断变动的,公司社会责任的理论和实践同样也是随着时间的推移而不断发展的。"[①]道德层面的企业社会责任的意义也许就在于其与时俱进的灵活性,和因为其模糊性而导致的普适性。佛陶盛赞企业社会责任是个"绝妙的词汇",也许就是因为这一点吧。[②]

总结

通过上面的研究,笔者发现:(1) 我国《公司法》第 5 条第 1 款规定了企业社会责任的各个层次。换言之,该款最后"承担社会责任"的文字可以理解为是对同款前面的文字的一个总括。更进一步说,该款的全部文字都是关于公司社会责任的,而不仅仅是条文最后的六个字。(2) 把第 5 条第 1 款规定的公司在经营活动中的社会责任分解为法律层面的责任和道德层面的责任,至少使得企业社会责任规定中的法律责任具有可直接强制实施的意义。但是,这并不意味着第 5 条规定的道德层面的企业社会责任的"缺效"或"无益"。第 5 条第 1 款规定的道德层面的责任至少可以弥补法律责任的不足。(3) 把道德层面的企业责任明文规定在《公司法》中,为行政机关通过行政立法进一步细化企业的社会责任,为公益股东通过股东临时提案权或派生诉讼等已有的公司法机制强制公司承担社会责任创造了条件。

与现有的文献相比,本文的主要贡献在于:第一,笔者发现我国学者对于企业社会责任内涵和外延的认识的基本一致。第二,论证了利用已有的

---

① 乔治·斯蒂纳、约翰·斯蒂纳:《企业、政府与社会》,张志强、王春香译,华夏出版社 2002 年版,第 127 页。

② See D. Votau (ed.), *Genius Becomes Rare in the Corporate Delimma: Traditional Values and Contemporary Problems* (1975), p.11. 转引自刘俊海:《公司的社会责任》,法律出版社 1999 年版,第 3 页。

公司法机制实施道德层面的企业社会责任的可能路径。第三,作为一个引申,也许我们在定义企业社会责任时,应该把公司对股东的责任作为企业社会责任的一部分,因为我们在第二部分探讨的道德层面的企业社会责任的实施机制还是要依赖公益股东的力量实现的。

由于资料(尤其是实证资料)和分析能力所限,笔者对公司法的已有机制在实施道德层面的企业社会责任的操作层面的问题未能做深入分析。此外,许多论述依据还是二手的资料。在此只能表示遗憾了。

评公司法修订中的公司社会责任条款

时建中 杨 巍*

摘 要 本文首先指出公司社会责任在中国的继受尚存在学派之间的偏差,作为法学研究对象的公司社会责任则应当根据本国国情"本土化",并反对"泛化公司社会责任论"与"泛化公司法论",从而认为公司社会责任是一个系统的法律工程。在法律上如何吸纳该理论,应当按不同类型区别对待,本文将其区分为两大类:正常状态下的公司社会责任与紧急状态下的公司社会责任,其中前者又细分为三种不同模式,并对每种模式提出了吸纳与否或吸纳程度的建议。该文同时考察了美国宾州公司法改革的情况,认为股东本位的理念并未动摇,相反公司社会责任对股东本位是一种有益的补充与修正,将对公司的反思延伸至对股东的反思。随后,本文详细分析了此次公司法修订对公司社会责任的接纳情况,并进一步论证支持了股东本位与分类接纳的观点。最后本文认为在最低限度行为准则的法律之外,公司社会责任还存在高于法律的更多实践形式。

关键词 公司社会责任;利益相关者;股东本位;公司法修订

---

* 时建中,中国政法大学教授,博士研究生导师;杨巍,财政部监督检查局。

一、不同视角下的公司社会责任

公司社会责任(Corporate Social Responsibility 又译为企业社会责任①,简称 CSR)现已成为当今公司法学界的热门话题之一。此次我国公司法修订突破性地在第 5 条明确提出了"社会责任"的概念,该条规定"公司从事经营活动,必须遵守法律、行政法规,遵守社会公德、商业道德,诚实守信,接受政府和社会公众的监督,承担社会责任"。因此,公司社会责任已不仅局限于商业伦理道德的层面,已上升至法定概念的高度。虽然公司法第一次宣示性地提出了"社会责任"概念,但法律条文本身尚未对该概念进行清楚界定,因此对该概念的内涵及相关制度支撑在不同学者间仍存在较强的争鸣与争议。②

"公司社会责任"的概念最早于 1924 年由美国的谢尔顿(Oliver Sheldon)提出。当时由于受自由放任经济学思潮的影响,国家仅扮演守夜人的角色,秉承公司的绝对自由导致了资本的盲目逐利,从而引发了一系列社会问题。因此,"公司社会责任"就是在对公司行为及其负面影响进行反思的背景下应运而生的。在现代市场经济条件下,公司已成为经济主导力量,尤其是一些巨型公司已建立起自己的经济帝国,对整个国民经济都具有举足轻重的影响,甚至有的跨国公司已"富可敌国"。这种巨额的经济实力对政治、教育、科技、文化、生活、环境等非经济领域产生了深刻而深远的影响。因此,当公司具有一种令人威慑的力量时,人们就对其怀有一种本能的恐

---

① 公司社会责任作为一个约定俗成的术语,比企业社会责任具有更高的社会认知度,但社会责任的承担者并不仅限于公司,各类型企业均应承担该责任。因此,从这个意义上讲,翻译为企业社会责任更加贴切。

② 公司社会责任概念自从其产生之日起就存在不断的争议。20 世纪 30 年代就存在 Dodd 教授与 Berle 教授的论战。Dodd 教授率先指出:公司对雇员、消费者和公众负有社会责任,尽管这些社会责任未必见诸法律而为公司的法定义务,但应当成为公司管理人恪守的职业道德。Berle 教授立即发表异议,他认为:商业公司存在的唯一目的就是为股东营利,公司管理人唯对股东有相当于受托人的责任,如果要求管理人对股东之外的其他人负责,那么,所有者控制公司、管理人应对所有者承担受托人义务的公司法规则就会被削弱乃至颠覆,在公司承担社会责任的名义下,各种各样的利益群落都会向公司提出财产要求,作为市场经济基础的财产私有就会被动摇,结果将导致类似一场经济内战的社会财富再分配。上述两位教授的论战基本代表了以后各派赞成或反对公司社会责任的主流观点。

惧,要对其加以约束,以防止这种力量的不当滥用给各相关利益主体带来威胁与危害。在现实中,公司的行为确实造成了一系列外部不经济问题,如资源浪费、污染破坏环境、制造假冒伪劣产品、对消费者利益的漠视、侵害职工合法权益、进行不正当商业竞争等。因此,公司社会责任的产生因应了时代发展的需要。

但目前存在的主要问题则是对公司社会责任理论的理解与实践存在不同认识。国内有学者认为:"公司社会责任指公司不能仅以最大限度地为股东们赢利或赚钱作为自己的唯一存在目的,而应当最大限度的增进股东利益以外的其他所有社会利益。"①这种社会利益包括雇员(职工)利益、消费者利益、债权人利益、中小竞争者利益、当地社区利益、环境利益、社会弱者利益及整个社会公共利益等内容。② 相近的观点有:"所谓企业社会责任,乃指企业在谋求股东利益最大化之外所负有的维护和增进社会利益的义务。"③它包括对雇员、债权人、消费者、环境与资源、公司所在社区、社会福利与社会公益事业的责任。④ 由此可见,公司社会责任思潮在我国继受的主流观点为:对公司应当为股东谋利最大化理论的突破,从而认为公司应广泛地考虑与其有关的所有利益相关人的权益并对其承担相应责任。这是基于社会学与伦理学的立论。作为经济学研究对象的公司则是"道德中立",公司仅是股东用来谋取其利益最大化的一种工具而已。经济学研究的侧重点为公司的内部运作效率。因此双方考察的角度不同:前者是从公司行为的外溢性入手,而经济学则是从公司内部运作切入。利益关注侧重点的不同,就会产生认识上的冲突与偏差。而法学追求的是公平与正义,也即利益均衡。只有在可能存在利益冲突的地方才会有法律的身影,而利益冲突越激烈,对法律的诉求也最迫切。公司在社会责任的诉求下如何平衡不同主体的诉求,这一点在法律上的探讨显得更为重要。

目前,作为法学研究对象的公司社会责任却存在"泛公司社会责任论"的倾向。尤其是在公司法学界,认为既然公司应当向所有利益相关者负责,则公司法就应当有相应的具体规定。但公司法却不堪如此重负,因其主要任务是规范公司的组织与行为,其所界定的主要内容限于公司组织的设立

---

① 刘俊海:《公司的社会责任》,法律出版社 1999 版,第 6 页。
② 同上书,第 6、7 页。
③ 卢代富:《企业社会责任的经济学与法学分析》,法律出版社 2002 年版,第 96 页。
④ 同上书,第 101—104 页。

与运行、公司资本制度、公司内部治理结构、公司股票或债券的发行与交易等主要内容。公司法关注的利益主体限于股东、债权人、公司。"泛公司社会责任论"要求公司在决策层面进一步纳入众多外部利益主体,并相应改变公司内部决策机制。试想在一部叫做公司法的法律中充斥着保护社区、消费者、职工、环境资源等规定时,这个所谓的公司法也许就只剩下一个虚名了! 因此,这些观点的支持者又滑入了另一个极端:"泛公司法论"。单单一部公司法是解决不了如此众多的利益冲突的。公司社会责任的实现是一个系统工程,而非公司法一己之力就可完全解决。

对利益相关者的保护,公司法并不一定最有效与最便捷。相关特别法反而能更好地发挥保护各自利益主体的作用。"就保护雇员利益而言,劳动合同法、社会保障法、劳动安全法和反歧视法恐怕能比职工参与公司监控更有效;就保护消费者利益而言,有效的法律措施恐怕是管制产品安全、强化产品责任的损害赔偿和强制披露产品成分和性能,而不是让消费者代表进入公司董事会。除了破产之外,债权人为了维护自身利益而参与公司治理既不合理,也不经济,简便而经济的担保法,在一定情形下否定公司人格恐怕更能有效地防止股东机会主义侵害债权人利益。在刺激公司捐赠公益、慈善事业方面,显然没有什么比税法更为有效的措施。至于环境保护,强制性法律措施比公司监管和自我约束要可靠得多。"①

因此,对公司社会责任的考察仅是理解问题与分析问题的一种方法或路径,这种考察不能仅限于公司法之内,而且是一个系统工程,还应包括消费者权益保护法、合同法、担保法、破产法、环境与资源保护法、劳动法、社会保障法、竞争法等相关法律。推演该理论的思维路径应以公司作为一个利益辐射基点,涵盖所有相关法律,而非以公司法作为一个基点,涵盖公司行为可能涉及的所有利益主体。但不少人都忽略了这一点,而仅将公司法的变革作为论述的起点。

二、法学视角下公司社会责任的不同层次

正如学者所言:"公司社会责任概念,其本身,基本上虽是道德性的抽象

---

① 参见方流芳为《公司治理与公司社会责任》一书所作的序。刘连煜:《公司治理与公司社会责任》,中国政法大学出版社 2001 年版。

观念,但在学术研究上仍应该请求如何将之具体落实的办法,否则将沦为纯粹道德化的诉求,免不了终致落空成为一项口号而已。"①因此,公司社会责任不仅是一种思维理念或是一种道德口号,更应当为其架构相应的制度支撑。对公司社会责任做全面考察,可以发现公司社会责任在法学上有不同层次的体现,当然这种体现并不限于公司法。依照公司的存续状态可把公司社会责任分为正常状态下的公司社会责任与紧急状态下的公司社会责任。正常状态下的公司社会责任按涉及的不同方面又可进一步区分为公司行为方面的社会责任、公司治理结构方面的社会责任与公司经营范围方面的社会责任。以下就具体分析这几种不同类型的公司社会责任。

(一) 正常状态下的公司社会责任

此即指公司在正常经营状态下的社会责任,而非在破产兼并等涉及公司存亡情形下的公司社会责任,具体包括以下三种模式:

1. 公司行为方面的社会责任(适度理想主义模式)

该模式下的公司社会责任要求公司的行为要具有自觉守法性,其实质内容是:即使在不守法将会增加公司的净现值时,公司经理们也应促使他们的公司遵守适用法律与规章。② 因为公司并未被要求遵守法律以外更高的要求与道德标准,其仅是在现有的法律体系中运行,以尽量避免与减少违法行为。即使在可预见的后果上选择违法会比遵守法律对公司在经济意义上更有利,也应遵照法律行事,因为企业本身即负有遵守相关法律的义务,而不应算计如何取舍违法与守法才更有利。这些负效应的公司外溢行为最终是由其他社会成员来分担的。因此公司在不增进社会福祉的情况下也不应减少社会福祉。鉴于此,该类型的公司社会责任被称为"适度理想主义"模式。

这种类型可能出现在违约解雇工人会比继续保留这些职位更有利或排污所交纳的罚款会比安装污染处理设备更省钱等情况。因此,"适度理想主义"模式是对经济分析法学"效率违约"乃至"效率违法"的否定。在经济分析法学看来,契约仅是风险分担的一种手段,而非强制信守的法律政策,当事人可以在履行契约和不履行契约而对另一方当事人引起的任何损害进行赔偿这两者之间进行选择。如果守约的成本比违约要高,明智的方法则是

---

① 刘连煜:《公司治理与公司社会责任》,中国政法大学出版社2001年版,第8页。
② 〔美〕罗伯特·C.克拉克:《公司法则》,胡平等译,工商出版社1999年版,第568页。

违约。① 效率违约或效率违法,实则是一种纯经济利益的分析,是一种机会主义的表现。因此,其不内含任何道德因素及相关社会后果评价。依"适度理想主义"模式,这种机会主义的做法应绝对禁止。因为企业自觉守法可减少不遵守法律所造成的损失,避免由此引起的司法成本与社会成本。"当法律被内在化以后,当公民甚至在警察不注意时也遵守法规时,简言之,当法律成为道德时——那时实施法律的成本就会下降。"②同时还会提高整个社会对公司的评价,从而树立一个良好的形象、营造一个和谐的氛围。因此,公司应在对其他主体的法定义务之外为公司股东谋取最大化利益,而这个法定义务则只要符合法律所要求的最低限度即可。

"适度理想主义"模式实施的前提条件是这些被要求遵守的法律为"善法",其实施可对社会更加有益而不是相反。从我国目前的法制环境、企业行为及资源环境现状看,我国在实现这一层次的公司社会责任时具有现实必要性与紧迫性。

2. 公司治理结构方面的社会责任(高度理想主义模式)

该方面是公司法学者论述最多的,因为公司治理结构为公司法研究的重要内容之一。从广义上讲,公司治理结构泛指借以指挥和控制公司的一切制度。③ 不仅包括公司内部的制衡、监控机制而且还包括公司的外部治理机制,主要指公司控制权转移市场。而对于公司内部制衡机制,即由谁来决定如何实现公司的总体目标,构成了"高度理想主义"的主要内容。该模式的公司社会责任认为公司不仅要遵守法律,而且在决策时还应当体现与关注其他利益相关者的利益,从而要求公司内部决策机制吸纳不同利益代言人,确立一种股东与非股东利益相关者共同分享公司剩余控制权的机制。该模式的公司社会责任是以更高的标准——以事前预防而非事后补救的方式实现社会责任,该类型的公司社会责任被称为"高度理想主义"模式。

最经常被引用的例子是 20 世纪 80 年代末美国各州公司立法的修改。尤其以宾州公司法改革为著,该州公司法明确赋予公司经理对"利益相关者"负责的权利,而不像传统公司法那样,仅对股东一方负责。④ 又如根据

---

① 〔美〕理查德·A. 波斯纳:《法律的经济分析》,蒋兆康译,中国大百科全书出版社 1997 年版,第 149—161 页。
② 〔美〕罗伯特·C. 克拉克:《公司法则》,胡平等译,工商出版社 1999 年版,第 570 页。
③ 卢代富:《企业社会责任的经济学与法学分析》,法律出版社 2002 年版,第 120 页。
④ 参见崔之元:《美国二十九个州公司法变革的理论背景及对我国的启发》,载《经济研究》1996 年第 4 期。

1976年德国法律,监事会中劳动要素与物质要素参与者之间的比例调整为1:1,从而全面地实现了劳动与资本共同治理公司这一基本原则。① 因此,在德国监事会中股东与职工监事各占一半而且职工代表还享有选择与监督经营董事的权利。② 美国上述改革涉及董事地位与责任的转变问题,而德国以设立职工监事的方式从决策层面吸纳新的利益代言人。

对德国这种做法,应当看到:一方面欧洲大陆有着长期的工人运动历史,尤以德国为著。而公司治理结构并非仅为公司法本身的问题,而是一国政治、经济、文化、历史传统等多项因素共同作用的产物。因此,这种治理模式反映了工人长期斗争的结果。而其反证则是美国并没有这种相关规定与类似治理方式。另一方面,根据经济学的观点,由于存在"贝利—米恩斯命题",即所有权与控制权分离的命题。③ 经理人员存在机会主义与败德风险,即委托代理成本问题。类推而至,在经营人员与股东存有信托关系、经营人员负有法定诚信义务与忠实义务的情况下,尚存如此风险,更何况职工董事与其委托人之间的代理风险。且职工参与决策也不完全符合"剩余索取权与剩余控制权相对应"的经济原则④,即"风险承担者与风险制造者相对应"的原则。即使职工进入决策层,也缺乏相应的激励与约束机制。因为股东是剩余索取者,其承担边际上的风险,而职工领取固定工资而非最终剩余索取者,存在不对应的情况。非职工董事也存在这种不对应,因此就设计了"股票期权"制度以修正这种偏差。但如果职工监事或董事拥有股票期权,那其身份应如何界定,其是否仍为原本意义上的职工是值得讨论的,因为在股票期权的激励下其已"股东化"了。另外,如果在决策层中安插不同利益代言人,如果其人数不占一定比例,则也仅是摆设而已,并不能发挥强有力的影响与制约作用。

对职工参与公司法人治理,还有另外两个理论支持:一是"人力资本所有权理论"。该理论认为,随着经济增长越来越依赖于技术以及技术创新,

---

① 〔德〕罗伯特·霍恩等:《德国民商法导论》,楚建译,中国大百科全书出版社1996年版,第306页以下。
② 参见马俊驹、聂德宗:《公司法人治理结构的当代发展——兼论我国公司法人治理结构的重构》,载《经济研究》2002年第2期。
③ "贝利—米恩斯命题"的主旨是:现代公司因为股权高度分散,股东无力或无兴趣介入公司的经营而成为单纯的资本供应者,公司的实际控制权已经落入经理人手中,经理人员因此具有不追求股东利益最大化以公司资产谋取私利的倾向。
④ 参见张维迎:《所有制、治理结构及委托—代理关系——兼评崔之元和周其人的一些观点》,载《经济研究》1997年第2期。

一个国家的经济发展会更多地取决于人力资本而非物质资本。与物质资本相比,现代社会中的人力资本正发挥着更加重要的作用。① 另一个理论则是"经济民主理论"。随着民主理念不断向公司内部延伸,它必然要求在政治社会中享有民主权利的雇员参与公司的治理。② 但这两个理论并未充分支持职工参与制。"人力资本所有权理论"实际是知识经济的具体运用。但这种"正发挥更加重要作用"的人力资本并非适用于所有职工,而仅适用于专业性强、不具较强替代性与专用性的技术职工。"经济民主理论"认为职工参与乃政治民主的经济化。但政治民主奉行人数的民主,即一人享有一个投票权;而经济民主却是资本的民主,即一份资本享有一个投票权,二者绝不能混淆。另外,作为决策者本身也负有相应义务与责任,因此简单地认为职工参与决策有利并不全面。

上述仅论证了职工这一利益相关者在公司治理结构中的作用。但另外的利益相关者是否也需纳入公司治理结构中仍需进一步论证。当公司与大量不熟悉的人进行交易时,自利是最持久、最稳定的动机,非要弱化这个自利的动机反而会出现混乱。与公司交往的人很多,但是真正可以委以信托义务的人并不多。如果公司董事中不仅有职工董事,还有债权人董事、消费者董事、环保董事甚至代表政府的董事。这时委托人系统就会比较混乱,即使各自确定了自己的受托人,也将存在不同程度的败德风险与投机行为且无法得到有效监督与修正。同时,这些董事如何产生也是一个难以解决的问题。

因此,有学者疾呼"由此就会得出一种无端推理:把这笔资产的控制权交给为道德而奋斗的外部人才是合法、合乎道德的"③。在讨论公司社会责任时,很多人往往把公司利益相关者与股东相对立,但同时却忽视了公司利益相关者自身内部也存在不可调和的利益冲突与矛盾。这些矛盾与冲突即是通过公司这个媒介产生的。例如限产超雇,即为增加就业或减少失业,工会在劳资合同中要求雇主限制产量或超额雇佣工人。这种情况为职工所希望,但却可能提高消费者支付的商品价格并导致较低的利润率,并因此减少

---

① 参见聂德宗:《人力资本所有权理论与实践探析》,载《人文杂志》1998 年第 5 期。
② 参见马俊驹、聂德宗:《公司法人治理结构的当代发展——兼论我国公司法人治理结构的重构》,载《法学研究》2002 年第 2 期。
③ 〔美〕哈罗德·德姆塞茨:《所有权、控制与企业——论经济活动的组织》,经济科学出版社 1999 版,第 364 页。

政府的所得税收入。① 因此,这是一个"零合博弈",存在双方利益此消彼长的情况。如果出现类似情况,公司该如何决策则成为一个难题。因为对不同利益的侧重与偏向将导致不同的决策结果。究其最终弊端,乃将公司原外部治理机制内化至公司内部治理结构当中,即将消费者市场、产品市场等外部因素提前纳入公司决策层,从而打破了剩余控制权与剩余索取权的平衡,从而使公司无法作出正确决策。因此事后救济转化为事先预防并非一件好事,因为这种转化有可能打破原本行之有效的决策机制。因此,这种广泛参与制并非可行,而应采取"温和建议"的方式,毕竟还存在相关法律作为事后救济机制。且在法制健全的情况下,事后救济亦能满足当事人的诉求。因此,高度理想主义模式并不具有,至少是现阶段还不具有太大的实践价值。目前,最彻底的方式仅是将工人代表纳入董事会或监事会当中,间或规定其最低参与比例。但纳入消费者董事、债权人董事、环保董事或政府董事等实践案例尚未出现。

公司外部治理机制是指通过市场所固有的信息显示与业绩评价功能及由此形成的对公司的激励与约束机制。由于公司外部控制权市场的压力,如资本市场融资、并购市场兼并,从而提出了"马里斯—曼恩假设",即"现代公司所有权与控制权的分离,并不会使公司的行为偏离利润最大化的目标太远,因为市场的力量将限制公司资产以非增进股东利益的方式使用。② 由于公司并购市场的外部压力从而使经营人员努力改进公司的经营管理,否则会导致股票价格下跌,公司并购市场启动。由于公司并购市场的运行以股票市值与公司本身价值的比较衡量为参考,因此,并购市场奉行的仍是股东本位的理念,其评价标准仍为股东利益是否达到最大化,而忽视对利益相关者的关注。不过在过分活跃的公司并购市场上,股东追求短期收益的最大化,对眼前收益高的公司评价高,而对基于长远考虑投资但短期收益较低的公司评价低。这使得后者的股价相应下跌,并因此沦为被接管的候选公司目标。③ 因此,当公司管理人员抵制恶意收购时,其有可能拒绝收购者以高于市场价值的价格购买公司股票的要约或公司经营人员采取各种反收

---

① 〔美〕罗伯特·C.克拉克:《公司法则》,胡平等译,工商出版社1999年版,第575页。
② See Margaret Blair, Ownership and Control: Rethinking Corporate Governance For The Twenty-first Century, The Brookings Institution, Washington D·C 1995, pp.61—62.
③ 〔美〕格里拉:《公司控制权市场:1980年以来的经验材料》,转引自何自力:《法人资本所有制与公司治理》,南开大学出版社1997年版,第161页。

购措施,如防御诉讼、防御收购、白衣骑士等方法,抵制恶意收购。[①] 但这有可能遭到愿意抛售公司股票股东的非议乃至派生诉讼。基于上述考虑,公司经营人员的责任由过去的注意义务向经营判断规则[②]转变。

该规则存在假设条件:在作出经营决策上,公司董事们是在了解情况的基础上出于善意和为了公司最大利益的正直信念而采取行动。[③] 这个规则排除的是董事基于正直的错误而负的责任,而不能免除疏忽大意的错误。这个规则也反映了经济学家奈特在企业家理论中对风险与不确定性的区分。其认为"风险"(risk)是市场中正常的经营风险,而"不确定性"(uncertainty)为企业家的道德风险。因此,董事的经营决断如果不带有欺诈、利益冲突或非法,则不受法院或股东的质疑或推翻。经营判断规则给予董事更多的便宜行事权,从而具有更大的经营决策空间,这为董事考虑利益相关者的利益提供了可能。因此,宾州公司法改革中最引人注目的条款,是赋予公司经理对利益相关者负责的权利,这可用经营判断规则给予一定合理的解释。经营判断规则最有效抵御的是股东派生诉讼。股东在提起派生诉讼前必须要求公司董事会采取行动。如果董事拒绝采取行动,股东可继续也可不继续进行派生诉讼。经营判断规则在这个必要条件上有效阻却了股东的诉讼。因为"公司的经营管理是委托给董事会的,而不是股东。是否起诉一般来说属于董事的商业判断,正如公司制造砖块而不是瓶子的决定一样"[④]。董事拒绝是一项受到经营判断规则保护的决定。法院也将不允许股东维持派生诉讼,也不检查董事会决定的法律依据。这个规则反映出经营人员义务的变迁,其体现在具体条文中就是宾州公司法改革中那条"最引人注目的条款"。但这种做法存在一定弊端:在要求经营人员承担社会责任的情况下,由于对社会责任与利益关系人理解侧重点的不同,会导致不同公司实践上的差异,继而难以得到落实;且由公司经营者决定何为公共政策,亦很可能出现偏差,这实质上是将公司经营管理层视为"救世主"的理念,同时对公共政策的理解与执行很有可能僭越政府的相关职能。

---

① 各种抵御措施参见〔美〕罗伯特·C.克拉克著:《公司法则》,胡平等译,工商出版社 1999 年版,第 463—468 页。
② 经营判断规则指:如果董事在做出某种决议时是基于合理的资料而合理行为,则即使在公司看来该决议是非常有害的甚至是灾难性的,董事也不对公司承担责任;董事在上述情况下作出的决议是有效的决议,对公司具有约束力,股东不得予以禁止,要求撤销或提起无效诉讼。
③ 〔美〕罗伯特·C.克拉克:《公司法则》,胡平等译,工商出版社 1999 年版,第 91、568 页。
④ 同上书,第 532 页。

可见,在公司治理结构中纳入利益相关者的做法存在两条不同路径:一是德国模式,将职工代表纳入监事会,从而在决策层的人员构成上改变利益格局;二是美国模式,并不直接吸纳新的利益相关者代表进入决策层,而是赋予现有决策层更大的决策空间。这两种模式均对应于本国的经济、社会与文化背景,因此我国是否采纳或采纳的程度均应根据本国国情"本土化"。

3. 公司经营范围方面的社会责任(实用主义模式)

该模式的公司社会责任并未否认公司乃为股东谋取最大化利益的理念,而是认为在公司业务范围上应更多纳入为公共政策服务的项目,如商业公司为少数派群体成员提供就业培训,重新开发城市社区,使孩子们接受学校教育以及经营市立医院等。① 该类型的公司社会责任被称为"实用主义"模式是因为商业公司拥有更多的专门技术和更高效的管理和生产技能,可在解决社会问题和提供社会服务方面发挥更佳作用。

但实用主义模式并不能明确哪些公共事务可由商业公司去做,这涉及公共事务内部化与外部化的标准问题。且由于商业公司追求利益最大化,对于这些公共事务其有可能不顾及非经济性价值和政策要求,敷衍了事。因此对"实用主义"模式的公司社会责任并不能冒进,而应具体考察公共事务如何划分以及如何监督这些公司的行为是否符合公共政策的要求。因此,从终极意义上讲,公司经营范围的扩大化实则涉及政府与市场的界限问题。这一点已完全超出公司法考量的范畴。

(二) 紧急状态下的公司社会责任(危机主义模式)

紧急状态指公司面临停产、歇业、兼并、破产等涉及公司存亡的情况。因此,该类型的公司社会责任被称为"危机主义"模式。该模式的公司社会责任已有许多经典例子,比如:一个公司经营着一个亏损的工厂,现公司董事会决定关闭这个工厂。而工厂的工人以及当地人士均反对关闭工厂。因为这样会使工人处境困难并会导致当地经济衰退等不利后果。按照"危机主义"模式的判断,则会要求该工厂继续存续。但后果却是对市场配置资源功能的扭曲。如一直拖延下去,则最终仍不得不关闭工厂,且会造成资源的无谓浪费。但如持这种看法,即不关闭工厂将会有利于公司长远利益,则不必关闭该工厂,但这仍是按公司股东利益最大化的思路来考虑的,区别仅在于公司短期利益与长远利益是否一致。同样,股东利益既包括短期利益,也

---

① 〔美〕罗伯特·C.克拉克:《公司法则》,胡平等译,工商出版社1999年版,第575页。

包括长期利益。对危机主义模式,亦可从以下两个方面进行分析:

其一,从经济学的思路来分析。自20世纪80年代以来,研究企业理论的经济学家已经越来越认识到,企业所有权只是一种"状态依存所有权"(state-contingent ownership),股东只不过是"正常状态下的企业所有者",尽管从时间上讲,这个"正常状态"占到90%以上。① 如果公司可以支付工人工资以及债权人借款本金时,则公司处于正常状态,此时股东为所有者;但如果当公司仅可支付工资却不能偿还借款本金时,则此时债权人为公司所有者;而如果公司连工资也支付不起时,则工人为公司所有者。对于这种"状态依存所有权"理论,法律亦有相同反映。② 当公司处于紧急状态下,则此时公司所有权已不再属于股东,而应属于债权人或工人。因此,公司的决策应当体现债权人或工人的意志,而非股东的意志。这一点与正常状态下股东为公司所有者的论断并不矛盾,反而是前一阶段的转化。但由于这是一种事后划分,出于事先预防的目的,可在这种状态出现以前且出现概率比较大时,让后一状态下的所有者享有一定的控制权。因此,公司进入实际破产状态以前,债权人也可能要求对大的投资决策享有一定发言权,这可从债权人与公司签订的借贷合同中规定投资方向得以反映。且由于工人特殊技能的存在,工人在企业中人力资本的价值会大于其市场价值,也即工人的人力资本具有专用性。如果企业倒闭,工人就会因其专用资本一时难以转换而受到损害。因此,在关涉企业是否破产倒闭的决策上,工人也可享有一定发言权。但要特别注意的是:这种债权人、工人的发言权仅在公司紧急状态下才享有。

其二,从权利冲突与价值秤量的角度考虑。权利是分层次的,如果下位阶的权利行使与上位阶的权利产生矛盾,则下位阶权利必须服从上位阶权利,如果同位阶权利发生矛盾时,则必须进行价值秤量。股东利益仅是一种经济性权利,在其之外还有很多权利。而人权,比如生存权与发展权,则是宪法保障下的基本权利。因此,如果公司的决策导致工人生存困难或经济衰退,则该经济性权利的行使危及了更高位阶的权利,就应当加以否定。而

---

① 张维迎:《所有制、治理结构及委托—代理关系——兼评崔之元和周其人的一些观点》,载《经济研究》1997年第2期。

② 《中华人民共和国企业破产法(试行)》第37款第2款规定:破产财产优先拨付破产费用后,按照下列顺序清偿:(一)破产企业所欠职工工资和劳动保险;(二)破产企业所欠税款;(三)破产债权。

这种情况大部分出现在公司紧急状态下。顺应价值法学的思路,经济性价值的行使必须以保障人权为前提。当二者冲突时经济性权利不能对抗人权。从自由的角度来考察,一个人自由的行使也不能侵害他人自由,若这两种自由不能并存,则需进行价值秤量。一般来说,人的价值高于经济价值。因此,在紧急状态下公司股东已不能掌握公司命运,而其他利益相关者的利益,尤其是公司职工与债权人的利益,在此时显得更具有得以保护的价值。

三、宾州公司法改革再认识与股东本位再探讨

1989年宾夕法尼亚州议会提出新公司法议案,对宾州公司法进行修改。这场修改受到支持公司社会责任学者的广泛赞誉,且在相关论文中频繁加以引用,但由于对这场改革背景、原因及效果缺乏足够关注,导致部分学者对这场改革产生了认识偏差。

20世纪80年代为美国第四次兼并浪潮盛行时期,公司之间多为恶意收购。① 在这场恶意收购中获益最大的为股东,因为收购者提供的价格一般都高出原股票价格的50%以上。因此法律界的人士认为过多的兼并不一定有利于淘汰效率低下的管理人员,相反却为股市的套汇掮客提供了方便。这些人企图通过宣布兼并而提高兼并对象的股票价格,好让自己抛出股票时谋取暴利,因此,宾州才提出修改公司法。这次修改的目的是为了抵制公司间的恶意并购,而非其他原因,但许多人在论述时把这次修改视为公司社会责任胜利的一个重要标志,此为误解之一。

新法律对恶意兼并的防范主要有三部分:一是使在12个月内购买的某公司的大量股票难以出售,无论其动机是兼并还是反兼并;二是允许企业管理者将员工和顾客利益置于企业股票持有人的利益之上;三是规定如果一个兼并者的兼并行为失败,那他从中获得的利益就要转归兼并目标所有。这场保护该州公司免受兼并之苦的法律改革并非想当然地受到了欢迎。由于法律允许企业选择是否接受这三种反兼并的法律保护。结果大约20个当地最大企业(包括西屋公司、亨氏公司、梅龙公司、阿利根尼·卢得伦公司

---

① 陈共等:《公司并购原理与案例》,人民大学出版社1997年版,第29—31页。

和奎克化学品公司)决定至少放弃其中一种保护。① 该现象反映出公司内部与外部制衡力量的均衡。许多学者仅考察了这些反兼并的法律条文,却并未考察颁行后的实施情况,此为误解之二。

宾州出台新措施乃防止恶意收购,其防范对象不仅有收购者而且还有被收购公司的投机股东。这些投机股东可在公司收购中滥用其投票权支持兼并,从而获得高额转让费。这些新措施赋予公司更强的抵御能力,从而使公司外部并购市场的压力明显减弱。但同时也给公司经营者更多的败德机会与抵御外部并购市场压力的空间。这种情况并不会得不到纠正,根据"马里斯—曼恩假设",并购市场的外部压力可以纠偏非以股东最大化利益方式的行为。对于战略投资者来说,这种限制将会恶化公司的内部治理结构,削弱提高公司效率的压力,从而不会再购买或将大量抛售公司股票,造成公司股票下跌。事实证明:从反兼并法的起草到通过期间,当地企业的股票价格平均下降了7%。② 为了继续保有这些战略投资者以使公司继续生存,宾州公司大多至少放弃了其中一种保护措施以弱化这种外部压力的减退。这些公司的选择是利益衡量的结果:如果接受兼并保护,自然可以免除兼并危险,却将失去重要投资者,股票价格必然下跌;反过来,假如放弃兼并保护,在兼并压力下努力改善经营管理,就会有机会取得更大进展,从而吸引更多投资者,股票价格会高居不下,兼并者自然望而却步。但对于这种拒绝兼并的行为,公司的投机股东则可利用其股东身份起诉公司经营者,而公司经营者则可利用其对利益相关者负责的权利予以抗辩。因此,公司经营者对利益相关者负责仅是一种手段,而不是最终目标,此为误解之三。

股东获益方式与其自身经济实力有关。若股东为小股东,则投资获益主要是在资本市场上转让股票,因此其对共益权性质的权利,如投票权,表现出消极性。甚至对于选举董事和公司合并等重大问题的表决,可能通常都是漠然和温顺的。③ 正是由于股东人数的分散,一方面使每一股东投票权的作用减弱,由于无影响力导致对公司经营不愿过问;另一方面由于经济高速发展,单个股东对于现代生产、技术与业务活动越来越不了解,由于无知

---

① 〔美〕斯蒂格利茨:《经济学小品和案例》,王尔山、肖倩等译,中国人民大学出版社1998年版,第102页,另一资料来源为 Lelis Wayne, "Many Companies in Pennsylvania Reject State's Takeover Protection," New York Times, July 20,1990, p. A1.

② 〔美〕斯蒂格利茨:《经济学小品和案例》,王尔山、肖倩等译,中国人民大学出版社1998年版,第104页。

③ 〔美〕罗伯特·C.克拉克:《公司法则》,胡平等译,工商出版社1999年版,第70—72页。

导致对公司经营无法过问。① 但大型投资机构如基金、投资公司则更加关注公司的经营业绩,因为其获取利益主要是公司的股息或红利,以保值增值其所持有的股票并且更关心股票价值的稳定。② 而且这些机构投资者往往具有专业人才与专业知识的优势,有能力与实力了解公司经营状况,从而施加重大影响。

因此,股东应区分为投机股东与战略投资股东。投机股东并不关心公司的生产经营,这正是众多经济学家所诟病的对象,正是这种漠不关心才使股东虚位,管理层夺权。投机股东实则沦为一种单纯的资金提供者与"股市赌徒"。通用汽车公司前总裁托马斯·墨菲在1990年说:"许多所谓'投资者'只注意短期投机股票生意,这些人根本不配称为'所有者'。"③这些投机股东仅是名义上的股东,其关注的仅是公司的短期利益,具有短视性。其持有公司股票与抛售股票的行为类似赌博,而公司仅是其赌博的一个工具或媒介罢了。因此,投机股东并非真正意义上的"股东"。由于对投机股东的抨击不能转移至战略投资股东,公司权力转移至管理层的论断自然不能成立。

另外支撑公司社会责任挑战股东本位的理论还有"公司契约理论"与"公司能力理论"。"公司契约理论"认为,企业为一系列契约的组合,但契约具有不完备性及由此导致的界定所有权的重要性。④ 但公司社会责任论者在论及公司契约理论时仅指出了公司是一系列契约的组合,为劳动要素提供者、物质投入和资本投入提供者等利益关系人之间的契约连接点,但对于契约的不完备性及界定所有权的重要性并没有强调。正是由于这种忽视没有推导出在公司治理中应当保持"公司剩余所有权与剩余控制权相对应"的结论。所以其结论仅停留在"公司正是所有利益相关者围绕各自利益获取和保护的合作博弈所形成的关系网或契约组织,而非传统理论所暗含的那样,仅是物质资本所有者或股东基于赢利动机而组成的联合体"⑤,它并

---

① 正是基于分散小股东的消极性,美国制度经济学家詹姆斯·白恩汉(James. Burnham)提出了"经理革命"的概念,认为对大多数股票持有人来说,所有权不是很重要,因为他们很少有接近生产手段的管理权,而且没有比较决定性的管理权,故经理阶级是社会上"最有权力的人",既是管理者,又是实际的所有者。
② 〔美〕胡果威:《美国公司法》,法律出版社2002年版,第213页。
③ See Louis Lowenstein: "Why Management Should Have Respect for the Shareholders", Fall 1991, *The Journal of Corporation Law*, p. 2.
④ 高程德:《现代公司理论》,北京大学出版社2000年版,第47—48页。
⑤ 卢代富:《企业社会责任的经济学与法学分析》,法律出版社2002年版,第130页。

没有指出联合体中何者的利益才是最重要的及在同等利益发生冲突时该保护何者利益的问题。因此,这种观点仅泛泛描述了公司行为的关联者如此众多而已,并没有深入到公司内部运行机制当中。

"公司能力理论"认为,物质资本所有者以所有权的形式对公司的投入虽然是公司获取利润的一个因素,但不是关键因素。公司作为一个知识的集合体而非物质资本的集合体,通过知识积累过程获取新的知识,并将该知识融入公司当中,形成公司发展的主导力量。因此,公司内部的特型智力资本、资源、知识的积累是公司获得超额利润的关键。[1] 公司能力理论仅揭示了公司成长的动力而已,但最大的贡献者并不一定就是剩余权力的拥有者。二者没有必然对应关系。高额的固定工资报酬也可激励这种智力发挥与运用,但却不能否认公司控制力的来源。另外,这种能力亦可作为出资,从而使其持有者变为股东。但或许是公司法的限制,专用技术等非物质资本只有在公司设立时才可作为出资方式,而在公司增发股本时却只可用现金获取股票,这在一定程度上剥夺了这些特型智力资本拥有者成为股东的途径,而"沦为"被雇佣者。

可见"股东本位"的理念并未从根本上动摇,反而是对股东的认识更加精细化,由反思公司转移到反思公司股东的思路上来。投机股东与小股东"用脚投票"的方式使其与公司之间的关系从紧凑变为松散,从而违背了制度设计时股东与公司利益休戚相关的预期,使本应与公司利益一致的股东变得尚不如其他利益主体对公司忠实,从而为挑战股东本位与弱化股东地位的学说与实践提供了机会。但公司的股东不可能全部是投机股东或"用脚投票"的小股东,在股权机构中其并不占绝对优势地位,因此股东本位并不会被彻底颠覆,恰恰是公司社会责任理论在一定程度上修正与弥补了上述不足。

四、我国对公司社会责任的吸纳与公司法修订评论

公司社会责任是与一国经济、政治、文化、历史、社会发展水平等客观情

---

[1] See H. Demsetz, The Theory of the Firm Revised, *Journal of Law, Economics and Organization*, 4, pp.141—142,转引自马俊驹、聂德宗:《公司法人治理结构的当代发展——兼论我国公司法人治理结构的重构》,载《法学研究》2002年第2期。

况相适应的理论,因此对其吸纳的程度应根据本国实际情况予以"本土化"。在坚持"股东本位"与分类采纳不同公司社会责任模式的思路下,应根据我国的基本国情与经济现状对公司社会责任积极回应。而对公司社会责任的不同分层,可以更清楚地理解与实施公司社会责任,而不是以偏概全或以偷换概念的方式,通过论证某一模式的正当性得以求证另一模式。因此,对公司社会责任的接受必须根据本国的具体情况,对不同层次的公司社会责任进行不同程度的吸纳,而不应当泛化公司社会责任或泛化公司法。

目前,我国企业主体仍主要是国有企业,这些国企面临公司化的改造。尤其需要注意的是,我国以前的国有企业即为一个小社会,企业承担着众多的社会职能,因而负担过重,盈利较少,效率低下。因此,吸纳公司社会责任时不能再重蹈以前企业办社会的覆辙。由此决定了公司社会责任在我国的实践应适度与缓和。

适度理想主义模式的公司社会责任应被大力提倡与宣扬,因为目前我国法制环境还不是很健全,执法的成本也较高。所以企业把法律义务内化为自己的行为指南,积极遵守法律,会大大改善法律的实施成本,并减少社会承担的违法成本与相应的司法成本。

高度理想主义模式的公司社会责任中吸纳新决策者的建议应谨慎地区别对待。国有企业在公司决策层面中应吸纳职工代表,但同时应解决国有股权代表缺位的问题;其他经济成分公司,则可进行法律提倡,但具体如何实践则属于公司自治范畴。值得注意的是,目前公司职工参与公司治理并非最紧迫的问题,最应关注的是公司职工的劳动标准。这既涉及国内法,如劳动法、社会保障法等相关法律;又涉及国际社会对劳工标准的监察与认证。而对我国出口企业造成最大威胁的就是国际劳工标准认证问题,最著名的当属 SA8000。另外,经营管理人员负责的对象仍应限于公司股东,增加其他类型的负责对象很有可能进一步加大管理层的败德风险与投机行为,从而使中小股东的合法权益更容易被侵犯。根据我国目前的公司治理现状,中小股东才是最应加强保护的弱势群体,而不是已处于优势地位且具有优势信息的管理层。

实用主义模式的公司社会责任已超出公司法考量的范畴,其核心问题涉及政府与市场的分界问题。在中国由计划经济向市场经济转轨的过程中,改革的思路是政府应当向市场放权,其本身仅负责维护市场自由竞争,并排除干预政策就已足够,所以,公司从事更多社会性事务的推动力不在于公司,而在于政府放权。因此,实用主义模式的法律表现形式不会在公司法中得以体现,而会在国家的改革性纲领与政府政策中得到贯彻落实。

危机主义模式的公司社会责任应予以采纳。因为对我国来说,更应当考虑企业破产或歇业后的不利后果,从而让不同利益主体拥有一定的发言权。该模式目前已为我国企业破产法所认可,但实践中,矛盾最为突出的则是国有企业破产时职工权益保护与金融债权清偿的顺序优劣问题。我国目前实行的政策性破产[①],使担保有效的金融债权不能行使别除权,而必须首先满足职工安置的需求。政策性破产其实恰恰折射出利益相关者理论在中国目前的尴尬,职工与金融债权人利益的不可调和,恰恰是以牺牲既有法律规则的方式满足某一方的利益诉求,而这并不是公司应当承担的社会责任。

另外,我国面临的另一特殊情形则是:公司社会责任理念的发展并非本国公司的自发与自觉行为,更多是受到国外社会责任理念与规则的强制与倒灌。发达国家制定的游戏规则,往往出于其本国利益的考虑,即使在公司社会责任国际标准上也不例外,如利用SA8000作为新的国际贸易保护壁垒以阻止发展中国家的出口增长。因此,很多出口生产企业不是主动而是被动接受公司社会责任的理念与规则。

可见,目前我国公司社会责任理论与实践的发展具有两种不同的路径:一是在理论与法律方面主动吸收接纳,二是出口关涉的产业界被迫接受国外的规则。因此,我国公司社会责任的理论与实践就是在这种主动与被动、积极与消极的夹缝中相互影响与互动的情形下产生并成长起来的。此次公司法修订以积极主动的态度谨慎吸纳了公司社会责任,这可以说是公司社会责任在法律界发展历程中的一个里程碑,其在公司法中的表现有以下几个方面:

1. 在总则中宣示性地提出了公司"社会责任"[②]的概念,从而使道德责任法律化。[③] 但这种法律化并不代表法定责任,在公司法中尚且找不到因为

---

① "政策性破产",是指国有企业在破产时,将全部资产首先用于安排失业和下岗职工,而不是清偿银行债务。

② 该概念的中文翻译"社会责任"在法学上尚存在不准之处。从英文原意corporate social responsibility的直译应为公司社会义务。"责任"在法律术语中应以义务为存在前提,但公司社会责任中"责任"的使用则有公司必须承担一定义务的潜在之意,因此其中文翻译本身具有一定的偏差。而从另外一个意义上讲,公司社会责任这个概念的翻译更适合作为一个商业伦理的概念。

③ 《中华人民共和国公司法》第5条第1款规定:"公司从事经营活动,必须遵守法律、行政法规,遵守社会公德、商业道德,诚实守信,接受政府和社会公众的监督,承担社会责任。"

公司没有承担社会责任而应当承担的不利法律后果。因此,"社会责任"的提出仅是作为一种宽泛的原则纳入公司法当中,表明立法者的价值取向,并未构成具有刚性约束力的责任体系。但法律上的宣示具有十分重要的意义,因为公司社会责任并非公司法一己之力所能承担的重任,而是一个庞杂的法律体系,但公司法应当在庞杂的法律支持体系中提出一般统领性的概念,从而形成对其他相关法律的价值支撑与理论供给。

2. 在公司内部治理结构方面迈出了实质性的一步,形成职工董事提倡纳入[①]与职工监事强制纳入[②]模式。考虑到国有企业的特殊情况,在国有独资公司中形成职工董事强制纳入[③]与职工监事强制纳入[④]的双强制模式。这是保护职工合法权益的一个重要举措,该制度设计使公司职工能够在公司法的强制要求下进入监事会行使监督职权,并能够在公司自治的情形下进入董事会,从而直接对公司的经营管理施加影响。这种制度设计属于高度理想主义公司社会责任中的德国模式,而我国吸收借鉴的方式不仅把握了公司法强制与公司意思自治的协调关系,也对公司职工所代表的人力资本在公司治理结构中的作用进行了清晰的内部定位,从而有利于实现《公司法》第18条第2款所追求的"公司依照宪法和有关法律的规定,通过职工代表大会或者其他形式,实行民主管理"。

3. 加强了对职工合法权益的保护。我国《公司法》在总则中以一般规

[①] 《中华人民共和国公司法》第45条规定:"……其他有限责任公司董事会成员中也可以有公司职工代表。董事会中的职工代表由公司职工通过职工代表大会、职工大会或者其他形式民主选举产生。"第109条规定:"股份有限公司……董事会成员中可以有公司职工代表。董事会中的职工代表由公司职工通过职工代表大会、职工大会或者其他形式民主选举产生。"

[②] 《中华人民共和国公司法》第52条规定:"有限责任公司……监事会应当包括股东代表和适当比例的公司职工代表,其中职工代表的比例不得低于1/3,具体比例由公司章程规定。监事会中的职工代表由公司职工通过职工代表大会、职工大会或者其他形式民主选举产生。"第118条规定:"股份有限公司……监事会应当包括股东代表和适当比例的公司职工代表,其中职工代表的比例不得低于1/3,具体比例由公司章程规定。监事会中的职工代表由公司职工通过职工代表大会、职工大会或者其他形式民主选举产生。"

[③] 《中华人民共和国公司法》第68条规定:"国有独资公司……董事会成员中应当有公司职工代表。……董事会成员中的职工代表由公司职工代表大会选举产生。"

[④] 《中华人民共和国公司法》第71条规定:"国有独资公司监事会成员……职工代表的比例不得低于1/3,具体比例由公司章程规定。……监事会中的职工代表由公司职工代表大会选举产生。"

定的形式保障公司职工的各项合法权益[①],如集体谈判的权利、受教育与培训的权利等,这是从维护职工本身合法权益的层面作出的保护,属于公司社会责任适度理想主义模式的表现。

4. 加强了对公司债权人的保护。我国此次公司法修订的一个抢眼之处则是公司法第一次明确了"刺穿公司面纱"的情形[②],从而突破了公司独立法人资格与股东有限责任的绝对化原则,兼顾了股东与债权人的利益平衡,从而使债权人不仅获得担保法与合同法上的保护,还获得了公司法的直接保护,这属于我国公司法上的制度创新。

可见,公司法修订对不同层次的公司社会责任进行了吸纳[③],从而形成了一定的制度支撑,但可以看出,利益相关人的纳入仅限于公司职工与公司债权人,公司债权人本身就是公司法调整的主体之一,此次修订主要是从制度创新上加强了对债权人的保护。公司职工作为公司的人力资本或在法律强制下或在公司自治意志下享有一定发言权,但公司管理层扩展的对象仍限于公司内部职工,而并没有将其他利益主体纳入。因此,治理结构方面公司社会责任的扩展底线仅限于公司内部人员,而并不具有对外开放性。也正是由于其他利益主体被排除,从而保持了公司法"血统的纯正性",避免了"泛公司社会责任论"与"泛公司法论"。

同时值得注意的是,我国公司法仍旧遵循了股东本位的法律逻辑,公司在法律上应为股东谋取最大化利益的目的并未改变。这主要表现在以下方面:

---

① 《中华人民共和国公司法》第17条规定:"公司必须保护职工的合法权益,依法与职工签订劳动合同,参加社会保险,加强劳动保护,实现安全生产。公司应当采用多种形式,加强公司职工的职业教育和岗位培训,提高职工素质。"第18条规定:"公司职工依照《中华人民共和国工会法》组织工会,开展工会活动,维护职工合法权益。公司应当为本公司工会提供必要的活动条件。公司工会代表职工就职工的劳动报酬、工作时间、福利、保险和劳动安全卫生等事项依法与公司签订集体合同。公司依照宪法和有关法律的规定,通过职工代表大会或者其他形式,实行民主管理。公司研究决定改制以及经营方面的重大问题、制定重要的规章制度时,应当听取公司工会的意见,并通过职工代表大会或者其他形式听取职工的意见和建议。"

② 《中华人民共和国公司法》第20条规定:"……不得滥用公司法人独立地位和股东有限责任损害公司债权人的利益。……公司股东滥用公司法人独立地位和股东有限责任,逃避债务,严重损害公司债权人利益的,应当对公司债务承担连带责任。"第64条规定:"一人有限责任公司的股东不能证明公司财产独立于股东自己财产的,应当对公司债务承担连带责任。"

③ 由于公司社会责任本身为一个系统工程,因此对其作出法律上的反映并非公司法的专利,其他法律对公司社会责任的实现同样具有重要的意义。但公司法作为规范公司组织与行为的基本法律,其条文所体现的公司社会责任就具有更加重要的地位与显著的意义。

1. 在立法目的上,公司法并没有将利益相关者纳入。我国《公司法》第1条明确了公司法制定的目的是"保护公司、股东和债权人的合法权益"。因此,公司法调整的仍限于原有"铁三角"的利益关系,而并没有将利益相关者纳入考量范围。

2. 在公司的定义上,我国《公司法》第2条与第3条并没有将保护利益相关者纳入其概念当中。当然公司法本身对公司的定义存在一定缺陷,因为其仅界定了公司的设立依据、组织类型与责任形式等外部表征,并未进一步界定公司的内在本质。

3. 在董事会法定职权上,并没有将对利益相关者负责纳入其法定职权当中,我国《公司法》第47条仍旧规定"董事会对股东会负责"。

4. 在董事义务设定上,并没有纳入对利益相关人负责或考虑的义务。我国《公司法》第148条规定公司董事、监事以及高级管理人员应"对公司负有忠实义务和勤勉义务"。

可见,虽然我国公司法修订采纳了公司社会责任的概念,但公司应当为股东谋取最大化利益的基本原则与根本目标并没有改变。

五、法定义务之外公司社会责任更高的道德要求

法律规定了最低限度的行为准则,而出生于道德责任的公司社会责任虽已上升至法律概念的层面,但其作为道德概念仍旧在法律之外自由与自我地存在。因此,法律文本意义上的公司社会责任与现实中公司对社会责任的实践仍旧存在一定的差距。可以说,公司社会责任很典型地反映了法律与道德之间的关系。在法律基本要求之外,还存在更加丰富多彩的公司社会责任的实现形式。以下就几种重要形式做一简述:

1. 社会责任报告

1992年,总部设在瑞士巴塞尔的跨国制药公司汽巴盖基(Ciba-Gei gy)发表了除年度财务报告外的第一份"公司环境报告",1994年该公司又公布了"公司社会报告"。此后各种类型的社会责任报告层出不穷。为使公司报告更真实、系统和具有可比性,1997年由联合国官方合作机构提出了基于自愿的"全球报告倡议"。2000年该机构发表了"经济、环境和社会业绩可持续性报告指南"。我国国有大型企业也开始注重公司形象的改善,如国家

电网公司在 2006 年 3 月 10 日发布了中央企业第一份公司社会责任报告,中海油目前正在编制其 2005 年社会责任报告。

2. 企业生产守则运动

"企业生产守则运动"①是全球化下企业社会责任运动最主要的一种操作形式,该运动的直接目的是促使企业履行自己的社会责任。该运动要求公司特别是跨国公司等企业,必须以国际劳工标准为依据来制定和实施工资、劳动时间、安全卫生等劳工标准。联合国在 1999 年提出了企业界的《全球契约》(Global Compact),直接鼓励和促进"企业生产守则运动"的推行。②跨国公司的"工厂守则"运动,目前已在中国启动,包括麦当劳、瑞步、耐克、迪斯尼、沃尔玛等公司在内,相继开始旨在对公司的中国供应商和分包商实施以劳工标准检查为内容的社会责任运动。

3. SA8000 国际标准

SA8000 是 SocialAccountability8000 的简称,中文译为"社会责任标准",社会责任国际(简称 SAI)于 1998 年 1 月公开发布。③ 它是世界上第一个以改善工人工作条件和环境为目的的标准,根基于《国际劳工组织公约》、《联合国儿童福利公约》和《世界人权宣言》的一些要求,其内容主要针对企业的社会责任问题作出规定,能使劳工在多方面的权益获得保障。因此可以说,SA8000 是全球第一个关于社会责任的国际标准。2004 年 5 月 1 日起,欧美国家开始强制推广 SA8000 标准认证体系,从而对我国的出口生产企业造成了极大的影响,因为 SA8000 是与订单直接挂钩的,如果企业没有取得

---

① 该运动起源于 20 世纪 90 年代初期美国劳工及人权组织针对成衣业和制鞋业所发动的"反血汗工厂运动",直接导火索是美国服装制造商 Levi-Strauss 利用"血汗工厂"制度生产产品被新闻媒体曝光后,为挽救其公众形象,制定了第一份公司生产守则。后在劳工和人权组织等 NGO 和消费者的压力下,美国不少大型跨国公司如耐克、沃尔玛、迪斯尼等也纷纷效法。这一运动是由劳工组织、消费者团体、人权组织和环保组织等非政府组织所发动的,并与劳工运动、人权运动、消费者运动、环保运动互相声援。

② 《全球契约》(Global Compact)要求跨国公司重视劳工标准、人权和环境保护,以克服全球化进程带来的负面影响。并提出了包括尊重人权、支持结社自由和集体谈判权、禁用童工、反对强迫劳动、消除工作场所歧视以及发展与采用环保科技等内容的九项关于社会责任的原则和核心内容。

③ SA8000 的核心为劳工标准,对企业的要求内容包括:(1) 童工;(2) 强迫性劳工;(3) 健康与安全;(4) 组织工会的自由与集体谈判的权利;(5) 歧视;(6) 惩戒性措施;(7) 工作时间;(8) 工资;(9) 管理体系。需要说明的是,这些标准要一致满足,而不是部分满足。SA8000 标准是一个通用标准,不仅适用于发展中国家,也适用于发达国家;不仅适合于各类工商企业,也适合于公共机构;同时还可代替公司或行业制定相关的社会责任守则。

SA8000 认证或存在违反 SA8000 要求的行为,将被停单、撤单,失去出口订单。

小结

公司社会责任作为发达国家的先进理论与规则被引入我国后应当根据具体国情"本土化",同时对该概念的理解不能陷入"泛公司社会责任论"与"泛公司法论"的泥沼。公司社会责任出生于道德提倡,在其发展中逐步得到法律的认可与支持。该理论是以公司作为利益基点对相关利益主体进行考察,它是一种发散式的思维路径,同样对应的制度支撑则是一个系统的法律工程,且该系统工程并不仅限于公司法当中。该理论并没有否定股东本位的基本理念,相反则是一种有益的补充与修正,使对公司的反思延伸至对股东的反思。另外,法律在具体实践公司社会责任时应做具体分类,从而根据不同的情况具体吸收接纳,而不是笼统赞成或拒绝。我国《公司法》修订第一次宣示性地提出了公司"社会责任"的概念,并深入具体规定了若干制度支撑,从而使公司社会责任在公司法上迈出了历史性的一步。但对公司社会责任仍应保持相当程度的冷静与理智,而非情绪化地鼓吹与追捧,因为法律作为最低限度的行为准则,对源于道德的公司社会责任在实践中更多更高的表现形式,并不能全部吸纳作为普遍意义上的行为准则。

转型中国语境下的企业社会责任内涵分层

甘培忠　吴元元*

摘　要　中国经济社会的现实发展需要导入企业社会责任的理念与制度资源以推进、保障和谐、分配正义及持续长效机制建设。对企业社会责任内涵如何进行位阶上的分层是一个影响相关制度建设绩效的重要基础性课题。立基于福利经济学的"外部性"理论,主体从事某种活动给其他各方带来危害却并未因此支付相应成本所引致的"负外部性"是从法律强制层面设定企业社会责任承担的经济学依据。统一整合既有制度资源、适应法律治理机制的外部视角、分离企业的负外部性弥补义务与政府的公共物品提供职能、避免非合理的利益再分配效应等四维度证成了以"负外部性"对法律强制层面的企业社会责任展开制度安排的实践理性。与之相对,主体从事某种活动给其他各方带来收益却并未因此获得相应报酬所引致的"正外部性"则是企业承担道德激励层面的社会责任的经济学缘由。理性的企业经济人从事道德层面的社会责任行为可以从中获益。依循信号显示原理,"正外部性"的企业社会责任可以借助激励兼容约束的满足获得切实履行。

关键词　企业社会责任;负外部性;正外部性;法律强制;道德激励

---

* 甘培忠,北京大学法学院教授,博士生导师;吴元元,北京大学法学院博士研究生。

企业社会责任是近年来中国学界关于企业制度研究的热点之一。无论是法学界、经济学界、管理学界，抑或是企业实务界，相关的研究成果从各自独到的分析进路切入，可谓丰富多彩、蔚为大观。一些著名的上市公司开始发布自己的年度企业社会责任报告，向股东汇报企业在社会责任方面的业绩和费用支出，也向社会展示自己的道德和良心举动。环境问题，弱势群体利益获得问题，中国制造的产品安全问题，职工最低工资保障问题，等等，通过世界性全球化的风暴和本土和谐社会的骤雨一起席卷到中国经济社会发展的峡谷。这些问题的解决可能有多条出路，但理论界和公众的普遍倾向是强化企业社会责任方案无疑是一条便捷的通道。

然而，从理论研究层面看，仍有相当的基础性问题有待廓清与深度解读——企业社会责任如何进行位阶上的分层，不同位阶的企业社会责任如何确定其所指与能指，以及这种分层与相应的内涵界定对于企业社会责任从应然转化为实然具有哪些操作性意义等，即是其中的重要课题。

立基于企业社会责任在法律强制层面与道德激励层面的二元界分，本文对上述基础性问题做一个理论思考。如果按照后期维特根斯坦的说法，只要语境对头，无所谓语词使用的对错①，本文尚难以精确证成上述界分的必要性；当下的关键问题是，制度安排中的概念内涵厘定并非仅仅是语词或仅仅是确定语词之间的关系而已，而是一个有可能决定相应主体的权利——义务配置进而影响社会利益分派格局的重要变量。在这一界分过程中，隐藏于企业社会责任相应制度安排之背面的各种可能性后果、相应的机会成本，以及引致企业自我履行社会责任的激励因子等将得到细致的分析与展示，并可能为相关的制度建设提供有所裨益的智识支持。

需要说明的是，以"外部性"理论为逻辑主线，本文主要采取法律经济学讲求实际收益、机会成本的分析框架，同时综合社会学的研究视角，以期为借助交叉学科的进路更全面、更立体地考察企业社会责任开放出一个可能性空间。在这个意义上，本文的方法选择可归结为不拘泥于既有学科边界的、问题导向型的可欲（Desirable）努力。

---

① 〔英〕维特根斯坦：《哲学研究》，陈嘉映译，上海人民出版社2001年版。

一、社会责任：企业社会价值追求的学理及其制度展开

从语词沿革的历史角度来看，以公司为发轫点，社会责任理论源于美国、兴于美国。1924 年，美国学者谢尔顿率先提出"公司社会责任"的概念，并把公司社会责任与公司的经营者满足产业内外各种人类的需要联系起来，认为公司社会责任包含道德因素在内。① 及至 20 世纪 30 年代，与"（当时）罗斯福'新政'以及第二次世界大战之后的整个西方世界广泛推行政府干预经济、刺激充分就业的政策"相适应，美国学者道特指出：在终极意义上各种的舆论将形成法律，公众舆论如今已经对商事公司的看法发生了巨大的改变，商事公司作为一种经济机构具有社会服务和追求利润两方面的功能。因此，公司权力作为一种受托权力是为了全社会的利益。对雇员、消费者、乃至一般公众的社会责任必将成为那些从事商事经营的人们应采取适宜的态度。② 1953 年，美国的伯文从社会价值追求的角度对公司社会责任提出了界定："商人按照社会价值向有关政策靠拢，作出相应决策，采取理想的行动义务"。③ 随着管理学理论的发展，20 世纪 60 年代兴起的管理学派认为："董事和经理们是站在与公司经营所涉及的股东、雇员、代理商、原材料以及设备供应商乃至全社会等各种利益的交叉点上；这些利益中很难说谁占主导地位，董事们必须同时满足他们"。④

对于公司社会责任理论对传统公司角色定位的反动，或者退一步说改变，以弗里德曼为代表的经济学家祭起自由主义的大旗，对此进行了针锋相对的反驳，以期回复公司经济绩效最大化的原初轨道："没有能像经营者不为股东利益最大化目标服务、而是履行社会责任那样，将从根本上破坏自由社会所赖以生存的根基"。⑤ 尽管如此，公司社会责任理论还是借助司法、立法等制度认可彰显了自身的生命力——1953 年，在新泽西州的"史密斯制造公司诉巴劳"案中，原告就公司对普林斯顿大学的捐赠行为提起诉讼。

---

① 刘俊海：《公司的社会责任》，法律出版社 1999 年版，第 2 页。
② 张开平：《英美公司董事法律制度研究》，法律出版社 1998 年版，第 166 页。
③ 同上书，第 167 页。
④ 同上。
⑤ Mliton Friedman, The Social Responsibility of Business is to Increase its Profits, *Ethical Theory, and Business*, Englewood Cliffs, NJ, 1998.

法官以"现代形势要求公司作为其所在地的共同体成员,承认并履行私人职责和社会职责"①的判词表明了法官认可公司社会责任的司法立场;而到了20世纪80年代,以公司社会责任理念为核心,在美国兴起了公司治理结构多元利益审视的大讨论。作为讨论的直接制度成果,有29个州在其公司法中加入了体现公司社会责任的条款。②

二、"外部性"理论:企业社会责任分层的经济学依据

以上的学理论证与制度展开已经关照到了相关各方主体的利益均衡,是对"利润最大化"的企业传统目标的改进。但是,在"为了全社会的利益"、"社会价值"、"理想的行动义务"之类的语词泛化使用中,却忽略了容易引致实践混乱的概念内涵层次模糊问题。企业的环境保护、劳动安全保护、产品质量维护等与企业捐赠、赞助公益事务等是否在制度安排上可以共治一炉?有无必要进行层次或者位阶的区分?应采取何种方式区分?区分之后对于企业社会责任的落实程度而言有哪些可能的效应?这些问题皆是提升企业社会责任履行绩效所无从绕过的内生变量。

"外部性"理论可以为企业社会责任的分层提供一个便利、有效的工具,并有助于将其整合到融贯一致的统一框架之中。如果某人或企业在从事某种活动时给其他个体带来危害或者利益,而他们并未因此支付相应的成本或者得到相应的报酬,外部性(externalities)现象就发生了。③ 按照给主体之外的其他各方带来的是无法内化的成本还是收益,外部性可分为负外部性和正外部性两种类型。

从负外部性视角来看,附着于公司之上的各类非正当行为——包括但不限于控制股东的关联交易、董事/高管人员的"内部人控制"、证券市场上的虚假信息、内幕交易,抑或是当下屡遭诟病的劳动保护失范、重大环境污染事故频发——尽管各自的外显形式各异,所关涉的法律关系也不同,然而,如果穿透上述形式要素,分离出其中的共享维度,不难发现,公司非正当行为的内生特质即在于负外部性的生成:获益一方因己方的牟利行为给其

---

① 张开平:《英美公司董事法律制度研究》,法律出版社1998年版,第167页。
② 参见崔之元:"美国二十九个州公司法变革的理论背景",载《经济研究》1996年第4期。
③ 卢锋:《经济学原理》(中国版),北京大学出版社2002年版,第252页。

他主体造成了损失/损害,自己却无需承担相应的费用支出。易言之,获益一方的受益状态是以他方利益受损为其机会成本的。以企业超标排污引起的负外部性为例,可以清晰地展示上述非正当行为的作用机理。倘若企业遵循污染物排放标准,力图达致一定区域环境质量标准要求,那么在生产流程中必须追加一定的清洁生产支出,用于污染治理设施的配备、运营、治理技术的有偿获取、推广,以及治理人员的培训、薪酬支付。但是,在微观主体福利最大化的驱动下,符合社会公共理性的最优行为并不同时意味着个体最优。当企业能够绕开污染物排放的制度约束,耗费于清洁生产的追加成本可不必支付。较之于遵循环境法律制度约束的行为选择,企业的生产费用更为低廉、俭省,获致的纯收益更为可观,由此导致环境污染破坏却转而由区域公众承担。

同理,在存在正外部性的场合,个人或企业无法获得其决策和行为引致的额外收益,私人收益与社会收益亦存在差值。常见的比如环境保护人员或机构保护珍稀濒危动植物的努力能给全社会带来利益,但当事人通常难以得到充分的物质补偿;养蜂人在生产蜂蜜的过程中帮助果树传授花粉,而果园主在生产水果时则为蜜蜂提供了产出蜂蜜的原料,但均未能获得收益者的对价支付等。① 循此逻辑,企业捐赠、赞助公益事务等无偿贡献行为即是正外部性的生动体现。

负外部性是法律强行介入当事人合意自治的基石性经济学依据,也契合着亚里士多德意义上的校正正义。② 在现实生活场景中,一般地,当个体的行为选择仅仅关涉其自身的收益—成本或者是业已达成合意的行为相对方时,民主政治国家的权力中心统一供给的法律规范对之不会主动强制过问;当其行为选择溢出个体边界,为与之无涉的第三方添加了其未能预期的成本时,法律就会"通过规则的强制,迫使产生外部性的个体将社会成本转化成私人成本,使得行为主体对自己的行为承担完全责任,从而通过个体的最优选择实现社会最优"③;而按照乔奇姆的论证,在肇源于亚里士多德、至今仍生生不息的校正正义之下,"法律所关心的一切就是一方获得了不公正的利益,另一方受到了不公正的损失,这里存在着不公,需要补救,有一种

---

① 卢锋:《经济学原理》(中国版),北京大学出版社2002年版,第252页。
② 理查德·A.波斯纳:《法理学问题》,苏力译,中国政法大学出版社2002年版,第392—412页。
③ 张维迎:《信息、信任与法律》,三联书店2003年版,第72页。

不平等,必须予以平等化"。①

导源于行为成本的社会转嫁,无论是控制股东滥权、董事及高管人员公然违背信义义务,还是被悬置一旁的劳动保护标准、污染物排放标准,"以邻为壑"式的企业实然行为态势彰显了将负外部性的弥补设定为公司/企业法上强制性义务安排的必要性与正当性。作为一种以国家强力维度为保障的制度设计,负外部性的弥补是企业社会责任在法律强制意义上的所指与能指;与之相对,具有正外部性的企业捐赠、公共设施建设赞助等公益行为则是企业社会责任在道德激励意义上的所指与能指。

三、负外部性弥补:法律层面企业社会责任设定的实践理性选择

在当前环境公害泛滥、劳动安全事故频繁的转型中国语境下,侧重法律强制层面的企业社会责任设定,并将制度边界划定于负外部性的弥补,这一安排是不拘泥于本质主义的、全面考量各种可能的制度实践后果的、霍姆斯意义上的实用主义选择。

(一) 统一整合既有的制度资源

从法律规则的规范性供给来看,当下关涉企业社会责任的制度资源存量颇为可观。环境保护法规定的污染物排放标准、产品质量法规定的产品质量安全标准、劳动保护法规定的最低工资和最高工时、安全生产法规定的劳动安全保护、公司法规定的股东自益权与共益权保护、中小股东的不公平妨碍诉讼与派生诉讼特别是 2005 年我国公司法修订时所添附的董事信义义务的规定②,凡此种种,不一而足,庶几覆盖了企业所涉社会关系的各个维度。可以说,尽管在细致的"行为模式——法律后果"尚有可商榷之处,但是,以中小股东保护、环境保护、劳动安全保护为代表的企业社会责任履行业已比较成功地分享了发达国家相应法律的符号形式。

但是,制度需求与制度规范的供给之间的对应并不意味着有效率的制度均衡实现。正如法谚所云:法律之所以起作用,是因为它能够影响人们的行为方式;企业社会责任的法律设定能否成为凡伯伦所说的相关义务主体

---

① 张维迎:《信息、信任与法律》,三联书店 2003 年版。
② 参见甘培忠:《公司控制权的正当行使》,法律出版社 2006 年版,第 192 页。

的"普遍而稳定的思维习惯",关键在于"可实施性"(enforceability)[①]这一构成性要件是否得到有效满足。如果分布于各相关部门法的企业社会责任设定凝化为刚性约束,从而使得采取"切实履行义务"的选择成为企业无意也无力偏离的均衡策略,那么,统一理论分析范式的提出尚不足以证成自身的必要性与迫切性。但是,当前主要的障碍在于,"可实施性"要件的落空导致企业义务约束严重软化,对于企业"食人而肥"的机会主义策略而言,既有的规范性规定无法成为可以置信的威慑。"制度是为执行特定的社会任务而做的结构化的安排"[②],各相关部门法中对于企业的义务约束分散、凌乱,不能充分有效地发挥制度系统的合力,这是影响"可实施性"要件的落实绩效的核心变量之一。在弥补负外部性的统一分析框架的整合下,强制意义上的企业社会责任履行就获得了贯穿始终的逻辑主线,能够把原本"各自为政"的权利——义务配置模式熔铸成融贯一致的制度体系。以立法技术标准衡量,既有的法律规则资源就不再是一堆摆放散乱的线头,而是一幅以负外部性的弥补为经,以中小股东和债权人利益保护、环境质量保护、劳动安全保护以及产品质量安全维护等为纬,条理清晰、层次分明的展现企业社会责任的锦缎。经由负外部性分析框架的统摄,企业社会责任制度包括的诸种规则至少在应然层面可以彼此无缝铆合、平滑对接,并借此进一步推进,成就一个实然状态下的和谐互补的有机共同体,最大限度地减少足以削弱"可实施行"要件满足的系统运行障碍。

需要指出的是,既有制度存量的理论整合亦是一种适应立法经济理性的努力。公共选择理论已经揭示,立法不仅仅是民意的落实,也不仅仅是技术理性的体现,究其实质,它们是不同利益团体在法定的讨价还价程序中博弈均衡的结果,特别是与制度变迁的行动者以及利益攸关的压力集团在立法机构的呼吁、论证密不可分,这里必须历经一个时间、资源、人力耗费的密集型的过程。作为一类立法产品,既有的企业社会责任规定的供给是以相当的成本投入为代价的。给定一定时期立法产品的竞争性供给态势,学界的因应策略若能够改变过去一旦法律规则"失灵"则另觅新词、另设新法的做法,注重在当下基础上的点滴制度改进,注重发掘看似庞杂的规则系统的

---

① Hurwicz, L. (1996), "Institutions as Families of Game Forms," *Japanese Economic Review* 47, pp.13—132.
② 〔美〕哈罗德·J.伯尔曼:《法律与革命——西方法律传统的形成》,贺卫方、高鸿钧等译,中国大百科全书出版社1993年版,第6页。

主导逻辑,在规则有机统合的过程中以该逻辑为主线细致入微地落实"可实施性"要求,这本身就是不尚空谈、对立法成本有着必要的敏感与警觉的实践理性反应。

(二) 适应法律治理机制的外部视角

作为一种"第三方治理"模式,法律机制探知既往事实的"外部视角"使其有效性严重依赖于相关证据信息的可观察性(observability)、可检验性(verifiability)。这两个条件意味着法律的信息成本,这是任何法律设计必须考虑的问题。[①] 否则,将会出现"清官难断家务事"式的无效率,或者"诛心"、"莫须有"式的弊端。易言之,法律治理机制的运作只能围绕易于观察的、检验的、关涉主体权利义务的"硬"证据展开,各种情势变化皆被证据承载的信息所覆盖,这是以司法为代表的外部治理机制在实际运行中难以避免的局限。在这个意义上,对于绝大多数的纠纷来说,法律治理是"不在场"的,其事实探知活动只能止步于满足可观察、可检验要件的证据之前,重构既往事实的能力是相当有限的。在"外部视角"和有限的财政力量支持的司法资源约束下,并不是所有的权利、义务配置皆可以进入法律治理的界域之中,法律机制会借助各类程序性的制度安排对之展开筛选;否则,即使勉强纳入法律机制,相关主体也可能无法获得其欲求、期待的正义救济。[②]

在法律治理的"可观察性"、"可检验性"的内生特质约束下,不少备受推崇的企业社会责任制度构想恐怕只能是"看上去很美"的屠龙术。典型的比如,美国法学所从1978年起草的"公司治理项目"第2.01(公司的目的与行为)条对于公司法律责任和道德责任的安排是:本条(b)款和第6.02条(即关于董事会在公开收购时的行为)之约束,公司应当以增加利润和股东收益为目的。(b)即使没有增加公司的利润和股东收益,公司在其业务经营中仍然:(1)必须像自然人那样在法律规定的范围内行为;(2)可以合理地考虑与其负责任的商事行为相应的道德因素;和(3)可以为公共福利、人道主义、教育以及慈善事业目的贡献适当数量的资源。[③] 法律责任与道德责任共冶一炉,看似规定周延而全面;不过,如何准确界定公共福利、人道主义、以及诸如此类的有着"普洛透斯式的面孔"的语词,如何确证上述"贡献

[①] 甘培忠:《公司控制权的正当行使》,法律出版社2006年版,第196页。
[②] 参见吴元元:《信任与清白:乡土治理安排的法律社会学解读》,载《现代法学》2007年第6期。
[③] 张开平:《英美公司董事法律制度研究》,法律出版社1998年版,第182—183页。

适当数量的资源"之义务业已履行并将之成功外化,以及其他由"可观察性"与"可检验性"引发的证据、证明问题,则是道德层面的企业社会责任规定从"纸面法"转化为"活法"无从绕开的障碍。就上文提及的语词内涵厘定而言,无论是诉诸法律解释技术中的文义解释、目的解释,抑或是体系解释,都难以给出确定的所指与能指。这并非仅仅是语言本身的模糊性规律所致,更重要的原因在于,对诸如公共福利、人道主义一类的"宏大叙事"的解释往往是一个极为艰巨的利益再分配过程,利益集团活动、社会分配目标、特定社会政策都可能左右着最终的解释结果与隐于其后的利益分派格局。所以,受制于变动不居的社会情势,由"宏大叙事"支撑的道德层面的企业社会责任很难从立法技术上细致地分解为可操作的"行为模式——法律后果",很难满足法律治理机制对于证据、证明的确定性要求;而法律后果的缺失、支持证据的阙如,以及由此引致企业社会责任规定发生"词"与"物"的断裂[①],恰恰正是宣言式的制度设计之痼疾。

福柯曾指出:判决的最终基础仍然是一些由证据和相关信息构建起来的有关案件的事实。没有这些"事实",法官就没有根据裁断,司法机器的实践话语就会卡壳。[②] 在这个意义上,着眼于负外部性的弥补,按照"可观察性"、"可检验性"的要求适当缩小纳入法律治理机制的企业社会责任项目,应当说是一种讲求实效的务实安排。

(三)分离企业的负外部性弥补义务与政府的公共物品提供职能

把法律强制层面的企业社会责任划定为负外部性的弥补,有助于在企业的正当性盈利追求与政府的公共物品供给职能转嫁之间筑起一道坚实的安全阀,以避免企业因负载任务的过度多元化而严重削弱核心竞争力,造成效率低下。

企业诞生及其发展流变的历程已经充分显示,符合义理正当性与法律正当性的盈利目标追求是支撑企业得以正常运转的根本要素,这一根本要素决定了在正当性的边界范围内,企业的比较优势、竞争优势在于提供具有排他性、竞争性的"私人物品"(private goods)参与市场竞争。过量的非盈利负担极有可能在作为企业安身立命之本的盈利性目的与泛化的社会责任承担之间生成不必要的紧张关系,以至于企业不堪重负,难以自立,更遑论我

---

① 〔法〕米歇尔·福柯:《词与物 人文科学考古学》,莫伟民译,上海三联书店2001年版。
② 参见〔法〕米歇尔·福柯:《法律精神病学中"危险个人"概念的演变》,苏力译,载《北大法律评论》第2卷第2辑,法律出版社2000年版,第494—495页。

国法学界、经济学界自经济体制改革以来即孜孜以求的市场主体独立性品格的发扬。与之相对,提供具有非竞争性、非排他性的"公共物品"(public goods)则应当是作为民众代理人及善管义务人的政府的内生职责。

首先,从供给激励考察,诸如支持高雅艺术、组织社会大型公益活动、设立不特定的助学金、为弱势群体开展物质捐赠等,这类活动均是供给者的投入与收益不相匹配的典型范例——供给者支付财力、物力、人力产出为社会不特定的多数提供上述公益物品,其成本是负担指向特定主体,而其收益往往是高度弥散化的,非特定的大多数公众都可以受其泽惠,供给者不能将活动收益集于己身。在正外部性的作用机理下,国家作为社会福利的集成者从事公益活动所获得的总收益恰恰大于每一个社会个体独立、分散从事时获得的收益①,从而有效地克服了"搭便车"引致的公共物品供给不足的缺陷。

其次,从供给能力考察,一方面,现代国家中专门从事公共物品供给的"生产者"已经从其他劳动中分离出来,成为独立的职业群体。人力资本和时间投入的专门化有效地适应了社会生活复杂化的需求,从根本上改变了公共物品供给混同于其他活动、特别是企业供给者自利型活动所追逐的单一广告效应、"公关效应",抑或是因为不谙熟公共需求引发的"信息失灵"。另一方面,国家是通过提供公共物品以获得稳定岁入流的专门性组织。当一个社会能够生产出足够的物质剩余,足以通过税收——这一稳定的资金流来养活专门从事公共物品供给的职业群体时,公益型物品供给的专业化就有了必要的物质基础②,使得在微观个体财源作为供给成本支付的条件下无法实施的诸如大规模公共设施建设、大范围公益救助所必需的资金密集型活动成为可能。

供给激励与供给能力的双重优势证明了政府是更有效率的社会公共物品供给者。由于具备正外部性的社会公共物品供给对于企业而言常常表现为道德层面的社会责任履行,因此社会责任在法律强制层面与道德层面的清晰界分则意味着企业职能与政府职能的合理配置。这一边界的确立在转型中国当前语境下有着极为特殊的意义。在社会主义市场经济体制、现代

---

① 〔美〕道格拉斯·C.诺思:《经济史的结构与变迁》,陈郁等译,上海三联书店1994年版,第23页。
② 参见吴元元:《规则是如何形成的——从哈耶克的"自发演化论"开始》,载《西南政法大学学报》2006年第4期。

企业制度改革正式确立之前,我国企业曾经长期处在政企不分、"企业办社会"的社会实然结构中。企业义务与政府职能边界模糊,前者承担了大量本应由政府履行的社会公共物品供给义务:实施医疗与基本生活保障、兴办教育、开展文娱活动、甚至于开办浴室与理发室亦囊括其中。与之相随而来的,是假公益之名引致企业负担过重的乱摊派、乱收费:"以兴办市政建设与城市公用设施为名,向企业摊派费用者有之;以经费不足为名,向企业摊派办公费、管理费、交通工具购置费与其他费用者有之;以召开会议与举办各种活动为由,向企业摊派活动经费与补贴费者有之;借举办文体娱乐活动、发行报刊、拍摄电影电视为名或以'赞助'、'资助'、'捐献'等名目向企业摊派费用者有之"①,可谓"八仙过海,各显神通"。

无论是以政法话语表达的经济体制改革,还是以我国《公司法》的制定、修改为代表的现代企业制度变迁,凸显的主导逻辑皆是回复企业的市场主体资格、剥离企业的过度负担、彰扬企业在正当性界域之内的内生盈利性,这是一个企业职能与政府职能渐次分离、双方界限日益分明的历程,更是一个在更长时段的未来必须坚持的方向。如果对企业社会责任过度企求,在强制层面与道德层面没有恰切的分隔,很可能导致政府借"社会责任"之名大行转嫁公共物品供给职责之实,从而使得政企边界再度模糊。这种穿"企业社会责任"新鞋、走"政企不分"老路的可能性是企业社会责任制度构建进程中常常被忽略、然而却又直接影响其制度建设绩效的重大问题。

(四)避免非合理的利益再分配效应

以负外部性的弥补为界,企业社会责任在法律强制层面与道德激励层面的适度分隔还可以避免企业成本的无效率转嫁。如果将处于较高位阶的企业社会道德责任附加于商业运营之上,企业的直接、有形成本或费用将显著增加;而营利本性决定其很可能通过种种潜在的管道将这类增量成本隐蔽地转移到其他利益相关者身上,产生非合理的利益再分配效应,使得企业道德层面的社会责任承担这一意在解决效率与公平追求之间的紧张关系的举措,反而扭曲为利益架构失衡的诱致性因子。我们尝试从经济学的进路分析竞争性市场和垄断性市场两个维度下企业社会责任过度负担造成的利益再分配效应问题。

首先,在一个竞争性的市场上,产品是可替代的,即顾客可以低成本地

---

① 张开平:《英美公司董事法律制度研究》,法律出版社1998年版,第166页、第12页。

从某一厂商转向另一厂商。具有经济理性、以个体效用最大化为目标的顾客往往按照同类产品的价格比较来决定其购买策略——如果甲厂商对产品的市场定价高于生产同类产品的乙厂商,顾客自然会将其购买转移至乙厂商处,退出与甲厂商的交易关系。如果公司为履行社会责任广泛开展慈善捐赠,那么其必须通过相应的收入增量来弥补因慈善捐赠引致的成本增量,而最为常见的弥补手段就是要求顾客支付更高的价格,其增加程度至少需要达到已增加的单位价格与所售商品总额之乘积,从而足以弥补前述的增量成本。这样一来,顾客则改变其购买策略,从收取较低费用的、原厂商的竞争者处购买产品。作为回应,原本提升价格的厂商也将模仿竞争者的价格策略以吸引顾客回流。在长期情况下,这一"降价——再降价"的循环往复的过程将挤干企业的竞争利润,最后企业就完全可能被驱逐出市场。① 对此,经济学家无不担忧地指出:"在竞争市场中,长期为了利润之外的任何其他目标而经营将导致企业萎缩,甚至非常有可能破产"。② 在这种情形之下,投资者(比如股东)将成为最终的受损者,除非他们"是一些从企业的社会责任中获得效用的利他主义者"。

其次,"即使在垄断市场中,公司社会责任的前景也好不到哪里去"。③与竞争性市场不同,在垄断性市场中,产品可替代性较弱,顾客无法低成本地在不同的竞争者之间自由转移,实施慈善捐赠、免费培训之类的企业可以通过制定更高价格的方式将前述的成本增量转移到顾客身上。在这个意义上,社会责任履行的成本是由顾客作为最终承担者的。

来自产业组织经济学的实证研究表明,虽然企业可以通过提高价格的方式转移成本,但是这种转移具有不完全性,只是部分转移,其利润仍然呈现下降的趋势。就市场经济体制下典型的企业组织形态——股份有限公司来看,由于公司股票价格与公司以会计利润表现出来的盈利水平成正相关关系,因此,公司利润下降将引起公司股票价格下跌,股东仍然成为损失的最终承担者。并且,如果把股东本身履行社会责任的能力考虑在内的话,公司社会责任的履行将有可能引起股东履行社会责任能力的减损。当前者引致的利益增量不足以抵消后者引致的利益减量之时,将会产生更大范围内

---

① 〔美〕理查德·A.波斯纳:《法律的经济分析》(下),蒋兆康译,中国大百科全书出版社1997年版,第545—546页。
② 同上书,第545页。
③ 同上书,第546页。

的社会整体福利损失。在上述注重利益无效率再分配效应的分析理路下,把捐赠、赞助、资助一类道德层面的社会责任履行排除出法律强制层面的制度设定,可以有效地避免不可欲(Undesirable)的利益转移。

四、激励兼容:道德层面企业社会责任履行与企业战略选择

依循法理的基本原则,道德属于高层次的行为规范,它的实施应当由社会文化、传统习俗、公众正义感等"软性"约束因子而非国家强制力来保障。如果不将企业的道德责任以强制性规范的形式在法律文本中予以明确,对于自利性的公司来说,是否就不存在主动履行的可能性?答案是否定的。相反,倘若处于较高位阶的道德责任履行能够与企业的发展战略选择实现激励兼容(Incentive Compatibility),那么,在不通过强制性法律规范设定的形式对企业道德责任作出制度安排时,后者反而可以得到更为有效、充分的自我履行;相应地,企业社会责任的履行成本也更低、履行绩效也更为理想。

当某种具有正外部性的社会公益行为难以被竞争者所模仿,这类行为即可成为行动者树立自身良好社会口碑、表达积极道德追求的"信号显示"(signaling)[1];而公益行为的行动成本越高,越难为竞争者效仿,就越能彰显行动者在道德维度的公众形象。反之,由于"在道德行为的成本很低的情况下,人们的行为似乎都很讲道德"[2],不足以凸显行动者在道德维度的比较优势与绝对优势,所以,如果道德层面的企业社会责任以强制性法律规范的形式予以确立,基于"信号显示"的机理,则相当于在外观形式上降低了公益行为的行动成本(一般地,法律义务是对只需具有基本道德水准的普通人的普适性要求),导致其无法以较高的行动成本帮助行动者在众多的竞争对手中脱颖而出,证成自身的道德优越地位与良好的公众形象。

"信号显示"的原理表明,具有较高行动成本的公益行为与企业的盈利取向能够实现有机兼容——作为自身积极道德追求的一种信号显示,公益行为、进而是企业的道德层面社会责任承担将成为自利型市场主体为塑造知名度/美誉度的公共关系战略、营销战略的组成部分,保证了企业具有充分的行动激励主动履行。在这一意义上,国家强制力的介入反而有可能异

---

[1] See Spence, M. 1973, "Job Market Signaling", *Quarterly Journal of Economics* 87, pp.355—374.
[2] 张维迎:《信息、信任与法律》,三联书店2003年版,第245页。

化为减损企业履行社会责任激励的不可欲的因素。

世界知名企业与跨国公司的经验实践有力地证明了本文的上述判断。2001 年 Environics International 调查、Industry Society 调查、Social Investment Forum 报告以及 2002 年 Cone Corporate Citizenship 研究明确指出,企业主要源于以下因素而主动承担较高位阶的社会责任:(1)有助于树立品牌形象;(2)有助于促进销售与提高客户忠诚度;(3)有助于提高工作效率;(4)有助于引进资本;(5)有助于提高盈利水平。就具体实例而言,壳牌、摩托罗拉携手非政府组织,鼓励号召自己的员工在工作之余做志愿者;索尼、安利、欧莱雅纷纷与基金会建立合作伙伴关系,投入数百万资助中国贫困大学生;雅芳则从关爱女性健康出发,在全国推行宣传乳腺癌防治工作。这些活动都对企业形象的树立非常有利,并使企业获得了丰富的商业机会。① 知名企业的战略选择验证了企业履行道德层面社会责任的激励逻辑——社会责任需要在企业的战略模型中把各方的利益编制进去,只有在社会责任与公司战略取得了一致,这种对责任的承担才可能转化为自觉行为,而不仅仅是作秀。②

"信号显示"理论的分析不仅揭示了企业社会责任应当在法律强制层面与道德层面清晰界分的经济学逻辑,也使得既有的自利"理性人"假设可以容纳更多看似与逐利行为不兼容的企业现象,不至于彻底改变,甚至是颠覆经济学、管理学、公司法学研究之基石的"理性人"假设。随着企业利他行为日渐增多,有学者认为,原有的企业属性前提设定已经不敷使用,需要借助"社会人"、"文化人"等所指与能指更为宽泛的企业属性设定作为分析的前提假设。其实,与企业的营销战略、公共关系战略考量相一致,企业将围绕其核心竞争力、核心业务以及核心价值观将企业社会责任列入自己的策略选择菜单。在这里,决定着企业行为取向的决定性要素仍然是"激励兼容约束",所以,为数众多的利他现象对于"理性人"假设的影响并非是颠覆性的,关键是把选择权赋予企业而不是通过法律去改变道德行为的自为属性。

---

① 王志乐主编:《软竞争力:跨国公司的公司责任理念》,中国经济出版社 2005 年版,第 66—67 页。
② 同上书,第 67 页。

公司社会责任的正当性基础
及其实现路径选择

伏 军[*]

摘 要 公司的社会性要求公司在享有权利和追求私益的同时必须履行相应的社会义务。追求企业利益最大化、经营活动不受他人影响、自由支配财产是公司的基本权利。这种权利的正当性来自于个体自由与人人追求私益最大化则社会福利最大化的理论预定。这种权利的法律基础应当是公司法、财产法、物权法。基于社会性,公司有义务减少经营活动中的负外部性。这种义务的正当性基础是福利社会中人类对安全与健康、尊严、文明、和谐的本能诉求。

公司的社会责任的法律意义是公司应尽的社会义务。公司的这种义务必须有完备的法律制度做保障才可以得到真正履行。作为制度基础的法律不仅包括公司法、企业法,同时也包括劳动法、环境保护法、债法、物权法、消费者权益保护法等。公司治理是其中的重要组成部分之一。

公司治理的模式选择会影响公司社会责任的实现方式。德国公司治理的模式有利于职工利益内化为公司的一种利益诉求,是因为职工在公司治理中扮演重要的角色。在美国,公司的社会责任是通过外部法律约束来实

---

[*] 伏军,法学博士,对外经济贸易大学法学院副教授。

现的,历史上社会责任曾被美国很多公司积极支持与响应,但真正用意是以其作为抵御敌意收购的工具。笔者认为,公司的诸多社会义务不可能完全通过公司内部治理完成,不能过分依赖公司履行社会义务的主观能动性,包括环境保护在内的社会义务更多应借助外部法律的作为约束与保障。在设计我国公司社会责任时,主要路径应在于外部制度约束的完善上,而不应建立在公司"良知"的假定基础之上。具体制度设计应涉及劳动法、环境保护法、债法、物权法、消费者权益保护法、公司法的完善。

一、公司社会责任的正当性基础

"公司的社会责任"至今仍没有一个清楚的界说。有人认为它是"商人按照社会的目标和价值,向政策靠拢、做出相应的决策、采取理想的具体行动的义务"[①];也有人认为它是"指公司董事作为公司各类利害关系人的信托受托人,而积极实施利他主义的行为"[②];也有人说,公司社会责任"不过是一种宣传工具而已。这个概念从来没有能准确规定公司的行为标准,只不过是公司、政府和消费者团体相互斗争的工具"[③];还有人将公司社会责任与慈善捐款、社会良心、正当性、一种比普通老百姓要遵守的更高的道德标准等同起来。我国较早研究这一问题的学者将公司社会责任一般理解为:"公司不能仅仅以最大限度地为股东们营利或赚钱作为自己的唯一存在目的,而应当最大限度地增进股东利益之外的其他所有社会利益,包括雇员(职工)利益、消费者利益、债权人利益、中小竞争者利益、当地社区利益、环境利益、社会弱者利益和整个社会公共利益等"[④]。笔者认为,公司社会责任是公司对社会应尽的一种义务,这种义务的客体包括劳动者、消费者、债权人、社区大众等,公司社会义务的内容则极为丰富,且在不同的历史时期具有不同的内容。

---

① Howard Bowen, *The Philosophy of Management*, Sir Isaac. Pitman & Sons Ltd., London (1924), p.74.

② Saleem Sheikh, *Corporate Social Responsibilities: Law and Practice*, Cavendish Publishing Limited (1996), p.15

③ R RUTHERFORD smith, "Social Responsibility: A Term We Can Do Without", *Business and Society Review* (1998), p.31.

④ 刘俊海:《公司的社会责任》,法律出版社1999年版,第6页。

公司为什么要承担社会责任？笔者看来，公司之所以需要承担社会责任，是公司的社会性使然。我们知道，人具有社会性，作为个体的人在享受群体生活种种益处的同时，应当承担相应的义务。用社会契约的观点来看，就是要给付对价。公司也是人，公司法人在享受法律赋予的各项权利、追求利润最大化的同时[①]，也必须承担相应的责任。通俗地说，就是在社会服务于公司的同时，公司也应当服务于社会。

公司的社会责任有历史属性。在不同的社会群体和不同的历史阶段，社会对于公司社会责任的要求是不同的。当政府还为国有企业脱困想方设法的时期，强调公司的社会责任无疑不合时宜，不会有人去考虑它。对于发展中国家或新兴经济国家来说，经济发展是社会发展的首要目标，公司的社会责任更可能是一种奢侈品[②]，而当一个社会的商业企业、上市企业、跨国企业创造的财富不断增长、社会贫富差距不断拉大的时候，公司的社会责任就具有现实的意义。因为让从社会中获得更多财富的公司承担更多的责任或义务是公正的、公平的。更重要的是，社会整体财富的增加，使得社会群体有条件对健康、文明、公平提出更高诉求。

二、社会责任：道德责任抑或法律责任？

2005年10月27日修订、2006年1月1日起施行的《中华人民共和国公司法》是我国第一部正式以法律形式规定公司社会责任的法律。该法第5条规定："公司从事经营活动，必须遵守法律、行政法规，遵守社会公德、商业道德，诚实守信，接受政府和社会公众的监督，承担社会责任。"对于这一条规定，有个问题非常重要：公司承担社会责任是一种与遵守社会公德、商业道德相同的道德义务，还是一种与遵守法律、法规相同的法律义务？

公司的社会责任，既包括道德层面的责任，也包括法律层面上的责任。法律层面的社会责任，即义务性的社会责任，是一种强制性的责任，也即公

[①] 追求公司利益最大化、经营活动不受他人影响与自由支配财产是公司的基本权利。这种权利的正当性来自于个体自由与人人追求私益最大化即社会福利最大化的理念。在法制社会，这种自然权利被各种法律确立下来，如公司法、财产法、物权法等。

[②] 参见伏军："公司社会责任：新兴经济体的奢侈品"，载吴志攀、白建军主编：《金融法路径》，北京大学出版社2004年版，第158页。

司必须承担的社会责任,无疑这种责任需要通过法律确定下来。而一经法律确立,公司的社会责任就成为一种法律意义上的责任,它体现为各种公司应当履行的法律义务,如最低工资保障、8小时工作时间、不得雇用未成年人等。另一种是道德层面的社会责任,即倡导性的、非强制性的责任,但却有益于社会。公司可以出于公司形象或其他考虑自愿来承担,如社会捐赠、救灾扶贫等。

道德约束是一种软约束,不具有强制性,因此道德层面的公司社会责任只能通过引导、激励的方式进行。公司履行这种类型的社会责任,有益于社会,但并不是社会必需的。因此,不能通过法律强制规定的方式进行。作为一名法律工作者,笔者也不太赞同过多讨论。甚至讨论这种责任容易混淆我们对第一种公司社会责任(法律责任)的认识。

对于法律层面的社会责任来说,调整的方式一定是法律的,即国家通过颁布法律的形式确定公司应当履行的社会责任,并通过国家强制力保障实施。

对于道德层面的社会责任来说,调整的方式可以是道德的,也可以是法律的。如政府对于雇用下岗职工或残疾人的企业给予税收减免优惠等,不能强制企业雇用。在一个法制更为健全的国家,这些激励与引导机制应当是稳定的,因此可以用法律形式确定下来,如颁布残废就业促进法、制度捐赠税收抵免法律制度等。

公司的社会责任的法律意义是公司应尽的社会义务。公司的这种义务必须有完备的法律制度作保障才可以得到真正履行。作为制度基础的法律不仅包括公司法、企业法,同时也包括劳动法、环境保护法、债法、物权法、消费者权益保护法等,公司治理是其中的重要组成部分之一。

公司治理的模式选择会影响公司社会责任的实现方式。德国公司治理的模式有利于职工利益内化为公司的一种利益诉求,是因为职工在公司治理中扮演重要的角色。在美国,公司的社会责任是通过外部法律约束来实现的,历史上社会责任曾被美国很多公司积极支持与响应,但真正用意是以其作为抵御敌意收购的工具。笔者认为,公司的诸多社会责任不能依赖公司的自觉意识,包括劳动保护、环境保护在内的社会责任更应借助外部法律的作为约束与保障。也就是说,设计我国公司社会责任时,主要在于外部制度约束的完善上,而不是建立在公司"良知"的假定上。具体制度设计应涉及劳动法、环境保护法、债法、物权法、消费者权益保护法、公司法的完善。

三、两种最迫切的公司社会责任

公司对于社会应当负有的责任,有轻有重,有急有缓。对于道德责任,笔者不做过多讨论,因为它不是当下最迫切需要解决的。而公司的法律责任则因具有迫切性,必须通过法律方式解决,因此更为重要。在人们讨论的公司各种应当履行的社会责任中,笔者认为,我国现阶段最为迫切需要落实的有两种:

一是环境保护义务。现代化的大型工业制造企业,如化工、机械、造纸、电力等工业,所排放的废烟、废气、废水直接影响了当地社区甚至会污染更多地域的空气、水源、植被等自然环境。这样,本应由企业承担的成本转嫁给社会承担,这不仅直接违背了公平原则,更重要的是,人们的生命健康直接受到威胁。2005年11月,中国石油吉林石化公司爆炸事故,松花江发生重大水污染事件,400万人口所在的哈尔滨市全市停水4天;2006年5月电影《无极》剧组破坏云南香格里拉碧沽天池生态环境;甘肃徽县铅污染;湖南岳阳砷污染事件等,这些事件给我们给我们敲响了警钟,必须让公司承担保护环境的社会责任。这种责任不仅需要以法律的形式确立下来,更需要通过法律的实施落到实处。但是,虽然我们在1988年颁布《水法》、1995年颁布《固体废物污染环境防治法》、2003年颁布《放射性污染防治法》,但环境由于公司企业生产导致的破坏却越来越严重。

二是保护劳动者利益的义务。随着我国经济的不断发展,一个严重的社会问题是,随着社会财富总量的增长,中国贫富差距在扩大。根据有关资料,20世纪80年代初中国改革开放之初,中国的基尼系数是0.29,在全世界处于第二平均位置,2003年,中国的基尼系数已经到了0.47,是全世界第二不平均的国家。在短短的25年里,中国由全世界第二平均的国家变成全世界第二不平均的国家,这个变化速度在全世界处于第一。在广州、深圳、东莞等地城市白龄工资不断上升的同时,外地打工族月薪几乎都在千元以下。很多公司的财富积累,在很大程度上建立在低工资、低保障的基础之上。这种现象,不仅会导致有悖于公正,也会导致社会的不稳定性加剧,笔者认为,为了更好地保护劳动者这一弱势群体的利益,使他们公平地参与社会财富的分配,应当加大力度完善《劳动法》、《最低工资法》、《劳动保障法》等法律制度,通过外部硬约束的方式让那些对社会财富增长做出巨大贡献的人们分享社会进步的成果。这个问题能否很好解决,将直接关乎到我们的国家能否保持健康的可持续发展。

企业社会责任的引导与规范
——从法律的视角分析企业社会责任

赵晓光[*]

在现代经济社会,企业是社会的组成细胞,是社会最主要的微观主体之一。根据传统的经济理论,企业是市场经济中的基本经济组织,以追求利益最大化为价值目标,并不承载经济责任之外的社会责任。随着经济的发展、社会的文明进步和企业存在价值的演进,企业社会责任理论由西方国家首先提出,并得到逐步发展,其内容不断丰富,认同越来越广泛。在我国现阶段,引导和规范企业承担社会责任,是提升企业形象,提高企业竞争力,促进经济社会健康持续发展,建设社会主义和谐社会的一项重要内容。政府、企业、社会公众等诸多方面要共同努力,营造企业承担社会责任的良好社会环境,提高企业的社会责任意识,倡导企业履行社会责任。

一、企业承担社会责任——经济社会发展的必然选择

企业以追求利润最大化为价值目标,是由企业这一组织形式的本质属性决定的。随着经济社会的发展,企业社会责任理论提出,经济利润目标不应当成为企业的

---

[*] 赵晓光,国务院法制办工交商事司司长。

唯一价值目标,企业应当承担相应的社会责任,其理论基础主要有以下四个方面:

要求企业承担社会责任,是经济社会发展的客观需要。企业融合于经济社会,并从经济社会的发展中获得自身的发展,同时,经济社会也需要在企业的发展中获得发展的力量。因此,企业作为经济社会的基本主体,应当成为推动经济社会发展的中坚力量,平衡好经济利润目标和社会利益目标两者的关系,在追求利润目标的同时,履行必要的社会责任,促进经济社会全面、协调、持续发展。

要求企业承担社会责任,可以弥补市场失灵的缺陷,实现对企业行为的调控。市场机制对企业行为具有规范和制约作用,而市场机制本身又具有自发性和滞后性的特点,市场失灵是市场机制本身无法克服和解决的固有缺陷,企业社会责任在一定程度上能够弥补市场失灵的缺陷,引导和约束企业的行为,促使企业成为对社会负责的"经济人",积极保护其利益相关者的合法权益。

经济全球化是企业社会责任发展的重要外在因素。经济全球化的发展,使跨国公司获得了巨大的经济利益,成为经济全球化的最大受益者,有实力的跨国公司对于特定地区的经济、政治、社会生活的影响也在急剧加大,其社会角色多样化趋势明显。因此,在市场经济不断发展和经济全球化的背景下,企业已经不仅仅是传统意义上的纯粹的经济组织,其经营活动的影响已经渗透到社会的方方面面,对企业的规范和要求也不应当局限于经济层面,而应当要求企业在更广泛的领域内承担社会责任。

市场竞争是促使企业履行社会责任的重要动力。市场经济的发展已经使市场竞争是成为一种全方位、综合实力的竞争,企业形象和企业文化的竞争日益成为市场竞争的重要内容。企业积极履行社会责任可以提升企业社会形象,传播企业文化,树立企业品牌,进而转化为企业竞争力。因此,市场竞争在客观上具有促使企业履行社会责任的作用,是企业履行社会责任的重要推动力量。

二、企业社会责任内涵——强制性责任与自发性责任

从本质上讲,企业社会责任是企业在追求利润最大化之外所应当承担

的维护和增进社会利益的责任。但是,企业的营利目标和承担社会责任并不是排斥和对立的,而是相辅相成、互促互利的,企业应当在追求经济利润和承担社会责任两者之间找准平衡点。同时,企业社会责任是一个开放的、发展的概念,企业社会责任总是和一国的社会文化、法律传统及特定的经济社会发展水平和阶段相联系。从企业社会责任的性质进行分析,企业社会责任可以分为强制性责任和自发性责任。

强制性责任是法律、法规、政策以及国家标准要求企业必须履行的责任,是刚性的和具有约束性的,是企业从事经营活动的底线,企业不履行强制性责任将受到法律的制裁。强制性责任是对企业经营活动的基本要求,是对企业行为在法律和制度层面的考量,是企业社会责任的基础和核心。因此,推动企业履行社会责任首先要保证企业切实履行强制性责任。目前我国已经具有环境保护、劳动、安全生产、职业安全等方面的一系列法律法规,构成了企业强制性责任的基本制度依据,同时,根据我国经济社会发展的需要,我国将不断制定或者修订有关法律法规,在制度层面明确企业应当承担的社会责任。

自发性责任是企业自愿履行的高于法律要求的责任,是企业内在的自觉行为,为社会所倡导,但不具有强制约束性,是一种道德责任。自发性责任由企业自主决定是否履行,企业是否履行自发性责任与经济发展状况、社会环境以及企业的文化和理念密切相关,主要通过引导。企业履行自发性责任能够在一定程度上促进社会进步和社会和谐。在我国现阶段,在要求企业履行强制性责任的同时,应当不断提高企业道德水平,营造企业履行自发性责任的社会环境,大力倡导企业履行自发性责任。

三、企业社会责任的立法实践——从应然到实然

20世纪80年代以来,随着经济社会的发展和经济全球化的深入,企业社会责任理论得到进一步发展和更为广泛的认同,对企业社会责任进行立法的呼声也越来越高。一些西方发达市场经济国家先后制定出台有关企业社会责任的立法,或者在对现行法律的修订中增加有关企业社会责任的内容,如,美国(30个州)、日本、德国都先后在其公司法中增加了公司的社会责任内容,要求公司的经营者对所有利益相关者负责,促使公司履行社

责任。通过立法对企业社会责任进行引导和规范,有利于推进企业履行社会责任,实现企业社会责任从应然到实然的过程。

2006年1月1日起施行的我国新公司法在总则中明确规定了公司必须遵守法律、行政法规,遵守社会公德、商业道德,诚实守信,接受政府和公众的监督,承担社会责任。这是我国第一次以法律形式明确提出企业应当承担社会责任。2007年6月1日起施行的新《合伙企业法》中也增加了关于合伙企业承担社会责任的规定。实践证明,推动企业履行社会责任需要多种力量的综合作用,而法律法规在推动企业履行社会责任方面发挥着基础性作用。我国在公司法和合伙企业法修订中明确要求企业承担社会责任,体现了我国对企业社会责任理论的认可,也反映了我国经济社会发展对企业社会责任的客观需求,将企业社会责任上升到法律层面,必将进一步推动我国企业履行社会责任,促进我国企业社会责任的发展。

四、推进企业社会责任的原则和机制——引导与规范

企业社会责任在我国还是一种新生事物,推动我国企业履行社会责任应当确立以下三个方面的原则:

一是,从我国实际情况出发,合理推进企业社会责任。前面已经提及,企业社会责任总是和一国的经济社会发展水平相联系,企业履行社会责任的意识也与政治、经济、社会、文化等诸多因素密切相关。因此,企业社会责任的发展是一个客观的过程,我国推进企业履行社会责任,既要借鉴国际上通行理论、有益的做法和经验,同时更要充分考虑我国的实际情况,要渐进、有序推进,不能盲目求高、求快。

二是,要协调好企业社会责任和企业健康持续发展的关系。虽然企业社会责任是一个开放的概念,但应当树立"有限"社会责任的理念,科学界定企业社会责任。在实践中,不能任意扩大企业社会责任的内容,不能以法律规定了企业应当承担社会责任为由,要求企业履行本不属于企业应当承担的社会责任,增加企业的负担,阻碍企业做大做强和可持续发展。

三是,推进企业社会责任要以强制性责任为主,自发性责任为辅。强制性的责任是企业应当履行的最基本的社会责任,也是对企业行为的底线要求。推进社会责任首先要努力促使企业切实履行强制性责任,一方面,需要

不断完善规范强制性责任的法律法规;另一方面,也要进一步加强执法监督,严厉制裁企业违法行为,增大违法成本,促使企业履行强制性责任。企业可以在履行强制性责任的基础上提出更高的自我要求,要积极引导企业主动承担社会责任。

推进企业履行社会责任是一个系统工程,需要政府、企业以及社会各方面的共同努力,形成企业社会责任的制度环境、企业文化和社会氛围。

国家是推动企业履行社会责任的重要力量。国家法律法规是企业社会责任的核心内容和基本依据,也是推动企业责任的最重要的手段之一,国家通过制定和完善有关法律法规,不断完善企业社会的责任的内容,引导和规范企业履行社会责任。同时,通过加强监督管理,督促企业守法经营,履行法律法规规定的社会责任,并通过制定相关政策,鼓励和倡导企业履行自发性社会责任。

充分发挥企业的主体作用。企业作为履行社会责任的行为主体,应当更加积极主动的履行社会责任,树立社会责任意识,引入现代企业管理理念,培养形成企业履行社会责任的文化,将守法经营、保护环境、尊重员工、保护消费者作为其内在行为方式,并能够自觉以超过法律的更高标准进行自我要求,全面履行社会责任。

社会监督是促使企业履行社会责任的强大力量。社会是企业生存和发展的土壤,社会监督在一定程度对企业履行社会责任具有潜在的强制作用,可以促使企业积极履行社会责任,特别是在现代经济社会,各种协会和组织发挥着越来越重要的作用,已经形成一种新的社会力量。比如,行业协会通过制定自律性社会责任标准和行为准则,可以引导企业履行社会责任;工会、消费者组织、环境保护组织的监督以及新闻媒体的舆论监督都是促使企业履行社会责任的重要外在推动力。

虚构的裁判幻象?
——检验公司社会责任的可裁判性

蒋大兴[*]

摘 要 感性的判断认为,因为责任对象、责任内容等方面的模糊性,公司社会责任要么难以进入裁判过程,要么只能通过公益诉讼方式落实,其可裁判性是虚构的幻象。本文对此进行辩驳:一则,公司社会责任的对象多数情形是可以明确的,公益诉讼未必是最佳的救济渠道;二则,基于公司所负社会责任的具体内容不同,其可裁判性的强弱程度也有差别。一些公司社会责任通过具体的法律规则明晰化,获得可裁判性;另一些公司社会责任仍保持其作为道德条款的本来面目,依靠私人间的监控与惩罚机制推行,与强制性司法裁判无涉。在涉及公司社会责任的诉讼中,法官还将遭遇如何平衡、化解公司的营利性目标与公司社会责任目标之间以及公司社会责任诸目标之间的冲突的困难。在中国现阶段,似有必要坚持公司营利性目标优先考量,以及强制性法律责任优越于倡导性道德责任和外部社会责任优先于内部社会责任的原则进行处理。尽管公司社会责任可能进入裁判过程,但作为精神条款的公司社会责任旨在引导公司的人文竞争方向,裁判并非其必然或主导的功能。为此,我们还必须反思法律规则的效力模式。

---

[*] 蒋大兴,北京大学法学院教授。本项研究获得"东方公司法与清算法研究中心"(江苏省东方清算事务所有限公司设立)课题资助,特此致谢。

关键词 公司;社会责任;裁判;法律;效力模式

> 有个人在梦中沿着一条路前行,
> 而他并不知道自己是在做梦。
>
> ——兰道尔

一、问题印象

  任何制度变迁都要经历一个前制度时刻(a preinstitutional moment)。对制度改造者而言,在这一过程中,可能存在两种态度倾向的冲突:一种倾向将已确立的社会生活秩序视做天经地义;另一种倾向则展示着反叛那些秩序的渴望、幻想或抵抗。人类这一需求的两重性折射出来的是,在我们同自己所承袭、重建和居寓的话语世界和制度世界的关系中,存在着一个最为根本的两面性:我们既是这个世界,而又不仅仅是这个世界。我们总是拥有一些这个世界所没有的东西。①

  在今日之全球社会,公司社会责任正处于这样一个前制度时刻。我们可以清晰地看到守旧和变革这两种不同态度倾向间的对抗:作为已确立的社会生活秩序——公司的营利性本质与试图反叛的新渴望——公司社会责任之间,或多或少存在着不协调。但是,一种社会责任的新舆论已经开始占据人们的心理空间——无论是在国际上,还是在国内,一直以商人形象存在的公司,越来越被期望带着社会良心活动。② 公司被刻画成"有人性"的公民,肩负着净化世界的责任。一些国家的立法和国际性文件也开始为此努力——中国 2005 年《公司法》的修订坚持了这样的道德立场。该法第 5 条规定:"公司从事经营活动,必须遵守法律、行政法规,遵守社会公德、商业道德,诚实守信,接受政府和社会公众的监督,承担社会责任。公司的合法权

---

 ① 〔美〕罗伯托·曼戈贝拉·昂格尔:《法律分析应当何为?》,李诚予译,中国政法大学出版社 2007 年版,第 7 页。
 ② 参见张文广:"公司社会责任与公益诉讼",资料来源:http://www.nuigalway.ie/sites/eu-china-humanrights/seminars/ds0406c/zhang%20wenguang-chn.doc;访问时间:2007-8-28。

益受法律保护,不受侵犯。"通过成文法直接引进社会责任,被视为立法创举。① 由此,也引发了日益强烈的理论关注和实践关注。②

有效的法律应进入裁判过程,以惩罚作为实施动力。不能进入裁判过程、欠缺惩罚压力的法律不是有效的法律,甚至根本不是法律。这样的判断已成为法学知识阶层评判制度妥当性的常识。③ 耶林(Rudolf Jhering)说过:"从最广义的角度来看,法律乃是国家通过外部强制手段而加以保护的社会生活条件的总和。"④此种思考逻辑要求——所有已形成为法律的规则,都应是可以用于裁判的准据。换言之,法律是一种行为规则,拒绝纯粹的道德宣言。如果这些判断正确,我国《公司法》第5条所型构的公司社会责任能否以及如何进入司法过程,则成为实务中不能回避的问题。然而,由于第5条使用了大量弹性词汇——"社会公德"、"商业道德"、"诚实守信"、"政府和社会公众的监督"、"社会责任"等,无疑给公司社会责任的裁判可能性带来了困惑。

诸多针对公司社会责任的批评也集中为"其裁判可能性太弱"。一些学者认为,公司社会责任基本是一个道德上的概念,因此公司很难掌握它的内涵,加以落实。⑤ 法院根本无法(或者很难)渗透某一具体公司所应承担的社会责任的边界,进而裁决其行为是否超越了这样的边界;还有人认为,公司社会责任的对象是虚拟的,法院甚至难以找到起诉的原告,无法启动诉讼;也有人为解决这一问题,设计了公益诉讼机制⑥,等等。这些理性的非难和努力,旨在让法律文本中的公司社会责任变成实在的行为规则,让其拘束力不仅停留在道德的圣坛。

我们所做的努力是否从根本上就是徒劳?尤其是——公司社会责任是

---

① 较早主张引入公司社会责任的刘俊海教授这样评论:我国《公司法》第5条"是我国社会主义公司法的一大特色,也是我国立法者对世界公司法的一大贡献"。引自刘俊海:《新公司法的制度创新:立法争点与解释难点》,法律出版社2006年版,第553页。
② 自我国新《公司法》颁布以来,已经有越来越多的企业开始公布其《社会责任报告》,表明其承担社会责任的业绩与计划。深圳证券交易所还专门发布了《深圳证券交易所上市公司社会责任指引》(深圳证券交易所,2006年9月25日),指导、督促在该交易所上市的上市公司践行社会责任。
③ 那种不具有现实的物质强制力、难以进入裁判过程的法律,有时候会被称为"软法"。
④ 转引自〔美〕E.博登海默:《法理学:法律哲学与法律方法》,邓正来译,中国政法大学出版社1999年版,第109页。
⑤ 刘连煜:《公司治理与公司社会责任》,中国政法大学出版社2001年版,第5页。
⑥ 参见张文广:"公司社会责任与公益诉讼",资料来源:http://www.nuigalway.ie/sites/eu-china-humanrights/seminars/ds0406c/zhang%20wenguang-chn.doc;访问时间:2007-8-28。

否仅为《公司法》中的精神条款(或道德条款)、本身并无可裁判性？我们又该如何看待公司社会责任所具有的事实拘束力？本文拟在重新理解法律规则效力模式的基础上,对公司社会责任的拘束力,尤其是其在司法过程中的拘束力——可裁判性问题做一探讨。

二、法律规则的效力模式

(一)经典的效力模式

现今流行的认识是——得到国家强制力支持的法律,一定要依托国家强制力来实施。① 很少有人反对将强制力作为法律的基本特征,强制力与法律几乎成为两个在逻辑上具有必然联系的概念,"哪里没有强制,哪里就没有法律"。② "权威性是法律首要的特征,也是法律规范必备的要素之一。它要求某一个人或团体拥有足够大的权力通过劝说或者心理、身体的强制来执行裁决。"③所以,庞德(R. Pound)也认为:"法律包含强力。调整和安排必须最终地依靠强力。"④帕特森(E. Patterson)也认为:"任何法律在一定意义上都具有某种法律制裁形式",而且"制裁是任何法体、任何法律规定的必要特征"⑤。苏力也指出:"规范总是需要强制力来保证。"⑥

类似的上述判断早已演化为常识——法律的实施最终借助于国家强制机关对违法行为的制裁。由此,演化出了法律规则的经典效力模式:以处罚

---

① 不少法理学教科书坚持这样的判断——法律具有规范性、国家意志性和国家强制力保证等特征,从而认为"法律是由国家制定或认可并由国家强制力保证实施的,反映着统治阶级(即掌握国家政权的阶级)意志的规范系统……"。典型的如孙国华、朱景文主编:《法理学》,中国人民大学出版社1999年版,第50页;张文显主编:《法理学》,法律出版社1997年版,第57页;孙国华主编:《法理学教程》,中国人民大学出版社1994年版,第50页。
② 〔意〕G.韦基奥:《法律哲学》,英译者T.马丁,1953年英译本,第305页;转引自刘星:"法律'强制力'观念的弱化——当代西方法理学的本体论",资料来源:http://www.jcrb.com/zyw/n3/ca124684.htm;2007年9月23日访问。
③ 胡昌明:"法律的一种人类学解释",来源:北大法律网;2007年9月24日访问。
④ 〔美〕R.庞德:《通过法律的社会控制》,沈宗灵译,商务印书馆1984年版,第17页。
⑤ 〔美〕E.帕特森《法律学:法学家及法学思想》,美国布鲁克林1953年版,第169页;转引自刘星:"法律'强制力'观念的弱化——当代西方法理学的本体论",资料来源:http://www.jcrb.com/zyw/n3/ca124684.htm;访问时间:2007-9-23。
⑥ 苏力:"把道德放在社会生活的合适位置",载苏力:《制度是如何形成的》(增订版),北京大学出版社2007年版,第59—60页。

或制裁(具体表现为法律责任)作为一种实在(或潜在)压力,来推动规则的遵守、型构人类社会所欲的秩序。由此,我们采取一种实证主义的立场来理解法律现象,认为"正确法的概念应是实证的"①。法律实证主义者认为只有实在法(positive law)才是法律,而所谓实在法,就是国家确定的法律规范。② 无论是奥斯丁(John Austin)的"法律被认为是主权者的一种命令"③,还是凯尔森(Hans Kelsen)的"国家和法律是同一的。作为一种政治组织,国家就是一种法律秩序"④,在他们看来,法律的首要条件就是国家(或主权者)的意志,原始人的法、习惯法,连同调整国与国之间关系的国际法都不是法律。⑤ 由此,法被视为实现国家目的的工具,法的内容也根据国家目的来安排,法几乎完全被框定在世俗国家的画框里,动弹不得。在很大程度上,遵法也已成为一块"合法性的试金石"。法律话语不仅成为对政治言论唯一的最重要的贡献,而且还爬上了我们的餐桌、进入到四邻以及他们多样的共有记忆和相互协作之中⑥——形成"遵法主义"法治观。

在法理学思想发展早期,人们习惯于从被粗糙理解的法律义务和控制权力的视角观察、分析法律现象,这样,对法律义务和控制权力的实现的期待,使人们寄希望于"制裁",也因此,人们深信没有"强制力"的法律便是无源之水、无本之木。⑦ 虽然"强制力"的观念在西方法理学中长期占据着支柱性的位置,但在理论上,这种观念毕竟未能对复杂纷然的法律现象作出令人信服的诠释说明。在大多数当代西方法理学家看来,这一观念不能圆满地解释法律内容、法律作用、法律活动和法律适用范围的多样性和复杂性,它具有牵强附会的人为因素,实际上,它是对法律某些现象(甚至病态现象)的过度关注与夸大的结果。⑧

---

① 参见〔德〕古斯塔夫·拉德布鲁赫:《法律智慧警句集》,舒国滢译,中国法制出版社2001年版,第4页。
② 转引自〔美〕E.博登海默:《法理学法律哲学与法律方法》,邓正来译,中国政法大学出版社1999年版,第116页。
③ 同上书,第119页。
④ 同上书,第125页。
⑤ 参见胡昌明:"法律的一种人类学解释",来源:北大法律网;2007年9月24日访问。
⑥ 参见〔美〕玛丽·安·格伦顿:《权利话语——穷途末路的政治言辞》,周威译,北京大学出版社2006年版,第4页。
⑦ 参见刘星:"法律'强制力'观念的弱化——当代西方法理学的本体论",资料来源:http://www.jcrb.com/zyw/n3/ca124684.htm;2007年9月23日访问。
⑧ 同上。

富勒说:在现代法律中,有些规则根本没有使用武力或以武力相威胁的机会,人们没有理由将这些规则视为非法律。[①] 实际上,人类作为一个整体,"看起来既非一纯自律的,亦非纯他律的生物。这应比较接近真实性"[②]。我们有理由设问:惩罚性规制是法律规则效力模式的全部吗?

(二) 道德条款作为效力模式

对人的行为规制而言,法律是一种他律模式。考夫曼说,人为自律生物,是自己的神,他也是自己的立法者,自律摧毁了规范的法则性。[③] 所以,法律规则的效力模式其实是多元的——惩罚,并非法律规则效力模式的全部。国家权力参与不多的道德条款也可成为法律规则的另一种效力模式。

1. 法律中的道德条款

法律中的道德条款,是法律文本中那些充盈道德内容、假借道德强制力,而非完全依托国家强制力来实施的条款。在某种意义上,法律源于道德。相对国家权力来说,法是先于国家并超越于国家之上的,国家的法律只有在超越法律的"法"中,而不是在国家与自己法律的关联中才能找到其有效性根据。[④] 所以,尽管法的内容主要通过"国家目的"来框定,但法的正当形式却可能与国家目的影响领域分离。[⑤] 法律文本中那些以宣示某种道德立场、道德价值为主导的规则——"道德条款"——就是一种法的"正当形式"。

道德条款可能存在于法律之外,也可能存在于法律之中。一方面,人类有很强的自我调整能力,社会共存的很多规则秩序是人类自我设定、自我遵守的,不需依托世俗国家的外在强制力(无论是否是法的强制力)推行。因此,道德条款中很大一部分表现为"非法律"的规范形式。例如:讲究卫生、不随地吐痰、尊老爱幼、不好吃懒做,等等。存于法律之外的这些道德条款,作为人类共存的基本规则,主要依靠倡导方式、借助私人力量推行。另一方面,依托私人力量也许不足以维持人类秩序、不能有效执行道德守则。因

---

① 〔美〕L.富勒:《法律的道德性》,美国耶鲁大学出版社1969年版,第108—110页;转见于刘星:"法律'强制力'观念的弱化——当代西方法理学的本体论",资料来源:http://www.jcrb.com/zyw/n3/ca124684.htm;2007年9月23日访问。
② 〔德〕考夫曼:《法律哲学》,刘幸义等译,法律出版社2004年版,第287页。
③ 同上书,第285页。
④ 参见〔德〕古斯塔夫·拉德布鲁赫:《法律智慧警句集》,舒国滢译,中国法制出版社2001年版,第6页。
⑤ 同上。

此,道德守则也可能法律化——被法律收编,登堂入室,成为"法律中的道德条款"。法律中的道德条款类型较为复杂,从规范内容和效力根据来说,有些道德条款被设计为有明确权利、义务,可直接依托国家强制力来实施的"强制性道德条款",例如:合同法中关于恶意串通损害国家、集体和第三人利益的合同无效的规定;也有一部分道德条款虽然附着于法律文本之中,却不依靠世俗国家的强制力来执行,我们姑且称之为——法律中的"倡导性道德条款"。这些道德条款被设计成没有具体权利、义务的法律理想,是一种国家、个人或社会的目标——鼓励、引导人们去遵守。

与法律外的道德条款不同,法律中的道德条款关注那些最低程度的道德伦理,那些维持人类社会生存所需的重要的道德事务。然而不同类型的法律道德条款所规整的道德事务仍有区别:强制性道德条款一般规整那些可以或便于设定强制规则的重要的道德事务;而倡导性道德条款往往规整那些无需或不便设定强制规则的重要的道德事务。倡导性道德条款可以存在于法律之外,也可能存在于法律之中。即使写入法律文本,我们也看不到该类条款会附加什么法律责任,看不到直接的强制痕迹——在法律中,如同鹤立鸡群。倡导性道德条款多存在于宪法之中,或者某一部门法的法律目的、法律原则之中。以美国《联邦宪法》为例,其立法目的这样写道:

"我们合众国人民,为建立更完善的联邦,树立正义,保障国内安宁,提供共同防务,促进公共福利,并使我们自己和后代得享自由的幸福,特为美利坚合众国制定本宪法。"

我国《物权法》中也存在这样的规则:

"物权的取得和行使,应当遵守法律,尊重社会公德,不得损害公共利益和他人合法权益。"(第7条)

"不动产的相邻权利人应当按照有利生产、方便生活、团结互助、公平合理的原则,正确处理相邻关系。"(第84条)

法律中的倡导性道德条款并非毫无效力,一旦倡导性道德条款进入法律,它本身就成为法律,我们不能说存在于法律文本中的这些道德条款不是法律。倡导性道德条款的效力表现在两个方面:其一,表现为法律原则从而具有法律原则的效力;其二,不表现为法律原则,但其效力通过其他非法律的私人渠道——包括私人竞争(市场力量)、公众舆论等实施。前者可称为"法效力",后者可称为"法外效力"。法外效力是一种实际的效力机制。

很显然,流行的法律效力规制模式,过于关注国家权力在法律构造(执行)中的地位和运用,忽略了法律规则的另一种类型:除国家权力全程参与之外,还存在一种国家权力只是部分参与的规则,即那种得到国家权力的部分支持而存在(表现为由国家立法认可)、却依托私人力量来实施的规则。法律中潜藏的倡导性道德条款就是此类规则的典型。法律中的"倡导性道德条款"与设定有制裁措施的法律规范不同,这些条款本身并未安排直接的处罚措施,也无直接的国家强制执行力。

可见,法律本身具有多样性的面貌——它不仅仅是实实在在的强制性规则,也有可能表现为宣扬道德理想的抽象存在。法院诉讼只是构建某些法律秩序的最后一道程序。在中国,宪法目前尚无法院强制执行程序,但我们没有人否定它是法。在笔者看来,公司社会责任条款在某种程度上就是这样一种并不完全依托法院司法予以执行的——道德层面的抽象存在。

2. 公司社会责任作为道德条款

我国《公司法》第5条所规定的公司社会责任,即是《公司法》中的道德条款。该道德条款旨在弥补公司已有法定义务之不足,将道德义务系统地法定化。因此,第5条可以视为关于公司道德义务的一般条款,具一般条款的功能。对此,有学者曾有清晰解释。例如,王利明教授认为:

> 之所以要明确公司的社会责任,第一个原因就是,需要加强公司的道德责任。由于法律不可能穷尽公司的各种义务和责任,也不可能在公司法中详尽地规定公司的所有义务,而且公司在不同的经营时期,它负有的义务也是动态变化的,所以仅仅依靠法定义务来约束公司显然是不够的,应该通过一些抽象性的、原则性的规定来整体上规范公司的行为。我国《公司法》第5条规定了公司应当承担社会责任就是这样的规定。尤其是,要进一步强化公司的道德责任,来弥补法律规定的义务的不足。规定公司社会责任也有利促进社会良好风气的形成。比如说现在有一些公司存在着商业贿赂问题。公司就应该遵守商业道德,而不应当从事不正当的商业贿赂行为。[①]

在笔者看来,公司社会责任作为道德条款具有以下特点:

其一,遵守社会责任是公司的一项法定义务。因社会责任已作为道德

---

① 王利明:"谈谈公司的社会责任",资料来源:http://www.ccl168.com/article360.aspx;2007年8月28日访问。

条款进入立法,故遵守社会责任已成为公司的法定义务,而非单纯的"道德责任"。社会责任是为弥补"规范前"公司已有法定义务之不足,但在"规范后",其本身已成法定义务。此点易于被理论解释消解。

其二,公司社会责任条款具有法律原则的功能。从重要性来说,公司社会责任是公司法中的"宪法条款"——宪法规范并不仅仅体现在宪法文本中,也可能体现在宪法文本外。我国《公司法》第5条所设计的公司社会责任类似于法律原则,虽无明确的权利、义务内容,但对公司行为却有一般指引功能,属法律原则条款,或者说是《公司法》中的精神支柱、精神条款。该条款的存在,使公司的营利性被社会责任修正,不再具有不可挑战的地位。

其三,公司社会责任条款具有补充衡平功能。既然类似于法律原则,公司社会责任即具有补充衡平功能。可以弥补公司法有关法律义务、道德义务具体条款之不足,引导公司行为向良性方向发展。可以说,该道德条款既是引领公司法发展方向的精神支柱,又是纠正公司不当行为的补充规则。

以上判断显然意味着,公司社会责任作为道德条款具有规范意义,可以引导乃至规范公司行为。但值得继续追问的议题是:作为一般性道德条款的我国《公司法》第5条,是否具有可裁判性?能否进入司法过程?

三、公司社会责任是否具有可裁判性

按照法律规则效力的经典模式,法律规则应当具有可裁判性,不能进入司法裁判过程的法律只能称为软法——严格来说,那并非法律。这样的判断流行于坊间法学著述之中。因此,自抽象的公司社会责任条款在我国《公司法》中确定以来,该条款如何进入司法过程就成为争论热点。

(一) 文献态度和个案调查

学界和业界似乎隐藏着一种关于公司社会责任可裁判性的担忧,一些学者认为,公司社会责任无法或者难以进行司法追究[①];一些法院也认为,我

---

① 例如,曾有观点认为:企业的社会责任本身是一个假命题,企业社会责任的内容过于模糊、抽象,且义务对象无法加以确定,欠缺操作性。参见陆沈东、钱伟:"劳动争议案件的新视角——企业的社会责任",资料来源:http://www.chinacourt.org/html/article/200702/26/235891.shtml;访问时间:2007-9-23。

国《公司法》第5条会带来司法困惑。① 笔者曾就此访谈(电话或深度访谈)过部分法官,有些法官对公司社会责任的可裁判性表示了极大怀疑。法官乙为某省高院民事审判二庭资深法官(近40岁、法律硕士),以下为笔者对其进行访谈的部分内容:

笔　者:我国《公司法》第5条关于公司社会责任的规定是否有可能进入到司法裁判的过程?

法官乙:这个问题没有很好地考虑过。

笔　者:如果有企业以公司违反我国《公司法》第5条的规定,未承担社会责任为由起诉到法院,法院是否应当受理?

法官乙:可能很难会碰到这样的事情。如果真有这样的诉讼,也可能很难进入裁判过程。我国《公司法》第5条本身写得不是很清楚。当然,这类案件可能会出现在有关消费者权益的案件中。一般不会出现在公司法案件中。

法官乙的理解,在法院有一定的通识性。但在笔者看来,公司社会责任是否具有可裁判性不能一概而论。由于社会责任本身有丰富的内容,我国《公司法》第5条的可裁判性不能孤立判断,必须结合社会责任的具体类型,结合法律以及案件的具体情境分析。

(二) 社会责任的具体类型

1. 以责任对象为基础的类型化

公司的社会责任是一个弹性概念,其本身内容较为复杂,可以区分为不同类型。因上市公司的公开性,以其为例讨论社会责任的类型化较有代表性。按《深圳证券交易所上市公司社会责任指引》规定:上市公司社会责任是指上市公司对国家和社会的全面发展、自然环境和资源,以及股东、债权人、职工、客户、消费者、供应商、社区等利益相关方所应承担的责任。② 该指引要求,上市公司应在追求经济效益、保护股东利益的同时,积极保护债权人和职工的合法权益,诚信对待供应商、客户和消费者,积极从事环境保护、社区建设等公益事业,从而促进公司本身与全社会的协调、和谐发展。③ 该

---

① 这是笔者在和一些法官就此问题进行交谈过程中所获得的印象。
② 参见《深圳证券交易所上市公司社会责任指引》(深圳证券交易所,2006年9月25日)第2条。
③ 同上,第3条。

指引从：(1)经营者；(2)股东；(3)债权人；(4)职工；(5)供应商、客户和消费者；(6)环境保护与可持续发展；(7)公共关系和社会公益事业；以及(8)公司的社会责任制度建设与信息披露等方面系统设定了上市公司所应承担社会责任的具体标准(要求)。为公司在经营过程中履行社会责任架构了指南。由于该指引集中描述了上市公司社会责任的基本类型和基本要求，为便于研究，特将其表格化如下：

表一 社会责任的对象与基本要求表

社会责任对象	社会责任的基本要求
经营者①	在经营活动中，应遵循自愿、公平、等价有偿、诚实信用的原则，遵守社会公德、商业道德，接受政府和社会公众的监督。不得通过贿赂、走私等非法活动谋取不正当利益，不得侵犯他人的商标、专利和著作权等知识产权，不得从事不正当竞争行为。
股东②	1. 应完善公司治理结构，公平对待所有股东，确保股东充分享有法律、法规、规章所规定的各项合法权益。 2. 应选择合适的时间、地点召开股东大会，并尽可能采取网络投票方式，促使更多的股东参加会议，行使其权利。 3. 应严格按照有关法律、法规、规章和本所业务规则的规定履行信息披露义务。对可能影响股东和其他投资者投资决策的信息应积极进行自愿性披露，并公平对待所有投资者，不得进行选择性信息披露。 4. 应制定长期和相对稳定的利润分配政策和办法，制定切实合理的分红方案，积极回报股东。
债权人③	1. 应确保公司财务稳健，保障公司资产、资金安全，在追求股东利益最大化的同时兼顾债权人的利益，不得为了股东的利益损害债权人的利益。 2. 在经营决策过程中，应充分考虑债权人的合法权益，及时向债权人通报与其债权权益相关的重大信息；当债权人为维护自身利益需要了解公司有关财务、经营和管理等情况时，公司应予以配合和支持。

---

① 参见《深圳证券交易所上市公司社会责任指引》(深圳证券交易所,2006年9月25日)第4条。

② 参见《深圳证券交易所上市公司社会责任指引》(深圳证券交易所,2006年9月25日)第7—10条。实际上，公司对股东的责任能否称之为社会责任，实在是值得商榷，但这并非本文的主旨，故略去不述。

③ 参见《深圳证券交易所上市公司社会责任指引》(深圳证券交易所,2006年9月25日)第11—12条。

（续表）

社会责任对象	社会责任的基本要求
职工①	1. 应严格遵守《劳动法》，依法保护职工的合法权益，建立和完善包括薪酬体系、激励机制等在内的用人制度，保障职工依法享有劳动权利和履行劳动义务。 2. 应尊重职工人格和保障职工合法权益，关爱职工，促进劳资关系的和谐稳定，按照国家有关规定对女职工实行特殊劳动保护。不得非法强迫职工进行劳动，不得对职工进行体罚、精神或肉体胁迫、言语侮辱及其他任何形式的虐待。 3. 应建立、健全劳动安全卫生制度，严格执行国家劳动安全卫生规程和标准，对职工进行劳动安全卫生教育，为职工提供健康、安全的工作环境和生活环境，最大限度地防止劳动过程中的事故，减少职业危害。 4. 应遵循按劳分配、同工同酬的原则，不得克扣或者无故拖欠劳动者的工资，不得采取纯劳务性质的合约安排或变相试用等形式降低对职工的工资支付和社会保障。 5. 不得干涉职工信仰自由，不得因民族、种族、国籍、宗教信仰、性别、年龄等对职工在聘用、报酬、培训机会、升迁、解职或退休等方面采取歧视行为。 6. 应建立职业培训制度，按照国家规定提取和使用职业培训经费，积极开展职工培训，并鼓励和支持职工参加业余进修培训，为职工发展提供更多的机会。 7. 应依据《公司法》和公司章程的规定，建立起职工董事、职工监事选任制度，确保职工在公司治理中享有充分的权利；支持工会依法开展工作，对工资、福利、劳动安全卫生、社会保险等涉及职工切身利益的事项，通过职工代表大会、工会会议的形式听取职工的意见，关心和重视职工的合理需求。
供应商、客户和消费者②	1. 应对供应商、客户和消费者诚实守信，不得依靠虚假宣传和广告牟利，不得侵犯供应商、客户的著作权、商标权、专利权等知识产权。 2. 应保证其提供的商品或者服务的安全性。对可能危及人身、财产安全的商品和服务，应向消费者作出真实说明和明确的警示，并标明正确使用方法。 3. 如发现其提供的商品或者服务存在严重缺陷，即使使用方法正确仍可能对人身、财产安全造成危害的，应立即向有关主管部门报告并告知消费者，同时采取防止危害发生的措施。 4. 应敦促客户和供应商遵守商业道德和社会公德，对拒不改进的客户或供应商应拒绝向其出售产品或使用其产品。 5. 应建立相应程序，严格监控和防范公司或职工与客户和供应商进行的各类商业贿赂活动。 6. 应妥善保管供应商、客户和消费者的个人信息，未经授权许可，不得使用或转售上述个人信息牟利。 7. 应提供良好的售后服务，妥善处理供应商、客户和消费者等提出的投诉和建议。

① 参见《深圳证券交易所上市公司社会责任指引》（深圳证券交易所，2006年9月25日）第13—19条。

② 参见《深圳证券交易所上市公司社会责任指引》（深圳证券交易所，2006年9月25日）第20—26条。

(续表)

社会责任对象	社会责任的基本要求
环境保护与可持续发展①	1. 应根据其对环境的影响程度制定整体环境保护政策,指派具体人员负责公司环境保护体系的建立、实施、保持和改进,并为环保工作提供必要的人力、物力以及技术和财力支持。 2. 环境保护政策通常应包括以下内容:(1)符合所有相关环境保护的法律、法规、规章的要求;(2)减少包括原料、燃料在内的各种资源的消耗;(3)减少废料的产生,并尽可能对废料进行回收和循环利用;(4)尽量避免产生污染环境的废料;(5)采用环保的材料和可以节约能源、减少废料的设计、技术和原料;(6)尽量减少由于公司的发展对环境造成的负面影响;(7)为职工提供有关保护环境的培训;(8)创造一个可持续发展的环境。 3. 应尽量采用资源利用率高、污染物排放量少的设备和工艺,应用经济合理的废弃物综合利用技术和污染物处理技术。 4. 排放污染物的公司,应依照国家环保部门的规定申报登记。排放污染物超过国家或者地方规定的公司应依照国家规定缴纳超标准排污费,并负责治理。 5. 应定期指派专人检查环保政策的实施情况,对不符合公司环境保护政策的行为应予以纠正,并采取相应补救措施。
公共关系和社会公益事业②	1. 在经营活动中应充分考虑社区的利益,鼓励设立专门机构或指定专人协调公司与社区的关系。 2. 应在力所能及的范围内,积极参加所在地区的环境保护、教育、文化、科学、卫生、社区建设、扶贫济困等社会公益活动,促进公司所在地区的发展。 3. 应主动接受政府部门和监管机关的监督和检查,关注社会公众及新闻媒体对公司的评论。
社会责任制度建设与信息披露③	1. 鼓励公司根据本指引的要求建立社会责任制度,定期检查和评价公司社会责任制度的执行情况和存在问题,形成社会责任报告。 2. 公司可将社会责任报告与年度报告同时对外披露。社会责任报告的内容至少应包括:(1)关于职工保护、环境污染、商品质量、社区关系等方面的社会责任制度的建设和执行情况;(2)社会责任履行状况是否与本指引存在差距及原因说明;(3)改进措施和具体时间安排。

---

① 参见《深圳证券交易所上市公司社会责任指引》(深圳证券交易所,2006年9月25日)第27—31条。

② 参见《深圳证券交易所上市公司社会责任指引》(深圳证券交易所,2006年9月25日)第32—34条。

③ 参见《深圳证券交易所上市公司社会责任指引》(深圳证券交易所,2006年9月25日)第35—36条。

上表罗列的八类社会责任,前五类有具体、明确的责任对象;后三类虽有责任对象,但该对象要么为一般公众,要么为特定公众——社区,要么为国家,较为含糊,这恰是公司社会责任因过于弹性而遭致批评之处。但该等罗列,帮我们澄清了一种常见误解:即认为公司社会责任所针对的主体(对象)都是模糊不清的,从而,难以判断公司是否履行了社会责任,自然也难以诉讼追究公司的法律责任。这样的判断显然未能关注公司社会责任的具体类型,失之于武断。

2. 以行业为基础的类型化

不同行业公司所应承担的社会责任内容也许存在区别。根据 2006 年关于企业社会责任发展趋势的一份调查报告①,我们可以看到,从发展趋势的角度来看,15 个不同行业中公司社会责任的侧重点(内容或者类型)既有相似之处,又有明显存在差异之处。这些差异有些是由行业的原因造成的,有些是由不同行业企业发展的不同状况所造成的。

表二 不同行业社会责任发展趋势的差异②

行业	社会责任的类型
汽车行业	节能降耗、排放环保、驾驶安全、自主创新、缺陷产品召回、废旧车回收
电子行业	电子环保、质量标准升级、自主创新、消费者互动、报废品再利用
能源公用事业	社会责任报告、保障供应、可再生能源利用、工程建设环保
食品饮料行业	食品安全、绿色健康、生产环境保护
房地产行业	诚信经营、建筑品质提升、建筑节能、经济型住宅
医药保健行业	诚信经营、药品质量管理规范、过期药品回收
金融服务行业	中小企业贷款、助学贷款、零售业务、企业社会责任报告
家电行业	绿色制造技术、节水节电、废旧家电回收
网络服务行业	电子商务诚信、健康网游、反垃圾邮件、本土游戏研发
电信服务行业	降低资费、规范增值服务、服务偏远农村、公益信息服务
物流航空行业	航空服务价格、便民客票销售、航班延误赔偿、物流高质服务
商业零售行业	销售环节质检、售后环保服务、供应链平衡、善待员工
旅游酒店行业	旅游诚信服务、绿色酒店、经济型酒店、旅游生态保护
日用及化妆产品行业	可降解包装、安全化妆品

---

① 参见《2006 企业社会责任行业发展趋势报告》,资料来源:http://www.csrforum.com.cn/baogao.html;访问时间:2007-9-23。

② 本表乃根据《2006 企业社会责任行业发展趋势报告》整理,资料来源:http://www.csrforum.com.cn/baogao.html;访问时间:2007-9-23。

这份关于企业社会责任发展趋势的调查报告尽管因其民间性而不具有法律效力,但对于公司理解其社会责任的构成、对于法院裁判社会责任的具体内容多少有些参考意义。

从类型化的角度来说,我们还可以根据公司的性质(公开公司/还是非公开公司)等对公司社会责任的具体内容进行类型化,以进一步发现不同类型公司社会责任的差值,但目前这一展开研究因数据难以取得存在较大困难。

(三)社会责任的比重和法律关系基础

仍然以《深圳证券交易所上市公司社会责任指引》为例,我们来观察不同类型社会责任的规则条文比重,及公司与该类社会责任对象间是否存在以及存在何种法律关系的基础,从而领会规范制定者对不同类型公司社会责任重视程度的差异。虽然规则条文的数量多少未必能准确客观反映立法者的态度,因为有时与其说是规则的数量,毋宁说是规则的严苛程度反映了立法者的重视程度。但无论如何,规则数量能从一定侧面反映立法者对该问题的关注度。因此,我们仍可从上述指引对各类不同社会责任的规则数量,观察规则制定者基本态度的差别。

同时,我们还可考察公司与不同的社会责任对象间是否存在法律关系基础,这种法律关系基础将影响社会责任本身的可裁判性。基于契约关系是最为常见的法律关系基础类型,我们主要考察该类关系的存在与否,兼及其他类型法律关系。同样,为理解的直观,亦以表格罗列如下:

表三　不同类型社会责任的条文比重、公司与社会责任对象间的法律关系表

社会责任对象	指引中的条文数量和比重		公司间的基础法律关系
	条文数量	占全部条文的比重	
经营者	1	2.6%	契约、侵权
股东	4	10.5%	契约、侵权
债权人	2	5.3%	契约
职工	7	18.4%	契约
供应商、客户和消费者	7	18.4%	契约
环境保护与可持续发展	5	13.2%	无明显契约,有明确法律要求
公共关系和社会公益事业	3	7.9%	无明显契约,无明显法律要求
社会责任制度建设与信息披露	2	5.3%	无明显契约,无明显法律要求

综上,不难看出,在八类社会责任对象中,条文数量位居前三的分别为:职工(18.4%)、供应商、客户和消费者(18.4%)以及环境保护与可持续发展(13.2%),对股东的社会责任条文比重名列第四位(10.5%)。另外,与公司间可能存在契约法律关系基础的社会责任类型共有五类——公司对经营者,股东,债权人,职工,供应商,客户和消费者的社会责任,多有契约基础;环境保护与可持续发展的社会责任虽无契约基础,但一般有强制性法律的明确要求,唯涉及公共关系和社会公益事业以及社会责任制度建设和信息披露二者既无明显契约基础,又无明显法律要求。而公共关系和社会公益事业,恰是普通公众乃至一般公司所理解的社会责任的核心内容。这样的公众判断,以及该类社会责任的履行本身欠缺明确的法律关系基础,自然影响到我们对公司社会责任可裁判性的一般判断,形成公司社会责任可裁判性的公众意识(认识)。

(四) 影响公司社会责任的可裁判性的因素:模糊性认识及其澄清

在对公司社会责任的对象及社会责任的法律关系基础等问题进行探讨之后,我们就可以尝试回答社会责任的可裁判性难题了。我们理解了公司社会责任的对象以及社会责任的法律关系基础具有多元化的特点,就不难理解,公司社会责任的可裁判性是一个较为复杂的问题。一般性地认为社会责任条款难以进入裁判过程,并非妥当的判断。在涉及公司社会责任的诉讼中,存在若干模糊性认识有待澄清。

1. 关于请求权主体的模糊认识

一种常见的认识是:公司社会责任的对象不明确,一旦公司违背法定的社会责任,则因请求权主体不明,难以对其提起诉讼,因此社会责任属于难以执行的规则,只应该以道德调控的方式推行,不宜规定在法律之中;另一种观点认为:由于公司社会责任的对象不明确,难以启动个别诉讼,故对于公司违背社会责任的情形,最佳的司法救济渠道是建立公益诉讼制度。[①] 例如:有学者指出:

> 公司社会责任的压力除了自律之外,更主要的应该是来自公司以外的方面。来自公司外的诉讼是其中重要的一种。公司的社会责任必须落实到权利,以权利抗衡权力。因此,如果不能通过到法院诉讼维护

---

① 参见张文广:"公司社会责任与公益诉讼",资料来源:http://www.nuigalway.ie/sites/eu-china-humanrights/seminars/ds0406c/zhang%20wenguang-chn.doc;访问时间:2007-8-28。

自己的权利,这些权利也就只能停留在纸面上。考虑到上述因素,借鉴国外经验,引入公益诉讼制度应是一条可以考虑的思路。①

但如同前文所述,公司社会责任的对象并非不明,在不同的社会责任类型中,其对象的明确性程度不同。所以,对违反公司社会责任的行为并非不可能提起诉讼,也并非必须依托公益诉讼的形式。对公司社会责任的请求权主体,我们同样可以以表格描述如下:

表四 公司社会责任的类型与请求权主体表

社会责任的类型	相应的请求权主体	请求权主体是否明确
对经营者的社会责任	利益受损的经营者,包括:各种不正当竞争行为的受害人等。	明确
对股东的社会责任	合法权益受损的股东,包括:未受到公平对待的股东、出席股东会议的权利受到损害的股东、选择性信息披露的受害股东、受不合理利润分配政策损害的股东等。	明确
对债权人的社会责任	利益受损的债权人,包括:积极受害的债权人以及受到诈欺信息损害的债权人。	明确
对职工的社会责任	合法权益受损的职工。	明确
对供应商、客户和消费者的社会责任	合法权益受损的供应商、客户和消费者。	明确
对环境保护与可持续发展的社会责任	环境保护主管部门以及其他环境损害的受害人。	部分明确、部分模糊
对公共关系和社会公益事业的社会责任	社区、政府部门和监管机关	部分明确、部分模糊
社会责任制度建设与信息披露	公司、一切利害关系人	部分明确、部分模糊

可见,在公司不履行社会责任时,追究其责任的请求权主体并非完全不明确。在某一具体案件中,涉及公司社会责任诉讼的请求权主体完全可能是明确的。尤其是某些社会责任对象与公司之间本来还存在契约等基础法律关系,该基础法律关系本身还可构成请求权基础,在以此为基础的该诉讼中,请求权主体自然是明确的。

---

① 参见张文广:"公司社会责任与公益诉讼",资料来源:http://www.nuigalway.ie/sites/eu-china-humanrights/seminars/ds0406c/zhang%20wenguang-chn.doc;访问时间:2007-8-28。

2. 关于社会责任内容的模糊认识

流行的认识认为,公司所应承担的社会责任的内容是模糊不清的,这同样导致了社会责任的裁判困境——过于模糊的规则内容往往不具有强制执行的效果。问题果真如此吗?答案应当是否定的。从内容的角度而言,弹性的公司社会责任条款至少可以通过以下方式淡化弹性,取得可裁判性:

其一,公司所应承担的某些社会责任,可以依托国内法中的强制性条款予以具体、明确,这些条款本身具有可执行性。例如:公司对经营者的社会责任,可以依托《反不正当竞争法》、《反垄断法》予以具体规制和实施;公司对职工的社会责任,可以依托《劳动法》以及相应的部门规章予以落实;还有,公司对债权人的社会责任可以依托契约法,尤其是债权人在契约签订过程中的谈判权以及有关财务会计法的规定予以具体化;再如,公司对供应商、客户和消费者的社会责任,可以依托产品质量法、消费者权益保护法、各种知识产权法以及合同法、侵权法规则等予以明确和规制;即便较为虚幻的对环境保护与可持续发展的社会责任也可依托环境保护法的有关规定予以明确。因此,针对上述不同对象的社会责任内容是可以确定的,并非完全模糊不清。正因为公司社会责任本身可能具体化于法律之中,所以有人提出,"遵守法律是履行企业社会责任的第一步",或者企业承担社会责任的"最低的标准是遵守法律"[①]。

其二,公司所应承担的某些社会责任,可以依托国际法中的技术标准等强制性规则以及其他全球性协议予以具体、明确,强化其可裁判性。例如:1999年1月,在瑞士达沃斯世界经济论坛上,联合国秘书长安南提出了"全球协议",并于2000年7月在联合国总部正式启动。该协议号召公司遵守在人权、劳工标准和环境方面的九项基本原则,其内容是:(1)企业应支持并尊重国际公认的各项人权;(2)绝不参与任何漠视和践踏人权的行为;(3)企业应支持结社自由,承认劳资双方就工资等问题谈判的权力;(4)消除各种形式的强制性劳动;(5)有效禁止童工;(6)杜绝任何在用工和行业方面的歧视行为;(7)企业应对环境挑战未雨绸缪;(8)主动增加对环保所承担的责任;(9)鼓励无害环境科技的发展与推广。[②] 这九项原则与人权、劳工标准和环境有关,来源于世界人权宣言、国际劳工组织关于工作的基本

---

① 参见张峻峰:"遵守法律是履行企业社会责任的第一步",资料来源:http://www.csrforum.com.cn/sjhg_zjf.html;访问时间:2007-9-23。

② 参见仲大军:"当前中国企业的社会责任",载《经济与社会观察》2002年第6期。

原则和权利的宣言以及里约热内卢关于环境和发展的宣言。分析这九项原则,从企业内部看,就是要保障员工的尊严和福利待遇;从外部看,就是要发挥企业在社会环境中的良好作用。① 这些国际性规则,无疑使相应领域的公司社会责任得以明确。

其三,公司应承担的某些社会责任可以通过其对外发布的社会责任报告予以明确。在当下这个社会责任时代,公司为提升自己的竞争力,往往通过发布社会责任报告的形式,阐述自身履行社会责任的情况、计划,扩大公司的影响力、吸引投资者和交易相对人。基于公众往往对竞争力较强的企业具有比法律要求更高的期望②,在这些社会责任报告中,企业往往对其所应承担的社会责任设定比法律要求更高的标尺。

尤其是在诸如:公司对公共关系和社会公益事业的社会责任,以及社会责任制度建设与信息披露等,较为弹性化亦无明确强制性规范予以规整的社会责任领域,这种自我明确社会责任内容的情形比较常见,也显得较为重要。在这些领域中,公司的社会责任本属倡导性而非强制性的道德条款,固难以强制裁判的方式执行。但一旦公司以自己的行为明确公示了该领域内其所应承担或业已承担的社会责任之具体内容,则是否毫无可裁判性,值得研究。请看下述假设事例:

【事例】
江苏某公司在其通过网络公布的社会责任报告(2007)中自我承诺:将在南京市鼓楼区某社区建一座希望小学,用于解决鼓楼区农民工子女上学难的问题。但后来该希望小学未能建设。该社会责任报告并未直接针对鼓楼区政府或者该社区居委会发布,也未将纸质文本的社会责任报告提交给该单位。那么,该希望小学所涉社区居委会或者民工等是否有权利依据该社会责任报告起诉公司,令其承担社会责任?

---

① 参见张文广:"公司社会责任与公益诉讼",资料来源:http://www.nuigalway.ie/sites/euchina-humanrights/seminars/ds0406c/zhang%20wenguang-chn.doc;访问时间:2007-8-28。
② 例如:有关调查材料表明,公众对企业社会责任的期望比较膨胀,远远超过法律法规的要求。2/3 的调查对象认为除严格遵守法律法规外,企业还需做更多工作,才能算是具有社会责任感。虽然遵纪守法是对企业的基本要求,公众对企业行为的希望还包括更多的内涵,其中包括期望各企业如何更好地处理其遇到的具体问题。在回答"企业遵纪守法就可以说其具有社会责任感,还是只有在遵守法律法规的基础上做更多工作才算有社会责任感?"这样的问题时,25%的被调查者期待企业应"遵守一切法律法规",但75%的被调查者认为,企业应"在遵守法律法规的基础上做更多工作"。参见梁启春:"企业社会责任(CSR)调查",资料来源:http://www.yfzs.gov.cn/ 2005-10-4 12:41:16;2007 年 9 月 6 日。

笔者曾电话访谈某高院从事民事审判的法官,他们认为这样的社会责任报告只具有"宣言"性质,甚至很难理解为要约,其执行通常不会得到法院司法判决的支持,当事人可通过社会舆论或其他非司法的力量对发布报告者的信用造成压力,推动其执行。然而,很明显,公司对外公布的社会责任报告在一定程度、一定范围上具有明确其所应承担某领域社会责任内容的功能。尽管我们知道"有一些法律上不可能之事,就像也有一些自然界不可能之事一样;有一些法律事件无法挽救,就像有一些疑难病一样不可救治"[①]。但是,如果该"宣言"式披露,不产生任何对其不利的法律后果,是否意味着法律"鼓励吹牛"?

对此,也许可以考虑契约法等法律体系的功能。从契约法的角度而言,该种披露(例如:在特定场合、针对特定事项而作出的关于公益捐赠的披露)是否可能构成邀请要约、要约乃至承诺;或者是否可能构成缔约过程中的诚信义务,从而在公司违反的时候成就缔约过失责任?从证券法的角度而言,上市公司的该种披露如果被违反,是否可能构成虚假陈述等证券违法行为?再者,为进一步推动公司对社会责任的履行,公司对外公开发布的社会责任报告是否可以视为对外的公开承诺,而不仅仅是一种自我约束(自我宣示),从而一概构成裁判的依据?等等,这些问题还值得进一步梳理和探讨。

其四,即便没有通过上述不同规则予以具体化的过程,我国《公司法》第5条所规定的公司社会责任仍可成为具有法律原则功能的一般条款,借助法官的自由裁量权,在涉及某一公司是否违反社会责任义务的个案中,发挥其裁判功能。虽然,法律原则是法院最后求救的依据,一般不会成为司法的准据,但在无具体条文可资依赖,而又发生相关案件时,法律原则绝对不可能继续保持沉默,自应该挺身而出,裁断正义。社会责任的新领域可能通过这样的裁判不断得以明确和拓展。

最后,真正可能难以进入裁判视野的,是那些纯粹属于倡导性而又无具体规则(无论是国内法规则,还是国际法规则,乃至公司自己设定的社会责任报告规则)予以强化、支撑的社会责任道德条款,这些道德条款有些甚至是鼓励性的。例如:《深圳证券交易所上市公司社会责任指引》第32条规定:"公司在经营活动中应充分考虑社区的利益,鼓励设立专门机构或指定专人协调公司与社区的关系。"第33条规定:"公司应在力所能及的范围内,

---

[①] 〔德〕古斯塔夫·拉德布鲁赫:《法律智慧警句集》,舒国滢译,中国法制出版社2001年版,第7页。

积极参加所在地区的环境保护、教育、文化、科学、卫生、社区建设、扶贫济困等社会公益活动,促进公司所在地区的发展。"第34条规定:"公司应主动接受政府部门和监管机关的监督和检查,关注社会公众及新闻媒体对公司的评论。"这些条款虽然可能为公司设定了一定的义务,但很难有足够的措施来督促公司恰当履行,有些条款还保留有鼓励性的设计模式。因此,这些条款进入裁判的过程比较困难。即便如此,也并非没有执行力。如前所述,这些条款往往借助私人力量执行。这类公司社会责任条款未必具有裁判的功能,但仍然具有规范的意义,它的存在可以导引企业的行为,让企业自主承担社会责任,自愿履行更多的义务。所以,公司的社会责任并不完全甚至主要不是在法院内部,而是在法院外部实现的;更多是在商业考量的基础上,依托公司自己的行为,而不是外部强制干预(最多是竞争的压力)来完成的。公司社会责任这种伦理性要求常常会被工具性使用。尽管按照康德主义的观点——真正道德的行为必须出于道德动机,即"只有出于责任的行为才具有道德价值"[①],但我们无法否定,"道德行动具有有益的经济回报"[②]。事实证明,"伦理的行为之所以应该采取是因为它可能强化盈利能力"[③],的确,一些公司履行社会责任义务其实是有自己的商业考量或商业利益导引的。最为明显的例子是烟草巨头菲利普莫里斯公司1999年拿出7500万美元用于慈善损助,随即该公司又耗资1亿美元展开密集的广告攻势,唯恐自己的善行不为人知。[④] 再如,一项社会调查表明:

> 大家普遍认为,公司之所以表现出社会责任感,大多是出于商业利益,并不简单是迫于社会或舆论压力而做出的反应。事实上,企业实施社会责任活动能为企业带来实实在在的经济利益,对企业的发展会产生深远影响。[⑤]

可见,法律的强制虽然在督促"公司行善"方面有些意义,但并不仅仅是法律强制,很多法律外的其他因素(包括利益回报等商业考量)也可能为公

[①] 〔美〕诺曼·E.鲍伊:《经济伦理学——康德的观点》,夏镇平译,上海译文出版社2006年版,第119页。
[②] 同上书,第119—120页。
[③] 同上书,第137页。
[④] 参见王志平:"现代企业的社会责任",载《中国经济走势》2003年第10期。
[⑤] 梁启春:"企业社会责任(CSR)调查",资料来源:http://www.yfzs.gov.cn;2007年9月6日访问。

司履行社会责任添加压力和动力。

3. 营利性目标和社会责任目标之间的平衡困难

在涉及公司社会责任的诉讼中,难题也许是如何平衡公司的营利性目标和社会责任目标之间的冲突。从经济学的观点来看,公司的使命是非常清楚的。企业终究是所谓"追求利润的"组织。① 法学也认同经济学家这样的判断,所以,公司被描述为"企业法人"②。既然是企业法人,自然要努力追求营利性目标,确保公司在存续期间能有机会获利并使股东受益,尤其是处于生长阶段的公司,营利性目标似乎无可挑剔地成为公司管理层的主旨考量。不能营利的公司至少在法律上是被淘汰的——破产法给了我们这样的答案。公司法也极力配合公司这一经济需要,在制度构造方面设计了诸多有利于完成此项营利目标的规则,尤其是强化了对董事、监事、高管人员的义务和责任的规定,防止其为私人利益损害公司利益,确保其行为能满足公司整体营利的需要。

然而,假定公司具有与个人投资者同样的动机,即股东价值的最大化,也许是新古典经济学家在缺乏清晰区分个人、组织和社会分析层次的背景下所形成的意想。③ 公司社会责任理论提醒我们:在普遍联系的当代社会,应当将公司视为公民社会的一员,公司的目的不是由它的资金而是由它的社会功能所决定的。④ 马文·T.布朗说,公司从属于更大的社会体系,公司的产品和服务影响这些更大体系的生存能力。这些更大的体系都是营利、非营利的复杂混合,任何这些更大的体系的目的当然不是赚钱,而是满足人们的需要和提高人们的生活质量。⑤

需要明确的是,公司营利性目标和社会责任目标之间是否具有主次、层级之分?这是我们从裁判的角度考量必须解决的问题。也许对于"公司已经统治了世界"的发达国家来说,这样的信念是必须坚持的——"如果我们希望这是一个能容纳全人类的世界,那么我们就不应该再相信经济增长是

---

① 参见〔美〕马文·T.布朗:"公司目的与公民的责任——企业是否'确实'负有社会义务?",陆晓禾译,载陆晓禾、〔美〕金黛如主编:《经济伦理、公司治理与和谐社会》,上海社会科学出版社2005年版,第270页。

② 参见我国《公司法》第3条。

③ 参见〔美〕马文·T.布朗:"公司目的与公民的责任——企业是否'确实'负有社会义务?",陆晓禾译,载陆晓禾、〔美〕金黛如主编:《经济伦理、公司治理与和谐社会》,上海社会科学出版社2005年版,第270页。

④ 同上书,第274页。

⑤ 同上书,第275页。

人类进步的基础这个神话"①,我们就不应当给公司营利性目标以先导性地位。但是,我们还没到那样的时代。如果我们坚持那样的信念,我们将永远成为发达国家的"垃圾工厂"。所以,我们接受了公司的社会责任目标,并不意味着我们否定了公司的营利性目标。尤其是在中国等处于发展中阶段、公司尚未统治世界——没有形成公司帝国的国家,认识到营利性仍然是《公司法》所设定的公司目标的基本面,至少具有"应急"意义。因此,从这种意义上来说,公司社会责任相对于公司营利性目标来说也许仅具有补充、纠偏、后位功能。公司的董事、监事、高管们首先必须认识到其存在是为了帮助公司获利,一个不能获利的公司在法律框架中只有死亡的命运,董事、监事、高管也可能和其一并死亡。因此,我们说公司要承担社会责任,并不意味着公司董事、监事、高管对外捐赠越多越好,甚至支持其将公司的钱全用于公益事业,如果高管实施这样的行为,其合理性必将遭到股东诉讼的检验——我想,中国今日的法院体系应当支持股东的挑战。可见,公司的社会责任只是公司营利性目标的一个坎,或者一个阻挠器,社会责任只是检验营利性目标合理性的标尺,它不能凌驾于营利性目标之上,甚至蚕食了营利性目标。②

因此,法院在遭遇涉及公司社会责任的诉讼时,应当首先想到公司是一个商人,其次要通过司法判决去支持公司成为一个良好的(有良心的)商人,但不要通过司法判决将公司变成一个和政府一样充满正义的公共机构。可见,法定的社会责任是有合理限度的——这个限度至少或者首先是不得危害公司的营利性目标,不得一般性地损害或者毁灭公司的营利性立场,不得一般性地影响公司本身作为"人"的持续存在。从这样的角度来说,也许我们不得不承认这样的残酷现实,对关注利益的企业来说,公司社会责任在某种意义上只是企业的一种"慈善表演"。笔者很怀疑,如果承担社会责任不会给企业带来任何商业上的利益,为何企业在承担了社会责任以后不可以

---

① 〔美〕戴维·C.科顿:《当公司统治世界》(第2版),王道勇译,广东人民出版社2006年版,第39页。
② 美国法律研究院于1984年通过的《公司治理原则:分析与建议》第2.01条在对公司社会责任作一般性、宣示性规定时,似乎注意到了这一问题。该条规定:商业公司从事商业行为,应以提升公司利润与股东利得为目标。但如具有以下情形之一者,则不问公司利润与股东利得是否因此提升:(1)与自然人在同一程度内,受法律的约束而为的行为;(2)得考虑一般认为是适当的伦理因素,以从事负责任的营业行为;(3)得为公共福祉、人道主义、教育与慈善的目的,捐献合理的公司资源。上述条文首先要求公司考虑营利性目标,其次,才明确商业公司在追求营利的同时,有权进行非以追求"经济上回报最大化"为目的的行为——即所谓承担社会责任。

像一个自然人那样默默无闻,而是一定要大张旗鼓地宣传?难道获得宣传机会、取得广告效应就是企业承担社会责任的商业对价吗?笔者可以作出这样的判断,尽管在立法上对公司的社会责任有了明确安排,但中国现阶段的企业仍然会基于或者主要基于商业考量来践行社会责任。

理解了社会责任作为一项精神条款本身具有的局限性、从属性,理解了在面对公司营利性目标的时候,公司的良心不得不受到公司利己心的拘束,理解了公司的良心不是无止境的,法院就也许应该采取这样的裁判政策:

首先,一个商事公司是以营利为目的的,公司经营政策的厘定应当考量公司本身以及全体股东①经济利益的最大化。

其次,一个商事公司不是孤立存在的,是在现在这个网络化社会中和其他社会成员协作生成的,公司在追求营利性目标的时候,应当时常进行自我检讨,不得违背社会责任。

再次,违背了社会责任的营利政策应当做适当修改;但对社会责任的支持不应当彻底否定公司的营利性目标。

最后,公司董事、监事、高管在经营管理公司、决定公司的商业政策时,首先要考虑该政策是否能使公司获得利益,该利益可能是近期利益也可能是远期利益;其次要考虑该利益(政策)所带来的负面效应是否为法律所禁止,是否损害了公司公民的良好的社会形象,是否违背了社会责任,以求得社会责任和公司营利性目标需求之间的妥当平衡。

上述裁判政策,笔者称之为"营利性考量优先,社会责任考量随之"的司法政策,这样的裁判政策实际上和公司的商业决策过程是一致的。值得研究的问题是,在公司商业决策过程中,对所谓社会责任影响的评估,容易流于想象性虚构。因此,在评估某一商业决策行为对社会责任的影响时,应尽可能使该项评估建立在相对广泛、有效的参数基础上。为清晰比较公司在商业决策过程中对营利性目标和社会责任目标的考量,与法官在裁判过程中对营利性目标和社会责任目标的考量之差异,我们仍可用图表罗列如下:

---

① 此所谓全体股东并非指多数股东而言,应当可以用"一般股东"的概念取代,是指公司的商业决策对抽象意义而非具体意义上的股东利益而言的。

表五 公司社会责任的商业决策过程和法院裁判过程对照表

考量位序	公司商业决策过程	法院裁判决策过程
1	考量某项商业决策是否能使公司获利(营利性)	商事公司应追求营利最大化,检验经营管理层的商业判断(决策)是否符合这一目标
2	考量该项获利的负面效应,是否使得公司背离了法定以及自我安排的社会责任	检验公司所实施的营利最大化的行为,是否损害了社会责任
3	考量是否需要调整、修改营利性政策	检验公司的营利性政策是否进行了妥当调整、修改
4	考量商业决策的调整是否损害了营利性的底线	检验该营利性政策的调整、修改是否损害了营利性的底线
5	形成商业政策(决策)	形成裁判意见

从上表罗列来看,无论是在商业决策还是在法院司法决策中,对公司社会责任的考量都应事实上居于营利性目标考量之后,起到补充纠偏的功能。这是所谓公司营利性目标和社会责任目标之"平衡"的内在意义。

所以,我国《公司法》第 5 条第 2 款写道:"公司的合法权益受法律保护,不受侵犯。"结合该条第 1 款关于公司承担社会责任的规定,这一款可以翻译为:"公司在承当社会责任时,其合法权益受法律保护,不受侵犯"。意味着,确保公司的营利性——此乃法律规定公司为企业法人的当然内涵——是公司承担社会责任的前提和底线,令公司承担社会责任,不能损害公司的合法权益,包括依法作为企业法人的营利性目标。法院在司法过程中,尤其应当注意,不要被自己所充当的"社会正义者的角色"蒙住了双眼,受诉讼中的前见思维——"被诉的公司是不好的"——影响,过高拔高社会责任。

4. 公司社会责任目标内部的冲突

因社会责任本身标准的弹性化,可以想象,在公司社会责任诉讼中,裁判者还将面对来自社会责任内部的诸多冲突,确定解决这些冲突的原则将是法院面临的一项新任务。这些冲突可能存在以下诸方面:

其一,公司社会责任的标准是否因公司类型不同而有差别?深圳证券交易所专门针对在该所挂牌交易的上市公司设计了社会责任指南,然而,这样的指引是否具有普适的导引作用?尤其是对于公开性公司和非公开性公司,其在社会责任内容上是否应当有所区别?在笔者看来,因为公司构成本身的差异,以及公司社会性影响强弱的不同,不同类型的公司所应承担的社会责任的某些方面是有区别的。法院在司法裁判过程中,要意识到这种差异的存在,但这些差异只在某些领域存在,在有些领域(尤其是公共性领域,例如环境保护等)这种差异并不明显。以有限公司和股份有限公司为例,不同类型公司社会责任的区别可以用图表示意如下:

表六 不同类型公司社会责任的差异对比表

社会责任的类型	有限责任公司	股份有限公司
对经营者的社会责任	一样	一样
对股东的社会责任	更弱,乃至于无	更强
对债权人的社会责任	一样	一样
对职工的社会责任	一样	一样
对供应商、客户和消费者的社会责任	一样	一样
对环境保护与可持续发展的社会责任	一样	一样
对公共关系和社会公益事业的社会责任	一样或者更弱	一样或者更强
社会责任制度建设与信息披露	一样或者更弱	一样或者更强

其二,公司社会责任是否因公司营运阶段的不同而有差别？在公司设立、营运及解散清算等不同阶段,公司社会责任的具体内容是否有所差别？在公司不同发展阶段,其可能从事的行为类别和性质会有差异,这种差异应当会对公司社会责任的侧重点产生影响。

公司设立阶段,是公司社会责任的萌芽阶段。因公司无经营活动、尚未全面招聘员工,只可从事与公司设立相关的活动,故其社会责任具有较大的局限性,主要集中表现为少量的对股东(设立人)、债权人、职工等方面的社会责任。

公司营运阶段,是公司社会责任的全面发展和延伸阶段。这一阶段,是公司各方面社会责任得以全面爆发、展现的时期,无论是对公司内部的股东、职工,还是公司外部的经营者、消费者等;无论是对经营事业,还是对环境保护、公共关系、社会公益事业等非直接经营事业,公司都应承担相应的社会责任。

公司解散阶段,是公司社会责任即将结束或者受限的阶段。这一阶段,也是公司履行清算义务、完成法人格消灭的阶段。公司的各种财产关系和人身关系都处于清算、完结过程之中,公司社会责任也处于逐渐减少的过程之中,因营业活动受到限制、员工处于遣散过程,公司对经营者、对员工的某些社会责任趋于减少,例如:员工培训义务基本消失;同样,因为公司即将终止营业,它在公共关系和社会公益事业方面的社会责任也同样大为减少乃至于无。

公司在不同发展阶段的社会责任构成状况同样可以表列如下:

表七 公司在不同阶段的社会责任构成差异对比表

社会责任的类型	公司设立阶段	公司营运阶段	公司解散清算阶段
对经营者的社会责任	基本无	有	有(减少)
对股东的社会责任	少量	有	有
对债权人的社会责任	少量(设立债务)	有	有
对职工的社会责任	少量(成立前招聘的员工)	有	有(减少)
对供应商、客户和消费者的社会责任	基本无	有	有
对环境保护与可持续发展的社会责任	有	有	有
对公共关系和社会公益事业的社会责任	基本无	有	有(减少)
社会责任制度建设与信息披露	有	有	有

其三,公司的各种社会责任目标之间是否存在位序冲突?公司社会责任对象(目标)具有多元性,在司法过程中,诸种社会责任目标之间可能存在冲突,如何平衡协调这些冲突?例如:公司对股东、债权人、职工等所应承担的社会义务是否有位序差别?我国《公司法》第5条显然没有为此设定解决方案,司法实践中有可能产生困惑。在笔者看来,可以采取两个原则予以处理:

(1)强制性法律责任优越于倡导性道德责任的原则

如前所述,有一部分社会责任是以强制性法律规则的形式存在的(例如:环境保护、对经营者、债权人、股东、供应商、消费者等的社会责任),还有一部分社会责任是以纯粹倡导性道德条款的形式存在的(例如:对公共关系和社会公益事业的社会责任以及社会责任制度建设与信息披露)。

一般来说,如果在公司的行为中,这两部分社会责任发生冲突,那么在裁判时要优先考量作为强制性法律责任的社会责任的履行。因为被安排为强制性法律规则的社会责任,通常比作为倡导性条款存在的社会责任具有更大的履行紧迫性。

(2)外部社会责任优先于内部社会责任的原则

根据公司所承担的社会责任针对对象是否为公司内部成员,可将有关社会责任区分为内部社会责任(例如:公司对股东、职工的社会责任)和外部社会责任(例如:公司对经营者、消费者、供应商、社区等的社会责任)。当这两种社会责任的履行发生取舍冲突时,原则上要坚持公司外部社会责任优先于公司内部社会责任得到保护的原则,这一原则主要根据当事人信息能力的差异厘定。因为公司内部主体相对公司外部主体来说,对公司行为具有更强的信息能力,因而有可能具有更强的风险规避能力,公司对其所负担的社会责任在同等条件下要劣后于公司外部主体。

当然,公司外部性社会责任还可区分为公共性社会责任和个别性社会责任,如果这二者之间发生冲突,则适用公共性社会责任优先于个别性社会责任的原则处理。同理,公司内部性社会责任还可以区分为资本性社会责任和劳动性社会责任,如果这二者之间发生冲突,则适用劳动性社会责任优先于资本性社会责任的原则进行处理。

为便于理解公司的各种社会责任目标之间发生冲突时的处理原则,我们同样可以将其表列如下:

表八　公司社会责任目标之间的冲突与位序表

考虑位序	社会责任类型			社会责任内容
1	强制性法律责任	外部社会责任	公共性社会责任	对环境保护与可持续发展的社会责任
			个别性社会责任	对经营者的社会责任
				对债权人的社会责任
				对供应商、客户和消费者的社会责任
		内部社会责任	劳动性社会责任	对职工的社会责任
			资本性社会责任	对股东的社会责任
2	倡导性道德责任			对公共关系和社会公益事业的社会责任
				社会责任制度建设与信息披露

(五)诉讼对推动公司社会责任履行的意义:调查数据

司法对推动公司承当社会责任具有十分重要的意义。因此,公司社会责任的可裁判性变得非常重要。然而,除诉讼以外,还有很多其他因素和力量在推动公司社会责任的履行。关于公司社会责任的调查结果也表明:推动企业社会责任态度积极转变的力量往往是外力——且常通过媒体、政府规定和诉讼等具惩罚意味的形式发生作用。企业应营造一个透明的环境,通过鼓励这些外在势力的参与与合作驾驭和引导舆论及监管环境。同时,企业内部的利益相关者(员工、合伙人、行政人员和股东)对企业社会责任态度的积极转变亦十分重要。值得注意的是,沟通和宣传在企业内部和外部同样重要。调查认为,NGO、激进分子和消费者在推动企业转变观念、积极提高社会责任感方面,作用相对较小。①

表九 影响公司社会责任履行的诸因素构成表

以下因素在促进企业转变观念,提高社会责任感方面的作用如何?	非常重要	一般重要
媒体	42%	43%
员工	19%	60%
政府部门	23%	55%
诉讼	37%	40%
商业合伙伙伴	33%	43%
NGO 和激进组织	23%	48%
公司管理层	27%	40%
客户	21%	46%
股东	23%	43%
准员工	7%	39%

综上,可以重申前文的判断——尽管可裁判性对公司社会责任的履行具有关键的推动作用,但公司社会责任显然并非完全依托裁判来推动。因此,我们不能因为公司社会责任的具体内容欠缺可裁判性就否定在存在的价值。无论如何,公司社会责任,可以成为公司法中的精神条款。

四、结论

我国《公司法》的修订,以成文法律引入公司社会责任概念以来,围绕公司社会责任的理论探讨日渐增多。在司法实践中,也流传着一个十分普遍的困惑——公司社会责任是否可以进入裁判的过程?感性的判断认为,因为公司社会责任在责任对象、责任内容等方面的模糊性,导致其难以进入裁判的过程。本文的研究表明,社会责任的可裁判性是一个较为复杂的问题:

首先,公司社会责任的对象并不完全是模糊的,大部分公司社会责任的对象都是可以明确的,故通过个案诉讼制裁违反社会责任的公司行为,具有

---

① 梁启春:"企业社会责任(CSR)调查",资料来源:http://www.yfzs.gov.cn;访问时间 2007-9-6。

一定的可行性。公司社会责任所对应的诉讼原告并非都是集体化的社区、社群,有时其实是单一的个体,例如:关于违反雇员保护责任的诉讼,原告可能是独立的雇员。因此,所谓公益诉讼并非是适合公司社会责任的最佳诉讼形式。由此,公司社会责任并非都要依托公益诉讼的方式来展开,公益诉讼只是落实公司社会责任的一种补充救济渠道。

其次,基于公司所负社会责任具体内容的不同,其可裁判性的强弱程度也有差别。公司社会责任的具体内容可能通过强制性的法律规则予以具体化,也可能是通过其他法律规则,或者公司自身的社会责任报告予以明确化,因为这些规则的强制性效力本身存在差异,所以公司社会责任的可裁判性,在一定程度上取决于公司所应承担的社会责任的具体内容,或者说取决于发生纠纷的社会责任的具体类型。

再次,最难进入裁判视野的恐怕是那些关涉公司社会责任的纯粹的道德条款。但该类社会责任条款对公司行为仍然具有规范引导的意义,只不过不是通过司法裁判的压力而是通过其他私人力量来执行的。所以,一类社会责任条款通过立法明晰化从而成为具体的法律规则,获得可裁判性;另一类或者说更主要的是仍然保持着其作为公司道德条款的本来面目,依靠私人之间的监控与惩罚机制推行,与强制性司法裁判无涉。

最后,法院在司法过程中,还将遭遇公司营利性目标与社会责任目标之间,以及公司社会责任诸目标之间如何平衡的困难。在中国现阶段,我们仍然必须坚持公司营利性目标优先考量,以及强制性法律责任优越于倡导性道德责任的原则和外部社会责任优先于内部社会责任的原则进行处理。

总之,公司社会责任具有裁判的功能,但裁判也许并非公司社会责任条款的必然或主导功能。2005年我国《公司法》的修改,已使公司社会责任成为"法律家族"的一员,但法律不仅仅是通过法院来执行的,法院诉讼只是构建某些法律秩序的最后一道程序。在这个我们的文化日益"物质化"的社会[1],公司社会责任旨在引导公司的人文竞争方向,作为法律文本中的精神条款、感召条款,公司社会责任的履行并不纯粹是以某种强制性法律责任作为保障的。相反,它往往是以倡导方式、以形成一种理想意识的形式来促成的。

---

[1] 〔美〕诺曼·E.鲍伊:《经济伦理学——康德的观点》,夏镇平译,上海译文出版社2006年版,第178页。

试析我国公司社会责任的司法裁判困境及若干解决思路

罗培新[*]

摘　要　2005年修订后的我国《公司法》第5条第1款规定,公司从事经营活动,必须遵守法律、行政法规,遵守社会公德、商业道德,诚实守信,接受政府和社会公众的监督,承担社会责任。由此看来,尽管理论层面对公司社会责任仍存诸多争议,但公司应当承担社会责任,已获得强行法上的依据。然而,公司社会责任承担之实际绩效,在很大程度上取决于司法救济的有效性。笔者根据对法官的访谈、调查和事理逻辑分析,我国公司社会责任之司法裁判,面临着重重困境。

这些困境,概括说来,主要体现为以下方面:其一,公司社会责任的含义模糊不清,司法认定举步维艰。举例而言,某赌博公司员工对公司设计的种种引诱顾客嗜赌上瘾的产品,深含忧虑,遂多次在顾客前来赌博之时,劝诫其"赌海无边,回头是岸",但最终被公司解聘,原因是其言行违背了公司的盈利宗旨。相关事件在游戏软件公司中亦有体现。某公司软件工程师不忍设计引诱青少年游戏上瘾的软件而遭解职。在这些事件中,公司的行为是否背离了商业道德?被解职员工能否以其行为系为公司善尽"社会责任"为由而诉诸法院?在公司社会责任

---

[*] 罗培新,华东政法大学教授。

的界定不清晰的情况下,要求法官运用个人智识和经验作出司法裁判,无疑要求过苛。其二,我国法院司法负担过于繁重。在我国从管制经济、计划经济向市场经济全面转轨的过程中,政府承担的诸多职能,都下放给公司和社会中介机构,这样就形成了公司自治空间的极大拓展。与此同时,立法把此类变革可能带来的诸多问题,委诸司法裁判,无论是规制公司设立的《公司法》,还是调整企业退出的《破产法》,都给法院施加了沉重的裁判压力。在常规工作应接不暇的情况下,法官创造性司法的热情被极大地抑制,他们的理性选择是,努力逃避不确定的规则所带来的司法负担。其三,从中国法官的选任程序看,大多数法官缺乏商业经验和素养,而且,判例法习惯的缺乏,使他们无法对涉及诸如商业判断原则、公司社会责任等弹性极强的案件作出裁断。其逻辑的后果是,由于缺乏足够的智识支撑,法官的中立地位面临更大的影响,政府极易借"公司应承担社会责任"而行乱摊派之实。

鉴此,为提高公司社会责任的司法裁判之绩效,可以考虑的方面包括:其一,由商务部等部委出面,组织各行会或商会组织根据本行业特色,颁布《公司社会责任规范指引》,以利法官在裁判具体案件时妥为考量;其二,由最高法院公布一批事涉公司社会责任的典型案例,以为下级法院提供事理逻辑支撑;其三,公司法学界应当形成关于公司社会责任的、相对明晰的规则框架。

一、问题的提出

从农民工待遇过低导致广东、江浙等地的"民工荒",到麦当劳小时工薪酬畸低引发网络上对黑心跨国公司的口诛笔伐;从松花江重大环境污染事件,再到频频发生的各种食品安全和特大矿难事故,我国公司的社会责任问题以前所未有的深度和规模凸显出来。鉴此,中国企业改革与发展研究会和国有资产监督管理委员会于 2005 年 12 月在北京联合主办"中国企业社会责任联盟成立大会暨 2005 年中国企业社会责任论坛",对我国第一部综合性的《中国企业社会责任标准草案》进行了研讨,并发表了《中国企业社会责任北京宣言》。

公司社会责任问题,在国际层面同样引起了极大的关注。国际标准化组织(ISO)作为全球最具权威的非官方标准化组织,已于 2002 年专门成立公司社会责任顾问组。该顾问组于2004年4月就统一的社会责任国际标准完成了可行性研究,提交了一份长达90页的《社会责任工作报告》,向全球征求意见。2004年9月,该组织正式成立了一个工作组负责起草社会责任的国际标准。取名为ISO26000的该标准,将于2008年完成并供有关企业和其他机构自愿使用,这势必将对今后全球企业社会责任运动产生重要影响。

然而,由非政府组织或企业界联合会发布的"宣言"、"标准"和"守则",毕竟是不具法律约束力的软法。公司社会责任的推行,在很大程度上仍然有赖于各国法律的强行性规定。鉴于此,2005年修订后的我国《公司法》第5条第1款规定,公司从事经营活动,必须遵守法律、行政法规,遵守社会公德、商业道德,诚实守信,接受政府和社会公众的监督,承担社会责任。

由此看来,尽管理论层面对公司社会责任仍存诸多争议,但公司应当承担社会责任,已在我国获得强行法上的依据。然而,公司社会责任承担之实际绩效,在很大程度上取决于司法救济的有效性。笔者根据对法官的访谈、调查和事理逻辑分析,我国公司社会责任之司法裁判,面临着重重困境。

二、我国"公司社会责任"的司法裁判困境

在可以预见的将来,我国法官在裁断"公司社会责任"案件时,将不可避免地面临以下裁判困境:

其一,公司社会责任的含义模糊不清,司法认定举步维艰。举例而言,某赌博公司员工对公司设计的种种引诱顾客嗜赌上瘾的产品,深含忧虑,遂多次在顾客前来赌博之时,劝诫其"赌海无边,回头是岸",但最终被公司解聘,原因是其言行违背了公司的盈利宗旨。相关事件在游戏软件公司中亦有体现,某公司软件工程师不忍设计引诱青少年游戏上瘾的软件而遭解职。在这些事件中,公司的行为是否背离了商业道德?被解职员工能否以其行为系为公司善尽"社会责任"为由而诉诸法院?这涉及"公司社会责任"的司法解读问题。

从历史上看,"公司社会责任"一词向来缺乏清晰的界定,对它的批评也从未停止过。鲁瑟福特·施密斯(R Rutherford Smith)认为:"公司社会责任的含义模糊不清,它只不过是一种宣传工具而已。这个概念从来没能准确

规定公司的行为标准,它只不过是公司、政府和消费者团体互相斗争的工具"。① 美国著名法学家佛里德曼也对"公司社会责任"的引入深怀忧虑,他说:"没有什么趋势能像公司的经营者接受社会责任、而非尽最大可能为股东们赚钱那样,能够从根本上破坏我们自由社会所赖以存在的基础",他甚至直言"公司社会责任就是为股东们赚钱"②。"公司社会责任的理论被许多人用于许多目的。政治家们把它视为争夺公司公共控制权的有力工具,而商人们则可为那些本不受欢迎的慈善和利他主义的行为寻求合理的根据"。③

时至今日,"公司社会责任"仍然缺乏一个被普遍接受的定义。而有意思的是,正如斯通(stone)所言,"公司社会责任的含义固然模糊不清,但恰恰由于该词模糊不清而获得了社会各界的广泛支持"。有人认为,社会责任意味着公司要有社会良心;有人将公司社会责任与慈善捐赠画上等号,另有人则把环境保护、雇员福利等与公司社会责任联系起来。

尽管众说纷纭,但在理论层面仍然存在一种"利害关系人"(Stakeholders)理论,该理论对"公司社会责任"构成了强有力的支撑。据考证,"利害关系人"一词,最早源于1963年斯坦福研究所的一份备忘录,系指"那些没有其支持,组织便不复存在的各种集团"。④ 而法院对这种思想的运用,其雏形则可见于1982年的一起美国法院判决。美国钢铁公司(US Steel)在1982年要关闭它在某小城的两家工厂,工厂所在地的居民群起反对。美国钢铁公司股东认为自己是工厂的主人,完全有权单独做主。而工人和居民的代理律师则提出:尽管夫妻双方的婚前财产并不相同,但夫妻离婚时,双方原则上应平分夫妻的所有财产。其原因在于,长期的婚姻关系赋予双方同等的财产权利。同理,美国钢铁公司与其工人和居民之间也形成了长期关系,工人和居民也应有一份财产权利。因此,美国钢铁公司不应以"绝对财产权"为由擅自关闭两个工厂。⑤

---

① R Rutherford Smith, "Social Responsibility: A Term We Can Do Without", *Business and Society Review*(1988), p.31.

② Milton Friedman, The Social Responsibility of Business is to Increase its Profits, in T. Beauchamp and N. Bowie, *Ethical Theory and Business*, Englewood Cliffs, NJ(1988).

③ Henry G. Manne, The Social Responsibility of Regulated Utilities, *Wisconsin Law Review* 4 (1972).

④ Freeman & redd, Stockholders and stakeholders: A New Perspective on Corporate Governance", 25 *California Management Review*(1983).

⑤ 转引自崔之元:《经济民主的两层含义》,载《中国与世界》1997年第4期。

"利害关系人"理论不仅为美国一些州出台非股东利害关系人立法提供了正当性,也为法院判例考虑公司社会责任提供了理论上的支持。但由于美国公司法属州法,联邦层面并无统一的公司法,各州公司法关于公司社会责任的态度并不一致,大多数州只是授权公司在章程中规定,要求董事作出决议时考虑公司的社会责任。

而值得注意的是,于2006年修订、2008年实施的英国《公司法》第172条第1款规定:"公司董事必须以一种其善意地相信为了其全体成员的利益而促进公司成功的方式行事,并且在如此行事时,已经考虑了:(1)任何决策从长远来看可能的后果;(2)公司雇员的利益;(3)培植与供应商、顾客及其他方的商业关系的必要性;(4)公司的运作对社区及环境的影响;(4)通过高标准的商业行为来维持声誉的愿望;(5)在公司成员之间公平行事的必要。"该条第2款规定,当公司的目的条款包含或者在一定程度上包含了追求其成员之外的利益的条款时,第1款即应当在以下意义上产生效力:为了公司全体成员利益而促进公司成功,也就是等同于实现第1款所列的目的。另外,值得注意的是,英国《公司法》第31条"公司目的"条款第1项规定,除非公司章程对公司的目的作出特别限制,公司的目的将不受任何限制。

由此看来,即便是今天,在成文法趋势大大强化[①]的英国《公司法》中,也只是规定公司高管在作出决策时,应以公司成员的最佳利益行事。而何为"最佳利益",公司法只是规定,高管在以一种其善意地相信为了其全体成员利益而促进公司成功的方式行事时,考虑到了雇员、供应商、顾客、社会及环境利益。当然,如果公司章程的目的条款,包含了追求公司成员之外的利益,则公司高管对公司成员之外的利益的追求,也被认为是追寻公司成功的一部分。因而,就法律规定本身而言,很难认为强行法要求公司必须承担社会责任,这主要是公司自己选择的结果。

因而,在全世界立法均未对公司社会责任作出明确界定的情况下,要求我国的法官运用个人智识和经验作出司法裁判,无疑要求过苛。

其二,我国法院司法负担过于繁重,对于不确定的规则缺乏解释的热情。在我国从管制经济、计划经济向市场经济转轨的过程中,在《行政许可法》全面实施的背景下,中国的资源逐渐从政府的手中,移转至企业手里,政

---

① 新修订后的《中华人民共和国公司法》共219条,而英国修订后的"Companies Act (2006)"却有1300条之多。

府承担的诸多职能,都下放给公司和市场自身,公司自治空间因而得以极大地拓展。与此同时,立法把政府管制放松、公司自治增强之后可能带来的诸多问题委诸司法裁判。无论是规范公司设立的公司法,还是调整企业退出的破产法,这一点都体现得极为明显。"法院"一词在原《公司法》中出现9处,而在新公司法中则出现了23次(参见图一)。

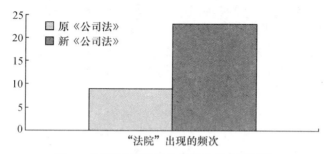

图一 "法院"在新旧公司法中的出现频次

在我国新《公司法》框架下,股东大会、董事会决议的撤销请求权(新《公司法》第22条)、股东的查阅权(新《公司法》第34条),以及异议股东股份回购请求权(新《公司法》第75条)和公司的司法解散请求权(新《公司法》第183条)中,都活跃着法院的身影。有过之而无不及的是,我国新《破产法》对法院更为倚重。在原《破产法》中,"法院"一词出现31处,而新《破产法》中则出现了159处。从破产案件的受理,破产管理人的指定,破产管理人的任职资格、职责、权利、报酬、辞职等事项,法院几乎无所不在(参见图二)。

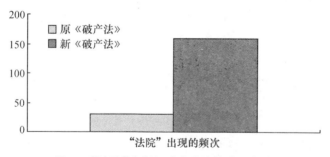

图二 "法院"在新旧破产法中的出现频次

在常规工作应接不暇的情况下,法官创造性司法的热情被极大地抑制,他们的理性选择是,努力逃避不确定的规则所带来的司法负担。

举例而言,我国新《公司法》第148条规定,董事、监事、高级管理人员应当遵守法律、行政法规和公司章程,对公司负有忠实义务和勤勉义务。勤勉义务又称为注意义务,通常是指要求董事及其他高管在运营公司过程中,具有"通常注意能力的人在相同的地位和情况下所应达到的注意程度",因此,"合理的、谨慎的人的"行为标准即是董事能够而且应该达到的标准。

然而,判断董事和高管在做出一项商业决策时,是否善尽勤勉义务,却远非易事。公司的一项商业决策,如果有可能赢得相当的利润,一般而言,它所面临的变数也相当大。银行利率、消费者的消费偏好、法律法规的调整等都构成了许多极难预期的变数。在理论上,如果对此种种情形及其相应的结果都详为研究,而且假定商业环境保持不变(这完全不可能),的确可能作出一项明智的决策。但商业无定数,在通常的情况下,高管总是现在行动、以后总结。如果停下来细为研究,再行决策,其结果常常是商业机会稍纵即逝。只有以事后的眼光来考察,我们才可能发现,哪种商业决定富有成效,哪种则是失败的选择。但是,正如曼尼教授所言,"经营者不像法官,有能力同时也愿意就特定的案件争论不休,以求得'正确的答案';经营者不像学者那样一丝不苟地去追求真理,也不像科学家在高度专业化的领域中精益求精地探求更为完善的方法"。① 也正是在这个意义上,法官"事后诸葛亮"式的聪明往往招致一些善意的嘲笑。

如果在作出一项商业决定之前,权衡利弊本身存在巨大的成本,那么事后由法院来判断这项决定是否明智,也往往代价高昂。因为经营失败本身并不必然表明当时的商业决定并不明智,何况法院往往也缺乏足够的信息去作出这项决定。伯利和明斯甚至干脆断言:"就本质而言,在经营管理公司方面,法院并不擅长,所以法院不愿、也不敢介入公司商业运作事务中。"② 这也使得法院依据信义原则裁判案件,远远比依据明确的合同条款来裁判要费力得多,而且法官在裁判这些案件时,明显缺乏有效的办法。同法官的访谈,也证实了这一点。法院不愿运用"勤勉义务"的规定来裁决案件,在我国新《公司法》颁布之后,上海市的法官还未曾运用这一条款裁决过一个案件,他们倾向于运用合同法和侵权法的明文规定来裁决案件。③

---

① Manning, The Business Judgment Rule and The Directors' Duty of Attention, *39 Bus. Law*, 1984.

② Adolf A. Berle & Gardiner C. Means, *The Modern Corporation and Private Property*, New York: Macmillan, 1933, p.336.

③ 密歇根大学 howson 教授于 2007 年 5 月 20 日到华东政法大学,与上海法院的数位法官座谈。法官表示,目前上海地区的法院还没有运用公司法关于"勤勉义务"的规定来裁判案件的先例。

同样地,由于公司社会责任这一概念弹性极强,法官缺乏足够的动力来加以阐释运用。一种可能的结果是,"公司社会责任"这一条款,在法官的视界中沦为具文。

其三,中国法官的商业裁判素养缺乏。从中国法官的选任程序看,大多数法官缺乏商业经验和素养,而且,判例法习惯的缺乏,使他们无法对涉及诸如商业判断原则、公司社会责任等弹性极强的案件作出裁断。

仍以前述提及的高管"勤勉义务"为例。在公司中,由于高管们都是团队作业,他们的决定受到了公司之外许多因素的影响。为了正确评估高管的决定,法院必须对高管投入的精力和智识予以合理的考量,进而形成相应的证据,其成本之高、运作之艰辛无疑令人望而却步。所以,法院和其他外部人一样,在考量高管的心智投入时面临着相当多的问题。这一困境被法官们自身的偏见大大强化,这种法官的选择性偏见,甚至构成了相当多的错误之源。

在英美国,董事的注意义务(或称勤勉义务)呈现出相当的个性化标准,因为董事的知识、经验、判断能力都各不相同,通过制定法一体规定什么情况下违反了注意义务,颇不现实。因而,由于市场竞争变化莫测及长期的意思自治传统,美国法官宁愿把问题交给公司自行决定,而不愿干预其具体决策,因而在司法实践过程中逐渐形成了一项董事注意义务的判例法规则——经营判断准则(Business Judgment Rule)。即如果董事和高管在作出商业判断时,在他的知识和能力范围内,尽了最大的努力,即便公司商业决策失误,高管也可免予责任承担。这种"不以成败论英雄"的判断原则,正是出于妥当尊重商业和司法边界的合理考量。

但令人担忧的情形是,我国的法官绝大多数缺乏从商经验。如果说,律师在某种意义上也是商人,但我国通常可见的情形是,许多法官下海做了律师,而律师功成名就之后谋取法官职位的则极为鲜见。由于商业经历匮乏,我国的法官绝大多数难以理解商人作出商业决定时的具体情势,因而让法官对高管在具体情势中是否尽到了勤勉义务,的确有些勉为其难。

类似的分析可以适用于法官对公司社会责任运用的分析中。应当说,我国《公司法》中关于"公司社会责任"(如果这些规定可以认定为是公司"社会责任"规定的话)的具体规定,法官相对容易把握。如新《公司法》第52条第2款、第71条和第118条要求监事会应当包括股东代表和适当比例的公司职工代表,其中职工代表的比例不得低于1/3,又如新《公司法》第45

条第 2 款和第 68 条要求两个以上的国有企业或者两个以上的其他国有投资主体投资设立的有限责任公司以及国有独资公司的董事会成员中应当有公司职工代表等,法官相对容易把握,但对于新《公司法》第 5 条"公司必须遵守商业道德……承担社会责任"这种笼统的规定,却势难期待法官可以妥当地运用于具体案件之中。法官很难判断,游戏软件公司的程序员在设置软件时、赌博公司的员工在为客户提供服务时,应如何考虑社会责任。

三、我国公司社会责任司法裁判困境的若干破解思路

法官对公司社会责任的理解与应用,是公司社会责任最终取得实效的重要保证。因而,尽管面临重重困境,提供有助于实现公司社会责任司法裁判绩效的制度安排,仍是事所必须。鉴此,可以考虑的方面包括:

其一,搭建更具说服力的理论框架,避免公司社会责任沦为"企业办社会"、"政府摊派企业"之正当性基础。

公司社会责任现在是、在可以预见的将来仍将是一个令人捉摸不透的概念。有学者认为,以其与公司所从事的经营活动之间的关系为准,公司社会责任可以分为相关的社会责任与不相关的社会责任。[①] 英国学者帕金森将后者称为"社会活动主义",是指超出公司经营活动的范围,纯粹为解决某一方面的社会问题、增进那些与公司经营活动没有直接利害关系的社会集团的福利而实施的行为。[②] 在这种理论框架内,向"希望工程"和灾区人民捐款、捐款助学、捐资助残等,都属于公司社会责任之范畴。果如此,则我国长期以来屡治不愈的"乱摊派"、"企业办社会"等顽症,都可能重新找回正当性基础。

由于企业长期的国有产权体制,我国政府向企业摊派、企业办社会素有传统。如企业承担社会保障职能、办幼儿园和医院,甚至是澡堂和理发室也由企业一体承担。企业办社会的直接效果是,每个企业就是一个小社会,企业为职工提供"从摇篮到坟墓"的一揽子社会福利。另外,在计划经济向市

---

① 刘俊海:《强化公司社会责任的法理思考与立法建议》,载中国民商法网(www.civillaw.com.cn),2007 年 8 月 12 日访问。

② J. E. Parkinson, *Corporate Power and Responsibility*: *Issues in the Theory of Company Law*, Oxford University Press, First Edition (London, 1993), p. 267.

场经济转型的过程中,政府以市政基础建设、赈灾济贫等为名,向企业摊派经费的情形屡有发生,实践证明,这是一种缺乏效率的制度安排。因而,国务院等曾多次发布规则,严令禁止乱摊派。[①] 近十几年来,我国市场经济取向的改革,使得摊派行为有所收敛。

而在公司社会责任写入法条的情况下,相关方是否会携此鸡毛当令箭,为"企业办社会"、"政府摊派企业"寻找正当性基础?摊派行为是否会因此卷土重来?举例而言,云南丽江发生地震,上海某企业捐资100万元用于赈灾,未完成政府下达的300万元指标,是否会因"未尽社会责任"而成为被告?凡此种种,在很大程度上取决于在理论层面对"公司社会责任"是否存在更具有解说力的框架。

从国外立法例[②]及判例来看,支持公司管理层考虑公司社会责任的理由,主要是这些行为有利于公司的长远利益,或者与股东的利益相关。而是否有利于公司的长远利益,则有赖于公司董事和高管的商业判断,如1968年美国伊利诺上诉法院在希伦斯基诉力格力一案的判决,即为典型代表。在该案中,虽然原告有充分的证据表明被告更加关心股东之外的第三人即公司邻居们的利益,但法院并未要求被告就其决定作出解释。相反,法院推定被告的决定符合公司的最大利益,并进而指出,"对周围邻居的影响可以被董事们予以很好的考虑",企业的"长远利益"要求保护相邻人的利益。[③] 另有一些判例表明:美国法院在这一领域大多采取了一种实用主义的态度,换言之,对于有利于股东之外第三人利益的行为,是否可以对抗股东的异议,均要以该行为是否有利于维护股东的利益特别是长远利益为考量。例如,特拉华州法院在一系列判决中反复阐明的基本立场便是,对非股东集团的考虑或对其提供的利益必须与股东的利益存在相当合理的联系。

而这里所谓的"相当合理的联系",究竟应当如何考量?这在根本上是否属于董事会之商业判断范畴?是否以及如何设置股东的异议程序?这都是需要进一步考量的重大问题。就我国而言,在判断公司社会责任的时候,

---

[①] 1982年,国务院颁发了《关于解决企业社会负担过重问题的若干规定》,1983年国务院、中纪委联合发出了《关于坚决制止乱涨生产资料价格和向建设单位乱摊派费用的紧急通知》,中共中央办公厅、国务院办公厅根据中央书记处和国务院的指示发出了《关于坚决制止以"集资"为名向企业事业单位和个人乱摊派的通知》(中办发〔1983〕59号)。国务院于1986年4月23日发布了《国务院关于坚决制止向企业乱摊派的通知》,于1988年发布了《禁止向企业摊派条例》。

[②] 如前文提及的于2008年实施的英国《公司法》第172条第1款的规定。

[③] 237 N.E.2d 776(Ill. Appct. 1968).

首先应当将国务院明令禁止的"摊派行为"排除在外。而舍此之外,搭建更具有说明力的理论框架,无疑极为紧迫。

其二,由商务部等部委出面,组织各行会或商会组织根据本行业实际情况,颁布《公司社会责任规范指引》,以利法官在裁判具体案件时妥为考量。

值得注意的是,一些报刊杂志组织了"最具责任感企业"等"企业社会责任"的评选。如发布了中国首个企业社会责任指数,它包括企业社会责任传播指数、企业社会责任公众关注指数及企业社会责任专家评价指数三大指数。对照所在行业的社会责任趋势,把该企业在网络搜索、公众投票、问卷调查、企业申报、数据统计、专家评议形成的数据分别纳入企业社会责任三大指数,整体得分高者成为该行业 2006 "最具责任感企业"。① 当然,这种指数的设计和评判过程,或许都带有媒体传播的色彩,其稳定性与均衡性都存在一定的问题,但其对各行业协会制作《公司社会责任规范指引》仍然具有一定的价值。

例如,富士康科技集团公司诉《第一财经日报》名誉侵权纠纷案,即可成为公司履行宽忍媒体批评之社会责任的样本。

2006 年 6 月 15 日,《第一财经日报》在 C5 版头条发表了《富士康员工:机器罚你站 12 小时》一文,成为大陆地区率先报道富士康科技集团公司(下称"富士康")普遍存在员工超时加班现象的媒体。富士康则以名誉侵权纠纷为由,向《第一财经日报》的两名记者提出总额人民币 3000 万元索赔,并已要求相关法院查封、冻结了两名记者的个人财产。令人匪夷所思的是,深圳市中级人民法院居然于 2006 年 7 月 10 日向《第一财经日报》的新闻工作者王佑和翁宝分别发出(2006)深中法民一初字第 23 号和(2006)深中法民一初字第 24 号的民事裁定书。民事裁定书裁定"冻结被告王佑银行存款、股权,查封、扣押被告其他可供执行的财产(以上查封、冻结以 2000 万元人民币为限)","冻结被告翁宝银行存款、股权,查封、扣押被告其他可供执行的财产(以上查封、冻结以 1000 万元人民币为限)"。

此案虽然最终以原告撤诉而终结,但其暴露出了一个巨大的问题:企业缺乏对媒体批评的足够宽忍。媒体的权利来源于新闻自由这一政治权,故媒体的新闻报道权可归于私权利上的公权利。企业则享有《民法通则》框架之下的名誉权。在处理媒体新闻报道权与企业名誉权之冲突时,一个至为

---

① http://www.csrforum.com.cn/newsinfo.aspx? id=68,2007 年 9 月 2 日访问。

重要的问题是,企业是否或者应在多大程度上对媒体的疏忽和错漏保持宽容?现在的企业似乎对媒体的批评普遍过敏,反应过于激烈。一个周知的事实是,即便是刑事案件,经过公安机关侦查、检察院起诉、法院审理等层层关卡,都难免出错,新闻工作者在采编新闻时单枪匹马,偏颇之处当然更加难以避免。故而,最高法院的态度是,在处理新闻侵权案件时基本事实正确的即不应认定为侵权。鉴于此,企业在履行社会责任时,一个值得记取的事项是:媒体监督的目的不是树立所谓"舆论公敌",而是旨在推动实际问题的解决,倡扬并精心呵护积极、理性、成熟的媒体监督环境。故而,在一种广泛的意义上,富士康事件可以为所有企业提供履行宽待媒体批评之社会责任的镜鉴。

其三,最高法院在《中国审判案例要览》中发布一批事涉公司社会责任的典型案例,以为下级法院提供事理逻辑支撑。由于公司社会责任的内涵极其宽泛,各级地方法院的法官对此的理解殊有差异。最高法院可通过在《中国审判案例要览》中发布关于公司社会责任的典型案例。

例如,法院还可以通过发送司法建议书的方式,来敦促公司履行社会责任。此外还可考虑将其作为典型案例,供各级法院参考。

2006年6月,南京市六合区法院收到了南京中燃城市燃气发展有限公司的书面反馈函,函中通报了对该院司法建议的落实情况,并对法院督促其履行社会责任的做法表示欢迎和感谢。其主要情形是:2006年4月,六合法院受理了一起特殊的财产损害赔偿纠纷案:某小区二楼住户一夜间有九家财物被盗,在寻求权利救助的过程中,九户失主一致认为,窃贼之所以能够翻窗入室,是中燃公司依居民楼外墙壁距二楼窗户一米处架设的天然气管道为其提供了"着力点",在要求赔偿交涉未果的情况下,九户失主将中燃公司告上了法庭。承办法官在深入研究案情后发现,尽管本案中九户居民家财物被窃与中燃公司安装天然气管道的行为不存在直接的因果关系,但依墙架设的天然气管道确实存在着防盗安全隐患。案件审结后,六合法院向中燃公司提出司法建议,希望该公司认真履行企业社会责任,及时在相关小区的天燃气管道上安装防盗设施,避免类似纠纷再次发生。中燃公司收到司法建议后高度重视,及时责成工程安装部门前往各小区勘察详情,制定安装计划,订购防盗设备,在6月初全部完成了该小区二楼防盗设施的安装工作。①

故而,应转变法院对公司社会责任的单一事后裁判功能,增加"司法建议书"、支持媒体对公司履行社会责任的监督等多元化渠道,来实现公司的社会责任。正如美国前总统克林顿的劳工秘书瑞奇(Robert Reich)建议的,可以考虑对那些行为表现良好的公司予以税收优惠待遇。法院作出相应裁决之后,也可考虑向相关税务部门提出类似的建议。

---

① 具体的报导和分析,请参见 http://njlh.gov.cn/d.asp? l = 010&id = 7862。2007 年 9 月 12 日访问。

制度构建

浅谈中国企业社会责任

沈四宝　程华儿[*]

摘　要　企业社会责任意识的产生以及企业社会责任的承担需要一定的物质基础,是由社会发展阶段决定的,不同的发展阶段以及物质基础上的企业社会责任也是不一样的。当前我国的企业社会责任问题是由我国当前社会发展阶段决定的中国特色的复杂的全局性社会责任,需要企业、政府和社会的共同努力。本文首先从企业社会责任的概念说起,分析了当前我国企业社会责任缺失的具体原因,认为这不仅与我国长期处于计划经济,社会责任问题缺乏研究基础有关,也和很多企业片面重视自身经济效益,尚未重视社会责任以及缺乏整体社会舆论环境有关。笔者针对这些问题,从政府、企业、社会以及行业协会和利益集团这几个方面提出建议。

一、"企业社会责任"概念的由来与发展

"企业社会责任"(Corporate Social Responsibility,以下简称 CSR)最早由美国学者谢尔顿(Oliver Sheldon)于1924年提出。资本主义进入垄断阶段以后,企业规模的不断扩大引发了日益严重的社会问题,使人们开始思

---

[*] 沈四宝,中国法学会国际经济法学研究会会长,对外经济贸易大学法学院院长、教授、博士生导师;程华儿,对外经济贸易大学法学院博士研究生。

考企业与社会的关系,从而萌发了社会责任的观念,即企业除了为股东牟求利润外是否还应该为其所产生的社会问题承担责任。

从企业社会责任的发展历史看,它主要经历了两个阶段:第一阶段,通常可以被认为是旧理念的企业社会责任阶段;第二阶段,则通常被认为是新理念的企业社会责任阶段。

旧理念的企业社会责任理论认为,企业要依照所有者或股东的期望管理公司事务,在遵守社会基本规则,即法律和道德规范的前提下创造尽可能多的利润(Milton Friedman,1962)。弗里德曼认为,公司经理是股东的代理人,因此公司经理的决策应代表股东的利益,对社会只负有"有效地生产产品和服务"的经济责任,而关注社会问题不是公司的责任,而是政府和非营利组织的责任。这种旧理念一直持续到20世纪中期,现在还有不少学者及企业家持此观点。[①]但是,第二次世界大战后伴随着经济的持续发展,企业所带来的社会问题如环境不断恶化、劳资冲突等日趋凸显,这种旧理念的企业社会责任已经越来越不符合形势及社会的发展,于是,出现了企业社会责任新理念的说法。

企业社会责任发展到第二个阶段的显著标志就是其有了一个日趋明确的概念,其代表认为就是卡罗尔(Carroll Archie B.)他对企业社会责任的贡献有二:一是第一次给企业社会责任下了一个较为完整的定义;二是在此基础上提出了企业社会责任的金字塔模型。卡罗尔在1979年指出,企业社会责任应该包括四个层次的内容:第一层次,经济责任,即企业要确保股东的利益,追求利润最大化。要为员工提供好的工作,生产出让顾客满意的产品。第二层次法律责任,即企业的生产经营活动要符合法律规定和市场游戏规则,在追求利润最大化的同时要遵纪守法。第三层次,伦理道德责任,即企业要遵守商业道德,公平、公正竞争,避免恶性竞争。第四层次,慈善责任,即企业要为社会、教育、娱乐和文化活动等做一些慈善性工作,为慈善事业捐财捐物,用企业的财富造福社会,做一个好的企业公民。一个具有社会责任的企业应该从第一层次到第四层次依次努力获得利润,遵守法律,遵守

---

① 如,最近,张维迎认为:"对企业家来说,他们的真正责任,是在诚信守信的基础上,通过为客户创造价值、赚取利润,同时给更多的人创造就业机会,给国家上缴更多的税收。"(张维迎:"正确解读利润与企业社会责任",2007年4月14日在"第十四届中国企业家成长与发展调查结果发布暨企业社会责任研讨会"的演讲)

伦理道德,做一个好的企业公民。① 1991年卡罗尔又明确提出了企业社会责任的金字塔模型,这一模型是四层次理论的进一步发展,在金字塔模型中依次从下往上包括企业的经济责任、法律责任、伦理、道德责任以及慈善责任,而且他认为要做一个企业公民,就要承担慈善责任,但慈善责任不如前三种责任重要。卡罗尔(1998)后来又将企业法人的概念与企业社会责任的概念紧密联系起来,认为一个好的企业法人也应该包括四个方面的责任:经济责任,法律责任,伦理、道德责任和慈善责任。②

在20世纪后期,企业社会责任新理念得到了进一步推动,开始出现了"企业公民"、"相关利益人"、"慈善投资"等一系列新理念、新思路、新方法,新理念要求企业的行为要合乎法人道德,公司不仅对股东,还要对雇员、社区、政府负责,要尽到一个法人公民的社会责任等。

尽管后来各国学者也提出很多企业社会责任的定义,但基本上都是基于卡罗尔的定义而成,共同倾向于认为企业的社会责任主要包括经济责任、法律责任、伦理或道德责任和慈善责任这四个方面的内容。

到了20世纪90年代,一方面,国际上出现了声势浩大的CSR运动浪潮,形成国际联合推动CSR的格局,如1999年1月,联合国提出"全球契约",要求跨国公司和私营企业在各自的影响范围内遵守、支持以及实施一套在人权、劳工标准及环境方面的十项基本原则③;另一方面,许多知名跨国公司的社会责任自觉意识增强,纷纷制定自己内部的社会责任守则,加之很多行业性、地区性、全国性以及国际性的行业组织和非政府组织也制定了各不相同的"外部"社会责任守则(多达400种)。为了消除名目繁多且交叉重复的社会责任守则给公司、消费者和工厂造成的困惑,SAI(Social Accountability International)制定并发布了全球第一个"社会责任国际标准"——SA8000。④

---

① Carroll Archie B., "A Three-Dimensional Model of Corporate Performance", *Academy of Management Review*, 1979.
② Carroll Archie B., "Corporate Social Responsibility: Evolution of a Definition Construct", *Business and Society*, 1999.
③ 参见陈英:"全球契约在中国落地的重要标志",载《WTO经济导刊》2007年第5期。
④ 这是全球第一个有关道德规范的国际标准,其宗旨是确保生产商及供应商所提供的产品均符合社会责任的要求。它要求企业在赚取利润的同时,对社会,尤其是利益相关者(stakeholder)也要负责任。SA8000主要包括禁止雇用童工、保障员工的工作安全、遵守适用法律及行业标准有关工作时间的规定等九项内容。有关专家表示,SA8000是继ISO9000、ISO14000之后出现的又一个重要的国际性认证标准。

二、企业社会责任在中国的现状及其原因以及研究的必要性

(一) 现状:当前中国企业社会责任缺失的现象还非常严重

目前我国企业社会责任普遍存在缺失现象,许多企业对社会责任觉悟不高,很多企业的行为还是为了追求利润的最大化,只要能营利,其他的都可以不顾。不少企业尤其是中小企业包括一些三资企业千方百计地压低在环境保护、资源保护、职工劳动权益、安全保护等方面的投入甚至全然不出,国家关于社会责任的宣传力度与法制建设严重不足,更不用说企业自发的社会责任。

如引入卡罗尔社会的定义,我们不难发现,中国承担的社会责仅停留在第一层次和第二层次,即经济责任和法律责任上,有的企业甚至无视国家法律法规,片面追求利益最大化,破坏环境,损害劳动者合法权益,甚至偷逃税收。例如,自 2003 年以来在我国安徽、山东、重庆、山西相继发生的劣质奶粉伤害儿童生命事件,数年来屡屡发生的矿难事故等。① 相当多的企业认为,企业只要遵守法纪,就等于履行了企业社会责任,因此,相当多的企业并没有注意到第三层次和第四层次的企业社会责任,即伦理道德责任和慈善责任。因此,这些企业也没有尽到应有的社会义务。

2005 年 6 月,"三资企业工人薪酬福利状况"课题组在珠三角和长三角各选了一个城市,就以三资企业为主的劳动密集型企业薪酬福利和劳动关系状况进行了大规模调研,共调查了 85 家企业以及和企业相对应的 814 个工人。报告指出,我国劳动密集型三资企业工人的薪酬福利长期处于一个较低的水平、权益得不到保障的问题仍然突出。从工资水平来看,A 市和 B 市受调查三资企业工人 2003 年的月平均工资(包括加班工资、奖金、补贴等)分别大幅低于两地所有三资企业 2003 年度的月平均工资。尤其是玩具、纺织、服装等技术含量较低行业的工人平均月工资仅在 600—700 元左右,即使高负荷地加班,一般也不会超过 1000 元;跟受调查的内资企业相比,三资企业工资略高或持平。但由于三资企业工人的周工作时数要比内资企业多(前者为 47.94 小时,后者为 45.22 小时,根据调查数据大致估算,

---

① 国家安监局统计表明,2006 年,全国共发生各类安全生产事故 627158 起,死亡 112822 人。

低估的可能性较大),经换算后两者的小时工资率几乎没有差别,甚至还低。在签订合同、工资支付、工作时间长度、社会保险缴纳、工会组织建设方面,很多三资企业都没有达到法律法规要求。在劳动合同签订方面,有不少企业并不与工人签订劳动合同或者以劳动协议替代,还有非法要求工人在进厂时交押金的现象;在工资支付方面,仍然存在克扣工资的现象,也有每月只发少量生活费,到年底再支付大部分工资的情况;在工作时间长度方面,虽然平均工作时间并没有超长很多,但调查显示,调查前一周有13.6%的三资企业工人工作了7天,没有休息日;周工作时间超出法定上限(54小时)的工人比例也占到了27.0%;社会保险、工会组织建设方面存在的问题上文已经指出。①

(二) 企业社会责任缺失的原因分析

首先,中国长期处于计划经济时期,企业社会责任问题难有研究基础。长期以来,我国理论界对 CSR 少有研究,这缘于计划经济时期,企业作为单纯执行国家计划的工具,其存在只是服从于社会主义生产目的——满足人们日益增长的物质和文化生活需要——形成了典型的"企业办社会"和"企业就是社会"的现象。结果,在我国极少产生西方社会那样因企业在追求经济效益过程中所引发的许多社会问题,以及随之引发的形式多样的 CSR 运动,因为这样的企业无法给 CSR 研究提供所需要的客观条件。

其次,企业在改革开放引起的市场经济建设中尚未重视企业社会责任问题。在国内,由于历史的原因,1993年才开始推行市场经济体制,在此之后才出现真正意义上的企业。过去二十年,我们企业想得最多的是如何做好产品,搞活经营,让企业生存下来,至于其他方面包括企业社会责任没有很多的精力去关注,很多企业也没有足够的能力去曾担高出法律规定的社会责任,很多企业还想从违法中受益。②

再次,政府尚未制定出通过国家强制力有效遏制企业侵犯社会利益行为的整体机制。政府(主要是地方政府)和企业是事实上的利益共同体。一方面,政府面临的中心任务是发展经济,发展经济的微观载体是企业,要发

---

① "三资企业工人薪酬福利状况"课题组,王列军、葛延风执笔:"劳动密集型三资企业薪酬福利状况研究",http://www.drcnet.com.cn/DRCnet.common.web/docview.aspx? docid = 1193709& leafid = 3079&chnid = 1034。

② 《华商报》9月24日报道:9月17日,由国家环保总局和美国环保协会共同完成的"中国环境监察执法效能研究项目总报告"向社会公布。报告显示中国企业在环境污染方面违法与守法的成本相差46倍。

展经济必须发展企业;但企业负的外部性和可能存在的道德风险很可能损害社会利益。另一方面,政府是社会利益的代表,有义务通过国家强制力维护社会利益,但这又可能影响企业效率和经济发展,陷入两难境地的政府势必会反复权衡,由于我国现阶段发展经济是刚性约束,而社会利益约束相对较软,权衡的结果往往是为了发展经济而容忍和迁就企业的行为,社会利益受损不可避免。

还有,一些社会利益组织对企业社会责任的监督力度也还远远不够。在我国现阶段,国家法律和政府的法规政策范围以外的社会利益组织化程度很低,民间自发性的社会组织不仅数量少,而且大部分机构不正规,人员素质差,资金不充裕,管理水平低,社会影响力非常有限。同时,大部分社会组织在经济上和行为上受政府影响很大,独立性较低,难以实现组织的宗旨,让它们督促企业承担社会责任的效果很不明显。

北京大学民营经济研究院于2006年初推出了国内第一个系统化、可量化的企业社会责任评价体系和标准,并以此为基础,与中央电视台、《环球企业家》杂志共同进行了对中外资企业社会责任理念及实践情况开展的首次大型调查。调查显示,法律、法规和政府各项规定、与社区居民(包括农民)维持和谐的关系以获得支持,是企业履行社会责任的重要原动力。一些外企在中国的社会责任执行标准低于在母国或其他发达国家的标准,是因为中国法律中没有相应的规定。另外,中国市场体系尚不健全,公众监督、行业协会以及整个市场机制的作用是有限的,特别是由于信息披露手段的缺乏,很多情况下,企业的不良社会责任表现并不直接影响其运营绩效,因此不会使企业产生自动负担社会责任的动力。[①]

最后,整个社会缺乏企业社会责任运动的推动。到目前为止,中国的劳工运动、消费者运动、环保运动等一系列企业社会责任运动同样处于初级阶段还无法形成对社会责任起直接推动的作用。其实在国外,企业社会责任运动也是推动企业承担社会责任的重要力量。

(三) 当前在中国研究企业社会责任的必要性

正如联合国劳工署官员在2004年4月底参加国内论坛时指出的:企业社会责任问题,对内将影响中国企业的可持续发展,对外,则将决定国际竞争力的高低。

---

① 参见单忠东:"中国企业社会责任的现状及思考",载 http://www.gx-info.gov.cn 2007-1-15 9:05:50。

第一,现阶段企业引发的社会问题的集中性和严重性使我们不得不正视企业社会责任问题。

我国企业改革开放后逐步成为市场主体,由于资本的逐利本性及市场竞争的激烈性,我国企业的生产经营活动引发了一系列社会问题。如产品假冒伪劣、资源的过度开发和利用、环境污染、严重的社会诚信危机等,使企业和社会都付出了不同程度的代价。

第二,CSR运动国际化的压力。

西方推出的SA8000对我国劳动密集型出口企业造成了很大冲击,同时也给更多企业的经营造成压力,甚至会对我国引进外资产生不利的影响。

SA8000只不过是CSR运动国际化产物之一,针对的只是对企业员工的权益保护,其他的如国际消费者权益保护、环境保护等运动也都影响着我国企业经营的国际环境,从而迫使其重视CSR。

如果说以前很多企业的竞争力是以企业社会责任的缺失为基础,那么在当前经济全球化和强调人与自然和社会和谐发展的阶段,在社会责任已成为企业新一轮国际竞争力的重要标志的今天,这种竞争力不但会越来越没有优势,反而会成为企业发展的严重障碍,影响企业的可持续发展。

三、当前我们应对企业社会责任问题的对策

企业社会责任问题实际上是一个全局性的社会问题,需要企业、政府以及整个社会的共同努力,没有企业的配合,企业社会责任就是纸上谈兵;没有政府的监督和引导,企业社会责任的实现就会缺乏有力保障;没有社会的参与,则无法营造实现社会责任的舆论氛围和提供灵活多样的对话机制。只有通过企业、政府和社会的互动与合作,才能实现共赢与和谐。因此笔者主要从政府、企业自身以及社会的角度,对我国企业社会责任的建设提出以下几点意见:

首先,从政府的角度来考虑,主要可以从以下四个方面进行努力:

第一,尽快建立有关企业社会责任标准的法律法规制度。

市场经济是法制经济,如何把企业的各项社会责任规范化、制度化是市场经济的内在要求。我们不能否认在市场经济条件下企业会把利润最大化作为自身发展的内在驱动力,这一点也是无可非议的。但问题在于,我们怎

样把企业获取利润的行为规范在对社会有益的轨道上,如何规范企业产品和服务的质量、企业员工的社会保障、企业对各种资源的利用、企业竞争的途径,以及企业处理与社会各方面关系的基本原则,等等。当然,不是说我们现在没有这些方面的法规制度,而是说,这些法规制度还不够健全,有些还缺乏可操作的细则,还有很多规定相互不配套,形不成系统的要求,造成有法不依,有法难依,执法不严,以及守法者反而吃亏的现象。

因此我们的政府必须积极推动我国企业社会责任立法程序,完善相关法律法规的建设,进一步完善我国《公司法》及其实施细则。新修订的《公司法》第5条第1款规定:"公司从事经营活动,必须遵守法律、行政法规、遵守社会公德、商业道德,诚实守信,接受政府和社会公众的监督,承担社会责任。"第5条首次在法律中明确了公司(企业)的社会责任主体地位,在我国企业社会责任法制化建设中具有开创性的历史作用,其进一步的任务就根据新《公司法》中确定的这一原则应制定更加具体的规定,而不能只停留在概括性条款上;同时还要加强我国《劳动法》和《工会法》等相关法规建设,构建广阔的消费者权益保护立法体系以及加大企业社会责任相关法律法规的执法力度。

在建立相关法律体系时,我们不能忽略,我国的市场经济相对年轻,经济发展的水平还不高,应当着重在可持续发展的条件下结合新的国际标准和我国的实际情况,形成统一协调的法律机制,既保证中小企业的发展,又使其能够承担合理的社会责任,而不能制定过于严格的企业责任,否则也会束缚企业的发展。

第二,在注重惩戒的同时,更注重对企业社会责任行为的引导。

在完善相关法律制度建设同时我们也应该认识到法律强调惩戒,奖励和引导功能相对较弱。我们当然应该不断完善法律制度,改善执法效果,这是我们长期努力的方向。但除此之外,当前比较容易切入的是制定引导性的政策措施,通过经济手段奖励和引导企业承担社会责任的行为。比如现在很多企业都担心承担社会责任会增加企业成本,削弱其竞争力,至少在短期内笔者认为存在这种担心也是有道理的。所以笔者认为政府完全可以通过税收优惠、产业准入、市场机遇、融资支持、政府表彰等措施,减轻企业承担社会责任的压力,增强其竞争优势,解除企业的后顾之忧。这也是尊重企业经济属性和利益要求,充分理解其市场处境的一种做法。

第三,政府要加强对企业实施社会责任国际标准的科学指导,坚持科学的发展观,正确指导企业处理经济与社会和谐发展关系。

政府可以加大对社会责任国际标准理论研究的投入,为企业社会责任标准认证提供技术支持,搭建通向国际标准的企业社会责任的桥梁。同时还要树立科学的发展观,重视人与自然以及社会的和谐持续发展,而不能一味地追求当前的经济利益,制定科学的经济发展计划。

第四,加强对企业家的社会责任教育。

只针对企业行为这一环节制定引导性的政策措施尽管非常必要,但还有必要从企业行为动机环节采取措施,这样才能达到标本兼治的效果。要做到这一点就需要加强对企业家的社会责任教育。与西方国家的企业家相比,我国企业家对企业社会责任的认识还有较大差距,这种差距既源于我国的生产力发展水平,也很大程度上源于企业家社会责任教育的差距。国外对企业家的社会责任教育非常重视,大部分商学院的 MBA 或 EMBA 培养方案都把商业伦理管理道德或其他类似课程列入核心课程,而我国的管理教育中,企业社会责任的教育被大大忽视了,不设专门课程,或作为次要课程,或作为次要章节等。我国企业家的社会责任教育至少应让企业家认识到两点:一是企业的发展取决于企业所处的综合社会契约,这种契约网络决定了企业的社会责任是不可回避的;二是社会倡导企业承担社会责任并不是要通过牺牲企业来补偿社会,而是希望企业转变观念,修正行为,找到一条不损害其他利益相关者的利益,同时可以提高自身持续竞争优势的发展路径,实现企业与社会的共赢。只有认识到这些,企业家才有可能带领企业积极与政府和社会互动,通过主动响应政府和社会的要求和期望来承担社会责任。

让企业家们意识到尽管承担企业社会责任要付出大量资源,甚至丧失一些暂时的发展机会,但从长远来看,企业会赢得持续竞争优势,企业的社会责任付出实际上是一种长期投资。

其次,从社会的角度看,我们要加大宣传舆论部门的宣传力度,重视社会思想道德建设,为企业履行社会责任提供良好的社会舆论环境。

社会责任的核心是道德要求,很难提出严格的法律底线,靠的是企业的自觉意识,而这种自觉意识,又不是自然而然形成的,它需要相应的社会道德氛围。如果社会缺乏相应的文化氛围,违背这些道德规范的主体及其行为受不到应有的谴责,感受不到社会舆论的强大压力,或者这种谴责和压力比起它在经济上获得的利益微不足道,那么就会形成道德缺失现象。我国当前正处于社会转型时期,人们的道德观念正在发生着前所未有的变化,而我们的思想道德建设从内容到方式如果不能适应这种变化,就很难发挥好促进企业确立社会责任意识的作用。我们必须让那些认真履行社会责任的企业得到社会普遍认可,促使那些不履行社会责任的企业感受到社会舆论的强大压力,引导企业更好地履行自己的社会责任。

再次,从企业自身来说,管理层应该积极的相应政府号召,积极接受企业社会责任教育,树立科学的社企关系和科学的发展观,从公司治理角度积极面对企业社会责任问题。

企业应该认识到自己作为区域社会的细胞,来自于社会,也必将还原于社会,企业与社会是共荣的关系,市场经济下的企业与社会甚至有着更密切的关系,这是一种新形势下的社企关系。企业的发展壮大或被淘汰出局,都要由社会来承接。更主要的是,企业是社会的细胞,离开社会资源,企业的发展就成了无源之水、无本之木,企业也难以生存。因此,市场经济下的企业社会责任是企业生存的前提。

同时,我国企业要以积极的态度应对社会问题,制定实施社会责任标准的战略方针。遵守现有的有关企业社会责任的法律法规如劳工法和环保法等的规定,在此基础上还有根据自身的条件努力的实现高于法律规定的社会责任标准,更多地参与国际市场竞争,打牢管理基础,做好企业社会责任国际标准认证准备工作。

同时也应该积极地从公司治理角度来面对企业社会责任问题,承担以下几方面的责任:(1)对于职工(或雇员)的责任,企业应该努力做到:按时足额发放工资、奖金,不得无故克扣、拖延,并根据社会发展逐步提高工资水平;改善劳动条件,做到安全、卫生,杜绝重大伤亡事故的发生,积极预防职业病;建立规范的员工培训制度,使员工不断有机会提高自身素质和能力;培育良好的公司文化等。(2)对消费者的责任,企以应该保证产品质量,杜绝制假售假,以假充真,以次充好;完善售后服务,及时为消费者排忧解难等。(3)在对债权人的责任方面,企业可以从及时准确披露公司信息,不编造、隐瞒;诚实信用,不滥用公司人格;积极主动偿还债务,不无故拖欠等方面来履行。(5)还应该积极承担对环境、资源的保护与合理利用的责任,除了承担法律规定的责任外,还可以根据自身的条件履行更高的环保标准。(6)应该努力的承担起对所在社区的社会责任和力所能及地做一些慈善行为。

最后,应该大力培育和发展行业协会或利益集团等 NGO(Non-Government Organization)组织。

随着市场经济的不断发展,政府已经由原来的全能政府逐渐地转变为有限政府,在这转型期间难免会出现很多社会管理真空。NGO 恰好可以很好地填补这些真空,在企业与社会之间建立灵活多样的沟通平台和磋商机制,使企业利益与社会利益之间的矛盾在民间层面就可以高效率地化解。

因此,政府应支持和鼓励我国 NGO 的发展,规范和引导它们充分发挥作用,NGO 也应不断提高自身的管理水平、公信力和影响力,主动加强与政府的合作,充分了解政府的政策导向;积极加强与企业的沟通与合作,充分发挥自身优势,把与企业的利益矛盾消灭在萌芽状态。

四、结语

企业社会责任意识的产生以及企业社会责任的承担需要一定的物质基础,是由社会的发展阶段决定的,不同发展阶段以及不同物质基础上的企业社会责任也会不一样。当前我国的企业社会责任问题是由我国当前社会发展阶段决定的中国特色的复杂的全局性社会责任,需要企业、政府和社会的共同努力,缺乏任何一方的参与企业社会责任问题都无法解决,只有通过企业、政府和社会的互动与合作,才能实现共赢与和谐。

参 考 文 献

[1] Friedman Milton, "Social Responsibility of Business", An Economist's Protest: Columns in Political Economy, 1972.

[2] Carroll Archie B., "Corporate Social Responsibility: Evolution of a Definition Construct", *Business and Society*, 1999.

[3] Carroll Archie B., "A Three-Dimensional Model of Corporate Performance", *Academy of Management Review*, 1979.

[4] Kellye Y. Testy, "The New Corporate Social Responsibility", *Tulane Law Review*, 2002.

[5] Lee A. Tavis, "Corporate Governance, Stakeholder Accountability, and Sustainable Peace", *Vanderbilt Journal of Transnational Law*, March, 2002.

[6] Alfred F Conard, "The Meaning of Corporate Social Responsibility", *30 Hastings Law Journal*, 1321 1978—1979.

［7］ 田虹:《企业社会责任及其推进机制》,经济管理出版社 2006 年版。
［8］ 卢代富:《企业社会责任的经济学与法学分析》,法律出版社 2002 年版。
［9］ 刘长喜:《利益相关者、社会契约与企业社会责任》,上海复旦大学 2005 年经济学（专业）博士论文。
［10］ 刘俊海:《公司的社会责任》,法律出版社 1999 年版。
［11］ 郑若娟:《西方企业社会责任理论研究进展》,载《改革与战略》2006 年第 2 期。
［12］ 张志强、王春香:《西方企业社会责任的演化及其体系》,载《改革与战略》2005 年第 9 期。
［13］ 张锐:《社会责任:企业的必修课程》,载《中外企业文化》2006 年第 2 期。
［14］ 白永秀、严汉平:《试论国有企业定位与国企改革实质》,载《改革与战略》2004 年第 3 期。
［15］ 沈洪涛、沈艺峰:《公司社会责任思想的起源与演变》,上海人民出版社 2007 年版。

上市公司高管社会责任及其法律规制初探

范 健 王建文[*]

摘 要 我国理论界及立法机关都对公司应承担的社会责任高度关注,但上市公司高管的社会责任却往往被忽视。上市公司高管社会责任是在其应对公司所负责任之外,对社会公众所负的责任。在我国,党委书记同样应纳入国有控股上市公司高管的范畴之中。在公司法制度设计中,上市公司高管的社会责任却被忽视了。在社会整体利益被日益强调的时代背景下,有必要促使上市公司切实履行其应负的社会责任。由于我国公司治理结构尚不规范,证券市场体制也不够健全,因而我国上市公司高管社会责任的问题颇为突出。这就需要通过适宜的制度设计,为其提供相应的规制机制。

关键词 上市公司高管;公司社会责任;社会公众人物;规制机制

近年来,我国法学界尤其是商法学界掀起了一股研究公司社会责任的热潮。[①] 2005年《公司法》第5条第1款还对公司社会责任作了明确规定:"公司从事经营活动,必须遵守法律、行政法规,遵守社会公德、商业道德,

---

* 范健,南京大学法学院教授,博士生导师;王建文,河海大学法学院副教授。

① 关于公司社会责任的具体理论,可参阅王文宇著:《公司法论》,中国政法大学出版社2004年版;卢代富著:《企业社会责任的经济学与法学分析》,法律出版社2002年版;刘连煜著:《公司治理与公司社会责任》,中国政法大学出版社2001年版;刘俊海著:《公司的社会责任》,法律出版社1999年版。

诚实守信,接受政府和社会公众的监督,承担社会责任。"此外,该法第17条、第20条还就"保护职工的合法权益"以及"不得滥用公司法人独立地位和股东有限责任损害公司债权人的利益"作了明文规定。这些规定表明我国理论界及立法机关都对公司应承担的社会责任高度关注。在公司日益显著地成为社会最重要的经济组织的背景下,无疑应对公司的社会责任予以关注与法律规制。但在此语境下,公司高管尤其是上市公司高管的社会责任却往往被忽视。事实上,公司高管尤其是上市公司高管的社会责任,也随着公司的影响力的提升而日益显著地演变成为对广大中小投资者及社会公众具有重大影响的社会公众人物,因而其社会责任是否存在及如何规制,应引起商法学界的关注。鉴于在此意义上的公司高管主要表现为上市公司高管,故本文仅限于上市高管社会责任的探讨。

一、上市公司高管社会责任的内涵界定

由于上市公司高管社会责任基本上还未被理论界作为研究课题,因而理论界还缺乏对其内涵的界定。鉴于上市公司高管社会责任的概念来源于公司社会责任,故有必要通过后者内涵的分析来界定前者。

公司社会责任(Corporate Social Responsibility)一词源于美国,而且在美国商业界和公司法学界使用频率很高。在美国的影响之下,英国等其他英美法系国家公司法学界也引入了该概念。但在欧洲大陆法系国家,理论界对此则不太关注。近年来,在我国内地及我国台湾地区,也有不少学者对此产生了浓厚的兴趣,并成为一个新的热点研究问题。在美国等国家,各种关于公司社会责任的定义都是非常模糊的,甚至许多学者反对对其作明确定义。我国理论界关于该概念的定义也不够统一。[①]

一般认为,所谓公司社会责任,是指公司决策者采取保护与促进社会福利行动之义务,使公司不仅负有经济与法律上之义务,还应对社会负起超越这些义务之其他责任。公司不应只是经济性机构,而且也应是社会性单位;公司追求经济目标之时,必须兼顾社会使命。[②] 该定义揭示出,此处所谓"责任"实质上并非纯粹的法律意义上的责任,而更多地被赋予了基于公司

---

① 刘俊海:《公司的社会责任》,法律出版社1999年版,第1页。
② 王文宇:《公司法论》,中国政法大学出版社2004年版,第28—29页。

作为非常重要的社会主体所应主动或被动承担的道义上的"责任"。由此可见,尽管可以按照不同标准对公司社会责任进行分类①,但法律意义上的责任与道德意义上的责任无疑为其基本分类之一。就法律规制的角度而言,上市公司高管社会责任也应主要基于该层面的含义加以界定与研究。

参照上述公司社会责任的定义,可对上市公司高管社会责任做如下界定:上市公司高管在行使职权与履行职责时,除了作为公司经营管理人员而向公司切实履行忠实义务与注意义务外,还应基于其上市公司代言人的特殊身份承担相应的法律意义上的社会责任与道德意义上的社会责任。依此,上市公司高管社会责任是在其应对公司所负责任之外,对社会公众所负的责任。这种责任与普通公民对国家与社会所负责任不同,是基于上市公司高管这一特殊的社会身份而产生的。因此,从某种意义上讲,上市公司高管社会责任类似于社会公众人物的社会责任。不过,与社会公众人物所负的社会责任不同,上市公司高管社会责任所指向的对象主要为证券市场上广大的证券投资者,只有上市公司高管本身具有社会公众人物身份时,才承担相应的社会公众人物的社会责任。而这种社会公众人物的社会责任,则应界定为社会公众人物应通过其言行树立正确社会舆论导向与良好的社会风尚影响的责任。显然,这种责任是无法通过具体的法律义务落实的,因而属于纯粹的道德意义上的责任。

在对上市公司高管社会责任的构成做了界定之后,还有必要对上市公司高管予以界定。上市公司高管并非法定概念,而是对上市公司董事、监事、高级管理人员的泛称。我国《公司法》未对上市公司董事会秘书的法律地位作明确规定,但上市公司董事会秘书处于非常重要的地位,并在实践中大多享受高级管理人员的待遇。为解决这一法律适用上的矛盾,2007年修订的《上海证券交易所上市规则》规定,上市公司董事会秘书原则上应担任公司副总经理职务。此举通过将上市公司董事会秘书纳入高级管理人员范畴,解决了身份界定上的问题。不过,一则这一要求并非强制性的,二则未能包括股票在深圳证券交易所上市的上市公司,因而有必要通过修改《公司法》或证监会制定相关规章予以解决。除了应将上市公司董事会秘书纳入上市公司高管范畴外,还应将我国国有控股上市公司的党委书记纳入高管范畴。在实践中,国有控股上市公司党委书记一般被任命为公司监事会主

---

① 刘俊海:《公司的社会责任》,法律出版社1999年版,第7—9页。

席,或担任董事、监事、高级管理人员,从而获得了高管身份。但也有一些国有控股上市公司的党委书记未获得这些公司法意义上的职务,从而无法界定为上市公司高管。而基于国有控股上市公司的属性,未担任公司法治理结构意义上职务的公司党委书记仍能对公司产生实质影响,甚至能与公司董事长、总经理那样,在很大程度被视为公司的代言人。因此,党委书记同样应纳入国有控股上市公司高管的范畴。

二、上市公司高管社会责任的内在依据

在公司法中,上市公司高管的法律地位为公司机关成员或公司的受托人。但不管怎样,上市公司高管都主要是被作为企业主的"商业使用人"看待的。[①] 在大陆法系商法中,公司股东被视为企业主,在英美法系公司法中,公司股东则被视为"公司所有人"。公司董事、监事、高级管理人员则作为"企业主"的使用人或代理人,对被赋予独立法律人格的公司负责,并承担忠实义务与注意义务。就一般逻辑而言,这一安排并无问题,毕竟公司在本质上可谓股东的投资工具。然而,在上市公司中,这种传统公司法意义上的股东与高管之间的关系已发生了实质性变化,公司高管常常能够获得公司的实际控制权,尤其是在一些股份高度分散的上市公司,公司高管的实际控制地位更加明显。这一转变正好与公司治理结构从传统的股东会中心主义向董事会中心主义甚至经理层中心主义的转变相适应。[②] 无论上市公司治理结构是否应定位为经理层中心主义,包括董事长在内的上市公司高管,作为整体大多能够取得公司的支配权,则是毫无疑义的。

从理论上讲,具有独立法律人格的公司,作为其人格基础的独立意思是由全体股东的共同意思形成的。但在上市公司中,由于公司高管取得了公司的实际支配权,故公司的抽象意思往往是以高管的意思为基础形成的。因此,上市公司的行为作为具有独立法律人格的拟制主体,虽应对其行为承担独立责任,但却使操纵上市公司的高管得以免于负责。尤其是在上市公司高管滥用职权非法操纵上市公司,或者仅以公司利益最大化为目标而侵害国家、社会及他人权益的情况下,除非构成职务犯罪,上市高管却能够免

[①] 范健、王建文:《商法基础理论专题研究》,高等教育出版社2005年版,第151—156页。
[②] 施天涛:《公司法论》(第2版),法律出版社2006年版,第297—299页。

于负责,显然极不公平。尽管公司法上规定了董事、监事、高级管理人员的责任,但这一法律规制的出发点是为了保护公司及股东利益,而未能为社会公众投资者及其他社会提供权益保障机制。也就是说,在公司法制度设计中,尽管确立了利益相关者的权益保护机制,但上市公司高管的社会责任却被忽视了。

在上市公司作为社会经济组织的影响日益显著的背景下,上市公司高管社会责任法律规制机制的缺失,所带来的问题也日益严重。在以市场经济为基本模式的社会中,企业扮演着社会经济单位的角色,以弥补由于手工业、农业和乡村社会基本单位消亡或衰退而留下的空缺。尽管诸如市镇、工会、政党、协会、帮派等等各种形式的组织都在一定意义上起到了填补社会空缺的作用,但在这些不同形式的组织中,企业无疑占据了领先地位,能够超过它的只有国家。企业已经成为我们当代社会的基本细胞,成为一种建立在交换和繁殖物质生活基础上的社会经济组织的基本单位。人们的大部分时间和一生中最年富力强的岁月都是在那里度过的。人们靠它维生,对它寄予厚望,盼望通过企业得到某种生活水平、物质保障和社会进步。而这一切,除了企业,便只有国家和公共集体才能予以保证。[①] 在各种企业中,上市公司往往因其公众公司的性质,又具有更为显著的社会影响。因此,在社会整体利益被日益强调的时代背景下,有必要促使上市公司切实履行其应负的社会责任。对此,公司法、证券法及其他法律、法规中都已有相关规定,基本能够解决上市公司的公司社会责任法律规制问题。但由于上市公司的实际控制人是上市公司高管,而上市公司高管社会责任却未被规制,因而往往导致上市公司社会责任未被切实履行。因此,确有必要为上市公司高管社会责任寻求适宜的规制机制。

三、我国上市公司高管社会责任的规制机制构想

随着市场经济及证券市场的发展,我国上市公司已脱胎换骨,逐渐成为我国国民经济的中流砥柱。如今,绝大多数优质公司都已上市,并且在央企整体上市潮流的推动下,上市公司已在我国经济生活中占据了绝对主导的

---

① 〔法〕克洛德·商波:《商法》,刘庆余译,商务印书馆1998年版,第27—29页。

地位。因此，上市公司高管的社会责任问题，也应当成为我国商法学界积极关注的问题。

事实上，由于我国公司治理结构尚不规范，证券市场体制也不够健全，因而我国上市公司高管社会责任的问题颇为突出。例如，我国证券市场中，大量存在着上市公司高管利用相对微妙的信息优势，买进或卖出本公司股票的情形。只要在此情形下不构成内幕交易①，股票买卖未构成短线交易②，并且依法在交易后履行了信息披露义务，则无法追究上市公司高管的法律责任。但由于我国证券市场不够成熟，还存在较为严重的操纵市场的现象③，而后者往往难以被查处，因而极有可能出现上市公司高管利用其特殊地位，在控盘机构拉升或打压股价之前进行相应的证券交易，从而获取超额利润的现象。交易数据显示，高管建仓后，绝大多数公司股价都出现急速拉升行情，涨幅巨大。例如，自2006年2月23日至3月31日，宏达股份（600331.SH）2名高管和1名董事陆续买入公司股票共计13.5323万股（此前从未购入）。随后宏达股份股价出现飙升，短短21个交易日，由10.56元涨至21.7元，涨幅高达105.5%。又如，2006年11月10日，陆家嘴（600663.SH）一名高管买入公司股票，此后40个交易日，陆家嘴飙升了96%。而这些显然极不公平的现象均无法被认定为违法行为，因此，我国迫切需要构建上市公司高管社会责任的规制机制。

当然，由于上市公司高管社会责任既包括法律意义上的责任，又包括道德意义上的责任，因而其规制机制必然不限于法律规制。在法律规制方面，我国应由中国证监会制定相应的规章，对上市公司高管社会责任的法律规制进行明确规定。但由于许多行为无法确立法律调整机制，因而除了法律规制外，还应特别强调上市公司高管的道德意义上的社会责任的规制。在许多具有广泛社会影响的上市公司中，其高管尤其是董事长、总经理等重要

---

① 内幕交易（Insider Trading, Insider Dealing），又称内部人交易、知情人交易，是指证券交易内幕信息的知情人和非法获取内幕信息的人利用内幕信息从事证券交易以获取利益或减少损失的行为。内幕信息，是指证券交易活动中，涉及公司的经营、财务或者对该公司证券的市场价格有重大影响的尚未公开的信息。

② 依我国《证券法》第47条第1款之规定，短线交易，是指上市公司的董事、监事、高级管理人员以及持有法定比例股份以上的主要股东等内部人，在法定期间（一般为6个月）内，买入本公司股票并再行卖出，或者卖出本公司股票并再行买入的行为。

③ 操纵市场，是指行为人利用其资金、信息等优势或滥用职权，操纵市场，影响证券市场价格，制造证券市场假象，诱导或致使投资者在不了解事实真相的情况下作出证券投资，扰乱证券市场秩序的行为。

人物,往往因公司的影响而成为同样具有广泛社会影响的社会公众人物。尤其是对于该公司的证券投资者来说,公司高管的言行无疑都具有十分重要的意义。例如,在不做任何虚假陈述的情况下,上市公司高管也完全可能通过比较随意的言论对投资者的投资决策产生重大影响。此外,在市场对某公司股票有种种不实传言的情况下,如果该公司高管能够保持持股稳定,也将有利于证券投资者权益的保护。当然,这些关于上市公司高管言行的要求,难以转化为确定的法律规制机制,只能通过适宜的信息发布平台加以适当规制。具体如何,还有待探索。

除了以上主要针对上市公司证券投资者的社会责任外,上市公司高管尤其是著名上市公司高管还应承担作为社会公众人物的社会责任。但关于这一形态的社会责任的规制,则更难确定合适的机制,同样有待于进一步的探讨。

强化公司社会责任与公司法人格否认制度的完善

雷兴虎 刘 斌*

摘 要 现代公司的新特征与传统公司的单一性特征不同,表征为营利性和社会性兼顾、社会性越来越突显。现代公司的运作行为不仅关系到股东的利益,还关系到职工、消费者、债权人等利益相关者的利益,这就要求现代公司践行应有的社会责任。我国新《公司法》虽然明确规定了公司必须承担一定的社会责任,但具体强化的措施不够明确,应考虑着重从公司的责任主体、责任保护的对象两方面来强化公司社会责任。新《公司法》同时又引入了公司法人格否认制度来保障债权人的利益,但该制度仅仅是从保护公司债权人角度来强化公司的社会责任,这是绝对不够的,建议应从公司法人格否认的主张者、公司法人格否认的适用者两方面来完善公司法人格否认制度,进而达到平衡相关利益者,强化公司社会责任的目的。

关键词 公司;公司社会责任;公司法人格否认

现代公司不仅具有营利性,而且具有社会性。公司的经营行为不仅关系到股东的利益,还关系到债权人、职工、消费者等利害关系人的利益,并对市场秩序和社会公

---

* 雷兴虎,中南财经政法大学法学院教授;刘斌,中国计量学院法学院讲师。

共利益产生重要影响。我国新《公司法》第5条第1款明确规定:"公司从事经营活动,必须遵守法律、行政法规,遵守社会公德、商业道德,诚实守信,接受政府和社会公众的监督,承担社会责任。"这说明了新公司法已经将公司的社会责任从单纯的一种理念升华为一种立法,使其成为社会主体遵守的一种义务和责任,这就意味着公司及其股东、董事、高级管理人员在追逐公司经济效益最大化的同时,应当践行适当的公司社会责任。

一、公司社会责任的理论流变及其定位

(一)公司社会责任的理论流变与争议

"公司社会责任"一词来源于美国,英文称为"corporate social responsibility",还有学者称为"企业社会责任"[①]。公司的社会责任一说缘起何时?学界对此考证不一。有学者认为1924年美国谢尔顿(Oliver Sheldon)对美国企业进行考察后首先提出了公司社会责任。[②] 新近又有学者考证认为是美国克拉克(Clark)最早在1916年提出了关于企业经济和社会责任的思想。[③] 虽然在公司的社会责任思想最早提出的时间上有争议,但它是在20世纪30年代法学界的辩论中成形的,这一点不仅在法学界是统一的,经济学、管理学、伦理学、社会学等其他学科也基本赞同。历史表明,公司社会责任思想最早出现在20世纪初期的美国,不仅仅是因为美国特殊的制度背景使得它比其他西方工业国家更为关注公司社会责任问题,更为重要的是与那个时期美国经济的工业化过程和现代大公司的出现紧密相连。社会经济工业化的发展,公司规模的扩大,公司本身在社会经济生活中所起到的作用也越来越大,这样就会自觉或不自觉地影响到了与公司有关的各个利益群体,如职工、消费者、供应商、债权人等,影响到了社会经济生活甚至是政治生活的各个方面,所以说,不能将公司的责任简单地归结为只为股东的利益服务。如此一来,作为公司企业管理者的责任也就理所当然地成为理论界

---

① 卢代富:《企业社会责任的经济学与法学分析》,法律出版社2002年版,第67页。
② 刘俊海:《公司的社会责任》,法律出版社1999年版,第2页。
③ 这一考证可以在1916年克拉克的《改变中的经济责任的基础》一文中有所指出,并且哈佛大学法学教授多德(Dodd)在1932年《哈佛法学评论》上发表的《公司管理者是谁的受托人》对此作出了进一步阐释。参见沈洪涛、沈艺峰:《公司社会责任思想起源与演变》,世纪出版集团、上海人民出版社2007年版。

争议的焦点。一方面,现代化公司企业规模急速膨胀,股权极度分散,管理者与股东的信息极不对称,股东的所有权与管理者的经营控制权不断分离,公司的经营者可以在追求股东利益还是谋求其他利益上有着很大的"自由裁量权",同时公司作为一个社会经济组织,在创造利润的同时也有服务社会的功能;另外一方面,古典自由经济学派和新古典自由经济学派仍然坚持股东利润最大化原则[1],认为公司的唯一责任就是实现增加利润的目标,就是为股东赚取利润,企业的管理者只是股东的受托者。这场围绕公司社会责任的理论争辩以多德(Dodd)与伯利(Berle)的争辩开始。[2] 从伯利和多德的论战开始,公司社会责任问题成为几十年来公司法理论探讨的主题。20世纪50年代出现的第一个狭义上的公司社会责任概念统治了这一时期的讨论;70年代后,公司社会责任演化成为公司社会回应并主宰了这一时期的公司社会责任研究;到了80年代又形成了公司社会表现这一展现公司社会责任的思想主流;进入90年代后,这股思潮又和日益兴起的利益相关者理论全面融合。[3] 不管怎样,争论的走向是多德的公司社会责任观点逐渐居于主导地位,获得了包括伯利在内的越来越多的学者的赞同。学者们认为,公司在作出商业决策时,不仅应考虑股东的利益,还应考虑工人、消费者和公众的需要。到20世纪90年代末,美国主流观点认为公司不再仅仅是管理者与股东之间的信托关系,而是相关方面的"利益共同体"。这场讨论,试图通过公司法理论的革新来解决公司发展的走向问题,但从更深的层次来看,它也是探索公司制度与社会的关系,即公司与社会如何和谐共进的问题。[4]

(二)公司社会责任的深层分析——公司角色的修正

公司社会责任理论争议的焦点在我们看来其实是公司制度变迁的结

---

[1] 以美国著名经济学家弗里德曼(Friedman)为代表的古典观经济学者反对公司社会责任观念,认为公司承担社会责任会使公司经营迷失方向,增加经营成本,不利于股东利益最大化和保持竞争地位,同时也动摇了自由资本主义理论的根基——利润最大化原则。

[2] 尽管这一话题的辩论从现有的资料来看,应当最早来源于经济学家们的争议,但哈佛大学法学教授多德与哥伦比亚大学法学教授伯利主要从法律的角度来探讨这一话题,并且使得公司社会责任的问题显得更加令人瞩目。正是伯利教授在回应多德教授过程中(1932年),他和米恩斯合写的不朽名著《现代公司与私有财产》问世了,而这部巨著又为进一步证明现代大公司需要社会责任提供了理论依据。

[3] 沈洪涛、沈艺峰:《公司社会责任思想起源与演变》,世纪出版集团、上海人民出版社2007年版,第2页。

[4] 参见郑祝君:《公司与社会的和谐发展——美国公司制度的理念变迁》,载《法商研究》2004年第4期。

果。那么要想从更深层次的角度来理解公司社会责任的合理性,我们不得不回归公司性质本身进行分析。

根据传统的观念,公司是一种能有效集中资本、扩大生产规模的高级企业形式。近代公司制度的建立对于西方资本主义的飞速发展产生了巨大的促进作用。传统中的公司的经营是为了其所有者(即股东)的利益,并且认为任何利润都应当在股东之间进行分配。以自由经济理论的先师亚当·斯密(Adam Smith)为代表的古典和新古典经济学派认为,公司是股东的公司,股东是公司的唯一所有者,管理者只能代表股东的利益,所以无论公司还是公司管理者只有一个目标,那就是利润最大化。[1] 但随着经济的快速发展,现代公司企业的规模在逐步扩大,股权越来越分散,公司的所有权已经失去了个人的色彩,其流动性很高,所有权和控制权的统一局面已经被打破。[2] 这样我们应当重新对传统的公司定义进行修正,只有重新认识公司制度的本身,才能对获得正确的预见。

首先,从财产权利本身性质上来看,现代公司与传统公司不同。伯利和米恩斯在《现代公司与私有财产》中认为"传统商业企业的所有权在理论上有两个显著特征:是先前在逐利企业中所累积的财产的风险性;是企业最终经营者及其责任。但在现代公司中,股东已经放弃了对其财产的控制权,他们变成了一个资本提供者、一个单纯且简单的风险承担者,而最终的责任与权威由董事等控制者来行使"[3]。这样传统企业所有权的两个传统特征,一个附属于股票的所有权,另一个附属于对公司的控制权,我们不能用传统公司的观念对待财产的新变革。那么当财产所有权和控制权分离后,一个放弃财产控制权的财产所有者是否仍然像以前一样能拿到所有的利润呢(即股东财产最大化还适用否)?然而利润是作为完成以下两种功能之后的报酬而存在的:"利润是使人们将其冒险将其财产投入企业的一个诱因;利润是驱使人们尽其最大的能力来使企业营利的一个刺激因素。"[4] 显而易见,现代公司经过财产所有权和控制权的分离之后,这两种冒险和控制的功

---

[1] 沈洪涛、沈艺峰:《公司社会责任思想起源与演变》,世纪出版集团、上海人民出版社2007年版,第4页。

[2] 亚当·斯密曾经否认现代社会中的股份有限公司可以作为一种商业机制,并坚持认为分散的所有权不可能造就有效率的经营,还假设所有权和控制权是结合在一起的。参见沈洪涛、沈艺峰:《公司社会责任思想起源与演变》,世纪出版集团、上海人民出版社2007年版。

[3] 〔美〕伯利、米恩斯:《现代公司与私有财产》,商务印书馆出版社2005年版,第346页。

[4] 同上书,第348页。

能由两组不同的人来执行。若依亚当·斯密及其追随者的观点,法律仅仅保障股东利润最大化,那么至少在大公司企业不断融合、所有权与控制权日益分化的今天,这肯定是行不通的。因为只有当适当的利润转向控制者的口袋时,利润才会在某种程度上驱使人们(控制者)尽其最大的能力对企业进行有效的管理并使其不断持续营利。

其次,从财产的形态类型来看,现代公司比传统公司涉及的范围要广得多。

对于亚当·斯密而言,财富是由有形事物组成的。但是历史进入现代以后,公司财产的组成远远较之过去要复杂。伯利和米恩斯将现代公司的财产分为被动性财产与主动性财产。① 被动性财产的拥有者——股东——拥有股票和债券,而这些就不是有形商品组成的,是由不确定的具有市场价值的预期所组成的——当然可以为股东带来财富的价值。主动性财产的所有者——控制者——拥有他所控制的大公司,公司的价值主要体现在:"有形财产的有机联系、劳动者组织机能的存在,以及消费者主体机能的存在。"②

从上述财产权利本身性质和财产的形态类型来考察,不难看出,现代公司已经不是单纯"股东"的公司了,现代公司这种大规模的结合体与传统的小规模、个人所拥有的企业是不同的,必须用现代公司企业的概念代替传统的私人企业。著名的管理学家彼得·F. 德鲁克认为:"公司的首要法则是以组织的形态维持生存,公司的本质是一种社会组织。在当今社会中,股东只不过是与公司具有特殊关系的诸多群体之一。"③实质上,现代公司企业是在控制者领导下由个人、劳动者、消费者以及资本提供者等的团体所组成的有机体——是营利性与社会性相结合的工具。现代公司的控制者越来越追求控制一种能够持续发挥功能的、具有强效市场价值的组织——该组织的存在毫无疑问也要依赖于它们的劳动者、消费者、债权人等。这就要求现代公司不仅仅为股东利益服务,而且还要为劳动者、消费者、债权人等利益相关者服务,甚至为整个社会服务。也就是说"公司在被赋予人格之后,究竟

---

① 现代公司中的被动性财产就是企业中给予所有者的股票和债券;而主动性财产是指在企业中只有少数所有权益的个人控制的企业的工厂、商誉、组织等等。参见〔美〕伯利和米恩斯:《现代公司与私有财产》,商务印书馆出版社 2005 年版,第 344 页。

② 〔美〕伯利、米恩斯:《现代公司与私有财产》,商务印书馆出版社 2005 年版,第 354 页。

③ 〔美〕彼得·F. 德鲁克:《公司的概念》,上海人民出版社 2002 年版,第 19—20 页。

在社会中应当扮演何种角色？"①这样，控制者要想让公司制度在现代社会中和谐发展下去，他们就不得不考虑去平衡社会中不同利益集团的要求，将公司的收入分配给每一个集团——包括提供资本的所有者的利益、进行"创造"的劳动者的利益、给产品以价值的消费者的利益等等。这样公司的角色就从传统的个人主义向现代的集体主义转变，从股东利益最大化向公司利益可持续最优化转变，从传统的单一营利性向营利性与社会性相结合转变，这实质上就是公司角色的一种历史修正，也是公司承担社会责任的深层次原因——从公司角色本身考证的结果。

（三）公司社会责任的定位

既然公司性质本身的转变已经要求现代公司在适当的范围之内履行社会责任，那么我们有必要为公司社会责任作出合理的定位。什么是公司的社会责任？有学者认为"公司的社会责任是指公司不能仅仅以最大限度地为股东们营利或赚钱作为自己的唯一存在目的，而应当最大限度地增进股东利益之外的其他所有社会利益"②。我国台湾地区学者认为"公司社会责任者，乃指营利性的公司，于其决策机关确认某一事项为社会上多数人所希望者后，该营利性公司便应放弃营利之意图，俾符合多数人对该公司之期望"③。我们认为以上定义将公司营利最大化与承担社会责任一同为公司的目标对于公司的经营控制者来讲是不现实的。通过上述分析我们不难发现，公司利益最优化并非要求公司控制者在为牟取股东利益和承担社会责任上的义务是对等的，公司把对股东利益最大化作为自己的基本目标是无可厚非的，在实现股东利益最大化的进程中，公司应对其他利害关系人承担适当的社会义务，这也是公司社会责任的本质所在——毕竟公司作为经济实体，营利目标是永恒的主题。再说并非任何公司企业都能适用这一制度，我们应当考虑的对象是当今所有权与控制权高度分离的现代大型企业，他们在追求利润的同时存在为社会承担更多责任、谋求更大的社会福祉，进而为自身利益的争取获得更丰厚、更持久的利润回报。因此，我们认为公司社会责任应定义为：公司在谋取自身及其股东最大经济利益的同时，作为一种商事组织，从促进商事交易和社会发展的目标出发，为其他利害关系人履行相应的社会义务。现代公司从事商事活动时，不仅要考虑到此种活动对股

---

① 刘连煜：《公司治理与公司社会责任》，中国政法大学出版社2001年版，第29页。
② 刘俊海：《公司的社会责任》，法律出版社1999年版，第6页。
③ 刘连煜：《公司治理与公司社会责任》，中国政法大学出版社2001年版，第66页。

东所产生的影响,还应当考虑到为股东以外的其他利害关系人应履行的社会义务。

公司社会责任到底是一种什么性质的一种责任,学术界一直争论不休——到底是应当作为一种法律义务存在,还是作为一种道德义务存在呢?在早期,更多的学者认为公司的社会责任是道德层次上的问题,因为当时并无关于社会责任的立法,公司履行社会责任只是尽道义上的义务。但随着社会经济的发展,公司对社会、政治、经济、文化的影响逐渐加大,尤其是许多跨国公司的出现和发展,其牵涉的利害关系人范围更广,不是单凭道德上的认识就可以解决的,这时就产生了对公司社会责任立法的必要。发展至今,公司社会责任的性质已演变成为是公司的法律义务与道德义务的统一体,法律规范规定了公司应承担的社会责任的最低限度,同时道德规范又提倡公司承担更高的责任,公司社会责任因此具有强制性与非强制性相结合的特点。法哲学家拉德布鲁赫认为"法律和道德的关系在于,道德一方面是法律的目的,也就因此,在另一方面,道德是法律约束效力的基础"①。可以预见,随着公司对社会整体影响的进一步加大,许多原本是道德上的社会责任将会上升为法律上的责任,它是维护基本社会秩序所必需的最低限度的道德的法律化。② 如果公司不履行,将会受到法律的强制或惩罚。相反,随着公司社会责任意识的加强,道德层次上的公司社会责任是非强制性义务,不以法律强制力保障实施,因此它是对义务人的一种软约束,从前是法律上的社会责任也有可能不再由法律来调整,而作为一种共识由道德加以调整,是在法律义务之外对人们提出的更高的道德要求。

二、强化公司社会责任正当性的衡量与践行

既然公司的社会责任是公司的法律义务与道德义务的统一体,为了明确如何强化公司社会责任,有必要先说明公司社会责任的正当性。

---

① 〔德〕G.拉德布鲁赫:《法哲学》,法律出版社 2005 年版,第 44 页。
② 耶利内克最早在 1878 年时就提出,法律是一种最低限度的伦理。德国魏德士教授认为法律规范和道德规范拥有共同的基础,法律秩序发挥作用的前提是,它必须达到被认为具有约束力的道德规范的最低限度。参见〔德〕魏德士:《法理学》,法律出版社 2005 年版,第 180 页。美国著名法学家富勒将道德分为义务的道德和愿望的道德,道德成为法律的可能性往往出现在最低限度的"义务的道德"。参见〔美〕富勒:《法律的道德性》,商务印书馆出版社 2005 年版。

(一)公司社会责任的正当性分析

社会责任是从个体(公司)对社会整体的角度来讲的,是一种积极意义上的责任。其基本要求是,个人(公司)负有积极地促进他人及社会福利的责任。之所以如此,是因为在整体主义看来个体主义的生存和发展不可避免地得益于社会及他人,因此,享受社会及他人的利益而不做相应的回报就有失公平。① 绝对的效率和绝对的公平是不可能存在的。商事法律的基本价值理念是促进交易自由、提高交易效率,但同时它又有维护交易公平、确保交易安全的义务和责任。这也折射出私法中追求的"权利的保障"和"法律的安全性"两大法律传统价值的二律悖反。公司承担社会责任也存在着个人自由营利性与社会整体利益的冲突。那么,相对的公平与效率的和谐就成为我们努力达成的目标。我国目前仍是一个发展中国家,经济水平还不发达,效率优先兼顾公平,对我国来说是相对合理、可行的。前面我们已经说明现代公司是营利性与社会性的结合体,现代公司作为社会组织的一种,应当更具有社会性。② 兼具营利性与社会性的现代公司不可不对社会中消费者权益的保护、公司雇员劳动权的保护、生态环境的保护、社区关系的改善、慈善事业的关心和赞助等社会责任问题进行平衡。

另外,进入20世纪80年代以后,利益相关者理论为公司社会责任的正当性研究提供了进一步的理论基础。③ 它所关注的是利益相关者群体——投资者、债权人、雇员、供应商、顾客和管理者等——的广泛利益,而不能仅关注其中某一类。因此,现代公司被自然地看成是一种社会组织,它拥有社会责任。其实,现代公司在不损害他人利益的情况下关注利益相关者、承担社会责任,这也被认为是支持了利益最大化原则,这些措施在很大层面上是旨在修正市场失灵(缺乏市场竞争体制、信息不完全和外部性问题等),人们通常认为,为了履行法律职责,公司有责任尊重受到他们活动影响的人们的利益;倘若社会认为公司提供的保证远远不够的,收紧法律的紧箍咒就是十分容易的,公司应该实施"在法律允许范围内的利益最大化"④。

---

① 参见雷兴虎、刘水林:《矫正贫富分化的社会法理念及其表现》,载《法学研究》2007年第2期。
② 刘俊海:《新公司法的制度创新:立法争点与解释难点》,法律出版社2006年版,第558页。
③ 沈洪涛、沈艺峰:《公司社会责任思想起源与演变》,世纪出版集团、上海人民出版社2007年版。
④ 〔英〕加文·凯利等主编:《利害相关者资本主义》,欧阳英译,重庆出版社2001年版,第184页。

这样,强化现代公司的社会责任不仅符合了现代公司的特点(营利性与社会性的兼顾),也迎合了保护利益相关者的时代需要,遵循了法律制度应有的正当性。

(二)践行我国公司社会责任的基本思路

我国新《公司法》第 5 条规定了公司应当承担社会责任。对此,学者们对履行公司社会责任的法律规定理解不一。有学者认为"公司的社会责任主要是一种道德义务,只是在第 5 条进行了道德上的要求,并没有对违反公司社会责任作出概括性的法律责任规定以保障其履行"[①]。还有学者认为"该公司社会责任条款不仅是强制性、倡导性的法律规定,而且对于统率公司法分则规定、指导股东和其他公司法律关系人开展投资和决策活动具有重要的现实意义"[②]。我们赞同第二种观点,认为公司在经营决策时不应损害职工、消费者等其他利益相关者的利益,不能作出损害公共利益的活动,规定公司活动应当负有社会责任的义务,这种义务是法律性的义务。新《公司法》第 5 条虽然对公司承担社会责任的规定有倡导性授权的含义,但是其中如果没有强制性的法律义务,而仅仅是政策性宣传或道德教化,把公司的自律性美德估计过高,那么法律就将不成其为法律了。所以该条(第 5 条)是禁止性的、积极性的规范。考虑到公司的主要目的是营利性,不应有太多的社会负担,当然这种社会责任的承担主要是自愿的,但不能是有害社会利益的行为。

那么如何强化公司的社会责任呢?我们认为新《公司法》第 5 条仅作了原则性的规定,不利于社会责任的操作与实践。和谐社会的营造主要在于主体思想观念的转变和提升,因此,我们本着"以人为本"的思想,考虑着重从主体当事人上来完善,即从公司的责任主体(主要指董事)、责任保护的对象等方面来完善,以达到充实公司社会责任的具体实现:

1. 强化董事的公司社会责任

如前所述,在现代公司中,所有权与经营权越来越分离后,股东已经放弃了对其财产的控制权,变成了一个资本提供者、一个单纯且简单的风险承担者,而最终权力由董事等控制者来行使。在这里,我们就主要试图通过完善董事制度来强化公司的社会责任,因为在现代公司经营中董事起着举足轻重的作用,在公司社会责任的承担中,董事是一个重要的责任主体。董事

---

① 沈四宝:《新公司法修改热点问题讲座》,中国法制出版社 2005 年版,第 146 页。
② 刘俊海:《新公司法的制度创新:立法争点与解释难点》,法律出版社 2006 年版,第 555 页。

责任的承担,按其对象的不同可分为董事对公司的责任、对第三人的责任和对国家的责任。关于董事对公司的责任、董事对国家的责任在法律法规上已有了相关规定,并且大家对此讨论已经相当详细,在此,我们不再进一步阐述。而确立董事对第三人(包括债权人、职工、消费者、竞争者等等)的责任对完善公司社会责任制度意义重大,因为现行公司法对于这些责任的承担主要是以公司为主体,董事一般不承担责任,个人仅对其过错向公司承担相应的内部责任,对此新公司法并未规定董事作为主体对第三人承担责任。因此有学者建议我国公司法应规定董事在执行职务因恶意或重大过失而对第三人造成损失时,应与公司承担连带赔偿责任。① 我国台湾地区也有学者认为"董事为法人之机关,职员如经理、书记、事务员等,为法人之辅助机关,机关之行为即法人之行为,故法人对于机关之越权行为,应负连带责任"②。公司作为一个没有自然生命的组织体,其行为完全由公司机关成员的意志所支配和主导,公司在选任董事时即应承担起其选择管理人的风险,机关成员在接受公司委托之后,便负有与公司共担风险的责任。而且,把董事对第三人的责任定性为连带责任,更有利于保护第三人的利益。③ 所以建议立法部门将"董事在行使职权因恶意或重大过失违反法律法规或公司章程造成利益相关者第三人的利益受损时,应与公司一起承担连带责任"列入公司法中,这样不仅可以督促董事更好行使职权,更重要的是强化了董事的社会责任承担意识。

当然也有国家从董事职权内容本身入手来强化董事的社会责任,保护股东以外的利益相关者的利益。如美国采取公司利益相关者理论的诸州公司立法允许公司董事会的反收购决策不拘泥于股东利益最大化的思维方式,可以为了增进利益相关者的正当权益而采取反收购措施。④ 英国1985年《公司法》第309条规定:"(1)公司董事执行职务时必须如股东利益一样考虑公司员工之通常利益;(2)因此,本项赋予董事的责任是其对公司的责任,与董事对公司的其他诚信义务一样,可以被强制执行。"⑤ 德国1937年

---

① 参见金玄武:《公司社会责任的法律界定与类型化分析》,载《学习与探索》2006年3期。转引自董学立:《商事组织法》,北京大学出版社2004年版,第294页。
② 参见何孝元:《民法总则》,台湾地区1960年自版,第43页。转引自雷兴虎、蔡晔:《论董事行使职权的内外部制衡机制》,载《法学评论》2002年第6期。
③ 参见雷兴虎、蔡晔:《论董事行使职权的内外部制衡机制》,载《法学评论》2002年第6期。
④ 刘俊海:《新公司法的制度创新:立法争点与解释难点》,法律出版社2006年版,第557页。
⑤ 张穹主编:《新公司法修订研究报告》(中),中国法制出版社2005年版,第70页。

《股份公司法》规定:"公司董事……必须追求股东的利益、公司雇员的利益和公共利益。"①可见,从董事职权内容本身入手来强化董事的社会责任、保护利益相关者的利益已成为健全现代公司治理结构的一项重要内容,我国公司法律制度中应当有所体现。

2. 充实公司对保护对象的社会责任

从社会责任承担的保护对象来看,有公司职工、消费者、供应商、销售商、顾客和债权人等等公司利益相关者,为了更好地强化公司的社会责任,我们主要从职工、消费者、债权人三方面来考虑如何完善公司的社会责任。

首先,完善公司职工参与制度。现代经济的发展表明,物质资本对公司的发展作用日益减弱,人力资本比物质资本更为稀缺,不应简单地把公司看成是"股东们利益的结合体",而应是"股东利益与职工利益以及其他利害关系人利益的有机结合体"②。人力资本论认为职工是以人力资本投资,与股东的实物和金钱投资一样,因此也应置于一种股东的地位。尽管法律上看股东是公司资产的出资者,但员工们在公司中的内在作用日渐凸显,因此,必须重视员工们作为公司成员必要组成部分这个客观事实。并且在公司对社会日益影响的今天,完善职工参与制度,可以强化对公司所承担之社会责任的监督,预防公司的经济力量被人为地滥用,避免股东利益最大化的同时损害社会利益。为了完善公司职工参与制度,将强化公司社会责任的理念注入到具体的制度中去,新公司法在制度设计上许多地方也都体现了对职工参与公司治理理念。如在职工董事制度方面,我国新《公司法》第45条第2款和第68条要求两个以上的国有企业或者两个以上的其他国有投资主体投资设立的有限责任公司以及国有独资公司的董事会成员中应当有公司职工代表;第45条第2款和第109条第2款则规定其他有限责任公司和股份有限公司可以(非必须)设立职工代表董事制度,另外,在职工监事制度方面,新《公司法》第52条第2款、第71条和第118条要求监事会应当包括适当比例的职工监事,规定其中的职工代表比例不得低于1/3。西方国家的职工参与制度较之我国而言比较具体和实用③,而我国公司法的现有规定

---

① 张穹主编:《新公司法修订研究报告》(中),中国法制出版社2005年版,第71页。
② 刘俊海:《新公司法的制度创新:立法争点与解释难点》,法律出版社2006年版,第577页。
③ 德国1976年《共同决定法》规定劳方与资方参与监事会的比例为1:1,特定情况下1:3或2:3;雇员在1万、1—2万、2万人以上时监事会成员的法定人数和比例都不同等等。参见沈四宝:《西方国家公司法原理》,法律出版社2006年版,第131页;张穹主编:《新公司法修订研究报告》(中),中国法制出版社2005年版,第70页。

还存在着内容过于抽象与空泛,建议立法中考虑以公司规模即职工人数来确定参与比例,完善职工董事和职工监事的选举和罢免程序,明确赋予职工董事、职工监事一定的权利,增加职工董事、职工监事的义务规定等等。

其次,完善公司对消费者的社会责任。现代公司与消费者之间仍然存在着经济实力、信息占有和缔约能力的不对称,消费者的弱势地位尚未从根本上扭转,企业的社会信用体系尚不健全,商家的失信制裁成本较低。现代公司在激烈竞争中获胜的策略之一就是善待自己的消费者,全面尊重消费者的一系列权益,及时对消费者关注的问题、价值和目标作出反应和调整,及时按照消费者需求调整自己的经营思路和市场营销战略,注重在降低生产和交易成本的同时,尽可能地向消费者提供更多的实惠、便利和承诺。只有充分尊重消费者的权利和利益,防止公司滥用权利损害消费者的行为发生,才能提高企业的可持续发展,营造和谐的消费环境,赢得更好的信用社会环境,所以现代公司应当着手强化公司对消费者的社会责任。我国新《公司法》第128条规定了上市公司可以设立独立董事制度。独立董事并不和公司的经济利益直接相关,可以从相对超然的立场参与公司决策。这样,他们一方面可以维护小股东的利益,也可以维护和捍卫广大消费者的利益和公司的整体利益;另一方面,他们可以在涉及公司社会责任的问题上增强公司决策的科学性和公正性,更好地为公司的其他利害关系人服务。所以,我们赞同"独立董事应包括消费者代表,要鼓励与保护消费者代表步入公司决策层"[①],并赋予其全方位的知情权,即与股东董事、职工董事一道就公司的经营战略、投资计划、产品开发、产品质量检验等重大问题参与表决的决策权,就涉及消费者切身利益的问题行使否决权。消费者董事必须来自消费者,由消费者所选,并为消费者服务。

再次,完善公司对债权人利益的保护。债权人是公司利益相关群体中重要的角色,自然应当作为公司社会责任中保护的重要对象。公司对债权人的责任,至关重要的是必须切实履行依法订立的合同,确保交易之安全。我国新《公司法》在第1条将保护债权人的合法权益规定为公司立法的宗旨之一。由于公司与债权人之间信息的不对称,债权人债权的实现,仅靠他们之间的合同是难以实现的。现实中公司也经常利用其有利的信息,任意挥霍从债权人处借来的财产,导致债权人的债权无法实现;或者公司骗取债权

---

① 参见刘俊海:《公司社会责任与和谐消费环境的营造》,载《法治论丛》2005年第4期。

人的财产,然后逃之夭夭;或者公司通过借新债来还旧债,侵犯了全体债权人的交易安全。各国法律都以加强对债权人的保护来完善利益相关者的法律体系,进而达到强化公司社会责任的目的。如德国《股份公司法》第62条规定:"股东应将其违反法律从公司受领的给付返还公司。当公司的债权人不能从公司取得清偿时,也可以主张此项权利。"①韩国《商法》第462条也规定:"违反分配利润时,公司债权人可向公司申请返还。"我国台湾地区公司立法也有类似的规定。② 而我国新《公司法》对于债权人保护制度方面还不够,建议增加在公司和董事严重侵害债权人利益时,赋予债权人赔偿请求权。此外,对于特殊的债权人——银行,由于其资金流动性比较快,债务数额比较高,风险较之其他债权人较大,建议可以借用德国和日本的积极保护措施——银行的参与制度:即银行通过购股进入监事会或者通过贷款直接向公司派驻监事来监控公司的行为。③

另外当公司利用公司有限责任特性严重损害股东利益时,我国新《公司法》第20条第3款引入了公司法人格否认制度,体现了对公司债权人利益的保护,即"公司股东滥用公司法人独立地位和股东有限责任,逃避债务,严重损害公司债权人利益的,应当对公司债务承担连带责任。"这项新制度突出保护了债权人的利益,进一步强化了公司的社会责任。

三、公司法人格否认制度的完善——公司社会责任的延伸

那么公司法人格否认制度对于强化公司的社会责任有何意义?我们不妨先来探讨两者之间的关系。

(一)完善公司法人格否认制度与强化公司社会责任的关系

前面我们已经讨论了20世纪80年代以后利益相关者理论的出现为公司社会责任正当性的确立提供了重要的理论基础。公司利益相关者理论意味着公司的存续不是由股东所能简单决定的,现代公司上存在着投资人、管理人、债权人、国家或社会甚至是消费者等多个利益主体,公司的经营正是为实现诸多主体的共同受益,同时为使公司不至于被少数人所操纵而打破

---

① 张穹主编:《新公司法修订研究报告》(中),中国法制出版社2005年版,第71页。
② 同上书,第68—69页。
③ 沈四宝:《西方国家公司法原理》,法律出版社2006年版,第131页。

主体的利益平衡,法律才赋予了公司独立的法律人格。公司利益相关者理论是从公司内外部的财产构成、人力的投入、公司内外部相互影响的动态角度宏观地对公司重新进行了审视,把公司看成是"股东利益与职工利益以及其他利害关系人利益的有机结合体"。这种审视摆脱了传统公司法单纯从股东投资风险防范角度(有限责任)对公司法人人格的看待,从而加强了公司自身的权利能力和行为能力,使得公司可以有自己更长远的、稳定的经营目标。而且,现代公司要求财产权与控制权分离的前提下,已经默示允许将股东的投资风险合理地转移到公司外部,外化于公司的利益相关者之中,所以公司应当考虑股东和其他利益相关者的利益平衡体系。如果只是强调股东的有限责任和股东对公司的治理,那就必然会导致股东(特别是大股东)不当操纵公司而损害公司、职工、债权人等利益,公司的独立人格必然受到严重影响,这必然会打破公司上利益的平衡,公司法上的法人格否认理论及实践就是针对股东不当影响公司而否认公司法人人格的。公司的这种独立人格不仅仅是和股东联系在一起的,而且是和其相关利益人紧紧联系在一起的。公司除了以维护股东利益为主要目标并对股东负责外,还应维护公司债权人等与公司发生各种联系的其他相关利益群体的利益,承担社会责任。既然公司负有社会责任,公司独立人格否认的结果就是对损害社会利益的行为的一种追究。

随着公司的发展尤其是上市公司的不断增多,不能继续坚持公司是为股东获取利益的工具的传统公司法理念,现代公司是股东利益与其他利益相关者利益的结合体,公司这时处于股东和相关利益者之间,公司对他们利益的判断和衡量是相互的,公司在现代社会中应当承担一定的社会责任,于是,公司自身的价值和地位得到了质的提高,这也就意味着公司法人人格的强化,同时也是对社会责任的一种实践。反之,当公司严重忽视、破坏利益相关者的利益时候,不仅意味着对公司社会责任的践踏,而且也是公司法人格否认之剑"出鞘"之时。

(二) 完善公司法人格否认制度的若干建议

公司法人格否认,在英美法系称为"揭开公司面纱"。该制度源于发达市场经济国家美国的公司法的判例与学说中。1905 年,美国诉密尔沃基冷库运输公司(U. S. v. Milwaukee Refrigerator Transit Co.)一案,标志着美国公司法人格否认法理的真正创立。① 这也是通说中的公司法人格否认制度的首次确认。② 大多数国家都是通过判例来确立该制度的③,而我国新《公司法》将公司法人格否认制度上升为成文立法,这符合我国大陆法思维,也可见我国立法者的睿智和勇气,这也是我国对世界公司法的一大贡献。④

我国新《公司法》引入了法人格否认制度来制裁公司经营股东滥用公司法人独立地位和股东有限责任,保护公司债权人的利益,进而能够达到强化公司的社会责任的效果。但我国现行的公司法人格否认制度仅仅从保护公司债权人角度来强化公司的社会责任,这是不够的,对于劳动者、消费者等其他利益相关群体也应当适用公司法人格否认制度来保障他们的利益,强化公司社会责任。

有学者认为"新《公司法》第20条所称的'公司债权人'既包括民事关系中的各类债权人(包括但不限于契约之债的债权人、侵权之债的债权人、无因管理的债权人和不当得利之债的债权人),也包括劳动关系中的债权人(劳动者),还包括行政关系中的特殊债权(如国家税收债权)等"⑤。他认为该制度主要是针对控股股东滥用法人人格和股东有限责任的行为而设计的,公司法人格否认制度保护的债权人应理解为广义上的债权人,还应当包括劳动者、消费者等除狭义民事关系中债权人外的各类利益相关者。我们认为这是不对的。因为,从各国司法实践中来看,公司法人格否认制度主要适用于保护债权人,对于其他利益相对人没有足够的事实依据,而且如何判决公司股东滥用法人格侵害其他利益相关者的事实还很难界定,而且我国立法部门考虑该制度是一个新制度,社会各界对它的认识还比较陌生,不便更大范围地适用。⑥ 所以,新《公司法》的公司法人格否认制度仅仅从保护单纯的公司债权人角度来强化公司的社会责任。

虽然各国都把公司法人格否认制度适用的主张者认定为是债权人,但

---

① 朱慈蕴:《公司法人格否认法理研究》,法律出版社1998年版,第80页。
② 但也有书上记载:英国于1897年在所罗门诉所罗门有限公司案中确认了公司法人格否认制度。参见王保树、崔勤之:《中国公司法原理》,社会科学文献出版社2006年版,第49页。
③ 就目前的资料来看,美国《示范公司法》第6.22节第2款、英国《公司法》(1985年)第24条、德国《股份公司法》第117条有公司人格否认制度成文法规定外,世界其他绝大多数国家是通过判例法来确认该项制度的,在立法中没有明确反映。参见张穹主编:《新公司法修订研究报告》(中),中国法制出版社2005年版,第135页。
④ 刘俊海:《新公司法的制度创新:立法争点与解释难点》,法律出版社2006年版,第87页。
⑤ 同上书,第88页。
⑥ 沈四宝:《新公司法修改热点问题讲座》,中国法制出版社2005年版,第148—149页。

事实上，公司有时候为了公司的整体利益，考虑到利益相关者的利益，强化公司社会责任时，会赋予非债权人有权可以主张公司法人格否认制度来制裁公司经营股东滥用公司法人独立地位和股东有限责任，保护他们的利益，进而能够达到强化公司的社会责任的效果。如著名的印度"博帕尔毒气泄漏事件"，受害人成千上万，损失巨大，若根据环境法或侵权法追究肇事者——公司的责任，即便该公司财产全部用于清偿也难以弥补，这时候用公司法人格否认追击公司背后的控股股东责任，则可以更好维护其他利益相关者。[①] 再如在李诉李氏空中农业公司(Lee. v. Lee's Farming Ltd.)一案中，英国枢密院认为，李和李公司的人格是各异的，李不仅可以是公司的股东、董事，而且也可以是公司的雇员，李依其雇员身份有权要求获得公司赔偿。[②]

所以，我们仍然本着"以人为本"的思想，还是应当考虑着重从主体当事人上完善，包括从公司法人格否认的主张者、公司法人格否认的适用者两方面来完善公司法人格否认制度：

首先，公司法人格否认的主张者，不应当仅仅限定在债权人，更大范围内的其他利益相关者都应当可以。"从强化现代公司的社会责任角度来讨论公司法人格否认法理的适用，其适用效果必然要超出对公司债权人群体的保护，还需要囊括对于公司有关的其他利害关系群体的保护。"[③]公司人格否认制度旨在恢复已被打破了的公司上的利益平衡，而公司上的利益主体除股东外，并非只有公司债权人一方，劳动者、消费者、国家、社会以及其他中小股东等的利益也应受到保护，因此，当个别股东控制公司时，遭受利益损失的就不仅仅是公司债权人一方，其他利益主体的利益也可能遭受侵害，法律为何只保护公司债权人的利益而不顾其他主体的利益？我们认为扩大公司法人格否认主张者——利益相关者的范围，有利于维系公司的利益平衡。毕竟，现代公司是股东利益与职工利益以及其他利害关系人利益的有机结合体。

其次，公司法人格否认的适用者，应当主要限制在控股股东上。因为在前面已经说明，公司法人格否认制度在世界各国主要是通过判例与学说来确认的，除少数国家有明确的立法外，大多数国家在立法中没有明确反映。各国对于适用该制度是很谨慎小心的。因为在市场经济越来越发达的今

---

① 沈四宝：《新公司法修改热点问题讲座》，中国法制出版社2005年版，第149页。
② 朱慈蕴：《公司法人格否认法理研究》，法律出版社1998年版，第157—158页。
③ 同上书，第307页。

天,即便现代公司的社会性越来越突出,公司的法人性和股东有限责任仍是现代公司的基础平台,营利性仍然是公司组织形式长盛不衰的法宝,所以各国在适用公司法人格否认制度时仍不免要考虑该制度在多大范围内实施才不至于阻碍传统公司组织的进步和发展。该制度在多数国家立法中只作出特定的场合和事由的例外性规定。再者,目前我国市场经济还属于不发达的时期,且该制度刚刚实施不久,若一味保护利益相关利益者,不顾及该制度适用的主体,不免会伤害股东的投资热情,破坏公司组织的社团性的基础。公司法人格否认制度内容十分繁杂,总结规律需要长期时间,并且结合本国的公司特点,即使总结出规律,也不能长期不变地推广,必须根据不同的案例特点由法院时时追踪、经常总结。① 我国司法解释中确立原则与公司法人格否认规则虽然有所不同②,但通过司法解释加以颁布,其修订要比改变法律的内容要简便、快捷。待今后经验丰富、条件成熟时,再决定是否扩大适用范围和放宽条件。主要限制控股股东是因为该股东滥用控制权而逃避自身责任的办法越来越迂回,否认公司人格的方法也要考虑不同案件的原告的需求(这在上述第一点我们已经介绍了),以实现真正的公平。③

可见,公司法人格否认制度是一把双刃剑,一方面它有于保护利益相关者的合法利益不受侵害,另一方面它又削弱了股东投资热情,不利于现代公司吸收更多资金。它的适用在某种程度上弱化了公司法人格和股东有限责任制度,同时它又起到了强化公司社会责任的目的。既然我们完善公司法人格否认制度是从主体要件上来考虑的,在平衡公司利益、慎用法人格否认制度的前提下,我们建议公司法人格否认的适用者主要限制在控股股东上,基于此,公司法人格否认的主张者,不应当仅仅限定在债权人,更大范围内的其他利益相关者都应当可以。这样,我们才能更公正、有效地利用公司法人格否认制度,保护公司利益相关者的利益,更好地强化公司社会责任。

综上所述,现代公司随着公司规模的不断壮大,经营权与控制权不断扩大分离,与传统公司的单一营利性特征不同,现代公司的本质特征是营利性和社会性兼顾、社会性越来越突出的商事组织体。现代公司的运作行为不仅

---

① 沈四宝主编:《揭开公司面纱——法律原则与典型案例选评》,对外经济贸易大学出版社2005年版,第24页。
② 参见金剑锋:《公司人格否认理论及其在我国的实践》,载《中国法学》2005年第2期。
③ 沈四宝主编:《揭开公司面纱——法律原则与典型案例选评》,对外经济贸易大学出版社2005年版,第24页。

关系到股东的利益,还关系到职工、消费者、债权人等利益相关者的利益,甚至还关系到市场经济秩序和公司利益,这就要求现代公司践行应有的社会责任。我国新《公司法》第5条虽然明确规定公司必须承担一定的社会责任、履行相应的法律义务,但具体强化的措施不够明确。我们建议本着"以人为本"的思想,考虑着重从公司的责任主体(主要指董事)、责任保护的对象两方面来完善,进而保障利益相关者的合法利益。新《公司法》同时又引入了公司法人格否认制度来保障债权人的利益,进而达到平衡相关利益者、强化公司社会责任的目的。但我国现行的公司法人格否认制度仅仅从保护公司债权人角度来强化公司的社会责任,这是不够的,我们建议应从公司法人格否认的主张者、公司法人格否认的适用者方面来完善公司法人格否认制度。当然,设想还只是初步的、不完善的。随着现代公司出现新的特征和趋势,对于公司社会责任与公司法人格否认制度的研究也会发生新的进展,学术界的研究亦将不断更新。

论企业社会责任与上市公司收购

杨 东[*]

摘 要 本文分三个部分,关于上市公司收购与企业社会责任的关系,首先考察美国上市公司收购与企业社会责任的运用状况,其次分析日本对上市公司收购与企业社会责任理论的运用,最后探讨企业社会责任理论在规范我国上市公司收购中的运用可能性,提出两个观点:第一,强调企业社会责任理论,鼓励进行有社会责任的收购行为,防止恶意收购和重组行为。第二,利用企业社会责任理论,防御外资并购。

关键词 企业社会责任;上市公司收购;反收购措施;社会责任收购;外资并购

一、问题的提出

从上市公司收购的角度来探讨企业社会责任理论的运用,既能帮助我们更好地理解企业社会责任的重要性,也能让我们探索规范上市公司收购的有效方法。

特别是在我国上市公司收购与国外存在很大不同的历史背景之下,大量不规范的上市公司重组成为主流,恶意重组,掏空上市公司,不仅损害上市公司的其他小股东利益,也损害非股东的利害关系人(员工、债权人、客户、

---

[*] 杨东,中国人民大学法学院讲师,日本一桥大学法学博士。

社区等)的利益,乃至让整个股票市场的失去规范和诚信,最终损害国家的利益。

另外,外资并购极为活跃的环境之下,如何协调吸引外资和维护经济安全两者之间的矛盾,也是一个重要问题。

因此,在这样一个特殊的背景之下,笔者尝试从企业社会责任这个角度来解决上述问题。

也就是说,规范中国的上市公司收购活动时,如何运用企业社会责任理论,是一个值得我们探讨的重要问题。

那么,如何探讨呢?笔者认为:第一要寻求更有说服力的理论依据,让更多的收购者和被收购者接受企业社会责任的观念;第二是要探索如何在上市收购中落实企业社会责任的对策,解决企业社会责任的可操作性的问题。

本文分析考察美国和日本的实践和经验,提出在规范中国上市公司收购活动中如何运用企业社会责任理论的问题。

二、上市公司收购与企业社会责任——对于美国的考察[①]

从某种角度来说,企业社会责任,就是资本主义发展到困境之时吸收借鉴社会主义先进制度的一个结果。而企业社会责任理论正是在最能体现资本主义精神、崇尚股东价值最大化的美国的上市公司收购活动中被逐渐广泛利用的。

以1929年纽约股市崩盘为标志,美国陷入了历史上罕见的大萧条时期。企业纷纷关门破产,工人失业率急剧上升,政府税收锐减,社会问题空前严重恶化。对于企业社会责任的讨论也就成了美国20世纪30年代初大众传媒和学术界的热门话题。哈佛大学法学院教授多德试图借助公司及其经营者的社会责任感缓解一下公司所在地所发生的社会问题。也有人认为,推广企业社会责任的提法,实际上是美国商界为了消除公众的敌对情绪而做出的一大努力。两者的共同之处即是重视资本和股东之外的非利害关系人。

---

① 本部分内容参见刘俊海:《强化企业社会责任的法理思考与立法建议》(2),http://www.civillaw.com.cn/article/default.asp? id=31756(中国民商法律网)。

而将企业社会责任理论加以充分运用和发挥的是关于上市公司收购的反收购防御措施的判例和立法。20世纪80年代,美国的州法院开始有限度地允许董事会在面临公司收购威胁的情形下考虑非股东的利益。在1985年的昂诺考公司诉米萨石油公司一案中,特拉华法院指出,在确定为防御收购所带来的威胁而采取的行动的合理性时,董事会可以考虑"对股东之外的利害关系人,如债权人、顾客、雇员,或许还有整个社会的影响"。此类判决只局限于公司收购的特殊场合,而不及于公司经营过程中的其他方面。

自20世纪80年代以来,美国大多数州的公司法陆续经历了一次革命性的变迁,通过了保护非股东的其他利害关系人的立法,认为股东只不过是各类公司利害关系人中的一类,要求公司经营者不仅要为公司股东谋利益,也要顾及其他公司利害关系人的利益。说它是一次革命性的变迁,是因为这些立法首次在公司立法史上对于一元化股东利益最大化的传统理念提出了挑战,尽管挑战的领域、力度在各州有所不同。

此次立法改革起因于立法者们对20世纪80年代公司收购浪潮的效果的关注,他们在本州地方利益的驱使下赋予董事们多余的理由以击败敌视的收购控制权的要约。具体说来,美国在80年代的公司收购浪潮汹涌澎湃。其中,敌意收购(hostile takeover)占有相当高的比例。所谓敌意收购,是指目标公司(目标公司)经营者不喜欢的市场主体,先以重金购买目标公司的股票,然后对目标公司的董事会进行重新组阁,对公司经营战略和经营计划予以调整,对职工进行大量裁员。

传统的公司理论认为公司是股东的公司,公司一切活动的目的都是为了股东,因此公司董事只对公司股东承担义务。但是现代公司的发展已使公司不只与股东的利益有关,它牵涉到雇员、消费者、债权人、供应商,以及社区等多方面的利益。现代公司理论认为公司是一个合同关系的网络,公司是这一系列合同的联结点。在这一系列合同中,既包括股东之间的投资契约,还包括公司与职工的劳动契约、公司与产品购买者之间的销售契约等。因此,股东在这些由公司联结的合同网络中,仅仅是股本的投入者,公司作为合同的联结点,不能仅仅追求利益的最大化,还要考虑公司事业的长远利益以及雇员、客户、供应商、社区甚至国家的利益。

在美国,这一企业社会责任理论为目标公司经营者站在社会责任的立场上采取反收购措施提供了理论依据。因为公司收购的成功往往意味着新控制者对原有经营计划的改变,这有可能导致目标公司工人失业,供应商失去客户,消费者失去某种商品,社区的文化和环境遭到破坏。因此,目标公司经营者在面对一次敌意收购时,除了考虑股东的利益之外,从社会责任的角度出发,还应该考虑公司事业的长远发展,考虑股东以外的其他利益主体的利益。也就是说,如果目标公司经营者认为收购不利于其他利益主体,即便该收购有利于股东,他也可以据此采取反收购行动,剥夺股东在收购中获得高溢价的机会。目标公司经营者依据社会责任理论采取反收购行动应该说有一定的道理,但不可否认的是,目标公司经营者处在微妙的利益冲突之中。面对敌意收购对自己利益的威胁,目标公司经营者反收购的倾向是不言自明的,但纯粹为巩固自己地位的反收购行动是法律所禁止的。因此,目标公司的经营者往往以社会责任为借口来说明自己反收购行动的合理性,其结果可能使目标公司经营者的反收购行为失去约束,为其滥用权利损害股东利益提供方便,而这是任何一个国家的收购立法都不愿意面对的结局。①

三、日本对上市公司收购与企业社会责任理论的运用

一直以来,日本的上市公司收购法制和理论受到了美国的巨大影响,但是因为日本长期以来很少发生敌意收购,所以,实际上直到最近,关于收购反收购的理论的讨论才活跃起来。

以 2005 年 2 月的活力门公司(livedoor Co., Ltd.)对日本广播公司(Nippon Broadcasting System, Inc.)敌意收购的攻防战为契机,各大媒体连篇累牍地就敌意收购及收购防御策略展开讨论。接着又发生了 MAC、通称村上基金大量取得阪神电铁的股票以及乐天公司向 TBS 提出经营合并方案等事件。在日本,敌意收购的案例越来越多,引起日本社会的广泛关注。

日本 2005 年新公司法典参考了世界各国(当然主要是美国)针对敌意收购的防御措施,对于对敌意收购,设计了各种各样的制度措施,作为代表性的有以下内容:(1)将对股东大会决议具有否决权的股份(也就是黄金股)发行给友好企业的防御措施。公司法上,为了使黄金股不流向友好企业以外的企业,公开公司可以只在黄金股上附转让限制(日本新《公司法》第

---

① 参见刘俊海:《强化企业社会责任的法理思考与立法建议》(2),http://www.civillaw.com.cn/article/default.asp? id=31756(中国民商法律网)。

108条第1款第4项）。（2）减少恶意收购人的表决权的比例，也就是所谓毒丸策略。新公司法在两方面进行了设计：第一，依据股东大会的特别决议，在普通股份上附全部取得条款，可以在收购人的收购比例较低阶段时将其所取得的股份转换为附取得条款股份（第108条第1款第7项）；第二，发生一定事由时，公司从收购人以外的新股预约权人那里取得新股预约权，认可作为对价可以向其交付股份的附取得条款新股预约权等，使得"毒丸"更容易导入。在普通股份上附表决权限制，可以依章程的变更成为可能，所以，可以对持有一定比例以上的股东的表决权进行限制 以此达到与"毒丸"同样的目的。另外，也有在章程上严格设置董事的解任、合并等的股东大会的决议要件的防御措施。通过严格设置决议要件，会增加恶意收购人支配公司所需要取得的股份数，可以说是提高了收购的门槛。日本新《公司法》中明文规定可以将决议要件严格化（第309条）。其他方面，日本新《公司法》大幅度地扩大了章程自治的范围，所以公司经过设计可以采取多种多样的防御措施。

　　日本的上市公司收购法制是类似于美国的采用以公司的自身防御措施（毒丸、黄金股、股东大会决议要件的严格化等）为中心的防御措施的法制。但是，与美国不同的是，日本实行"董事会中立主义"，对此，日本新《公司法》虽没有明文规定，但规定了对于以维持经营权为主要目的的新股发行或新股预约权的发行，如果是以明显不公平的发行就可以对其提起请求停止发行之诉等来看，除了对有损害股东之虞的收购采取紧急措施的情形或者以某种形式取得股东大会认可的情形之外，董事负有作为善管注意义务的内容之一的中立义务。

　　正因为实行"董事会中立主义"，所以在日本，据笔者考察尚未看到像美国那样，立法上把企业社会责任理论作为采取反收购措施的根据之一。但是，在司法实践中，日本的法官在一些判例中强调了收购者应负一定的社会责任。其中最著名的两个判例是村上基金案和美国投资基金 Steel Partners Japan Strategic Fund 对调味品生产商——牛头犬调味品公司（Bull-Dog Sauce）收购案，下面做详细的介绍。

　　泡沫经济崩溃以来，日本的经营者对长期的股票市场低迷不闻不问，而董事会及股东大会也没有发挥应有的作用，而且相互持股还没有完全被消除。以原经济产业省的官僚村上世彰领导的 MAC、通称村上基金与美国的投资基金设立的 Steel Partners Japan 成为两个"敢于直言的投资基金"。村上基金与 Steel Partners Japan 的作用与 20 世纪 80 年代美国的敌意收购存在共同之处,即寻找股价偏低的公司进行收购,行使作为股东的真正权利,向公司管理层提出各种意见,必要时取得控制地位,更换管理层。

1. 村上基金案

村上世彰原是经济产业省的官僚,因不满于日本的资本市场缺乏股东意识,而弃官设立基金投身股票市场,大力呼吁股东权益,成为"提意见的股东",在日本金融界名声大噪。他的惯用手段就是悄然买进目标公司股权,然后向目标公司强力施压,要求改变经营方式或否决部分对股东不利的提案。他也为此一直被日本企业界批评"在创造市场新规则的同时,为日本社会染上了过于精明的利益色彩"。但村上世彰的出现,以及他倡导的"公司是股东的"主张,也象征了一个"股东做主"的新时代,为过去忽视股东权利、股东大会形同虚设的旧日本企业形态画上了句号。2005 年 2 月,活力门公司(Livedoor)对富士电视台控股的日本放送公司实施了著名的闪电并购,在二级市场上仅半个小时就购得日本放送公司 35% 的股票,最终迫使富士电视台以高价回购了日本放送公司的股票。

根据判决书,认定的事实如下:在这场闪电并购实施前夕,村上基金的代表村上世彰在 2004 年 11 月 8 日召开的会议上,从活力门公司前社长堀江贵文获得活力门将大量购买日本放送公司股票的内幕消息,他根据这些内幕信息从 2004 年 11 月至 2005 年 1 月共计收购日本放送公司的股票 196 万股。村上基金在活力门公司 2005 年 2 月公布已经持有日本放送约 35% 的股份时,趁股票价格高企时逢高抛售大部分所持有的股票,村上基金从中赚取了约 30.45 亿日元,而村上本人也至少获得了约 1.5 亿日元的利润。

2007 年 7 月 23 日东京地方法院对在日本放送股票内幕交易案中违反《证券交易法》的村上世彰作出判决,判其 2 年有期徒刑和 300 万日元罚金,同时追缴约 11.49 亿日元的追征金。

本案例是日本导入内幕交易制度以来最严厉的判决。以往的判决中,即使是判定有罪,但是大多是被判缓期执行。而作出如此严厉的判决,一个非常重要的理由是法院认为像村上基金这样"敢于直言的"专业的投资基金,具有较大的社会影响力和社会责任,需要比一般投资者更高的要求和标准来对待。

2. Steel Partners Japan Strategic Fund 收购 Bull-Dog Sauce 案

以上两个最近的案例表明,日本为了摆脱泡沫经济后长期低迷的经济状况,导入各种并购重组的制度,鼓励收购,增强外部公司治理和外部监督的同时,对于收购者的社会责任也提出了严厉的要求。短期内,当然会对刚刚恢复活力、并购活动逐渐活跃的市场产生负面影响,但是,笔者认为,从长远来看,是有利于日本经营状况的改善和经济活力恢复。

四、企业社会责任理论在规范我国上市公司收购中的运用

在股权分置时代,绝大多数上市公司的收购行为都是购并双方谈判达成一致的结果。据统计,中国资本市场上善意收购案例占了总收购案例的95%左右。

自1993年9月"宝延风波"揭开上市公司兼并收购的序幕以来,我国资本市场上至今已发生数十起较大规模的收购与反收购之争。在此过程中,上市公司采取了多种反收购对策,如事先积极预防策略、管理层防卫策略、超级多数投票规则、培养对抗收购者的有力盟友以获得持股员工和主要股东的支持、白衣骑士策略、法律诉讼等。

2005年4月底开始的股权分置改革正向纵深推进,越来越多的上市公司将处于股份全流通的状态。随着全流通市场环境的到来,针对上市公司的收购与兼并活动也将进入到全新的阶段,公司控制权争夺将日益激烈,反收购活动将出现逐步上升的趋势。①

在此背景之下,经过两个多月的意见征求,中国证监会于2006年7月31日正式发布新《上市公司收购管理办法》(同年9月1日实施,以下简称《办法》)。在一系列的制度建设取得重大进展、证券市场进入全流通时代之后,新《办法》的出台,标志着资本市场在完善上市公司收购制度、促进资源优化配置方面又迈出重要一步。从内容看,《办法》在赋予收购人更多自主空间的同时,又从信息披露、法律责任等方面强化了对收购人的监管,宽严之间体现了监管者的价值取向。新《办法》简化了收购的审核程序、拓宽了收购方式、规范了收购过程,为完善和活跃上市公司收购行为打下了坚实的基础。

---

① 不少上市公司,如G万科、G美的、G伊利等,纷纷采取了多种防止收购的措施。从这些已推出反收购策略的上市公司情况看,有的修改了公司章程,规定分级分期董事制度,以防止收购者进入董事会;有的通过其他手段设置"金色降落伞计划",以提高收购成本。

同时,为保护公司董事会为维护股东和公司利益所采取的合法反收购措施,防止反收购措施被公司内部人滥用,新《办法》对上市公司反收购作出了适度限制性规定,要求反收购措施不能损害上市公司本身或股东的合法权益。

新《办法》第 8 条规定:被收购公司的董事、监事、高级管理人员对公司负有忠实义务和勤勉义务,应当公平对待收购本公司的所有收购人。被收购公司董事会针对收购所做出的决策及采取的措施,应当有利于维护公司及其股东的利益,不得滥用职权对收购设置不适当的障碍,不得利用公司资源向收购人提供任何形式的财务资助,不得损害公司及其股东的合法权益。此规定是吸收新公司法导入的董事、监事、高级管理人员的忠实义务和注意义务。第一次明确规定在上市公司收购要负有此义务。而且,新《办法》第 81 条第 1 款规定:上市公司董事未履行忠实义务和勤勉义务,利用收购谋取不当利益的,中国证监会采取监管谈话、出具警示函等监管措施,可以认定为不适当人选,确定了不履行义务时的法律责任。

新《办法》第 33 条还规定:收购人作出提示性公告后至要约收购完成前,被收购公司除继续从事正常的经营活动或者执行股东大会已经作出的决议外,未经股东大会批准,被收购公司董事会不得通过处置公司资产、对外投资、调整公司主要业务、担保、贷款等方式,对公司的资产、负债、权益或者经营成果造成重大影响,本条实质上是禁止使用国外所采用的"焦土政策"的反收购措施。

此外,新《办法》第 80 条第 2 款对于章程自治作出了严格的限制,即上市公司章程中涉及公司控制权的条款违反法律、行政法规和本办法规定的,中国证监会责令改正。

这些规定基本上防止了损害公司利益和股东权益的反收购措施的出现。国外流行的一些反收购措施,大都不适合我国证券市场的实际状况。如"金色降落伞计划",是为保障董事、高管自身利益而提出的,与新《办法》的精神不符;规定不利于收购人进入董事会的董事任职资格,设置超过《公司法》关于董事会、股东大会决议通过的比例,或严重损害上市公司利益和股东权益的行为,如短期内恶化公司财务状况或导致高管人员流失的"焦土政策"、"毒丸计划"等,在中国目前也不应该成为上市公司反收购策略的选择。

因此,可以说新《上市公司收购管理办法》主要采纳了英国立法模式,正式确立了"股东大会决定权"、"董事诚信义务"、"董事会中立主义"以及"反收购策略多元化"等原则。即在采取反收购策略时,目标公司管理层在维护公司及股东利益的基础上,必须承担诚信义务和信息披露义务,为股东决策提供支持;上市公司广大股东也需要加强对管理层的监督,最大化地发挥反收购对策的正面作用。同时,由于采取反收购措施时需要考虑咨询费用、用于防御的管理时间与公司资源的价值或机会成本,上市公司在反收购过程中一般都会综合考虑多种反收购策略,选择实施成本低、效益最大化的反收购策略的组合。

所以,在上市公司收购市场还不完善、不健全,股权分置改革刚刚完成,全流通尚未实现的环境下,我们的立法政策应该是鼓励收购,促进并购市场的活跃,防止管理层滥用反收购措施。企业社会责任,也就不能为管理层作为反收购理论加以随意利用。

但是,笔者认为可以在两个方面将企业社会责任理论运用在规范我国上市公司收购活动中。

第一,鼓励进行有社会责任的收购行为,规范收购活动。

应当明确,善意的上市公司并购活动,有利于实现行业的资源整合,促进企业做大做强,增强企业的国际竞争力,这是符合我国经济发展需要的。"德隆系"、"格林柯尔系"等资本"玩"家的收购活动给我国证券市场带来的恶劣影响。还比如:四川泰港收购长江控股案也是经典的恶意收购案。四川泰港收购长江控股并不是想拯救上市公司,也没有做长远的打算,其根本目的是借机掏空上市公司,为自己牟取尽可能多的利益。四川泰港实际投入长江控股的资金仅为1604万元,但其利用上市公司为四川泰港及其控股企业、关联企业提供了2.0487亿元元担保,已涉讼金额达9633.85万元。由此导致长江控股的生产经营活动陷入困境。此次管理办法中的相关规定有利于减少虚假收购,促进上市公司的实质性资产重组。[①]

针对上市公司收购中存在的收购人无实力、不诚信甚至掏空上市公司的行为,新《办法》从保护投资者利益和加强市场诚信体系建设出发,对收购人的主体资格进行了规范,明确规定:"任何人不得利用上市公司的收购损害被收购公司及其股东的合法权益。有下列情形之一的,不得收购上市公司:(一)收购人负有数额较大债务,到期未清偿,且处于持续状态;(二)收

---

① "解读新《办法》——给善意者自由 给恶意者镣铐",载《中国证券报》2006年8月。

购人最近 3 年有重大违法行为或者涉嫌有重大违法行为;(三) 收购人最近 3 年有严重的证券市场失信行为;(四) 收购人为自然人的,存在《公司法》第一百四十七条规定的情形;(五) 法律、行政法规规定以及中国证监会认定的不得收购上市公司的其他情形"(第 6 条)。

为规制恶意收购和重组行为,2007 年 9 月 17 日晚,中国证监会网站同时公布了六项涉及并购重组和非公开发行的规章,这六项规章分别是:《上市公司重大资产重组管理办法(征求意见稿)》、《关于规范上市公司信息披露和相关各方行为的通知》、《关于在发行审核委员会中设立上市公司并购重组审核委员会的决定》、《中国证券监督管理委员会上市公司并购重组审核委员会工作规程》、《上市公司非公开发行股票实施细则》和《公开发行证券的公司信息披露内容与格式准则第 25 号——上市公司非公开发行股票预案和发行情况报告书》。

上市公司的并购重组和定向发行往往伴随着股票市场内幕交易和二级市场股价操纵等违法违规行为,其性质恶劣,社会危害性大。就上市公司并购重组而言,收购主体的收购动机日趋多元化,谋求企业控制权、实现产业整合、增强协同效应逐步成为并购主流,并购模式向战略性、产业性并购转变,支付手段灵活多样。这些新变化和新趋势既是股权分置改革后资本市场出现的一系列积极变化,然而在此过程中,也出现了各种"不当行为"、违规行为,甚至是违法行为。[1]

因此,这些并购重组定向发行行为在大大丰富资本市场活动、促进并购重组市场发展的同时,加大了资本市场监管的难度,也对上市公司并购重组法规制度建设提出了更高的要求,对资本市场监管水平提出了更高的要求。

笔者认为,除了上述强制性的规定之外,还可以考虑利用企业社会责任理论,鼓励进行有社会责任的收购行为,规范收购活动。我们可喜地看到中国已经开始这方面的实践活动了。

2004 年深圳证券交易所开始着手研究企业社会责任问题,2006 年 9 月发布了《上市公司社会责任指引》,成为全球第三家发布此类指引的交易所。[2] 深圳证券交易所这一举措得到了部分上市公司的积极响应,2006 年

---

[1] 比如有的公司还没开始进行重组就放出风声,导致股价连续多少个涨停,结果又公告说没这回事或者因为某种原因管理层改变了重组意向;有的干脆注入烂资产,不明事理的投资者成了"抬轿子"的,各种花样都冒了出来,有的很是猖獗。

[2] 还有加拿大和日本的证券交易所发布过正式的企业社会责任指引。

度共有21家深市公司发布社会责任报告。①

深圳证券交易所总经理张育军在该所举办的上市公司社会责任报告编制研讨班(第一期)上指出:"今后,上市公司实施再融资、并购重组时,监管部门将考察其社会责任的履行情况。"张育军指出,上市公司编制社会责任报告是追求阳光、真实、透明上市公司的必然要求,在我国市场经济法制不完善的情况下,也需要一批企业家主动承担社会责任,加强企业社会责任,更是促进资本市场健康可持续发展的重要内容。他建议,今后要强化上市公司社会责任评价体系,积极开展宣传推广工作,推动中介机构设立基金或编制社会责任指数,推进和谐资本市场建设。②

深圳证券交易所创业培训中心主任何杰则建议,资本市场可尝试社会责任型投资。一方面,由证券交易所编制社会责任型投资指数,给投资者明确指引;另一方面,发起设立专门的社会责任型投资基金,并在所有基金投向的契约中引入社会责任概念。另外,他建议各类金融机构可参与到社会责任建设上来,如保险公司开发新的社会责任险种;商业银行在对企业进行发放贷款审核时,加入社会责任考核指标。③

近几年,在美国社会责任投资(socially responsible investing)日趋盛行,许多投资者遵从其宗教信仰来选择基金和构建组合。社会责任投资基金(SRI funds)中,大多数都会禁止投资酒类和烟草类股票,但是基金之间也是存在很大的差异。④

第二,利用企业社会责任理论,防御外资并购。

---

① 但是,深交所相关部门人士指出,已披露的社会责任报告存在的共性问题是报喜不报忧,且尚未形成较规范的报告格式与形式,存在着定性描述多、定量分析少,宣传作秀味道过于浓厚,披露质量参差不齐等问题。而事实上,每个企业在社会公益、公共关系、环境保护、可持续发展、供应商或消费者维权、职工权益保护等多方面总有一些亮点可以向投资者展示。因此,该人士建议上市公司在涉及社会责任的重大事项时履行临时披露义务,并定期披露社会责任报告。

② 参见《上市公司重组再融资将与社会责任挂钩》,载《全景网络—证券时报》2007年9月3日。

③ 2006年中国银行成立了中国的第一个社会责任型投资(SRI)基金,而上海浦东发展银行发布了中国银行业第一份企业社会责任报告。同时毫无疑问的是:CSR在中国银行业的发展与行业内一些股票在中国内地及香港证券交易所的新近(或预计)上市有本质上的联系;例如中国银行、中国建设银行和中国工商银行都在此行列。其他公司如宝钢和万科集团都展示出了很强的企业公民政策及工作场所管理框架。由中国大型上市公司实现的这些进展非常鼓舞人心,为未来执行稳固的CSR框架提供了很好的起点。参见《上市公司应带头承担社会责任 期待更多的"企业公民"》,载《上海证券报》2006年9月25日。

④ 其中,宗教基金成为发展最快的一大子类,大部分根据不同的宗教信仰而细分,也有一部分按教会划分。十年前,宗教基金的总规模不到5亿美元,而现在已经达到了170亿美元。

以"凯雷收购徐工案"为代表,对于近几年的如火如荼的外资并购,中国政府在多个法律法规规章中加以规制。新《办法》第 4 条还规定:上市公司的收购及相关股份权益变动活动不得危害国家安全和社会公共利益。上市公司的收购及相关股份权益变动活动涉及国家产业政策、行业准入、国有股份转让等事项,需要取得国家相关部门批准的,应当在取得批准后进行。外国投资者进行上市公司的收购及相关股份权益变动活动的,应当取得国家相关部门的批准,适用中国法律,服从中国的司法、仲裁管辖,这一条实际上对外资收购中国上市公司进行严格管制的表现。

2006 年 8 月 8 日颁布的商务部、国资委、证监会等国家六部委发布的《外国投资者并购境内企业的规定》(同年 9 月 8 日实施)第 12 条规定:"外国投资者并购境内企业并取得实际控制权,涉及重点行业、存在影响或可能影响国家经济安全因素或者导致拥有驰名商标或中华老字号的境内企业实际控制权转移的,当事人应就此向商务部进行申报。当事人未予申报,但其并购行为对国家经济安全造成或可能造成重大影响的,商务部可以会同相关部门要求当事人终止交易或采取转让相关股权、资产或其他有效措施,以消除并购行为对国家经济安全的影响。"

2007 年 8 月通过的中国《反垄断法》第 4 条还规定:对外资并购境内企业或者以其他方式参与经营者集中,涉及国家安全的,除依照本法规定进行经营者集中审查外,还应当按照国家有关规定进行国家安全审查。

对外资并购包括上市公司的境内企业,反垄断法上的企业结合审查、国家安全审查和外资并购法规上的国家经济安全审查,上市公司收购规章中的"国家安全和社会公共利益"审查,固然都是不可缺少的。但是,笔者认为,在当前吸引外资、继续推进改革开放的大背景之下,不可过于强调"国家经济安全审查"、"国家安全审查"等。毕竟我们和美国等西方发达国家不同,我们还是发展中国家,吸引外资,继续推进开放在很长一段时间内还是需要的。

所以,笔者建议,对企业社会责任的理论加以充分利用,在此基础上设计对于外资并购的防御措施。一方面强调被收购公司的非股东利害关系人的重要性,突出企业社会责任。另一方面,也对收购者提出强调具备社会责任的投资和收购,防止一些对冲基金进行恶意收购,炒作重组题材。

五、小结

关于上市公司收购与企业社会责任的关系,本文通过考察美国上市公司收购与企业社会责任的运用状况,分析了日本对上市公司收购与企业社会责任理论的运用之后,结合中国实际问题,探讨了企业社会责任理论在规范我国上市公司收购中的运用可能性,最后,笔者提出两个观点作为小结,以期进一步的探讨:第一,强调企业社会责任理论,鼓励进行有社会责任的收购行为,防止恶意收购和重组行为。第二,充分利用和发挥企业社会责任理论,采取合理有效而又不盲目排外的外资并购防御措施。

竞争法视野下企业的社会责任
——以企业并购为视角

吴宏伟 刘 杨[*]

摘 要 企业社会责任是当今世界出现的新的企业概念,企业不再是仅仅创造利润和财富的工具,还必须是对员工、对消费者、对社会负责的社会个体。企业社会责任的产生和发展与经济法的社会本位相一致,而竞争法则更好地诠释了企业社会责任在市场竞争中的含义。企业并购对市场结构和市场竞争影响重大,对企业社会责任提出了挑战,规范企业并购活动,敦促其承担企业社会责任,应当通过反垄断法、价格法等法律对经营者集中的控制、对滥用市场支配地位的行为的规范、对市场准入制度的完善来实现。

关键词 企业社会责任;企业并购;竞争法

一、问题的提出

近年来随着经济社会的发展和全球化进程的加速,企业社会责任逐渐成为世界各国广泛关注的问题。中国作为最大的发展中国家,尤其是在加入WTO的背景下,

---

[*] 吴宏伟,中国人民大学法学院教授、博士生导师;刘杨,中国人民大学经济法专业博士研究生。

如何更好地理解和实施企业社会责任是亟待解决的问题。随着生产的社会化和国际化,企业不再是一个独立的个体,企业并购、跨国并购已经成为现代经济的一个重要特征。市场经济是崇尚竞争的经济,这样一个大环境下,企业不能仅以盈利为目的,也应承担一定的社会责任。落实企业社会责任,关系到劳动者权益的保护,关系到社会主义市场经济的竞争秩序,也关系到我国和谐社会的建设。如何在竞争法框架内完善企业的社会责任,值得我们关注与思考。

二、企业社会责任及其竞争法基础

(一)"利益相关者"理论和企业社会责任

在提出企业社会责任的概念之前我们应先了解"利益相关者"的含义。利益相关者的英文原文是 Stakeholder,是相对于公司股东 Stockholder 而言的,股东是在公司中拥有股份的人,Stakeholder 则被用来表示在公司中拥有股份之外的其他利益的人。"利益相关者是能够影响一个组织目标的实现或者能够被组织实现目标过程影响的人"。[①]

一般认为,"企业社会责任"(Corporate Social Responsibility)的概念是由英国学者欧利文·谢尔顿最早提出的。[②] 企业社会责任是在对传统的企业目的理论的不满中发展起来的,传统的企业目的理论认为,企业的目的只有一个,就是追逐利益最大化。波斯纳就特别强调"在竞争市场中,长期为了利润之外的任何其他目标而经营将导致企业萎缩,甚至非常有可能破产"[③]。而企业社会责任理论则主张,企业的目的除了追逐自身利益的最大化之外,还应当注重保障企业相关者、整个社会的福利。"企业的社会责任是应当在提高本身利润的同时,对保护和增加整个社会福利方面承担的

---

① R. Edward Freeman, Strategic Planning: a Stakeholder Approach, Pitman Publishing, 1984, p. 46. 原文为"A stakeholder in an organization is (by definition) any group or individual who can affect or is affected by the achievement of the organization's objective."

② 参见李立清、李燕凌:《企业社会责任研究》,人民出版社2005年版,第22页。

③ 〔美〕理查德·A.波斯纳:《法律的经济分析》(下),蒋兆康译,中国大百科全书出版社1997年版,第545页。

责任。"①

所谓企业的社会责任,是指企业在实现其利润最大化,进而实现其股东利润最大化的过程中,所负有的保护和促进利益相关者和社会利益实现的责任。企业社会责任是一种综合性的义务,它既包括了法律义务,也包括了道德义务。在不同国家不同时期,企业社会责任的范围也是不尽相同,也正因为如此,理论界对企业社会责任的范围尚无统一的界定。一般而言,企业的社会责任主要包括以下几项②:

1. 对企业员工的责任,也可称为对劳动者的责任。传统的企业法尤其是公司法一般认为企业员工只是企业的劳动者,而非企业的成员,但是企业员工与企业的命运联系是最密切的,所以世界各国无一例外地都规定了企业对员工的社会责任,例如劳动法上的企业的就业权、获得报酬权、劳动技能培训权、获得劳动保障、劳动福利的权利,等等。

2. 对消费者的责任。消费者是企业产品的最终接受者和使用者,企业产品的价格、质量、性能都与消费者的生活息息相关。同企业相比,消费者属于社会弱势群体,对于产品的专业认知程度不高,所以法律把对消费者的责任作为企业社会责任的一个重要方面,世界上大多数国家都制定了保护消费者权益方面的法律,例如我国的《消费者权益保护法》和《产品质量法》,把对消费者的保护上升到法律的层面上来。

3. 对债权人的责任。意思自治原则是民法的基本原则之一,该原则使得传统的合同履行不是实际履行,可能以违约金等形式代替实际履行,而现代合同法强调的是实际履行,不能轻易地以违约金或赔偿金代替履行标的。同样,企业对债权人负有到期实际履行的义务,企业对此义务履行的好坏直接关系到债权人预期的经济利益是否能够实现,所以债权人是企业一类重要的利益相关者,企业应当对债权人承担起社会责任。

4. 对环境资源保护、合理利用的责任。环境和资源是人类赖以生存的物质环境,任何个体尤其是企业都有保护环境资源的义务和责任,这是一种典型的企业社会责任。世界各国都逐渐意识到环境资源对社会可持续发展的重要作用,纷纷对水资源、矿产资源、环境等从法律的层面强调予以保护,强调社会个体的责任。

---

① 〔美〕里奇·W.格里芬著:《实用管理学》,杨洪兰、康芳仪编译,复旦大学出版社1989年版,第73页。

② 此处对企业社会责任只是列举,不能完全涵盖其范围。

5. 企业社会责任包含的内容非常广泛,以上只是其中比较重要的几个内容,除此之外,还有企业对社会整体福利的责任,企业对社会公益事业的责任,等等。企业社会责任主要强调的就是企业对整个社会的义务,这是一种社会本位的体现。

(二)企业社会责任的竞争法基础

自由竞争是市场经济的基石,在古典经济理论和新古典经济理论及其利润最大化原则影响之下,企业任凭"经济人"的理性冲动,追逐利润最大化,不考虑企业获取经济利益手段的文明性质,不考虑企业行为的消极后果,在给社会创造了巨大物质财富的同时,也给社会造成了严重的伤害,产生了诸如劳资对立、垄断等一系列社会问题,企业社会责任应运而生。这也是作为自由经济保护伞的民事法律制度不可避免的弊端,民事法律制度消极作用的克服除了民法自身的修正外,还要由经济法等社会法来修正。

纵观企业社会责任的历史,企业社会责任强调的是企业目的二元论,在追逐自身利益最大化的同时注重整个社会的利益实现,这与经济法社会本位的本质一致。经济法以社会利益和社会责任为最高准则,在实现经济增长、平衡协调、维护竞争秩序的过程中,实现经济民主与经济集中、经济自由与经济秩序、公平和效率的统一。这些都要求企业在实现自己利益的同时,对社会负责,在对社会共同尽责的基础上处理和协调好个体利益最大化与社会整体利益之间的关系。

从历史来看,竞争法是在反对垄断或限制竞争和反对不正当竞争过程中发展起来的,而现代经济法正是伴随着对竞争的规制而产生的,例如美国1890年的《谢尔曼法》和德国1896年的《反不正当竞争法》,这些都被视为现代经济法的开端。竞争法是市场规制法的核心内容,竞争法以效率优先、兼顾公平为政策目标,旨在形成有序竞争、有效竞争的市场秩序,维护竞争者的合法权益,维护消费者的利益和维护社会经济秩序的稳定。作为市场经济法制核心的竞争法则更好地诠释了企业社会责任在市场竞争中的基础。企业不能只考虑满足自身发展的需要,在激烈的市场竞争中,要遵循公平、有序、正常的市场竞争环境。企业的市场行为有很多种,笔者将以企业并购为例来阐述竞争法框架下企业的社会责任。

三、企业并购及其竞争法上的含义

企业并购是一种复杂的企业行为,一般认为,"企业并购(Merger and Acquisition)是企业兼并与收购的总称,前者是指在竞争中占优势的企业购买其他企业的全部财产,合并组成一家企业的行为;后者是指一家企业(公司)通过公开收购另一家企业(公司)一定数量的股份而获取该企业(公司)控制权和经营权的行为。"[①]企业并购可以扩大企业生产经营规模,从而获得规模经济效益。所谓规模经济(scale economy),是指企业生产和经营规模扩大引起企业投资和经营成本降低从而获得较多利润的现象。换句话说,规模经济就是产品的单位成本随着企业规模即生产能力的提高而逐渐降低。在经济学中,这种现象又称作"规模收益递增"。规模经济有助于降低经营成本,有助于技术进步。此外,企业并购可以优化资源配置,提高资源配置效率,提高企业的市场份额,增强企业竞争力,所以当企业具备了一定经济实力,在符合长期发展战略的情况下,企业并购就成为一种趋势。

大多数市场经济国家都制定了反垄断法和反不正当竞争法,其目的就在于维护竞争性的市场结构。企业并购在竞争法上的含义与一般意义上的并购有所不同。德国《反对限制竞争法》认为下列四种情况构成竞争法意义上的合并:第一,取得另一个企业的全部财产或大部财产;第二,一个或若干企业取得对另一个或另若干个企业的全部或一部的直接控制或间接控制;第三,取得另一个企业的股份,致所购股份本身或与其他业已属于企业所有的股份加起来,达到另一个企业资本或表决权的50%或者25%;第四,其他任何形式的企业联合,因该联合,一个或若干个企业可以直接或间接地对另一个企业施加竞争上的重大影响。而《日本禁止私人垄断及确保公正交易法》所规制的企业合并包含了对促成市场集中的企业结合和对推进了一般集中的企业结合。[②]而企业并购在我国刚刚出台的《反垄断法》上则称为经营者集中,包括三种情况:第一,经营者合并;第二,经营者通过取得股权或者资产的方式取得对其他经营者的控制权;第三,经营者通过合同等方式取

[①] 参见侯怀霞、钟瑞栋:《企业并购立法研究》,载《中国法学》1999年第2期。
[②] 〔日〕根岸哲、舟田正之:《日本禁止垄断法概论》(第3版),王为农、陈杰译,中国法制出版社2007年版,第86页。

得对其他经营者的控制权或者能够对其他经营者施加决定性影响。无论是德国、日本还是反垄断法新鲜出炉的中国,企业并购必须是能够形成或者加强市场支配地位的行为才能称之为竞争法上的企业并购。

纵然,企业的并购活动能够带来如此多的效益,但是其危害竞争的后果也是非常严重的。并购活动最直接影响的便是市场结构,其最大的负面效应就是可能形成垄断性市场结构并会对竞争秩序造成破坏,企业完成并购后实施的垄断行为与其他具有市场支配地位的企业所实施的垄断行为并没有本质上的区别。所以,对企业并购进行竞争法规制的原因就在于竞争法具有调整市场结构的历史任务。

四、企业并购对企业社会责任的挑战

企业并购作为一种企业行为,其目的必然是追求股东利益的最大化,所以并购决定的作出应当以是否对双方股东有利为标准,决定的权力交给股东。但是企业作为社会的一员,其行为也要承担相应的社会责任,即在行为时考虑利益相关者。公司的利益不仅包括股东利益,还包括公司员工、客户及当地社会的利益,所以企业不仅仅为股东服务,还必须为雇员等其他利益相关者服务,并购行为必须在市场竞争允许的范围内,按照法定程序进行。然而,现实情况却是企业在并购过程中无视社会责任的现象时有发生,很多企业收购行为虽然使公司股东获得短期利益,但使得企业成为收购者的牺牲品,收购人在获得目标公司控制权后改变其生产经营范围、裁减工人、破坏了公司的正常秩序,并购导致经营者集中,滥用其市场支配地位,破坏市场竞争秩序,垄断定价最终损害消费者的利益。这些都对企业社会责任提出了严峻的挑战。

(一)并购加剧可能促成垄断性市场结构

微观经济学上将市场结构划分为四种模式:完全竞争、垄断竞争、寡头垄断和完全垄断。[①]完全竞争的结构是最理想的市场结构,它能够提供最公平的市场环境,这在经济学上被称为"帕累托最优"。但是在现实中,这种完全竞争的市场环境仅是一种理想的状态,更多的是后三种模式,也就是说垄

---

① 宋承先:《现代西方经济学(微观经济学)》,复旦大学出版社1997年版,第253页。

断是不可避免的。

对企业而言,企业进行并购,目的在于进行资本积累、扩大生产规模,在不断增长实力的基础上加强自己的市场优势或者说支配地位,从而提高竞争能力。作为市场主体的企业,具有追求垄断市场的自发倾向,而并购活动则是企业取得垄断地位,形成垄断性市场结构的重要途径,所以一定意义上讲,加强垄断势力是企业并购的主要动因。"在当代垄断条件下,垄断组织在一个部门或几个部门里控制着大部分生产和市场,它们有可能利用自己的垄断地位,把商品的市场价格调到价值以上的价格出售,就形成垄断价格,企业就是通过不断加强对垄断价格的控制,实现对垄断利润的获取。[1]

而对市场结构而言,企业并购最大的负面影响就是造成垄断的后果。一方面,企业并购造成市场大幅度的集中,形成个别企业的市场支配地位或者加强已经形成的市场支配地位;另一方面,由于企业并购导致的市场准入困难,致使一定时期内新的企业不能进入该市场领域进行有效竞争。

合法的企业并购是企业在市场竞争中的自主行为,受法律保护,一旦企业并购导致经营者集中,破坏市场竞争秩序,违反竞争法,就会给社会带来巨大的经济损失,要受到法律的制裁。

(二)企业并购中小企业利益得不到保护,竞争政策的政治与社会目标无法实现

竞争政策,广义上是指规范竞争秩序的经济政策,其涵盖内容除了竞争法外,还包括其他规范竞争秩序的贸易政策、工业政策等市场政策。[2] 在市场经济的自由竞争时期,国家对市场竞争基本上采取不干预的放任自由的政策,充当市场经济的"守夜人",随着市场失灵,需要政府这只"看不见的手"来对经济进行适度干预。我国是市场经济国家,政府对市场、对经济的干预更多的是通过国家产业政策、竞争政策来实现。所以,企业并购除了要遵循法定的程序外,在并购之前就要考虑到国家的产业政策方向、市场准入及市场饱和度等问题。

反垄断政策作为竞争政策的一部分,不仅肩负着保护竞争、提高经济效益、维护消费者福利的经济使命,还负有通过控制经济集中、限制经济力量

---

[1] 龚维敬:《垄断经济学》,上海人民出版社2007年版,第383页。
[2] 参见程宗璋:《论经济全球化条件下发展中国家的竞争政策》,载《江南社会学院学报》2003年第1期。

来维护经济活动的自由和平等的社会目标和维护民主制度的政治目标。[①]经济集中与经济民主是对立统一的,是一个事物的两个方面,维护了自由、公平竞争的市场,保护中小企业的利益,也就保护了经济自由与经济民主的基础,从而实现保护经济活动的自由和公平。

企业并购是市场经济与资本市场发展到一定程度的必然产物,本身就是市场经济"弱肉强食"规则的体现。实践中大部分企业并购是购买其他企业的股份,取得其他企业的控制权或者经营权,企业往往从扩大自身规模、降低生产成本出发,只顾及企业自身利益,在决策时没有考虑到企业并购行为可能会给社会带来的消极效应,诸如,企业规模的扩大导致重复建设、资源浪费等一系列问题。对被并购企业而言,并购过程本身就是一个利益博弈的过程,尤其是专门以投机方式猎取目标公司并进行"剔肉"式的恶意并购,总是以坑害中小股东为结局,丧失了公平与公正,直接危害市场经济的基础。而对与并购后的企业同台竞争的其他中小企业而言,新企业的强大经济优势和市场支配地位,使得部分中小企业丧失了公平竞争的机会,甚至是市场准入的机会。

(三)企业并购后滥用市场支配地位最终损害消费者和其他公平交易者的利益

国家倡导"以人为本"的发展观,就是以实现人的全面发展为目标,从人民群众的根本利益出发谋发展、促发展,不断满足人民群众日益增长的物质文化需要,切实保障人民群众的经济、政治和文化权益。落实在法律上,要求法律注重对人权的保护,包括对人的政治权利和财产权、人身权的保护,维护交易安全和交易公正,保护劳动者、消费者等弱者的权利,使有利于促进人之生存和发展的各种利益得到法律的保护。[②] 消费者和其他公平交易者的利益是竞争法重点保护的利益之一,在企业并购中同样要体现此点。

然而,企业并购如前所述,有利有弊,当企业并购能够使得企业提高效率、促进技术创新、提高生产力时,它能给竞争者和消费者都带来好处,但实际上更多的企业并购会减少竞争,从而导致商品或者服务的供应减少,产品质量下降,最终损害消费者利益。企业并购的直接后果是减少市场上竞争

[①] 吴玉岭:《扼制市场之恶——美国反垄断政策解读》,南京大学出版社2007年版,第72—103页。

[②] 参见徐孟洲、谢增毅:《论消费者及消费者保护在经济法中的地位——"以人为本"理念与经济法主体和体系的新思考》,载《现代法学》2005年第7期。

者的数量,削弱竞争,"当市场上只有一家厂商时,该厂商是不太可能接受既定市场价格的。相反垄断厂商能认识到它对市场价格的影响,并选择使它的总利润实现最大化的价格和产量水平"[①]。企业并购后滥用其市场支配地位,以不合理的高价销售商品或者在交易时附加不合理的条件,损害的是消费者的利益;以不公平的低价购买商品、低价倾销商品以及买卖上的差别待遇等,损害的是其他公平竞争者的利益。

五、在企业社会责任与竞争法的互动中规制企业并购

企业社会责任是一个比价宽泛的概念,涉及了与企业活动有关的社会生活的方方面面,在竞争法语境下加强企业并购过程中的社会责任,主要从以下几个方面来完善:

(一) 对企业并购等经营者集中行为通过反垄断法予以控制

针对企业并购对市场竞争构成威胁和破坏,对垄断性市场结构的促成,世界各国竞争法都将其作为规制的对象之一。对企业并购的法律规定主要散见于反垄断法、公司法和证券法等法律规定之中。我国《公司法》对公司承担社会责任作了概括性的规定,公司从事经营活动,必须遵守法律、行政法规,遵守社会公德、商业道德,诚实守信,接受政府和社会公众的监督,承担社会责任。证券法规定了企业并购应当遵循的诚信原则、信息披露以及上市公司的收购程序。大部分国家都把对企业并购的控制重点放在反垄断法上。美国《谢尔曼法》第2条规定,任何人垄断或企图垄断,或与他人联合、共谋垄断洲际间或与外国间的商业和贸易,是为严重犯罪。而德国《反限制竞争法》第24条第2款规定,如果因合并,可以期待将产生或加强控制市场的地位,则联邦卡特尔局必须禁止合并。根据第22条第1款第1项和第2项,控制市场的地位一是指企业没有竞争者或者不面临根本的竞争,二是指企业在与其竞争者的关系上具有突出的市场地位。此外,还规定了占有一定市场份额的企业具有控制市场地位、大型企业参与的合并加强突出的市场地位以及寡头企业参与合并具有控制市场地位的法定推定(推定事实)。如果企业合并所产生的竞争方面的利大于其弊,则虽可能产生或加强

[①] 〔美〕H. 范里安著:《微观经济学:现代观点》,费方域等译,上海人民出版社、上海三联书店1994年版,第508页。

控制市场的地位,也不应禁止合并(权衡条款)。① 所以我国《反垄断法》第四章对经营者集中问题进行了规定,企业并购必须严格按照此规定进行。

我国《反垄断法》对于经营者集中的控制区分需要申报的集中和不需要申报的集中,对于达到国务院需要申报标准的,未申报不得实施集中,不需要申报的,企业可以自行决定。对于集中究竟属于哪种情况,是否需要申报,我们国家规定不同与其他国家,欧盟认定需要申报的集中是以合并企业的销售额为参考指标;美国则有两条衡量标准:净销售额和资产及表决权;而我国的反垄断法确定经营者集中是否需要申报采用的则是资产及表决权。

(二)通过并购形成市场支配地位企业的损害竞争行为通过反垄断法、价格法来规制

企业并购的最主要动机是形成或者加强企业的市场支配地位,市场支配地位,根据我国《反垄断法》第17条的规定,是指经营者在相关市场内具有能够控制商品价格、数量或者其他交易条件,或者能够阻碍、影响其他经营者进入相关市场能力的市场地位。对具备市场支配地位的企业的行为,要通过反垄断法、价格法等市场规制法来调整。企业的市场支配地位与企业大小无关,而是与企业在相关市场所占有的份额密切相关。所以反垄断法规定,在认定经营者是否具有市场支配地位时,首先要考虑的因素就是该经营者在相关市场的市场份额以及相关市场的竞争状况,此处的相关市场是指行为人开展竞争的区域或者范围。② 竞争法所反对的行为主要是具有市场支配地位的企业为了获取垄断利润所实施的对市场供给和价格的控制和支配行为,即所谓的滥用市场支配地位。对于企业滥用市场支配地位的行为要区别对待:

1. 对消费者。并购后的企业应当遵循公平、合法和诚实信用的原则,遵循价值规律,依据生产经营成本和市场供求状况,在政府指导价的范围内合理定价,对于政府定价的商品或者服务,企业必须执行。并购后的企业应当努力改进生产经营管理,降低生产经营成本,为消费者提供价格合理的商品和服务,交易中没有正当理由不能搭售商品,在市场竞争中获取合法利润。《反垄断法》第47条明确规定了滥用市场支配地位企业的法律责任。

2. 对其他公平交易者。并购后的企业在与其他竞争者进行交易时,不

---

① 王晓晔编:《反垄断法与市场经济》,法律出版社1998年版,第192页。
② 孔祥俊:《反垄断法原理》,中国法制出版社2001年版,第275页。

能低买和附加不合理的交易条件。对于这种行为,也可以根据《反垄断法》第47条给予处罚。

(三) 完善企业市场准入制度

垄断结构的形成,除了需要企业并购导致市场份额大幅度集中外,还需要市场准入困难,如果我们的市场有比较完善的市场准入制度,那么即使企业合并形成了具有一定支配地位的企业,但是因为不断地有新企业进入,一样可以维持竞争的市场结构。所以要想克服由企业并购所带来的市场垄断结构的形成,还需要具备完善的市场准入制度。

市场准入不仅仅是单纯的市场进入、工商登记、进入标准,它还涉及国家对开放市场的监管、国家的微观管理与宏观调控等与此相关的内在有机联系的独立制度。市场准入问题需要多个法律部门综合加以调整,市场经济所要求的市场准入是有保障的、可预见的和不断扩大的市场准入。所谓有保障、可预见和不断扩大的市场准入就是强调市场准入的信息必须是公开的、持续的和具有约束性的,这既是我国加入世贸组织的承诺,也是市场准入制度所追求的目标。

结语

现代企业的和谐发展、市场经济的有序竞争都是我国构建和谐社会的重要内容。对于企业社会责任的法律规制,是理论界和实践界都无法回避的一个课题。企业社会责任的内容是多方面的,对其调整也必须由各个部门结合起来。企业并购产生的社会问题对市场竞争影响较大,在竞争法的框架下规范企业并购活动,实现市场竞争中的社会责任是企业的必然选择。

保险企业的社会责任

谷 凌[*]

企业社会责任问题是目前学界探讨的热点话题。企业的社会责任是指企业除了对股东负责，即创造财富之外，还必须对全体社会承担责任，一般包括商业道德、保护劳工权利、保护环境、发展慈善事业、捐赠公益事业、保护弱势群体，等等。[①] 企业的社会责任要求企业必须超越把利润作为唯一目标的传统理念，强调在生产过程中对人的价值的关注，强调对消费者、对环境、对社会的贡献。

保险建立在多数人的互助共济的基础上，运用的是"人人为我，我为人人"的风险集合与分散机制。保险机制的存在使得超过企业和个人独自承受的风险得以分散，因而使得个人、家庭和企业由于财务上获得保险保障而得以可持续经营，在促进经济与社会的稳定发展方面发挥了极其重要的作用，因而被称为"社会的精巧稳定器"。保险企业作为企业的一种，自然需要像其他企业一样承担社会责任，但是由于保险企业经营业务的特殊性质，使得保险企业不仅要承担一般企业所需承担的社会责任，还更应力所能及地承担其他企业所不能承担的社会责任。

---

[*] 谷凌，北京大学法学院讲师。

[①] 周国银、张少标：《SA8000:2001社会责任国际标准实施指南》，海天出版社2002年版，转引自曹凤月："企业社会责任研究中的几个重要问题"，载《中国劳动关系学院学报》第20卷第6期（2006年）。

一、保险企业承担社会责任的特殊性

(一) 保险企业经营对象的公众性决定了其必须承担社会责任

保险的保障功能是保险的最基本功能。人们之所以购买保险,并不是因为保险本身具有消除各种风险的特质,而是希望通过保险制度将人们面临的各种风险转嫁出去,交由专门经营风险的保险企业承担,使得人们在约定的风险事故发生后能够从保险企业那里获得一定的经济补偿,从而摆脱因风险事件造成的困境,解除人们在生产生活中的后顾之忧。保险企业以风险作为自己的承保对象,直接面对着不特定的社会公众,其存在的合理性在于降低不确定性的风险给人类社会所带来的冲击,以及提高社会的防灾减损能力,因此保险企业的生产经营活动同承担社会责任是协调统一的。而为了达到此目标,保险公司需要借助于增加参保人的人数来分散风险,这也导致保险企业与社会公众的利益相关程度远远高于一般企业。可以说,保险企业经营对象的公众性决定了其必须承担社会责任。

(二) "社会企业"理论与保险的社会管理功能

20世纪中后期,社会学家提出了有关"社会企业"的理论,他们认为,企业尤其是大型企业,不仅是经济组织,同时也是社会组织,它们同政府一样,具有影响和控制众多民众和资源的功能,企业必须为公众的、社会的目标服务,并因此才能获得其存在和发展的正当性。[1]

保险业的发展使得保险公司与银行、证券公司等金融服务企业一样,跻身于"社会企业"理论所特别提及的大型企业之列。保险自其诞生以来,经历了几个世纪的制度变迁,渗入到社会生活的各个角落。布兰克法官在1943年东南部保险人联盟的一个判决书中写道:"在对人们全部生活的直接影响方面,也许没有哪个现代企业能像保险企业一样,达到如此广泛的人群。保险会涉及美国每个家庭、每个行业、每个公司里的每一个人。"[2]在当今发达的市场经济国家里,保险企业通过参与经济建设和社会生活的各个

---

[1] 参见马兰:"论我国保险企业的社会责任与责任保险的发展",载《武汉交通职业学院学报》第7卷第3期(2005年)。

[2] 〔美〕Mark S. Dorfman:《当代风险管理与保险教程》,齐瑞宗等译,清华大学出版社2002年版,第1页。

领域,通过发挥经济补偿和资金融通功能促进社会资源的合理分配,起着"稳定器"和"助推器"的双重作用。保险行业的缺位将使绝大多数企业的运行和社会个体的生存变得难以想象。保险企业所调动的资源、影响的民众、涉及社会经济的方面无疑是最广泛的,它们占据了现代经济中最核心的位置。保险企业对社会的贡献越来越大,保险企业对社会的控制作用和影响力也越来越强。在一个以社会公平为追求目标的社会制度里,权力也意味着责任,企业权力大则相应的社会责任就大,这也是"社会企业"理论的逻辑基础。①

保险的社会管理功能是保险在其保障功能基础上产生的衍生功能。世界保险业出现的三次危机印证了保险社会管理功能的存在。

第一次保险危机是因工人的保险需求得不到满足而发生的,这实际上是保险的经济效益和社会效益的第一次正面撞击,最终是以工人保险的出现解决了这次危机。

第二次保险危机则是由技术变化引起的社会变化给保险业带来的直接影响,即巨灾风险损失的可能性增大以及环境的、心理的、道德的因素引起的损失。人们发现保险的功能不能仅仅定位于风险分散和经济补偿,同时应该考虑如何稳定社会秩序,如何解决环境、心理、道德等因素导致的社会风险问题。保险市场的问题只能在解决社会问题的基础上获得解决。为此美国各州建立了包括商业保险、社会保险和政策保险在内的"综合保险制度"以解决社会损失的分摊问题。第二次保险危机及其"综合保险制度"的出现,再一次表明保险具有社会性,运用保险方式解决社会问题是保险社会管理功能的具体表现。

第三次保险危机是由于保险业内部出现问题导致的,保险公司之间的行业内部的不正当竞争造成保险市场的萎缩以及保险公司的偿付能力不足,给社会生产和民众生活带来不利影响,比如企业生产线停工、新产品开发中断、公共设施关闭、公共服务停止、医生拒绝医疗等,美国的社会经济、全民生活因此而陷入混乱状态。可见在保险市场上,社会利益、民众利益相对于保险人利益而言,是首先要考虑的利益,是首先需要给予重视的利益。满足社会民众利益是保险公司获得自身利益的前提和条件②,保险业要生存

---

① 参见董炯:"社会企业理论风靡全球保险公司勇担重担",载《中国保险报》2005年2月4日。

② 参见魏华林:"论人类对保险功能的认识及其变迁",载《保险研究》2004年第2期。

和发展,不得不承担起其相应的社会责任。

美国的保险研究者使用系统工程理论和动态分析方法,剖析了保险在国民经济和社会安全体系中的重要地位,普遍认为商业保险作为"现代生活风险管理最基本、最主要的手段",在社会经济生活中扮演了非常重要的角色。

二、保险企业的营利目标与社会责任的协调

保险企业作为参加商事活动的主体,对利润的追求无可厚非。强调社会责任并不是要求保险企业不去追求商业利润,社会责任的担当是建立在首先解决自身经济效益的基础之上的,否则只会给社会增加包袱;但是在实现自身的经济效益的同时,必须意识到只有真正承担社会责任的企业最终才会更好地创造经济效益。实际上企业社会责任和营利目标之间是相辅相成、相互促进的。

作为一个经济主体,企业的首要责任是生存发展,获取经济利益。企业发展、获取经济效益是企业承担社会责任的物质源泉。一个企业唯有自身成长壮大了才能去承担更多的社会责任,回报社会。例如为社会提供就业机会,保障员工的福利报酬、职业安全,为社会公益事业提供赞助、向慈善活动募捐等。正如管理学大师彼得·德鲁克所指出的:"事实上,只有在获利很高的情况下,公司才能做出社会贡献。说得更直率一些,一家破产的公司并不是人们为之工作的理想企业,也不能成为一个好邻居或社区中的好成员。""一个社会的经济满足和服务,从卫生保健到防务,从教育到歌剧,都是用利润来支付的。"[①]

另一方面,保险企业通过承担社会责任,有助于树立企业的公益形象,能够带来良好的外部评价,获得客户广泛的认可,从而有利于提升保险企业品牌影响力,还能够更好地体现自身文化取向和价值观念,为长期发展创造更好的社会氛围。一项调查表明:84%的顾客对于努力让这个世界变得更加美好的企业有着更积极的印象;78%的顾客更愿意购买某种与自己关心的公益事业有关联的产品;66%的顾客会为了支持某项自己关心的公益事

---

① 〔美〕Drucker, P. F. 著:《管理:使命、责任、实务(使命篇)》,机械工业出版社2006年版,第62页。

业而改换购买的品牌。①

营利性是任何商业性公司一切经营活动的出发点,保险公司也不应例外。但是实践中存在着将商业性保险异化为某种类似于政策性的保障,甚至将保险等同于慈善的观念,这实际上是混淆了企业的营利性和企业承担社会责任的概念。以2003年国内保险公司在应对"非典"危机时的表现为例,一些公司的做法是值得称道的,如中国人寿通过"北京市接受救灾捐赠管理办公室"向北京市六家"非典"定点防治医院捐助了600万元;平安上海分公司向上海数百名医护人员赠送了总保额为1000万元的"平安团体一年定期寿险";两家保险公司都是在秉持商业性经营原则的同时力所能及地履行社会责任,这两者之间并不矛盾。但是也有11家保险公司开办了17项应对"非典"的保险产品和保险服务。② 与此同时,国外保险公司则把"非典"排除在此类保单的保障范围之外,原因是保险公司对这种疾病本身及其潜在的风险知之甚少。保险公司推出一项保险产品需要有严格的流程,可保风险,其损失必须是可以确定和测量的,而"非典"不仅是新发生的疾病,人类不能对它完全认知,而且在没有研制出有效的抗病毒疫苗之前,它的风险是不可测的,在这种情况下仓促地设计产品很难保证对风险进行有效的控制,忽视了可保风险可测、分散和大数法则等保险经营的基本原则,这对于商业化经营的保险公司来说,很难说是理性的经营行为和决策。企业承担社会责任应在力所能及的范围内为社会做出相应的贡献。

三、保险企业承担社会责任的领域

中国人寿保险(集团)公司日前发布了第一份国有保险企业社会责任报告书——《中国人寿社会责任报告》,报告中提到中国人寿承担的社会责任主要包括对国家、对社会、对政府,以及对行业、对股东和投资人、对客户、对员工、对环境和对社区等九个方面的责任,那么在现阶段我国的保险企业究竟应如何承担社会责任呢?

美国一家企业社会责任咨询公司就"怎样才算是一个积极承担社会责任的企业公民?"展开社会调查,确定了企业社会责任的十个特点,包括讲道

---

① 〔美〕Philip Kotler:《企业的社会责任》,姜文波等译,机械工业出版社2006年版,第9页。
② 参见卫容之:"保险公司社会角色凸显",载《国际金融报》2003年5月14日第5版。

德、诚实并富有责任感、公平地善待员工、其产品和服务能够改进人们的生活、参与到社区中来、长期支持某一项公益事业、捐献利润中的相当部分等,其中,企业必须传达的最重要的两个方面为:讲道德、诚实,以及公平地善待员工。① 这两点对于保险企业来讲显得尤为重要。

(一) 加强保险企业诚信建设

众所周知,诚信是保险业的立足之本。由于存在着信息不对称,自保险产生以来就强调最大诚信原则的运用。诚信原则对于保险人的要求主要体现在保险人的说明义务、保险代理人的诚信义务和及时理赔上。

《保险法》第17、18条规定了保险人的一般说明义务以及免责条款的特别说明义务,反映出保险法对于合同相对人以及关系人利益的保护。

保险由于展业的特殊性,大量地使用保险代理人,截止到2006年底,全国共有保险中介机构2110家,其中保险代理机构1563家,全国有保险营销员155.8万人,有保险兼业代理机构14.1万家,2006年,保险中介渠道实现保费收入4477亿元,占全国总保费收入的79%。② 保险中介是联系保险公司和投保人的桥梁和纽带,诚信状况的好坏对整个保险市场的健康运行有重要影响。由于保险代理市场发展时间比较短,市场发展环境不成熟,导致市场发展很不规范,信用缺失现象比较严重,市场上普遍存在误导、虚假宣传、代扣手续费等现象。这不仅严重损害了我国保险代理市场的形象,而且直接影响到我国保险市场的长期发展。要实现保险代理市场的诚信规范发展,就必须对症下药,采取各种措施,改善其市场发展环境。保监会主席吴定富先生在保险中介座谈会上的讲话中提到:"保险不仅是一个经济产业,更是一项关系国计民生风险保障的社会服务行业,不管是保险公司还是保险中介机构,从事这个行业首先要有强烈的社会责任感,要把满足国家、社会、人民的需要看成自己的责任,勇于面对风险、挑战风险、管理风险。"③

及时理赔是保险诚信服务的关键之一。保险理赔工作是否及时是衡量理赔工作、乃至整个保险业诚信服务质量优劣的一个关键。中国保险行业内部早在20世纪80年代初就针对理赔工作规定了"主动、迅速、准确、合

---

① 参见〔美〕罗伯·安德森著,赵杰译"公益投入=美好声誉?——如何更策略地开展企业社会责任项目",载《国际公关》2005年第4期。

② 参见吴定富:"服务经济社会和保险业发展大局 构建专业诚信和可持续发展的保险中介市场"在保险中介座谈会上的讲话,http://www.circ.gov.cn/Portal0/InfoModule_1198/46211.htm,2007年4月24日。

③ 同上。

理"的八字原则。从我国目前的整个保险行业看,不及时理赔的情况比较普遍,"投保易,索赔难,收钱迅速,赔款拖拉"等的抱怨之声时有所闻,严重地影响着我国保险业的社会形象和消费者的正当利益,已成为一个极大的信用缺失问题,严重地影响着保险业的健康发展。现行保险法中虽然规定了保险赔偿给付及时,但却没有具体明确的限制,也没有处罚措施的规定。

另外,保险同业之间要加强合作,提倡开展良性竞争,不能互相诋毁和贬损,不能通过"价格战"、"杀鸡取卵"等方式恶性竞争,扰乱保险市场经营秩序,破坏保险业发展的生态环境。

(二) 善待员工

人力资源是社会的第一宝贵资源,是企业和社会赖以生存发展的基本要素,保障职工的身体健康和安全,不仅直接地关系到企业的持续健康发展,也关系到社会的和谐与安定。保险公司在开拓保险市场的过程中,有大量的人才需求。与其他行业不同,保险业是非常传统的服务行业,它需要人去服务,无法由机器代替。企业的发展有赖于员工的支持,要尊重员工的劳动和价值,为员工提供合理的工资及福利待遇,不拖欠员工工资,依法保护其合法权益;我国保险企业中员工构成较为复杂,有保险公司的正式职工,有具有聘用关系的员工,还有不具备员工身份的营销人员,截至 2006 年底,全国有保险营销员 155.8 万人,如何消除身份上的差异所带来的权益保障上的差异是当务之急。

(三) 积极参与防灾防损活动

保险企业应积极参与防灾防损活动,及时赔偿由灾害造成的各类损失,保障经济和社会稳定,充分发挥保险的经济"助推器"和社会"稳定器"作用。保险企业参与防灾防损活动的途径主要有以下几点:

1. 提供灾后的经济补偿

保险的基本职能就是提供经济补偿,通过给予在保险事故中遭受损失的被保险人、受益人以及时、足额的赔付,帮助其尽快恢复正常的生产生活秩序,保障经济稳定运行。2006 年,保险业共支付赔款和给付 1438.5 亿元,同比增长 26.6%,经济补偿能力不断增强,有力地支持了国家经济建设。但与国外一些发达国家相比,还存在不少差距。据统计,欧洲的保险赔款目前已经占到灾害损失的 20%。美国"9·11"事件保险赔款占赔款总额的

51%,而在我国,这一比例仅为1%,在这方面还有很长的路要走。①

传统上,商业保险公司只在损失形成之后再予补偿,并不能减少社会整体的损失数量。在当前国际成熟的保险市场上,保险公司越来越积极地参与到事前和事中的防灾防损之中,成为整个社会防灾防损网络中的重要组成部分。

2. 建立风险预警机制,避免各种突发事件的发生或减轻各种事故的损失

保险企业参与防灾防损活动是有其客观必然性的。一方面保险企业作为追求利润最大化的商业组织,如果防灾防损做得好,可以降低被保险人的损失,从而减少经济赔偿,增加其利润;另一方面,保险公司拥有参与防灾防损的先天优势。保险公司的日常业务是围绕"风险"展开的,从费率条款的制定、承保、理赔等都是在和风险事故打交道。在长期的经营中积累了大量的数据资料,对于风险分布、发生概率、损失程度等有较为深入的了解,可以积极发挥其专业技术优势,加强与水文、气象、消防、安全等部门的通力合作,对各种灾害事故的识别、防范和化解等进行周密细致的安排,定期不定期地对风险较为集中的投保企业进行安全辅导,对潜在风险隐患进行严密防范和及时排查,做到早发现、早排除、早化解。

同时,保险公司还可以通过费率杠杆来鼓励投保人采取预防措施,不断加强风险防范能力,化解潜在的各种危险因素,例如对使用不同防盗装置的汽车适用不同的费率。

3. 通过相关的金融创新工具消化巨灾损失

保险界对巨灾风险没有统一定义,各国根据本国实际情况,在不同历史时期有不同的定义与划分。在我国,由于巨灾保险风险较高,各家保险公司受偿付能力的限制,在20世纪90年代后期,分别对地震等巨灾风险采取了停保或严格限制规模、有限制承保的政策,以规避经营风险。我国目前主要承保的是企业财产的巨灾风险,覆盖面极窄,发挥作用的空间十分有限,不能满足社会各界对巨灾风险损失的保障需求。保险业也在采取各种有效手段积聚保险基金,提高承保能力。

---

① 参见金伟飞:"保险企业的社会责任",载《中国保险》2007年7月。

保险不仅具有保障功能,还在此基础上衍生出实现资源配置[①]与资金融通[②]的功能。保险公司通过销售保险产品等渠道吸引、积聚社会闲散资金,不仅有利于解决银行资产负债化的问题,而且保险资金很大一部分通过各种形式投资于证券市场,成为证券市场的主要机构投资者。自我国放开保险资金运用渠道限制以来,保险基金为社会资本市场提供了充足的资金来源。由于保险企业,尤其是寿险企业多属于市场上的长期投资者,所以能够在很大程度上消减投机者所造成的市场波动的风险及其不良后果。此外,随着保险公司的上市,保险证券化实现了保险公司在证券市场的直接融资。通过证券化的程序将风险转移到资本市场上,不但扩大了保险公司的承保能力,而且增加了保险业的抗风险能力,当然因此要求保险企业必须加强对金融风险的防范能力。

在保险先进国家,还通过再保险、巨灾风险证券化等手段,在全球范围内分摊巨灾损失。例如,震惊世界的"9·11"事件的赔偿金额中,有196亿美元来自保险公司,占51%,有相当多的部分是由国际上的各大再保险商共同买单的。将损失在全球范围内分摊,通过全球各保险公司来共同承担赔偿责任,有利于做好巨灾事件的损失补偿和灾后重建工作。又如随着资本市场与保险市场的日趋融合,国际上诞生了飓风风险证券化等新型风险转移工具,增加了巨灾的可保性,为巨灾风险由保险市场向资本市场转移提供了载体。[③]

(四)发展具有社会管理功能的保险产品和保险服务

相当一部分保险产品具有较强的社会管理功能,例如保证保险、信用保险支持了信用经济的平稳运行。责任保险是随着社会经济发展、法律法规体系的完善和公民维权意识的提高而逐步发展起来的。责任保险本身具有较强的社会管理功能,它与社会生产和人民生活有着密切的关系,其主要作

[①] 在众多保户参与保险的情况下,受损的投保人只需支付少量的保险费就可以从保险人那里获得相应的经济补偿,由此可以避免每个消费者或者企业为了预防未来不确定损失的发生而建立自己的"风险基金"或"意外基金",造成大量资金闲置的状况,从而使有限的资源得到最优配置和有效利用,提高经济效益(孙祁祥、朱南军:"保险功能论",载《湖南社会科学》2004年第2期)。另外,保险公司在保险事故发生后给予经济损失者补偿,是对社会资金的再分配。

[②] 由于保险赔付与保费的收取在时间上和数量上存在着差异,使保险公司积聚了大量的"闲置"资金。在市场经济较发达的国家,保险业积聚和融资的能力仅次于银行业。据保监会统计,截至2007年6月末,保险资产的规模和资金运用的余额分别是25334亿元和23074亿元。

[③] 魏培元:"对保险参与突发公共事件管理的思考",http://www.circ.gov.cn/Portal0/InfoModule_4924/54715.htm。

用是在公民和消费者的人身受到伤害或经济利益受到侵害时给予及时的经济补偿。在世界各国,政府通过立法强制开展的保险中,责任保险种类最多。如汽车第三者责任保险、雇主责任保险、公众责任保险、产品责任保险等都被不同国家的政府作为重要的保护公民权益和消费者利益的手段加以运用。随着我国经济和社会的不断发展,大型公众责任事故发生的次数及造成的直接财产损失呈逐年增长态势,尤其是公众聚集场所群死群伤、火灾事故时有发生,已成为政府部门和社会各界共同关注的焦点问题。然而,受多方面因素的制约,我国的责任保险长期以来仍滞后于经济发展和社会进步的要求。2004年我国责任保险甚至出现业务萎缩、保费收入下降的态势,针对此种情况保监会已与国家安全生产监督管理局就煤矿雇主责任保险,与公安部消防局就火灾公众责任保险,与卫生部就医师、院方职业责任保险等进行了联合调研,并在北京、上海、广东、深圳、海南、山西、河北、吉林、安徽等九省市启动了各类责任保险的试点工作,并于2006年7月1日起施行机动车交通事故责任强制保险,今后还应大力促进责任保险的发展,为经济与社会的稳定发展提供保障。

(五)分担和补充政府社会保障职能

从我国社会保障体系运行的情况看,仍然明显存在保障面不足、保障力度不够等问题:我国已进入老龄化社会,养老保险、医疗保险等社会保障基金承载着巨大支付压力;退休人员逐年递增,养老保险个人账户没有做实;企业退休人员基本养老金水平与机关事业单位退休人员退休费水平形成差距,成为影响社会稳定的因素;部分城镇居民医疗保障缺乏制度安排;失业保险促进就业的功能尚未得到充分发挥;安全生产的严峻形势对工伤保险提出了更高的要求;城镇个体劳动者和灵活就业人员、农民工、被征地农民、农村务农人员的社会保障问题突出;社会保险统筹层次不高,部分流动就业人员的保险关系难以转移。①

造成以上这些状况的一个重要原因是我国社会保障体系过分依赖国家财政,而通过商业化手段,发挥企业和个人在社会保障体系建设中的作用则明显不足。中共十六届六中全会通过的《中共中央关于构建社会主义和谐社会若干问题的决定》明确要求:发挥商业保险在健全社会保障体系中的重要作用。对于商业保险参与社会保障体系建设,从而更好地服务和促进民

---

① 摘自劳动和社会保障部:《劳动和社会保障事业发展"十一五"规划纲要》。

生具有重要的指导意义。

大力发展商业性养老、健康保险,可以有效缓解政府在社会保障方面的资金压力,提高社会保障体系的可持续性;有利于充分发挥市场机制在社会保障体系建设中的作用,提高社会保障体系的活力和效率;有利于扩大养老、健康保障的覆盖面,使基本社会保险覆盖范围之外的人民群众也能够实现老有所养、病有所医;有利于在基本社会保险的基础上提高保障水平,帮助人们更好地抵御衰老和疾病带来的风险,从而为解决长期困扰我国社会保障制度难点问题创造社会条件,加快建设与我国经济发展水平相适应的社会保障体系。

(六)服务社会主义新农村建设

农业、农村和农民问题,始终是关系我国经济和社会发展全局的重大问题,需要充分发挥各方力量,加快建设社会主义新农村,实现城乡和农村经济社会的协调发展。当前保险企业积极致力于发展农业保险,开展粮食主产区政策性农业保险试点,发展母猪保险。2002年以来累计承保农作物面积1.45亿亩,牲畜2.46亿头。在22个省市累计为3000万人次的农民工提供了保险保障。在8个省66个县(市)参与了新型农村合作医疗试点,2006年为736万人次提供补偿金额9.7亿元。在15个省(市)开展了被征地农民的养老保险业务,积累养老金27亿元。[①] 保险企业应当合理把握社会性与营利性的平衡点,从农村的现实情况出发,推出适合新农村建设需要的保险新产品。

除此之外,保险企业积极参与公益事业也是其承担社会责任的体现。这里就不再赘述了。

中共十七大报告中明确提出要提高保险业的竞争力,发挥保险业在完善社会保障体系方面的积极作用,这对我国保险企业承担社会责任提出了明确的要求。保险业作为现代金融服务业,与人民群众的生产生活息息相关,理应在关注民生、重视民生、保障民生和改善民生,促进解决好教育、医疗、就业、收入分配与社会保障等群众最关心、最直接、最现实的利益问题等方面发挥更大的作用。保险企业社会责任建设是一项十分复杂的系统工程,已经有越来越多的企业开始不断增强责任意识,在自身发展的同时,自觉地承担起社会责任。

---

① 摘自"十六大以来我国保险业改革发展取得显著成绩",见保监会网站http://www.circ.gov.cn/Portal0/InfoModule_400/55345.htm。

论知识产权型公司的社会责任

徐家力[*]

摘　要　进入知识经济时代,世界上最大的公司不再以资本巨大著称,它们多以掌握着核心知识产权为其主要特征,我们把此类公司称为知识产权型公司。知识产权型公司承担社会责任的理论依据在于社会契约理论及其变种利益相关者理论、知识产权正当性理论。当今社会,知识产权型公司已经成为医治 AIDS 等人类灾难性疾病,维护公共健康的关键力量;它们在事实上构成垄断型公司,具有了操控社会生活的能力,这正是要其承担社会责任的现实根据。由于知识产权型公司所具有的不同于其他公司的特征,其承担社会责任的路径也有所不同。总体上,知识产权型公司可以通过降价、放弃知识产权、准许平行进口、强制许可等路径实现其社会责任。

关键词　知识产权型公司;社会责任;理论根据;现实根据;路径

一、引言

20 世纪后期以来,世界上最大的公司不再以资本巨大为其立命之本。纵观名列世界 500 强的公司,它们多以掌握着核心知识产权为其主要特征。在这里,我们把

---

[*] 中国政法大学知识产权研究中心主任、博士生导师、教授。

掌握核心知识产权并以之为核心竞争力的公司称为知识产权型公司。

对公司社会责任这一论题,学界已经进行了广泛讨论,并达成了初步共识。2005年中国《公司法》修订时,在第5条第1款明确规定:"公司从事经营活动,必须遵守法律、行政法规,遵守社会公德、商业道德,诚实守信,接受政府和社会公众的监督,承担社会责任。"商法学界对公司社会责任的研究主要着眼于从总体上论证其理论基础和实现路径。目前,少有论者就具体的公司类型讨论其社会责任。① 对知识产权型公司社会责任的研究尚付之阙如。

知识产权制度是主权国家实施的一项重要公共政策。近年来,知识产权制度及知识产权本身的合理性或正当性受到国内学界的广泛争论,并且观点分歧甚大。以美国为首的发达国家通过 TRIPS 等国际条约与双边协定,意图在全球范围内推行由其主导的知识产权制度,要求所有发展中国家加强对知识产权的保护。中国作为最大的发展中国家,面临着是否遵从美国意志并按照其意志制定、实施保护知识产权的政策这一重大问题。经过长达两年多的研究论证,2008年4月"中国国家知识产权战略纲要"出台。纲要明确提出中国要积极参与国际知识产权秩序的构建,要优化知识产权制度。② 要贯彻实现知识产权战略的以上思想,我们必须将知识产权这一公共政策纳入整个法律体系中予以考虑。

当今世界,掌握知识产权的公司凭借其垄断权获取了巨大的社会财富。知识产权在公司法实践中的地位日益重要,知识产权日益成为公司的重要资产。知识产权型公司对社会价值的创造及新生社会利益的分配都有着重要影响。因此,将知识产权与公司社会责任结合起来进行研究,讨论知识产权型公司的社会责任有着十分重要的理论与实践意义。

有鉴于此,本文将重点探讨以下问题:

第一,知识产权型公司应否承担社会责任?与其他公司相比,对知识产权型公司课以社会责任,是否存在更加充分的理由?

---

① 学界对跨国公司的社会责任进行了初步讨论。参见迟德强:《论跨国公司的社会责任》,载《学术界》2007年第4期;田祖海、苏曼:《跨国公司的社会责任:理论基础及其对我国的影响分析》,载《商业研究》2006年第16期;徐涛、张晨曦:《论跨国公司保护人权的社会责任》,载《政治与法律》2005年第2期。亦有学者讨论了社会型公司的社会责任问题,参见吴越:《公司人格本质与社会责任的三种维度》,载《政法论坛》2007年第6期。

② 参见国家知识产权战略制定工作领导小组办公室官方网站,http://www.nipso.cn/gzdt/t20080409_97783.asp,2008-5-16访问。

第二,如果认为知识产权型公司应该承担社会责任,那么,其承担社会责任的路径又有哪些?

本文将从公司法社会责任理论、公司伦理及知识产权正当性理论等角度就以上问题进行初步探讨,以期抛砖引玉,就教于学界同仁。

二、知识产权型公司承担社会责任的理论基础

公司社会责任问题起源于美国20世纪30年代的一场争论。争论的主题是公司的董事和经理到底应当为谁服务。主张公司应当承担社会责任的一方认为,公司不仅应当为股东服务,以股东利益最大化为行动的指南,还要对股东之外的人承担责任。股东以外的人被称为利益相关者,具体包括雇员、顾客、债权人、竞争者、当地社区、公司周围的自然环境、社会弱势群体等。[①] 进入20世纪80年代以后,又有诸多法学、社会学、经济学学者重提公司社会责任这一话题,并进行了更为深入的争论。学者认为,关于公司社会责任的争论"基本基于这样的假设:(1)企业所存在的问题是由大型公众公司带来的;(2)试图对这些公司进行改革;(3)让董事、高级管理人员对非股东承担新的义务以使其对更为广泛的社会承担责任,而不仅仅是对股东承担责任"[②]。本文要讨论的知识产权型公司皆为大型公众公司,比如美国微软公司、辉瑞公司、强生公司等。这些知识产权型公司的经营活动对社会经济生活和公众生活有着重大的影响。因此,对此类公司社会责任的讨论可以纳入学界关于公司社会责任的争论中去。本文认为,知识产权型公司应当承担社会责任的理论基础在于关系契约理论、利益相关者理论和知识产权正当性理论。

(一)关系契约理论与利益相关者理论

传统公司法理论认为,公司是法律的产物。与此相反,公司契约理论认为,公司是一系列合约的安排。公司是关系契约的产物。这种理论的理论预设是市场自由和契约自由。公司是由股东、顾客、消费者、债权人、政府、当地社区等主体之间的明示契约或者默示契约组成的。在关系契约理论的基础上更进一步,利益相关者理论认为,股东、公司雇员、社区、国家、自然环

---

① 施天涛:《公司法论》,法律出版社2006年版,第49页。
② 同上书,第51页。

境等都对公司享有权利,都有权要求公司在进行决策时考虑其利益和意志。① 其实,从政治学角度看,关系契约理论或者利益相关者理论都是社会契约论的一种变种。社会契约论在经济学上的解读可以称为"经济民主"。按照著名学者崔之元先生的见解,经济民主分为宏观和微观两个层面。宏观层面的经济民主是人民主权理论在经济领域的应用,它要求各项经济制度安排依据大多数人民的利益而建立和调整。② 现代社会,公司(尤其是跨国公司)已经成为社会上的重要力量,全球跨国公司生产总值已占西方发达国家总产值的40%。跨国公司"内部贸易"和各跨国公司之间的贸易约占世界贸易总额的60%,此外还控制着75%的技术转让、80%以上的对外直接投资、90%的生产技术。在全球100个最大的经济实体中,51个是公司,国家只占49个。全球公司二百强的销售总额占全世界经济活动中的1/4强,其销售总额7.1万亿美元几乎是世界上45亿人口收入总额3.9万亿美元的两倍。③ 而全球最大的公司多掌握着足以抗衡竞争者的核心专利权或版权,这些公司多数是私人公司。它们并未按照大多数人民的利益采取行动,跨国公司在中国的不良行为即是例证。中国商务部研究院跨国公司研究中心发布的《2006跨国公司中国报告》指出:"少数跨国公司人员在华行贿,一些跨国公司在华非法避税,少数跨国公司在华涉嫌垄断,一些外资企业劳工标准偏低,一些外企产品安全不达标"。④ 由此可见,一方面这些知识产权型公司掌控了足以影响社会经济生活的重要资源,另一方面他们又没有承担相应的社会责任,甚至有些公司还滥用其社会经济地位实施不道德行为。我们认为,当某种社会力量发展到了足以控制社会生活的程度,经济权力过度集中于少数人手中时,就应当将这种社会力量予以分解,或者让这种社会力量承担更多的社会责任。由此看来,按照经济民主或者利益相关者理论,知识产权型公司理当承担社会责任。

---

① 参见吴越:《公司人格本质与社会责任的三种维度》,载《政法论坛》2007年第6期。
② 崔之元:《经济民主的两层含义》,载《读书》1997年第4期。
③ Sarah Anderson and John Cavanagh:《Top 200:The Rise of Global Corporate Power》。转引自常凯:《经济全球化与企业社会责任运动》,载《工会理论与实践》2003年第4期。Anderson and John Cavanagh 的报告撰写于2000年,其数据来源于1999年及之前统计资料。该报告的摘要参见:http://coat.ncf.ca/our_magazine/links/issue45/articles/05.htm。
④ 刘世昕:《2006跨国公司中国报告:部分跨国公司在华逃避社会责任》,载《人民日报(海外版)》2006年2月20日第2版。转引自袁文全、赵学刚:《跨国公司社会责任的国际法规制》,载《法学评论》2007年第3期。

(二) 知识产权正当性理论

知识产权制度自产生以来,就遭到了质疑。著名学者哈耶克就对知识产权制度的正当性持否定态度。[①] 但是,更多的学者则支持知识产权制度,证明知识产权制度的存在是正当的。本质上,知识产权(专利权和著作权)是对人类新创造的智力成果利益的分配。现行知识产权制度将此种利益主要分配给了该智力成果的创造者,并且最终分配给知识产权型公司。姑且不论质疑否定知识产权制度论者的观点[②],就支持知识产权正当性的理论而言,知识产权型公司承担社会责任亦属当然。美国哈佛大学教授威廉·费歇尔的《知识产权的理论》一文较为全面地总结了知识产权正当性理论,按照他的总结,知识产权理论研究中有着四种不同理论,这四种理论构筑了当前知识产权理论文章的基石,它们是:功利主义的效益主义理论、洛克的劳动财产权理论、黑格尔式精神人格保护理论、社会规划理论。效益主义主张,立法者在设计财产权时应当以社会福利的最大化为目标,这要求立法者在授予独占权利给创作者以激励发明创造与艺术创作的同时,对授予的该种权利限制公众享用这些智力成果的倾向加以控制,力求实现两个方面的平衡,即知识产权利益平衡论。第二种理论是源于洛克的劳动财产权理论。它认为,人们劳作于无主的或者公有的资源,则对其劳动成果享有自然的财产权利,并且政府有义务尊重和实现这一权利。知识领域的原始材料,事实和概念语言等在某种意义上似乎是公有的,而且劳动似乎也对知识产品的价值贡献甚巨。劳作于资源而取得对成果的权利是有限制条件的,即人们将其劳动与公有的资源相结合便能取得财产权利的合法性在于,仍有足够多和同样好的资源留给了他人公有。即通过劳动取得对源于资源的成果的财产权利的正当性在于他人——不特定的人,并未因此而受到损害——包括与不允许通过劳动取得财产权或者不允许对可用资源予以限制的制度相比更为糟糕的结果,但是不包括基于首次劳动而获得无主财产机会的减少。将专利权授予发明人并没有违反这一限制性条件,尽管他人使用发明的权利受到专利的限制,但如果没有发明人的努力,这一发明不会存在,因此授

---

① 〔美〕哈耶克:《不要命的自负》,谢宗林等译,台北远流出版公司1995年版,第48—49页。转引自张俊浩主编:《民法学原理》(修订三版)(下册),中国政法大学出版社2000年版,第540页,注1。

② 因为按照这些观点,知识应当公有,不应当私人专有,由此知识产权型公司将不复存在,其承担社会责任无从谈起,或者其已经承担了完全的社会责任。

予专利权给发明人对消费者有利。忠实于洛克的理论,还要加上两个条件限制专利权:第一,在后独立发明人对其发明应当被允许从事发明的生产和销售,否则专利的授予将使在后发明人的境遇更糟;第二,专利的期限一般不应超过具有相同知识和独立发明能力者作出同一发明可能所需的时间。第三种思路,其前提性假设是从康德和黑格尔的著述中泛泛地引申而来。认为,私有财产权是某些人类基本需要得以满足的关键;因此,政策制定者应该努力创设和分配对资源的权利,以最大程度地实现人们的需要。据此,知识产权存在的合理性在于保护那些体现作家艺术家意志——人格的内核——的作品不被侵占或者篡改,或者在于造就有助于创造性智力得以发挥的社会经济条件,从而有益于人类生活的繁荣。第四种理论基于假设:一般的财产权和特殊的知识产权的安排,能够并且应当以有助于培育和实现一种公正的和令人向往的文化为目标。在目的论上,这种理论与效益主义相似,但不同的是,更倾向于使用"可欲社会"(desirable society),而不是福利社会(social welfare)。这种理论称为普洛主义,也称为"社会规划理论"。① 在这四种理论中,第一和第四种都支持知识产权型公司应当承担社会责任的见解。理由是:第一,根据效益理论,知识产权的授予应当以社会福利的最大化为目标,这要求立法者在授予独占权利给创作者以激励发明创造与艺术创作的同时,对授予的该种权利限制公众享用这些智力成果的倾向加以控制,力求实现两个方面的平衡。当作出某一行为将使公众的利益超过知识产权型公司的利益时,此种行为就是正当的。因此,当出现人道主义危机如传染病(SARS等)等爆发时,由知识产权型公司承担社会责任,对其专利权实施强制许可或者否定其专利权,从而给受害者实施及时救助,就符合效益主义的主张。第二,按照社会规划理论,知识产权能够并且应当以有助于培育和实现一种公正的和令人向往的文化为目标。在发展中国家,知识产权型公司不能要求过高的知识产权保护。因为要求过高的知识产权保护将不利于培育和实现一种公正的和令人向往的文化,不利于该国公众的整体发展,也有损于人权。②

---

① 参见威廉·费歇尔:《知识产权的理论》,黄海峰译,载刘春田主编:《中国知识产权评论》第1卷,商务印书馆2002年第1版。
② 目前,有的论者认为知识产权也是一种人权。我们认为这种观点是错误的。参见郑万青:《知识产权与人权的关联辨析——对"知识产权属于基本人权"观点的质疑》,载《法学家》2007年第5期。

三、知识产权型公司承担社会责任的现实根据

（一）知识产权型公司成为医治 AIDS 等人类灾难性疾病，维护公共健康的关键力量

医药领域的知识产权型公司，如美国的强生公司、辉瑞公司、葛兰素史克公司、法国的塞诺菲—安万特公司等，都以研制、生产和销售治疗癌症等难以医治病症的药品为其主要利润增长点。[①] 这些药品都是专利药品，价格高昂。据有学者归纳，"全球每年有 1400 万人死于传染性疾病，其中 90% 以上发生在非洲、亚洲和南美洲。主要的致死性传染疾病是艾滋病、呼吸传染、疟疾和结核病。而每一天，在发展中国家约有 8000 人死于艾滋病"[②]。这种情况表明：一方面是专利药品的高昂价格，另一方面是令人心碎的公共健康危机，这形成了专利权与人权之间的矛盾。换个角度，这是发达国家的知识产权型公司与发展中国家的疫病患者之间的利益冲突。因为发展中国家的疾病患者根本无力购买必需的药品。"同发达国家相比，发展中国家人口占全世界总人口数的 3/4 以上，可是药品的产量却不足全球总产量的 1/10，公共健康危机日趋严重。"[③]为了解决这一公共健康危机，有关国家采取了否定专利权，让持有专利权的公司承担社会责任的做法。比如南非在 1997 年修改法律，并通过了《药品和相关物品的控制法》，授予保健部部长批准医药品的平行进口和强制许可的权力。巴西也采取了类似做法，逼迫持有专利权的公司降低药品价格，履行挽救公共健康的社会义务。[④] 在 2001 年 11 月召开的 WTO 第 4 届部长会议上通过了《TRIPS 协议与公共健康多哈宣言》，多哈宣言肯定了公共健康对于专利权的优先地位。从国际社会对公共健康与专利权之间的权衡可以看出，在承认并继续维持知识产权制度的前提下，知识产权型公司必须承担起医治 AIDS 等人类灾难性疾病、

[①] 《世界十大制药巨头 2006 年第一季度业绩综述》，http://www.biotech.org.cn/news/news/show.php? id = 36586。

[②] 参见冯洁涵：《全球公共健康危机、知识产权国际保护与 WTO 多哈宣言》，载《法学评论》2003 年第 2 期。

[③] 参见曲三强：《论公共健康与药品专利强制许可》，载《云南民族大学学报》（哲学社会科学版）2007 年第 1 期。

[④] 同上。

维护公共健康的社会责任。

(二) 知识产权型公司在事实上构成市场垄断

知识产权是独占性权利。就专利而言,其权利人控制着解决某领域技术难题的技术方案。多数知识产权型公司围绕某一技术获取了一系列专利群,很多知识产权型公司联合设置专利池或者专利联盟,垄断某一领域的技术应用,其他公司要想超越这些公司几乎是不可能的。因此,这些知识产权型公司就在某一领域构成了垄断,比如美国微软公司就是这样。"到1997年11月时(即联邦司法部正式起诉微软公司违反联邦反托拉斯法后的一个月),微软公司的股票市值已达1630亿美元,比美国三大汽车公司(通用、克莱斯勒、福特)的资本总和还要多。其视窗系列操作系统在世界个人电脑市场上的占有率达到90%,而它的办公软件则覆盖了世界各地的几乎所有办公楼中的计算机。"[①]十几年后的今天,微软公司在操作系统市场上的垄断地位更加确立。自2007年以来,微软公司通过升级程序安装WGA程序,并以此程序收集网络用户使用盗版windows操作系统软件的证据。之后,微软公司对中国国内多家公司发出律师函,要求支付高额软件使用费。观察国内操作系统软件市场可知,除了微软的操作系统,几乎难以见到其他操作系统软件。微软的windows操作系统毫无疑问地构成了网络上基础设施。然而,美国司法部要求拆分微软的指控已经被法院否定。但在欧洲,微软在操作系统软件上构成滥用其垄断地位的事实已被欧盟初审法院确定。[②] 在其他市场领域,知识产权型公司也在某种程度上构成垄断。垄断型公司控制了某一领域技术的发展和产品的提供,成为影响社会生活的决定性力量。当人们要解决该领域的社会经济问题时,必须依赖于这些公司的参与和配合。也许,正是知识产权型公司的垄断地位决定了其必须承担社会责任。

[①] See, Steve Hamm and Susan Garland: "Justice vs. Microsoft: What's the Big Deal?" *Business Week*, Dce. 1, 1997, p.159. 转引自胡国成:《微软垄断案解析》,载《美国研究》2000年第3期。

[②] 王欢:《微软欧洲败诉》,见财经杂志网络版, http://www.caijing.com.cn/20070917/30542.shtml.

四、知识产权型公司承担社会责任的路径

由于知识产权型公司承担社会责任的理论基础与现实依据的特异性，他们承担社会责任的路径也应当有所不同。主流公司社会责任理论认为，公司承担的社会责任有三种，即法律责任、经济责任、道义责任。我们认为，就知识产权型公司的社会责任而言，其应承担的主要是经济责任及道义责任。这些责任的承担都围绕其所掌握的知识产权展开。总体看来，其承担社会责任的路径有四种，现分别讨论如下：

（一）降价

知识产权型公司的产品多以价格高昂著称。通过降价，可以减少这些产品的消费者的负担，克服公共健康危机，促进文化传播。比如，中国曾就艾滋病药品的价格与国外制药公司谈判，要求降价。① 再如，南非、巴西等国也通过谈判要求制造抗艾滋病药品的制药公司降低价格，挽救艾滋病人的生命，克服公共健康危机。美国在应对炭疽病毒时，也曾与制造治疗炭疽病毒的药品的拜耳公司进行谈判，要求其降低价格。② 由此可见，降价是知识产权型公司承担社会责任的重要路径。

（二）放弃知识产权

国家授予、保护知识产权的目的是为了鼓励创造，从而产生更多的为整个人类服务的发明创造。知识产权制度的终极目的是促进整个人类的文明进步。当某种危机到来之际，知识产权型公司应当通过放弃知识产权，准许更多的公司去生产专利产品从而应对针对全人类的危机。在前述炭疽病毒风靡美国之际，就有人建议美国政府否定拜耳公司的专利权。虽然美国政府没有实施这一建议，但拜耳公司是否应当考虑放弃这一专利权仍然值得讨论。再如在禽流感给人类带来重大的公共健康危机之时，由于瑞士罗氏

---

① "2001年以前，一位中国感染者服用从国外进口的'鸡尾酒'每年大概需要花费近1万美元。经过我国卫生部等政府机构与国外制药公司的艰苦谈判，'鸡尾酒'的价格后来降至每年3000美元至4000美元。即使如此，对绝大多数中国感染者，尤其是那些来自农村的感染者来说，这样的价格仍然无法承受。"陈欣、刘勇：《专利药价格过高问题探讨》，载《价格理论与实践》2006年第7期。

② 参见冯洁涵：《全球公共健康危机、知识产权国际保护与WTO多哈宣言》，载《法学评论》2003年第2期。

（Roche）公司生产的抗病毒制剂"达菲"被认为是防治禽流感流行的唯一特效药物,于是国际社会就曾建议罗氏公司放弃专利权并公开"达菲"的配方和生产工艺。在面临禽流感等会给人类造成巨大损失的流行病之际,知识产权型公司通过放弃专利权,可以较好地实现其社会责任。

（三）准许平行进口

知识产权具有地域性。很多知识产权型公司在多个国家享有对某些产品的专利权。由于材料、劳动力成本、税收等的差异,在不同国家生产的产品其价格就区别甚大。印度是不对药品授予专利的国家,印度的制药公司可以仿制在其他国家授予专利的药品,其药价相对低廉。巴西等国就准许从印度进口药品。这曾引起巴西政府与美国政府的争端。1996 年巴西政府修改了工业产权法,规定可以"平行进口"方式,向价格最低的来源地进口。① 知识产权型公司可以通过准许竞争者平行进口其享有知识产权的产品来实现其社会责任。此种路径与放弃知识产权的路径相似,但在形式上有所不同。

（四）强制许可

《TRIPS 协议》第 31 条规定了强制许可。各国可以根据本国情形制定强制许可的法律。中国《专利法》在第 48—55 条规定了强制许可。中国《专利法》实施细则在第 72—73 条进一步细化了强制许可的条件和程序。中国国家知识产权局于 2003 年 6 月 13 日发布的《专利实施强制许可办法》专门对专利强制许可问题进行了规定。为了贯彻《多哈宣言》,国家知识产权局在 2005 年 11 月 29 日发布了《涉及公共健康问题的专利实施强制许可办法》,该办法于 2006 年 1 月 1 日起施行。上述法律法规关于强制许可的规定表明,在面对公共健康危机等情况时,知识产权型公司可以被课以强制许可,从而承担社会责任。

五、结论

进入知识经济时代,最强有力的公司都成为握有足以影响社会生活的知识产权型公司。知识产权型公司承担社会责任的理论依据在于社会契约

---

① 参见曲三强:《论药品专利许可与公共健康权》,载《学术探索》2006 年第 1 期。

理论及其变种利益相关者理论、知识产权正当性理论。从社会现实看,知识产权型公司成为医治 AIDS 等人类灾难性疾病、维护公共健康的关键力量;它们在事实上构成垄断型公司,具有操控社会生活的能力,这正是要其承担社会责任的现实根据。由于知识产权型公司所具有的不同于其他公司的特征,其承担社会责任的路径也有所不同。总体上,知识产权型公司可以从降价、放弃知识产权、准许平行进口、强制许可等路径实现其社会责任。

我国企业的环境责任及其承担

汪 劲 裴敬伟 潘 磊*

摘 要 企业环境责任是伴随着环境污染和破坏发展起来的,作为经济发展主体的企业在命令与控制体制下履行着法律规定的环境保护义务,但并没有圆满地解决环境问题。由于社会经济可持续发展的迫切需要,在社会各种力量的推动下,发达国家的企业作为"企业市民"自主性地承担起企业环境责任,收到良好的环境保护的效果。本文希望通过对世界主要国家企业环境责任的分析,总结相关经验,为推动我国企业环境责任的发展寻找相应的路径。

关键词 企业社会责任;环境保护;清洁生产;利益相关者

引言

近几年发生的淮河流域"癌症村"现象、松花江重大水污染事件以及太湖蓝藻暴发等一些热点环境问题,一方面说明了我国在环保监管方面还存在着许多需要改进加强之处,另一方面也凸显出我们不得不正视的另一个

---

* 汪劲,北京大学法学院教授;裴敬伟,北京大学法学院2007级法学博士研究生;潘磊,北京大学法学院2007级法学硕士研究生。本文在写作时先由第一作者提出论文大纲、写作思路及其主要参考文献,再由第二、第三作者撰写初稿。经多次讨论并由第一作者修改后定稿。特此说明。

重要因素——中国企业在环境责任方面的严重缺失。由于中国企业目前正处于原始积累的高速发展时期,企业所关注的重心还集中于利润的获取,对于自身的社会责任,特别是环境责任的承担还缺乏应有的重视。其结果,除加剧了环境问题的严重性外,企业本身也面临了来自社会公众、舆论、政策以及法律的巨大压力。因此,思考如何推动企业由被动接受而转向主动承担环境责任,已经成为一个值得各界关注的重要问题,需要我们共同努力为之寻求相应的出路。

本文拟在回顾企业环境责任的历史沿革的基础上,比较研究当今世界发达国家企业环境责任的实践,探讨我国企业的环境责任及其承担问题。

一、企业环境责任的兴起

(一)企业环境责任的由来

考察企业环境责任的沿革,可以发现它是从"企业社会责任"中分化和派生出来的新的责任形式。

"企业社会责任"的概念最早是由英国学者欧利文·谢尔顿于20世纪20年代提出的。之后,到20世纪30年代美国哈佛大学法学院的贝尔与多德两位教授就企业社会责任问题的讨论还引发了著名的"哈佛论战"。[1] 贝尔代表了传统的企业理论观点,认为企业管理者是只受股东委托、唯股东利益是从的股东权益受托人。多德立即表示强烈反对,在他看来,企业是既有盈利功能,又具有社会服务职能的经济机构,企业管理者不仅受托股东,而且受托于更广泛的社会,包括对雇员、消费者和广大公众负有社会责任。[2]

此外,企业家亨利·福特所主张的"福特主义"也是对社会责任的一种阐述,即企业生产的目的在于"对公众的奉献",而利润只是作为其结果而产生的。福特主义主张"低价格、高工资、低劳务费"原理,即在彻底实现机械化提高生产力的基础之上实现降低生产成本和劳动力价值,给消费者以高质低价的产品,给劳动者以高额的工资,给企业经营者以高利润,由此还可

---

[1] 李立清、李燕凌:《企业社会责任研究》,人民出版社2005年版,第31页。
[2] 同上。

以回避劳资纠纷,使企业的内外关系日趋协调。① 此时的社会责任可以说主要集中在劳动者权益及社会福祉方面。

20世纪70年代爆发的石油危机导致世界经济恶化,同时南北问题、资源枯竭问题也日益严峻,支撑GNP(国民生产总值)至上主义的无限成长体制的诸条件也发生了变化,企业经营方式和理念发生改变也是必然的。从无限成长体制到低成长体制的经济变革,以及减量化生产方式的确立,都推动了适应环境危机时代到来的经营理念和社会责任的再构造。这时,企业责任的范畴也进一步扩大,加入了高效利用不可再生资源和能源等内容,逐步形成对重视环境保护的思想,兼顾企业生产和提高社会福祉,关注居民和消费者的需求,确立社会和企业的共同繁荣的关系。

时至今日,企业社会责任已经得到广泛的认同,总部设在美国的社会责任国际组织将企业社会责任的概念表述为:企业社会责任区别于商业责任,企业除了对股东负责,即创造财富之外,还必须对全体社会承担责任,一般包括遵守商业道德、保护劳工权利、保护环境、发展慈善事业、捐赠公益事业、保护弱势群体,等等。并于1997年制定了世界上第一个企业社会责任国际标准,简称SA8000,但尚未取得国际标准化组织的承认。②

我们先可以这样想象,即在一个社会中不考虑社会全体或整体经济的要求,而专注于追求自己的利益,那么整个社会将会更富有效率。同时企业追求利益可以说对全体社会都是有利的,即使社会的某一部分会有些牺牲,但为了社会整体的福祉而应该加以忍受。但在这种社会中,谈企业社会责任是完全没有意义的,因为任何责任都可以理解为一种企业正当合理地追求自己的利益而无其他任何以外的东西。

但是在科技高度发达和经济全球化的今天,这样的社会并不存在。企业特别是大型企业有着非常广泛的社会影响力。从长远来看其甚至可以左右我们生活的方方面面,企业即使不是有意识地行使自己的影响力,其生产活动所派生出来的影响也会带来诸如公害问题等重大的后果。企业这种派生出来的危害如果不能与其产生的经济利益相抵消,则企业就没有在社会中存在的理由。特别是在处于环境危机的现代社会之中,该危害的典型就是环境问题。

---

① 〔日〕河村宽治、三浦哲男编:《EU环境法和企业责任》,日本信山社出版株式会社2004年版,第179页。
② 李立清、李燕凌:《企业社会责任研究》,人民出版社2005年版,第25页。

在原初的物质匮乏时代,企业的生产活动对社会来说就是一种"善",改善了人们的生活,人们对产生的污染可以采取一种忽视的态度;但是在物质丰富的今天,对企业生产活动的评价会比以前相对要低,如果作为副产品产生的是污染损害的话,那么其生产活动也就成为一种"恶"的象征。尽管许多企业生产活动并没有违反强制性规定,仍然是达标排放污染物,但因其"自然地"产生了环境污染或者耗竭了自然资源而影响了人们对环境的正常利用。尽管所有企业的各种环境利用行为都是为了促进人类的发展和福祉的提高,但地球环境提供给人类生存的条件是有限的。因企业的开发利用行为是向环境排放污染物或者开发自然资源,它与人类为了生存繁衍而本能地利用环境行为(如呼吸新鲜的空气、引用洁净的水、食用安全的食品以及对自然风光的享受等)之间存在着相互利益的此消彼长关系及其利用主体之间的竞争关系,所以在自然环境要素逐渐稀缺时,人类对与自身生存呈竞争关系的企业利用环境行为也越来越反感,并经常陷于经济发展与环境保护的矛盾之中。

企业对于这种由自己正当环境利用行为引起的不良后果是否要承担责任、在多大范围内以什么方式承担责任呢?企业在自己不违法的基础上当然可以不致力于减少污染,但我们认为在当今物质丰富的时代,企业应该承担去除自身"恶"的责任,所以企业环境责任应运而生,而且成为当代社会一个焦点。

关于企业环境责任是什么的问题现在还没有定论,学者们只是把它界定为社会责任的一种。[①] 本文赞同这种界定,同时认为这只是狭义上的企业环境责任,即企业作为一个"企业市民"自主性地承担的环境保护责任,其中包括企业承担的法律上的任意性规定的责任。如果从广义上来说,企业环境责任还应包括社会责任意义上的环境责任和法律上的所有与环境保护相关的责任。

对于法律明文规定的有强制力的企业环境保护义务,是企业最低限度所要承担的法律义务(如民事责任、行政责任、刑事责任等)暂不纳入本文的研究范围。本文主要是从狭义上的企业环境责任的视角,追寻企业环境责任的成因,分析主要国家的企业在环境责任上的实践经验,指出健全我国企

---

① 高桂林:《公司的环境责任研究——以可持续发展原则为导向的法律制度建构》,中国法制出版社 2005 年版,第 40 页。

业环境责任体系的思路。[①]

(二)企业环境责任形成的原因

1. 内在原因

在生产制造过程中,企业活动不仅会带来大量的大气、水、土壤的污染,而且还会消耗大量的能源,产生废弃物等,而且在各种生产领域内都要消耗大量的资源。以日本为例,其地球温室气体排放量中,制造部门、企业事务部门、运输部门的二氧化碳气体的排放量就占了全部二氧化碳气体排放量的3/4(2002年数据)。[②] 由此我们可以看出企业活动,包括生产活动和事务性活动就会给环境带来很大的负担。

实际上,企业可以在生产过程中节省能源和资源、减少污染物的排放以减轻环境污染和自然资源的利用。另外,企业在考虑某个商品所造成的环境污染时,还可以或者必须要考虑其原材料在供应链上产生的环境污染,这是一个系统的整体。如矿产品在开采过程中造成的环境污染、森林采伐的生态影响、农产品生产过程中的农药使用、部件在制造过程中产生的公害、能源消耗和废弃物的处理等,同时还要考虑到部件如果使用含有事后难以处理的重金属和化学物质或部件是高耗能产品的话,在其使用废弃时不产生对环境污染是很困难的。

所以企业在其研究开发、组装加工及流通销售商品时,为了减少污染,不仅在企业内采取环境对策,还应该要求供应链的上游供应商采取环保措施,这就是为本文后面所称的"绿色供应"。

但还是必须警惕大型企业很有可能将污染严重的生产过程发包给供应商,将环境污染削减过程转嫁给了供应商或者承包方,减少了本企业的环境污染。

2. 外部原因

(1)开展国际贸易的必要性

在国际贸易中,首先是欧洲等地实行严格的环境管制和环境标准。1993年欧洲导入EMAS(即《工业企业自愿参加环境管理和环境审核规则》)。为了与占有重要地位的欧洲企业进行贸易或者是在欧洲展开商务活

[①] 狭义上的企业环境责任因为是企业自主实施,具有任意性,较少引起学者们的关注。同时这些自愿承担的环境责任,对于企业树立环境保护理念,加强环境管理,实现可持续发展之路,都具有重要意义。——笔者注

[②] 〔日〕日本联合会律师编:《环境法》,日本有斐阁2005年版,第244页。

动,各国的企业主动构建环境保护体系及其成果评价也就成为必然要求。

(2)对环境风险的事前回避的需要

社会上对于环境问题的关心逐渐在提高,化学品管制、循环利用、地球温暖化对策、节能等各种制度不断地建立,企业在这些制度成熟期间也许会产生重大的环境上的战略错误。如暂时没有纳入管制对象范围的物质也可能被证明具有毒性,如环境荷尔蒙(二恶英类)等原来认为在安全范围内的量是无害环境的,但在现实中造成环境损害;或者在开发过程中遇到珍贵的动植物或生态系统,开发活动被迫停止等,都会产生巨大的赔偿责任和经营上的风险。为了回避因环境问题而产生的事后损失和责任,企业有必要在事前主动采取综合性的措施回避环境风险,包括承担强制规定外的企业环境责任。

(3)节省能源和资源,削减成本

节省能源和资源,实现废弃物的零排放,减少废弃物的处理费用等,都可以直接地减少企业成本,短期就可以获得利益。

(4)瞄准未来,创造新的商机,实现环境友好型商业战略

实际上,作为企业环境责任一部分的循环产业、节能型电器的开发、太阳能风能发电等都充满了新的商机,提供这些产品的企业社会认知度会不断提高。同时人们的环境保护意识的提高,消费者也会倾向于选择环境友好型商品。

二、发达国家企业环境责任实践方兴未艾

(一)发达国家企业环境责任承担现状

1. 企业层面自觉的承担

(1)确立环境经营理念,环境成本内部化

在经济高度成长期,企业和环境问题是最密切相关的。企业既是引起环境问题的制造者,又是采取环境措施的当事者,要求企业切实应对环境问题的呼声不断地高涨。企业为了生存,环境保护是其不可能避免的重要课题。

一般来说环境成本是外部费用,可以不直接负担,而与需要直接负担的人工成本等内部费用是截然不同的。企业在生产的时候,减少污染而进行

的设备投资,无害于环境的处理废弃物或者实现再循环利用而产生的费用,环境友好型产品的研究开发费用,这些都会成为负责任的企业必须负担的内部费用,当然最终是由消费者、顾客及投资者一起承担这些内部化的成本。这种将环境费用内部化的做法在现代社会被认为是当然的,因为具有整体性的环境利益是符合所有人利益的。

如日本企业在20世纪末叶泡沫经济崩溃以后一直处于不景气状况,处于经营体制转轨期,要想将环境保护和高度成长期的日本经营方式协调起来,同时还要应对其他可能新发生的各种情况,可以说是有巨大的困难。日本企业在经营中导入环境成本,在短期内将会给企业的收益带来压力。日本公开环境审核的企业越来越多,将环境费用和由此带来的效益公之于众,环境费用被确定为企业内部成本,并且在企业经营中还要提高其预算,已经是企业经营的重大事项。经营者清楚地表明重视环境的经营方针,环境成本的负担在开发新产品时并不一定与预期收益相关联,但短时间内可以提高企业形象,有利于增加收益,所以几乎所有的大企业都树立环境经营理念,将环境保护融入企业活动之中,积极投入到与环境相关的新的商机之中。①

在欧洲,1979年欧洲共同体理事会宣布推行清洁生产政策。② 清洁生产理念已经为企业界所认同,已经成为履行企业环境责任的最直接的一种形式,将环境保护和资源节约的理念直接融入企业的运营过程之中,使得企业的生产销售过程不但避免了负的环境外部性,还产出了正的环境外部性。具体的做法包括:生命周期评估、工业化生态系统(有的也翻译成"工业共生系统")、终端设计等,即企业应当重视收集产品生产流程中的各种信息,使对环境的负面影响最小化;强化各个工业企业之间的原料和能量交换,避免资源浪费和减少污染;在产品设计之初就要考虑到产品寿命末期的处理。③

(2) 实行"绿色供应",构建完善的商业准则

大型企业集团向贸易企业提供"绿色供应标准书",规定产品、材料、部件的各种标准,优先选取具有"ISO14001"认证资格或推行"环境管理体系

---

① 〔日〕河村宽治、三浦哲男编:《EU环境法和企业责任》,日本信山社出版株式会社2004年版,第191页。

② 王明远:《清洁生产法论》,清华大学出版社2004年版,第9页。

③ 参见James E. Post, Anne T. Lawrence & James Weber, *Business and Society: Corporate Strategy, Public Policy, Ethic*(tenth edition), McGraw-Hill, 2002, pp.252—253。

构建"的企业作为供应商。重视环境管理体系的内容,如"企业环境理念"、"环境规划"、"环境评价及管理"、"环境教育及信息公开"、"物流合理化"等,要求各企业各自对应评价自己的管理。

日本企业实行"绿色供应"大多采用了以下措施:

第一,制定"绿色供应"指导手册。以供应对环境影响小的部件、材料、原料为目的。

第二,选择"绿色供应"的标准。基准包括供应商和供应品两个方面来推进"绿色供应",在原有交货期限、质量、价格等要素之后加入了环境保护的要素。对于供应商的评价标准是"ISO14001"认证资格的取得;对于供应品的评价标准,则包括再生性、再生材料利用、易处理性、节能性、有害物质的含有量等。

第三,"绿色供应"实际评估。环境保护活动是供应商的自愿行为,对供应商的评价形式通过一年提供一次固定格式的调查问卷实行。

第四,对欧盟法规的遵守。遵守国内外的法令,特别是应对相对严格的欧盟环境法令要求,某些公司还会有关于欧盟法规的遵守规定。

第五,逐步统一"绿色供应"标准。2003年8月26日日本经济新闻报道,佳能、NEC、索尼等46家公司统一"绿色供应"标准,优先购买环境友好型部件。并将29类部件含有的化学物质的标准公开,减轻了部件生产者的负担。同时在供应商数量大量增加后,以及应对欧洲加强环境保护的要求,各企业独自制定标准会增加企业成本,所以走向统一成为必然。[①]

欧美大型企业在环境保护方面一直有自己独特的价值关注,很多公司都将环保和资源节约纳入公司文化之中,这一点在网络时代的今天十分明显,我们几乎可以在所有这些企业的网站上看到"环境保护"这个栏目。如皇家壳牌石油就将"健康、安全与环境"纳入公司的文化价值观。无论是ISO14000还是SA8000,都在欧美企业中得到了广泛的接受和认可,甚至进而要求他们的商业伙伴也要满足这样的标准。欧美的大型工商企业也纷纷加入相应的组织来表达其在环境保护或者是资源节约方面的价值认同。代表大型制造商和服务企业的国际气候变化合作组织(International Climate Change Partnership,ICCP)就包括了AT&T、DuPont、GE、3M这样著名的欧美大型企业,该组织明确提出企业而不是政府应当在减少温室气体方面发挥

[①] 〔日〕河村宽治、三浦哲男编:《EU环境法和企业责任》,日本信山社出版株式会社2004年版,第204页。

主导作用。① 而另一个类似的组织 Natural Step 自从在瑞典成立之后的 10 年之类,就有 300 多家本国企业加入,其在企业环境责任方面确立的标准和原则也被美国、加拿大、荷兰等国的企业广泛接受。②

2. 消费者环境意识高涨,"绿色消费"引导企业生产

由于环境问题越来越严重,很多人都开始关心环境问题,而且在现实消费活动中也采取有利于环境的消费行为,我们称之为"绿色消费者"。他们为了保护环境,商品的价格即使稍微高一些,也会选择购买环境友好型产品,而且根据社会调查,具有这种思想的人在不断地增加,他们以"绿色消费"行为为环境保护做出贡献。

所谓"绿色消费"是指,购买商品或服务时,不仅要考虑到品质和价格,还要充分考虑到购买的必要性,以及对环境影响的程度,从而致力于减少污染的消费行为。在日本有人分析其构成因素为:第一,购买的必要性。要考虑到是否可以修理旧物品、是否可以共同利用、是否可以租借等,尽量减少物品的产生,也是对资源的节约。第二,要考虑商品或服务的生命周期评估。尽量减少有害物质的使用和排放,节省能源和资源,持续利用可再生的天然资源,提高耐用性,增强再使用的可能性,循环利用,使用再生材料,易处分性等。第三,要考虑企业的环保措施。如是否导入环境管理体系,是否采取一系列有利于环境的措施,是否积极地公开环境信息等。第四,要考虑其他社会各方提供的相关评价信息。③

消费者的购买偏好或者购买行为,虽然无法描述一个制度性的体系,但无疑具有一种类似制度的效力。在欧美国家,消费者有着较高的环保意识,他们往往乐于选择在他们看来更具有环保价值和生态价值的产品,这样的购买意向一经累积,就会对企业造成深刻的影响。而且由于欧美消费者借助于发达的 NGO 组织,更容易以群体的姿态向企业界表达自己的观念,促使企业重视自己在运营中树立相应的"绿色形象"。一个值得关注的例子是,由于美国部分地区的消费者具有较强的绿色意识,因此往往更倾向于购买清洁电力产品,这使得电力企业比较注意自身传统产品的"绿色化",以及

---

① 参见 James E. Post, Anne T. Lawrence & James Weber, *Business and Society: Corporate Strategy, Public Policy, Ethic*(tenth edition), McGraw-Hill, 2002, p.248。
② Ibid., p.238.
③ 〔日〕河村宽治、三浦哲男编:《EU 环境法和企业责任》,日本信山社出版株式会社 2004 年版,第 212—213 页。

开发新型的技术来提供清洁电力产品。① 面对消费者的绿色需求,任何一个理智的企业在履行环境责任方面都不得不作出积极的回应。

3. 其他利益相关者对企业环境责任实现的推动

(1) 企业协会

企业协会对企业的影响力非常大,能从整体上把握企业的利益所在。1991 年日本经团联(日本最著名的企业间社会组织)发表《经团联地球环境宪章》,阐述了企业要在世界范围内将可持续发展的环境交给未来世代的重要性,及"企业活动必须在全球范围内保护好环境,以确保未来社会的良好环境,企业必须认识到对环境问题采取措施是自身存在与活动的必须要件"这一基本理念。还对企业提出了共同的行动指南,以寻求企业在应对上能制定具体对策及产生实际效果。此宪章表明了日本产业界的决心,日本大多数企业都表明要遵守该宪章,并以此为环境方针的基准。

1996 年,日本经团联又发表宣言《经团联环境宣言——经济界面向 21 世纪的环境保护自主行动宣言》。表明在即将到来的 21 世纪,环境保护和未来世代对该环境惠泽的继承是全体国民的愿望,我们应重新审视资源浪费型的"一次性使用"的时代,实现在不损害未来世代满足需要的基础上,满足当代人需求的可持续发展。

这两次宣言的要点是:第一,对环境伦理的再认识。第二,发展科学技术和经济,减少环境污染,提高环境利用率。第三,加强企业自主性措施。同时提出地球温暖化的对策、循环型经济社会的构建、环境管理体系的构建和环境审核以及企业在国外活动的环境保护要求。②

(2) 商业银行

商业银行作为现代企业融资的主要途径,通过选择环保型企业成为自己的客户,对于企业履行环境责任有着重要的导向作用。2002 年 10 月,美国花旗银行起草了旨在判断、评估和管理项目融资中的环境与社会风险的金融行业基准—赤道原则,简称赤道原则(Equator Principles)。这一原则的精髓,在于确保所融资的项目按照对社会负责方式发展,并体现健全的环境

---

① 参见 Norbert Wohlgemuth, Michael Getzner & Jacob Park, *Green Power: Designing a Green Electricity Marketing Strategy*. Martin Charter, Michael Jay Polonsky, *Greener marketing: A Global Perspective on Greening Marketing Practice*, Sheffield, 1999, pp. 362—380.

② 〔日〕河村宽治、三浦哲男编:《EU 环境法和企业责任》,日本信山社出版株式会社 2004 年版,第 183—187 页。

管理惯例。包括巴克莱银行、荷兰银行和西德意志州立银行、汇丰银行、瑞士信贷银行、加拿大皇家银行、标准渣打银行、苏格兰皇家银行和美国银行等国际知名银行纷纷接受这些原则,到 2005 年已发展到 41 家。① 赤道原则被欧美重要商业银行所接受,就意味着以资金为血液的现代企业必须重视自己履行环境责任的状况,避免使自己进入银行的"黑名单"。

(3) 环境保护 NGO(Non-Government Organization)

NGO 在欧美国家比较发达,对于社会生活的各个方面都极具影响力。他们可以影响立法的进程,引导舆论的走向,代表公众或者是大自然提起诉讼,对于企业履行环境责任有着显著的影响。值得一提的是,公益诉讼的实践,其实在确立企业社会责任的最初阶段就产生过巨大的影响。随后在环境责任方面,由各国 NGO 组织促成的实践更是发挥了难以估量的作用,迫使企业必须要正视自己在环境保护和资源节约方面所应当承担的社会责任。无论在世界各地都极为活跃的绿色和平组织,还是在美国环境公益诉讼领域中极为活跃的塞拉俱乐部,他们所做的努力都可以说明这一点。

(二) 企业环境责任承担的制度体系

1. 环境管理标准系列

伴随着经济全球化的进一步加深,跨国贸易越来越频繁,由于各国环境政策的不一致会导致不同国家的企业处于一种不公平的竞争状态,在统一环境标准的要求下,国际标准化组织于 1996 年制定了 ISO14000 标准系列。

在 ISO14000 标准系列中包括了术语和定义、环境管理体系、环境审核、环境标志、环境行为评价、生命周期评估、产品标准中的环境指标。其中环境管理体系标准即 ISO14001 标准是其核心,要求公司建立与环境保护相关的经营体系和实施方法。体系运行模式是通过规划和策划——实施——检查和改正——改进这一动态循环的管理过程,以持续改进的思想指导企业系统地实现其既定目标。企业的环境管理体系不仅遵守法令,还要积极主动地设定目标,有计划且协调运作管理活动,有规范的运作程序,实行文件化的控制机制,通过明确职责、义务的组织结构来贯彻落实,目的在于防止对环境的不利影响。环境管理体系是一项内部管理工具,旨在帮助组织实现自身设定的环境表现水平,并不断地改进环境行为,不断达到更新更佳的高度。②

---

① 参见韩文金、默中笑:"商业银行的环保与社会责任",载《世界环境》2007 年第 4 期。
② 汪劲:《环境法学》,北京大学出版社 2006 年版,第 265 页。

2. 环境会计和环境信息披露

环境会计又叫绿色会计,具体来说是指以环境自然资源和社会环境资源耗费如何补偿为重心而开展的会计。① 根据1993年修订过的《联合国国家会计信息系统》,环境和经济综合会计系统(the system of Integrated Environmental and Economic Accounting, SEEA)在同一个框架内集成了环境和经济信息,可以同时反映环境对于经济的贡献以及经济活动对于环境的影响。② 环境会计信息有助于量化企业履行环境责任的程度,从而便于政府和社会公众有效了解企业承担环境责任的具体情况。环境会计已经得到了欧美各界的重视,不仅企业在会计系统中引入了这一概念,而且政府和公众也在通过各种手段积极推行环境会计的实施。由于环境信息的重要性日益突出,在美国甚至出现了有关的立法提案,要求在环境保护署之外成立独立的环境信息机构,来推动环境信息的收集和未来的环境政策决策。③

为了让政府和公众能够了解到企业履行环境责任的状况,通常通过会计系统以及其他途径采集的环境信息以相应的形式向外界披露。主要发达国家的企业既有通过年度报告的形式披露环境信息,也有单独编制环境报告的做法。披露的内容有货币量信息,但更多的是非货币量信息。非货币量环境信息披露主要集中在对工业的"三废"排放量、能源使用效率、废弃物数量等栏目上,定性描述主要针对环保责任、环境事务、环保目标和环保嘉奖等。④ 美国、加拿大、荷兰、澳大利亚、英国、法国、日本在环境信息披露方面都有着相应的制度实践。法国更是规定上市公司必须公开其社会责任报告,公众可以从中了解到上市公司对于环境责任的履行状况。⑤

3. 社会营销

社会营销是菲利普·科特勒借助营销学观念所建立起来的一个概念,可以表述为"由一个群体(变革发起人)实施的有组织的活动,旨在说服其他群体(目标接受者)接受、调整或者放弃某些观念、态度、习惯和行为"。⑥

---

① 蔡春、陈晓媛等:《环境审计论》,中国时代经济出版社,第2006年版,第137页。
② Accounting for the environment, prepared by the United Nations Statistics Division based on London Group on Environmental Accounting(2002) and UNSD and UNEP(2000).
③ 参见 Spencer Banzhaf, Accounting for Environment, *Resources* 2003(summer), p.6。
④ 参见魏素艳:"西方国家环境信息披露:实践、特点与启示",载《财会通讯》2005年第7期。
⑤ 参见迟德强:"海外企业社会责任披露制度及借鉴",载《证券市场导报》2007年8月。
⑥ 〔美〕菲利浦·科特勒、〔菲〕埃迪尤阿多·罗伯托:《社会营销》,俞利军、邹丽译,华夏出版社2003年版,第4—5页。

这一方式着眼于非强制的价值观的表达和传播,为政府机构和NGO组织所广泛应用。

美国政府利用商业社会对于商业声誉的重视,通过物质或精神奖励来推动企业积极承担社会责任。具体的做法如表彰制度、项目资助,这是美国政府在支持企业履行社会责任方面一直注意采取的方式。在环境责任领域,美国政府采取了大量的表彰手段,美国国务院每年都设立优秀企业奖、优秀环境保护奖和优秀臭氧层保护奖。美国环保署在20世纪80年代提出33/55计划,根据该计划,企业可自愿与环保署签订法律协议,如果签约的企业在1988年到1992年期间将美国使用最多且毒性最强的17种化学品排放量降低33%到1995年下降50%,便可获得美国环保署授予的环境负责标志。①

而欧洲政府特别是欧盟官方习惯于通过一些具有软法性质的官方文件来表达自己在公司社会责任的观念。如2006年3月,欧盟委员会在布鲁塞尔发起"欧洲企业社会责任联盟"的倡仪,将企业社会责任视为改善欧洲竞争力的"双赢商机",呼吁广大企业积极履行包括保护环境和节约资源在内的企业社会责任。

4. 排污权交易和环境税

排污权交易实际上指企业以排污指标为标的物的交易。特别是在《京都议定书》生效后,没有达成二氧化碳削减目标的企业,可以对其不足部分从其他达标企业购买,节能达标的企业则可以出售其多余的份额,获得利润。在日本有些大型企业集团还在集团内部实行排污权交易,或者由此还成立了中介公司,增加了新的商机。②

环境税则是为了保护环境而开征的税种,其种类有很多,虽其具体的税率和课税方式不是太确定,但环境税的开征肯定会抑制对资源的浪费和消费,对环境影响大的商品的成本也会加大,直接影响到企业的经营。排污权交易和环境税都是通过一定的经济刺激来影响企业的行为,促进企业自觉自愿地保护环境,承担自己的环境责任。

---

① 参见魏素艳:"西方国家环境信息披露:实践、特点与启示",载《财会通讯》2005年第7期。
② 〔日〕河村宽治、三浦哲男编:《EU环境法和企业责任》,日本信山社出版株式会社2004年版,第207—209页。

三、我国企业的环境责任及其承担:任重而道远

(一) 我国企业环境责任承担的现状

美国《财富》杂志2006年11月份最新公布的"2006企业社会责任评估"排名,是对世界级的财富领先企业在管理和承担社会责任方面表现的一次综合考量。排名显示,中国企业的排名较靠后,表现最好的中石化集团名列第57位。而排名第63位和第64位的中石油及国家电网公司,在榜单中位居倒数前两名,这与两者在财富500强排名中第39位和第32位的位置,显现出不小的落差(《国际金融报》11月14日)。[①]

而时隔一个多月的2007年1月18日,中国国家电网公司在北京正式发布《国家电网公司2006社会责任报告》,其中指出国家电网公司"实施环保节约,服务资源节约型、环境友好型社会建设。切实把环境保护和资源节约的要求融入公司战略、规划设计、施工建设、生产运行、客户服务、支持可再生能源发展等生产经营全过程",并详细介绍了国家电网公司的社会责任理念和2006年的实践,在末尾宣称国家电网公司入选首届中国企业社会责任调查20家"最具社会责任企业",荣获"2006企业社会责任建设贡献奖"、"2006年中国网友喜爱的十大名牌"公益品牌奖。[②]

即使计较如某些人所说的在排名中的一些技术性因素,排名可能会发生一些变化,但不可能从根本上改变以上强烈的对比。我们可以看出,在中国国内被评为最具有社会责任的公司在国际社会中的排名在最后,不得不承认我国企业社会责任的承担水平之低。

那么具体到环境责任中,这些中国最有实力的公司又能够承担多少呢?比国家电网公司在社会责任排名中还要靠前一位的中石油公司,其下属的吉林石化公司双苯厂苯胺装置在2005年发生的爆炸着火事故,引起的松花江重大水环境污染。中石油吉林石化公司党委副书记、副总经理邹海峰在爆炸当天的深夜举行的新闻发布会上称,爆炸发生后他们对大气污染情况

[①] 参见贾必:"油企等死保利润 社会责任倒数能否让国企觉醒",http://www.ce.cn/cysc/ny/shiyou/200611/15/t20061115_9424587.shtm,最后访问时间2007年10月8日。

[②] 资料来源于中华人民共和国国家发展和改革委员会网站,http://www.sdpc.gov.cn/cyfz/hxfx/t20070125_113302.htm,最后访问时间2007年10月8日。

进行了实时监测,结果表明没有造成大气有毒污染。① 但是他并没有提及是否会对水源造成污染,这在后来被事实证明水污染才是此次事件的重点所在。而在此后由六名北大法学院师生作为共同原告,以中石油等三家企业为被告提起公益性环境民事诉讼,要求被告设立"松花江流域污染治理基金"用于治理松花江流域污染和恢复生态平衡。此案却没有得到法院的受理。② 值得一提的是,松花江重大水污染损害的最终治理责任是由中国政府宣告由政府拿纳税人的数百亿元人民币来承担的,而中石油只是在2007年初接受了国家环保总局给予的100万元人民币的处罚。

据2006年前后新华社的相关报道,2006年元月6日,国家环保总局在哈尔滨举行《松花江流域水污染防治规划》征求意见会。我国计划从2006年起用5年的时间,优先筛选规划项目263个,投入266亿元用于松花江全流域的水污染治理。2006年3月国务院常务会议审议并原则通过了《松花江流域水污染防治规划(2006—2010年)》。根据该规划,国家将投资一百多亿元安排二百多个项目治理松花江污染。

而"十一五"期间,吉林省将重点进行松花江流域水污染治理(上游),将在松花江流域新建建设项目102个,总投资87.78亿元;黑龙江省将重点实施松花江流域水污染防治工程125个项目,投资88.2亿元;内蒙古自治区将投资5.79亿元建设20个重点工程项目,以此加强松花江内蒙古段流域的污染防治工作。

这个结果我们可以归咎于中国的公益性民事诉讼制度的不完善,但最后我们也没有看到中石油公司主动站出来承担责任,从中可以对我国企业的社会责任、企业的环境责任承担态度窥见一斑。如果这种结果是中国企业环境责任的普遍现象的话,中国国家"十一五"规划有关降耗和减排的目标在第一年就没有完成的现象也就见怪不怪了。③

不光是中国自己的企业,在中国的跨国公司们又承担了多少企业环境责任呢?《〈华尔街日报〉:多家跨国公司被指违反中国环保法》一文中指出:中国一个环保组织公众与环境研究中心的研究发现,有三十多家在华经

---

① 参见"吉林石化公司爆炸事故6人失踪近70人受伤",http://www.gov.cn/yjgl/2005-11/13/content_97368.htm,最后访问时间2007年10月8日。
② 汪劲:《环境法学》,北京大学出版社2006年版,第609页。
③ 而中国"六五"至"十五"计划的执行情况证明,改革开放后25年间,中国有关环保计划的指标从来就没有完成过。见郭晓军、刘晓飞:"首任环保局局长:环保指标25年来从未完全完成过",载《新京报》2006年4月13日。

营的跨国公司违反了中国的水污染控制法规。① 现在虽没有谁统计出具体的数字,但从中或多或少可以看出跨国公司向我国的污染转移的情况很严重。潘岳也曾指出,发达国家从没有全面兑现向发展中国家转让环保技术资金的承诺②,它们在我国和其国内使用的环境保护标准是完全不一致的,可以说低得多,甚至还会出现环境违法行为,有些人还笑称这是中国这个"大环境"造成的。

总之,我国企业现阶段承担的企业环境责任的水平还非常低,有些企业可能也会搞一些环境认证,或在其企业章程中宣称自己的环境保护理念,但很多都处于实用主义,出于对外贸易上的考虑而实行的,但这也不啻为我国企业环境责任上的一个进步。

(二) 我国企业环境责任的法律政策基础

我国正式生效的法律中虽未直接使用"企业环境责任"一词,但鉴于本文是从企业社会责任的角度来说企业环境责任,且可以说企业环境责任是企业社会责任的一种,在法律法规中社会责任的规定当然是企业环境责任的法律基础,如我国《公司法》总则中第 5 条第 1 款规定:"公司从事经营活动,必须遵守法律、行政法规,遵守社会公德、商业道德,诚实守信,接受政府和社会公众的监督,承担社会责任。"我国的《合伙企业法》中第 7 条的规定"合伙企业及其合伙人必须遵守法律、行政法规,遵守社会公德、商业道德,承担社会责任",和《公司法》如出一辙。还有如行业规定《深圳证券交易所关于发布〈深圳证券交易所上市公司社会责任指引〉的通知》中指出:"为落实科学发展观,构建和谐社会,推进经济社会可持续发展,倡导上市公司积极承担社会责任",并给企业责任下来明确定义"本指引所称的上市公司社会责任是指上市公司对国家和社会的全面发展、自然环境和资源,以及股东、债权人、职工、客户、消费者、供应商、社区等利益相关方所应承担的责任"。以上法律法规或行业规定中虽没有具体化社会责任的承担范围和程序,也没有作出刚性的要求,但在法律理念中已经奠定了我国企业社会责任的基础,包括企业应承担的环境责任的法制基础。

---

① 资料来源于金融界网,http://news1.jrj.com.cn/news/2006-10-30/000001742741.html,最后访问时间 2007 年 10 月 8 日。

② 参见"中国环境问题的思考——潘岳副局长在第一次全国环境政策法制工作会议上的讲话",http://www.zhb.gov.cn/info/ldjh/200701/t20070118_99754.htm,最后访问时间 2007 年 10 月 8 日。

另一个方面对企业环境责任的规定隐含于各种法律法规之中,主要是对于企业一些关于环境保护的一些任意性规定,给企业指导意见或者用各种经济刺激手段以促进企业自主承担环境责任。如我国《清洁生产促进法》规定"对生产经营者实施清洁生产的要求,按强制力的不同,分为指导性、自愿性和强制性规范三种。其中指导性规范是不附带消极法律后果的选择性行为模式,自愿性规范是不附带任何法律义务且具有积极法律后果的选择性行为模式"[①]。该法第 20 条规定"产品和包装物的设计,应当考虑其在生命周期中对人类健康和环境的影响,优先选择无毒、无害、易于降解或者便于回收利用的方案"。"企业应当对产品进行合理包装,减少包装材料的过度使用和包装性废物的产生"。第 30 条规定"企业可以根据自愿原则,按照国家有关环境管理体系认证的规定,向国家认证认可监督管理部门授权的认证机构提出认证申请,通过环境管理体系认证,提高清洁生产水平"等。在《节约能源法》中也有规定"用能单位应当按照合理用能的原则,加强节能管理,制定并组织实施本单位的节能技术措施,降低能耗"。还有从将来的立法趋势来看,对促进企业履行企业环境责任也相当重视。如冯之浚在《关于〈循环经济法(草案)〉的说明》中指出要"注重发挥企业和公众以及行业协会等主体在发展循环经济中的积极性","应该强化产业政策的引导",并在草案中第 9 条指出"企业单位应当建立健全管理制度,采取措施,降低资源消耗,提高废弃物的再利用和资源化水平,减少废物的产生量和排放量"。

再有从政策的角度来看,促进企业环境责任的承担,也成为政策导向的重点。在政策中通常也都是用包含了企业环境责任意义的社会责任一词,但其中明显具有环境保护方面的内容。《中共中央关于构建社会主义和谐社会若干重大问题的决定》中指出要"广泛开展和谐创建活动,形成人人促进和谐的局面,着眼于增强公民、企业、各种组织的社会责任","强化企业和全社会节约资源、保护环境的责任"。《中共深圳市委、深圳市人民政府关于进一步推进企业履行社会责任的意见》则指出:推进企业履行社会责任是建设和谐深圳效益深圳的重要内容,积极借鉴全球企业社会责任运动有益经验,逐步建立具有深圳特色的推进企业履行社会责任的有效机制,加强执法监督力度,建立和完善推进企业履行社会责任的各项法规制度。

---

① 汪劲:《环境法学》,北京大学出版社 2006 年版,第 530 页。

总体看来,在我国实行企业环境责任的法律政策基础是存在的,虽然规定比较模糊或者可操作性不强,但随着我国立法的完善,特别是某些激励性质和知道性质的立法,我国企业环境责任承担有更大的发展。同时由于企业环境责任的自主性特点,以及结合中国的国情,加强政策的指导,有时可能会比法律产生更大的效果。

(三) 我国企业环境责任承担的必然要求

1. 从宏观上看,国民经济的可持续发展和我国所承担的国际义务,最终会要求企业作为一个社会元素积极地履行企业环境责任

我国目前面临了巨大环境压力。我国目前的环境问题极为严重,与我国企业履行环境责任的程度不足有着密切关联。而资源的有限性更是在未来将成为我国经济可持续发展的瓶颈,我国目前的水资源、矿产资源的人均占有量均远低于世界平均水平。企业作为主要的排污和资源消耗主体,必须在此间积极地承担起保护环境和资源节约的义务。

在国际义务方面,中国必须在国际社会扮演"负责任的大国"的角色,因此必须切实履行在环境保护方面的国家义务。以温室气体减排为例,我国政府历来重视气候变化等全球环境问题,《联合国气候框架公约》和《京都议定书》分别于1994年3月21日和2005年2月16日对我国生效。虽然《京都议定书》第一阶段没有规定中国的限排义务,但在《议定书》生效之后,关于控制温室气体排放的第二承诺期的谈判即将展开。届时,CO_2排放量居世界第二、经济迅速发展的中国很有可能成为未来议定书谈判中的头号目标,届时将面临来自美国、欧盟等众多发达国家的压力,很有可能被要求承担相应的限排义务。[①] 而我国一旦承担于温室气体的减排义务,毫无疑问将会主要落实到中国企业的身上。

2. 微观上,从企业自身营利性要求方面来谈,积极履行环境责任与企业自身的营利性要求是吻合的

竞争优势的获得。目前全民绿色消费尚不具备的情况下,可以提供产品差异性方面的优势,哈佛商学院著名教授迈克尔·波特曾指出:不同企业归根到底可以获得两种基本的竞争优势,即低成本和歧异化。企业通过履行环境责任,赋予其产品绿色化的内涵,在某种程度上可以认为是一种"歧

---

① 参见秦天宝:"我国和平发展与环境保护的国际法律问题——以气候变化问题为例",http://article.chinalawinfo.com/article/user/article_display.asp?ArticleID = 34367,最后访问时间 2007年9月18日。

异化"战略,在差异性方面吸引更多的消费者。面向未来则可能因为消费者形成的"路径依赖",将会保证企业占有更多的市场份额。而在此过程中企业所获取的良好声誉,也将是巨大的无形资产。

国际贸易方面的压力。发达国家本身非常主要社会责任问题,这种关注度已经逐渐扩展到进口产品的提供者身上。目前的发展趋势是即便产品本身已经符合健康安全的标准,但如果产品提供者没有履行应有的社会责任,其产品也极有可能被进口国拒之国外。欧盟委员会制定了统一的化学品监控管理体系——《关于化学品注册、评估、许可和限制》已于2007年6月实施,它从保护人体健康和环境安全出发,对化学品的研发、生产、销售、使用、废物处理等各个环节,都作出了严格的规定提出了更高的要求,这无疑会对我国的化学企业产生深刻的影响。①

直接和间接成本的削减。推行清洁生产中所获得的资源减少的成本优势,是最直接的收益。环保型企业将在日渐严格的制度管制中实现间接的成本削减,如环境税费支出的减少、诉讼费用的避免和减少。

(四) 推动我国企业环境责任履行的思路

推动企业自主的承担企业环境责任,外部良好环境必不可少。首先是外部良好的法制建设,进一步完善环境立法执法司法,使企业能自觉地遵守现有的环境保护法规,履行好法律规定的环境保护基本义务,在完成这一低层次的具有强制性的任务之后,才能自主和自愿地去完成企业环境责任。

其次,进一步完善有利于鼓励企业承担环境责任的软制度体系,主要是在法律中规定一些指导性和激励性规则,引进各种与企业环境责任相关的国际认证制度,加强这些制度操作层面的培训,使企业只要付出很小的成本就可以运用和掌握这些规则。

再次,通过利益相关者的参与加以引导。如鼓励消费者购买绿色产品;呼吁商业银行选择环保型企业作为客户;推动地区居民和环境保护NGO的环境保护活动;同时建立有利于环境保护的商贸环境,特别是促进企业与环境保护要求高的欧洲等地区进行贸易,提高企业环境管理的水平。但需要指出的是国外消费者运动以及社区居民的积极参与固然是构建我国企业环境责任可以借鉴的宝贵经验,但由于我国的现状,特别是公民的主体意识、权利意识以及自我组织能力的缺乏,使得这一径路的实现不得不首先依靠

---

① 参见苏志明、朱虹:"REACH法规进展近况",载《中国质量技术监督》2007年第1期。

政府在制度方面的创新,"扶上马送一程"。换言之,仍然需要政府在这一领域体现一个"有为而治"的主导态势。

最后,企业环境责任的实现最后还是要靠企业自身苦练"内功",一个负责任的企业的经营理念、企业文化乃至于企业组织机构都应该有适应环境保护的部分。企业应主动树立环境经营的理念,制定本企业的环境保护计划、行动方案,加强环境教育,还可借助于现有的各种国际标准,或由企业协会等组织制定统一行动宣言来实现。

四、结语

本文所引用的一系列数据和事例已经显示,中国企业承担环境责任的现状并不令人满意,中国的企业从总体上来说还不是合格的"企业市民"。企业在环境责任方面的缺失,已经为我们社会经济的可持续发展蒙上了巨大的阴影,由于本文所讨论的企业环境责任属于企业社会责任的范畴,由于立法技术和成本的限制以及其他诸多原因,我国的法律还不能强行规定企业要承担这部分责任,因此这就对我们在寻求解决问题的路径时提出了更高的要求,但并非没有办法。通过观察国外已有的实践,我们发现在国家法律强制规定之外,是可以通过社会共同体的努力构建相应的"软制度",并且依靠消费者、社会公众、债权人等利益相关者的制约,来推动企业积极履行社会责任的,这些都是可资借鉴的宝贵经验。而且令人欣慰的是,我国已经拥有了一定的理论基础和制度资源(主要是软制度),为企业环境责任的深入研究提供了有效的径路;我国的环境和资源保护法律以及相关政策法规中诸多对企业承担环境责任的鼓励性条款;我国公众的环境意识的提高以及 NGO 团体的兴起,特别是他们在公益诉讼领域的积极努力具有巨大的宣示效应;商业银行开始尝试有选择性地向企业提供贷款①;新闻媒体对于环境问题的高度关注;由于对外贸易的需要,大量的国内企业正在主动或被动地接受清洁生产的理念——只要我们善于利用外来的经验,配置好既有的资源,在实践中寻求创新,我们在曲折的道路上是可以寻找到光明前途的。

---

① 参见韩文金、默中笑:"商业银行的环保与社会责任",载《世界环境》2007年第4期。

主要参考文献

1. 陈慈阳:《环境法总论》,中国政法大学出版社 2003 年版。
2. 甘培忠:《企业与公司法学》(第 5 版),北京大学出版社 2007 年版。
3. 蔡春、陈晓媛等:《环境审计论》,中国时代经济出版社第 2006 年版。
4. 李立清、李燕凌:《企业社会责任研究》,人民出版社 2005 年版。
5. 王明远:《清洁生产法论》,清华大学出版社 2004 年版。
6. 汪劲:《环境法学》,北京大学出版社 2006 年版。
7. 高桂林:《公司的环境责任研究——以可持续发展原则为导向的法律制度建构》,中国法制出版社 2005 年版。
8. 〔美〕菲利浦·科特勒、〔菲〕埃迪尤阿多·罗伯托著:《社会营销》,俞利军、邹丽译,华夏出版社第 2003 年版。
9. 〔英〕罗伯·格瑞、简·贝宾顿著:《环境会计与管理》,王立彦、耿建新主译,北京大学出版社 2004 年版。
10. 〔日〕河村宽治、三浦哲男编:《EU 环境法和企业责任》,日本信山社出版株式会社 2004 年版。
11. 〔日〕日本联合会律师编:《环境法》,日本有斐阁 2005 年版。
12. James E. Post, Anne T. Lawrence & James Weber, *Business and Society*: *Corporate Strategy, Public Policy, Ethic*(*tenth edition*), McGraw-Hill, 2002.
13. Martin Charter, Michael Jay Polonsky, *Greener Marketing*: *A Global Perspective on Greening Marketing Practice*, Sheffield, 1999.
14. Nancy K. Kubasek, Gary S. Silverman, *Environmental Law*(*fourth edition*), Pearson Education, 2002.

论企业的社会责任
——从企业的刑事责任角度

丛培国[*]

摘　要　企业社会责任问题,是一个百年老话题。笔者认为我国公司法虽然对企业社会责任问题进行了规定,但在欠缺企业文化传统的中国,企业社会责任的法律制度化问题尚处于初期,为此,笔者试图从较为成熟的企业刑事责任角度,对企业社会责任的法律制度化问题进行简略观察和分析。笔者认为,从企业刑事责任的发展演变历史来看,企业刑事责任根基于企业社会责任思想,是国家和社会通过制度化、可诉性的公法责任制度控制企业法人滥用权利行为,以公法性质的刑事责任给企业道德设定最低的底线,将企业道德法律化,同时给企业权力设定边界,防止企业权利滥用。但企业刑事责任在一般情况下,其功能应定位在维护企业社会责任最后的法律手段上,因为企业社会责任最主要的还是道德义务要求,而企业刑事责任作为国家强制手段,其功能在于防恶而非致善,尽管不能完全放弃其可能对社会责任观念和传统的塑造功能,但决不能将其作为积极、有效推进社会公共利益的手段。

---

[*]　丛培国,北京市君佑律师事务所律师,高级合伙人。

一、引言

　　企业的社会责任问题,是一个百年老话题,也是一个争论不休的问题,赞成者有之,提出各种思想或理论,诸如公司社会回应思想、公司社会表现思想,相关利益者理论,等等,力证企业社会责任的正当性与合理性;反对者有之,主要是以古典和新古典经济学为基础的自由市场经济理论和企业理论为理论资源,亦言之凿凿。但有一点是无可回避的,企业的社会责任思想,改变了人们很多根深蒂固的传统认识,借用多斯(Dosse)略带夸张却不无道理的话:"它已经无可逆转地改变了我们对人类的理解。"①

　　我国对企业的社会责任问题,亦热议多年,尤其在劳工问题、消费者保护问题、食品安全问题、环境保护问题日益成为社会性大问题的背景下,赞成并力主强化企业社会责任论,可谓占尽上风。尤其是随着我国2005年修订的《公司法》第5条规定了公司必须承担社会责任,2006年修订的《合伙企业法》第7条也规定了合伙企业必须承担社会责任,就有诸多论者高呼我国亦将进入企业社会责任时代。

　　对于企业社会责任时代,最通常的描述就是:"随着企业社会责任理念和社会责任运动的深入发展,企业的市场竞争已经从原来单纯的市场竞争阶段向全面的责任竞争阶段转化……这一阶段社会对企业提出了全面责任要求,不但要对股东、顾客和环境负责,而且要对有价值取向的消费者和投资者负责,对员工、社区、供应商负责。企业进入了对利益相关者全面负责的阶段。"②

　　作为长期在法律实务前沿工作的人,笔者对企业社会责任概念始终保持一种警惕心理:我国(甚至西方国家)企业社会责任时代真的来临或即将来临了吗?在一个缺少企业文化传统和企业精神的国度,我们的企业、经济、社会环境以及文化、心理、法律传统都对企业社会责任问题做好充分准备了吗?我国《公司法》个别法律条文宣示,能把我们对企业的道德上期待

---

①　〔法〕弗朗索瓦·多斯:《从结构到解构》(上卷),季广茂译,中央编译出版社2004年版,第11页,转引自沈洪涛、沈艺峰:《公司社会责任思想起源与演变》,上海人民出版社2007年版,第4页。

②　殷格非等主编:《企业社会责任行动指南》,企业管理出版社2006年版,第64—65页。

迅速落实到现实的法律制度层面来吗？企业应有的概念和社会功能是否会在企业社会责任概念中消解或者异化？诸多的问题促使笔者反思，也许有些问题可能是无解的，有些是需要时间来证明而无需空洞地论证，但笔者坚信，在企业诚信普遍缺失，企业在很大程度上尚负担政治性任务而丧失其独立主体资格，企业社会责任的法律制度化问题尚处于襁褓之中的背景下，大谈中国全面进入企业社会责任时代，确为时尚早。

笔者更倾向于通过法律实践的观察和分析，为中国企业的社会责任法律制度化提供一些建言，而企业的刑事责任问题，笔者认为不失为观察和分析中国企业社会责任法律制度化的一条较好路径，只是限于仓促成文，本文可能更大意义上是为智者提供参考素材。

二、企业犯罪理论与实践：企业社会责任思想的根基作用

"法人不可能犯罪（Societas delinquere non potest）"是罗马法传统，一直被奉为圭臬，长达千年相沿袭，直至今日。传统的刑法理论均是以自然人为主体来建构的，法人只是法律拟制的"人"，没有法律授权以外的意识能力和行为能力，也就没有"犯罪"的能力，不能作为犯罪主体承担刑事责任。著名刑法学者考菲（Coffee）经典地概括为：法人"没有可谴责的灵魂，没有可处罚的身躯"（No soul to damn, Nobody to kick）。[1]

为何法人不可能犯罪，究其原因，并非当时企业或团体都严格遵守法律，也并非当时企业或团体都具备高尚的道德，不做任何违背社会道德、破坏社会民众的行为，概因在当时的发展阶段，时代所赋予的企业或团体精神，最主要在于提供一种资金或人员的组织形式，即工具性功能彰显，对企业或团体的法律责任虽也有公法的惩戒，但对企业或团体施加最严厉的刑事责任是难以被接受的，因为罪和恶仅是针对有灵魂的伦理上的人，企业或团体不具备自由意志和伦理。

然而，随着近现代企业法人制度的建立，企业经济迅猛发展，并以不可抗拒的力量，改变了观念，改变了文化传统、改变了制度，改变了世界的格

---

[1] J. C. Coffee: No soul to damn, No body to kick, An Unscandalized Inquiry into the Problem of Corporate Punishment, Michigan Law Review. 转引自李文伟：《法人刑事责任比较研究》，中国检察出版社2006年版，第3页。

局。何谓企业？何谓公司？有人形象地称之为"扩大的个人，缩小的社会"，可谓相当恰当，企业不仅仅是媒介个人和社会，还直接成为社会经济的基本细胞，个人社会转变成了法人社会、单位社会。而企业给社会、观念、制度和环境带来的全面冲击和破坏也异常惊人，环境问题、劳工问题、消费品安全问题，均与企业直接相关，毒品犯罪、政治献金丑闻背后也主要是企业的身影，"法人好像魔鬼化身的美人，即可爱亦可恨，千娇百媚的背后，隐藏着无限的杀伤力"[①]。如何更有效地控制企业，控制企业经济巨大发展所带来的环境、劳工、政治献金等社会性大问题，成为社会学、经济学、法律学、政治学、管理学，甚至哲学、伦理学等都无法回避的问题。

近现代企业社会责任思想和理论随着企业经济的迅猛发展而兴起，最早出现在20世纪初期的美国，随后在英美国家法律界展开了热烈的争论和探讨。企业刑事责任立法和实践，也就在企业社会责任理论热烈争论声中，粉墨登场，首先是借用侵权法中的法人替代责任，论证企业法人为其仆人或代理人犯罪行为承担刑事责任的正当性；然后又以同一原则论证了企业法人的主管人员的职务行为即可视为法人本身的行为。实际上，在实践先导的英美法，我们可以清晰地看到企业刑事责任，其实就是响应企业社会责任思想兴起而提出的一项法律政策安排，是国家和社会通过制度化的、可诉性的公法责任制度控制企业法人滥用企业权利行为，以公法性质的刑事责任给企业道德设定最低的底线，将企业道德法律化，同时给企业权力设定边界，防止企业权力的滥用。

不过，强调企业社会责任，并不当然意味着必须引入企业刑事责任。如当今的德国，企业社会责任观念和法律制度都相当发达，但对法人犯罪却完全持否定态度。概因近现代德国，只有能承受道义谴责的自然人才是刑法的对象的见解处于支配地位，法人犯罪理论一直受到排斥。虽然在"二战"之后，在以经济领域为中心的广泛领域之内，企业等法人的影响力增强，对法人活动进行必要法律规制的呼声高涨。但德国考虑到和法人的基本原则相调和，主要着重于完善包括法人制裁规定在内的法律制度，作为对企业等法人的制裁，不是对犯罪的刑罚，而是通过对在伦理上属于中性的违反秩序行为科处行政罚款（秩序罚）的方式，对法人进行制裁，从而避免了解释论上的问题。也就是说，在德国，一边在否定法人等团体的犯罪能力，一边又在

---

① 胡国亨：《法人的统治——迈向以公司为本的经济学》，香港大学出版社1998年版，序。

为防止法人的有害活动而科处有效的制裁。其结果，便是采用了不具有社会伦理谴责意义的罚款制度。

我国1997年修改的《刑法》，尽管当时《公司法》中对企业社会责任未作任何规定，公司法主要表现出的还是组织法的特征，企业和公司承担的主要是国有资产增值保值和国企改制的政治功能，企业的社会责任思想还没有引起热烈的关注，但刑法立法者还是表现出相当的超前性和勇气，在刑法典中大规模地规定了"单位犯罪"（即法人犯罪），对企业经济所可能引起的公害性问题，如环保问题、产品安全问题、走私犯罪问题、毒品犯罪问题等，规定了刑事责任。不过，由于这些立刑事立法，如"破坏环境资源保护罪"等，实际上主要系吸收德日、美国和我国台湾地区刑法规定而来，在企业刑事责任立法的背后，还是企业社会责任思想在发挥根基性作用，尽管我国刑法学者一般很少提及企业社会责任思想对企业刑事责任立法和实践的根基作用。

三、企业刑事责任对企业社会责任的功能定位

企业刑事责任从某种方面来说，是对企业在当今社会中的地位和作用的全面承认：原本企业仅应被视为工具，自然人个人能力借以延伸的手段，现在企业竟被当做同自然人个人一样，享有同等的社会主体地位，实体说主张者视企业为具有独立意志和独立行为者，人们也用社会基本的"善"、"恶"等道德观审视、评价企业及其行为。

不过，笔者认为，企业的社会责任，最主要的，还是强调企业的道德性，而企业的道德性与自然人的道德性是不同的，自然人的道德性具有浓厚的人文传统，而企业的道德性存在必须以其商业性和营利性为前提，营利的商业动机是企业的生命，如果企业丧失了营利的动机，丧失了企业自主也自由精神，则市场和经济也就失去了推动力，企业也就丧失了其存在的合理性根据，所谓"天下熙熙，皆为利来；天下攘攘，皆为利往"，用之于人则过于功利，用之于企业则为恰当之形容。因此，企业刑事责任对企业社会责任的功能，应有别于刑事责任之于自然人的功能，企业刑事责任对企业犯罪和刑罚的界定，应限制在企业对社会公共利益、社会秩序的重大侵害，非施加刑罚措施无可挽救的领域，以示最为严厉的谴责和非难，作为最后的手段从而对企

业该等严重侵害社会公益、社会秩序行为进行防阻、威吓,达到国家强制的目的即可。

也就是说,企业社会责任,强调的是,在企业极力追求利润最大化的同时,兼顾社会基本的道德义务,其中尤其是保护环境义务、生产产品安全义务等,因此,对于企业的大部分商业行为,主要不违反法律,一般均应以非道德性作评价,不过国家当然可制定政策或倡导性法律向企业大力呼吁或提出良好的道德要求标准以引导企业行为,但前提是这些政策或法律应属于非强制性的;对于违背社会责任又违反法律者,则应鼓励优先适用司法救济,即私人强制方式;在司法救济失效的情况下,然后才适用行政强制手段,再然后适用刑事责任手段,救济或干预手段应有差序等级,而国家强制性质的行政手段和刑事手段(尤其是刑事手段),其功能在于防恶而非致善,不能将其作为积极、有效推进社会公共利益的手段,需尽可能节约使用,从而发挥各法律手段对企业社会责任的不同功能定位。

特别强调的是,尤其不能以企业刑事责任方式替代其他强制方式,因为企业的刑事责任,按照我国目前刑法规定,绝大部分是既对企业施加罚金刑,同时又对直接主管人员和经手人员施加刑罚,两罚之后,企业一般都变得"物非""人非",直接受害者还将有企业的股东和债权人,也伤及无辜。但是企业刑事责任也不能悬而不用,尤其是当今我国产品质量安全、环境保护等问题非产严峻,人的生命、财产受到严重威胁的情况下,打击不良企业和商人,还必须借助企业刑事责任,及时施加刑罚惩处,才能有效树立企业社会责任观念。毕竟我国缺少企业法人文化传统,企业社会责任观念尤其淡薄,甚至在山西黑煤窑雇用黑矿工、湖南凤凰城大桥倒塌等恶劣事件中,社会舆论、司法机关甚至专家学者,矛头直指的对象,还是黑煤窑主、承包人,而很少要求企业为该违法犯罪事件承担社会责任的行动,因此,在企业经济时代,我们不能放弃通过法律制度对企业社会责任观念和传统的塑造功能。

值得注意的是,在英美国家,法人的刑事责任从最初只限于少数不履行法定义务造成危害的犯罪(尤其集中于环境犯罪、产品安全犯罪等少数领域),扩展到法人的不法行为,然后又扩展到主观上要求犯罪意图的犯罪,后来又发展到即使其唯一的法定刑是身体刑的犯罪也可以通过易科罚金的方法追究法人的刑事责任。现在有的国家除了极少数犯罪如重婚等法人不可实施的以外,绝大多数的犯罪都可以追究法人的刑事责任。而且这种趋势还在发展。① 可见,企业的刑事责任的产生和发展虽以企业社会责任思想兴起为其特定前提,但企业刑事责任理论和实践又有其独立发展的一面,现今企业的刑事责任已不完全局限于维护、保障企业社会责任的功能。

四、结语

当今时代,企业对社会资源和社会权利控制的不断加强,企业已突破其单纯作为营利工具的经济体的社会定位,其社会功能更为复杂化,企业的人格性、独立性也不断加强,一些理论家甚至专门创设"企业公民"一词②,以图恰当形容当今社会集经济责任、社会责任、伦理责任、慈善责任于一身的企业,企业的社会责任,也已超越对企业道德义务的要求,不断加强其法律制度化特征(其中对企业公民最强有力的规制者当属企业刑事责任制度),可以说,企业刑事责任实为企业社会责任法律制度化的必然,是企业发展和企业控制的社会实践必然。但是企业刑事责任对企业社会责任的功能应是有限度的,主要限于防止严重危害社会公共利益、社会秩序的犯罪行为,而非积极实现社会公共利益的手段。

---

① 何秉松主编:《法人犯罪与刑事责任》,中国法制出版社2000年版,第61页。
② 沈洪涛、沈艺峰:《公司社会责任思想起源与演变》,上海人民出版社2007年版,第210—236页。

域外经验

资本市场对公司社会责任的束缚：
美国经验对中国的启示

劳伦斯·E.米歇尔 著[*] 韩 寒 译[**]

一、介绍

美国公司资本主义发展的历史，对理解在公司资本主义体系内实现公司社会责任的可能性具有重要的意义。的确，资本主义可能采取多种形式，包括：封闭持有的产业资本主义，银行金融资本主义，以债券等固定投资而非普通股作为公司融资首要方式的资本主义，以及国家导向资本主义。这些不同形式的资本主义在世界上都存在过，而且都是美国在 20 世纪转折之前可选择的方案。每一种形式都有略微不同的目标，对公司目标的不同理解。美国的这种公司资本主义，广泛持有的股票市场资本主义，是最不可能让公司与社会、工人、资本、环境、社区福利和长期健康发展相平衡的资本主义形式。实际上，美国是世界上对公司社会责任的认识最不发达的国家之一。中国在经济改革过程中面临许多抉择，其中包括公司的对中国及世界的社会责任，美国公司资本

---

[*] 美国乔治·华盛顿大学 Theodore Rinehart 教授。本文的大部分内容都取自于作者的新书《融资是如何凌驾于产业之上的》。How Finance Triumphed over Business (San Francisco ; Berrett-Koehler ; 2007) and Corporate Irresponsibility : America's Newest Export(New Haven ; Yale ; 2001).

[**] 1984 年生人，北京大学法学院法学学士，纽约大学法学院法学硕士，现工作于美国普衡律师事务所上海办事处。本文由邓峰校对。

主义发展史显示出,应当警惕虚拟的无限制的资本市场可能产生的后果。

美国公司资本主义发展的历史是一个大型公司如何在19世纪美国产业化进程中,转型为创造了现代股票市场的巨型金融联合体,并在此后,将美国的经济基础从产业生产转化为融资的故事。其结果是一个独特的资本主义形式,美国商业的目的是满足股东、短期收益的增加而非持久、长期的商品和服务的生产,以及作为副产品的健康和公平的商业体系。美国公司资本主义已经创造了一种投机金融凌驾于生产之上的经济。

笔者将提供关于这段历史的简略概述,并解释为什么这对中国所遇到的问题很重要。在简要的介绍后,将讨论笔者对巨型现代公司及其后果——投机经济的产生、现代美国股票市场的发展,以及现代美国证券监管的平行发展——的解读。笔者将在美国语境下对如何解决该段历史所产生的问题提出建议。笔者所建议的解决办法,对那些试图追求在建立公司经济同时希望平衡公司内和社会中的许多利益相关者的社会而言,是一个告诫。最关键的是,股票市场必须为产业发展服务;而产业发展不能被用来服务股票市场。

二、问题

最近一份对美国主要公司中的超过400名的首席财务官的调查显示,他们中几乎80%的人曾至少适度地剪裁过他们的业务,以满足分析员的季度利润预测。据他们说,一些长期项目,可能会损害公司,他们将毫不迟疑地切除包括研发、广告、维护的预算,推迟雇佣和新项目。这些调查反映了现代美国公司资本主义的现实,即不能达到季度利润数字,毫无疑问将会打击公司股票价格。股票价格的下跌可能减少基于股票期权的高管薪酬、招致法律诉讼,如果发生次数足够多还会导致愤怒的机构投资者提出反管理层的股东议案。[①]实际上,相对于2000年的88%和1980年仅有的36%,2006年纽约证券交易所118%的更换率(turnover rate)说明了他们的担心是不无道理的。

该问题已受到关注。2006年两个全美最重名的商业组织——世界大

---

① John R. Graham, Campbell R. Harvey & Shivaram Rajgopal, The Economic Implications of Corporate Financial Reporting, *J. ACC. ECON.*, vol. 40 (2005), pp. 3—73.

型企业联合会(the Conference Board)和商业圆桌会议(the Business Roundtable)——发表报告谴责对股票市场中短期投资的关注及其对商业行为的支配。① 它们提出一些解决办法,让高管更为简单地以他们认为合适的方法和长期投资的眼光来管理业务,不必反复应对市场对股票升值的急切要求。由于高管激励和股票市场的相互关联所造成的商业近利主义(short-termism)已经成为商业、学术、政策制定圈中普遍讨论的话题。这是笔者在2001年的一本书中提出的中心问题。②

毫无疑问,在过去的25年中,短期市场行为造成了越来越多的棘手的商业问题。但是,我认为股票市场对商业的压力和商业对此的反应并没有改变。20世纪90年代末和21世纪初的近利主义,只是100年来深植于美国经济之中的一种品性的放大。它始于我们熟悉的公开公司的兴起,我称其为巨型现代公司,是在1897年至1903年兼并浪潮中创造出来的。巨型现代公司产生了现代股票市场。它将投机———些专业人士和寻求刺激的业余爱好者的破坏性游戏——变为美国股票市场、美国商业和美国公司资本主义的固有要素。

巨型现代美国公司不同于人们习惯于想象成范式的19世纪产业公司。无论19世纪公司有多大,都是一个生产商或者服务提供者,是以设立人的股权,可能还有地方银行的债务,有时候通过债券,自有的利润来融资的。在19世纪80年代早期,像标准石油和卡内基钢铁那样的公司,至少可以匹敌或超过世界上的任何公司。美国工业化了,是出于生产或者销售东西目的的。几乎每一公司(除了铁路行业)都是封闭持有的,或者像卡内基钢铁,采用合伙。

巨型现代美国公司不是为了工业而生,而是为融资利益而生。其产生于19世纪最后几年的一套特有环境,让公司的发起人有机会生产股票、销售股票,并因此致富。这一进程中,美国商业的重心,从产业转向融资,商业的主人从产业管理人员变成了投资银行家。它还创造了现代股票市场。19世纪真正的产业家之一,安德鲁·卡内基,在出售他的公司给巨型金融联盟

---

① Matteo Tonnello, Revisiting Stock Market Short Termism(New York; Conference Board; 2006); CFA Centre for Financial Market Integrity/Business Roundtable Institute for Corporate Ethics, Breaking the Short-Term Cycle: Discussion and Recommendations on How Corporate Managers, Investors, and Analysts Can Refocus on Long-Term Value (2006).

② Lawrence E. Mitchell, *Corporate Irresponsibility: America's Newest Export* (New Haven; Yale Univ. Press; 2001).

的过程中见证了这一转变,该联盟在20世纪的第一年成为美国钢铁(U.S. Steel)。如他所指,"他和其他合伙人几乎不知道怎样生产股票和债券,只精通生产钢铁。"[①] J.P.摩根和他的伙伴几乎不懂得钢铁,但他们是生产股票和债券的专家。卡内基创造了现代钢铁业。摩根创造了证券,制造了美国钢铁公司。

三、美国公司资本主义的发展

巨型现代美国公司在7年时间内改变了美国经济。最重要的是,它创造了现代股票市场。这一创造有若干原因。州公司法的改变,尤其是新泽西州,使公司的发起人可以创造他们所需数量的股票,并用于购买其他公司。居高不下的固定成本导致供过于求的产业卷入到价格战中,使每个企业都面临着破产的威胁。从令人窒息的衰退中走出的美国经济的爆炸性增长,产生了大量的剩余资本。这些原因纠集在一起,在1897年至1903年间,8664家公司联合在一起(总共有2.12亿美元的资本),以资本化方式提供200亿美元轰炸了美国经济,创造了完美风暴(the perfect storm)。[②] 这种资本化不来自于新产品的发明,不来自于新产业的产生,更不用说也不来自于新产业的工作机会,而是来自于资本化的股票和债券——融资发起人创造的,为了现有产业设施设备的联合而由公司新铸造的。纽约证券交易所1897年的交易量是7千7百万股,1899年上升到1千76百万股,1901年更达到2.65亿股。

股票的产生,其中大部分,并不意味着向美国产业注入了新资本。其中一部分优先股代表现有工厂的有形资产。目前为止,这些股票中最大的一份,仅仅代表了没有有形资产支持的对未来利润的预期,这就是普通股。在工厂所有者把工厂从自己手中转给公司联合(corporate combinations),来换得尽可能多的股票,而信托发起人则抛掉尽可能多的股票,以得到补偿之后,在证券市场上,几乎所有的普通股就完成了使命。J.P.摩根承销辛迪加组建了美国钢铁,在1901年带着超过6千2百万美元的股票价格轻易脱

---

① Edward S. Meade, The Genesis of the United States Steel Corporation, Quart. J. Econ, vol. 15, no. 4 (Aug. 1901) pp. 517—559, 542.
② 作者借用了电影名,意指最大的一次风暴。——译者注

身，2006 年美国钢铁的市值已经达到了 14 亿美元。摩根辛迪加在美国钢铁股票价格下跌的前一年设法出售了其所持有的几乎全部的该公司股票。股票成为巨型美国公司的主要产品。最终，现代股票市场背离了其最初的商业出身，成为创造商业本身的绝对原因。

当时的规制者没有充分认识到股票市场发展的意义，当时最主要的话题是大型托拉斯的垄断权力。绝大多数当代的观察者，几乎所有的立法者都是通过垄断视角来理解巨型现代公司兼并浪潮的各个方面，包括其原因，采取的法律形式，运营效率和管理，以及可能是最为重要的新公司联合如何融资。实际上，立法者和经济学家普遍相信，尝试去垄断产业不是巨大巨型联合形成的原因，而是其所采取的融资方式的后果。融资创造了更多的股票，并因此产生了正常经营利润所不能满足的更多的股息和红利。这导致对产业的垄断，以便生产为支付股息和红利所必需的超额收益。结果就是，在 20 世纪的最初 10 年中，反垄断改革的辩论和公司法联邦化运动（federal incorporation movement）全部都集中在股票上，集中在过度资本化上。允许成立巨型联合的新泽西州法律为过度资本化提供了完善的工具。当国会将金融规制作为规制垄断的方法加以关注的时候，他们错过了另一个分离的结果——可能是最重要的——股票市场的成长。在立法者被纠缠在垄断上时，投机经济悄悄地成型了。

投机在新世纪之初是肆无忌惮的。巨型现代公司造成的掺水股浪潮将普通美国人首次带入市场。①这些新证券以及发行这些证券的公司的不稳定性，为普通人和专业人士提供了超出寻常的近乎赌博一样的机会，导致了间或的牛市和不时的广泛恐慌。在美国市场中，此种投机由来已久，并至少自考尼列斯·范德堡（Cornelius Vanderbilt）和被认为是邪恶帝国的杰·古尔德（Jay Gould）、丹尼尔·祝（Daniel Drew）和吉·费斯科（Jim Fisk）对伊利铁路（the Erie railroad）的争夺战时起就已经吸引了公众的注意。无论兼并浪潮是否已经发生，也无论金融和商业是否已经转变，这种投机都一定会持续下去。

但是，一种新的投机开始塑造市场和美国经济的特征。这种投机植根于投资证券的特性，美国人持续不断地向这些证券投入金钱。当时的金融作家和经济学家已经理解普通股固有的投机性。证券和优先股是 19 世纪

---

① "掺水股"是指低于票面价值发行的股票。更准确地讲，在兼并浪潮中，该术语一般指"过度资本化"，即公司发行股票的票面价值的总额高于公司有形资产的价值。

普通美国人选择的投资,拥有固定的回报和相当确定的潜在利润,但购买普通股却没有此等获利限制。天空是获利的上限,并且这正是证券市场所要求的。20世纪的最初10年的深谙金融的人们的理解是,成为一个普通股股东就必然成为一个投机者。巨型现代公司的产生将投机嵌入了美国公司的资本结构之中。在20世纪的第二个10年中普通股后来取得的主导地位,遮掩了这种早期对投机的理解,一种后人容易忘却的理解。

国会和总统们都没有察觉到这种转型。他们将立法和规制的精力集中于传统形式的投机上,即卖空、保证金交易、大量抛空、空头交易及其他相似的交易,此种投机通过可以被轻易操纵的不稳定的掺水普通股而被夸大。传统形式的投机带来的问题是插曲式的,如1903年的富人恐慌(Rich Man's Panic)和1907年的大恐慌。但是,第二种投机,即普通股固有的新型投机,永久地改变了美国公司资本主义,它创造了一种不能和投机相分离的经济。立法者未能认识到此种改变的戏剧性后果,不仅决定了美国经济的未来进程,而且最终在新政时期(the New Deal),产生了认可投机经济的规制方法,并且实际上创造了鼓励和刺激投机增长的条件。下面请允许笔者首先转向对现代股票市场发展的描述,然后笔者将对证券监管的发展进程加以说明。

现代股票市场和嵌入其中的投机经济的发展经历了三个不同的阶段:第一阶段是兼并浪潮的直接产物,很多中产阶级投资者首次被拉进市场。从被认为是唯一真正安全的公司投资的铁路债券起,他们开始购买风险更大一些的新兴产业的优先股。慢慢地,在20世纪最初两年中,伴随着兼并浪潮中形成巨大联合的产生而增加的投资机会,他们开始购买投机性高一点的普通股。这些新的中产阶级股东出现并持续存在了,当中的一些人,撑过了的使市场陷入困境并威胁许多新联合的偿付能力的1903年的富人恐慌。几乎不需要多少时间,恐慌过后,就有其他人加入到这些新股东的行列中。在经历了金融大屠杀后,他们变得清醒起来,但仍相信新金融。他们一起制造了持续至1907年初的牛市。

现代股票市场的创立不仅仅是经济现象。它还是一场社会变革,它使美国人被新的组织社会、公司和城市、工会和公民社团所捕获,被揪着从19世纪的个人主义转换到20世纪的集体主义。来自各行各业的作家和思想家们挣扎于将新美国装入传统理想模型的问题。这些19世纪早期个人主义和自立(self-reliance)的理想,财产和小商业所有者维护建国者(the founders)所创造的政治和社会生活的方式。进步时代的思想家发现,部分的解决办法是把股票再定义为一种新型财产,可以填补在传统美国生活和思想中土地和小商业的日渐式微的作用的财产。有些走得更远,看到了股票市场的新边界,是对封闭的物理边界的替代,在1893年的芝加哥万国博览会上,弗雷德里克·杰克逊·特纳①(Frederrick Jackson Turner)作出了这样著名的论断。无论是进步的还是保守的领袖都加入到鼓励他们的同胞拥有这种新财产的队伍中来,并希望实现更大的财富平等,筑起对不断蔓延的社会主义的强大防御,并向被锁定在官僚体系中的美国人提供一种新型的经济自立。几乎可以毫不夸张地说,公司证券作为新的家庭农场帮助股票市场合法化为一个美国制度,纵使富人统治仍然主导着它。实际上,内布拉斯加州的某个企业家曾经努力将一些农场联合成一个巨型联合并公开发行掺水股,正如摩根对美国钢铁所做的那样。

1907年的恐慌是一个暂时挫折,现代市场在其残骸上仍继续发展。这开始了市场的第二阶段。1908年标志着股票市场的强力复苏,尽管这一复苏仍然带着广泛的经济萧条的开始的面具。市场在1909年底首先冲到100点的巅峰,在次年年中跌落至73点并坚守到了1914年,在1914年到达了一个稳定的高位,高于1906年初以来的任何一次投机巅峰。正如在恐龙消失时期的哺乳动物一样,小投资者的数量增加,握着他们的证券,并开始在富豪们挑剩的廉价货中选择。普通股开始被认为是安全的投资,其更高的预期回报使其替代了优先股成为小投资者的宠儿。

现代市场发展的第三个也是最后一个阶段开始于1912年12月纽约证券交易所的重开,在8月随着枪响而倒之后的数月黑暗之后。直到4月各方才真正开始运转起来,这一行动点燃了一个飙升的牛市,一直持续至1920年的"回归正常状态"。在此期间,只有美国参战并且需要考虑如何为参战融资的那个不景气的年头才对它产生过降温作用。

这是一个与以往不同的市场。19世纪还很稀罕的股票经纪人,在20世纪初参加到了向中产阶级销售证券的行列中,他们的数量开始增加。他们已经发展出了一些技术,例如,可以在舒适的、配有充足水果和酒水的房间中,展示打印凭条(tickertape)。许多经纪人开始重视追随女性客户,并把他们的办公室变成了茶艺派对。在第一个十年末,许多经纪人允许他们的客户像买"胜家"缝纫机(singer sewing machine)一样购买股票,即首付25%,

---

① 美国历史学家,进步主义学者,研究土地投机。——译者注

其余金额以后按月分期缴付。但是,即使是在美国以金融为生的人数爆炸性增长后,在20世纪的首个十年中,绝大多数经纪人还是驻扎在重要城市和大型城镇里。第二个十年的经纪人野心更大。全国性银行的证券机构发轫于1908年的第一国家公司(the First National Corporation),即第一国家银行(the First National Bank)的从事经纪业务的子公司。至1919年,全国性银行的证券机构,如"阳光查理"米歇尔国家城市公司("Sunshine Charly"Mitchell's National City Company),已经促使零售经纪业务深入到遍及全国的分支办公室中,从曼哈顿到米德尔顿(from Manhattan to Middletown)。战争繁荣导致买卖战争物资的公司产生了高回报,持有普通股的个人投资者也越来越舒服。1917年和1918年的"自由债券"活动创造了2千5百万的新的美国投资者,他们从成千上万的经纪人手中买入债券,这些经纪人向财政部和战争贡献了他们的服务,他们遍布了全国,保卫了美国安全,捍卫了民主。经纪行业见证了,垂涎着,盼望着这样一天的到来:即使是一个爱荷华州的农民,也能像纽约的律师一样认识到,他可以把他的打折的地下室利益,押在"自由债券"上,把它们投入到新公司的暴涨经济之中。在哈丁总统就任后的一年漫长的萧条之后,20世纪20年代的大牛市开始起飞了。

四、美国证券监管的发展

正如现代股票市场自身的发展一样,作为联邦对兼并浪潮而导致的混乱的回应之一,证券监管也经历了三个阶段。这是一段经常被误读的法律史。联邦证券监管在其萌芽30年后的新政时期取得成果。1933年证券法、1934年证券交易法,作为其核心哲学的披露制度,延续至今,并被2002年的萨班斯—奥克斯利法案(Sarbanes-Oxley Act)进一步强化。历史学家们试图把披露哲学回溯到19世纪末到20世纪初的争论,当时披露经常被作为公司病的救济之一,并作为一种工具包含在一系列的立法建议中。从这里,他们得出结论,现代证券监管植根于这些早期的披露讨论中。

这种对现代美国证券监管历史的理解并不十分正确。证券监管的三个阶段有着不同的目标,并且被披露用来实现三个不同目的。当然这之间有重合,而且可以发现,在非常早的讨论中倾向于将披露的目的定位于保护投资者免受欺诈。但直至二战后,消费者保护型的投资者才成为证券监管的驱动力。

证券监管第一阶段的披露,产生于联邦控制过度资本化来规制垄断的努力,新泽西州为过度资本化完善了工具,并使兼并浪潮成为可能。这是证券监管的反垄断阶段,始于20世纪初直至1914年。反垄断法的改革建议和相关的公司法联邦化运动,试图推动公司财务信息的披露。其目的不是为了保护投资者,而是允许监管者来确定公司资本的真正价值,以最终帮助联邦政府根据谢尔曼法确定并起诉垄断。1903年成立的美国公司局反映了这一反托拉斯政策。披露被当做一系列相互重叠概念的主题,但是,披露的早期概念是工具,而非救济,是作为一种强制垄断实体向联邦政府自我确认的一种方法,而非为了营造对投资者更为安全的市场环境。证券市场并没有对其自身权利的特别考量。

证券监管的第二个发展阶段是反投机规制,与反垄断阶段相重合。它紧接着1907年大恐慌之后开始,一直到充分发挥威力,并失败于1914年。从1914年起,它忽冷忽热地重复出现,直至1934年的证券交易法的颁布才最终实现。正如反垄断阶段,在兼并浪潮之后席卷市场的掺水证券驱动了反投机监管。但是此时,其目的不是规制垄断,而是保证美国金融稳定。你可以看出银行开始喜欢传统类型的证券投机,他们直接地或者通过向经纪人或投机者发放大量高收益高风险的保证金贷款参与其中。它们的清偿能力不时地被市场崩盘威胁着,市场崩盘可以毁掉它们的准备金或它们所持有的作为经纪人贷款担保的证券的价值。披露再次成为立法的主题,但仍然是作为监管工具。在第二阶段中披露的目的是使监管者可以控制过度资本化和促使银行认识到他们的投资风险,让银行去保持投资组合的安全,这并非是为了个别银行的安全,同时并非是为了保护单个的股东,而是为了保护整个系统的安全。

证券监管的最后一个阶段以保护消费者为目的。以威尔逊式的进步主义立法(Wilsonian progressive legislation)为起始和榜样,由资本问题委员会(Capital Issues Committee)在战后提出,这种方式后来成为1933年证券法的滥觞。这是现代类型的强制披露,植根于投资者即消费者的理念,即向个人投资者提供信息将允许他们作出自立、知情的投资决策,并保持市场的效率、安全和稳定。虽然早期的证券监管植根于进步时代早期的新集体主义,从哲学的角度而言,这最后阶段的监管产生于个人主义和集体主义的独特结合,这一结合带有威尔逊品牌的进步主义特征。这一证券监管阶段也是制度化和合法化投机经济的阶段。

五、驯服投机经济

最后结果是现代美国公司资本主义,这将我们带回到了开始的地方,400名会自我裁剪的首席财务执行官们。美国产业经济从以封闭型持有的产业公司,转变为广泛持有的、带来无限潜在利润的普通股的公司,并创造了金融主导着产业的情况。现代金融理论,作为20世纪最初十年市场产生的逻辑衍生物,通过创造广泛使用的投资模型加剧了这个问题。这种投资模型使商业和股票相分离,并且使股票市场成为依其自身逻辑运行的一个制度,而几乎与商业自身没有关系,同时也没有任何对商业如何运转的指示。这导致了股东价值主义(shareholder-valuism)的公司伦理的发展,其要义是公司仅为其股东利益而存在,相对应的技术规范是追求股票价格最大化。

公司治理的改革者一直致力于通过公司法律结构的改变,来解决这种资本主义形式所产生的类似问题。但是历史告诉我们,他们忽略了重点。改革的努力应当放到市场上,去创造激励和结构,使市场回归其产业起源。需要使市场顺应产业,而非使产业顺应市场,并创造允许经理人建设公司的有耐心的资本。美国公司经济的长期健康,责任和可持续性就依赖于此。

历史告诉我们如何走到今天所处的位置。它揭示了美国公司行为的主要问题,植根于股票市场的主导,而并非董事会中独立董事的数量,或工人能否成为董事的问题,告诉我们要解决此问题必须集中关注市场。所以,笔者要向读者介绍笔者关于如何改进公司行为的想法。

如笔者所描述的,这里的问题是公司经理人面临太多的压力,必须不计方式地满足市场需求、增加利润和股票价格。从概念上说,解决这个并不困难,因为一旦确定了主要问题是市场的压力,其显而易见的解决办法就是设法释放一些压力。从某种意义上而言,市场已经这样做了。私人股权投资基金在美国迅速发展的一部分的(仅仅是部分的)解读是公司经理希望摆脱市场的压力。甚至早在20世纪90年代中期,越来越多的公众公司下市,以允许经理人以其(而非市场)认为合适的方式经营他们的业务。但是,私人股权投资基金是一个非常新鲜的事物,笔者还不能对其现有的或潜在的经济影响发表任何成熟的意见。更进一步地,因为各种原因,笔者预期巨大的公众公司能够存在相当长的一段时间。所以还是让我们转向如何修正这一问题。

你可能试图以沃伦·巴菲特(Warren Buffett)的方法来教育股东,告诉他们有耐心的资本不仅在长期上带来了更大的利益,而且可以产生更好的公司管理,为公司经理人创造空间,允许其考虑为追逐利益而产生的外部性和花时间去思考如何避免对工人、环境、消费者等的不利影响。但是,正如历史所展示的,市场规范是根深蒂固的,并且近利主义的市场特点自1980年一直在发展着。假设从事这项教育是可能的(笔者并不知道应如何做),其结果要等待很长一段时间。但是,时不我待。

笔者更希望用一种亚里士多德式的方法进行教育。亚里士多德告诉我们,当人们太年轻或者太无知而不能懂得高尚行为背后的原因时,应当简单地被训练成像已具有美德的人一样行事。最后,他告诉我们,通过高尚的行为,人们将懂得其背后的原因。这是笔者解决市场改革问题的姿态。

首先,如果问题是市场的压力,那么我们需要寻找方法来释放压力。一个具有吸引力的全局性方法是资本收益税的改革。如今,美国税法给予持股超过一年零一天的股东重大税项减免,这是一个长周期。但是,对于很多产业一年很难说是一个长周期。为了鼓励有耐心的管理所必需的耐心投资,我们需要界定商业管理中的长周期。笔者建议用一种浮动计算的资本收益税来处罚快速交易、奖励耐心投资。假设商业专家认为自动化业的长周期是十年。我们可以设计一套体系:对股东在购买之后第一个月内的交易收益课90%的税;在此之后,税率将每一年或半年减少一些;在十年之后出售的股东将获得完全的税收豁免。决定主要行业的合理的长周期和相似的浮动计算的税收并不十分的困难。资本收益税的改革为耐心的投资决定创造了直接的经济激励。[①]

这将使股票期权形式的高管薪酬成为一种促使经理人的激励与投资者的激励相一致的方式。在20世纪90年代末,世界500强企业的首席执行官几乎都接受了金额高于其所得现金的股票期权形式的薪酬。一个极端的例子是"冠群电脑"(Computer Associates)的高管人员股票期权计划:只有当公司的股票达到某一股价并保持超过60天时,其股票期权才能被触发。享

---

① 对于本建议的具体解释请参见笔者的 Corporate Irresponsibility: America's Newest Export。

有这一期权计划的三位高管设法在短时间内实现其价值十亿的股票期权。①经理人被给予了无法抗拒的、不惜以损害公司长期健康发展为代价的最大化股价的激励,而无论其对公司福利有着怎样的判断。为了增加年薪,他们不得不采取一切方式来增加公司的股票价格,而不顾及此方式对业务长期健康发展的影响,也不顾及公司责任的相关问题。同时,通过税收鼓励耐心的投资决定还可以克服高管仅关注于短期管理的动机。资本收益税改革将帮助解决这一问题。

耐心资本必须由耐心的管理人管理。也许我们应当不再要求公众公司向其股东提供季度报告。正如著名的沃伦·巴菲特所说的,在一个季度或一个年度之内,没有重要的事情发生。与此同时,也不应鼓励公司进行利润预测。因为这一预测将产生有压力巨大的市场预期。

与此相关的是延长董事会任期的可能性,例如,延长至5年。这将帮助减少市场对董事会的压力,并保护经理人促进业务的长期发展。

最后笔者建议考虑会计制度的改革。人人皆知,你管理你所能考核的。市场也通过其所考核的来判断公司的业绩。底限利润是考核的主导标准,但有时候对公司和社会都有利的事情是要花费金钱和损害底限利润的。市场压力不允许减少利润,哪怕这些减少的利润仅是源于具有长远效果的短期投资。以工人为例。公司支付高工资或者大量投资于工人的培训将不得不在收入中减去这部分花费,进而会减少底限利润。但我们可以通过改变会计规则,反应这些花费所产生的收益。也许我们可以建立一套不同等级的支付工资和组织培训的底限产业规则。我们可以允许公司资本化超过底限部分的支付或花费,将超出部分从损益表中的损失转成资产负债表中的资产,并对其逐年折旧,这将帮助减少因更好地支付工资而在股票价格上遭受的损失。

六、投机经济中公司的社会责任问题

希望笔者已清晰地说明了,公司责任的基本问题不在于一个良好的公司政策的表达,而在于对资本投资和经理人管理的激励机制。在笔者看来,

---

① 特拉华州衡平法院通过限制解释股票期权计划和大大减少期权的金额保护了冠群电脑的股东。Sanders v. Wang, 1999 WL 1044880 (Del. Ch. 1999).

这是最有希望解决公司社会责任的途径。一些国家建立了对公司资本结构有耐心的公司资本主义形式,例如,德国和日本的主银行和交叉持股制度。其他的国家,如美国,并没有。但是即使是将公司社会责任放到重要位置的国家,也处于很大程度上采用了美国体制的全球化的资本市场的压力之下。需要政治智慧和领导力来认识公司社会责任这个问题,并不存在于资本主义制度,而是存在于激励机制的不一致,此种不一致的激励产生于满足金融市场的需要,而忽视基本生产、工人福利、环境安全、消费者利益和资本市场的长期安定。我们所能期待的,是这种领导力的尽快到来。

企业社会责任在南非

Angela Itzikowitz*

导言

对于企业社会责任,不同的人有不同的界定,尤其每个人都有独特的背景和观点,对于何为社会责任中必须承担的和优先承担的方面有不同的见解。国际商会将企业社会责任界定为商业组织在社会生活中主动的以负责任的方式扮演他们的角色。世界可持续发展工商理事会将其界定为商业组织通过与其雇员、雇员的家庭、当地社区及社会普通人的合作来提高他们的生活品质,做出对世界可持续发展的贡献。最近,有人将企业社会责任表述为企业在诸多行为中的平衡,包括生产行为、盈利行为、对经济、社会和环境可持续发展目标的满足与平衡,现在以及将来都能使股东、交易利益相关人和整个社会从中受益。企业在运作中要满足或超过社会对商业组织在道德上、法律上、商业惯例上以及公众性的期望。①

---

* 作者为 Nedcor Professor of Banking Law: Mandela Institute, University of the Witwatersrand, South Africa; Director: Edward Nathan Sonnenbergs Inc, Sandton, South Africa。
① JW Hendrikse and L Hendrikse Business Government Handbook Principles and Practice (2004), 225.

一、支持和反对企业社会责任的争论

尽管反对企业社会责任的人和支持的人一样多,并且诺贝尔奖获得者美国人密尔顿·弗里德曼也认为"商业的职责就是盈利",但在每一个国家,企业的社会责任都不可避免地成为商业领袖们要优先考虑的事情。政府和媒体已经逐渐适应了让企业为其自身行为所造成的社会后果负责,并且政府从管理上逐渐增加对媒体进行社会责任方面报道的授权。尽管盈利是每一个商业组织首要的责任,但绝不是其唯一的责任。支持和反对企业社会责任的争论大致可以分为以下几种不同的理论[①]:

1. 职能说

那些认同功职能说,或称为基础说的人们将商业组织视为社会中的一部分职能组织,其要执行的任务已经被清晰地勾勒和限定,就如其他的任务已被移交给了他人,如社会福利组织、政府、个人等。商业组织的职业能在于在获得合理利润的基础上向消费者提供其所需要的商品和服务。如果商业组织能很好地完成其职能,社会将从中受益。社会性的职责应由其他专门的组织来完成,而不应认为由商业组织完成。这些社会职能中有些由政府来行使,而商业组织通过纳税做出了间接但实质性的贡献。总之,服务社会公众并非商业组织的职责。

密尔顿·弗里德曼作为一名基要主义者认为企业的社会责任即为创造收益。他持有这种观点,即在一个自由经济体中,企业有且仅有一种社会责任,利用资源,在符合游戏规则的前提下尽可能地经营运作来创造收益,也就是说,通过参与公开自由的竞争获得,没有虚假和欺骗行为。[②]

2. 务实说

与职能说将近的是务实说,认为一个企业规模越大,效率越高,就越容易满足商业目标和增益社会财富。企业的利润越多,就越利于规模扩张,不仅增加其股东的个人收益同时也提升整个社会经济。从而向国库的贡献越多,国家就可以分配给各种社会性事业。企业给股东的红利越多,股东的纳税就越多,并且越少地依赖于国家提供的社会性服务。

[①] L Hodes, "The Social Responsibility of a Company", (1983) *SALJ* 468 at 486—492.
[②] Milton Friedman Capitalism and Freedom (1962) at 133.

3. 政治说

持有政治说的人们相信商业企业体系只有在令人愉快的自由竞争的环境中才能兴旺,他们声称这只能在资本主义体系中找到。因此,不仅是基于立法要求,还是基于其自身必要,公司和其他企业都应关注政治结构,并积极抵制任何试图颠覆或破坏资本主义的行为。他们强调,政治行动将从长期提升商业前景,增加国家财富并使社会各个部门都从中获益。

然而,如何能确定一个企业有一致的政治意见呢?一个企业的政治立场也许和消费者支持的政治立场正相反。并且,很多国家的立法都要么禁止要么限制企业向政治活动提供资金。

4. 社会说

关于企业社会责任的社会说理论与政治说十分接近。但其理论更为先进,指出在理想状态下企业自身是无需关心社会问题的,这些社会问题应由政府来解决,因为这属于政府的基本职责,但这种理想状态是不存在的。政府总有不能满足人民在社会职能方面的要求,因而赋予企业一种市民性的义务去填补空白。① 社会说学派持有的观点认为尽管企业应将盈利置于自己的任务之首,但并不意味着企业不能同时追求社会性目标。

有无数的关于企业应负有社会责任的争论都基本来源于良好公民的理念。人们认为良好公民对他们生活的社会负有一种义务,如果企业被视为一个人的话(尽管是人为拟制的)也会自动地负有这样的义务,因为企业也是构成社会的一部分。

5. 法制说

仅通过立法方式使企业承担社会责任使这一问题得到简化,即不考虑道德、经济方面的因素。企业是法律规制的对象并且有义务服从于法律,这一系列规制企业经营的法律蕴含了对企业的期望的社会性理念,如果企业按照这些法律经营运作将对社会福祉做出贡献。如果社会对商业活动有更多的要求,则社会有责任立法以明示,从而企业通过缴纳税款和完成其他赋予其对社会性义务来满足社会要求。② 南非看上去正逐渐采纳社会说和法制说两种理论。

6. 债务说

这种学说似乎有着弗里迪安思想的背景,认为企业由于在其经营活动

---

① L Hodes, "The Social Responsibility of a Company", (1983) *SALJ* 468 at 486—492.
② Ibid., pp.491—492.

中享受了社会提供的基础设施和服务而对社会负有债务。

对企业社会责任的关注并不总是自愿的。很多企业是发生了一些事实或行为被社会认为是他们应承担的商业经营责任之后才开始警醒的。例如,耐克公司曾在20世纪90年代初因为有报道披露其有部分供应商存在滥用劳工的做法而遭到消费者大规模的联合抵制。施乐公司在1995年决定沉没其在北海上的油井钻探设备而招致绿色和平组织的抗议,并成了全世界的新闻头条。制药公司也发现社会期望他们对艾滋病在非洲的蔓延作出应对,虽然他们的主要生产地和销售地都远离非洲。

单纯的讲商业与社会互相依赖是陈词滥调、人所共知的,但就正确理解和研究企业社会责任深层次的理论基础这个问题,就必须对两者间相互关系进行更开阔的理解,就必须关注于两者间的相互作用而非相互摩擦。随之产生的问题是我们该如何做到呢? 在这一问题上,南非的情况可能是具有启发性的,至少在某些方面。

二、企业社会责任在南非

南非是世界上几个收入差距最大的国家之一,这也是其一大特征。在南非,第一世界的商业环境和第三世界的各种困难、挑战并存,这一情况也常被视为一个全球性挑战的缩影。种族隔离时期残暴的法律加之政府的无能和不作为都扭曲了南非经济的发展,直到最近,商业界开始着手应对影响南非的社会性与经济性目标不平衡的问题。

受美国和英国的影响,南非商业界达成了共识,即遵守和奉行人权是一件好事。直到1972年,时任开普敦大学商学教授的米尔·弗里伯格(现任位于美国纽约的哥伦比亚大学商学院主任)开始倡导南非的商业领袖们向他们的美国同行学习,积极参与企业所在地、产品销售地和员工招募地区的社会活动。在此之前,南非很少有企业参与社会公共生活的记录。他的理论认为企业将其盈利目标从属于社会目标是不负责的行为,但从长远来看,从事负责任的社会性活动对企业的长期成长和盈利是至关重要的。他还进一步指出企业承担社会责任的花费应视为其正常经营成本的一部分。[①] 在

---

① M. Alperson Foundations for a new democracy: corporate and social investments in South Africa: how it works, why it works, who makes it work.... (1995) at 4.

20世纪70年代,绝大部分的企业社会性投资都是针对特定事项的捐赠,没有多少人关注于对企业社会性投资或企业社会责任作出清晰明确的界定,也不关注对接受捐赠项目的监督。那时,执行种族隔离政策的政府着力控制和封锁有关信息,信息的公开和透明还不是南非文化的一部分。[1]

1977年沙利文主义的产生标志着企业社会责任在南非发展的一个转折点。沙利文主义关注的社会问题包括住房、保健、职业培训等方面。沙利文主义代表了意图在南非开展经营的美国企业自发遵守的一个准则。[2] 至于现阶段下在南非这一思想是否有合法化的途径来实施不在本文讨论的范围。

企业社会责任的理念和范围自其产生以来就是不断变动的。尤其自20世纪80年代末以来公司开始在他们的社会公开报告中公布更多有关其支出情况的信息,加之新民主主义的发展,企业社会责任概念的发展获得了新的推动力。

1. 金准则[3]

1994年11月,在南非管理机构建议下成立的金委员会就公司治理方面发布了一份报告并作出了倡议。2002年他们又就此发布了第二份报告。

金委员会报告I(King I)倡导一种不限于财务管理和内部规章的更为综合的企业治理方式,也从基本原则的层次上承认企业的利益相关者在更广泛的领域内与企业存在利害关系,包括财务状况、社会事务、道德遵守和环境保护等多方面。

金委员会报告II(King II)采纳的企业治理方式十分广泛,并正式提出企业在制定实施任何一项经营策略时应全面考虑到各方利益相关者。它也同时承认企业经营者和企业自身仍然是企业经营中最重要的要素,股东和利益相关者都需要从企业经营中获得满意的利润回报。

金委员会报告II确认了七项企业治理良好的特征[4],即规章、透明、独立、诚信、负责、公正和社会责任。企业社会责任意味着企业内部的决策制

---

[1] M. Alperson Foundations for a new democracy: corporate and social investments in South Africa: how it works, why it works, who makes it work.... (1995) at 5.
[2] Ibid.
[3] Code of Corporate Practices and Conduct.
[4] Paragraph 18 of the King II Report.

度关系着道义上的价值判断,又要遵从法律的要求,并尊重社区和环境的利益。报告 II 指出在企业治理框架内,企业需要在经理层职责自由和不同利益相关者利益诉求之间建立良好的平衡。①

《企业行为准则》并不具有法律上的强制力,而是一系列由企业自律实施的指导性文件。但它也被法院和商业质询委员会用作进行调查的指导性文件,并具备相当大的说服力。南非证券交易所就在其主板上市的公司规定②:"合格的发行人必须在其发布的上市公告中包括(a)就公司实施国王准则的要求情况做陈述性说明,并附有相关解释以使股东和潜在的投资人就公司实施准则的情况作出评价;(b)就公司遵守准则的程度作出说明,并对每一项违反准则的事项分别说明原因。"③在交易所上市的公司除遵守《一般会计准则》以外,还要求在其年报和年度财务报告中披露:"(I)就公司实施国王准则的要求情况做陈述性说明,并附有相关解释以使股东能就公司实施准则的情况作出评价;(II)就公司遵守准则的程度作出说明,并对每一项违反准则的事项分别说明原因。特别说明公司是否在整个会计期间遵从了准则要求,并指明违反准则事项发生的会计期间。"④

准则还引入了关于企业报告的三层底线的理念,不仅包括财务表现,还包括对社会与安全、健康与环境的影响。实施这一方略要求企业具备综合全面的内部治理制度。由于遵守的标准通常不能清晰严密地界定,对大多数致力于将这三条底线方略作为准则遵守评价标准的企业而言,困难和挑战在于专业技能和控制能力的缺乏。

同时,立法机关在宣传准则中确认的企业治理概念也发挥了十分显著的作用。⑤

2. 基础广泛的黑人经济授权法案和其他特许状

黑人经济授权法案是南非政府为了纠正和弥补种族隔离政策的历史遗留而采取的战略措施之一。南非的种族隔离政策限制任何非白种人举办或

---

① 利益相关者包括所有受到企业决策、经营行为影响的群体,包括企业雇员、企业营业所在地的社区等。
② 这一规定并不仅适用于在证券交易所上市交易的公司,而是适用于所有的机构,包括银行等各类金融机构。只要一个机构是由董事会进行管理的,就适用该准则。但该准则不适用于小型企业。
③ Paragraph 7.F.5 of the JSE Listing Requirements.
④ Paragraph 8.63 of the JSE Listing Requirements.
⑤ See for example the Labour Relations Act 66 of 1995; Basic Conditions of Employment Act 75 of 1997; Employment Equity Act 55 of 1998 and the National Environmental Management Act 107 of 1998.

较高层次的参与经济活动,结果造成了一个排除绝大多数南非人参与的经济结构,只因为他们是黑人。近些年来,政府开始制定一些意义重大的战略方针和政策使这些南非人能参与到经济生活中来。

这些战略措施中的一项便是政府于 2003 年制定、2004 年颁布实施的基础广泛的黑人经济授权法案。2007 年又针对该法案颁布实施了作为法案实施评价标准的准则。这一评价标准作为各类企业的"通用比分扳"由七项要素构成,满分为 100 分。这些要素中的两项分别为对社会经济发展的推动和企业进步。

企业在这一社会经济学的评价标准下要想拿到高分,必须遵从要求,将其年度税后利润的 1% 贡献于对社会经济的推动中。这一贡献可以是货币性的也可以不是货币性的,但必须在其投入中保持受惠人有特定的、可靠便捷的途径参与经济生活。因此,在此框架下究竟有多少企业的资金贡献能拓展黑人参与主流经济的途径是由争议的。例如,提供住房、提供日后生活计划和启动新的经济活动等。

衡量一个企业发展的要素之一就是要考察其对发展黑人经济贡献的程度。对一个企业来说,要在企业发展衡量体系中取得好的成绩就必须将其年度税后利润的 3% 投入到黑人经济中来。这一评价要素的设计目的在于帮助黑人企业取得独立经营能力和提高其经济实力。这些经济上的帮助可以采用的形式包括投资、贷款、担保、信用便利、优先信贷条款或缔结培训和指导的协议。

《财务特许状》[①]也为企业进行社会性投资提供了保障。特许状规定,每一个经营性组织的财务部门必须制定一个方案将其年度税后净利润的 0.5% 进行社会性投资,直到 2014 年为止。[②]"企业社会性投资"的对象基本定位于那些有着较强的改变经济结构的态度和能力的黑人团体、社区或个人。企业社会性投资的项目包括但不限于教育、培训、发展计划、环境保护、就业岗位提供、艺术与文化、健康与体育等方面。

在特许状中一个很能说明问题的例子是采矿业。[③]《基础广泛的社会与经济特许状》尤其注重为矿区、劳力输出地区和由于开采而无意中导致的无人城镇提供社会与经济综合发展的途径。特许状还同时提供了一些措施

---

① http://www.dti.gov.za/bee/beecharters/FinServicesCharter.pdf.
② Paragraph 13.
③ http://www.dti.gov.za/bee/beecharters/MiningCharter.pdf.

改善雇员住房、提高矿工拥有房屋所有权的自主选择权以及改善他们的营养状况等。

由此我们可以推断出作为 BEE 的成果,大量的由企业提供的资金将被投入到改善南非的社会—经济状况中来。尽管这些特许状和准则都是企业自愿服从的,但政府部门必须在执行职务中将其考虑进来,如确定颁发执照的标准、执行优先取得政策、制定出售国有企业标准以及与私人企业结成合伙等。① 另一方面,在这种情况下所以与政府部门合作的企业只有希望继续或希望未来与政府部门打交道就必须遵守特许状和准则。然而,也应该很小心的防止由于在这些特许状和准则对投资份额规定的过于详细,如果有些企业已经投入了超出了准则规定的 5% 的税前利润而得不到相应更多的社会承认的话那就有可能使这些企业降低投资。②

3. 社会责任指数

在南非至今没有一部法律规定企业公布其在承担社会责任上的花费,因此很多企业并不公布他们究竟花费多少以及谁接受了这些资金。一些企业年报虽然包括了一些关于企业社会责任的段落,但这些资料通常提供不了多少信息,也没什么用处。然而,随着越来越多的商业组织采取了信息透明和及时披露的做法,那些不公开这些信息的企业将面对利益相关者的质疑而产生的不信任。尽管在南非公布企业社会责任方面的花费并不是强制性的,这些企业会以社会责任投资指数的形式得到推动企业社会责任发展的回报。

南非证券交易所在 2004 年首次发布了社会责任投资指数。社会责任投资指数是第一个出现在新兴市场上的这一性质的指数,也是世界上第一个由证券交易所发布的社会责任投资指数。这一指数的目的是成为公司财务方面的市场推动机制,确认和促进企业社会责任投资在全球范围内成为必须的项目,也为衡量公司股票的价格表现以及有关企业社会责任投资的金融产品提供基础。公司自愿接受这一指数,并要证明他们对已经得到普遍接受的"三条底线理论"提出的标准的满足情况。这一指数的三个支柱即环境、社会和经济的可持续发展被分别衡量。

南非证券交易所相信社会责任投资指数将为投资者提供在更广阔意义上估计和评价公司表现的工具,同时影响投资者和公司双方对可持续发展

---

① Section 10 of the BEE Act.
② A Soft Touch' *Financial Mail* (22 July 2005).

和社会责任的优先考虑。人们预期这一指数就带来任何性质的组织都热衷于在社会责任方面有所建树,它也会成为一个催化剂,引发在南非当前环境下究竟哪些组成了企业社会责任的争论。[1]

适用这一指数的公司必须证明其符合了环境、社会和经济的可持续发展等领域的一系列标准。环境标准要求公司持续地改善其经营活动带来的环境影响。社会标准既涉及公司在员工激励方面的决策也涉及艾滋病及其携带者的治疗项目及工作人员教育等。经济标准包括了要求公司制定措施保证向公众公开信息,并且利益相关者能将有关事项与公司对话,这一指数旨在提升公司对成为有良知的社会投资者的关注度。这由于在世界范围内已经形成一股逐渐增强的风气,投资者会在投资时考虑道德和社会价值的因素,而非仅关注于获利这条底线。

就社会标准中的艾滋病问题,南非比世界上任何一个国家的艾滋病携带者都多。据 2004 年的统计数据,在南非大约有 530 万人感染了艾滋病。另据南非商业联合会就艾滋病问题的一个研究报告称,由于这一疾病的感染和发病已经消耗了国内中型和大型企业 45% 的利润。艾滋病是抵消了国民经济增长 80% 的三大原因之一。[2] 即使南非宪法规定政府有责任保障人民可以获得医疗保障,南非的领导人曾经对阻止艾滋病的蔓延令人吃惊地无所作为。但仅靠政府是不足以解决这个问题的,商业和社区的领袖别无选择,只能行动起来,使情况得以改善。艾滋病问题是对经济的一个相当大的威胁,无论在人力还是物力上都花费巨大。

所有的社会组织都应该:承认他们的工作场所都有传播的危险;实施针对艾滋病的措施和项目(比如进行教育和培训,采取防止措施,对病人关怀和治疗等),对项目进行监控,并评估成绩和失误,以及项目的花费和效果。负责艾滋病项目的组织必须:确定合适的预防项目,完成自愿的、不记名的疾病流行调查;对雇员和当地社区都提供有成效的教育服务,提供其对疾病的警惕性;推广自愿的咨询和检测;实施对艾滋病携带者雇员的福利计划,包括防止发病。监控、评估和报告项目的成效,并将在工作场所实施的项目拓展到当地社区中,与政府、联合国、非政府组织及国际慈善机构等开展

---

[1] C le Roux "JSE measures the social performance of listed companies" (2004) Mail & Guardian, April 30 to May 6, 2004 at 18.

[2] S Faris "Deadly Denial—As the Nation struggles to accept the reality of AIDS, its death toll also endangers the economy" (2004) Time Magazine, April 19, 48.

合作。

就当前艾滋病蔓延的现状看,没有一种途径或模式可以理想地适应于任何情况、任何地区。这就要求公司要关注和研究自身情况,比如利用疾病流行程度报告,确定措施,以便最大程度地符合自身所处的环境。由南非劳工部制定的《针对艾滋病核心问题和雇员问题的公司良好行为准则》虽然不是具有法律强制力的文件,但对努力实施艾滋病应对措施和防治项目的公司仍起到指导作用。①

很有意思的是,人们注意到采矿行业在承担应对艾滋病的社会义务时已经走在了建筑行业之前。南非最大的矿业集团中的两家已经免费为他们的雇员提供了检测和咨询服务,并提供防止携带者发病的医疗服务,并都提供长期的培训和支持。一些其他行业的公司也引入了反艾滋病项目,并和第三方服务机构签订合同来向雇员提供自愿的检测。这些公司支付薪酬时并不根据员工在该项目中的参与程度而考虑优先性。

4. 立法与否

综上,可以清楚地看到很多企业承担社会责任的行为是在没有强制拘束力的准则指导下完成的。产生的问题是,依靠自愿遵守准则和自律是否足够?是否需要法律和政府指令来保证商业组织的行为是对社会负责的?

有人争论道,法律和政府指令可以建立一个"公平的竞技场"帮助商业企业来相互竞争。要求所有的企业都满足相同的社会责任标准,那有的企业就无法在竞争中赢得他的对手。② 但是竞争优势也许就是企业社会责任背后的推动力量。有些评论人士指出,真正对社会负责任的企业是那些由强烈的为社会尽力的动机推动的企业,自愿地采取行动,表里一致。根据这种观点,由法律强制而不得不采取的负责任的行动远远不是承担社会责任的真正含义。③

在笔者看来,至少在目前,不宜由立法规定企业的社会责任。在南非,准则已经很有效地推进发展了企业社会责任。媒体、消费者和非政府组织都可以扮演监督者,监督企业的经营行为始终遵守准则的规定,并要求更透

---

① Aids Law Project *HIV/AIDS and the Law*—A Resource Manual (2003) 3rd ed 76 at 514.

② F. W. Crittenden Business and society: corporate strategy, public policy, ethics (1992) 7th ed 30 at 42.

③ Ibid.

明的信息披露。另一方面,我们应该更加相信公司法的基本原则可以加强准则的适用。例如,遵守准则的条款可以写入公司的备忘录或章程中。只要准则和公司的盈利目标相一致,准则就会被十分有效地执行。

(北京大学法学院经济法学研究生唐勇、李晖编译)

评印尼新《公司法》规定的公司社会责任

薛璋霖[*]

摘　要　鉴于公司的设立旨在使公司赢大利，多不顾周边环境和地区的保护而背弃了社会责任。故印度尼西亚（印尼）新《公司法》特别增设了公司负有社会和环保责任的规定。

这个强制性的特别规定，主要是针对经营天然资源行业或与天然资源行业有关的公司应负有社会和环保责任，而对其他谋利公司就没有这种规定。

《公司法》之所以制定这种强制性的规定，主要是约束经营天然资源行业或与天然资源行业有关的公司，若这些公司对周边环境和地区的保护做得不够；将造成极大的破坏。东爪哇省的莱炳多·布兰塔斯（PT Lapindo Brantas Tbk.）股份有限公司，因公司的环保措施做得不好，公司运作溢出的泥浆危害了周边环境，病菌的蔓延导致附近上万居民生病遭殃，多处的经济活动被迫停止运作。这是印尼环保历史上第一次发生的惨痛事件。

这个强制性的特别规定，在企业界引起了不少的争议，印尼工商总会约有20个团体觉得这规定不公平，它们认为这规定将增加企业负担，使企业的竞争力被削减而处于劣势的地位。除此之外，它们认为公司负有社会和环保责任应该是出于公司的意愿或是志愿，不应该是强制性的，不作责罚，以致吊销营业执照。

---

[*]　薛璋霖，印度尼西亚817大学教授。

这强制性的特别规定,受到社会另一个群体的欢迎,它们觉得这是环保界的好条款,"绿波"潮流可成为环保或周边人民健康生活的保护神。只有跟健康的人民生活在一起,同呼吸共赢利,企业才能更健全地顺利发展。因此,公司负有社会责任,公司股东、领导、执事人员、职员和周边地区环境的青绿和优美,可以保证人民的身体健康、普及卫生和教育,可以促进社会的繁荣,所以公司法里特别增设公司负有社会和环保责任的规定是好的法律,值得支持,应严格执行。

关键词 公司法;天然资源行业或与天然资源行业有关的公司;公司负有社会和环保责任

2007年第40号印度尼西亚(印尼)新《公司法》接替了1995年第1号《公司法》,并于2007年8月16日开始生效。

新公司法的颁布,意味着基于民主经济,以同等的、公正有效的、持续的、有环境保护意识的、自立和保持平衡上进及国民经济统一为原则的国民经济建设走入了新的阶段,人民的生活和处境再次被企业界重视,逐步地被推进和提高,并一步步趋向繁荣。在全球化的时代,知识和经济、技术和信息发展得太快,旧的公司法满足不了现时社会和法律的需要,社会要求企业快速周到地服务,企业意识到实施公司治理的重要性,法律应有全面完整和坚定不移的肯定性,使企业经营和操作有法可依、有据可查,稳定和健全地实施公司治理以便持续发展,这些需求就是新公司法颁布的前提。

2007年第40号印尼《公司法》(公司法)保留了尚有实用价值的条规,同时提出了新的规定。新规定值得在这里强调的是公司的社会和环保责任。公司法中关于公司的社会和环保责任的条款,激励公司持续发展、提高员工素质和进行环境保护而最终有利于公司、地区的群体和人民;这规定旨在要求公司应适应周边地区的社会环境、价值、伦理和文化,共创平衡与和谐的局面。

印尼公司负有社会和环保责任在《公司法》的第5章第74条有特别的规定,从而可知政府特别重视这一领域。

2007年第40号《公司法》第74条:

第1节:经营天然资源行业或与天然资源行业有关的公司负有社会和环保责任。

第2节:经营天然资源行业或与天然资源行业有关的公司,如似

第1节所述负有社会和环保的责任必须由公司承担,这责任的实施应关注公司合理和适当的开支,并将之注进公司预祘和成为公司的支出/费用。

第3节:公司若不履行如似第1节所述负有社会和环保责任,依据法律规定受到惩罚。

第4节:有关公司社会和环保责任的进一步条款,将由政府法规再另行规定。

以上条款的旨意是公司应一直保护和适应周边地区的社会环境、价值、伦理和文化,与周边地区共同创建友好与和谐的局面;经营天然资源行业的公司,指的是开发和利用天然资源的公司;与天然资源行业有关的公司,指的是不开发和不利用天然资源的公司,但其营业的运作涉及天然资源的作用或对天然资源有所影响;法律规定受到的惩罚,意思是若公司违法,即违反了相关法律法规的规定,则应依法受罚并赔偿因此造成的损失。

悉知了《公司法》第74条规定后,公司为了能很好地履行社会和环保责任,在关注了公司合理和适当的开支后,公司应将这责任注进公司预算,使其成为公司的支出费用之一,同时这份开支应在公司年终盈亏表中示出。若公司不履行这责任,依据公司法将被处罚。

公司社会和环保责任这一新的法律确实值得思考,因为它具有重要的经济意义,它的强制性特别规定(《公司法》第5章只有第74条的规定),在印尼社会、企业界、课堂和讨论会上引起了强烈的反响,现时评论这一议题合乎时机的需求。

此法律的提出,引出了三种不同的意见:(1)同意公司法有关公司的社会和环保责任的规定,强制公司执行义务;(2)不太同意,觉得这种规定不平等,公司法里只规定经营天然资源行业或与天然资源行业有关的公司负有这种责任,而对其他公司没有这强制性的条款;(3)根本不同意这个规定,因公司的社会和环保责任在其他大法,例如环境保护法、投资法和民法中都已有具体规定。

围绕着以上三种观点,笔者做以下简单的评论。

一、公司法应规定公司负有社会和环保责任

印尼是人民专政、不依权势而依法律治理的发展中国家。在国民经济建设逐渐恢复阶段,公司治理学说和公司负有社会和环保责任的条款,备受1977年金融风暴沉重打击而痛入病榻的企业有所醒悟且开始实施,希望通过执行以上学说和条款,重新定位,从病危的烂疮中复原振起,尽快恢复正常的营业。与此同时,国家也作出明确的举动,肯定实施国家治理,并将其组织办得更好更健全,与企业界和各阶层一起努力渡过经济难关,多快好省地建设国家,促使国家和人民尽快走向繁荣。

1997年印尼金融风暴至今还影响着印尼企业的成长,还有很多企业未能重整旗鼓,无论是在财力和人力还是知识和技术信息都不及发展中国家的企业。随着印尼民主改革进一步的发展,国民经济建设与世界各国经济接轨,促使国内企业也应跟随外国企业的脚步,接受发展中国家已推行的公司治理学说和公司负有社会和环保责任的条款。公司营业不单独为了公司自身的盈利,也应为与公司有关的一方谋求利益,诸如:债权人、消费者、公司周边群体和人民的利益,将一部分盈利回馈社会。

公司法中有三个基本准则值得在这里提出:

1. 基于民族经济,以民主经济同等的、公正有效的、持续的、有环境保护意识的、自立的和应能保持平衡上进及民族经济统一的原则,有必要对建立健全牢固的经济组织结构予以支持,从而实现社会的繁荣。

2. 以提高民族经济建设为准则,同时为使企业在全球化和未来的时代里,能面对世界经济发展的熏陶,接受知识和技术的进步,有必要设立相应的法律来引导和支撑公司的正常营业操作,以确保企业能被激励并发展。

3. 以股份有限公司作为民族经济建设中的一个主要支柱为准则,有必要给予其法律依据,使基于共同经营、以和睦为准则的民族经济建设能更被激励从而稳健而迅速地发展。

以上的准则反映了印尼建国五项原则的精神。通过这些准则,每一个企业或公司都应顾及社会,无论是境内或国际和应当执行的公众准则。公司不能只单想为股东赢大利而也应考虑社会的福利,公司只有在股东/领导和与公司有关方的共同努力下和谐做事,才能持续地健全发展,这就是公司

治理和公司负有的社会和环保责任的旨意,并导致了《公司法》第74条规定的问世。

公司法符合了现代市场经济的发展和全球一体化的需要,在具有印尼民族性企业的基础上,适应和满足不断变化的现代公司经营业务和社会关系,在大法中制定了有关公司治理和公司负有社会和环保责任的条款。

2007年6月13日印尼国会第7处理事务委员会,谴责前印尼经济统筹部长家族的莱炳多·布兰塔斯股份有限公司(PT Lapindo Brantas Tbk.),因这个经营天然资源行业的公司没有做其应做的环保工作,公司运作溢出的泥浆危害了周边环境,病菌的蔓延导致附近上万居民生病遭殃,多处的经济活动被迫停止运作。

2007年9月7日,印尼经济统筹部长在企业联网有关公司负有社会和环保责任的会议上阐述,经济建设的发展是与公司负有的社会和环保责任与公司治理分不开的。持续的建设致使经济受到沉重的破坏,并阻碍了经济危机恢复,政府以往的错误方针和企业界应当对这种情况负责。政府和企业界都认识到他们的错误,即公司会因周边环境和群体社会受到破坏,公司会因系统繁琐零乱和组织结构不健全而遭受损失。企业界应该与政府携手合作,共创群体性的建设,使之趋向繁荣。因此,企业界应积极响应政府号召负起社会和环保的责任。公司不能成为单为营利着想的企业,在营业运作中,要时时关心和爱护周边环境和群体的和谐,从而成为有品牌和负有社会和环保责任的经济组织。公司领导层或执行人员的思维焕然一新,作为印尼公民有责任为创建印尼成为富饶的国家出一份力,使国民经济更进一步发展,社会更加繁荣,人民能过上安居乐业的生活。

依据以上所述,在公司法里具有公司治理和公司负有社会和环保责任的条款毋庸置疑是天经地义的。为使印尼企业,尤其是股份有限公司(公司)在国民经济建设中扮演更重要的角色,公司不应只为公司的利益着想,而要切切实实地适应周边环境,与社会一起和谐发展,共同赢利。

二、公司法里公司负有社会和环保责任的规定不平等

印尼《公司法》第74条第1节和第2节规定只有经营天然资源行业或与天然资源行业有关的公司,负有社会和环保责任的条款是很不合理的,是

没有遵循公正平等原则而制作的,忽视了其他不经营天然资源行业或与天然资源行业有关的股份有限公司也是谋利的经济组织,因为这些股份有限公司也应多多少少负有社会和环保责任。

在公司法里公司负有社会和环保责任的规定,没有用特定的词句阐明,若有不可抗拒的事情发生,则公司可不必承担,因为这不是因公司失误遭来的损失。既然公司法对公司负有社会和环保责任的义务有特别强制性的明文规定,那么理所当然的,若有不可抗拒的事情发生,在公司法里也应注明公司不承担这意外的遭遇所带来的损失而承担责任。

除此之外,公司负有社会和环保责任应估计在预算里并成为公司的支出很不实际,因为这被引发的责任导致的事件都还没有发生,但应被计算出其亏损注进公司预算成为公司的开支或费用。这种未有事件发生,而应将违约责任的后果计算出其金额,其实与印尼民法有关赔偿损失的规定大有出入。印尼民法制定损失的数额是应与确实已发生的事件计算出的,那是因为实实在在与第三者的合同规定有违反法律的行为,从而被算出其数额而赔偿损失。因此,以未发生的事件预算其开支的数额并承担法律责任是不明智、不对和不可容忍的。

公司负有社会和环保责任最初的观念本是自愿的,也是属于一般性质的。因此,单单对谋利的企业尤其是对环保有所影响的经济组织,负有维护周边环境的责任和义务,对所有进行商事活动的企业也应承担这种负担和责任。故在公司法,这条特别为经营天然资源行业或与天然资源行业有关的公司,负有社会和环保责任的规定是不合理的,尤其在这个条款里又阐明,若不履行这责任将被处置和罚款,更具体和明晰的责任将在此后公布的附加法规中做进一步的敲定。这些法律条款对经营天然资源行业或与天然资源行业有关的公司是不平等的,应予以撤销。

基于以上所述,公司负有社会和环保责任,其实是一个新的思维框架或是在西方国家的一种"绿波"潮流,这种思维的定位旨在促使公司把履行社会和环保责任作为企业的战略计划,以便发挥公司的潜能和强项。在全球化的市场经济竞争中取得胜利,赚钱得利。

印尼企业履行社会和环保责任值得一提的是:印尼国际阿斯特拉股份有限公司(PT Astra International Tbk.),这公司的座右铭是:员工是具有最高价值的无形资产,公司赢利后其利也应利于其员工和家属、消费者及四周的环境和社会。阿斯特拉股份有限公司每年把2.5%—3%公司的清利(每年可达到 500 亿印尼币)献给社会作为履行社会和环保责任的支出;印尼杉普那股份有限公司(PT HM Sampoerna Tbk.),也把 2%公司的清利(2005 年达到 238 亿印尼币)给予杉普那基金会(Sampoerna Foundation),杉普那基金会将此款捐赠社会教育充做奖学金。除此之外,这公司也举办不少担负社会和环保责任的活动,如烟草合作、香烟制造合作、辅导市民活动,即厂方周围的经济教育活动、孩子辅导活动、图书馆服务和绿化活动及设立杉普那特急救援组;应多福德·苏格斯·玛格姆股份有限公司(PT Indofood Sukses Makmur Tbk.)为其厂方附近的社会和环保负其责任,即每年付给在厂方近村家庭贫苦的 60 个孩子足够的奖学金。下一年,付给隔村家庭贫苦的 60 个孩子足够的奖学金。

所以,除了经营天然资源行业或与天然资源行业有关的公司,负有社会和环保责任以外,其他进行商事活动的企业也应承担这种负担和责任,大家一起在这全球化的市场经济中,公开和平地竞争,不要一方有责任承担社会和环保,而另一方就没有特别的法律条款加以约束,使之免出这笔开支而处于领先优势,这种情况是不符合印尼国民经济纲领的,也是不平等和不合理的。

三、公司法里公司根本不需要负有社会和环保责任的特别规定

公司社会和环保责任在其他大法,例如环境保护法、投资法、民法和商法等都有所规定。因此,在公司法里根本就不需要有关公司负有社会和环保责任的特别规定,这种规定是重叠的、多余的和不必要的。

这种强制性地要公司负有社会和环保责任之规定,受到了印尼商行组织和半官方印尼工商组织的反对,这些组织认为在民主改革和印尼经济处于恢复阶段里,这种强制性的特别条款应度之以外,不能成为公司义务,更何况要用法律进行制裁。

《环境保护法》

第 9 条 第 1 节:在关注宗教价值观、习俗和生活水准价值观的前提下,政府对环保管理和空间设计制定方针;第 2 节:环保管理,根据各部的任务和责任,社会和参与建设活动的施事者,由政府协调执行。

第12条第1节:为了能实现统一管理和融洽环保设施政策,政府按法律可:a.将其环保权力交给区政府;b.让区政府帮助中央政府执行区政府在区域的环保工作。

第13条第1节:在实施环保的环节中,中央政府可将一部分事物交给区政府成为区政府的内部事物。

第14条第1节:为了保证持久的环保作用,任何一种经营或活动都不可破坏环保的原生价值和固定的评价。

第15条第1节:每一种对环保能招致大的和重要影响的活动和计划,都必须有环保影响的分析。

第16条第1节:每一个对经营和活动应负责的执行者,都应对企业经营和活动后的渣物进行妥善处理。

第17条第1节:每一个对经营和活动应负责的执行者,都应对有危险性和毒性物品进行妥善处理。

第18条第1节:每一个对环保有大的和重要影响的经营或活动,都必须有环保影响的分析。

第28条:在提高经营和活动效力中,政府激励对经营和活动应负责的执行者进行环保审核。

第34条第1节:对环境进行破坏和污染的违反法律者,招致他方和环保的损失,对违规者应做出一定的处理并要求赔偿损失。

第35条第1节:经营或活动发生危险和毒物大大污染周边的生活环境,或有毒性物品的企业,对因此而带来的损失,在事件发生后,即刻直接赔偿。

《投资法》

第3条第1节:投资的实施基于以下准则执行:a.法律确定性;b.公开性;c.可靠性;d.同等待遇不分国家的不同性;e.共同性;f.公正有效率性;g.持续性;h.环保视野性;i.自立性;和j.均衡发展和统一的民族经济性。

第12条第3节:依据政府规章规定不开放予外国投资经营的项目,无论是国内或国外,以健康、道德、文化、环保、防卫和民族安全及民族利益为标准。

第15条:每一项投资负有以下义务:a.执行好的公司治理;b.实施企业的社会责任。

第16条：每一项投资负有以下责任：a. 维护环保生态；b. 缔造好治安、卫生、舒适和工人福利；及 c. 遵循法律规定。

第17条：依靠天然资源营业而尚未被创新的企业，有义务逐渐累积资金用以恢复工地使之符合于适宜的环保，其设施遵循法律规定。

《民法》

第1243条：因未履行合同而赔偿损失、费用和利息，只有在债务人被宣告不履行合同的规定后，还依旧疏忽或有义务执行而未做到，或这义务超过期限后才能实现，方才有效。

第1244条：除非有原因，债务人应赔偿损失、费用和利息，若该债务人不能证明，不是自己不怀好意，而是在应该履行或是在不对的时日执行合同的规定，因为那是出乎预料的事，故不能向债务人索求责任。

第1245条：若因有不可抗拒或意外的事情发生，致使债务人无法履行承诺的事，则该债务人可不必赔偿损失、费用和利息，或因有同样的原因做出违法行为。

第1246条：可向债务人索求赔偿损失、费用和利息的债权人，一般是指补偿或应得的利润，不限于免除或修改了的责任，如似以下条款所述。

既然公司负有社会和环保责任并对这种责任作出适当的经济预算，在以上的大法中已有所安排和规定，理应不需要在新的公司法里重新制定，特别规定经营天然资源行业或与天然资源行业有关的公司负有社会和环保责任，而对其他不经营天然资源行业或与天然资源行业有关的公司，但也是属于谋利的经济组织，就没有这种强制性的规定。所以，新公司法根本就不需要再制定这种特别条款。除此之外，公司负有社会和环保责任，这责任的实施都离不开费用，无论是当做公司支出或者是可从盈利扣除，它都属于支出，这支出无形中增加了公司的负担，而使企业的竞争力被削减而处于劣势的地位。除此之外，它们认为公司负有社会和环保责任应该是出于公司的意愿或是志愿，不应该是强制性的，不做责罚，以致吊销营业执照。

四、结论

1997年世界经济风暴麈及全球时,印尼这个发展中国家最遭殃,其经济至今还在艰难地一步步恢复。印尼虽然是一个富饶的国家,但人民生活贫穷,经济发展远不及其他国家,比以前其经济落后于印尼的马来西亚都不如,还有现时在穷追且与印尼公开争夺外国投资参与其国家经济建设的越南,也开始有些不及了。因此,政府的国家组织治理准则和企业界的公司治理准则应同时操作,立法、司法和行政机构一起努力克服经济困难,从逆境中重生,将废墟尽快恢复,重新建造成壮丽的经济大厦,使大家能共享繁荣。

建设国家,企业家责无旁贷,不过因为印尼企业家多不及发展中国家企业家那么精明能干,加上印尼虽是法制的国家,但现时的司法机构还不够理想,不能很好地执法,加上一些企业家有时也投机倒把,只顾追求自身的利益,肆无忌惮地歧视和侵害与企业有关方的权益,污染空气和水源,加上利欲熏心、唯利是图的思想作祟而不负社会和环保责任。因此,强制性地在公司法里规定公司负有社会和环保责任是应该的、正确的和不可推翻的。

健全和真正走上轨道的公司,都不因公司法存有公司负有社会和环保责任的规定而退缩或成为负担。反而,履行社会和环保责任对公司有利,因能跟员工共同繁荣与周边地区群体和睦相处及与社会共同和谐进步发展。

对于公司法里公司负有社会和环保责任的规定觉得不平等的一方,这一方多是经营天然资源行业或与天然资源行业有关的公司提出的,他们反对的理由也不不实际,既然这企业是经营天然资源行业或与天然资源行业有关的公司,则其资本普遍都很大,更何况企业的运作多对周边环境和社会都有很大的可能损坏和污染地区的危险。因此,早早预防和实施环保及此后能帮助社会进步,不是好事吗?又何必为此而多多埋怨呢。

至于对公司法中,公司根本不需要负有社会和环保责任特别规定的一方,笔者觉得它们太多顾虑,公司法里的特别规定,就是要谋利的企业,尤其大企业,似经营天然资源行业或与天然资源行业有关的公司负有社会和环保责任,从而更加肯定它们的责任。其他谋利的企业,既然都或多或少从社会得利,则保护环境和帮助提高人民的素质回馈社会,应是理所当然的事。

  法律准则说：特别的法律取代和弥补旧的法律，新的法律生效后，旧的法律，只要是与这新的法律不相抵触，则其条款仍然有效。新的法律是再一次强调公司应实事求是真正履行社会和环保责任，否则法律无情，毋庸置疑，违者必罚。在印尼现时的社会里，这由行政和立法机构制定的法律是符合了法律的定义和基本要求，即"维持社会安定强制性规范的条款，确保其有效性和可行性"；"法律是规则，它包含治理社会活动社会成员间的法律行为和关系，命令和限令，违者必罚"。

日本关于企业社会责任讨论的展开

布井千博[*]

摘　要　首先,企业社会责任讨论的变迁。进入20世纪50年代初期,日本开始有意识地讨论企业的社会责任问题。即受第一次世界大战后魏玛时代德国所开展的"企业自身(unternehmen an sich)的思想"的感染,有关企业的社会性或公共性的讨论以学说形式而展开。但在这一时期,有关讨论尚停留于抽象意义阶段,并未具体言及企业应当如何作为以承担社会责任。

与上述50年代初期的讨论相比,70年代初期的讨论则更具有现实意义。当时,作为经济成长的不良后果,公害、环境破坏等已成为社会问题。特别是1973年石油危机发生时,企业利用物质紧缺之机,乘机囤积居奇、哄抬物价,其反社会行为成为批判的对象。因此,在股份公司法中是否规定企业的社会责任成为立法上的一个课题,但是有关企业社会责任的规定最终未能进入公司法。

其次,通过股东权的行使实现企业社会责任。在日本,股东权的行使被视为实现社会正义的一种活动,因而,被称之为股东运动。进入20世纪70年代以后,股东运动日趋活跃,其开端是"一股运动"。所谓"一股运动",即"对于特定的企业,具有相同思想、立场的人,为了出席股东大会而购买最低限度的股份,从而形成多数集团参加股东大会,并通过发言,影响企业的经营政策,

---

[*] 布井千博,日本一桥大学大学院国际企业战略研究科教授。

迫使企业修正、变更经营政策的运动"。其中,参加排放造成水俣病的甲醛水银的氮株式会社的股东大会是著名的一股运动。此后,一股运动虽势力减弱,但环境保护团体及居民组织通过提起股东派生诉讼追究企业的社会责任。

再次,股东监察组织。最近,股东监察组织的活动引人注目。所谓股东监察组织,即于1996年成立的以股东立场出发、纠正企业的违法行为、促进企业进行健康活动为目的的非营利的市民组织。这个组织是由律师、会计师、学者等专业人员以及个人股东、一般市民所构成的。到目前为止,在股东监察组织所取得的胜诉判例中,尤以2006年6月9日大阪高等法院的股东派生诉讼判决引人注目。

最后,股东权行使的界限。在通过行使股东权以期实现企业的社会责任时,会产生滥用股东权问题。在仅仅主张个人思想和信条而利用股东权的情况下,易发生股东权的滥用。

这个问题可做如下考虑,即企业不仅仅是作为股东获取利益的工具而存在的。企业是现代社会不可或缺的构成要素,其活动对社会产生重大影响。只有企业活动及企业自身与社会相和谐时,企业才能获得可持续的发展。基于这种思想,部分股东为使企业承担社会责任而行使股东权的行为,应得到肯定。即追究企业社会责任的股东是联系企业与社会的纽带。因此,虽然股东权行使的目的在于追究企业的社会责任,但从长期的视点考察,它会给企业带来利益,原则上不应被理解为股东权滥用。

一、企业社会责任讨论的变迁

进入20世纪50年代初期,日本开始有意识地讨论企业社会责任的问题。即受第一次世界大战后魏玛时代德国所开展的"企业自身(unternehmen an sich)的思想"的感染,有关企业的社会性或公共性的讨论以学说形式而展开。但在这一时期,有关讨论尚停留于抽象意义阶段,并未具体言及企业应当如何作为以承担社会责任。

与上述50年代初期的讨论相比,70年代初期的讨论则更具有现实意义。当时,作为经济成长的不良后果,公害、环境破坏等已成为社会问题。特别是1973年石油危机发生时,企业利用物质紧缺之机,乘机囤积居奇、哄抬物价,其反社会行为成为批判的对象。因此,在股份公司法中是否规定企业的社会责任成为立法上的一个课题,但是有关企业社会责任的规定最终未能进入公司法。

在这种社会形式下,众议院和参议院分别于1973年和1974年通过了应在公司法中规定企业的社会责任的决议(众议院于1973年7月3日通过附带决议,参议院于1974年2月22日通过附带决议)。据此,法务省民事局参事官室于1975年6月12日公布了《关于修改公司法的若干问题》,就公司法修改的方向性问题,向社会各界广泛征求意见。法务省所提出的第一个问题就是企业的社会责任问题,并提出了两种使企业承担社会责任的方法。第一种方法是,在股份公司法中对企业的社会责任作一般性的规定;第二种方法是,如果在公司法中不作一般性的规定,则通过改善公司法上的种种制度以实现企业承担社会责任。这里所谓的种种制度,包括股东提案权、(包括独立董事制度的)董事会、营业报告书记载事项的公司内容的法定公开等制度。

在征询社会各界意见后进行的公司法修改中,关于企业社会责任的一般性规定未被加入,代之增加了股东在股东大会的提案权和质询权的规定。此后,对企业社会责任的追究主要是通过股东权的行使进行的。

二、通过行使股东权实现企业的社会责任

在日本,股东权的行使被视为实现社会正义的一种活动,因而,被称之为股东运动。进入20世纪70年代以后,股东运动日趋活跃,其开端是"一股运动"。所谓"一股运动",即"对于特定的企业,具有相同思想、立场的人,为了出席股东大会而购买最低限度的股份,从而形成多数集团参加股东大会,并通过发言,影响企业的经营政策,迫使企业修正、变更经营政策的运动"。

1969年,东京的交通事故受害者援护协会为使丰田汽车公司召回问题汽车而出席其股东大会,这后来被认为是一股运动的开端。1970年,水俣病(minamata-disease,甲醇水银中毒性中枢神经疾病)会员的大多数出席了造成水俣病的甲醛水银的排放氮株式会社的股东大会(对于本次股东大会的决议,股东方提起了撤销股东大会决议的诉讼。法院认定:"鉴于出席股

东大会股东的 20% 左右不能行使表决权以及一个股东提出的决议案修正案也遭无视的事实,不能不认为该股东大会决议在性质和程度上存在重大瑕疵",因此,法院认可了股东的诉讼请求,命令撤销公司的有关承认财务报告和利益分配的股东大会决议。1974 年 3 月 28 日的大阪地方法院的判决、1979 年 9 月 27 日的大阪高等法院的判决、1983 年 6 月 7 日的最高法院的判决)。同样,在 1970 年,反对铁路建设的居民组织,出席了铁路建设的承包公司的股东大会,反对铁路建设。1971 年,反对越南战争的组织要求禁止武器生产,反对公害的组织要求实行公害对策,一股运动如此展开。但是,以 1972 年为界,一股运动急速衰落,原因如下:从公司方面而言,第一,公司经营管理层利用总会屋(持有少数股票出席股东大会、进行捣乱、从公司获取利益的人)试图操纵股东大会;第二,公司认为股东进行了应有主张之外的主张,因而表现出与股东对决的姿态;从股东运动方面而言;第三,对于达到目的过于性急,在股东大会中大声喧哗等致使大会混乱;等等(中村,178页)。

  这一时期的股东运动形势是,数千人蜂拥而至参加股东大会,把股东大会作为游行示威的场所加以利用。有人指出,当时之所以股东大会可以被利用为示威的场所,是因为:首先,能够出席股东大会的一股股票价值极低(几百元到几千元),用少量的资金就可以使很多人成为股东而出席股东大会。其次,当时的公司法中没有关于股东提案权的制度规定。股东不能在股东大会中提出作为股东的主张,也是致使股东走向过激的原因(中村 181页)。在对上述状况进行反省之后,1981 年的商法修改导入了单位股票制度,容许公司通过章程规定出席股东大会行使表决权所应持有股票的必要的最低限度,以此封堵一股运动;也导入了封堵总会屋活动的禁止向其提供利益的规定,与此同时,对股东的质询权和提案权也作了明文规定,使股东在股东大会中表达意见的手段得到明显增强。

  这种新导入的股东质询权和提案权,在股东运动中得到了利用。1984 年,电铁公司曾计划在车站前的建筑物内设置赛马场外彩票销售点,当地居民利用股东提案权对此加以反对(阪神电铁场外赛马彩票销售点事件)。还有,反对核能发电的组织,每年都参加电力公司的股东大会,提出主张废止核电站、顾及地球环境的股东提案。

  1993 年,股东派生诉讼制度得到改善,该制度也成为使企业承担社会责任的手段之一。例如,如上所述的反对核能发电的组织,提起了追究电力公司董事违法使用核电资金的诉讼(最高法院于1996年11月12日作出判决)。环境保护团体(企业环境行动网络组织)反对破坏环境的高尔夫球场、大规模度假村的开发建设,对大日本土木株式会社以及日本航空株式会社提起派生诉讼,等等。

三、股东监察组织

所谓股东监察组织,即于1996年成立的以股东立场出发、纠正企业的违法行为、促进企业进行健康活动为目的的非营利的市民组织。这个组织是由律师、会计师、学者等专业人员以及个人股东、一般市民所构成的。股东监察组织,在行贿受贿案(hazema 大林组)、政治捐款案(若筑建设、五洋建设、熊谷组)、价格联盟案(日立制作所、五洋建设)、对总会屋提供利益案(高岛屋、野村证券、神户制钢)等诸案中,对从事违法行为的经营者提起了股东派生诉讼,以此开始了其活动。股东派生诉讼之所以能够利用于股东运动,是因为1950年商法修改时所导入的股东派生诉讼制度,虽然规定只要持有一股就可以提起股东诉讼,但是在四十年中,该制度一直处于既未被利用也未被滥用的状态。为了打破这种状态,在1993年的商法修改中做了如下改进:将股东派生诉讼的诉讼费划一地规定为8200日元;在股东派生诉讼胜诉的情况下,原告股东可以请求公司支付律师费等诉讼费用。因此,股东监察组织不必花费很大的开支就可以提起股东派生诉讼,并且在胜诉的情况下律师费用能够从公司得到补偿。最近,股东监察组织的活动更趋广泛,利用股东提案权,对像索尼等这样的大企业,在股东大会中提出公开董事报酬及退休金、确立企业伦理的提案。

到目前为止,在股东监察组织所取得的胜诉判例中,尤以2006年6月9日大阪高等法院的股东派生诉讼判决引人注目。本案中,在DASKIN公司进口委托中国工厂生产的肉馒头中,存在日本禁止使用的食品添加剂,部分董事知情不举,继续容许销售,并掩盖违法添加剂存在的事实,结果造成公司失信、营业额减少,从而给公司造成损失。在提起的派生诉讼中,股东监察组织,不仅追究直接负责销售的董事责任,而且也追究在接受无许可添加剂使用肉馒头销售报告后怠于进行事实调查、对外界进行公布的董事的责任。判决结果是,直接负责销售的董事承担106亿的损害赔偿责任,负有监督董事责任的社长和专务董事承担5亿日元、其他董事及监事承担2亿日元的损害赔偿责任。

在本案中,对食品公司的社会责任,大阪高等法院在判决书(2006年6月9日)做了如下的陈述:"确保食品的安全性是食品公司应负有的最重要的和基本的社会责任。因此,食品公司应预先具有不生产、销售安全性存在问题的食品的万全体制。一旦判明已经销售了存在安全问题的食品,应立即采取措施进行回收,有责任采取为避免消费者发生健康损害的各种措施。对食品安全性的判断,固然应当遵循确实的科学知识,但也应当遵守食品卫生法和其他法令、通知所规定的标准。"在"大肉馒头"中使用未经许可的添加剂,并加以销售,这不仅违反了食品卫生法,也是可能损害人体健康的违法行为。显然,"在已经知悉使用之时,DASKIN应立即停止销售、销毁库存,同时,将以上事实告知消费者,并应尽力回收已销售部分,这是公司的社会责任。怠于履行公司的社会责任,不仅要受到社会的严厉非难,失信于消费者,也会招致公司经营上的困难"。

本案中,法院认为,在生产违法食品的情况下,当然应当停止销售违法食品;从企业的社会责任角度出发,回收已销售食品、向消费者公开事实是企业的义务。如果怠于公布销售违法食品的事实,即使是没有直接参与食品销售的董事或监事,因违反善管义务,也应当对产生损害的一部分承担赔偿责任。在确立董事、监事因违反基于企业社会责任的义务而承担责任方面,该判决具有划时代的意义。从中可以看出,股东监察组织通过行使股东权在促进企业承担社会责任方面具有重要的作用。

四、股东权行使的界限

在通过行使股东权以期实现企业的社会责任时,会产生滥用股东权问题。在仅仅主张个人思想和信条而利用股东权的情况下,易发生股东权的滥用。

这个问题可做如下考虑,即企业不仅仅是作为股东获取利益的工具而存在的。企业是现代社会不可或缺的构成要素,其活动对社会产生重大影响。只有企业活动及企业自身与社会相和谐时,才能获得可持续的发展。

基于这种思想,部分股东为使企业承担社会责任而行使股东权的行为,应得到肯定。即追究企业社会责任的股东是联系企业与社会的纽带。因此,虽然股东权行使的目的在于追究企业的社会责任,但从长期的视点考察,它会给企业带来利益,原则上不应被理解为股东权滥用。

公司社会责任理论与股东提案权

刘连煜[*]

摘 要 著名学者路易斯·布兰代斯曾谓:"在我心里并没有天真无邪的投资人这回事。他也许事实上是天真无邪的,但从社会的观点他无法被认为是天真无邪。因他接受了这个制度(指公司制度)的利益。"近代公司法学者常倡议公司应尽社会责任(corporate social responsibility),然而,公司之社会责任似不应完全依赖公司经营阶层而已,股东之责任除传统上负有出资之义务外,股东伦理的责任(shareholder ethical responsibility)亦应是落实公司社会责任的一环。易言之,特别是在大众化公司,股东之伦理投资决策(ethical investment decision-making)系指股东除"获利"因素外,应"至少部分"考量获利以外之其他因素以从事投资行为。本文拟从公司社会责任的理论出发,剖析负责任投资人(responsible shareholder)的观念与具体做法,希望借由负责任股东所发动的股东提案,更提升公司的社会责任的层次。

关键词 公司社会责任;股东伦理的责任;股东之伦理投资决策;股东提案权制度

---

[*] 刘连煜,我国台湾地区政治大学法学院教授,美国哈佛大学法学硕士,斯坦福大学法学博士。

一、前言

著名之路易斯·布兰代斯曾谓:"在我心里并没有天真无邪的投资人这回事。他也许事实上是天真无邪的,但从社会的观点他无法被认为是天真无邪。因他接受了这个制度(指公司制度)的利益。"("There is no such thing to my mind... as an innocent stockholder. He may be innocent in fact, but socially he cannot be held innocent. He accepts the benefits of the system.")— The Curse of Bigness: Miscellaneous Papers of Louis D. Brandeis 70, 75 (Osmond K. Frankel ed., 1965)

近代公司法学者常倡议公司应尽社会责任(corporate social responsibility),我国大陆《公司法》甚至明白揭示:公司从事经营活动,必须遵守法律、行政法规,遵守社会公德、商业道德,诚实守信,接受政府和社会公众的监督,承担社会责任(第5条第1款)。然而,公司之社会责任似不应完全依赖公司经营阶层而已,股东之责任除传统上负有出资之义务外,股东伦理的责任(shareholder ethical responsibility)亦应是落实公司社会责任的一环。易言之,特别是在大众化公司,股东之伦理投资决策(ethical investment decision-making)系指股东除"获利"因素外,应"至少部分"考虑获利以外之其他因素以从事投资行为。本文拟从公司社会责任的理论出发,剖析负责任投资人(responsible shareholder)的理念与具体做法,希望藉由负责任股东所发动的股东提案,更提升公司的社会责任的层次。

二、有关公司社会责任相关之理论争辩

在现代社会,公司的影响力无远弗届。然而,公司为何而存在?为谁而经营?只为股东利益?或为社会公益?这样的问题也反映成各国的公司法

长久存在争议的焦点①,究竟董事的受任人义务(fiduciary duties)对谁存在②?换言之,除股东外,董事或经营阶层对其他人是否也须担负受任人责任?以下就相关理论的最近演变,说明介绍于后,以供了解其主张大要,并以距离股东优先原则的近远,由近至远依序说明之。③

(一)股东优先原则

最初,股东优先原则(shareholder primacy)可说是1919年由密西根地方法院于 Dodge v. Ford Motor Co.④一案所建立经典案例(详本书后述)。该判决的背景主要为福特公司创办人亨利·福特认为,公司赚钱,应回馈社会及员工,但股东道奇兄弟(John J. Dodge & Horace E. Dodge;道奇汽车公司创办人)不赞同,一状告上法院。法院判决的内容谓:"A business corporation is organized and carried on primarily for the profit of the stockholders. The powers of the directors are to be employed for that end."密歇根州地方法院判决认为,公司是为了股东利益而经营,不是为了社会公益而经营,因此判决道奇兄弟胜诉,从此股东优先原则也告建立。

依照上述判决的内容观察,公司之经营阶层唯一负责任的对象,就是该公司的股东,经营阶层自应严格地遵守为股东谋求利益最大化,此即所谓的股东优先原则。唯假若一家公司极力善尽公司社会责任,对股东权益而言,是有益或有害?强力主张股东优先理论的经济学大师傅利曼教授(Professor Milton Friedman,1912—2006)即认为,公司用公司的金钱尽社会责任,是不道德的;且是不具经济效益的投资,理由是公司经营者由股东选任,却为社会目的而经营,实质上化为公务员,形同"非民选之公务员"(unelected civil servants),不但正当性不足,更缺乏相关训练与经验,实在不经济。⑤

---

① 经营者为谁而经营的问题,自20世纪30年代开始,一直是美国学术界及实务界激烈辩论的焦点。其中又以哥伦比亚大学之Prof. Berle和哈佛大学之Prof. Dodd首开战端最为著名。国内文字介绍,参阅赖英照:《为谁辛苦为谁忙——公司社会责任之二》,载《经济日报》2006年12月11日。

② See Choper, Coffee & Gilson, *Cases and Materials on Corporation*, Fifth Ed. 2000, Aspen Law & Business, at 35—36.

③ 以下理论之介绍,主要参阅Kelly Y. Testy, Socio-Economics and corporate Law Symposium: The New Corporate Social Responsibility, What is the "New" Corporate Social Responsibility? 76 Tul. L. Rev. 1227,(2002)。

④ 204 Mich. 459, 170 N.W. 668 (1919).

⑤ 参阅赖英照:《股东优先理论——公司社会责任之三》,载《经济日报》2006年12月18日。

举例而言,当公司拥有一生产力极差的工厂时,经营阶层若选择关闭公司可以维护股东之利益;然而,关闭工厂将可能使该工厂之员工失业,并破坏该工厂所在地的小区经济状况。唯在股东优先原则下,经营阶层只能选择关闭工厂来尽其对股东的义务(即股东利益的最大化),尽管这个关闭工厂的决定可能会对工人和其他非股东的小区居民造成伤害。反之,经营阶层若选择了继续经营该工厂,该公司虽可能符合了公司的社会责任,但却违反了股东优先原则,伤害股东利益。

股东优先理论可能面对之质疑

按采取股东优先理论主要有以下的疑义[1]:

1. 不符合现代社会对公司组织的期待

现代社会对公司组织之期待,已由纯是经济性组织的看法,转变为兼具社会性使命,因此,既然公司所处的环境对其的期待已有不同,则公司经营者自应调整其角色。换言之,公司经营者不该只以股东利益最大化为唯一目的,应考虑公司所应负起之社会责任,否则即有可能危及公司存在的合法性。

2. 公司亦有道德上的义务

在股东优先原则下,一切以股东利益为出发,故基本上公司不需考虑是否需尽道德上之义务。但是,社会上的很多问题,均是公司直接造成的(例如公司造成环境污染的问题),因此,公司责无旁贷地应该负起帮助社会处理这些问题的义务。然而,此一道德上的义务与股东优先原则在某些方面是相冲突的。

3. 有能力者应负起更多的责任

在现代经济活动中,公司已经成为经济活动之主体,而公司本身拥有很多资源可供解决许多社会性的问题。但在股东优先原则下,公司唯一需考虑的是股东的利益,因此即使其本身拥有再多资源,只要股东的利益获得满足,其他社会问题均可忽视,恐违社会整体利益。

4. 长期利益有时不等同于短期利益

在股东优先原则下,经营阶层可能会追求股东短期利益的极大化,但短期利益不当然等同于长期利益,例如公司为履行社会责任,短期而言,该行为对公司股东将造成不利益;然而若从长期利益为出发点,则公司履行社会

---

[1] 刘连煜:《公司监控与公司社会责任》,台湾地区五南图书出版公司1995年版,第10—11页。

责任可找到立论基础。

5. 过分强调股东优先原则可能造成整体国家的衰退

若每家公司均以股东优位原则为依归,则各公司均以其公司之股东利益为优先考虑,在忽视公司亦有保护社会、环境等社会责任的情形下,公司股东的利益于短期虽可能达到极大化,然整体国家之资源可能因此而衰退、伤害。

(二) 团队生产模型理论

在公司治理的领域中,团队生产模型(Team Production Model,TPM)相对而言是个较新的理论,基本上系由 Margaret Blair 和 Lynn Stout 教授在整理 Alchain 和 Demsetz 在经济组织上的经典研究成果后所提出的。

就如同此理论的名称所表征的,团队生产模型理论使公司参与者有一个团队的概念,团队的成员包括:经理人、股东、员工、债权人及当地的小区,这些成员愿意组成一个团队的原因在于,他们体认到透过团队合作所创造的利益将高于孤军奋战所能获得的利益,从而公司营运所得利润则是团队运作下的产物,当然必须依循一定的方法妥适公平地加以分配。

Blair 和 Stout 采取"将分配收益的权力授予独立第三人"的分配方法,也就是公司的"董事会"。因为在他们眼中,董事会是股东与公司间居中斡旋的掌权者,若董事会独立的话,在分配公司收益方面将甚为理想。因此,在团队生产模型的理论下董事会被视为"对团队负有义务"而非"对股东负有义务"。

Blair 和 Stout 将团队生产模型视为目前公司治理更好的去向,以及一旦解除对于股东利益的盲从后,公司治理应该依循的准绳。其并将董事会分配公司收益的过程视为一个政治程序。

以政治的程序加以分配公司所获得的利益,那显然的将会是以"力量"的强弱为决定分配的标准,而非以一定的"准则"(principle)。而这里所谓的"力量",指的是"谈判能力",而谁具有最佳的谈判能力(并分到最大块利益)呢?通常具有"退场权力"(the power to walk;拂袖而去的权力)的人。

在公司中,具有绝对的议价能力者,最有可能者,即为股东。由于可透过分散的持股,个人与机构投资人两者均享有实际退场的权力。再结合上高失业率与渴望企业常驻的小区等因素,让股东远超过劳工及小区而具有最优先的地位去对掌权者进行议价。如此将使股东握有强大权力,而此权力又能在实际运作后获取更多的权力。的确,这也是认为公司本质采取"契约说"者(contractarian)所最反对的一点。当权力是以议价能力为分配基础,那些拥有较多资源的人将总是领先,而且他们也将持续领先。

然而,团体生产模式还是有希望的、有潜力的。因为在它的概念里包含经济理论,在某程度上,并可以穿透其他"反权威理论"就股东优先原则的缺失所不能察觉的部分。此外,因为新的团体生产模式将公司想象成集合的企业,它有坚强的潜力去重组公司经营者的义务,亦即经营者对公司影响可及的范围内之非股东的其他利害关系人负有受任人义务。最后,本理论更加犀利地指出,就公司利益的分配,是政治权力角力的结果。

(三) 公司社会责任说明理论

公司社会责任说明理论(corporation social accountability)主要乃针对股东优先理论所做的修正,透过制定法律以要求公开发行公司扩大其揭露的范围,提高公司的社会透明度。唯应注意者,公司之社会透明度之要求,并非一夕之间所创设的,而是早已存在于资本市场上之规范。

本理论要求公司的经理阶层在执行职务时,必须诚实地把所有执行后果告知全体股东,并由股东决定是否执行。本理论并非限制经营阶层避免执行具有负面影响之业务,而是希望经由告知股东之过程,让股东获得更多信息,由股东在经济利益与社会、环境影响之间作出决定。其主张主要如下:

(1) 信息揭露最主要之目标在于要求企业经营者将其所做所为公开于社会大众,使投资大众藉由这些信息选择投资标的,进而促使企业对于自身的行为负责。

(2) 全球各国陆续爆发知名企业的财报丑闻,如恩隆(Enron)、世界通讯(WorldCom)等,导致投资大众强烈质疑公开信息的可靠性。各国政府与相关组织机构于是陆续研拟更严格的法规,要求企业遵循,而为了强化企业信息透明度、降低内外部信息不对称,许多国际知名组织机构也相继发表与企业信息透明度相关的评鉴,希望藉由法规以外的一些机制,促使企业自发性地重视信息揭露的质量,以重拾投资大众对资本市场的信心。

实践上之优缺点

1. 优点:

(1) 投资人对公司评价提高。

提高信息透明度无疑会增加公司成本,然而因公司信息透明度提高而反应在投资人对公司评价提高的例子很多,而且所增加的公司价值往往远超过公司因揭露所增加的成本。此外,公司在提高信息透明度的过程中也同时改善了人员的素质及公司的管理制度,达到公司与投资人双赢的结果。

(2) 不会增加公司额外的负担。

因许多法令早已要求大型企业公开其财务信息,故不致造成公司太多额外的负担。

2. 缺点:

(1) 增加公司成本;

(2) 是一较间接之公司治理方式;

(3) 信息取得不易。

对于非专业的投资者而言,他们可能不知道哪些信息具有重大价值,或者无法取得该种信息,以至于无法有效利用。

(4) 信息提供的及时性不足;

(5) 无法改变现行企业权力的结构。

公司社会责任说明理论要求经营阶层尽到忠实揭露义务,使股东可以得到公司社会行为的信息,并藉由这些信息,奖励良善的公司社会行为,或是惩罚恶质的公司社会行为。唯如前所述,本理论之实行仍须配合其他要件(如市场上信息能有效地、自由地流通),是一个较为间接、迂回来完成公司治理的方法,若过分依赖揭露制度,恐怕并无法动摇现存的公司权力分配状态,因此,本说仍须进一步地改善其他配套措施,来建立一个健全的公司揭露制度。

(四) 利害关系人理论

"利害关系人理论"(stakeholder theory)之论理前提是:"公司在运使它的力量的过程中,将产生并影响为数众多但又可彼此独立的利益问题。传统的公司和公司法系以个人(股东)本位为出发点,认为最大限度的盈利从而实现股东利润最大化是公司最高、甚至唯一的目标。主张公司社会责任者,则认为公司的目标可以是二元的,除最大限度地实现股东利润外,还应尽可能地维护和增进社会利益。故公司经营阶层在从事决策的过程中又应该全盘考虑所有利害关系人的利益问题,而不是只着重于个体(例如,股东)的利益"。

利害关系人(或是"其他利益相关者")理论,发源于20世纪80年代并购热潮的时期,因为那时公司经营阶层正穷尽所能地想要寻求合法的理由,用以拒绝公司并购者所提出的巨额"股价溢价"(share-price premium)并购。

虽然公司经营阶层往往对恳求考虑"非股东身份者"利益之主张充耳不闻，但是在面临其他公司并购者时，却会引用"其他利益相关者"（other constituents）的概念来拒绝其所提出的巨额出价，藉此继续掌控公司的经营权，永保权位。

应注意者，现在已经有超过三十个州立法允许公司的经营者在从事决策的工作时，"可以"考虑除了股东以外的利害关系团体的利益问题（但只有康涅狄格州之规定系强制性质）。①

兹胪列赞成及反对"利害关系人理论"的主要理由如下：

1. 赞同说：

（1）利害关系人之于公司，与股东一样具有重要而继续之经济关系。但公司股东却可以藉由分散持股的方式分散风险，而利害关系人则难以藉由其他方式分散风险。

（2）利害关系人理论赋予公司董事会扩大是否接受并购要约的基础，有其正面意义。

2. 反对说：

（1）"利害关系人条款"基本上不强制的本质，使它在经营者做公司决策的过程中，影响力受到限制。因而经营者在敌意并购以外的情形，并不会去考虑利害关系人的利益。

（2）对于利害关系人定义的模糊，反而增加了经营者的裁量权，使经营者负责的对象不明，更使经营者不受控制，像前述"团队生产模型"理论一样，创造了一群不受"选民"拘束的永久掌权者。

（3）各种利害关系人彼此间有利益冲突时，董事会将难以取舍。

（4）可能会影响投资人的投资意愿，而产生妨碍资本形成的弊端。

利害关系人理论的发轫，乃系要求人们在讨论公司治理时，除了公司董事及股东的利益之外，尚须考虑到其他与公司经营有关系的人员（例如公司的债权人），因为这些人虽不具备股东身份，却也会因公司的经营成败而影响其权益。然而，因为此理论产生的背景是在并购风行的时代，故当时其实是公司经营阶层为成功达成反并购目的而主张的借口，实则并非真正愿意将利害关系人的利益纳入经营决策时的考虑中。但可以预见的是，既然此理论已然萌芽，在学术的殿堂及培养未来公司经理人才的商学院中，渐次受

---

① 美国这些州立法的情形及讨论，参阅 Choper, Coffee & Gilson, supra note 2, 第 41—48 页。

到较为广泛的讨论,学校并且灌输这些未来经理人才"利害关系人的考虑是有益于公司利益与经营的"。以此发展趋势,公司利害关系人理论势必将不仅只是学术上的口号,而能渐渐落实于公司治理实务中。

唯笔者一向认为①,如欲落实利害关系人理论之立法目的,则必须抛弃"考虑其他利害关系人之利益时,也必须同时以该项考虑,'得为股东带来利益'的前提要件"。否则该等理论只是再重申美国法上向来认为董事会作成任何决策,均必须以公司及股东的利益为依归的法则。换言之,必须先承认董事得为其他利害关系人之利益而牺牲公司利益。然而在法律并未因为经营者的裁量权扩大而赋予经营者更大的责任前,如允许经营者可以牺牲公司股东之利益,可能导致经营者擅断,而难以监督的情形,甚为不妥。进一步言之,是否要平衡其他利害关系人之利益乃立法政策问题,不宜由私人公司的董事来承担;且即使我们不承认"利害关系人理论",在现行法下尚有其他法规得用以保障其他利害关系人的权利,例如:劳基法、环境法规等。总之,其他利害关系人的进一步保障,似宜交由增修法律等工作加以补充,较为妥适。

(五) 公司社会责任理论

公司社会责任理论(corporate social responsibility)是"四种对抗股东优先理论"(即前述所谓反权威理论)反对短期财富最大化的论述中,最积极也最革新的理论。公司社会责任理论适用的范围最为广泛,强调公司活动所具有的社会成本。虽然在公司社会责任理论运动内部,对于基本的动机及其所建议法规上的修正仍有歧见,但他们之间也有相似之处。最重要的相同点是,对于贪婪无止境地追求股东利益所造成的财富集中,以及对如何分配财富所创造的权力感到忧心。

广义而言,企业社会责任理论,根据世界永续发展企业委员会(World Business Council for Sustainable Development)广泛被引用的定义,是指企业对合于道德行为,且在致力于经济发展的同时,对员工及其家属、邻近小区及社会大众生活质量改善的持续承诺。也就是说,企业除了追求股东利润的极大化外,也应同时兼顾员工、消费者、供货商、连锁公司、投资者及小区与环境等利害关系人的福利,例如改善员工的工作环境与福利、两性工作及发展机会均等、重视劳工人权、注重产品与服务质量、赞助小区公益活动、避

---

① 参阅刘连煜:《公司监控与公司社会责任》,台湾地区五南图书出版公司1995年版,第180页以下。

免环境污染、非再生自然资源的有效管理、避免内线交易或会计操纵、公司舞弊及防止财富集中化等。

1. 批评：

虽然可以认为这个运动在有关公司法法规之揭露规定上有成效（在美国，这是因为恩隆、世界通讯等公司之舞弊问题所带来之立法上的改革），但是这理论并未在法律学说或公共政策上有任何显著而重大的成果。虽然目前在商业界有许多关于社会责任的讨论，但多数对此概念的服膺反而是由改善利润的观点所塑造，而非由当初激发起"进步公司法运动"学派（the progressive corporate law movement）①的改善社会情况之想法所产生。的确，那些采取利润挂帅的态度者，也声称"对社会有益"与"对企业利润有利"两者间具有关联性。然而，如果这个关连性是精确的，则进步公司法运动一开始就不会有开始这个对话的动机或需求。因为激发这个运动的，正是对两者间显著歧异的认知。

而且，企业具有强大的商品化能力。真正令人忧心的是公司社会责任理论将变成另一个被企业用来为短视投资者的财富最大化服务的商品，而不是为了企业经营的实质改变。关于要求公司经营阶层之决策与社会议论（social issues）一致的问题，真正令人忧心的是，在于经营阶层这部分的行动是否会符合改革者所追求的进步结果。因为公司经营者并非选举出来的经营阶层，亦非组成多样化或进步的团体。而且，在现今公司法的架构下，经营者享受着实际上未受监督的权力与裁量权。

尤其是，董事会对于不同的利害关系人而言，并不是代表性的团体。例如，不同于德国，在美国，董事会并非固定有劳工代表。此外，董事会组成亦非多样化。虽然一般女性或是来自少数族群团体的男女，获得在董事会任职邀请者逐渐增加，但他们的数量还是少得令人失望。此外，虽然现在各界已注意到公司董事与经营者间的独立性问题，且外部董事人数也有所增加，然而许多评论者仍质疑独立董事的独立性。

---

① 有谓：虽然"进步的公司法"（the progressive corporate law）运动有许多强而有力的主张，但很清楚的，在现今法学领域中仍然是少数的声音。唯该如何去加强这样的声音呢？首先同时也最重要的，就是不论是否在法律领域内，应与其他进步的社会运动做连接。因为进步的公司法所要处理的问题，具有复杂性并且属跨领域的本质，所以考虑到法律以外领域的观点是有必要的。也就是说，最有希望去达到进步公司法所要达成的目标的方法，就是与其他进步的社会运动做连接。有许多社会运动企图去从事和进步公司法学者一样的议题，但是跨越这两个领域的著作却是少得惊人。在这个重要时刻，让这个对话开始是很重要的。See Kelly Testy, at 1244.

2. 批评的例子如下：

（1）恩隆案中的独立董事 Dr. John Mendelsohn 其所主持的医学中心乃由恩隆赞助大量的金钱。

（2）许多公司是基于商业动机来进行这项活动，例如 British American Tabcco 及英国石油公司（BP）采取上述公司社会责任理论标准，乃是为了分散大众对于他们营运上道德问题的注意力。

（3）刚过世不久的诺贝尔得主 Milton Friedman，如前所述，他认为公司主要目的应该是在国家法制之下使股东利益最大化，而不是浪费资源来遵从公司社会责任。

（4）有些人则认为企业遵从公司社会责任理论是为了使公司名誉提升，以进一步获取商业利益。

3. 面临的挑战：

例如：

（1）公司法基本上禁止董事从事任何减少利润的活动。

（2）其他机制规范董事对股东的负责性等。

（3）公司社会责任理论被采取的机会很少，乃因公司必须有资源可以投资在上面，而且从事公司社会责任活动需产生比其他投资活动产生更高的利润才会被采纳，但是公司无力去发现这种兼顾公司社会责任与高获利的机会。

（4）案例：在 Kasky v. Nike 一案中，加州最高法院裁定 Nike 于其对外的文稿中为其东南亚劳工问题，被指摘的恶劣工作环境、童工、低于当地的工资等，所做的辩护内容为误导、失真，且因其含有意图影响读者对其产品的决定的商业性言论，而应负较高的责任，因而不受言论自由之 First Amendment 之保护；相对的，公司评论家反而受到完全言论自由的保护。Nike 案显示公司的公司社会责任报告将为它带来法律及道德上的后果。欧洲公司社会责任理论的支持者认为 Nike 的败诉将使企业不愿自动公开其对于社会及环境上的运作及政策。

在上述南辕北辙之理论争辩中，股东优先理论虽迄今未定于一尊，但其重要性却与日俱增。在奉行"股东优先理论"，与肯定公司之目的，系为追求股东利益之最大化前提下，面对股东利益与其他公司利害关系人利益相冲突时，或仅能将公司所实行之"公司社会责任"措施，视为对股东"长期利益"之追求而加以支持，以谋求股东利益与"公司社会责任"之均衡。但这种态度从整体社会利益与发展观察似嫌消极。所幸,也有学者谓,从实质内容观察,各家学说仍有颇多共通之处,尤其主张股东利益优先者虽认为,经营者必须优先追求股东的利益,但也强调公司必须遵守法令与伦理规范。而所谓优先追求股东利益,并不表示公司只为股东之利益而经营;公司仍应为社会全体的利益而存在。因此,辩论的重心并不是应不应该负社会责任的问题,而是应负何种责任,以及如何负其责任的问题。① 对于公司如何负其责任的疑义,国内学者对此说得好,公司社会责任的问题,就像古罗马双面门神雅努思一样,兼有权力面和责任面双重意涵。② 因此,探讨公司本质之"公司契约说"下之"负责任投资人"的理念,或许可以找到落实的途径。

按美国法律学会(American Law Institute,ALI)于1984年公布的"公司治理准则"(Principles of Corporate Governance,后于1994年修订③),将公司治理的重要问题,做了"法律重述"(restatement of law)的整编,同时也就立法原则提出具体建议。其中有关"经营者为谁而经营"的问题,公司治理准则第2.01条有下列的文字,值得参考:

"公司业务之经营应以增加公司利润及股东利得为目标;唯即使对公司利润及股东利得无法提升,公司经营业务时:(1)仍应与自然人在同一程度内,负遵守法令之义务;(2)得考虑伦理因素,采取一般被认为系适当负责任之商业行为;(3)得为公共福祉、人道主义、教育及慈善之目的,捐献合理数目之公司资源。"④

综合而言,现代企业之使命不仅以追求公司股东最大利得为目标,亦应遵守法令及伦理规范,并且应积极关怀社会、参与公益慈善活动,以提升整体社会的福祉。

---

① 参见赖英照:《相互激荡,异中求同——公司社会责任之七》,载《经济日报》2007年1月15日,第A4页。
② 参见赖英照:《双面门神雅努思——公司社会责任之一》,载《经济日报》2006年12月4日,第A4页。
③ ALI, Principles of Corporate Governance: Analysis and Recommendations, (St. Paul, Minn. 1994).
④ § 2.01: (a) "...(A) corporation should have as its objective the conduct of business activities with a view to enhancing corporate profit and shareholder gain. (b) Even if corporate profit and shareholder gain are not thereby enhanced, the corporation, in the conduct of its business: (1) Is obliged, to the same extent as a natural person, to act within the boundaries set by law; (2) May take into account ethical considerations that are reasonably regarded as appropriate to the responsible conduct of business; and (3) May devote a reasonable amount of resources to public welfare, humanitarian, educational, and philanthropic purposes."

三、公司契约说与负责任投资人的理念

（一）公司契约说（the corporate contract; contractarian）

从19世纪中期开始,法律经济学家提出所谓契约联结（nexus of contract）理论以说明公司的本质。本理论目前已为公司法学术界重要的学说。① 本说的要旨为,公司系由不同的参与者（participants）,例如股东、董事会、经理人、员工、债权人、供货商、顾客等等,基于自身之利益,并依市场的运作自由协商所形成的契约结合。换言之,公司仅系全部这些自愿契约的联结,亦即公司本质上系一组契约而已。

应注意者,公司契约说的目的主要有二:其一,解释公司参与者的行为;其二,为公司法提供规范正当化。因此,吾人可以确认的是,在主张公司契约说的眼里,并不必然主张公司经营阶层负有法律上之义务以追求股东利益的最大化从事公司经营（to manage the corporation with a view to maximizing the stockholders' profits）。换言之,追求股东利益的最大化不是投资合约的基本特征。举例以言,至今主张契约说者无人会说经营阶层应致力于公司债持有人（bondholders）之最大利益而经营公司。

（二）负责任投资人与公司契约说

其实,公司契约说认为,在参与者行使他们契约的自由时,每一个参与者（包括股东）的喜好或选择,不论是伦理的、利他的或自私的动机,均受尊重。而且,无论在发行市场（包括原始认购股东）或交易市场买进股票者,同样均可基于伦理的而非自利的缘由从事投资。更有甚者,信奉公司契约说者,同样也会支持每一个投资人可合法而自由地行使其契约上的权利,例如行使表决权或转让股份权利,且行使时基本上也可不需顾及其他股东的利益。②

既然公司经营之盈亏结果由股东承受,则有社会性自觉之负责任投资人（socially responsible investors）自然可能藉由强力鼓吹其股东提案以影响

---

① See William T. Allen, Our Schizophrenic Conception of the Corporation, 14 Cardozo L. Rev. 261, 265 n.7.

② Ian B. Lee, Corporate Law, Profit Maximization, and the "Responsible" Shareholder, 10 Stan. J. L. Bus. & Fin. 31 (2005).

公司之行为,并善尽股东社会责任。

四、股东提案权概说

按在美国法上,股东欲在公司监控上(corporate governance)扮演更积极的角色,其途径主要有二:一为投入委托书竞争(proxy contests),另一为利用股东提案权之制度(shareholder proposals)。委托书战争通常是"在野股东"为某种目的(特别是为竞选董事席位),而征求委托书,致产生与公司派(或其他派之人士)同时竞争委托书的局面。这种由股东所发动的委托书征求竞争,原则上必须由该股东负担其费用。

至于股东提案制度,乃是为使股东得藉发行公司征求委托书之说明书(corporation's proxy statement),表达其对公司有关问题之意见,并说服公司之其他股东采纳相同的看法,美国委托书规则14a-8明定,股东可要求发行公司之经营者,将其提案列入发行公司之征求说明书内,寄发各股东。值得注意的是,使用此项股东提案权所产生的费用,与准备征求委托书之说明书的费用,完全可一并归由发行公司负担。

上述股东提案权制度,为我国现行公司法于2005年所引进。日本立法例,为鼓励股东积极参与,亦于昭和五十六年商法修改时,参考美国法上之制度,增设股东提案权之规定。①

股东提案之制度,除了前述因股东毋庸负担费用,可提高股东参与公司事务之兴趣的优点外,对于社会之价值(values)的形成与强化(例如有关公司之社会责任的贯彻),证诸外国实例,亦确实贡献卓著。换言之,藉由此制的运作,可迫使公司经营者,面对各种争议时,采取更符合社会大众对公司之期望(例如,社会公益的促进、生态环境的维护及劳动条件的合理化),以落实公司之社会责任观念。是以,股东提案权,可谓是贯彻公司社会责任的一项重要制度;如谓其为各国公司制度的发展趋势,似亦不为过。②

---

① 日本法关于股东提案权(株主提案权)之制度,系规定于其商法第232条之二。请参阅加美和照,会社法(新订,第3版,1991年4月20日),第184页;2006年施行之会社法(公司法)则规定于第303条以下。

② 除日本之制度外,在先进国家中,英国与德国(1965年西德股份公司法)亦采取类似美国之股东提案权制度。请参阅汪渡村,"论公司法几个重要之修正方向",(经社法规研究报告,"行政院"经济建设委员会健全经社法规工作小组,1988年8月台湾自版),第15页。

举例而言,如前所述,在美国,根据1934年《证券交易法》授权下之规则14a-8,合格之股东有权要求公司经营阶层,以公司之费用将股东提案及其简要说明放入每年之委托书传阅数据内,传送给股东。有趣的是,早在1960年末期及1970初期,积极的股东便"发现"规则14a-8提供了他们一展身手的可能性。当时,有两件著名使用规则14a-8的案例系牵涉Dow Chemical及General Motors公司的股东社会提案。在1968年,人权医疗委员会(the Medical Committee for Human Rights)获赠Dow Chemical公司五股的股份,该会因而提案要求修改Dow Chemical公司的章程以限制汽油胶化剂(napalm)的滥行出售。本案,最初Dow公司经营阶层拒绝放入此一提案,但在1969年人权医疗委员会赢得D.C.巡回法院之本争议诉讼后,Dow公司虽在本案上诉最高法院审理期间,但仍于1971年决定放入此一提案,不再坚拒(本件提案,详本文后述实例介绍)。约同一时间,由Ralph Nader主导之一群股东拥有十二股General Motors公司的股票,Ralph Nader等乃向General Motors公司提出一系列有关产品安全、环境影响及少数族群董事会代表的提案。其中两则提案为General Motors公司所接受放入委托书数据内。虽然本案没有一项提案获得3%的支持,但最后GM仍因此任命一位著名的社会运动家成为公司董事。[1]

值得注意者,美国于2004年股东会季节,据机构投资人服务组织(Institutional Shareholder Services)统计,有270件有关公司社会的提案,这个数字约是当年度所有股东提案的1/4。虽然其中大多数的股东提案因为公司经营阶层的协商,最后未达付之表决阶段,或虽进入表决但往往遭到否决的命运,但在增进公司的社会责任功能上,无疑扮演催化的角色。[2]

然而,股东社会议题提案自实施以来也受到公司法的经济分析学家诸多批评。有谓股东社会议题提案有害美国公司法的目标(hostile to the "objective of U.S. corporate law")亦即,有损公司利益的极大化。[3] 甚且,也有谓股东社会议题提案,系批评公司的激进者以公司的费用企图吸引大众注

---

[1] See Donald E. Schwartz, The Public-Interest Proxy Contest: Reflections on Campaign GM, 69 Mich. L. Rev. 419 (1971).

[2] See Ian B. Lee.

[3] Roberta Romano, Less is More: Making Investor Activism a Valuable Mechanism of Corporate Governance, 18 Yale J. On Reg. 174, 186 (2001).

意力的伎俩,最后这些成本也是由全体公司股东承担。① 其实,反对股东社会议题提案者主要以为,此种制度与"所有与经营分离"的概念有扞格之处,而"所有与经营分离"在经济学者之眼中,认为经由专业功能可以产生利益,因此,股东不需对社会议题提案加以表决。② 但也有基于股东系公司营运结果之最终受益者,因此认为股东当然有伦理上的义务应参与公司社会议题的处理。③ 而股东处理的途径,可以是:(1)区隔自己与该不道德的行为并以支持停止该不道德行为的提案作为区隔的方法;或(2)参与集体的行动以影响该行为。④

至于认为传送提案数据耗费成本的看法,学者则反驳谓:提案字数本有限制,且实证研究亦认为实际提案成本并不太大。⑤ 另外,提案帮助全部股东收集与分析资料(gathering and analyzing information),大大有助于提醒所有股东有关所投资的公司可能被质疑的行为,因此与浪费不能相提并论。⑥

基于上面的认知,以下拟介绍美国证券管理委员会(SEC,以下简称美国证管会)所颁布有关股东提案之规则(即 Rule 14a-8)及其实施之实际情形,希望有助于我国法引进此制后更能促使公司积极践履其社会责任。

五、委托书规则 14a-8(Rule 14a-8)

根据美国 1934 年《证券交易法》(the Securities Exchange Act of 1934)授权证管会所颁行之规则 14a-8 规定:股东得依法请求公司之经营者,将其提案列入公司征求委托书之资料中。⑦ 兹详述其主要内容如下:

---

① Daniel R. Fischel, The Corporate Governance Movement, 35 Vand. L. Rev. 1259, 1279 (1982); Easterbrook & Fischel, The Economic Structure of Corporate Law, 85—86 (1991); Henry G. Manne, Shareholder Social Proposals Viewed by an Opponent, 24 Stan. L. Rev., 481, 491 (1972). 按 Manne 氏更认为,激进股东花些许的钱(购买股票)仅为购买"一张门票",以便公开批判公司。
② Easterbrook & Fishel, id., at 11.
③ Ian B. Lee.
④ Ibid.
⑤ See Daniel E. Lazaroff, Promoting Corporate Democracy and Social Responsibility: The Need to Reform the Federal Proxy Rules on Shareholder Proposals, 50 Rutgers L. Rev. 33m 82 (1997).
⑥ Ian B. Lee.
⑦ 17 C. F. R. § 240. 14a-8 (1990).

(一) 提案股东之资格(适格要求)

(1) 提案之股东于提案时,必须实质上(beneficially)或名义上(of record)至少持有 1 年以上该公司之① 1% 流通在外,具有表决权之证券(outstanding voting securities),或② 市价 1000 美金以上之有表决权证券;而且其持股并应持续至股东会开会日期时,方具提案之资格。①

(2) 于过去 2 年内,提案之股东,并无于股东会开会时,无正当理由(without good cause)不将已列入公司委托书征求说明书内之提案,向股东会提出之情事。② 应予说明者,公司经营者于接获股东提案之通知后,得要求该股东于 14 日内提出适格之文件释明之。该股东于被要求后之 21 日内,应提出释明之文件,否则,公司经营者,无须将该提案列入公司之委托书征求资料内。③

(二) 提案之送达时间与提案字数

(1) 提案事项拟提出于股东大会讨论者,原则上应于公司寄送委托书征求说明书前之 120 日前送达公司。唯如系提出于股东临时会讨论,或虽拟提出于股东大会讨论,但该开会日期经展延至 30 日以上者,则应于"合理期间"(reasonable time)内送达公司。④

(2) 议案及相关说明(supporting statement)合计不得超过 500 字,且以提出一案为限。⑤ 关于字数问题,规则 14a-8 更进一步规定,必须给予提案股东 14 日之时间,以削减提案字数,使符合 500 字的限制。⑥

(三) 公司得拒绝将提案列入公司委托书征求资料的情形

值得注意的是,规则 14a-8 也规定了 13 项例外情形⑦,提案如符合其一,公司得拒绝将股东提案列入公司委托书征求资料内。然而,这些例外情形,在证管会及法院之严格的解释下,过去股东提案根据此等例外规定而被排除者,并不多见。⑧ 兹说明其例外情形如下:

---

① 17 C. F. R. § 240. 14a-8 (a)(1)(1990).
② 17 C. F. R. § 240. 14a-8 (a)(2)(1990).
③ 17 C. F. R. § 240. 14a-8 (a)(1)(1990).
④ 17 C. F. R. § 240. 14a-8 (a)(3)(i)(1990).
⑤ 17 C. F. R. § 240. 14a-8 (b)(1)(1990).
⑥ 17 C. F. R. § 240. 14a-8 (a)(4)(1990).
⑦ 17 C. F. R. § 240. 14a-8 (c)(1990).
⑧ See Neil Anderson & Georgia Bullitt, Institutional Activism: The Shareholder Proposal and the Role of the Institutional Shareholder in a Proxy Contest, Sullivan & Cromwell, Nov. 29—30, 1980, reprinted in ALI-ABA Course of Study, Takeovers: Operating in the New Environment, Vol. 1, at 176.

1. 依公司所在地法之规定，股东之提案非股东决议之适当事项者。

（1）在 Curtin v. AT&T① 一案，法院认为，发行公司毋庸将增加员工"退休金利益"的提案列入公司委托书征求资料内，因为这一提案的内容，乃专属于公司经营阶层决定的事项。②

（2）在美国证管会承办人员，对 Federal-Mogul Corp. 所发之无异议函（No-Action Letter）中表示③，发行公司必须将有关董事必须持有公司股份至少 2000 股，否则，不得被提名以及违反者应被解任之提案，列入公司之委托书征求资料中。

2. 如执行提案之建议，发行公司将违反州法律或联邦法律或有关之外国法律者。

（1）在证管会承办人员，对 General Moters Corp. 所发出之"无异议函"中表示④，发行公司得将"建议公司不必支付设计被回收汽车之员工薪金之提案"省略，而不列入公司委托书征求资料内。盖现行法对于雇主拒绝支付员工已届期之薪资，设有刑事处罚，故如提案付诸实行，将使公司违反法律之规定。

（2）在证管会承办人员，对 Time-Warner, Inc. 所发出之"无异议函"指出⑤，发行公司不得省略"建议修正公司章程以使累积投票制得以落实的提案"，因为执行该提案并不会使公司陷于违法之境。

3. 提案内容或其说明理由违反证管会委托书规则者；例如提案或说明的理由，有虚伪或误导之情事者，应认为违反委托书规则。

（1）在证管会承办人员给 Centerior Energy Corp. 之"无异议函"里表

---

① 124 F. Supp. 197 (S. D. N. Y. 1954)。

② Cf. New York City Employees' Retirement System v. American Brands, Inc., 634 F. Supp. 1382 (S. D. N. Y. 1986). (本案法院认为，发行公司必须将系争"平等机会雇用提案"（equal opportunity hiring proposal）列入公司征求委托书资料内）

③ 此"无异议函"可在 Lexis (March 16, 1990) 查阅。至于所谓"无异议函"，乃是证管会承办人员或其相关单位应证券业者及其他有关人士之申请，就特定情形下法规之适用，表示非正式之意见。必须注意的是，此等意见，证管会并不受其拘束，唯如申请人照其信函意见处理拟议中之交易者，回复此函者将不向证管会之"委员会"建议对此交易采取不利之行动，此正是"无异议函"其名之由来。"无异议函"之意义，在国内文献方面，请参阅赖英照，"美国联邦证券管理委员会之研究"，〔原载"中兴法学"第 19 期 (1983 年 3 月出版), 该文经更动后附录于氏著: 《证券交易法逐条释义》第 1 册，(台湾地区自版 1987 年 3 月再版)〕, 第 658 至 659 页。

④ 此"无异议函"可在 Lexis (March 6, 1981) 查阅。

⑤ 此"无异议函"可在 Lexis (March 23, 1990) 查阅。

示①，发行公司必须将股东建议修正公司章程之条文内容："董事必须'仅'为股东之利益经营公司"（Directors must manage the corporation "solely and exclusively in the interest"of the shareholders.）之提议，列入公司委托书征求资料内。

（2）在证管会承办人员给 Occidental Petroleum Corp. 的"无异议函"里表示②，发行公司得合法省略"股东建议限制公司将美国科技（U.S. technology）转移给过去曾在联合国所有表决中占80％比例反对美国主张之反美国家"的股东提案。

4. 提案为个人对公司或他人之请求，或为该股东个人之利益而与其他全体股东利益无关者。

5. 提案事项，与发行公司之营运并无重大关系者（例如建议仅涉及公司资产或净利或营收5％以下之事项，且在其他方面对公司营运亦无重大影响者）。

在 Lovenheim v. Iroquois Brands, Ltd.③一案，法院认为，发行公司必须列入股东所提关于公司自法国进口鹅肉的提案（提案人以鹅群在豢养过程中，曾被使用"强制喂食的残忍方法"）。法院判决认为，纵然该项之业务，仅属于公司整体营运的微小部分而已，公司亦不得加以排除。

6. 提案事项，非公司权限所能执行者。

在有关 Long Island Lighting Co. 的"无异议函"里，证管会承办人员表示④，发行公司得不将有关"建议董事会将公司以某一固定价格售予特定第三人的提案"列入公司委托书征求资料内。盖是否出售股票，仅系股东个人所能决定者，非公司所能越俎代庖。

7. 提案事项，系关于公司一般营业事务（ordinary business operations）之行为者。

（1）在有关 Transamerica Corp. 的"无异议函"中，证管会承办人员表示⑤，Transamerica 公司必须列入"股东建议删除董事、高阶管理者之'黄金

---

① 此"无异议函"可于 Lexis（February 23, 1990）查阅。
② 此"无异议函"可于 Lexis（April 4, 1990）查阅。
③ 618 F. Supp, 554 (D.D.C. 1985).
④ 此"无异议函"可于 Lexis（March 2, 1990）查阅。
⑤ 此"无异议函"可于 Lexis（Jan. 10, 1990）查阅。

降落伞'(golden parachutes)设计①"的提案,实不可对之予以忽视。

（2）在 Litton Industries, Inc. 一案②,证管会认为,公司不得拒绝将"建议修正公司章程以约束经营者使用公司资金进行征求委托书"的提案,列入公司委托书征求资料内。

（3）在有关 Martin Lawrence Limited Editions, Inc. 的"无异议函"中,证管会承办人员表示③,公司依法必须将股东提议要求公司以季为准发放公司股利的建议,加载公司委托书征求资料内。

（4）在有关 Philip Morris Cos. Inc. 的"无异议函"中,本件证管会之承办人员表示④,公司不得拒绝列入股东建议限制生产与烟草有关产品的提案,即使这些烟草产品,乃是公司主要营业项目时,亦然。

（5）在 Grimes v. Centerior Energy Corporation⑤ 一案,法院认为,该公司得适法地将建议限制公司资本支出,不得逾越前一年度现金股利之额度的提案省略,不列入公司委托书征求资料中。

8. 提案事项,系关于选举人员（如董事或其他人员）之问题者。

在关于 Time-Warner Inc. 的"无异议函"里,证管会承办人员表示⑥,公司得适法地将股东提议"反对曾拒绝 Paramount 公司对 Time-Warner 公司并购要约（bid）的董事再选任为董事"的提案省略,不列入公司征求委托书资料内。

9. 提案事项,系反对公司将提出于股东会之议案者。

10. 提案事项之讨论或议决,已无实质意义（或已无必要者）（rendered moot）。

11. 提案事项,与其他股东之提案实质上重复,且公司已预定将该提案列入征求资料中者。

在有关 Occidental Petroleum Corp. 的"无异议函"中,证管会承办人员认为⑦,要求届满72岁之董事应强制退休之提案,与要求限制超过69岁之董

---

① 按所谓"黄金降落伞",一般乃指为防御公司被收购,目标公司（target company）董事会往往决议:万一目标公司被兼并,而且董事、高阶管理者也被解职时,他们便可获巨额之退职金。申言之,藉"黄金降落伞"的手法,以提高购并者之并购成本,抗拒兼并。
② 1981 Transfer Binder（CCH）76,766（1980）.
③ 此"无异议函"可于 Lexis（April 11, 1990）查阅。
④ 此"无异议函"可于 Lexis（March 14, 1990）查阅。
⑤ 909 F. 2d 529（D. C. Cir. 1990）.
⑥ 此"无异议函"可于 Lexis（March 23, 1990）查阅。
⑦ 此"无异议函"可于 Lexis（April 9, 1990）查阅。

事人数的提案,并无实质上重复的情形,故公司不得驳回。

12. 实质上相同的提案于过去 5 年内曾被提出,发行公司得于最后提出之 3 年内省略与该提案大致相同之议案,但以合乎下列情形之一者为限:

(1) 在过去 5 年里,该项议案曾一次提出于股东会表决,而所获之赞成票不及投票总数 3% 者。

(2) 在过去 5 年里,该项议案曾两次提出于股东会表决,而第二次表决所获之赞成票不及投票总数 6% 者。

(3) 在过去 5 年里,该次议案曾三次以上提出于股东会表决,而最后一次表决所获之赞成票不及投票总数 10% 者。

13. 提案事项,系涉及特定数额之现金股利或股票股利者。

(四) 发行公司取得"无异议函"之程序

发行公司如认其有正当理由得拒绝股东提案时,必须于向证管会申报委托书征求数据确定本之 80 日前,就下列项目,提出复本六份,向证管会呈报:

(1) 股东提案之内容。

(2) 支持该提案之说明。

(3) 提案不予列入征求资料内之理由。

(4) 前项理由之法律依据及其法律顾问之有关说明。

此外,发行公司除依前揭规定向证管会呈报外,同时并应附具理由及其法律顾问之说明,通知提案之股东。①

(五) 司法审查

如发行公司漠视证管会所认定系争案件,必须列入公司委托书征求数据内的结论,则证管会得以命令禁止公司征求委托书,并且重新发送含有该股东提案之征求数据,予该公司之股东。②

此外,法院对于证管会所认为应将股东提案列入公司委托书征求数据的决定,具有最后审查的权力。是以,证管会基于行政裁量所为之决定,如法院以为"并无可能之合理基础"("no possible rational basis")以支持该决定时,即可加以废弃。③

---

① 17 C. F. R. § 240. 14a-8 (d) (1990).
② Anderson & Bullitt, supra note 35, at 181.
③ See Dyer v. SEC, 287 F. 2d 773, 779 (8th Cir. 1961).

六、股东行动主义之新焦点

(一) 内部问题与外部问题 (Internal vs. External Issues)

股东为公司财产的所有者,因此理论上,自得管控公司的行为。从而,股东对公司,便有某些法律上权利,以保障公司财产确为股东最佳利益而使用。① 是以,股东在公司管理、监控角色的扮演上,有其立场,亦有其必要。

虽然股东为公司真正之所有人,唯由于一般股东,在大型企业之持股相对较少,故一般而言,在股东会表决程序上,其影响力自属有限。在此情形下,股东自然而然视自己为单纯之"投资者"(investors),而非公司之所有者(owners of corporations)。因此,股东如不满意公司之表现,他们宁愿出脱持股,也较不愿意另觅改变公司的方法。盖如上所述,一般股东自认为,对公司之影响力并不大,故普遍采取此一消极(passive)的策略。②

然而,在美国,股东对于公司事务的态度,近来已经改观,尤其是大型机构投资人(large institutional investors)更是扮演重要角色。机构投资人,往往藉由"委托书战争"(proxy fights)以及股东提案制度(shareholder proposals),积极介入公司治理的问题。③ 单就股东提案制度而言,在 1942 年美国股东提案规则颁行之前,及其颁行之后的 30 年左右期间,多数的股东提案皆集中于公司内部事务,例如股利分派的多寡以及公司财务揭露的监督程序等。唯在过去的 30 年间,股东提案的焦点,已转移至着重公司外部的(社会的)问题。申言之,即股东藉由股东提案制度所关切者,近年来已转为注意公司与社会间互动(interaction)的问题了。④ 有学者进一步明确观察谓:1994 年以后,美国股东提案之社会政策议题多集中于环保问题⑤,由此或可

---

① Rogene A. Buchholz, Business Environment and Public Policy (Englewood Cliffs, N. J.: Prentice-Hall, 1986), at 239.
② Abbass F. Alkhafaji, A Stakeholder Approach to Corporate Governance, (Quorum, 1989), at 44.
③ Anderson & Bullitt, at 171—174.
④ Sommer, Shareholders Proposals, Morgan, Lewis & Bockius, (June 18—22, 1990), at 15.
⑤ See William Cary & Malvin Eisenberg, Corporations, 7th Ed., 1995., at 254—255. 国内文献介绍,参阅张心悌:"股东提案权之省思——兼以代理成本与 Arrow 定理观察之",收录于《现代公司法制之新课题——赖英照大法官六秩华诞祝贺论文集》,台湾地区元照图书出版有限公司 2005 年版,第 288—289 页。

明了提案趋势的走向。

(二) 外部问题

如上所述，在 20 世纪 60 年代末期，公司之股东提案涉及社会性议题者，呈现不断增加的现象。这些议题，概属于：民权和人权(civil and human rights)、越战、环保以及有关消费者权益等范畴。以下试举二例，用供参考。

1. 废止巴士车的隔离政策之提案

一名持有灰狗巴士(Greyhound)三股股份的股东，请求证管会禁止该公司征求及取得委托书，因为该公司拒绝将其提案列入征求资料内。按本案该股东之提案名称为："建议公司经营者考虑废止在南方地区所实施之隔离位子制度"(A Recommendation That Management Consider The Advisability of Abolishing The Segregated Seating System In the South)。灰狗巴士公司为此答辩谓：本质上，该提案非股东决议之适当事项，应为委托书规则所允许得加以排除之提案。

本案证管会认为，委托书规则制定之目的，并不是在于使股东对于具一般政治性、社会性或经济性的议题，获致一致性的看法。证管会此项见解也获得法院的支持①，法院并据此驳回该股东"暂时假处分"(temporary injunction)的请求。综观法院对本案的判决，法院实系基于尊重证管会在决定股东提案方面的专门性，以及认为本案股东怠于寻找其他行政上的救济途径，或并未对于证管会"无异议函"请求审查其正确性，因此认为提案股东的请求为无理由，应被驳回。

2. 有关在越南使用汽油胶化剂之提案

本件事涉 Dow Chemical Company 的股东，提案反对该公司生产汽油胶化剂(napalm)，以及将之使用于越战战场上。虽本案，最后仍难逃被排拒列入公司委托书征求资料之内的命运②（因为其后，该公司将提案列入委托书

---

① See Peck v. Greyhound Corporation, 97 F. Supp. 679 (S.D.N.Y. 1951).
② 对于此一提案，Dow Chemical Company 最初凭依旧版规则 14a-8(c)(5)的排除规定，加以驳回(按该规定为：如提案主要是为促进一般经济的、政治的、种族的、宗教的、社会的或其他类似的目的，则公司可加以驳回)，而证管会亦赞同其理由。唯本件上诉法院认为，证管会之决定，有理由不备之情形，因为 Dow Chemical Company 早先曾对外宣称其继续产制汽油胶化剂，并非由于业务之考虑(not because of business considerations)，而系由于道德以及政治性的因素使然。因此，上诉法院便认为，本件适用前揭(c)(5)的排除规定，并不妥适，遂将本件发回证管会，重新审议。参阅 SEC v. Medical Committee for Human Rights, 432 F. 2d 659, 681 (D.C. Cir. 1970). 然而，本件最后上诉到最高法院，最高法院结论，仍认为往后 3 年内，公司得将该提案予以排除。有关本案最高法院之案件文号，请参阅注 63 所引。

征求资料内,但所获得之赞成票,却不及投票总数 3%、故 Dow Chemical Company 依委托书规则 14a-8 规定,可在往后 3 年内,合法驳回相同或类似之提案①)。唯应予指出的是,本件上诉法院(the Appellate Court)曾明白指陈:公司股东,得提案建议公司资产应以股东所认为较符合社会责任的方式使用,即令此一方式,可能较不具营利性,亦然(more socially responsible but possibly less profitable)②。法院此项见解,对于以股东提案制度落实公司社会责任,深具启发性,值得吾人赞同。

(三)外部之股东提案及证管会态度之新趋势

美国证管会,近来对于涉及"政策问题"(policy issues)的股东提案,确有要求公司将之列入委托书征求资料内的趋势。此一新趋势,亦可从下面所分析之证管会"无异议函",率皆驳回各该发行公司以所建议超出公司一般业务为由,请求允许拒绝股东提案,得以察觉。至于提案内容,以 1990 年委托书季节为例,从比例上来看,则以环保有关问题的议案数量,增加最多(从 1989 年的 6 件增为 1990 年的 45 件)。此外,1990 年外部问题提案(external issues proposals),在整个数量上而言,仍属关于"南非种族隔离争议"的数量最多,约有 120 个提案,这个数目与 1989 年的同类型提案数相近。③兹举数则重要实例如下,以明了外部之股东提案适用的概况,藉此了解其发展趋势。

1. 歧视(Discrimination)

Ruddick 公司的股东,提案要求公司采取步骤,以确保该公司之一家子公司,能确实遵守有关"雇用歧视"(employment discrimination)以及"工会参与"(union participation)之员工的"联邦权利"(federal rights)。本件,证管会承办人员认为,此一提案的主题,乃关于 Ruddick 公司对于联邦的"雇用歧视"、"平等的机会"(equal opportunity),以及劳工法等规定遵守与否的态度。是以,公司不得以提案事项系关于公司之一般营业事务为由,加以排除。再者,承办人员亦认为,本件提案亦非与提案人个人对公司或他人之请求有关,故公司亦不得以此为由加以拒绝。④

---

① See SEC v. Medical Committee for Human Rights, 404 U.S. 403, 92 S. Ct. 577 (1972).
② SEC v. Medical Committee for Human Rights, 432 F.2d 659 (D. C. Cir. 1970).
③ See The Los Angeles Times, April 16, 1990, Part D, p.4, Col. 1.
④ Ruddick Corporation, avail. Nov. 20, 1989.

2. 抵制南非（Divestment in South Africa）

Dow Chemical 公司的股东，提议要求公司尽早采取所有可能的步骤，以终止与南非现有的经济关系（economic ties），以及要求公司确立在南非结束种族隔离政策（apartheid）以前，不应重新与南非建立经济关系。证管会承办人员表示，关于本案，Dow Chemical 公司不得基于委托书规则 14a-8(c)(4)，主张提案仅是为提案人个人之利益，而加以排除。①

3. 环境议题（Environmental Issues）

（1）完全砍伐原木案（Clear Cut Logging）

Burlington Resources 公司之股东，提案建议公司考虑采取：除有例外情形外，禁止完全砍伐原木（clear cutting of timber）的政策。此外，提案也建议，在"完全砍伐"前，公司应备环境影响评估书类，以及应听取公众对完全砍伐之意见；否则，不得为之。

关于此一提案，该公司认为，可依委托书规则 14a-8(c)(5) 及 (c)(6) 加以排除。盖 Burlington 公司辩称，其已几近将全部之林地，售予一家新成立之"有限合伙"（limited partnership）。从而，系争提案，与公司所剩业务之类别，即无相关可言〔参照 Rule 14-8(c)(5)〕。再者，公司亦主张此提案之内容，已超越公司执行之能力范围〔参照 Rule 14a-8(c)(6)〕。对此问题，证管会承办人员认为，本提案乃涉及重要之政策争议（policy issues），如此而已，而非属发行公司所指一般营运事务方面的问题；故应与规则 (c)(5) 无涉。另外，证管会承办人员，也拒绝发行公司基于规则 (c)(6) 的答辩。其理由为：公司是否有执行此一提案能力的问题，是不相干的事项，因为提案只是建议该公司对于其自己公司之运作，形成一项政策（policy）而已，并非对别家"有限合伙"之运作有所建议。因之，应无所谓提案内容已超越公司执行之能力范围的疑义。②

（2）核能（Nuclear Power）

Baltimore Gas & Electric 公司的股东建议公司，应委托进行一项独立之研究，以明了该公司核能工厂，为确保安全所应为之改善措施。而股东之所以有此提案，乃是由于如此，方能符合工厂核子反应器意外发生时，保险公司对于基地以外地区损害之金额赔偿的规定。对于此一提案，证管会承办人员认为，公司不得以委托书规则 14a-8(c)(10)、(6)、(7) 或 (3) 为理由，

---

① Dow Chemical Company, avail. Feb. 16, 1990.

② Burlington Resources, Inc., avail. Jan. 31, 1990.

加以排除。①

(3) 污染（Pollution）

下面六则有关污染防治的股东提案,证管会承办人员认为:Exxon 公司不得将之排拒于公司委托书征求资料之外。盖该六则于 1990 年 4 月 25 日股东常会表决之提案,证管会将之定位为超出公司一般营业行为之外,而非为委托书规则 14a-8(c)(7) 所得排除之提案。兹简介这六则有名提案如下②:

1) 股东提案要求 Exxon 公司,定时发布有关其实施"十点环境保护计划"的"报告卡片"(report card)。此一提案,最后获得 9.5% 表决权之支持。

2) 股东提案要求 Exxon 公司,再度保证实践其所为环境污染的清除承诺,并且评估该污染所产生的长期损害赔偿责任。本提案,获得 9.4% 股东表决权的支持。

3) 股东提案要求公司董事会,设计一套计划,以有效减少二氧化碳从其能源生产工厂泄溢出来。此一提案,得到 6.2% 到 6.5% 表决权之赞同。

4) 股东提案要求公司,在董事会下设"环境事务委员会"(environmental affairs committee),以决定环境、职业安全及健康等问题之决策;并且监督公司,是否确实遵守联邦以及州法相关规定。此一提案,获得 5.7% 表决权的赞成。

5) 股东提案要求公司董事会,在年报之外,另行公布"环境污染协会"所认为危险之公司排放物数量。

6) 股东提案建议公司董事会,采取立即必要之手段,以减少或避免有毒化学排放物质,从公司之国内外工厂流出;并且订立包括有"特定步骤"、"时间表"以及"所有执行方案"的计划,以有效减少有毒化学物质的释出。此一提议,获得 6.5% 表决权之支持。

(4) 证管会所认为应加排除之环境议题提案

必须说明的是,并非所有有关环境议题的提案,证管会均认为不得加以排除。兹举二例,试加说明③:

1) 股东建议要求 Exxon 公司,立即采取方法,以确保公司设计出具有科技水平(state-of-the-art)的运油轮船、操作要求、装设在船上及船港之雷达

---

① Baltimore Gas & Electric Co., avail., Feb. 6, 1990.
② See Sommer, at 22—23.
③ Ibid., at 24.

设备、人员训练、紧急事故设施以及清除污染的设备。证管会承办人员同意 Exxon 公司的见解,认为此一提案,可依委托书规则 14a-8(c)(7),以属于公司一般业务范围为由,加以排除。

2)股东建议要求 Exxon 公司董事会停止所有"为开凿油源,在联邦及州水域寻找新租约"的活动。证管会承办人员同意此一提案可依委托书规则 14a-8(c)(7)之规定(按即提案属于公司一般业务范围者,得被公司排除),拒绝列入公司委托书征求资料内。

4. 公共健康议题(Public Health)

在 Phillip Morris Companies Inc. 的股东提案中,一股东在 1990 年,建议公司董事会,应修正公司章程,使之规定"在 1999 年 12 月 31 日后,公司不得再从事任何与烟草或烟草成品有关之业务",以及"要求公司董事会,为落实前揭章程修正,董事会应采取必要步骤,以配合此项业务之改变"。证管会承办人员认为,此项提案,公司不得以规则(c)(7)的理由,加以排除。

此外,证管会承办人员亦认为,同期的另一提案建议公司设立审议委员会,使之负责向董事会报告有关公司促销香烟活动对青少年吸烟状况之影响,公司不得以规则(c)(7)规定,加以排除。

按与上述二则类似之提案,证管会最早之意见认为,公司得依规则(c)(7)加以拒绝;唯嗣后证管会另一组承办人员,以该意见,"并未适切地反应有关生产烟草相关产品之社会的及公共政策的争议(social and public policy issues)之重要性",故更改其原先所持之立场。[①]

值得说明的是,证管会承办人员,对于提案要求 Phillip Morris 公司,提供有关公司游说"香烟广告"、"公共场所吸烟"及"开拓外国市场"的立法活动及其花费的报告,则允许公司依规则(c)(7)之规定,加以排除。[②]

5. 政治性议题(Political Issues)

Turner Broadcasting System 公司,对于其股东 Accuracy in Media, Inc.(即"AIM")建议公司应将免费的空中频道时间公平合理地分配给对争议议题有不同看法的组织之提案,主张依规则(c)(3)、(4)及(7)的理由,加以排除。证管会,对于依(c)(4)及(c)(7)驳回的理由,并不赞同;盖本提案,并

[①] Phillip Morris Companies, Inc., reconsidered Mar. 14, 1990. 其实,证管会也同时不允许 A-merican Brands, Inc., Loews Corporation 以及 Kimberly-Clark Corporation 等公司欲依规则(c)(7),以排拒股东类似本文内所述对 Phillip Morris Companies Inc. 的提案。

[②] See Sommer, at 25.

非为个人对公司或他人有所请求(not a personal claim or grievance)。此外,证管会承办人员认为,本提案仅欲讨论公平使用频道的政策问题而已;并无涉及公司一般日常业务营运的问题,故依(c)(7)规定加以排拒,并不正当。

至于规则(c)(3)是否对本提案有其适用余地的问题,证管会承办人员认为,本提案,也许有误导之情事,因此,似可根据规则(c)(3)的理由加以排除;唯该承办人员并未允许将整个提案排除,反倒建议删除提案内具误导效果之字句,而保留该提案。①

6. 动物权争议点(Animal Rights Issues)

在 New England Anti-Vivisection Society, Inc. v. United States Surgical-Corp., Inc.②一案,一股东提案,要求公司在业务上停止使用狗或其他的动物,除非是法律上所必需者,方得例外。事实上,此一提案曾被加载公司委托书征求数据内,而且并有97%的股东投票反对之。提案人不服此一结果,以公司在征求资料中对此提案有不实陈述为由提起诉讼。第一巡回法院同意地区法院(District Court)的判决,认为公司之委托书征求资料内并无虚伪或误导之情事,从而上诉人(即原告之提案股东)认为该公司股东常会不应被召集的主张,为无理由。③

七、股东行动主义之前瞻

诚如上面所述,由于美国证管会,有意允许公司股东会成为"重要政策问题"的讨论场所(forum),加上近来机构投资人(institutional investors)大量持有公司股权,遂使公司经营者与提案股东,对于提案进行和解的案例,日渐增多。从过去和解的案例观察,提案人往往以撤回提案交换公司经营者同意"考虑"或"可能采用"某些提案内之建议。兹举数则著名的案例如下,以明了其运作的情形④:

(1)麦当劳公司,在面对"教堂集团"(church groups)提案,挑剔其使用"合成泡沫胶"餐盒(styrofoam packaging)时,同意研究采用代替品,以交换

---

① Turner Broadcasting System, avail. May 9, 1990.
② 889 F. 2d 1198 (1st Cir. 1989).
③ Ibid., at 1204.
④ See Sommer, at 28—29.

提案者撤回提案。

（2）按"Valdez 原则"（Valdez Principles），乃是有关在环境问题上公司行为（corporate conduct）所应遵守之规则大全。①

美国一些公司,在面对股东提案要求落实此等原则时,一般均答允提供落实之"进展报告"（progress reports）,以换取提案者同意撤销该等有关之提案。②

（3）明尼苏达卅的投资局（The Minnesota State Board of Investment）,撤回其对 Texaco, Inc. 及 Security Pacific 两家公司的提案,以换得这两家公司答应提供其在北爱尔兰公司执行有关平等雇佣的信息（information about fair employment）。

此外,值得一提的是,美国有一社会行动主义者的团体（social activist group）,名为"公司责任之信念交换中心"（The Interfaith Center on Corporate Responsibility,简称"ICCR"）,专门居中协调为数颇多之带有宗教色彩的投资人,以便齐一行动。另外,ICCR 也进行各项与公司社会责任有关议题的研究,以便个别要求公司践履其社会责任。据统计,ICCR 近来利用提案制度,已有效游说 25 家公司,采用前述"Valdez 环保原则"。另外,ICCR 对其他社会性议题的建议,在其灵活使用股东提案下,也均获得显著成果。③

八、我国台湾地区股东提案权制度之引进与缺失改进问题

鉴于现代公司法之架构,公司之经营权与决策权多赋予董事会,且我国台湾地区"公司法"亦于 202 条明定"公司业务之执行,除本法或章程规定应由股东会决议之事项外,均应由董事会之决议行之"。因此,若股东无提案权,则许多不得以临时动议提出之议案,除非由董事会于开会召集通知列入,否则股东难有置喙之余地。为便利股东积极参与公司之经营,2005 年新修"公司法"特赋予股东提案权④,其内容及分析如下：

---

① 按"Valdez 原则",为美国一些环境保护组织及其社会性之投资人（social investor）,所共同倡议应行遵守之环保规则。
② 例如 Amoco Corporation, Chevron Corporation, Mobil Corporation, Texaco Inc. 以及 Waste Management Company 等公司,均是适例。
③ See New York Times, March 9, 1990, Section D, p.2, Col. 5.
④ 参阅我国台湾地区"行政院"2005 年"公司法"草案本条立法说明（二）。

"第 172 条之一

持有已发行股份总数 1% 以上股份之股东,得以书面向公司提出股东常会议案。但以一项为限,提案超过一项者,均不列入议案。

公司应于股东常会召开前之停止股票过户日前公告受理股东之提案、受理处所及受理期间;其受理期间不得少于 10 日。

股东所提议案以 300 字为限,超过 300 字者,该提案不予列入议案;提案股东应亲自或委托他人出席股东常会,并参与该项议案讨论。

有左(下)列情事之一,股东所提议案,董事会得不列为议案:一、该议案非股东会所得决议者。二、提案股东于公司依第 165 条第 2 项或第 3 项停止股票过户时,持股未达 1% 者。三、该议案于公告受理期间外提出者。

公司应于股东会召集通知日前,将处理结果通知提案股东,并将合于本条规定之议案列于开会通知。对于未列入议案之股东提案,董事会应于股东会说明未列入之理由。

公司负责人违反第 2 项或前项规定者,处新台币 1 万元以上 5 万元以下罚锾。"

值得注意者,此次立法仅先就股东常会部分赋予股东提案权,股东临时会则暂不允许股东提案。其理由系我国台湾地区初次引进此制,为免造成股东临时会召开过于费时,遂规定仅股东常会可以为之。此外,因为股东提案权所产生之费用(如寄送提案于股东之费用),一般法制系规定由公司负担①,因而为避免提案过于浮滥,故限制以一项提案为限,且为防止提案过于冗长,特规定提案字数限于 300 字以内。而所称 300 字,尚且包括提案理由及标点符号在内。如所提字数超过 300 字者,该议案则不予列入。由此显现,立法引进之初,主管机关对股东提案权制度之谨慎保守态度。② 实施迄今以来,仅 2006 年间复华金控公司与元大证券公司在其合并案争议时,复华金控公司股东(元大证券方)所提"召开股东临时会以全面改选董事"的

---

① 有关外国股东提案制度之一般讨论,请参阅刘连煜:《公司监控与公司社会责任》,台湾地区五南图书出版公司 1995 年版,第 189—220 页。
② 以字数而言,美国委托书规则 14a-8(Rule14a-8)规定议案及相关说明合计不得超过 500 字。股东提案字数如超过 500 字,公司必须给予提案股东 14 日之时间,削减提案字数,俾符合法令要求。参阅刘连煜:《公司监控与公司社会责任》,台湾地区五南图书出版公司 1995 年版,第 192 页。

议案一项而已。①

公司法另一保守之态度,也可以从董事会得不将"议案非股东会所得决议者"列入议案,可以窥知。按如前所述,我国台湾地区现行"公司法"第202条规定,除公司法或公司章程规定应由股东会决议之事项外,均应由董事会决议行之。因此,股东会所得决议者,仅限于公司法或章程有规定之事项而已(如解任董事、章程变更等),范围受到相当限制。此一限制如移植到股东提案制度上,除非从宽解释,否则类如美国实务上所经常发生之"无拘束力之建议性提案"(如公司应注意环保、污染问题、多雇用残障人士等),将可能会被排除。其结果股东无法藉提案制度说服其他股东采纳有关公益性议题之相关想法,同样地也无法使我们的社会对公共性议题凝聚共识,更无法提供公司在追求营利性之余也能善尽公司社会责任之行动依据,导致减损股东提案制度之功能②,立法者岂可漠视不加闻问(进一步评论详后述)③。

应注意者,2006年"经济部""公司法第一次修正草案"第172条之一拟规定:"有下列情事之一,股东所提议案,董事会不予列入议案:一、该议案非股东会所得决议者。二、提案股东于公司依第165条第2项或第3项停止股票过户时,持股未达1%者。三、该议案于公告受理期间外提出者。"

按修正立法理由谓:"股东所提议案,如非股东会所得决议或不符法定

---

① 按该股东提案,因"中央"投资公司向法院提出假处分而面临失效。唯随后复华金控召开股东会时,技巧性地跳过此项讨论事项,改以股东在会中提出"临时动议"进行表决,表决结果由元大取得压倒性胜利,决议在同年9月12日前召开临时会,讨论全面改选董监事项。参阅巨亨网/台北2006年6月12日报道。

② 关此详细的论述,请参阅刘连煜:《公司监控与公司社会责任》,台湾地区五南图书出版公司1995年版,第214—217页。

③ 对此,有学者从另一思考层次认为,"股东会若就公司法或章程规定应由股东会决议事项以外之事项,作成决议,并不生股东会决议之效力,自亦无拘束董事会乃至公司之法律上效果。在此情形下,允许董事会得斟酌裁量将以非股东会所得决议事项为内容之股东提案,列为股东会议案,本文并不认为具有法律上之正面、积极意义。另一方面,此一董事会之裁量权,在实务运作上,却可能导致下列流弊。一则,如若"非股东会所得决议之事项"亦有可能经董事会列为议案,即可能鼓励股东在姑且一试之心理下滥行提案,无谓增加董事会之审查、乃至通知、说明负担(第五项)。二则,董事会可能恣意排除其所不欲实行之提案,而仅将其有意实行(甚至透过友好股东刻意安排)者列入议案,作成无法律上拘束力之决议后,据之作为董事会实行该经营事项决策之"民意基础",预为减轻乃至脱免事后经营责任追究之防范措施。"参阅林国全:《董事会违法拒绝股东提案》,载《台湾本土法学杂志》第73期,2005年8月。对本文的前述建议,林教授并认为此或可作为远程目标,期使股东提案制度发挥更多衍生性功能。然在股东提案权制度引进之初,似仍先以防堵此制度所可能带来流弊之保守立法为宜。

持股数规定或在公告受理期间外提出者,现行规定'得'不列为议案,尚有未妥,爰修正第四项明定董事会应不予列入,以杜争议。"唯此项修正草案,因笔者于研商会议中之反对,而未纳入向"行政院"之建议版内。① 笔者所提出之见解是:如照修正草案通过,则往后股东之社会性议题提案势无可能,这种结果不是现代公司法提升"公司民主"(corporate democracy)应有的做法,也不是扮演对今日经济、政治、社会有重大影响之公司,于追逐获利的同时,可作为对社会责任的议题忽略不予正视的借口。相反地,本文认为应积极开放相关管制,甚至以法规鼓励股东向公司积极提出社会性议题的议案。

当然可能有人会认为,允许股东就社会性之议题提案会增加公司之处理成本,但这样的成本,对公司而言,其实并不会比引来政府直接介入(如因污染环境而受政府有关单位处罚)或消费者不利的抵制(如因保护动物而发起拒买公司生产之毛皮)来得高。以美国之烟草产业为例,多年来由于对各方呼吁香烟对青少年及成人的危害未加重视,政府官方及民间终对烟草公司提起诉讼并思禁止、阻挠公司之营运。有谓:如股东可较轻易地将此问题提出公司股东会讨论,则或可避免政府施展更多对烟草公司的严格管制。同样的,股东针对员工政策的建言,也许也能免去耗时费钱的诉讼(如公司对员工歧视的做法遭到员工起诉)。因此,吾人可说印制股东社会议题的提案并无明显证据一定会导致公司获利的下降。充其量主管机关只能限制某一特定股东每年内只能提出几件股东提案而已,其他超出之提案或许也可给予下一年度某些形式的优先,如此而已。②

我国台湾地区的企业规模日趋庞大,公司社会责任的问题势必愈来愈受各界所关切。如上所述,股东提案制度,适足以提供股东积极参与公司监控的途径。而从美国实际运作的情形来看,此制更是促进公司民主化、督促公司善尽社会责任的重要机制。为使我国台湾地区企业在追求利润的同时,也能负担社会责任,实宜参采美国前述制度,修订现行股东提案制度。至于如何设计,兹分几点说明之如下:

(一)有关提案股东之资格、提案个数及每案字数应加适当限制的问题

为避免引进此制后,股东滥用提案权致对企业本身发生困扰,我国台湾

---

① 对此,相反见解认为,赋予董事会就是否列入议案有裁量权限,并非妥当,自立法论而言,实应将"得不",修正为"不得"。参阅林国全:《董事会违法拒绝股东提案》,载《台湾本土法学杂志》第73期,2005年8月。

② Daniel E. Lazaroff, Promoting Corporate Democracy and Social Responsibility: The Need to Reform the Federal Proxy Rules on Shareholder Proposals, 50 Rutgers L. Rev. 33 (1997).

地区"公司法"仿照美国之制度,对提案股东之资格、提案个数及每案字数,加以设限。唯值得注意的是,依目前美国委托书规则 14a-8(a)(4)之规定,每一股东每年只能提出乙案,此一限制,对于注重公司社会责任的机构投资人而言,颇感窒碍难行。因此,近来颇多要求证管会放宽此一限制,其经正式提出之建议为:"股东如持有 3% 以上具有表决权之证券或市价一百万美金以上之有表决权证券,得提出一以上之提案"①。因之,拙见以为,针对我国提案个数限制之问题,似也宜适度放宽每股东每年乙件之原则,让关心公司社会责任者(尤其是机构投资人),能于持股较多之例外情形下,提出一以上之提案,以因应弹性需要。

(二) 提案范围及有关排除提案之事由的规定

由于美国法上规定,依公司所在地法,股东之提案,非股东决议之适当事项者,公司得加以排除之〔参照 Rule 14a-8(c)(1)〕。且事实上在美国各州州公司法之规定下,股东有权限加以表决之事项,实在有限。因此,实务上股东之提案,为免被公司以有 Rule 14a-8(c)(1)的情形加以拒绝,故提案大抵均以建议(recommend)或请求(request)公司董事会采取某种行为之形式提出。② 因此,即使该提案经股东会表决通过,该决议亦仅具恳求的(precatory)、建议的性质,对于董事会,并不具法律上的拘束力(not binding on board of directors)。盖由于美国法基本上采取企业所有与企业经营分离之原则,故一般州之公司法均规定:"公司业务,原则上由董事会决定之"。③ 故只有对股东会得议决之事项所为之决议(例如,有关公司章程之变更、公司之解散等),方有拘束董事会之效力。然而,必须说明的是,虽然美国实务上股东提案概以"建议性"之方式提出,因此纵有决议,亦对董事会无法律上之拘束力;唯由于此等劝告性之公益提案,一经提出股东会讨论,顿时即成为社会上各方舆论之焦点,不管最后该提案是否为股东会表决通过,公司经营阶层,势必于拟订政策及落实执行时,会慎重考虑其有关提案,或与提案者事先达成和解,或事后作出配合提案内容之行动,不一而足。因此,实际

---

① 此一修正案为 The California Public Employee's Retirement System ("CalPERS") 所提出。
② See Larry D. Soderquist, Understanding the Securities Laws, Matthew Bender & Co. (1990, 2nd ed.), at 226.
③ 例如《德拉瓦州公司法》第 141 条即规定:"依本章所设立之公司,其业务应由董事会决定之"。其原文如下:"The business and affairs of every corporation organized under the provisions of this chapter shall be managed by or under the direction of a board of directors." See Delaware, General Corporation Law of the State of Delaware, (1992—1993 Edition), §141.

上同样可以达到令公司经营者反省公司经营政策的目的,其与有拘束力之决议,在实际功能上,可谓相差无几。

反观我国台湾地区现行"公司法"第202条规定:"公司业务之执行,除本法或章程规定,应由股东会决议之事项外,均应由董事会决议行之"。本条之规定,旨在划分股东会与董事会之职权,故股东会决议权,应限于法令或章程有规定之事项。易言之,未明文列举之事项,应划归董事会决定之。至于同法第193条第1项规定:"董事会执行业务,应依照法令、章程及股东会之决议"。解释上,本条所称股东会之决议仍然必须以法律或章程规定属于股东会得决议之事项为限。准此,除公司法或章程规定,专属股东会决议之事项外,其余事项,股东会所为决议,董事会并无遵守之义务。① 易言之,因现行"公司法"第202条之规定,使得股东会决议事项仅限于法律或章程有规定之事项,但为使股东能积极参与促进公司履践社会责任之目的,应允许股东提出类如美国实务上所发生之"无拘束力之建议性提案",俾充分让股东对公益性议题提出自己的想法,以使我们的社会对公共性议题凝聚共识,并提供公司将之化为行动的依据。是以,吾人认为于引进股东提案制度的同时,似不应将提案范围限于法律或章程所规定者为限;否则对股东提案制度的功能,将是一项障碍,而不利于公司社会责任的贯彻。

另外,提案内容,如非属适当议题者,依前述美国提案规则,得加以排除。美国法上列举13项情形,提案有其情形之一者,公司得依法排除之。我国台湾地区于适当时机时,自可参采美制,并且斟酌损益,援引作为我国台湾地区法上之制度。唯于此欲提出加以讨论者,乃是有关选举董事或其他人员之提案的排除问题。如前所述,美国法上将之列为排除事由之一〔参见Rule 14a-8(c)(8)〕。换言之,依美国法,股东提案事项不适用于选任公司董事或其他人员之议案。股东反对某人竞选公司职位,或要求公司提名某人为候选人等提案,均在本项排除事由之内,公司可拒绝列入委托书征求资料内。按此一规定,订定于1940年,自其颁行以来,即备受非议。因为假如证管会,将委托书规则14a-8,视为提供股东参与公司决策的重要管道,则岂可同时又将依州之公司法可选任董事的股东重要权利,加以排除?如此做法,岂不令人费解。②

---

① 参阅刘连煜:《现代公司法》,台湾地区新学林出版股份有限公司2007年版,第397—398页。

② See Soderquist, at 226, note 12.

相反地,日本之提案制度,则不禁止股东提出有关董事选任之提案。①因此,我国台湾地区于设计提案排除事由时,实不宜仿照美制,将有关董事、监事候选人之提案,列入排除范畴之内,否则,如某候选人本不适任(如一向不重视环保问题),或某人极为适任(如经营能力强,又富环保概念),股东即无法藉由提案制度加以杯葛(股东提名董、监候选人依我国台湾地区现行法是允许的,参照"公司法"第192条之一、第216条之一)。如此一来,股东选任董、监之固有权利,必将减损。因之,笔者以为,我国台湾地区法应如日本法,不禁止股东提出有关董事或其他人员选举之提案,以充分发挥股东提案制度之积极功能。

(三) 揭露之配套措施——强制性地公开揭露社会责任履行程度之制度(mandatory social disclosure)?

按美国学者曾力主主管机关(证管会)应要求公众公司应定期揭露其遵循内外国法律、提供其公司之雇佣信息及从有争议产品(controversial products)而来的收入。② 但本文认为现阶段不需强制揭露,只需鼓励公司揭露公司履行社会责任之情形即可,循序渐进恐较无阻力。以香港地区为例,其上市规则即规定:"建议额外的揭露"(Recommended Additional Disclosure) 亦即,鼓励上市公司于其期中报告及年报揭露下列额外的讨论与说明:……(vi) 讨论上市公司的环保政策与绩效,包括遵守相关法律与规则之情形;(vii) 讨论公司对小区及对社会的、伦理的及信誉上的争议问题之政策与绩效;(viii) 说明上市公司与员工、顾客、供货商及其他人主要的关系,而此关系是公司成功所依赖者。③ 申言之,藉由公司公开揭露其社会责任履行的程度,负责任之投资人便有进行社会性提案的依据,而非空言指责公司的不是,揭露之重要性由此可见。

---

① 参阅〔日〕加美和照:《新订会社法》,劲草书房2001年版,第184—185页。
② See Cynthia A. Williams, The Securities and Exchange Commission and Corporate Social Transparency, 112 Harv. L. Rev. 1197, 1275 (1999).
③ Recommended additional disclosure: Listed issuers are encouraged to disclose the following additional commentary on management discussion and analysis in their interim and annual reports:... (vi) a discussion on the listed issuer's environmental policies and performance, including compliance with the relevant laws and regulations; (vii) a discussion on the listed issuer's policies and performance on community, social ethical and reputational issues; (viii) an account of the listed issuer's key relationships with employees, customs, suppliers, and others, on which its success depends;....

九、结语

依我国台湾地区过去的公司法,股东有议题提出,只能于会议中以临时动议之方式提出。但此一方式,无法使股东提案预先刊载于委托书数据或会议通知或公告之上。因此,其议题难以得到全体股东充分之了解与支持,故效果往往有限。是以,欲改变股东会流于形式化之弊端,使股东会发挥其功能,似宜强化股东发言之权利。股东提案制度,正足以提供股东向公司经营者建言的管道,或许提案最后并无法获得多数股东所支持(因为股东会往往为大股东所操纵),或提案仅以建议性之方式提出,对董事会并无拘束力,但其可凝聚社会共识,直接、间接督促公司落实其社会责任,此在实施此制的美国,早已有目共睹。我国台湾地区企业规模已渐庞大,目前实有必要参采美制修正股东提案制度,以因应企业践履社会责任的需求。我们的社会也正在等待负责任投资人的出现,不是吗?

全球视角下的企业社会责任及对中国的启示

张宪初 *

摘 要 企业社会责任（CSR）运动是"20世纪企业社会中最引人注目的发展之一"。不过，它的发展一直以来都以一种非常有趣的方式进行：企业社会责任的讨论作为世界范围的现象，被提出并引起注意时甚至没有一个公认的定义、范围和方法。迄今为止，在企业社会责任的实践和相关企业的市场表现之间，似乎没有确实的证据表明二者的积极关系。

尽管存在长期并持续的讨论和异议，从20世纪70年代，企业社会责任运动已经经历了几次高潮。尤其在最近几年，企业社会责任在几乎所有领域都获得了进一步的动力。在国际层面，更多的企业社会责任准则被采用，同时，更多的国际企业社会责任标准被更新并推进。

在国内层面，更多与企业社会责任相关的法律和规则已经颁布。此外，一些组织也在企业社会责任的推广中扮演了积极的角色，更多的法院判决也反映了司法对企业社会责任的关注。

以此为背景，本文试图审视企业社会责任发展中与法律和管理框架相关的一些特征，并特别考虑了在全球

---

* 香港大学法学院教授。本论文曾提交2007年"北京论坛"研讨，此次发表略有删节。作者对北京大学甘培忠教授在本文发表修改过程中提供的宝贵意见表示由衷的感谢。

化发展的背景下企业社会责任在中国的应用。第一部分将集中于国际层面的一些主要讨论,尤其是最近在发达国家的讨论。第二部分反映了企业社会责任在发展中国家和新兴市场的发展,并区别了这些国家对企业社会责任的关注和带来的挑战的主要不同。第三部分审视了企业社会责任在中国的进程,并讨论了作为社会主义市场经济的中国的一些特征和难题。最后,第四部分得出了一些结论。

企业社会责任(Corporate Social Responsibility,以下缩写为"CSR")运动是"国际商界近十年最令人瞩目的发展"。[①]但这一运动是以一种有趣的方式发展的:CSR 的理念风靡世界,但迄今为止对其定义、范围和方法却没有任何共识。发达国家和发展中国家及新兴市场对 CSR 有不同的优先议题;跨国公司和中小企业对 CSR 有不同的关注和准则;对 CSR 激烈辩论涉及其含义到前景的一系列问题,参与者包括商界、专业群体、学术界、政府监管部门、国际组织及非政府组织(NGO)。虽然争论仍在持续,但到目前为止似乎没有强有力的证据证明 CSR 与企业市场表现之间存在着肯定的相关关系。[②]

CSR 近年来从不同方面获取新的动力。在国际层面,越来越多的 CSR 准则被制定,例如联合国全球契约会议(UN Global Compact)日内瓦宣言(2007)和其制定的十项国际 CSR 准则[③]等。联合国于 2000 年发起了全球契约会议,被称为"历史上在企业责任和领导能力议题上最大型和最重要的事件"。[④]

在国家层面,出现了更多的关于 CSR 的立法和规范。另外,企业联盟、行为准则、企业社会责任报告、企业社会责任审计和评级、各类 CSR 论坛、企业社会责任投资标准等很多做法也在宣传推动 CSR 发展中起了重要作

[①] John M. Conley and Cynthia A. Williams, "Engage, Embed, and Embellish: Theory Versus Practice in the Corporate Social Responsibility Movement", UNC Legal Studies Research Paper no. 05-16 (2005), available at http://ssrn.com/abstract = 691521, p. 1.

[②] David P. Baron, *Business and Its Environment* (5th ed., Pearson Prentice Hall, 2006), p. 654; for a recent summary and research, see Jóse Allouche and Patrice Laroche, "The Relationship between Corporate Social Responsibility and Corporate Financial Performance: A Survey", in Jose Allouche (ed.), *Corporate Social Responsibility*, vol. 2 (Palgrave Macmillan, 2006), pp. 3—40.

[③] See the UN Global Compact website at http://www.unglobalcompact.org.

[④] The Newswire of Corporate Social Responsibility, Press release on July 11, 2007; available at http://www.csrwire.com/News/9111.html.

用。在司法中,越来越多的法院和判例也反映出对 CSR 发展的司法关注。[1]在这一背景下,本文将对 CSR 发展中关于法律规管的一些问题进行检视,并探讨在全球经济一体化进程中 CSR 发展对中国的意涵。

一、在法律视角下关于 CSR 的一些主要争议

如上所述,CSR 从其定义开始就有争议。迄今为止在广泛讨论中唯一有共识的就是对如何定义 CSR 无法达成任何一致,因此对 CSR 有大量不同的定义。例如,墨尔本大学 Parker 教授认为,理想的 CSR 定义不仅应包括遵守商业法律责任,而且应进一步包括经济、道德,甚至于非强制性的社会预期。[2]佐治亚大学的 Carroll 教授和 Buchholtz 教授也主张 CSR 应是一个多层次的概念,包括在一定时期内社会对于企业在经济、法律、道德、慈善方面的期盼。[3] Parker 教授使用了"变位规管"(Meta-regulation)的概念来描述通过不仅是法律规范手段,而且用商业良心的方式进行规制以使企业承担社会责任的过程。他指出,如果只是以自愿和自由选择的方式发展 CSR,则法律责任强制就没有什么意义。[4]

另一位 CSR 法律专家 Ramon Mullerat 却认为 CSR 只是企业在社会中以负责任的方式发挥作用,通过与利益相关者合作实现可持续发展的自愿行动。[5]欧盟委员会把 CSR 定义为在商业运作中公司自愿与利益相关者联系社会和环境关注的理念。另一种意见提出,为了避免对 CSR 是否应建立在自愿基础上的争议,可用另一个概念"公司责任"(Corporate accountability)

---

[1] Karim Medjad, "In Search of the 'Hard Law': Judicial Activism and International Corporate Social Responsibility" 见 Allouche, *Corporate Social Responsibility*, vol. 1 (Palgrave Macmillan, 2006), pp. 181—204。

[2] Christine Parker, "Meta-Regulation: Legal Accountability for Corporate Social Responsibility", University of Melbourne Legal Studies Research Paper no. 191 (2007), pp. 1—2; available at http://papers.ssrn.com/sol3/papers.cfm?abstract_id=942157.

[3] A. B. Carroll and A. K. Buchholtz, *Business and Society: Ethics and Stakeholder Management*, 4th ed. (Thomson Learning, 2000), p. 35.

[4] Christine Parker, "Meta-Regulation: Legal Accountability for Corporate Social Responsibility", University of Melbourne Legal Studies Research Paper no. 191 (2007), pp. 2—3; and p. 48.

[5] Ramon Mullerat, "the Global Responsibility of Business", in Ramon Mullerat (ed.), *Corporate Social Responsibility: The Corporate Governance of the 21st Century*, (Kluwer Law International, 2005), p. 3.

来反映公司应保证其产品和运作符合社会利益所承担的法律义务。① 这一简短不完全的检视不仅说明了在 CSR 定义中存在的重大争议,也反映了 CSR 内在的问题。有人已警告说对 CSR 缺乏一致的定义和目标已成为 CSR 进一步发展的障碍。②

对 CSR 还涉及公司作为一个商业主体的基本理念。虽然在亚当·斯密时代就曾有过商业组织对社会责任的论述,但 CSR 成为商业运作和法学理论与实践中的重要问题是从 20 世纪开始的。③ 例如,在哈佛大学 Merrick Dodd 教授和哥伦比亚大学 Adolf Berle 教授在 20 世纪 30 年代的争论就关注到公司管理层除了盈利责任外,应否负有社会责任的问题。④ 这一争论为当代 CSR 的发展做出了奠基性的贡献,至今仍然可以感受到这一争论的深远影响。⑤

30 年代以来,美国前最高法院首席大法官 Earl Warren 曾指出,在文明社会,法律之舟是飘浮在道德海洋上的。不仅法律以道义责任为先决条件,而且法律认为在很多领域人们的活动只受制于道德,而完全不受制于法律。⑥ 这一名言对于理解某些商业活动可能超越法律约束,而管理人士应作出合乎道义的决策以达致社会目标是至为重要的。⑦ 另一方面,著名的经济学家 Milton Friedman 曾写道:"社会责任的理念实质上是一种本末倒置,……只有一种而且是唯一的一种商业社会责任,即在其活动中善用资源和

---

① NGO Task Force on Business and Industry (ToBI), "Minding Our Business: The Role of Corporate Accountability in Sustainable Development—An NGO report to the UN Commission on Sustainable Development (1997); available at http://isforum.org/tobi/accountability/mindbusiness97.aspx.

② N. Craig Smith and Halina Ward, "Corporate Social Responsibility at a Crossroads?", Business Strategy Review, Spring 2007, p.18.

③ Michael Hopkins, "Corporate Social Responsibility: An Issue Paper", Policy Integration Department of International Labour Organization, Working paper no. 27 (2004), p.3.

④ See A. A. Berle, Jr. "Corporate Powers as Powers in Trust", 44 Harvard Law Review 1049 (1931); A. A. Berle. Jr. "For Whome Corporate Managers Are Trustee: A Note", 45 Harvard Law Review 1365 (1932); E. Merrick Dodd, Jr., "For Whom Are Corporate Managers Trustees?" 45 Harvard Law Review 1145 (1932).

⑤ A. A. Sommer, Jr., "Whom Should the Corporation Serve? The Berle-Dodd Debate Revisited Sixty Years Later", 16 Delaware Journal of Corporate Law 33 (1991).

⑥ 转引自 N Preston, *Understanding Ethics*, 2nd ed. (Federation Press Sydney 2001), p.24。

⑦ David Hess, "Corporate Social Responsibility and the Law", 见 Allouche, *Corporate Social Responsibility*, vol. 1 (Palgrave Macmillan, 2006) p.154。

能源以增加盈利……"①这一论断其实和 20 世纪早期一些法院判决中的观点是相似的。这些判决认为商业公司就是以股东盈利为首要目的而组织和运作的。②

在这两种截然不同的观点基础上,社会经济发展更进一步地推动了 CSR 讨论,其中包括公司并购浪潮,消费者保护运动,冷战结束,人权运动兴起,安然等一系列重大公司丑闻,即全球经济一体化的浪潮冲击等。在这一背景下前英国首相布莱尔曾指出:"21 世纪是与以前不同的世纪。很多世界著名公司已对他们传统的公司理念进行了重新定位。他们认识到每一个消费者都是社区的一员,他们的社会责任并不应只是自愿选择的行为。"③

尽管对于 CSR 的认识存在很大分歧,人们注意到 Dodd 和 Berle 在其论战中都认为大型公司已积聚了巨大的权力,如果不根据社会利益来加以管理,他们可能将公司利益置于社会之上。④据此以公司在全球经济一体化中膨胀的权力和相应责任为基础发展出一种理论。这种理论认为公司已具有对世界事务前所未有的影响力和权力,而同时公众因丑闻对公司的信任程度却在下降。正是基于这种情况提出了 21 世纪公司目的的根本性问题。⑤现代公司可以成为为一定社会政策服务的具有巨大潜能的强有力的社会机制。⑥

因此 CSR 的发展已不仅是对公司承担社会责任的挑战,而且引发了对社会管制的激烈争论。一般的共识是在全球经济一体化中 CSR 的发展将对社会治理模式和参与者的作用产生重要影响。更为具体地说,资源制约,商业活动日益复杂,政府监控的低效益将不可避免地使政府改变其治理模

---

① Milton Friedman, "The Social Responsibility of Business Is to Increase Its Profit", New York Times, Sept. 13, 1970 (Magazine), p.32.

② Dodge v Ford Motor Co., 170 N. W. 668 (1919).

③ Quoted from Jerome J. Shestack, "Corporate Social Responsibility in a Changing Corporate World", 见 Ramon Mullerat, "the Global Responsibility of Business", in Ramon Mullerat (ed.), *Corporate Social Responsibility: The Corporate Governance of the 21st Century*, (Kluwer Law International, 2005), p.100。

④ Shestack, 同上, p.98。

⑤ Allen L. White, "Lost in Translation? The Future of Corporate Social Responsibility", The Journal of Corporate Citizenship, Winter 2006, p.21。

⑥ R. Morimoto, J. Ash and C Hope, "Corporate Social Responsibility Auditing: From Theory to Practice", Judge Institute of Management, University of Cambridge, Research Paper in Management Studies, WP 14/2004, p.7。

式,引入私有资源来实现规管的目的。① 但是,专家们对商业领域和公众利益关系的变化和应对新现实应采取的策略持有不同意见。根据所谓"新治理学派"(The new governance school)CSR 运动已经向新的治理模式发展:资源分配可以从私人商业领域向公共领域流动,从而取代传统的政府通过税收立法和监管来管理的模式。因此,奉行自由理念的政府可以同时利用税收和其对 CSR 政策的影响来实现一些困难的更有需求进行二次分配的目标。② 在发达国家中,政府正在改变其传统的从上而下监管方式,而采用在政府,商业机构,非政府组织和其他利益相关者之间分散权力和责任的模式。③ 在这一模式下,权力被分散并分享;政府机构已充分意识到公司自我规制体制的出现并视公司是政府取得监管目标的合作者,而不只是被动的监管对象,因为这种治理模式可有效降低政府提供"公共商品"中监控和执法的成本。④

一些学者相信,尽管商业组织越来越多地受到社会和道德责任的制约,但根本上讲他们仍是享有自主权和有限责任法律保护的私人企业。因此作为直接建立法律义务的替代方式,自我规制是一种更好的方式:让公司在持续发展基础上创造利润,同时遵守负责任商业行为的承诺。他们认为,"通过强制性规则改变传统股东权益至上的原则将是一个严重的错误"⑤。

西方从 20 世纪 80 年代以来出现了从管制到放松管制再到重新管制的现象。对此另一些学者认为,社会监管是政府的一项基本责任,而 CSR 本身缺乏强制执行力。完全依照自愿将不会取得什么效果,自愿的国际性的 CSR 规则甚至可能有碍于一些国家自己优先治理领域的发展。一个更为强势的监管体制可以与超越新自由主义国家模式的努力形成互补,使国家处

---

① OECD, Reducing the Risk of Policy Failure: Challenges for Regulatory Compliance (2000).
② Catherine Liston-Heyes and Gwen C. Ceton, "Corporate Social Performance and Policies", *The Journal of Corporate Citizenship*, Spring 2007, pp. 95—108.
③ John M. Conley and Cynthia A. Williams, "Engage, Embed, and Embellish: Theory Versus Practice in the Corporate Social Responsibility Movement", UNC Legal Studies Research Paper no. 05-16 (2005), available at http://ssrn.com/abstract = 691521, p. 9.
④ OECD, From Interventionism to Regulatory governance (2002).
⑤ Andrew Lumsden and Saul Fridman, "Corporate Social Responsibility: the Case for a Self Regulatory Model", Legal Studies Research Paper of the Law School of the University of Sydney, no. 07/34 (2007), available at http://ssrn.com/abstract = 987960.

于引导国家经济发展的主动位置。①因此,政府机构的强制监管对于私有公司自愿实行的履行责任仍是必不可少的。再有,自我规制的体制可信性在一系列公司丑闻之后已受到质疑。安然事件提醒我们在公司治理鼓励创新和进取和顾及监管执行经济成本时已包含了潜在的风险。②这样从监管和发展政策角度看,依赖自愿的 CSR 是一个错误。③

在两派争论之间亦有其他居间的观点建议强制性法规只起间接的,为维护利益相关者广泛权益构建框架的作用。特别是在美国,人们认为用强制性法规通过法律责任来实现好的公司治理是行不通的,而通过间接的如信息披露或上市规则等则能有更好的效果。④另外,西方放松监管后重新监管是一个更为复杂的进程,政府回来并不是要重新掌控市场,而是强化法规以保护某些领域中的利益,如财产权、对外贸易和投资、环保等。因此,重新监管代表了一种正在变化体制的特点和所谓"社会自我约束与合作监管"的多方利益相关者参与治理模式的兴起。⑤

尽管在全球引起广泛关注并得到强劲发展,CSR 运动也受到了很多批评。除了对缺乏定义和范围的共识及其他争议的问题外,有些专家甚至认为 CSR 是一种虚伪的东西,因为公司不可能自己约束自己。⑥亦有些学者认为 CSR 运动搞得太过分了。目前的 CSR 运动正在改变社会对公司行为的期待,但作为为创造私人财富提供基本动力的公司不可能被改造成公众利

---

① Yohannes Kassahum, Thomas F. McInerney, Rosemary Navarrete and Odette Boya Resta, "Putting Regulation before Responsibility: The Limits of Voluntary Corporate Social Responsibility", Voice of Development Jurists, vol. II, no. 3, 2005, Chapter III.

② W. Bratton, "Does Corporate Law Protect the Interests of Shareholders? Enron and the Dark Side of Shareholders Value", 76 Tulane Law Review (2002), p. 1283.

③ Kassahum, McInerney, Navarrete, and Resta, "Putting Regulation before Responsibility: The Limits of Voluntary Corporate Social Responsibility", Voice of Development Jurists, vol. II, no. 3, 2005, Chapter III, 46.

④ Janet Morrison, "Legislating for Good Corporate Governance: Do We Expect Too Much?", The Journal of Corporate Citizenship, Autumn 2004, pp. 121—133.

⑤ D. F. Murphy and J. Bendell, "Partners in Time? Business, NGOs and Sustainable Development", UNRISD, Discussion paper no. 109 (1999); Peter Utting, "Regulating Business through Multistakeholder Initiatives: A Preliminary Assessment", in NGLS/UNRISD (ed.), Voluntary Approaches to Corporate Responsibility: Reading and a Resource Guide (NGLS Development Dossier, UN, 2002).

⑥ Michael Hopkins, "Criticism of the Corporate Social Responsibility Movement", in Ramon Mullerat (ed.), Corporate Social Responsibility: The Corporate Governance of the 21st Century, (Kluwer Law International, 2005), pp. 481—482.

益的创造者,除非对公司进行基因改造和新的设计。[①] 一些专家甚至警告说,缺乏共同定义、目标和地区差异已使 CSR 变为一个成问题的理念,到 2015 年可能已不复存在了。[②]

二、发展中国家和新兴市场中的 CSR

在全球经济一体化中,CSR 不仅在发达国家,而且在发展中国家和新兴市场中都已成为瞩目的现象,这可以从联合国契约会议有来自近一百多个国家的代表参加得到证明。[③]除了这一会议外,一些国际标准不断在发展中国家被采用。很多国家地区已经发展了其自己的 CSR 项目和立法及规范。CSR 在发展中国家近年来也得到了更多体制上的支持。比如印度最高法院曾以其鲜明的立场对 CSR 表示了支持:宁愿损失 1000 个工作机会也要通过清洁空气和更好的环境保障上百万人的健康。[④]

可以肯定的是全球经济化的浪潮在很大程度上打破了传统国家和市场的疆界;来自不同文化社会背景的公司不得不在同一个市场上竞争。国内企业可能要经过外国金融机构从资本市场上融资,国内产品可能要符合外国质量安全标准才能打入外国市场,国内生产越来越多地受到国际人权、劳工保护、反腐败、环保及消费者权益保护标准的影响和约束。因此,CSR 运动在全球范围内确实有共同的关注和主题。但另一方面,与发达国家相比,发展中国家和新兴市场有自己的 CSR 发展优先关注。例如,教育和培训普及、工作安全、女工保护、解除贫困、健康和艾滋病防范、反贪腐和逃税以及社区发展可能不是发达国家的重点议题,但却是发展中国家的主

---

① Allen L. White, "Lost in Translation? The Future of Corporate Social Responsibility", The Journal of Corporate Citizenship, Winter 2006, pp.19—24.
② N. Craig Smith and Halina Ward, "Corporate Social Responsibility at a Crossroads?", Business Strategy Review, Spring 2007, pp.17—21.
③ UN Global compact COP Project front page, at http://globalcompact.pbwiki.com.
④ 转引自 John Quigley, "The Challenge of Corporate Social Responsibility in India", EurAsia Bulletin, vol.10, no.11&12, 2006。

要问题。①

即使发达国家和发展中国家对某一 CSR 问题都有关注,也不见得在同一优先位置。比如最近一项对墨西哥 CSR 的研究表明,国家层面主要的 CSR 关注是由外国跨国公司倡导和外国消费者期望的工作安全和环境保护,而这与墨西哥社区首要关注的劳资关系、工资、地区经济联系和商业道德等优先问题并不相同。这些地区优先问题对在墨西哥实行 CSR 有重大影响。一项对公司行为守则广泛应用的研究表明,发达国家中使用的公司行为守则并没有发展中国家的劳工问题给予足够的重视。②另一个对联合国科技、商业和社会研究项目在印尼开展 CSR 运动的研究发现,在发达国家和发展中国家之间在法治和劳工保护及环保问题,西方标准与发展中国家的标准存有较大差距。正如一些专家所指,"……在发达国家热情高涨地要派发蛋糕时,发展中国家真正需要的却是面包"③。

跨国公司一直是发展中国家对履行 CSR 中的主要关注。到 20 世纪 90 年代中期,世界大约有 37000 个跨国公司及超过 20 万个关联企业和子公司。最大的一些跨国公司拥有世界约 1/4 的生产资料。④今天跨国公司的交易量占到全球交易量的 70%。⑤在这一背景下,少数大型跨国公司不仅应对经济繁荣、而且对社会发展负有责任。在国际 NGO、消费者和东道国的压力下,越来越多的跨国公司采取更鲜明有力的立场主动推动 CSR,这转而对其

---

① Mumo Kivuitu, Kavwanga Yambayamba and Tom Fox, "How Can Corporate Social Responsibility Deliver in Africa? Insights from Kenya and Zambia", CRED Perspective, no. 3 (2005), pp. 1—5; Foluso Philips, "Corporate Social Responsibility in An Africa Context", The Journal of Corporate Citizenship, Winter 2006, pp. 23—27; Stephen Schmidheiny, "A View of Corporate Citizenship in Latin America", The journal of Corporate Citizenship, Spring 2006, p. 22.

② Francis Weyzig, "Local and Global Dimension of Corporate Social Responsibility in Mexico", The Journal of Corporate Citizenship, Winter 2006, pp. 69—80.

③ Melody Kemp, "Corporate Social Responsibility in Indonesia: Quixotic Dream or Confident Expectation?", United Nations Research Institute for Social Development, Technology, Business and Society Programme Paper Number 6, 2001, pp. 33—37.

④ E. W. Orts, "The Future of Enterprise Organisation", Michigan Law Review, vol. 96 (1998), p. 1952; Jan Jonker, "In search of Society: Redefining Corporate Social Responsibility, Organisational Theory and Business Strategies", in Johathan A. Batten and Thomas A Fetherston, Social Responsibility: Corporate Governance Issues (Amsterdam, JAI, 2003), p. 426.

⑤ Michael Hopkins, "Corporate Social Responsibility: An Issue Paper", Policy Integration Department of International Labour Organization, Working paper no. 27 (2004), p. 4.

他企业产生重要影响。① 同时,跨国公司越来越多地在法律制度和监管体系都不成熟、缺乏经验和资源及存在更多贪污现象的发展中国家进行活动。因此,跨国公司在发展中国家的活动可能因利用这些国家的体制缺陷,规避本国严格监管而引发更多的道德风险。②

迄今为止,在国际层面对跨国公司行为的监管一直是靠自愿约束,发展有广泛约束力的对跨国公司进行监管的体制进展极其有限。这样,在发展中国家,特别是 20 世纪 90 年代经历了亚洲金融危机的亚洲国家,对跨国公司运作已变得越来越不信任。因此,跨国公司除对 CSR 加深理解和作出承担外别无其他选择。③

在发展中国家和新兴市场推进 CSR 前进更重要的动力应是其自身的发展需要及全球经济一体化带来的压力,包括对发达国家市场的进入。④ 在这方面,新兴国家中的大型企业作为本国经济的主导力量一直积极致力于达致发达国家 CSR 标准,提升自己的 CSR 水平,从而在国际市场上更具竞争力。最近一份 CSR 研究报告对 21 个新兴市场中的 127 家带头企业和发达国家中 1700 个主要公司进行了比较,而结果是令人惊讶的:这些公司的 CSR 水平基本相同;新兴市场带头企业 CSR 实践超过了人们的一般预期,甚至超过了一些发达国家的标准。⑤ 在这份报告中,有趣的是在与拉美和非洲国家带头企业相比时,亚洲和中欧新兴市场中的带头公司在社会责任投资和发展道德行为准则方面反而显得逊色。⑥

在中小企业方面,一些情况是令人鼓舞的。例如,最近参加联合国全球契约会议的巴西中小企业人数超过了从英国、意大利和德国中小企业与会

---

① Peter Utting, "Rethinking Business Regulation: From Self-Regulation to Social Control", UNRISD Technology, Business and Society Programme Paper Number 15 (2005), pp. 4—5.

② R. Scott Greathead, "Drawing Bright Lines: Setting Standards for Multinational Corporations through Voluntary Initiatives", in Jose Allouche, *Corporate Social Responsibility*, vol. 2 (Palgrave Macmillan, 2006), pp. 185—186.

③ John Zinkin, "Maximising the Licence to Operate", *The Journal of Corporate Citizenship*, Summer 2004, pp. 67—80.

④ Jedrzej George Frynas, "Corporate Social Responsibility in Emerging Economies", *The Journal of Corporate Citizenship*, Winter 2006, pp. 16—19.

⑤ Jeremy Baskin, "Corporate Responsibility in Emerging Market", *The Journal of Corporate Citizenship*, Winter 2004, pp. 29—47.

⑥ Ibid., pp. 34—37.

者的总和。① 但发展中国家中小企业在发展 CSR 中面临着更多的困难;CSR 标准可能对其有负面作用,不仅因为他们缺乏现代科技、环保材料、必要的信息和培训,而且 CSR 标准可能成为保护主义的工具并且只反映发达国家消费者的优先关注。有鉴于此,保证 CSR 支持,但不损害,发展中国家中小企业改善其社会责任是至为关键的。② 发展差异、缺乏对 CSR 的认识、机制支持不足、不能有效监管和执法一直使大多数发展中国家和新兴市场的中小企业无力发展自己的 CSR 目标和策略。③ 在这些国家由于治理模式、民主政治环境和教育程度的问题,不能有效地使中小企业和利益相关者参与,而使 CSR 发展极具难度并提出了一系列与发达国家企业不同的问题。

三、CSR 在中国提出的挑战

在中国经济以惊人速度发展和市场扩张的进程中,CSR 已成为一个日益重要的关注点。中国人民大学刘俊海教授在其关于 CSR 著作的结尾曾预期,中国作为世界上唯一的社会主义市场经济国家至少不应在发展 CSR 理论、立法和实践中落后于资本主义国家。④ 近年来,一些学者还令人信服地指出,中国传统文化中的某些核心理念,如儒学中的"仁"的理念及相关格训中就包含了诚实、信义、关怀、仁爱、和谐、尊严等一系列核心成分。这与以西方基督教价值为基础的 CSR 理念是相容的。因此,中国传统文化应可成为中国商界履行其社会责任的重要基础。⑤

目前 CSR 在中国已取得了一些令人鼓舞的发展,包括政府和企业更为积极地参加各类 CSR 论坛和活动,推广国际 CSR 标准、认证、报告等方法,与国际机构组织合作开展联合研究,并把国内 CSR 活动体制化。在 2005 年我国修订《公司法》时,企业社会责任被明确作为公司运作中的一般原则加

---

① 见 the Website of UN Global Compact (2006), at http://www.unglobalcompact.org/participantsAndStakeholders/index.html。
② United Nation Industrial Development Organization, "Corporate Social Responsibility and Developing Country SMEs", June 2002; at http://www.unido.org/doc/5162.
③ Dima Jamali and Ramez Mirshak, "Corporate Social Responsibility (CSR): Theory and Practice in de Developing Country Context", *72 Journal of Business Ethics* (2007), pp. 243—262.
④ 刘俊海:《企业社会责任》,法律出版社 1999 年版,第 293 页。
⑤ Christine Phoon-Lee, "Corporate Social Responsibility and 'Putting People First' from a Chinese Cultural Perspective", *The Journal of Corporate Citizenship*, Summer 2006, pp. 23—25.

以规定。①

尽管取得了一定进展,中国的 CSR 发展仍然面临着一些严峻的挑战。大量的工伤矿难惨剧、对劳工权益的侵害、食品安全、消费产品质量、环境污染、商业腐败和市场欺诈等在国内外都引起强烈关注。为有效地评估这些问题的严重程度,应对不同层面的企业做更具体的分析。

外商投资企业,特别是跨国公司,由于其优越的条件和实力,人们期望他们不仅引入先进的科技、产品和管理技能,而且应在树立更高 CSR 标准方面,作出承担和表率。一份内容广泛的报告指出,在华的美国多数公司都引入了美国的商业道德和管理标准,对提升中国的 CSR 做出了贡献,包括以这些标准适用于其在中国的工厂、劳资关系,以及中国的所在社区。根据这一报告,这些公司为发展 CSR 做出了榜样,很多做法不断被中国企业借鉴吸取。②欧盟商会也开始每年发表"欧盟企业在中国的立场报告"检视欧盟在华企业运作的整体情况,并有对不同方面问题的建议。这一报告每年被送交中国政府和欧盟主管部门以期不断改善欧盟企业在华投资的环境。③

然而这些报告可能并没有反映跨国公司在中国 CSR 情况的全貌,一些负面的报道也经常见诸报端。如绝大多数外国投资者的 CSR 只局限于某些捐助和教育,而对中国长期发展战略中的经济、社会和环境问题则需进一步关心和投入。根据最近中国商务部跨国公司研究院 2006 年发布的《2006 年跨国公司中国报告》,一些跨国公司在中国逃避企业社会责任并涉嫌行贿逃税、违反劳动及生产安全法规。④另外,国家税务总局曾公布,跨国公司在中国避税超过了 300 亿元;⑤还有一些研究发现有些跨国公司使用在其他发展中国家所用的手段,利用法制不够完善等情况,仅仅履行最低限度的法律要求,而没有更高的 CSR 承诺。有些跨国企业甚至从国内企业学到了不好

---

① 《中华人民共和国公司法》(2005),第 5 条。
② The Business Roundtable, "Corporate Social Responsibility in China: Practice by U. S. Companies——How U. S. Companies Contribute to the Improvement of Social, Labor, and Environmental Conditions" (2000), available at http://www.businessroundtable.org/TaskForces/TaskForce/document.aspx? qs=6905BF159F249514481138A74FA1851159169FEB56839.
③ 最近的报告见 European Chamber, 2007/2008 European Business In China Position Paper (Sept. 2007)。
④ 商务部研究院:"部分跨国公司在华逃避社会责任",2006 年 2 月 17 日,见 http://new.xinhuanet.com/fortune/2006-02/17/content_4190736.htm(新华网)。
⑤ 李卫玲:"在华跨国公司避税 300 亿,税务总局调整外税 30 多亿",人民网,2006 年 1 月 24 日,见 4091614。

的做法。①

对国内企业来说,必须承认与国际标准和实践的差距是非常明显的。在一个对 21 个新兴市场 127 家大型公司的调查中,中国的大型带头企业在应对商业道德、环保和劳动安全等问题方面落后于巴西、印度和南非的同类公司。② CSR 在中国的发展仍处于起步阶段,与发达国家的 CSR 理念和要求相比,中国企业还没有发展出慈善公益理念和文化。有报告指出,中国 99% 的企业从来没有参与过捐赠。③中国社科院社会政策研究中心的课题组甚至发现,国有企业财力最强,但在社会捐赠中却居于民营企业和外资企业之后。④

国内的一些企业把 CSR 作为一种短期的策略,如 20 世纪中期以来,数以千计的沿海地区企业已参加了国际供销采购体系,从而使其必须接受相关国家 CSR 的审计。⑤但仍有不少人单纯认为 SA8000 是对发展中国家的"贸易壁垒",只是不得不需要在中国发展一个可行的应对策略。⑥另外,也有报道称有不少企业在其 CSR 报告中并没有如实反映实际情况。⑦

这种心态还反映在相当数量的企业,特别是大型企业对 CSR 表现的被动消极的态度。最近一项研究发现,中国的一些大型公司对准备 CSR 报告耗费资源颇有怨言,跟随这一实践只是因为这类报告是"进入海外市场的必要护照"。⑧这种不情愿的履行似乎和国际上盛行的自愿提交 CSR 报告的趋势形成鲜明的对比。根据一个调查,在 1993 年到 2002 年间,全球财富 250

---

① Maria Lai-Ling Lam, "Sustainable Development and Corporate Social Responsibility of Multinational Enterprises in China", Georgia Tech Center for International Business Education and Research, Working Paper Series 2007—2008, Working paper 017-07-08.

② Jeremy Baskin, "Corporate Responsibility in Emerging Market", *The Journal of Corporate Citizenship*, Winter 2004, pp. 38—45.

③ 王亦君:"99% 企业没有过捐赠,我国慈善事业法律亟待完善",载《中国青年报》2005 年 11 月 22 日;周凯:"只有 1% 企业家关注慈善,99% 的企业从未捐赠",新华网,2005 年 11 月 28 日,见 http://www.donews.com/Content/200511/aecaafa158a1446392a98e9a75b55004.shtm。

④ 转引自刘美玉:"国企社会责任意识亟待加强",载《经济》2007 年第 4 期。

⑤ China WTO Tribune, "The Present Condition of Corporate Social Responsibility in China", November 1, 2005; available at http://www.wtoguide.net/html/csrr/09_58_48_95.html.

⑥ Stephen Frost, "CSR in China", *Company Secretary* (Hong Kong), September 2005, pp. 15—16.

⑦ Yongnian Zheng and Minjia Chen, "China Moves to Enhance Corporate Social Responsibility in Multinational Companies", China Policy Institute of the University of Nottingham, Briefing Series—Issue 11 (2006), p. 6.

⑧ 陆源:"企业的社会责任半径",载《21 世纪经济报道》2007 年 8 月 27 日,第 24 版。

强中自愿提交 CSR 报告的比例从 35% 上升到 45% 并发展到附有独立审计。在日本,100 强企业中发表 CSR 报告的已达到 72%;这一比例在英国和美国分别达到了 49% 和 36%。①

CSR 在中国的现状反映了目前的市场发展状况。中国产品价格仍是极端敏感的竞争要素,几乎全部企业都受到价格竞争的压力,这样提高利润率就成了企业的唯一目标和评价市场表现的唯一标准,而对其行为在社会和道德上的影响关注不足。在这种环境中,企业管理层不得不把追求市场表现的短期效应作为其首务②;而几乎所有中小企业都没有能力承受发达国家推行 CSR 产生的额外成本③。

在中国发展 CSR 还会涉及如人权和 NGO 等政治敏感问题。有些人士在中国甚至认为某些西方的 CSR 标准不仅是贸易壁垒,更是"殖民主义的阴谋"。④这样的论断如与西方一些人士曾经认为 CSR 运动是社会主义的发展的言论放在一起会显得非常有趣和有讽刺意味。温斯顿·丘吉尔曾说过,"认为追求盈利不道德是社会主义的理念,而真正的不道德是亏损。"⑤ Friedman 亦说正是基于这一原因,他认为承认企业社会责任就等于接受了社会主义的观点,都是政治机制而不是市场机制来决定稀缺资源的支配使用。⑥即使在最近有的 CSR 专家还提出 CSR 正是从资本主义后门推介社会主义的工具。⑦相反,最近澳大利亚金融评论一篇社论指出,现代资本主义有很多强项,但却有一个重大缺陷:一些主管迫于压力只追求更多的利润和更高的股东价值。因此危险在于管理层没有从社会整体利益关注根本的公平

---

① KPMG International Survey of Corporate Sustainability Reporting 2002, pp. 9—14.

② Maria Lai-Ling Lam, "Sustainable Development and Corporate Social Responsibility of Multinational Enterprises in China", Georgia Tech Center for International Business Education and Research, Working Paper Series 2007—2008, Working paper 017-07-08, pp. 16—17 and 24—25; and Yongnian Zheng, "Why China Lacks the Right Environment for Corporate Social Responsibility", The University of Nottingham, *China Policy Institute Briefing Series*, issue 6 (2006), p. 8.

③ 参见蔡伟:"社会责任,中国企业的苦衷与出路",载《粤港澳市场与价格》2006 年第 2 期。

④ 这方面争论的一个概述,见王飞鹏、江伟、仝震:"关于企业社会责任的争论与思考",载《山东工商学院学报》2006 年第 2 期。

⑤ 转引自 Diego de la Torre, "Corporate Social Responsibility: A Business Approach: The Economic of Intangible; available at http://www.livinginperu.com/blogs/business/337。

⑥ Milton Friedman, "The Social Responsibility of Business Is to Increase Its Profit", New York Times, Sept. 13, 1970 (Magazine), p. 32.

⑦ Michael Hopkins, "Criticism of the Corporate Social Responsibility Movement", in Ramon Mullerat (ed.), *Corporate Social Responsibility: The Corporate Governance of the 21st Century*, (Kluwer Law International, 2005), p. 474.

问题。①

在这一世界进程中,中国某些企业和政府单纯追求 GDP 增长已经证明不仅在实践中是没有效益的,也是不能持续的和不道德的。因为这种发展导致贫富悬殊、环境恶化、工伤矿难频仍、贪污成风及产品质量下降。事实上,最近世界银行研究机构的一份报告发现,世界范围内越来越多的政府把 CSR 作为其可持续发展和国家竞争力战略的一部分。②因此,中国政府和企业应该以更加务实认真的态度接受 CSR 的挑战,而不是简单地把问题政治化;当然由于发展阶段不同,CSR 在发展中国家和发达国家应用平行的不同标准来评价。

中国 CSR 发展现实也反映了市场经济和体制发展中的一些特别的中国特色。因此,与其他市场经济国家民权社会主导 CSR 发展不同,中国政府的强势地位使 CSR 进程以一种"自上而下"的方式推动,严重依赖于政府在劳动环境、消费者保护、科技创新及和谐社会的政策和行政措施。③这种做法可能会引致一些自相矛盾的效果。一方面政府立法和执法仍是最多使用和最被依赖的方法来规范企业市场行为。鉴于国内对 CSR 的有限认知和市场机制正在发育,CSR 发展还不太可能完全依靠公司企业的自愿。事实上,在评论 CSR 在中国的发展时,所有人都一致提到改善有效监管和执法的法治环境是推动 CSR 发展的迫切需要。但另一方面,有限的资源和强制推行道德标准的困难都要求政府为自己重新定位,并重新设计自己在 CSR 中的作用。除法律措施外,政府应更加关注有效地以政策指引、优先议题和激励机制使企业作为合作者一起参与 CSR 的发展。

与政府在市场上作用密切联系的问题是众多大型国企在市场上的垄断地位。在中国加入世贸进程中,一些巨型国有公司在国家航母政策下被以行政方式建立,并以其垄断暴力成为国家财政的重要来源;但这些公司的运作却在全社会引起消费者对其垄断价格广泛怨愤。④ 目前的法规似乎更侧重于要求国有企业为国有资产保值增值,但却没有强有力的 CSR 要求。⑤在

---

① "Hardie Needed to Draw the Line", Australian Financial Review, Sept. 22, 2004, p. 62.
② Djordjija Petkoski, Nigel Twose (ed.), Public Policy for Corporate Social Responsibility, Summary of a conference on the same topic jointly sponsored by the World Bank Institute and the International Finance Corporation on July 7—25, 2003.
③ 韦黎兵:"履行社会责任!政府推着企业走",载《南方周末》2007 年 11 月 1 日,C17.
④ 刘美玉:"国企社会责任意识亟待加强",载《经济》2007 年第 4 期。
⑤ 如国务院 2003 年 5 月 27 日发布的《企业国有资产监督管理暂行条例》即是这方面的例子。

这种不平衡的框架内,盈利和 CSR 不太可能同时得到进展。

另外,CSR 发展需要中央政府和地方政府的共同努力。尽管中央政府已经调整了国家发展战略,推动和谐社会,创新产业和环境保护,但如何有效地在地方层面实施这些政策一直是个重要的问题。例如,为吸引更多的投资,一些地方政府甚至不惜漠视法规,牺牲劳工及工会利益和环保要求。①最近因为地方政府抵制而被宣布无限期推迟发布绿色 GDP 指标报告就是一个很好的例证。② 这些问题充分显示了 CSR 在中国的发展对中国政府及其管治模式的挑战远重于对企业的挑战。

NGO 和媒体或进一步的"民权社会"都是在全世界得到广泛承认的推动 CSR 发展的关键动力。但在中国现行的法律和政治框架内,结社和信息传播都受到一定限制,不少民间团体都直接或间接地受到政府的管理和影响。NGO 在中国的发展是不够充分的,独立性有限。因此,在中国用"自下而上"的方式推动 CSR 发展的空间是有限的。③政府与企业,特别是大型国有企业的密切关系和缺乏 NGO 和媒体的参与和监督使企业不能受到足够的社会压力。这种环境对企业发展 CSR 不仅不健康,而且对发展市场经济公平竞争平台也是不利的。

这一问题事实上已被国内一些学者所指出。如复旦大学董保华教授就提出,尽管解决中国 CSR 最好的机制应是由劳动者、消费者或非政府组织监督贯彻 CSR 的实施,但在现阶段这种情况还未能出现,所以只能考虑接受次好的选择。④吉林大学冯彦君教授进一步提出,国外 CSR 标准对中国企业造成压力迫使他们履行某些责任以拿到订单。从这个意义上说,虽然这种状况不是理想的,但必须要容忍因其有正面意义。⑤

迄今为止在中国关于 CSR 讨论基本局限在企业界,但可以肯定的是

---

① 孟华,张强和何云江:"外资对我国经济发展的负面影响应引起重视",2005 年 10 月 12 日,新华网,见 http://news.xinhuanet.com/newmedia/2005-10/12/content_3609374.htm。
② "地方政府不合作,绿色 GDP 临破局",载《香港文汇报》,2007 年 7 月 23 日,见 http://www.chinareviewnews.com/doc/1004/1/4/6/100414669.html?coluid = 7&kindid = 0&docid = 100414669。
③ Nick Young, "Three C's: Civil Society, Corporate Social Responsibility, and China", The China Business Review, Jan.-Feb. 2002; available at http://www.chinabusinessreview.com/public/0201/young.html; Yongnian Zheng, "Why China Lacks the Right Environment for Corporate Social Responsibility", The University of Nottingham, *China Policy Institute Briefing Series*, issue 6 (2006), pp.7—11.
④ 转引自叶静漪和肖京:"'企业社会责任'国际研讨会综述",载《中外法学》2006 年第 5 期。
⑤ 同上。

CSR 的发展不可避免地会涉及后监管时代国家新治理模式的相关问题。有一种理论认为,与"从上到下"主导控制的监管治理模式不同,后监管国家的主要特征是监管权力在公权和公权以外的领域以共享和共同参与的形式分散。①因此,后监管国家会通过淡化决策政治性和发展自我约束规制来推动民主治理。②

四、结论

尽管在全球范围内取得了强劲的发展,CSR 仍然是一个极具争议性并正在发展中的理念。从法律的视角,CSR 的讨论主要集中在其法律基础、强制执行性、对公司法的改革和对国家治理模式的挑战。发展中国家和新兴市场的 CSR 在跨国公司监管、机制构建和优先关注等方面有着特殊的复杂性。

CSR 在中国社会主义市场经济中正在取得进展,但亦面临着一些严重的长期挑战。除了有与其他发展中国家和新兴市场有共性的问题外,政府的强势主导、国有企业在市场的垄断地位、正在完善中的体制建设、应对来自发达国家的压力和国内民权社会发展的政治敏感性都使 CSR 发展具有显著的中国特色,并同时对经济发展和政治体制改革产生深远的影响。

---

① Anne-Marie Slaughter, "Global Government Networks, Global Information Agencies, and Disaggregate Democracy" 24 Michigan Journal of International Law 1041 (2003), p. 1059; and Colin Scott, "Regulation in the Age of Governance: The Rise of the Post-Regulatory State", National Europe Centre Paper no. 100, Australian National University, June 6, 2003; available at http://www.anu.edu.au/NEC/publications.php.

② Slaughter, 同上, p. 1068; and Conley and Williams, "Engage, Embed, and Embellish: Theory Versus Practice in the Corporate Social Responsibility Movement", UNC Legal Studies Research Paper no. 05-16 (2005), available at http://ssrn.com/abstract=691521, p. 53。

国外企业社会责任的理论与实践
——兼论中国关于企业社会责任的立法与应用

张 红[*]

摘 要 关于企业社会责任的理论,虽然已有很大发展,并正在逐渐为人们所接受。但是,对于如何理解企业社会责任的概念,在国内外学术界存在着不同的观点,需要进一步探讨。明确企业社会责任的概念,其目的在于它的实施。实施企业社会责任,需要依靠社会各方面的力量,其中包括调动企业的积极性、发挥政府的作用和建立监督机制。中国关于企业"承担社会责任"的法律规定不仅在中国企业立法史上具有重大意义,而且开辟了亚洲公司法发展史的先河。中国关于企业社会责任立法的应用正在被国内重视,被世界关注。

关键词 企业社会责任;理论与实践;立法;应用

笔者向这次论坛提交的论文是《国外企业社会责任的理论与实践——兼论中国关于企业社会责任的立法与应用》。笔者之所以讲这个问题,是因为近几年来,笔者对这方面的问题参加了一些调查,进行了一些探讨,有一些初步体会,希望和大家交流。几年前,笔者所在的日本国立大学法人冈山大学曾经组织了一个有有关教授专家参加的代表团,笔者作为其中的主要成员之一,和其他成

---

[*] 张红,日本国立大学法人冈山大学法学部教授、博士生导师,律师。

员一起用了三年多的时间,对日本在华投资的跨国企业进行了调查。在调查过程中,我们不断思考这样一些问题:企业应当如何履行社会责任,特别是作为一个跨国公司既带有"母国"文明的烙印,又必须适应"东道国"的文明环境,怎样在这种文明的碰撞、融合中发展?中国和日本虽在地域上同处亚洲,但在承担企业社会责任方面有所不同,其表现方式以及不同的原因是什么?中日双方应如何实现跨国公司治理结构的转型?笔者想借此机会,向各位专家、学者谈一下个人的一些粗浅想法。

一、关于企业社会责任的定义

关于企业社会责任的理论,虽然已有很大发展,并正在逐渐为人们所接受。但是,对于如何理解企业社会责任的概念,在国内外学术界存在着不同的观点,至今还没有一个公认的定义,而是众说纷纭。这不利于企业社会责任理论的发展以及这一理论在实践中的应用。因此,有必要对其做进一步探讨。

1. 美国:很早产生了企业社会责任的理论,但长期存在着争论

美国提出企业社会责任这一概念是最早的,并就其内涵、外延争论得非常激烈。从20世纪30年代开始,以美国哈佛大学多德教授和哥伦比亚大学伯尔教授为代表,展开了持续几十年的论战,至今还没有达成一个清晰的结论。美国哈佛大学多德教授认为,企业不但应当为股东服务,也要为利益相关者服务。[1] 哥伦比亚大学伯乐教授认为,企业在没有提供一套清晰方案或者企业在实现对社会的责任之前,应该只为股东服务。[2] 在哥伦比亚大学伯尔教授与米斯兹合著的《现代公司与私人财产权》一书中,伯尔教授的观点有所改变,即从经营者的角度来分析,现代大型股份有限公司中的经营权与所有权的分离,主要是设法分离原本越来越扩大的经营者权限。这也是这本书的一个最大亮点。[3]

后来,美国在判例法中将企业社会责任视为是企业章程所赋予的权利行为而加以法制化,而且随着其行为对社会和企业自身所产生的效应不断

---

[1] J. T. Ralph, "A Corporate Social Responsibility?", lecture Delivered in Melbourne, 26th June 1996.

[2] Berle, "Corporate powers as powers in trust," 41 *Harvard Law Review* 1049 (1931); Dodd, "For Whom are Corporate Managers Trustees?", 45 *Harvard Law Review*, 1365, 1367, 1145 (1932).

[3] Adolph Berle & Gardiner Means, "The Modern Corporation and Private Property", (New York, 1932), pp. 355—356.

明显,判断企业社会责任的一个严格的司法标准也出现了极大的松动,其主要表现为放弃"直接经济利益"的要求,以有利于促进企业社会责任的新司法标准应运而生。特别是20世纪40年代后期,美国为了进一步推动企业社会责任的应用,许多州颁布了成文法。比如,以宾夕法尼亚为代表的29个州对其《公司法》进行了修改,在《公司法》中补充了有关公司与其他利益相关者的条款。

总的来说,美国法学界和法律界对企业社会责任的态度,在不同的历史时期存在着肯定甚至否定的不同观点。① 当然,目前持肯定的观点占多数。其中,美国佐治亚大学教授认为,企业社会责任乃社会寄希望于企业自身履行的义务:社会不仅要求企业实现其经济利益上的使命,而且还希望企业能够尊法度、重伦理、行公益。② 可见,完整的企业社会责任乃企业的经济责任、法律责任、伦理责任和自主决定的慈善责任之和。

2. 日本:大力提倡企业社会责任,但尚未取得共识

在日本,从20世纪六七十年代以来,就大力提倡企业社会责任。虽然在不同年代企业社会责任的表现方式不同,但无论是经济学界还是法学界都比较重视企业的社会责任问题。

表1 在日本,不同年代企业社会责任的表现方式有所不同③

年代	社会情形	对应状况
20世纪60年代	企业造成的公害影响极坏	住民掀起了反抗运动
20世纪70年代	批判"企业利益至上"论	设立企业公害部和利益返还财团
20世纪80年代	日本经济快速增长 房地产地价暴涨	企业积极赞助 文化艺术活动
20世纪90年代	泡沫经济崩溃出现企业伦理和地球环境等问题	财团法人日本经济团体联合会制定宪章成立地球环保机构
进入本世纪以来	企业丑闻连续百出,利益相关者之间越来越紧密联系	设立企业社会责任组织和企业社会责任投资基金 2003年被认为"企业社会责任经营元年"

---

① Vagts,"Reforming the Modern Corporation: Perspectives from the Ger man",80 *Harvard Law Review* 23,48 (1966).

② 上海国家资产管理委员会:《企业社会责任的中西比较及启示》,中证网 http://www.cs.com.cn 2007.07.02.

③ 此表格是根据〔日〕川村雅彦:《日本の"企业の社会的责任"の系谱(その2)——CSRの"うねり"は企业经营の价値転换へ》(载《ニッセイ基础研REPORT》2005年5期,第1—8页)提供的资料作成的。

从上述各年代企业社会责任的不同表现方式中不难看出：日本企业承担社会责任，是为了解决当时出现的一些问题；同时，也是为塑造一个良好的企业形象或是作为企业的一个经营战略手段而已。至今，日本仍然未将企业社会责任提到立法的日程上来，一个重要的原因是，到目前为止日本还没有对企业社会责任的定义取得共识。从学术界来看，对企业社会责任大体区分为两种态度：一种是消极的态度；另一种是积极的态度。

持消极态度的教授认为，公司以盈利为前提，如果没有盈利根本谈不上承担什么社会责任。① 企业作为社会的一员，首先是一个盈利法人机构。而企业社会责任只是社会对企业的一种期望，期待着企业既可以创造利润又可以服务于社会。②

持积极态度的教授认为，企业为达到服务于社会的目的，才采取盈利活动，即盈利只是一种手段。因此，企业应该树立起承担社会责任的目标。③还有的教授认为，应该将企业社会责任纳入董事的忠实义务当中。④ 由此可见，日本企业社会责任不仅要照顾股东利益，还要照顾经营者、债权者、员工、消费者等相关人的利益，以积极维护公共利益。特别是近年来制定的《非营利活动促进法》(即 NPO 法)，使得中间法人⑤在一开始就不是以营利为目的而成立，而是为服务于社会而成立。这充分体现了中间法人存在的意义在于为"社会贡献"。笔者相信，随着时间的推移，它将得到越来越多的人所赞成。

3. 中国：理论研究起步较晚，但发展较快

在中国，讨论企业社会责任问题开始得比较晚，但是，近几年来成了许多学者关注的一个重要问题。因此，在这方面的理论研究发展很快。

对公司社会责任的理解，中国法学界主要以下几种观点：

---

① 参见〔日〕末永敏和：《企业统治和公司法》，见《コーポレート ガバナンスと会社法》，日本中央经济出版社 2000 年版，第 88 页。
② 参见〔日〕新山雄三：《株式会社企业"社会的实在性"和政治献金能力》，载日本《冈山大学法学会杂志》40 卷 3—4 号。
③ 参见田中诚：《企业的社会的作用重视和企业社会责任人论》，载《重视企业社会作用—商事法学》。
④ 参见〔日〕三枝一雄：《企业の社会的责任》，(法律论业别册) 载《明大法学部创立 100 周年纪念论文集》，第 188 页。
⑤ 中间法人 (Non-profit Organizations，其缩写为 NPO)，是指根据《中间法人法律》(NPO 法)设立的，不以营利而以慈善为目的的合法组织。特点有三：(1) 有服务于社会大众利益的宗旨；(2) 禁止任何人利己营；(3) 享有合法免税的待遇。其服务和产品不一定免费。

其一,有的学者指出:"公司的社会责任只是公司成立后在运营中须承担某种法律的普遍义务或者与他人形成契约关系产生的法律关系的后果,如保护环境的责任同时适应于每个公民,在契约关系中公司还会享有权利,只强调义务是片面的。"①

其二,有的学者说:"所谓公司社会责任是指公司不能仅仅以最大限度的为股东们盈利或赚钱作为唯一存在目的,还应当最大限度地增进股东利益之外的其他所有社会利益。这种社会利益包括:雇员利益、消费者利益、债权人利益、中小竞争者利益、当地社区利益、环境利益、社会弱者利益及整个社会公共利益等内容。即包括自然人的人权中规定的社会、经济、文化权利,也包括自然人以外的法人和非法人组织的权力和利益。其中,与公司存在和运营密切相关的股东之外的利益关系人是公司承担社会责任的主要对象。可见,公司社会责任并不仅仅意味着公司的利他主义行为或慈善行为。"②

其三,有的学者主张:所谓"企业的社会责任",是指在市场经济条件下,企业的责任除了为股东(stockholder)追求利润外,也应该考虑相关利益人(stakeholder),即影响和受影响于企业行为的各方利益。其中,雇员利益是企业社会责任中的最直接和最主要的内容。③

其四,有的学者认为:"公司社会责任可细分为三个层面,即遵守法令的责任,实践公司之伦理的责任与自行裁量责任(如慈善捐献等)"④。

4. 本文:对企业社会责任这一概念下的定义

应该肯定,无论是美国、日本的学者,还是中国的学者,他们对企业社会责任这一概念的论述都有可取之处,即使其中对企业社会责任持消极态度的学者,他们的观点也不是完全没有道理的。在吸取国内外学者研究成果的基础上,经过笔者的进一步研究,认为,要搞清楚究竟什么是企业的社会责任,应该明确以下几点:

其一,企业的社会性是企业承担社会责任的决定因素。要正确认识企业与社会的正确关系。企业既是一个经济细胞,又是一个社会细胞,是社会

---

① 甘培忠:《公司控制权的正当行使》,法律出版社2006年版,第119页。
② 刘俊海:《公司的社会责任》,载王保树主编:《商事法专题研究文库》,法律出版社1999年版,第6—7页。
③ 这是常凯教授的观点。参见叶静漪、肖京:《"企业社会责任"国际研讨会综述》,载《中外法学》2006年第5期。
④ 刘连煜:《公司治理与公司社会责任》,中国政法大学出版2001年版,第84页。

大家庭的一员。企业的运行总是以一定的社会需求为起点、以一定的社会环境为依托、以一定的社会公众支持为基础的。企业与社会本来就应该是相互依存、互为动力、同步发展的。对社会不负责任的企业,迟早要被社会抛弃;与社会一体发展的企业,才能永葆活力、基业常青。①

其二,依法经营是企业承担社会责任的内在要求。企业必须依法经营,必须遵守劳动法、产品质量法、消费者权益保护法、税法、环境法等;如果损害企业员工合法权益,提供伪劣产品,损害消费者合法权益,偷税、漏税、抗税、骗税,以及破坏环境等,既是违法经营的表现,也严重违反企业的社会责任。

其三,积极创造利润是企业承担社会责任的物质保证。企业积极创造利润,能够为企业承担社会责任提供充分的物质条件;如果企业经营不善、连年亏损,就无力对社会承担应尽的责任。有人认为,企业的职能就是创造利润,把企业做大做强就是对社会负最大的责任②。应该说,这种看法有一定道理,但有片面性。

其四,企业承担社会责任是企业经营的一项重要目标。除了一些特殊类型的企业以外,企业都应该树立双重责任目标:一是要对股东承担责任,要以股东的盈利作为企业经营的一项重要目标;二是要对社会承担责任,即要以增进利益相关者如企业员工、消费者、债权人、中小竞争者、社会弱者、当地社区等的利益,以及社会公共利益作为企业经营的一项重要目标,两者不可偏废。

根据以上论述,为了揭示企业社会责任这一概念的内涵,即这一概念所反映的事物的本质属性,笔者认为,可以用简练的语言对企业社会责任这一概念下这样一个定义:企业社会责任,是指企业要依法经营,积极创造利润,在对股东承担责任的同时,要对社会承担责任,即增进利益相关者的利益和社会公共利益。

二、企业社会责任的实施

企业社会责任的实施,需要依靠社会各方面的力量,其中包括调动企业

---

① 参见郭军:《现代企业的社会责任》,载《人民日报》2007年10月11日。
② 同上。

的积极性。但是,只靠企业的"自觉"显然是不够的,还应该发挥政府的作用以及建立监督机制。下面,分别进行论述:

1. 调动企业的积极性是实施企业社会责任的关键所在

企业既有盈利性,又有社会性。企业不能以对股东承担责任作为唯一目标,而应当同时以对社会承担责任作为其另一项重要目标。为什么要对企业目标给予新的定位?其主要原因是,一些企业单纯为了追求利润,近年来丑闻百出,使居民蒙受损失,给社会带来不信任。从美国的安然(Enron)公司的崩溃到Worldcom公司的会计欺诈行为,从日本的三菱汽车事件到食品标贴伪造等事件,数不胜数。在中国,跨国企业逃避社会责任的现象也层出不穷。跨国企业违背社会责任以至违法经营[①]的表现形式是多种多样的。比如,跨国企业人员行贿,违背良好的企业操守。2005年美国的DPC公司因违反《商业贿赂法》,被处以479万美金罚款。又如,跨过企业非法逃税是又一种表现形式。据统计,国际贸易总额中约有60%是外资企业在制定内部交易价格时,通过便利的转让价格方法以达到减少税负从而增加利润的目的。在中国,外商投资企业也利用非法手段避税,每年给中国造成税收损失达300亿元以上。再如,一些跨国企业侵犯劳工权利有多种表现:工资标准偏低;延长工时;强制劳动,限制人身自由;无视劳动安全,缺乏基本的劳动安全保障;等等。还有,在环保方面,违规企业涉及的行业也较多,最引人注意的是环保违规名单中的企业居然有5家是2006年"世界五百强"中的著名企业。对于这种问题,需要彻底治理。

提高企业的社会责任意识至关重要。企业要正确认识,承担社会责任是企业的社会性决定的,是其应尽的义务,而不是额外负担。我们对在华投资的跨国企业进行的调查过程中发现,承担社会责任好的企业,有助于提高其核心竞争力,其经济业绩也较好。应该看到,经济全球化的发展,为企业的跨国经营提供了契机。如前所述,企业既有"母国"文明的烙印,又要适应"东道国"的文明环境,那么,它如何去履行对当地的社会责任呢?对此,我们代表团在2004年就对在华投资的1043家跨国企业(日方出资50%以上,资本金2亿以上)[②]进行了书面调查以及当面采访。其中,147家给予书面

---

① 企业社会责任包括法律义务,但不仅是法律义务。因此,企业违法经营必然违背社会责任;企业违背社会责任不一定违法。

② 参见〔日〕张红、北川博史·榎本悟:《中国における日系企业の共生の观点》,载日本《文化共生学研究》2006年第4号。

回执。对13家进行了采访记录。根据14.1%的回执率统计:36%的跨国企业总经理在企业社会责任方面的意识是较高的;另外64%的跨国企业总经理认为在考虑企业社会责任前提下,首先要考虑股东和公司的利益。还有12%的跨国企业总经理指出,应该在社会责任方面配置更多的资源;80%的跨国企业总经理表示,企业之所以要履行社会责任,主要是考虑到社区周围关系户的利益和公司的利益。而另外8%的跨国企业总经理对企业社会责任表示无兴趣。因此,调查表明,企业的社会责任意识与企业规模和行业类别无关,只要企业自身的组织有保障、内部制度健全,就是企业履行社会责任的重要条件,其效果也会较好。

2. 发挥政府的作用是实施企业社会责任的必要条件

企业社会责任是经济责任、法律责任和道德责任的统一体。发挥政府作用,必须完善政府的权力治理机制,使政府职能合理化。实施企业社会责任,需要政府的指导与管理。政府要教育企业增强承担社会责任的自觉性,指导企业采取措施切实履行其社会义务。在实施企业社会责任的过程中,企业依法经营需要政府加强和改善市场监管与宏观调控,处理好企业与有关方面的关系需要政府协调。企业以一个社会成员的身份进行活动时,必然要与各有关方面发生各种关系,其中包括企业与员工、居民的关系。当处于强势地位的企业对员工、居民发生不公正、非正义行为,有损于他们的利益时,人们面对强大的企业只能求助于政府,期待政府采取适当措施维护社会公平与正义,使企业承担起自己的社会责任。因此,政府作为国家行政机关,具有协调不同社会成员之间的相互关系的职责,以维护社会持续稳定发展。

美国政府不像欧洲那样为直接推进企业承担社会责任而发挥某种引导作用。因为美国的企业社会责任自古以来是以民间团体为中心普及起来的。

日本采取的是欧洲的模式,日本政府积极参与引导企业承担社会责任。例如,日本经济产业省于2004年成立"企业社会责任(CSR)恳谈会"[①]后,2007年由政界、产业界、学术界的代表作了有关报告。[②] 日本厚生省召开了

---

① 参见日本经济产业省:《关于企业社会责任(CSR)恳谈会》,http://www.mei.go.jp,2004年4月。

② 参见日本经济产业省:《关于企业社会责任(CSR)恳谈会》(中间报告),http://www.mei.go.jp,2007年。

"有关劳动方面的企业社会责任(CSR)研讨会。"①

在中国,政府可以采取教育推动、宣传倡导等方式,提高企业对承担社会责任的认识;积极支持关于企业社会责任的理论研究与对策探讨,逐步形成中国的企业社会责任理论体系与实施方案,体现出中国企业社会责任的特色。中国政府在国家经济活动中要发挥好市场监管和宏观调控的职能作用,以利于企业社会责任的实施。

3. 建立监督机制是实施企业社会责任的重要保障

现代企业应该以实现企业和社会的共同和谐并能持续发展,作为它的一项重要目标。但是,在实际经济生活中,往往有部分企业不能自觉承担其社会责任。因此,建立监督机制对于实施企业社会责任至关重要。

"美国的政府机构比如联邦贸易委员会、环境保护局和消费者权益保护协会等社会公共利益监督机构均要求企业提供某一方面的社会责任履行情况的报告。"②这是对企业承担社会责任实行监督的一种形式。

在我国,国家统计局和国家环保总局也要求企业向国家报送有关企业环境基本情况的统计报表。但是,这些关于企业社会责任的信息披露,并未完全对外公开,使用信息的只是有关国家机关。现有的关于企业社会责任的法规,还未制定信息披露的准则。中国企业社会责任发展中心对1500家企业进行的调查表明③,只有2%的企业经常发布企业社会责任报告书,26%的企业偶尔发表一下,71%的企业从未发布过。由此数据看出,中国企业在社会责任报告方面,是做得很差的。中国要完善企业责任监督机制,除了政府行为以外,还要发挥社会团体的监督作用,比如环保组织、消费者协会、工会等。社会团体的力量是不容忽视的,中国社会责任监督机制的形成,也可以充分利用这部分团体的力量,从政府和社会两个方面着手,形成多层次、多渠道、全方位的社会责任监督机制,把事前监督、事中监督与事后监督结合起来。

---

① 参见日本厚生劳动省:《关于企业社会责任(CSR)研究会》(中间报告),http://www.mhlw.go.jp,2004年6月。
② 上海国资委:《企业社会责任的中西比较及启示》,载《中国证券报》2007年7月2日。
③ 同上。

三、中国关于企业社会责任的立法及其应用

1. 中国关于企业社会责任的立法及其重大意义

改革开放以来,中国制定了一系列关于企业(含公司)的法律。例如,《中外合资经营企业法》、《外资企业法》、《中外合作经营企业法》、《全民所有制工业企业法》、《公司法》、《乡镇企业法》、《合伙企业法》、《个人独资企业法》、《中小企业促进法》,《农民专业合作社法》等法律。

在上述法律中,2005年10月27日修订的中国《公司法》第5条第1款规定:"公司从事经营活动必须遵守法律、行政法规,遵守社会公德、商业道德,诚实守信,接受政府和社会公众的监督,承担社会责任。"这是我国首次在法律中明确规定公司的社会责任,意味着我国立法对传统企业角色定位的突破。这无疑是我国企业社会责任法制化进程中的一个重大成果,具有高瞻远瞩的预见性和以人为本的社会性。此后,2006年8月27日修订的《合伙企业法》第7条规定:"合伙企业及其合伙人必须遵守法律、行政法规,遵守社会公德、商业道德,承担社会责任。"这是我国法律对企业具有"承担社会责任"的义务又一次作出的明确规定。

我国以上两个法律、特别是《公司法》关于企业"承担社会责任"的规定,为解决我国企业社会责任问题提供了法律保证。而解决我国企业社会责任问题,不仅关系到企业内部的和谐与企业的发展,而且关系到中国经济的可持续发展、关系到中国的民生、关系到中国的社会和谐。关于企业"承担社会责任"的法律规定不仅在我国企业立法史上具有重大意义,而且开辟了亚洲公司法发展史的先河。

我们知道,日本在有关企业社会责任方面,政府是积极参与的,如经济产业省、厚生劳动省多次设立机构组织召开研讨会,但至今未作出法律规定。在2005年,日本对公司法进行了较大的修改,也仍未把企业社会责任以修改条文的方式写进修改草案中。日本法制审议会公司法部会部会长、原东京大学法学部教授江头宪治郎和日本法务省大臣官房参事官相泽哲,是主要审议这次日本《公司法》修改建议稿的负责人。其中江头宪治郎教授对2005年中国修改的《公司法》给予高度的评价。中国关于企业承担社会责任的法律规定领先于日本立法。

2. 中国关于企业社会责任立法的应用正在被国内重视,被世界关注

在中国,一些企业不讲社会责任,急功近利、浪费资源、污染环境、逃避税收、财务欺诈、拖欠工资、忽视安全、弄虚作假、坑害顾客等现象大量存在。这些行为不仅造成了企业与员工、消费者、投资者之间以及与自然环境之间的矛盾冲突,而且影响了社会和谐。因此,有必要采取法律保障、政府引导、社会监督、企业自律相结合的办法,通过建立企业履行社会责任的激励约束机制,使企业不仅做到内部和谐,而且做到与社会的和谐。① 必须明确,在中国作出了关于企业社会责任的法律规定之后能否得到实施,不仅是企业的事情,也不仅是国内的事情,而且具有重大的国际影响。因此,正在引起国内重视,被世界关注。为了实施关于企业社会责任的法律规定,中国的有关部门和单位采取了一系列措施。例如:

为了切实实施新修订的《公司法》、《证券法》的各项规定,国务院办公厅于2005年12月23日发出了《关于做好贯彻实施修订后的公司法和证券法有关工作的通知》。该《通知》要求:充分认识实施修订后的《公司法》、《证券法》的重要意义;深入开展学习宣传,加强业务培训;认真做好《公司法》、《证券法》修订前后相关工作的衔接;加强实施工作的组织领导,抓紧制定、清理相关行政法规和规章。

为了解决一些用人单位不按时发放工资,强迫劳动者加班加点,对加班的又不支付加班费等问题,中国于2007年6月29日制定的《劳动合同法》第30条规定:"用人单位应当按照劳动合同约定和国家规定,向劳动者及时足额支付劳动报酬。用人单位拖欠或者未足额支付劳动报酬的,劳动者可以依法向当地人民法院申请支付令,人民法院应当依法发出支付令。"第31条规定:"用人单位应当严格执行劳动定额标准,不得强迫或者变相强迫劳动者加班。用人单位安排加班的,应当按照国家有关规定向劳动者支付加班费。"

为了监督《劳动法》和《固体废物污染环境防治法》、《水污染防治法》等环保法律的实施,全国人大常委会分别组织了执法检查组,对上述法律的实施情况进行了检查,检查组先后于2005年12月28日和2006年8月26日向全国人大常委会作了报告。《报告》肯定了实施这些法律取得的成绩,指出了存在的问题,提出了改进的建议。这对于监督公司和其他企业贯彻《劳

---

① 参见陈佳贵:《国有企业更应重视社会责任》,载《人民日报》2007年9月27日。

动法》和环保法律,履行社会责任,发挥了重要作用。

为了使企业社会责任立法得到实施,制定一部《中国企业社会责任标准》是必要的。国资委中国企业改革与发展研究会发起的"中国企业社会责任联盟"已正式成立,并召开了中国企业社会责任论坛,讨论并制定了我国第一部综合性的《中国企业社会责任标准》,希望借此推动我国企业承担起社会责任。也使中国寻找出中国式企业伦理特别是中国企业社会责任与世界和谐相处之道。目前,正在制定适合国情的《HM3000 中国企业社会责任标准体系》①,标准体系通过经济学、管理学、社会学、法学等多个视角,结合国家宏观政策与中国企业和社会经济的一系列可持续发展问题,系统地提出了促进企业自我生存发展和社会共同发展的一套模式规范。与以往的国外 SA8000 等企业社会责任标准不同,HM3000 从客户、员工、股东、生态环境、商业文明、社会事业六个方面对企业的社会责任进行了系统诠释。HM3000 是一个内容结构庞大的体系,除了企业社会责任标准,它还包括了企业社会责任评估体系、管理体系、企业社会责任报告编制指南等。HM3000 不仅向我们阐述了一个企业应该履行的社会责任规范与要求,同时阐述了达到该规范与要求的管理步骤与内容、评估社会责任管理成效的办法,使企业能通过系统的社会责任管理逐渐达到社会责任目标要求。

近两年来,中国在实施企业社会责任的法律规定方面取得了一定成绩。据《人民日报》(2007 年 4 月 30 日)报导,中国铝业公司"牢记国企肩负的社会责任","仅去年一年在公司总部层面捐款 5000 余万元;目前中铝公司工业水重复利用率为 88%,已有 80% 以上的氧化铝企业实现了工业废水零排放,每年少排放废水 3377 万吨"。又据美刊(美国《时代》周刊)报导,中国企业开始注重社会责任。例如,中国国家电网公司去年在全国乡村开展了家家通电工程,为 54.5 万个未曾通电的家庭拉通了线路,无限期免费供电。联想从去年开始,启动电脑回收服务。海尔为中国穷学生捐助了近 4 亿美元的学费。截至 2007 年 6 月,共有 25 家中国公司向股东和公众详细报告了社会责任工程,而 2006 年这一数目还不到 10 家。② 但是,取得的成绩还

---

① 参见《HM3000 中国企业社会责任标准体系》发布会通告,http://www.sina.com.cn(新浪财经网),2007 年 7 月 11 日访问。
② 参见《参考消息》2007 年 9 月 27 日。

是初步的,实施企业社会责任的法律规定还任重而道远,需要继续为之努力。

以上是笔者对企业社会责任的理论与实际问题的一些不成熟的见解。不当之处,欢迎批评、指正。

金融领域的企业社会责任:国际规则的发展

William Blair
赵　杨 译*

摘　要　"9·11"以来,国际社会增强了打击金融恐怖行为的紧迫感,做出了很大努力。这种努力与同犯罪作斗争的体系的发展同等重要,即通过禁止利用金融系统处理犯罪所得来打击犯罪。

部分规则来自于国际公约,比如《禁止非法贩运麻醉品维也纳公约》和《制止资助恐怖主义纽约公约》。另外一些渊源包括联合国安理会的决议。欧盟也制定了适用于所有成员国的统一准则。

还有一部分发展很快的规则被称之为"软法",包括"巴黎金融行动特别委员会"之类非政府组织制定的标准,比如著名的"沃夫史博原则"。总之,所有这些形成了一个国际准则体系。在 IMF 等国际组织的推动下,这些准则已经被广泛地应用到各个国家的国内法律之中。

但是在实践方面,金融机构发现他们有责任实施这些不断增多的准则。金融机构被要求这么做,特别是当他们为客户开立银行账户并管理这些账户以及提供汇款服务时。这是现代金融企业承担社会责任的关键领域之一。

虽然与国内法律体系有别的国际准则缺乏正式的执行机制,但这并不意味着这个新的体系没有效力。基于

---

* William Blair,英国高等法院法官。赵杨,北京大学法学院硕士研究生。

参与者、市场以及将他们联系在一起的技术的全球化,金融已经全球化了。这种内在的联系将给违反规则者带来真正的惩罚。

本文论述了这些准则在金融机构操作中体现出来的性质,以及作为一个公司应该承担的社会责任。本文着重论述了在全球化背景下的许多关键问题:这个体系的效力如何?这个体系的运作对日益发展的世界是否有不利影响?与国际政策性对应,这套体系能在多大程度上被作为一种促进国内发展的方式?

本文也描述了已经发生的争论,即如何在保持打击洗钱与金融恐怖行为的整体目标与尊重个人权利的需要之间保持平衡,欧洲法院的法官在金融方面处理的最近几个案子已经被报道,并且引起了广泛的争论。

笔者很高兴,也十分荣幸地能够在北京论坛2007发表演讲。笔者谨向活动的组织者,尤其是北京大学、北京市教育委员会以及韩国高等教育财团致以诚挚的谢意。2007年度所选定的会议主题,即和谐、繁荣与多样性,无论在过去还是现在都是非常重要的。

本分论坛将当代商业中的两个核心议题联系在一起。第一个是跨国发展战略。这印证了当今商业运行的环境正日益成为全球一体化,这一状况在我所专注的领域中——银行与金融——更是如此。这与提升商业效率有关。

第二个议题是企业社会责任。近年来它已成为一种有力的推动力量。这一理念的核心在于商业必须肩负起为社会秩序做出贡献的责任。尽管商业的原始动力可能是为股东创造利润,但是它本身不能被排除在社会的广泛需求之外,这与促进商业按照社会价值运行有关。

这种价值导向的商业并不令人感到陌生。众所周知,早在伊斯兰教法中就为商业活动制定了若干原则,近年来这些原则在金融业中变得更富有影响力,其他的宗教信仰亦是如此。在2007年7月于日内瓦举行的联合国全球契约领导者峰会上,中国代表在其发言中将企业社会责任这一概念追溯至中国古代哲学家墨子在两千多年前所阐释的规则。全球契约本身是由联合国在21世纪初倡议启动的,旨在通过引入十项获得普遍接受的基本原则来为企业社会责任的理念提供一种新的动力。

更为新颖且更富争议的,同时毫无疑问地与律师和法官有更为直接关系的,是如何在公司法的框架下推进企业社会责任概念的展开。

在今天的发言中,笔者将首先列举近年来企业社会责任的理念如何影响了英国公司法的改革。巧合的是,英国与中国几乎同时都在修改各自国家的公司法。我们可以将其与中国在2005年对公司法所做的修改进行一些有趣的比较。

之后,笔者将以国际金融为例对企业社会责任在实践中的情况进行介绍。目前在金融领域已经有很多因素在推动企业社会责任的开展,并且受到了广泛欢迎。但是,除却对责任投资等问题的关注,企业社会责任在预防金融犯罪领域已经被牢固地确立起来。在这一特殊的领域中,最好的准则业已获得广泛共识,从而形成了一些国际惯例。

首先,笔者将谈一下英国的新公司法。这一立法的大部——据说这是英国议会通过的最长的法案——是将之前的诸多立法订立在一个统一的法案中。但是立法的过程则是由对当代若干重要议题的辩论开始的。2006年1月,在向英国议会上院介绍议案的过程中,斯伯利勋爵——一位重要的商人,其家族拥有斯伯利超市连锁——提出了其自称是公司法中的一个基本命题:"公司应当为谁的利益运行?"

从法律的视角来看,这一问题在处理有约束力的规则和企业社会责任的宽广概念之间关系时处于核心地位。斯伯利勋爵进而这样回答了这一问题。他指出,董事应当为了全体股东的利益而经营公司。这当然是盎格鲁——美国法的经典规则。但是,他进一步指出,如果仅仅关注短期财务收益,董事们则不能推进公司获得成功,"成功的公司都将企业的繁荣和履行社会责任的商业行为视为一个硬币的两面"。

大多数人都会赞成这一点:或者说,这已经成为了一种常识。但是,将诸多不严密的概念整合在一起并纳入一部有法律约束力的法典中会造成一个严重的问题,无论这些概念本身多么有价值。商事公司要按照确定的规则运行。非常清楚的是,董事们不能将他们自己的、或许是特有的观点强加给公司。

在国家层面也是如此。以印度尼西亚为例,该国于2007年7月通过的《有限公司法》第74条中针对自然资源型公司引入了企业社会责任的概念。我们对印度尼西亚认识到这一问题的重要性而表示由衷的赞赏。但是,已经有议论指出应当把针对开发自然资源的社会限制界定清楚。有人认为,仅将法律概念纳入有法律拘束力的概括性条款可能会导致不确定性,因为商业界会因为官员对法律的任意解释和武断执行而深受其害。

笔者并不认为这些问题有简单的答案。确定无疑的实践经验会随着国家的不同而改变,但是大家可能会对我们英国如何解决上述问题感兴趣。英国有一个高度发达的公司法体系,相关的争议一般会在专门法院中获得裁决,如大法官法庭,他们(这些法官)对这些诉讼都非常熟悉。因此,尽管政府对企业社会责任原则非常热衷,但真正在公司法改革中加以落实时,我们采取了非常谨慎的做法。

有人支持采取所谓"多元化"的径路,即在公司运行的过程中,应当注意增进不同群体的利益,而不能仅将某一群体(也就是股东)的利益置于首要位置。在议会中,斯伯利勋爵揭示了为何英国不能采取这种路径。他指出董事们将不清楚他们要做什么;同时在实践中要求董事为此承担责任也将变得更为困难。他说,公司法改革不应该成为推进企业社会责任日程的一部分。他认为:"推进履行社会责任的商业行为的最好方法是证明这样的行为可以促进商业实践的成功。"

所以新的公司法继续秉持了既有的原则,即董事的法律义务在本质上是为了股东的利益而推动公司成功。但是企业社会责任的原则是如此重要以至于它必须在法律中有所体现,最后所采纳的方式是通过修改董事义务的内容来实现。

总之,2006年《公司法》第170—177条规定董事必须做到以下事项:

- 在其权限范围内履行职权;
- 促进公司的成功;
- 进行独立的判断;
- 尽到合理的注意、技能和勤勉;
- 避免利益冲突;
- 不从第三方获取利益;
- 披露从被提议的交易或安排中获取的任何利益。

(当然,他们要继续履行包括破产中对债权人的义务、准备账目的义务及在健康和安全法下的义务等在内的各种义务。我们这里谈到的是适用于一般公司商业行为的基本义务。)

上文提到的最后三点明确了对抵制腐败行为具有重要意义的三种义务。当然,其中的第二点则与要讨论的这一主题最为直接相关。在其他方面,这一法律对董事义务的规定与现行法一致。但是在法律条文中明确规定董事负有促进公司成功的义务则是非常新颖的。

它在英国法中引入了被称之为"广义的股东价值"的概念。简而言之,这一概念意指董事在推进企业成功的过程中,必须考虑包括商业决策的长期后果和公司行为对其雇员、所在社区和生态环境的影响等在内的多种因素。有关公司需要保持良好商誉的愿景也在公司法中体现出来了。

上述都属于传统的企业社会责任理论范畴之内,这为实践中已经发生的案件提供了法律支持。企业社会责任被描述成为当今时代的商业潮流,很少有大型企业不对其商业计划中有关社会责任的内容进行宣传。但是一回到确定性的重要性上,一些从属性的法律问题就随之产生了。笔者推测同样的问题也会在其他法律体系中产生。

第一个问题涉及标准问题。(在法律中)对这一义务进行规定固然很好,但是判断(董事)充分履行了促进公司成功义务的基准是什么?采取客观的判断标准么?如果是的话,又应当由谁来进行判断呢?在这里,法律明确地加以规定。根据法律,董事"应当本着善意,采取其认为能够最大限度地为了公司成员整体的利益而推进公司成功的方式来履行义务"。换句话说,法院不能用自身的客观标准来代替董事所作出的忠实的决策。

善意的检验标准可以与更为普遍的"商业判断规则"进行比较,后者在诸多普通法法域内得以适用。按照商业判断规则,如果董事个人与该商业判断的有关事项没有利益关系;在进行决策之前适当地知悉了相关内容;同时本着善意确信所作的商业判断是为了公司的最佳利益作出的,那么法院将支持董事所作出的商业判断。

这一规则的基本原理在最近的 Peoples Department Store Inc. (Trustee of) 诉 Wise(2004 年,244 D. L. R. (4th) 564,)一案中被讨论。加拿大最高法院在这一案件判决的第 64 段中指出:

> 加拿大法院,与美国、英国、加拿大和新西兰的其他法院类似,在审查注意义务时,都倾向于尊重董事和管理人员拥有专门知识的事实,而法院通常并不具有这些专门知识。商业过程中的许多决策,尽管最后并未获得成功,但是在其被作出之时则是合理的和讲得通的。商业决策有时必须在高度危急、缺乏充分时间的压力之下作出。有些情况下,作出决策所需的详尽信息难以获取。人们往往容易依据事后获取的信息来认定之前失败的商业决策是不合理的或草率的。由于存在事后偏见的风险,加拿大法院发展出了一套尊重商业决策的规则,被称之为"商业判断规则",采用了美国的命名方法。

明确了义务之后,第二个同样重要的问题就是对谁负有这些义务。英国《公司法》第170条明确规定董事对公司本身承担法律所规定的义务(包括促进公司成功的义务)。这是一种对董事可能承担的责任的重要限制。董事对公司负有直接的义务,而非对公司的单个股东,更非对社会承担义务。

在有上述限制的情况下,第三个问题比较实际。董事们控制着公司的日常经营活动,同时处于决定公司是否采取补偿性诉讼的位置。在实践中,这可能使法律规定的各种义务丧失实际的法律价值,但是我们还有重要的制衡手段。任何胜诉赔偿款都应当归于公司,而不归于提起诉讼请求的股东,这可能会削弱此类诉讼对积极股东的吸引力,股东必须获得法院的许可才能继续主张其诉讼请求。

这些条文被议会所采纳,以回应企业界所表达出来的对董事可能面临过度风险的关注。在2006年5月的议会会议中,总检察长戈德史密斯勋爵(女王御用律师),将这些条文描述为"追究董事责任的杀手锏——即派生诉讼本身并不是第一位的手段而是最后的手段——和董事免于恣意诉讼之间的一个正确平衡"。现在既然公司法已经成为法典,那么将由法院来决定这一平衡点在何处。

中国的新公司法于2006年1月1日生效。受到欢迎的许多改革都旨在进行商业和治理方面的改进。根据该法第148条,董事、监事和高级管理人员对公司负有忠实和勤勉义务,这些义务与英国法下董事的义务相类似。然而,其与英国新公司法的一个不同之处在于法律并没有进一步规定这些义务的性质。

其次,中国公司法中也有类似于英国公司法中派生诉讼程序的制度。依据该法第152条,持有公司1%以上股份的股东可以请求董事会通过向人民法院起诉来强制董事或其他人员履行义务。

但是在英国法中并没有与中国新《公司法》第5条类似的规定。该条文明确规定了企业社会责任的理念。第5条规定,公司从事经营活动,必须遵守法律、行政法规,遵守社会公德、商业道德,诚实守信,接受政府和社会公众的监督,承担社会责任。该条同时规定,公司的合法权益受法律保护,不受侵犯。

已经有很多分析对这一规定所引发的诸多问题进行了研究。人们迫切要求商业实践要履行社会责任——人们很难想出一个更为重要的目标。但是当这一原则被引入法律时,它并不仅仅由商人和行政官员来进行解释。律师和法官会发现他们在这一原则的运作过程中也可以发挥作用。

笔者将进一步转向对国际金融诉讼领域中企业社会责任问题的讨论。通过浏览金融机构的网站,你会发现金融机构是何其认真地接受企业社会责任的理念,其中有些想法是非常有想象力的。作为推进可持续增长努力的一部分,德意志银行一直在资助一个乘坐太阳能飞机环绕地球的项目。根据德意志银行提供的信息,这一飞机的宽度与新型的空客 A380 客机相仿,尽管很不幸的是它不能搭载任何乘客。

过去,银行几乎不可能认为这类支出是正当合理的。但这正是类似于"广义的股东价值"等概念发挥作用的地方。董事们可以确信,就法律层面而言,为了推进他们所在机构的成功,应当考虑金融活动会所在社区和生态环境的长期影响。

一直以来,联合国发挥了重要的作用。联合国环境规划署金融倡议(UNEP FI)是由联合国环境计划署和国际私人金融界合作成立的。这一机构致力于促进环境、可持续发展和金融之间的紧密联系。与联合国全球契约一道,联合国环境规划署金融倡议协调了责任投资(PRI)基本原则的发展。这将那些认同生态环境、社会和企业公司治理等问题会影响投资组合的机构投资者们联合在一起。他们认识到通过适用基本原则可以"使拥有更广泛社会目标的投资者更好地联合起来"。

在私人领域,赤道原则是旨在管理与发展项目融资有关的社会和环境问题的一套自愿性原则。这一原则是 2003 年依据国际金融公司和世界银行的政策和指南建立的,并于 2006 年进行了修订。这一倡议已经被约五十家国际银行所接受。最近的是 2007 年 9 月份法国兴业银行宣布接受该原则。

项目融资主要是以贷款(通常由不同金融机构组成银团提供)形式为大型项目提供资金,并以该项目的收益作为还款来源。众所周知,来自生态环境和社会的风险对这些项目而言是非常重要的。赤道原则意在为评估风险以及避免或尽可能减少风险提供一个可靠的程序,这同样是一个有着重大潜在意义的倡议,尽管到目前为止参与银行主要来自西方世界。

上述倡议都史无前例地将关注重点放在了社会责任与金融界的关系上。不可避免地,并不是所有人都对此表示认同。一些非政府组织质疑"赤道原则究竟是真实的还是一纸空文"?或许花旗集团的首席执行官 Chuck

Prince先生的回应更为妥当,他说(赤道原则)是"过去几年中银行业所做的最重要的事情之一"。

但是当你审视这些倡议时,你将发现它们中没有一个实际拥有(或打算拥有)法律约束力,这让笔者转向今天演讲的最后一点。到目前为止,在国际金融框架下发展起来的社会责任的各个方面中,打击金融犯罪是最有价值的。在这一领域中也有一些国际性的倡议活动,但是在这一领域中,活动的结果是具有法律拘束力的准则。

部分规则来自于国际公约,比如1988年的《禁止非法贩运麻醉品维也纳公约》,这一公约是国际社会打击洗钱犯罪的第一次重要进步,此外还有1999年的《制止资助恐怖主义纽约公约》,另外一些渊源包括联合国安理会的决议。

"9·11"之后,国际社会增强了打击金融犯罪的紧迫感。有一部分发展很快的规则被称之为"软法",包括"巴黎金融行动特别委员会"之类非政府组织制定的标准。类似地,作为一个跨国银行的组织,沃夫史博集团提出了以"了解你的客户,反洗钱和打击资助恐怖主义"为核心的金融政策。

上述反洗钱和打击资助恐怖主义标准形成了一个国际准则体系,这些准则已经被广泛地应用到各个国家的国内法律之中,这点在中国尤其值得讨论。中国的反洗钱法在2007年初生效。中国人民银行也随之颁布了《金融机构反洗钱规定》和《金融机构大额交易和可疑交易报告管理办法》。这些规定已经为每一个主要金融中心所采纳。

但是在实践方面,各国金融机构发现他们有责任实施这些不断增多的准则。金融机构被要求这么做,特别是当他们为客户开立银行账户并管理这些账户以及提供汇款服务时,这是现代金融企业承担社会责任的关键领域之一。这同时引发了争论,即如何在保持打击洗钱与金融恐怖行为的整体目标与尊重个人权利的需要之间保持平衡。

在目前,在企业社会责任的背景下,金融犯罪可能会保持其独特性。但是现有的国际倡议为我们指明了前行的方向。经过一段时间,国际实践会促使国际准则的产生,最终将这些准则引入各国国内法。同时,我们应当为我们目前所拥有的而欣喜,一个认清了在盈利的同时要注重责任的金融世界要比没有认清的时候好得多。

通过运营风险和市场规制实现金融机构的企业社会责任

横井真美子

郭文静 汪 浩 译*

引言

根据他们在社会中所扮演的角色,金融机构要以一种仔细审查的方式来开展他们的业务。在特定的银行,金融机构被认为扮演着保护金融系统安全和坚固的角色。在某些情况下,这被认为是一种公益①,而为了社会福利这种公益需要被控制。这本身就是一种期待金融机构负担它们的社会责任的方式的一种启发性因素,而在现代公司治理中这可能在企业社会责任中达到顶点。

每一个社会定义或者看待企业社会责任的方式都是截然不同的。这些不同不是定义上的细微差别,而是由于行为因素上的差别而导致的实质性背离。所以给企业社会责任下定义是任何有意义的讨论的首要步骤,那么我们预料结果并不必然是相类似的。

企业社会责任并不是一个新兴的现象。有人认为企业社会责任从维多利亚时代起就已经存在,但是现代意义的企业社会责任可以追溯到20世纪60年代的战后时

---

* 横井真美子,伦敦大学教授;郭文静、汪浩,北京大学法学院2006级法律硕士。

① For example, Charles Wyplosz, Chapter 8 International Financial Stability *in* Inge Kaul *et al* eds. , *Global Public Goods: International Cooperation in the 21st Century* (Oxford University Press, 1999).

期。企业社会责任的重要性在新千年被提起是由于各种各样的因素,虽然这是否导致企业社会责任的改进并未明了。

本文的目的是从经济行为学和历史的角度来探讨企业社会责任的概念性问题,然后来考查金融机构如何回应的事实。企业社会责任的发展方式受很多因素的影响,如果金融机构要实施强健而有意义的措施,就需要认可这些方式。

企业社会责任深深地嵌入在公司的企业文化中,并且受当地文化的影响。此外,市场发展的水平将严重影响公司参与企业社会责任的方式。这些要素将会改变定位的重点和金融机构作出回应的方式。因此,本文同时也将对各地区对于企业社会责任所作出的不同反应进行比较。

接下来的部分来讨论企业社会责任的普通概念以及金融业机构的企业社会责任,这些决定了研究的范围。第二部分来探讨可能影响企业社会责任活动的因素,还考查了各地区对于企业社会责任的回应和经济行为的各个方面,这些因素很可能会影响企业社会责任的发展变化方向。第三部分讨论了公司治理和市场规制在促进企业社会责任上所起的作用。本文结尾部分是关于如何使企业社会责任变得更加根深蒂固并且由金融机构来指导的一些想法。

本文并不是想对已经提出的概念进行深刻的分析,而是退后一步在一个更宽泛的时间范围内思考这些问题。事实是金融机构经常允许做出一些对金融机构和他们的利益相关者都没有好处的事情,这就为企业社会责任的基本目标的实现产生了不良后果。

要重视影响金融机构行为的各种各样的文化潜流,并且要调查那些没有考虑文化争议的对企业社会责任有副作用的反应。需要用一些行为因素上的区别来解释手段上的区别,所以我们采取了一种历史的视角。历史资料将是分析本文的主要材料。

一、企业社会责任概念的发展

1. 企业社会责任的定义

企业社会责任是一种随着时间和空间发生变化的概念,虽然有一些特点已经在很大程度上达成共识,但是还没有一个标准的定义。第一个特点是企业负有一种"超越生产与分配稀有物品和服务并产生一种对股东来说满意的收益水平的经济功能"。①

20世纪80年代发展起来的第二个特点是企业社会责任的目标变成了"利益相关者",这些利益相关者是企业的利益群体。对于公司来说,在更广泛的社会中去考查他们直接涉及的影响,还有那些有间接利益的影响变得很有必要。②

第一个特点作为企业辨别他们在企业社会责任的作用的需要是相对容易理解的。第二段对于企业社会责任被看待的方式和人们如何评价一个公司的企业社会责任有巨大的影响。企业社会责任的激增形成了这样一种观点:商业活动不再仅仅是追求米尔顿·弗里德曼(Milton Friedman)所倡导的利益最大化③,还要追求对社会的积极影响。④ 企业的利益相关者包括⑤:

工作场所(雇员)、市场(顾客,供应商)、环境、社区、道德、人权。

利益相关者是那些影响企业或者受企业影响的人。⑥非政府组织和民间组织在企业社会责任的争论中处于领导地位并且起到更重要的作用。

企业社会责任不是一种法律义务,而只是一种社会责任。因此,公司不能被强迫,也没有义务来承担具有社会责任的活动,但是他们通常都会自愿选择来承担。有很多关于企业社会责任原则是否对金融有益的经济研究。⑦ 根据管理风格,看起来好像关于企业社会责任对于确保长期商业成功具有战略重要性已经达成一种共识。⑧

---

① E. M. Epstein, "Business Ethics, Corporate Good Citizenship and the Corporate Social Policy Process: A View from the United States" 8 *J of Business Ethics* (1989), at p. 585.

② R. E. Freeman, *Strategic Management: A Stakeholder Approach* (Pitman, 1984).

③ Friedman advocated that public companies possess only minimal ethical obligations beyond profit maximization and obeying the law by saying "social responsibility of business is to increase its profits". Milton Friedman, *Capitalism and Freedom* (The University of Chicago Press, 1962).

④ A. B. Carroll, "Corporate Social Responsibility: Evolution of a Definitional Construct" 38 *Business and Society* (1999), at pp. 268—295.

⑤ CSR Europe, *Communicating Corporate Social Responsibility* (2000).

⑥ R. E. Freeman, *Strategic Management: A Stakeholder Approach* (Pitman, 1984).

⑦ E. g., Jean B. McGuire, Alison Sundgren & Thomas Schneeweis, "Corporate Social Responsibility and Firm Financial Performance" 31(4) *Academy of Management Journal* (1988), pp. 854—872. Abagail McWilliams & Donald Siegel, "Corporate Social Responsibility and Financial Performance: Correlation of Misspecification" 21 *Strategic Management J.* (2000), at pp. 603—609.

⑧ O. Sallyanne Decker, "Corporate social responsibility and structural change in financial services" 19(6) *Managerial Auditing Journal* (2004), at p. 713.

2. 金融机构的企业社会责任

对于金融机构的企业社会责任有三种理解：第一种理解是要金融机构遵循他们对社会的基本义务，严格遵守法律规定，进行良好的管理，并且为了让利益相关者获得信心和信任而承担社会责任的需要。这看起来好像是基本的和不必要的，但是作为将金融机构卷入在内的各种各样的丑闻的证据，这些情况不是闻所未闻的。金融机构尤其是银行的风险是很高的。银行为金融体系提供支付及结算功能，并且必须有健全的管理结构和健全的财务条件，以防止问题通过支付系统转移。金融机构的脆弱性很容易通过支付系统转移，健全金融机构是一种社会要求。这种方法可以通过金融机构的内部政策来达到，这些内部政策在日常基础上有助于社会。例如，减少能源消耗，利用回收纸张，抵消碳的排放量都是有助于达到更广泛的社会目标的政策。

第二种理解是金融机构将其对社会负责的原则融入其产品和服务当中。金融机构可以将企业社会责任适用于他们的信息功能并且对环境、社会和政府做出贡献。这些贡献是通过建立可以导致更好地以企业社会责任为基础的投资和贷款的原则来做到的。金融机构可以开发以友好的企业社会责任为市场定位的新产品。

第三种理解是金融机构对社会做出贡献的形式，例如，可以以金融教育或者当地志愿工作的形式。这种理解包含了慈善的考虑。

本文主要关注第一种理解，这种理解方法与公司治理紧密相连。第二种理解方法在近些年来得到了逐渐的重视，它很可能成为第一种理解的下一发展步骤。金融服务可以通过吸收第二种理解方法来实施其专业技术，但是我们发现第一种理解是基础的并且因此在这个关键时刻显得更加重要。

二、影响企业社会责任的概念

在不同的时代和不同的地区企业对待企业社会责任的方式是不同的。在日本，公司主要在保护环境的背景下适用企业社会责任。而在欧洲，公司强调的是雇佣关心和创造工作的需要。这些在达到企业社会责任的方式上的不同使得每个国家或者地区在经济、政治和历史背景的独特性更加显著。

1. 地区性的差异

（1）美国有关企业社会责任的争论

在20世纪30年代，哈佛法学院的莫瑞可·多德（Merrick Dodd）和哥伦比亚法学院的阿德福.伯乐（Adolfe Berle）就"企业管理人是谁的托管人"这个问题展开争论。多德（Dodd）认为企业在具有赢利功能的同时也具有提供社会服务的功能，而Berle认为把公司股东的利益最大化才是企业的作用。[1]伯乐（Berle）更关心于保护股东的利益免受企业管理者的侵害，而不是保护社会利益免受企业的侵害。多德的回应标志着现代企业社会责任争论的开始。[2]相类似的争论已经浮出水面，比如在50年代，皮特·多拉克（Peter Drucker）主张向大型企业强加社会责任。[3]

到了20世纪60年代，由于激进的政治事件和改革运动，对企业社会责任造成了很大的影响。这些运动造成了警惕的升级，导致了20世纪70年代要求公营企业增强他们对企业社会责任的关注。[4]这种情况导致了70年代和90年代的改革者寻求向企业强加积极的义务的要求，而不再是相信企业管理者有能力实施企业社会责任。[5]获得诺贝尔经济学奖的米尔顿·弗里德曼反对这些观点，认为企业社会责任对于经济来说是灾难性的并且是邪恶的。[6]

在20世纪80年代中期到20世纪末这段时期，利益相关者这个词成为企业社会责任争论的一大部分。利益相关者被认为是任何能够影响或者被以利益为目标的组织行为所影响的顾客或者个人。[7]

近年来，《萨班斯—奥克斯利法案》的制定给企业社会责任造成了很大

---

[1] Merrick Dodd and Adolf Berle famously debated the question in the 1930s, see E. Merrick Dodd, Jr., "For Whom Are Corporate Managers Trustees?" 45 *Harv. L. Rev.* (1932), atp. 1145 (duties to society as a whole); Adolf A. Berle, Jr., "For Whom Are Corporate Managers Trustees: A Note" 45 *Harv. L. Rev.* (1932), at p.1365 (duties to shareholders, to maximize their wealth).

[2] Judd F. Sneirson, "Doing Well by Doing Good: Leveraging Due Care for Better, More Socially Responsible Corporate Decision Making" (2007).

[3] Peter F. Drucker, *The Practice of Management* (Harper & Row Publishers, 1954).

[4] Ronald Paul Hill, Thomas Ainscough, Todd Shank & Daryl Manullang, "Corporate Social Responsibility and Socially Responsible Investing: A Global Perspective" 70 *J of Business Ethics*, at p.166.

[5] Christopher Stone, Where the Law Ends: The Social Control of Corporate Behavior (Waveland Press, 1976), and Ralph Nader et al., Taming the Giant Corporation (Norton, 1976).

[6] Milton Friedman, "The Social Responsibility of Business Is to Increase Its Profits" 33 *New York Times Magazine* (13 September 1970), at pp.122—126.

[7] R.E. Freeman, Strategic Management: A Stakeholder Approach (Pitman, 1984).

的影响。作为很多金融丑闻的结果,《萨班斯—奥克斯利法案》要求公司改善他们在会计和披露领域的承诺。

(2) 企业社会责任在欧洲的发展

企业社会责任在欧洲的发展是和它的经济和政治结构有着紧密联系的。对于一个发达国家来说,欧洲的失业率是很高的,并且仍然是一个主要的经济问题。[1] 创造新工作的需要被认为是处理失业问题的优先选择,并且2000年的里斯本欧洲议会已经确定创造新工作优先于经济政策。[2]

企业社会责任也会受政府对于福利状况承诺的改变的影响。欧洲政府在提供福利帮助上是相当慷慨的,然而,到了20世纪80年代英国的撒切尔首相提出"小政府"的概念,并且大规模地缩减公共福利和公共服务。这样政府提供的社会服务和援助就减少了,并且没有给这些服务的享用者提供替代品,于是就产生了一个真空。对撒切尔的改革最强烈的反对便是硬着陆,这种硬着陆没有考虑社会上的弱者的利益。企业通常被期望填补政府的缺失,尤其是在财政意义上的缺失。[3] 由于这种结果,创造新的更好的工作成为企业社会责任的主要部分。

在欧洲,反对全球化的运动也很剧烈。环境问题曾经带来了反全球化运动,这个运动使得非政府组织倡导发展中国家的工作条件,包括气候变化在内的环境问题、消费者权益保护和社会问题。非政府组织在欧洲的政策对话中有很大的影响,这可以在欧洲的关于种植转基因食品的禁令中得到印证。非政府组织有着丰富的资源,并且具有很强的实践性,它在各地区实施可以影响企业投资的调研。欧洲的企业被要求在发展经济的时候要改善工厂和甜品店劳工的工作条件或者为装备教练提供环境保护。

(3) 企业社会责任在日本的发展

在日本,20世纪初期就有类似于企业社会责任的运动,到了2002年企业社会责任的利益已经变得多种多样了。日本在20世纪七八十年代经历过一次空前的经济增长,随后到了90年代又经历了一次严重的经济衰退。

---

[1] Unemployment in Europe during the 1990s was averaging 10%, although it did sustain very low unemployment rates during the 1960s and 70s. Nancy Bermeo ed, *Unemployment in the New Europe* (Cambridge University Press, 2001), at p.10.

[2] Lisbon European Council, "Presidency Conclusions" (23 and 24 March 2000) 〈http://www.europarl.europa.eu/summits/lis1_en.htm〉(last visited 18 June 2007).

[3] Lester M Salamon, "The Rise of the Nonprofit Sector" 73 (4) *Foreign Affairs* (July/August 1994), at pp.109—122.

90 年代的经历导致了一次关于限制丑闻发生的适当的管理模式的讨论。在日本关于企业社会责任的争论已经主要集中在与法律和法规的妥协上了。

政府严格的碳排放量目标和更多的人关注能源问题[①]已经使环境运动成为企业社会责任的一个很强大的部分。达到 ISO 标准的企业都很自豪地展示这一成就。

2. 影响企业经营行为的因素

作者的主要关注点之一就是不同国家对企业社会责任的不同理解。经济行为在改变企业社会责任被实施的方式上起到了很大的作用。下面是一个和企业社会责任中的行为相互联系的因素的详细列表：

政府政策和监管；

宗教；

声誉和荣誉；

产权理论；

合同理论；

经济福利。

通过运用这些日本关于行为因素的特点是怎么影响企业社会责任的例子，就有可能考查空间在多大范围内影响企业社会责任的实践了。这些因素也将在公司治理上有所暗示，就像一定的经济行为可以在公司治理中作为措施来实施。

(1) 政府政策和监管

政府政策与企业参与企业社会责任的方式有着非常紧密的联系。如果政府的作用正在削弱的话，个体可能会要求企业在社会中发挥更大的作用，或者政府可能会鼓励企业承担更多的社会责任。如果一个政府部门要求企业提交他们有关企业社会责任活动的信息的话将会最大可能地鼓励企业积极参与企业社会责任。

税收政策可能在企业社会责任的承担上有着不同的影响。如果政府希望促进一定的企业社会责任，那么可能会用减免税收来刺激在那个地区的投资。

政府实施政策的方式可能也会影响企业社会责任的实施。如果一个国

---

① During the oil shock in the 1970s, Japan came up with various method to save energy and many remain reminded of the experience and are generally more energy conscious as a result.

家运用判决或者行政指导来鼓励企业以一定的方式运行,那么政府关于企业社会责任的想法将直接改变企业的运营。关于被政府规制的公司的企业社会责任的讨论也将按照政府的意愿来支持企业社会责任而被中断。

如果国家不采用判决,而是使用明确的政策指导,那么政府的参与可能不会刺激足够的利益来转换成实际行动。

（2）宗教

如果宗教联系很紧密的话,那它将会对人们参与商业的方式产生很大的影响。宗教是意识形态基础的一部分。[1]宗教联系和宗教服务的参与是与慈善性的给予历史性的积极联系着的,而慈善性的给予有时是企业社会责任的一部分。[2]

美国是西方世界中最积极的宗教性国家。宗教传统塑造了社区身份和社会公正的表达,是一种特权的责任,并且是公共互惠的一部分。[3]宗教鼓励遵守法律和公共责任的方式将影响人们对企业社会责任的观点。

（3）声誉和荣誉

人们寻求声誉和荣誉的方式有着很明显的不同。遵守法律和履行企业社会责任是为了维持企业生存而做出的一种努力。在法国,管理企业的目标是为了家族的声誉和财富,而不是单独地为了企业。[4]家族的稳定在欧洲是一个企业成功的显著特征。

在19世纪的英国,财富并不是拥有很高声望的必经之路,但是确实是进入上层社会的门槛,这样才使他能够参与议会或者变成当地社区的领导者。因此,企业家的成功不被认为是一种终极,而是一种获得更高荣誉的手段。[5]

在亚洲,人们不接受华丽的展示财富。政治、社会和商业领导人被期望亲自大方地宣布高贵的社会地位。[6]对于那些拥有财富的人,人们则期望他

---

[1] Hans Jurgen Eysenck, *Sense and Nonsense in Psychology* (Pelican, 1970).
[2] John Havens, Mary A O'Herlihy & Paul G Schervish, "Charitable Giving: How Much, by Whom, to What, and How?" in *The Non-Profit Sector: A Research Handbook* (Yale Press, 2006), at p.550.
[3] Karen Wright, "Generosity versus altruism: Philanthropy and charity in the US and UK" *LSE Civil Society Working Paper* 17 (January 2002), at p.20.
[4] Haruhito Takeda, *Economic Sense of the Japanese* (Iwanami, 1999) (in Japanese), at p.41.
[5] Ibid., at p.42.
[6] Barnett F Baron, "Funding Civil Society in Asia: Philanthropy and Public-Private Partnerships" *Asia Foundation Working Paper* #3 (July 1997), at p.14.

们对社会更加慈善。

另一方面,企业家的成功和随后的社会荣誉是美国企业的一种产物。在美国企业中,成功是一种经过严格计算的财富来衡量的,并且声誉和荣誉是与所坐的马车相匹配的。①

然而,即便是在美国,19世纪50年代的时候也有人认为成功不应当以财富来衡量,而应当强调教育、合作和无私。不仅仅要达到财富,而且认为获得个人声誉也是很重要的。②据说这种区分导致企业越来越关注利益相关者而不是股东了。③

这对于那些提供无形服务和在购买之前不能采样的金融机构来说是很重要的。他们的声誉、形象和可信赖是一个门外汉可以用来评价一个银行的唯一要素。④

(4)产权理论

在西方社会,所有权原则允许其自由买卖。甚至当财产是共同所有权时,自己所有的部分也可以自由买卖。在19世纪的日本,一些家族企业不允许出售股份,股份只允许以不被稀释的方式由他们的继承人继承⑤,这是为了防止股票在不适合的股东间买卖。

这些概念在经济史中曾被称为"团体所有权",其也存在于德语地区。尽管团体所有权制度本身已经不存在了,但其背后的思想却仍在一定程度流传着。"公司将继续作为'法人'存续,而不受经理和股东更换的影响"这一观念正是对这种思想的一种共鸣。特别强调这一法律实体的存续。⑥

(5)合同理论

一般而言,合同代表缔约各方的同意和遵守的意愿。其前提假设是缔约各方遵守合同并尽最大的努力履行合同。在美国,这是明确的规范,因为很多律师过去常常制定详细的合同,其中涵盖了大多可能发生的事件。在美国这样一个诉讼社会,合同是所有交易的基石。

然而,合同的概念在日本似乎更为易变,这并不是说在日本不存在详尽

---

① Haruhito Takeda, *Economic Sense of the Japanese* (Iwanami, 1999) (in Japanese), at p. 45.
② Ibid.
③ Ibid., at p. 46.
④ D. Neuberger, "Industrial organisation of banking: a review" 5(1) *Int'l J. of the Economics of Business* (1997), at pp. 97—118.
⑤ Haruhito Takeda, *Economic Sense of the Japanese* (Iwanami, 1999) (in Japanese), at p. 11.
⑥ Ibid., at p. 15.

的合同,而是指人们对遵守该合同的态度。一般说来,日本人民从不怀疑合同的内容,尤其是对于那些知之甚少的消费者。

在美国,会假设合同各方存有利益冲突,因此各方立场相反,这也反映在其司法系统中。在日本,会假定合同利益将由缔约各方共同分享,因而缔约各方被视为盟友,不会出卖对方或给其带来不便。这一直是矛盾的根源,或在某些情况下,被称为"骑士订约"。① 这种态度不能简单用好或不好概括,可能也不适用于复杂的交易或国际贸易。

在合同中未能预见到的情形中,日本人的缔约行为增多了。如果合同条件发生变化,一方将以默许方式免除相对方的合同义务,尽管合同条款有相反规定。这一直是企业文化的一部分,尽管必须承认人们的态度正在发生变化,其重要意义就是合同不具有最终的约束力,需要采取措施适应情况变化。②

(6) 经济福利

经济福利不仅关乎个人,而且国家的经济发展水平,将直接影响企业社会责任。资本积累不够丰富的发展中国家,不太可能认真优先考虑企业社会责任,从事慈善事业的想法是需要时间的,也需要对政治安全和经济安全的信心。③通过资本积累实现稳定成为发展中国家的企业家所考虑的首要因素。

更为相关的一点是,经济越发达,股东参与的可能性越大。股东是最强大的利益相关者之一,积极的股东有能力改变公司的政策和活动。有些人称此为"普遍所有权"假设("universal ownership" hypothesis),即股东的积极性正在成为推行企业社会责任的一项强大工具。④

作为利益相关者,机构投资者对推行企业社会责任也有巨大的影响。机构投资者,尤其是养老基金,在实现退休金承诺上有直接的利益关系,这将需要公司具有长期的可持续发展,而其也是企业社会责任利益的一部分。

---

① Haruhito Takeda, *Economic Sense of the Japanese* (Iwanami, 1999)(in Japanese), at pp.115—116.

② Ibid., at p.117.

③ Barnett F Baron, "Funding Civil Society in Asia: Philanthropy and Public-Private Partnerships" *Asia Foundation Working Paper* #3 (July 1997), at p.13.

④ Simon Deakin & Richard Hobbs, "False Dawn for CSR? Shifts in regulatory policy and the response of the corporate and financial sectors in Britain" 15(1) *Corporate Governance* (January 2007), at p.69.

他们的支持者是社会工薪阶层和储蓄者,也是公司的主要利益相关者中的一部分。机构投资者倾向于持有几乎所有的上市公司的数量较少但意义重大的股份。[1]

3. 影响企业社会责任的社会变化

全球化是影响企业社会责任活动的社会变化中最为突出的一点。它已影响全球范围内商业习惯的增生。诸如世通(WorldCom)和安然(Enron)公司的丑闻对公司治理产生了巨大影响。丑闻发生后制定的《萨班斯—奥克斯莱法案》不仅影响到美国企业,也影响到在美国开展商业活动的众多大型企业。《萨班斯—奥克斯莱法案》要求公司加强会计和信息披露领域的合规性。此外,公司在诚信开展商业活动上也面临较大压力。

另一个方面是对全球化过程中崛起的发展中国家的认知。低生活水准、剥削、贫穷、失业和如何提高社会发展目标被列入了促进发展中国家利益的行动主义分子的议程。由于对面向发达市场的批量生产的产品的需求,发达国家的公民一直强调其劳动条件。[2]

全球商业惯例的标准化也是全球化进程的一部分。各种各样的国际标准对公司治理和企业社会责任产生了重大影响。《萨班斯—奥克斯莱法案》并不是国际标准,但却已经有了类似的效果,因为一大批企业正在全球范围内受其影响。就银行方面,巴塞尔银行监管委员会的新巴塞尔协定,已对银行内部控制产生了巨大影响。[3]国际标准化组织已推出的 ISO 26000 标准在社会责任上提供了非强制性指导。[4]

三、公司治理和市场规制对企业社会责任的影响

企业社会责任并不是不独立存在的,它要么存在于公司治理中,要么通

---

[1] Simon Deakin & Richard Hobbs, "False Dawn for CSR? Shifts in regulatory policy and the response of the corporate and financial sectors in Britain" 15(1) *Corporate Governance* (January 200), at p.69.

[2] Michael Hopkins, "Corporate Social Responsibility: an issue paper" *ILO Policy Integration Department Working Paper No.27* (May 2004), at pp.3—4.

[3] Basel Committee, "A New Capital Adequacy Framework" (June 1999) and Basel Committee, "International Convergence of Capital Measurements and Capital Standards: A Revised Framework" (June 2004).

[4] International Standardisation Organisation, "ISO and Social Responsibility" (April 2006).

过市场规制反映。

1. 公司治理与企业社会责任的关系

如上所述,企业社会责任正成为公司治理中一个不可或缺的部分。企业社会责任正被认为是公司治理中需要实现和坚持的部分。

公司治理既促进又限制企业文化的发展。每家公司都有鲜明的企业文化,它往往要追溯到公司的起源或创办人的哲学观。如果企业文化轻视运作程序和内部控制,那么公司发生错误行为或非法行为的可能性将会增加。如果该公司严格遵守工作守则和法律,发生非法或欺诈活动的可能性将会很小。一方面,公司治理通过坚持一些有公司特色的原则培育企业文化。另一方面,公司治理可以限制有害于企业社会责任的不良企业文化。

近年来,银行一直在通过新巴塞尔协定的运营风险部分强调此问题。运营风险一般被定义为"由于系统不当和控制或人为错误造成损失风险不足"。[1]巴塞尔委员会将运营风险重新定义为"不当或错误的内部程序、员工、系统或外部事件所造成损失的风险"。[2]该定义所存在的问题是就金融机构面临的其他风险上,该定义过于宽泛且与其他风险存有重叠。[3]

在传统意义上,运营风险管理被视为金融机构某具体部门的一项职责,如后台支持办公室。在股东或投资者做投资决策时,"更好的运营风险"管理并不被认为有重要的价值意义。金融机构更愿意尽力把所能允许的运营风险降到最低。运营风险有其底线。但近年来,随着运营风险重要性的日趋提升,新巴塞尔协定改变了对运营风险的展望。随着融入了企业社会责任的运营风险管理体系日趋完善,对公司经营行为的展望也变得日益乐观起来。

人是运营风险管理的一个关键因素,需要对运营风险管理和企业风险文化有所认知。雇主及雇员都须诚信工作,而受重视的企业文化将会极大地影响其工作态度。

企业结构包含公司治理、交流和外包。金融机构都倾向把运营风险管

---

[1] Group of Thirty, "Global Derivatives: Practices and Principles" (Group of Thirty, July 1993).

[2] Basle Committee on Banking Supervision, "Working Paper on the Regulatory Treatment of Operational Risk" (BIS, September 2002), at p.2.

[3] This was recognized in the early stage of Basle's work on operational risk. Basle Committee on Banking Supervision, "Operational Risk Management" (BIS, September 1998), at p.3.

理分配给部门主管,事实上,这也限制了高管的风险暴露①,同时这也随着对运营风险重要性的认知而逐步深化。一般来说,比较推崇两个层次的管理架构:分权制风险管理(business line ownership)(自下而上的方法)和宏观集权制风险管理(centralized macro-management)(由上而下的方法)。②构建两级运营风险控制结构对健全的管理至关重要。企业社会责任也需要通过两级管理体系加以实现,即该体系在公司治理原则中要有明确的责任界定。

良好的经营结构对金融机构的结构会产生激励和影响。大多经营不善的银行在内部治理结构上欠佳③,当金融机构的内部控制薄弱,并缺乏审慎监管时,部门主管和高管就会缺乏动力。当管理层不对控制运营风险负责,政府对金融机构采取"零错误"或"大银行不倒闭"政策时,这种道德风险的范围将会增加。要管理好运营风险,就需要高管参与运营风险管理并承担相应的责任。④监管机构需要采取"符合性"测试对管理层进行审慎监管。

此过程在运营风险中扮演的角色非常重要。通过金融业务的日常审慎操作,运营风险的控制能得到极大改善。通常而言,金融交易及其文档化都需要进行二次审核以确保其正确性。这种标准化的实践一方面要在金融机构中实现,同时也需要在任何的公司环境中完成。对于每笔交易的授权层级应在内部程序中明确说明。如果上述简单步骤没有明确,金融机构缺失这些步骤就会产生欺诈行为。缺乏有效的过程控制,就会导致违法行为的发生。⑤所以,法律风险就会在程序完整性上体现出来。

关于运营风险的讨论会明确下列事项,即如果拥有良好的运营风险体系,金融机构触犯融入企业社会责任的运营风险的概率将会很高。企业社会责任和运营风险是相辅相成的,运营风险管理往往带来更好的企业社会责任管理。

---

① Ken Swenson, "The Decline of Decentralized OpR Management Civilization" (Federal Reserve Bank of Chicago website, June 2001).

② Ken Swenson, "Operational Risk Management Issues" (Federal Bank of Chicago Capital Market News, June 2001), at 7.

③ This was investigated through the analysis of banking vulnerabilities of IMF member countries. Carl-Johan Lindgren et al, *Bank Soundness and Macroeconomic Policy*, (IMF, 1996), at pp. 106—108.

④ See Swenson, supra n. 45, at 7.

⑤ Hans-Ulrich Doerig, "Operational Risk in Financial Services: An Old Challenge in a New Environment" Institut International d'Etudes Bancaires, London, October 2000), p. 20. The author is the Chief Risk Officer of Credit Suisse Group.

2. 市场规制与企业社会责任的关系

企业社会责任中往往被人遗忘的一点是其需要重点关注消费者利益，而消费者对公司承担社会责会产生直接影响，这就是为什么公司需要从良知和道德上来维持其声誉及与消费者的关系。良好的企业社会责任也会促进对消费者的保护，同样，利益相关者理论也认同这种消费者保护。

目前，对于企业社会责任的辩论还是利益相关者的考量。随着其中一些争论与金融机构的市场规制相呼应，这种考量与市场的开放程度也密切相关。

当银行的部分风险被转嫁给市场中的监控银行活动的利益相关方时，市场规制就被认可了。当利益相关者发现银行行为不够谨慎时，就会通过撤回投资或造成声誉损失来制裁银行。市场规制会通过有效的投资决策鼓励银行实施审慎管理。企业社会责任的争论具有类似含义，因此也会从对市场规制的讨论中获益。

市场规制可以被描述成由市场力量推动的一种公司治理形式。公司治理通常会涉及正式的程序和权力当局[①]，市场规制对公司治理而言，相对来说是非正式和间接的。

在一定意义上说，企业社会责任也是一种利益相关方治理，而利益相关方在市场内外均具有权力。然而，市场规制会固化在金融法规中，当市场规制体现在法规中时，企业社会责任就不会得到很好的管理。但是，立法者会利用利益相关者的权力来改善公司治理结构，尤其是对于金融机构。在资本市场压力下，金融机构的投资者会成为重要的力量。

四、结语

公司在企业社会责任中所采取的措施具有明显的时空特性。公司不再仅仅追求利益最大化，同时也不能期望公司把企业社会责任放在绝对优先的位置。基本的企业社会责任，例如本文中所讨论的基本的企业社会责任，应当构成公司的基础，并在公司治理渠道中予以强化。金融机构要通过良

---

① Referring to Robert E. Litan *et al.*, "Strengthening Financial Sector Governance in Emerging Markets" *in* Robert E. Litan, Michael Pomerleano and V. Sundararajan eds., *Financial Sector Governance: The Role of the Public and Private Sectors* (Brookings, 2002), at p. 2.

好的公司治理和内控措施来考量企业社会责任。同时,在企业社会责任争论中所涉及的利益相关方的势力崛起,将使市场在企业社会责任中无意识地扮演重要角色。市场规制也随着利益相关方的不断介入,会继续成为改善企业经营实践的强有力的市场推动力。

对于实现由利益相关方提出的企业社会责任的公司来说,他们更需要在经营活动中有意识地体现诚信。在这方面,遵守法规和消费者保护应当成为重中之重,尤其是对于把法规置于优先地位的金融机构而言。然而,在日本,对金融机构企业社会责任的调查表明,他们把地区利益和社会活动置于优先地位,而非前者。①在企业社会责任中,地区利益和社会活动的比重各为25.9%和29.6%,而合规性和消费者保护仅为7.8%和12.6%。也许,金融机构应当回归本质,把遵从法律和消费者保护置于更优先的地位尤为重要。假设企业社会责任的目标是促进当地社区的发展和提高自身的知名度,那么有意从事作秀式的企业社会责任活动就不难理解了。然而,缺乏有效的管理和强有力的制度,公司的名誉会瞬间荡然无存。

另一个有趣的差异一直影响对企业社会责任的理解,特别是人们如何达成合同和确立产权关系。全球化很可能已开始淡化此独特性,但其仍然是企业文化中的一部分。没有必要也不可能迅速改变这种态度,但认知和实现这种态度就显得尤为重要了。当今社会,利益相关者遍布全球,因而做决策时,排除外部力量干扰是不可能的。公司治理应该重视和改变那些对企业社会责任产生负面影响的行为方式。

区域差异极有可能导致企业社会责任在发展过程中出现多样性。有关企业社会责任的争论,美国是主要国家。但争论中的很多内容都没有融入慈善的概念。欧洲更关注失业,并把最近几年中实现的低失业率水平作为转折点。然而,这是否意味着企业社会责任会由美国所导向,尚不明确。企业社会责任的发展,就目前来说更具有区域性的特征,近期内,趋同趋势尚不明显。

在大多数国家,金融机构往往是最有钱的公司,特别是发展中国家的银行。这意味着资本积累很可能在金融机构快速形成,社会对分享财富也将抱有一定的期望。在这种情况下,合规性和消费者保护的重要性可能被弱化,因此更需要金融机构在社会活动中体现其大度。

---

① Financial Services Agency of Japan, "Survey of Financial Institutions' CSR Practices" (March 2007)(in Japanese).

无论如何，企业社会责任仍然是金融机构实施公司治理中的首要问题，其次是社会活动。金融机构的社会角色之一是经常为大多公司提供资金，成为其他公司的利益相关者。在这点上，金融机构可以鼓励由其提供资金的企业更好地遵守法律和保护消费者。金融机构应充分利用这种地位，更积极地采取自下而上的办法履行企业社会责任。

我们已经放弃企业社会责任?
——对日本公司法的一点看法

早川胜[*]

　　企业的社会责任这个词如今在日本到处泛滥,这种情形是公司法的第二次滥觞。第一次运动发生于19世纪60年代,以反战宣传、消费者保护和清除环境污染等为标志。当时,这些口号的每一个主题都把我们引入激烈的讨论当中,因为在日本,经济的增长和发展优先于其他任何政策,而且日本已经处于多种诸如工业污染等严重社会问题之中。企业的社会责任这个概念没有被清楚地界定,由此导致讨论者从不同的意义上来使用它。有的讨论者引入了美国的 Berle 和 Dott 之间的辩论,其中包括在公司法上管理层是否允许我们追求利益相关人如职工或者消费者的利益。在日本公司股东的实际结构方面,这些话题与现实还很遥远。

　　通常,一个公司持有另一个公司的股份,而被持有股份的公司又是持有其股份的公司的股东之一。这种结构在当时很普遍,而且他们已经学会以这种结构组织公司。公司法1981年修订后,大家都在讨论企业的社会责任是否应当被当做一般性条款写进法律。但是,这根本没有实现的可能性,因为我们找不到合适的方法来制裁公司对企业社会责任的制裁。因此,直到19世纪80年代末

---

[*]〔日〕Masaru Hayakawa(早川胜),Professor of Law Scholl at Doshisha University,日本同志社大学法学院教授。

期,对企业社会责任的热衷随着经济的萧条而逐渐冷却。作为一名法律学者,这对笔者来说是一个痛苦的过程。从这个过程当中我们了解到:企业的社会责任是一个只能在企业经济状况良好的情况下讨论的话题。另一方面,企业的社会责任留给我们很多重要的东西。在与 1960 年的疾病相关的四大污染源案例中,被害者促成了新的侵权法规的应用,也促成了很多关于污染的新法规。

2003 年报纸上又出现了企业的社会责任这个名词。最近,我们已经直接使用它的英文简写,而不用翻译成日语了,很多人认为这是唯一的将会迅速像潮水一样平息的世界性的繁荣。然而,这种猜想错了,因为很多组织和协会,不论是公共性的还是私人的,都已经参与到企业的社会责任当中,并根据他们的自身情况提出了企业社会责任的实实在在的实践标准。当下,在组织中设立专门的负责企业社会责任的机构已经并不稀奇。

在内容的含糊不清这一点上,如今的企业社会责任的概念与第一次企业社会责任浪潮没什么不同。在付诸实践方面,它们都有所谓的欧盟模型和美国模型,也就是欧盟或者其成员国政府在推进可持续社会的创建和企业社会责任的结合方面掌握主动权的方案。另一方面,这也是企业社会责任被当做对社会负责的投资的标准的方案。在欧洲,欧盟首脑会议已于 2000 年在里斯本作出决定要建设可持续发展的社会,并决定采用企业社会责任作为战略目标(里斯本宣言)。欧盟委员会 2004 年关于企业社会责任的"绿皮书"称"大多数关于企业社会责任的定义将其界定为一个公司赖以将社会和环境因素自愿地纳入他们的商业运作以及与股东的互动关系当中的概念"。在这个概念的基础上,还有很多变种。比如说,协调性、环境问题、对学术研究和慈善事业的支持都被不同的公司和组织以不同的语调引入进来。大多数组织都从经济、环境和社会因素方面来宣称他们的行为宪章或标准,不同点则取决于企业类型和他们自身的主动区分。

新的企业社会责任的概念与新的公司法之间存在着什么样的关系呢?情况是相同的,但是在半个世纪之后,有一点发生了变化,那就是管理层的责任。管理人员会遵从谁的利益呢?股东的,或者是其他利益相关人的?这个问题现在很有意思,因为股东的结构在泡沫经济后发生了急剧的变化,私人股东,尤其是外国投资者增加了,取代了银行的地位。但是,有少数人宣称股东与其他人相比,应该享有优先地位。笔者不同意这种观点。

后者的观点得到了新修订的商法和 2002 年公司法的支持。因此,董事会里边的委员会制度在美国的公司治理制度之后被引进。在这种制度下，公司能不费力气地建立风险管理、内部控制和协调体系。另外，2005年的新公司法把审计人员和检察人员的实质责任界定为监督内部控制体系。司法部的部门法令规定公司必须建立这样的体系，正如工人必须遵守法律和法令一样。拥有这些信息的公司可以在每个公司年度的公司报告上作出说明，如果是这样，有关企业社会责任的信息披露将会加强很多。

企业的社会责任类似于所谓的软法，因此，它对公司没有强制力，但是少数人确信它事实上有这样的强制力或者作为社会规范的地位。考虑到其结果是社会对企业的信任、企业社会责任的引入以及公司价值的增加，我们可以认为企业的社会责任是公司价值的一个非常重要的组成部分。如果是这样，管理层就应该遵守它，不是作为软法，而是作为一种更高的相当于义务的规范。从这个角度来看，笔者想从环境方面来对企业社会责任进行阐述。根据1997年的东京议定书，与1990年相比，从2008年开始的12年内日本必须减少6%的温室气体排放量。但是，情况却变得相反，甚至更糟糕。最后，政府召集了一个联合代表大会来为1997年夏天的中期报告做准备。已经有人预测到这个目标是无法实现的。另一方面，在笔者来自的东京地区，各种组织都在共同协作以减少二氧化碳的排放，积极地计划着保护森林。一个已经排放大量二氧化碳的公司参加这种活动，能够赢取人们的信任。

这个事例告诉我们：企业对企业社会责任的积极态度已经是对企业进行评价时的一个重要参数。公司法的地位在2005年修改后一直在变化，应当被赋予竞争的手段。从这个意义上说，我们不得不引入并广泛地推广从欧盟倾向学来的企业社会责任来提高企业的行为标准。但另一方面我们又要顾虑，如果这种高标准被引入后，是否会在日本企业与其他国家企业的竞争中削弱日本企业的竞争力。同时，笔者希望欧洲企业能关注我们的态度，并在日本市场投资。这也许是反思我们对美国经济的依赖的一个好时机。